A REPARTIÇÃO DOS RECURSOS PÚBLICOS ENTRE O ESTADO E AS AUTARQUIAS LOCAIS NO ORDENAMENTO JURÍDICO GUINEENSE

EUGÉNIO CARLOS DA CONCEIÇÃO RODRIGUES MOREIRA

A REPARTIÇÃO DOS RECURSOS PÚBLICOS ENTRE O ESTADO E AS AUTARQUIAS LOCAIS NO ORDENAMENTO JURÍDICO GUINEENSE

DISSERTAÇÃO DE MESTRADO
EM CIÊNCIAS JURÍDICO-ECONÓMICAS
NA FACULDADE DE DIREITO
DA UNIVERSIDADE DE LISBOA

ALMEDINA

A REPARTIÇÃO DOS RECURSOS PÚBLICOS
ENTRE O ESTADO E AS AUTARQUIAS LOCAIS
NO ORDENAMENTO JURÍDICO GUINEENSE

AUTOR
EUGÉNIO CARLOS DA CONCEIÇÃO RODRIGUES MOREIRA

EDITOR
EDIÇÕES ALMEDINA, SA
Rua da Estrela, n.º 6
3000-161 Coimbra
Telef.: 239 851 905
Fax: 239 851 901
www.almedina.net
editora@almedina.net

EXECUÇÃO GRÁFICA
G.C. – GRÁFICA DE COIMBRA, LDA.
Palheira – Assafarge
3001-453 Coimbra
producao@graficadecoimbra.pt

Março 2005

DEPÓSITO LEGAL
211856/040

Toda a reprodução desta obra, por fotocópia ou outro qualquer processo,
sem prévia autorização escrita do Editor,
é ilícita e passível de procedimento judicial contra o infractor.

PREFÁCIO

Foi com grande prazer que assumi a tarefa de orientar a dissertação de mestrado do licenciado Eugénio Carlos da Conceição Rodrigues Moreira e que prefacio a sua publicação, que se fica a dever a uma meritória iniciativa da Faculdade de Direito de Lisboa, que permitirá dar uma ideia do intenso trabalho de cooperação que tem sido desenvolvido com instituições e investigadores do mundo lusófono e impedirá que muitos trabalhos que poderiam ser úteis às comunidades académica e política fiquem praticamente desconhecidos.

As razões que me levam a tornar pública a minha satisfação prendem-se quer com a personalidade do autor, quer com a importância do tema.

No que respeita ao tema – a repartição dos recursos públicos entre o Estado e as autarquias locais no ordenamento jurídico guineense – ele resultou do prolongamento dos seminários de mestrado consagrados ao federalismo financeiro que orientei e que estiveram na origem de um conjunto de interessantes dissertações.

A obra que agora se publica tem, antes do mais o mérito de reflectir sobre uma realidade – a guineense – pouco conhecida e pouco trabalhada e nem a circunstância de ter sido concluída em 2000 lhe retira actualidade, dado que a instabilidade da situação política no país inviabilizou qualquer alteração significativa dos dados com que o autor trabalhou.

Se, como referi, se trata de um estudo com uma forte componente de análise da realidade guineense, é inevitável que, pelo menos numa das suas partes, se revista de um carácter fortemente descritivo. Não creio, no entanto, que daí resulte qualquer diminuição do interesse ou da qualidade da obra, antes se me afigurando que essa é uma base necessária de partida para a reflexão que se pretenda fazer sobre qualquer tema de finanças públicas.

A reflexão que aqui é conduzida prende-se com uma das grandes questões que os Estados têm de enfrentar hoje em dia e que é a de determinar o grau de descentralização ideal, designadamente na sua componente de repartição de receitas, ainda que também e, necessariamente, das despesas públicas.

Essa é uma questão com que tradicionalmente se confrontaram os Estados desenvolvidos, mas que crescentemente se começa a impor aos restantes Estados, que procuram novos caminhos de organização que permitam dar uma resposta mais satisfatória às necessidades das suas populações ou até minimizar eventuais fenómenos desagregadores, atribuindo maiores poderes de decisão e meios financeiros a comunidades infra-estaduais.

Nessa evolução não se pode, aliás, esquecer a influência das orientações das instituições financeiras internacionais que parecem convencidas da excelência da descentralização financeira para assegurar um melhor padrão de finanças públicas e um melhor controlo da corrupção.

Naturalmente que essa distribuição de recursos é especialmente difícil em países onde eles são escassos e onde quer as normas tributárias, quer os serviços encarregados da administração das receitas são incipientes ou desajustados, mas não é de excluir que uma nova distribuição entre o Estado e as entidades infra-estaduais possa originar uma melhor adequação da fiscalidade à realidade ou um melhor controlo da sua execução.

Creio, de facto, que é preciso nestes países dar novos passos no domínio da fiscalidade e das finanças públicas que vão no sentido da sua modernidade e adequação à sociedade e da sua conformação com um objectivo de desenvolvimento económico.

Ora, esses passos só podem ser dados a partir do conhecimento profundo da realidade existente e da capacidade de a criticar e detectar as suas falhas, qualidades que o mestre Eugénio Moreira amplamente revela.

Referi já a circunstância de ter sido orientador da presente dissertação, mas o meu conhecimento do mestre Eugénio Moreira é anterior e remonta à sua actividade como docente na Faculdade de Direito de Bissau, que pude apreciar quando ocupava um lugar de direcção no Gabinete de Cooperação da Faculdade de Direito de Lisboa.

Pude, então, apreciar o seu grau de empenhamento profundo no ensino, o seu espírito universitário e a sua ânsia em aumentar os conhecimentos, para além da sua profunda seriedade e competência, reconhecida por todos os docentes portugueses que passaram por Bissau.

Foi, pois, com natural alegria que o acolhi no meu mestrado e que procurei contribuir para o desenvolvimento da sua carreira académica e foi com satisfação que verifiquei a forma como soube reagir às contrariedades da vida política na Guiné-Bissau e aos reflexos sobre a sua tranquilidade pessoal.

A obra que se publica revela, em certos aspectos, fragilidades que são normais neste grau da vida académica, mas atesta e isso é muito mais importante a capacidade de trabalhar seriamente e de reflectir sobre os problemas que seguramente permitirão ao autor dar outros passos na sua vida académica.

Lisboa, Janeiro de 2004

EDUARDO PAZ FERREIRA

Aos meus filhos,
GERALDINO, GERALDINE E GERVÁSIO

À minha esposa e companheira de sempre,
LUÍSA MOREIRA

Aos meus pais,
ILDEFONSO MOREIRA E CATARINA GOMES

PRÓLOGO

O estudo que agora se dá estampa é fruto de um árduo labor científico, iniciado em 1996, quando iniciámos o Curso de Aperfeiçoamento conducente ao Mestrado na Faculdade de Direito da Universidade de Lisboa, no âmbito do acordo de cooperação entre esta instituição e a sua congénere, a Faculdade de Direito de Bissau. Corresponde, no essencial, à dissertação de Mestrado apresentada naquela Faculdade, em Julho de 1999 e discutida, no dia 26 de Maio de 2000. Devido às circunstâncias em que decorreu a sua feitura, introduzimos ligeiras alterações de ordem formal.

A repartição dos recursos públicos entre o Estado e as Autarquias Locais é o tema que elegemos para a nossa dissertação de Mestrado em Ciências Jurídico-económicas. Um tema muito em voga em todo o mundo civilizado. O seu interesse inscreve-se na linha da democratização e pluralismo político instituídos, formalmente, e que agora se pretende solidificar e desenvolver.

As transformações políticas (e também económicas) dos últimos tempos, com origem na alteração do quadro internacional – mormente o fim da guerra-fria – são propícias à criação de um quadro institucional que se adeqúe a nova forma de concepção, organização e de estruturação do poder político do Estado, bem como o seu relacionamento com a sociedade civil em geral. O abandono, sobretudo, dos ideais centralistas que caracterizaram o país no período pós-independência, com todas as suas implicações, ditou novas regras de convivência: o chamamento de entidades públicas de base populacional e territorial, criadas pelo próprio Estado para, com ele, prosseguir os interesses das populações das várias parcelas que compõem o todo nacional.

O aparecimento das Autarquias Locais, enquanto expressão do verdadeiro Poder Local constitui uma nova realidade e desafio de governação sem precedente na história do país, de cujo passado recente não se orgulha. Esta nova filosofia de concepção organizacional, estrutural, incluindo a articulação do poder político do Estado, visa dotar o país de mecanismos e de soluções, assentes em valores como a transparência, a democracia, a participação colectiva e a boa governação (gestão e administração) dos bens colectivos.

As provas finais de Mestrado tiveram lugar, em sessão pública, perante um distinto e reconhecido júri constituído pelos Senhores Professores Doutores António Luciano de Sousa Franco, Luís Manuel Teles de Menezes Leitão e Eduardo Manuel Hintze da Paz Ferreira.

É dever de justiça expressar, aqui, o reconhecimento pela atenção dispensada e valiosos contributos recebidos durante a elaboração deste trabalho. Assim são devidos agradecimentos ao Professor Doutor Eduardo Manuel Hintze da Paz Ferreira pela orientação e disponibilidade manifestada. Sobretudo não podia deixar de manifestar os profundos reconhecimentos pelo estímulo e palavra amiga – principalmente em momentos difíceis vividos e sentidos por todos os guineenses ao longo do conflito armado que violentou o país nos anos de 1998/99 – que muito contribuíram para o prosseguimento do mesmo, bem como pelas sábias sugestões de aperfeiçoamento que me foi apontando. Em especial, fica o meu profundo agradecimento e honra pelo consentimento em escrever o Prefácio da presente publicação.

Aos Professores Doutores António Luciano de Sousa Franco (Presidente do Júri e Arguente) e Luís Manuel Teles de Menezes Leitão (Arguente) agradeço as críticas/sugestões sobre os aspectos formais e substantivos de que padecia o trabalho final, que, agora, foram devidamente acolhidas. Neste particular, realça-se, aqui, o indispensável apoio daquele já na derradeira fase do presente.

Embora correndo o risco de omitir os nomes de colegas que muito contribuíram para a concretização deste trabalho, não podia deixar de dirigir uma palavra de agradecimento ao Dr. Ricardo Borges, pelo diálogo proporcionado e pelo apoio na revisão da primeira parte, ainda na fase da elaboração e apresentação. Aos Drs. Augusto Silva Dias e Ana Paula Dourado agradeço todo o apoio dispensado desde a primeira hora; aos Drs. Filipe Alberto da Boa Baptista, Maria Raquel Rey, Madalena Nora e Paulo Sousa Mendes os devidos agradecimentos pelo estímulo e pelo apoio dispensados.

Outrossim não resisto à tentação de mencionar aqui os nomes da Dra. Maria José e D. Nadir Ribeiro, ambas da Secretária de Mestrado da Faculdade de Direito de Lisboa, pela atenção e informações facultadas em tempo útil e a amabilidade sempre demonstrada.

Agradeço às funcionárias das bibliotecas da Faculdade de Direito da Universidade de Lisboa; do Centro de Estudos Fiscais, e à D. Joana Sofia da biblioteca da Direcção-Geral da Administração Autárquica do Ministério do Planeamento e da Administração do Território, pela atenção e acesso facilitado à bibliografia.

Aos colegas e amigos que, estando na Guiné-Bissau, não pouparam o sacrifício de enviar os elementos de estudo que tanta falta nos fizeram, sobretudo ao malogrado Dr. Luís Fernandes da Silva a minha homenagem póstuma, paz para a sua alma e da sua esposa, Dra. Patrícia Có Silva.

Aos meus familiares pela paciência com que acudiram a ansiedade e angústia. Especial carinho e agradecimento à minha irmã, Maria de Fátima da Costa e os meus pais, Ildefonso Rodrigues Moreira e Catarina Gomes, sobretudo a minha mãe, a ela devo tudo na vida

Por fim, não podia deixar de, publicamente, deixar uma palavra amiga a minha esposa, Luísa Moreira, e meus filhos, Geraldino, Geraldine e Gervásio Moreira, pelo amor e pelo afecto que não tiveram em muitos momentos.

Póvoa de Santo Adrião, Junho de 2000

SIGLAS E ABREVIATURAS

AAFDL	— Associação Académica da Faculdade de Direito de Lisboa
al.	— alínea
als.	— alíneas
BCE	— Boletim de Ciências Económicas
BCEAO	— Banco Central dos Estados da África Ocidental
BFDC	— Boletim da Faculdade de Direito de Coimbra
BFDB	— Boletim da Faculdade de Direito de Bissau
BO	— Boletim Oficial da República da Guiné-Bissau
CC	— Código Civil
CCom.	— Código Comercial
CCI	— Código da Contribuição Industrial
CCPU	— Código da Contribuição Predial Urbana
CCTF	— Cadernos de Ciência e Técnica Fiscal
CCRC	— Comissão de Coordenação da Região de Centro
CE	— Conselho de Estado
CEDEAO	— Comunidade Económica dos Estados da África Ocidental
cfr.	— confrontar; confirmar
CICap.	— Código de Imposto de Capitais
CICompl.	— Código de Imposto Complementar
CIF	— *Coast, Insurance and Freight*
CIGV	— Código de Imposto sobre Venda e Serviços
col.	— coluna
cols.	— colunas
CPT	— Código de Processo Tributário
CR	— Conselho de Revolução
CRGB	— Constituição da República da Guiné-Bissau
CRGB 1973	— Constituição da República da Guiné-Bissau, saída da proclamação unilateral da independência no país, de 24 de Setembro de 1973
CRGB 1984	— Constituição da República da Guiné-Bissau, de 16 de Maio de 1984

CRP	— Constituição da República Portuguesa
CTF	— Ciência e Técnica Fiscal
CCTF	— Cadernos de Ciência e Técnica Fiscal
DJAP	— Dicionário Jurídico da Administração Pública
DGA	— Direcção-Geral das Alfândegas
DGCI	— Direcção-Geral das Contribuições e Impostos
F. CFA	— Franco da Comunidade Financeira Africana
FEF	— Fundo de Equilíbrio Financeiro
FOB	— *Free on Board*
FARP	— Forças Armadas Revolucionárias do Povo
GAI	— Gabinete de Apoio ao Investimento
IC	— Imposto de Consumo
IEC	— Imposto Especial de Consumo
IGV	— Imposto Geral sobre Venda e Serviços
INACEP	— Imprensa Nacional, Empresa Pública
INTOSAI	— Instituição Suprema de Controlo Financeiro Independente
IRC	— Imposto sobre o Rendimento das Pessoas Colectivas
IVA	— Imposto sobre o Valor Acrescentado
J.A.C.C.	— Juventude Africana "Amílcar Cabral"
LBAL	— Lei de Base das Autarquias Locais
LFL	— Lei de Finanças Locais
LEOGE	— Lei de Enquadramento do Orçamento Geral do Estado
LOGE	— Lei de Orçamento Geral do Estado
LOTC	— Lei Orgânica do Tribunal de Contas
LQPP	— Lei-quadro dos Partidos Políticos
MEF	— Ministro da Economia e Finanças
n.º	— número
n.ºs	— números
OGE	— Orçamento Geral do Estado
OCDE	— Organização para a Cooperação e Defesa da Europa
OPAD	— Organização dos Pioneiros "Abel Djassi"
p	— página
pp	— páginas
parág.	— parágrafo
ss	— seguintes
PAE	— Programa de Ajustamento Estrutural
PALOP	— Países Africanos de Língua Oficial Portuguesa
P.A.I.G.C.	— Partido Africano para a Independência da Guiné e Cabo-Verde
P. G.	— Peso Guineense
RAL	— Revista da Administração Local
RDJ	— Revista de Direito e Justiça
RDE	— Revista de Direito e Economia

RFDL	— Revista da Faculdade de Direito de Lisboa
RJ	— Revista Jurídica
RLAD	— Revista LUSO-AFRICANA DE DIREITO
ROA	— Revista da Ordem dos Advogados
RTC	— Revista do Tribunal de Contas
SMF	— Salário Mínimo Mensal Familiar
STJ	— Supremo Tribunal de Justiça
TVA	— *Taxe sur la Valeur Ajoutée*
TSA	— Taxa de Serviço Aduaneira
UDEMU	— União Democrática das Mulheres da Guiné
UEMOA	— União Económica e Monetária Oeste Africana
UMOA	— União Monetária Oeste Africana
U.N.T.G.	— União Nacional dos Trabalhadores da Guiné
v. g.	— *verbi gratia*, por exemplo
Vol.	— Volume

INTRODUÇÃO

OBJECTO, DELIMITAÇÃO E METODOLOGIA

I. A escolha do tema tem um duplo propósito. Primeiro, o de fazer uma abordagem da problemática da repartição dos recursos públicos entre as entidades públicas (Estado/entes similares menores, mormente as Autarquias locais, e, de entre estas, em especial os Municípios), que têm a seu cargo a prossecução do interesse colectivo independentemente da sua localização geográfica. Nesta matéria – que depende, sobretudo, do sistema económico vigente num país –, configura-se de relevada importância a admissibilidade ou não da propriedade privada. Efectivamente, o conjunto de bens que dela faz parte constitui a base, o pressuposto económico da tributação e, nessa medida, a fonte de recursos necessários à efectivação dos fins das entidades públicas, porquanto da privação coactiva ou contratual dos mesmos resultam meios financeiros para as entidades públicas de população e território.

A moderna *ciência económica* em geral, e o ramo da *ciência das finanças públicas caracteres normais,* são fortemente marcados, na actualidade, pela intervenção positiva do Estado na economia. O mecanismo automático de mercado preconizado pelos clássicos cedeu lugar à intervenção do Estado – como reconhecimento da insuficiente regulação da economia pelas regras do mercado, sem resposta para algumas das questões que se colocam –, a fim de corrigir as distorções ocasionadas pelo seu funcionamento.

Uma visão global do estudo da *ciência das finanças públicas*, especificamente a vertente das finalidades de políticas fiscais, permitir-nos-á perceber que as principais questões a resolver são relativas, nas palavras de RICHARD MUSGRAVE[1], à *alocação dos recursos*; ao *ajustamento na dis-*

---

[1] Cfr. a obra do autor, *Teoria das finanças públicas – Um estudo de economia governamental,* Vol. I, trad., São Paulo, 1973, pp. 25 e ss.

tribuição da renda e da riqueza e à *estabilização económica*. Estas questões revelam-se de grande importância no quadro das necessidades colectivas e das políticas necessárias para assegurar uma justa repartição dos recursos públicos entre o Estado e as Autarquias Locais. Isto porque:

– a satisfação das necessidades colectivas, contrapostas às necessidades individuais, configura um mecanismo de agregação das preferências individuais, conducentes à tomada de *decisões políticas financeiras* que substituem as preferências individuais não reveladas pelo mecanismo de mercado, em virtude da incapacidade de *cobrir* estes tipos de necessidades. Portanto, cabe à *função da alocação* a provisão dos meios necessários à satisfação dessas necessidades, assegurando os ajustamentos necessários na afectação de recursos públicos pelo mercado[2], razão pela qual se dá a transferência dos recursos dos particulares para o Estado, necessários à cobertura dos custos ligados à provisão dos bens e serviços colectivos;

– a par da satisfação das necessidades colectivas, com implicações a nível da tributação, direccionada à procura de meios financeiros, em grande parte através de imposições sobre o conjunto de bens patrimoniais dos particulares, o Estado pretende alcançar outros objectivos, por exemplo, uma melhor distribuição de riqueza (*função de distribuição*). Para a consecução deste objectivo, são tomadas, entre outras medidas, a exclusão do campo da incidência do salário mínimo (como forma de assegurar, ao indivíduo-contribuinte e sua família, o mínimo de existência) ou o pagamento de transferências[3]. Ou seja, nesta sede, é ao Estado que cabe transferir os recursos para os particulares. Há, portanto, como que uma *inversão* de sentido relativamente à função da alocação;

– por fim, mas não menos importante, os objectivos ligados à manutenção de um determinado nível de emprego, estabilidade de preços, controle da inflação, equilíbrio orçamental, redução do défice público e incentivo ao desenvolvimento, fazem com que a intervenção estatal tome a forma de *função estabilizadora*[4]. Esta aparece como uma etapa final das três funções que cabem ao Estado. É, sem sombra de dúvida, diferente das

---

[2] RICHARD MUSGRAVE, *Teoria das finanças públicas...*, Vol. I, pp. 26 e ss, principalmente p. 26.

[3] RICHARD MUSGRAVE, *Teoria das finanças públicas...*, Vol. I, pp. 39 e ss, em especial p. 40.

[4] RICHARD MUSGRAVE, *Teoria das finanças públicas...*, Vol. I, pp. 45 e ss, concretamente pp. 45-46.

outras: exige, portanto, uma política governamental saudável, assente em medidas compensatórias das acções individuais ou de grupos resultantes do sistema económico livre. Por um lado, as medidas destinam-se a manter um nível de emprego quando está em causa (ou presente a ameaça da) a diminuição do ritmo da actividade económica dos privados; por outro, conseguir a estabilidade de preços, quando a oferta diminui relativamente à procura. Em suma, não se trata de afectar os recursos entre entidades públicas e privadas, nem tão- -pouco de fazer uma melhor redistribuição de riquezas produzidas; trata- se de congregar um conjunto de esforços que permita a manutenção de um alto nível de utilização de recursos e, simultaneamente, permita obter a estabilidade do valor da moeda. Não nos cingiremos ao estudo dessas *funções*, embora conexas, de alguma forma com a matéria que elegemos como propósito para o nosso trabalho.

Para este tipo de estudo, paralelamente à eleição de uma visão assente na *ciência das finanças públicas,* parece-nos indispensável e imprescindível um estudo analítico que tome em consideração os princí- pios estruturantes da fiscalidade guineense; daí a necessidade de conside- rar, primeiramente, a *óptica do direito em geral*, em particular o *direito constitucional*, fornecedor dos critérios em que deve assentar uma tributa- ção que se deseja igual e justa para todos os cidadãos-contribuintes, como expressão do dever constitucional de contribuir para a materialização das necessidades da comunidade. Concomitantemente, a convocação da *teoria jusfundamental* serve de critério para testar a constitucionalidade das normas jurídico-fiscais. Daqui decorre a necessidade de considerar as virtualidades desta teoria, procurando chamar à colação, em matéria dos princípios jurídico-constitucionais, a sua contribuição.

O segundo propósito é relativo ao controlo financeiro, que é dese- jável exercer em relação às entidades que *repartem* entre si os recursos públicos, mormente dinheiros – meios necessários à efectivação das necessidades colectivas –, em virtude de os mesmos advirem da amputa- ção patrimonial dos particulares, pelo que tal controlo se nos afigura imprescindível. Relativamente a esta matéria, antecipamos, desde já, que Autarquias e Estado (incluindo os seus serviços e institutos) se submetem ao controlo de uma entidade independente, o Tribunal de Contas, sendo responsáveis pela gestão de dinheiro e do património públicos. Aqui, ambas se encontram numa posição de submissão, pois a supremacia do

Estado-administração, enquanto entidade soberana, carece de qualquer *imperium*, sujeitando-se ao direito por ele criado como se de um particular se tratasse. Nesta linha de pensamento, parece-nos indiscutível o apelo à figura jurídica da responsabilidade financeira, como instituto em si mesma, como forma de responsabilização de todos os que assumem a administração e gestão de "coisas públicas", sobretudo, de dinheiros públicos.

Parece-nos importante fazer, ainda nesta preliminar, um reparo. O Estado[5] por excelência soberano na ordem interna e, portanto, dotado de *jus imperi* coloca-se numa situação privilegiada que lhe permite impor sacrifícios aos particulares, reflexo do seu poder de imposição, e, assim, arrecadar, através dos serviços próprios, os recursos financeiros dos quais necessita para o (cabal) cumprimento das suas atribuições. Esta é a situação própria dos estados fiscais modernos, cuja característica principal é o recurso aos *impostos* para a satisfação das suas necessidades financeiras, através das transferências da economia privada para o público. Esta situação não prejudica a configuração do dever de contribuição que assiste a todos os cidadãos, mormente daqueles que possuem capacidade contributiva, de forma a per-mitir a realização das despesas públicas inerentes à própria colectividade.

Neste ponto encontramos o Estado na sua veste de Estado-poder, com as suas necessidades, razão pela qual preferimos utilizar a expressão administração central em contraposição à administração local. Tal privilégio de imposição sobre o património dos particulares não assiste às Autarquias locais, entidades infra-estaduais, mormente os Municípios[6], por-

---

[5] Utilizamos a palavra na sua acepção de "Estado-poder", dotado de poder político e de meio de coacção, diferente do "Estado-administração", pessoa colectiva titular de direitos e de obrigações e sujeito das normas jurídicas por ele elaboradas. Quando referimos ao, sem mais, Estado, estamos a pensar na segunda acepção da palavra. Cfr. DOMINGOS MARTINS EUSÉBIO, *Alguns aspectos da relação jurídica tributária*, Coimbra, 1958, pp. 96 e ss; VITOR FAVEIRO, *"Fiscalidade e Justiça"*, CTF, Vol. IX, n.º 50, Lisboa, 1963, pp. 393-394; DIOGO FREITAS DE AMARAL, *"Estado"* in Pólis-Enciclopédia Verbo, Vol. 2, Lisboa, 1996, cols. 1126-1177.

[6] Entendemos circunscrever a nossa análise apenas aos Municípios, uma das categorias das Autarquias locais, conforme resulta do artigo 106.º da Constituição da República da Guiné-Bissau, doravante, CRGB. Qualquer referência ao diploma constitucional sem mais especificação, considera-se em relação à actual versão da Constituição de 1984, incluindo as sucessivas alterações. Note-se, por outro lado, que está em curso a

quanto limitados nos seus poderes, fruto da autonomia, sobretudo, financeira. Esta situação irá reflectir-se no poder de atribuição (repartição) de recursos entre as duas entidades.

II. Todas essas considerações irão centrar-se numa determinada economia – a guineense, influenciada, quer por opções políticas, económicas e sociais, quer pelo seu estádio de desenvolvimento. Iremos limitar, portanto, os nossos estudos a aspectos relacionados com a tributação das realidades fácticas elevadas, pelo legislador fiscal, à categoria de situações jurídicas constitutivas de fenómenos tributários (incidência objectiva). Isto é, os pressupostos de que dependem a incidência do imposto, com o fito de apreender os recursos que daí advêm e proporcionam às entidades públicas a satisfação das suas necessidades. Estas e outras razões conduzem-nos, primeiramente, a dedicar atenção a aspectos relativos aos princípios constitucionais que informam o nosso Sistema Fiscal, sem os quais não se pode ter uma real percepção e alcance do seu funcionamento; e, num segundo momento, tratar das matérias relativas à fiscalidade, questão fulcral num estudo sobre a transferência de recursos pertencentes aos particulares para as entidades públicas. Aqui, os princípios constitucionais assumam-se como uma garantia de que o património dos particulares não será sacrificado para além do necessário e na justa medida das suas capacidades para tornar efectiva a satisfação das necessidades colectivas.

Referindo propriamente o objecto central deste estudo entendemos começar por fazer uma breve apreciação dos poderes de imposição de sacrifícios aos particulares que assistem ao Estado e às entidades territoriais menores. Dissemos acima que o Estado é soberano na ordem interna; por conseguinte, dotado de poder. Uma das manifestações desse poder encontramo-la na criação de imposições ao património dos particulares – poder tributário –, fenómeno que não assiste às entidades infra-estaduais, *maxime* as Autarquias locais, sem embargo de outras considerações que se possam tecer em redor da autonomia do poder local. Já em relação à personalidade tributária activa, ou seja, à possibilidade de figurar como sujeito activo, credor da relação jurídica tributária, antecipamos desde já que assiste ambas as entidades.

---

preparação de uma revisão global da Constituição, iniciada seis meses antes do conflito militar que eclodiu a 7 de Junho de 1998.

A Constituição da República da Guiné-Bissau atribuiu poderes às Autarquias locais para gerirem autonomamente os seus recursos próprios em consonância com a autonomia administrativa, financeira e patrimonial de que gozam. Existe, portanto, uma descentralização das funções do Estado e, nessa medida, a atribuição de recursos próprios diferentes dos do Estado-administração central, provenientes da gestão patrimonial e utilização dos serviços locais, como forma de materializar a autonomia concedida. Procuraremos perceber o conteúdo e a extensão dos poderes concedidos às entidades infra-estaduais em benefício das populações locais.

O conhecimento dos princípios constitucionais informadores do Sistema Fiscal guineense afigura-se-nos importante, enquanto postulados dirigidos ao legislador fiscal, aos serviços da Administração fiscal e aos próprios particulares (contribuintes), cujo sacrifício patrimonial se impõe. Assim, na Parte I, a nossa preocupação irá centrar-se nas considerações gerais desses princípios, tal como aparecem na nossa Lei Fundamental, e procurar inferir os seus reflexos no sistema tributário vigente. É uma tarefa que não esperamos facilitada, dada a formulação, por vezes pouca clara e imprecisa, no texto constitucional.

O estudo da fiscalidade e o seu relacionamento com a estrutura económica constitui também uma das vertentes da nossa reflexão. Iremos terminar a primeira Parte com o tema relativo às opções do legislador fiscal para a materialização do Sistema Fiscal guineense. Interessa-nos, sobretudo, conhecer as opções legislativas subjacentes ao conjunto de impostos que o compõe, principalmente aqueles com maior peso, na medida em que a percepção dos recursos pelas entidades cometidas constitucionalmente de satisfazerem as necessidades colectivas impõe o conhecimento dessas mesmas fontes.

A Parte II começa com uma breve referência ao federalismo financeiro, como ponto de partida para a compreensão do fenómeno da repartição dos recursos públicos entre as entidades nacional (Estado) e local (as Autarquias locais, *maxime*, os Municípios): o designado *municipalismo financeiro*, no contexto da nossa economia nacional. A análise desta parte levanta, entre outras, duas questões essenciais.

A primeira questão tem que ver com a soberania contraproposta à autonomia das duas entidades, a análise da legitimidade do poder de imposição de sacrifícios aos particulares em que se manifesta a soberania estatal e a personalidade tributária (activa), cujas respostas só são possíveis à luz do Direito regulador das relações entre o Estado e os particulares. Por isso, entendemos, nomeadamente, tratar do conhecimento das normas constitucionais e legais que legitimam os poderes das entidades públicas nessas relações. Não nos cingiremos a um método exegético. Iremos procurar fazer apreciação das mesmas e, se necessário, apontar críticas e sugestões. Diversamente a segunda diz respeito à fórmula encontrada para se efectivar a repartição dos recursos públicos entre as entidades cujas funções decorrem da Lei Fundamental.

Saber quais os recursos atribuídos às entidades infra-estaduais, no âmbito da satisfação das necessidades locais com elas conexas, e quais os princípios e mecanismos que devem presidir a consecução dos objectivos da *justa repartição dos recursos públicos entre o Estado e as Autarquias locais* e à *necessária correcção das desigualdades entre as autarquias* constituem, designadamente indagações deste trabalho.

Ainda no seguimento desta matéria é imprescindível a análise, ainda que breve, da questão da satisfação das necessidades colectivas. Esta matéria envolve, como se sabe, a tomada de decisões político-financeiras que substituam os critérios *imperfeitos* que regem o mercado (falhas de mercado, prevalência da eficiência sobre a equidade) por mecanismos de funcionamento que satisfaçam plenamente as necessidades colectivas. Procuraremos perceber como são influenciadas as decisões dos políticos (e dos economistas) em relação à escolha da opção entre as várias alternativas que se afiguram possíveis. Nesta ordem de ideias, o recurso à teoria da escolha pública (*"public choice"*) oferece importantes indicações. Paralelamente, teceremos algumas considerações sobre a teoria do bem-estar colectivo e sobre os seus critérios de optimização.

Para finalizar o nosso estudo iremos dedicar um capítulo autónomo ao controlo financeiro que é exercido em relação às entidades que beneficiam de recursos, retirados coactivamente ou por contrato aos particulares. Esta parece-nos, de resto, uma das questões chaves, fulcrais da actividade financeira estadual e local. Não basta atribuir recursos. Essencial é, pois, a sua administração e gestão. Para que os dinheiros públicos sejam gastos de forma correcta e conforme os objectivos previamente definidos, torna-se necessária a intervenção de uma entidade exterior, com idoneidade e com capacidade suficientes para assegurar o escrupuloso cumprimento dos objectivos subjacentes. Esta garantia é-nos dada pelo Tribunal de Contas, especializado no controlo e no julgamento (bem como a efectivação da responsabilidade financeira) das actividades financeiras central e local.

Razões ligadas à gestão das coisas públicas por entidades centrais ou locais recomenda a prestação de contas sobre os seus exercícios. E dado também que se tratam de órgãos das entidades representativas do todo nacional e das respectivas populações, com poderes de administração e gestão em nome do povo. Ambas as entidades sujeitam se ao controlo financeiro de um dos poderes instituídos, integrado num dos órgãos de soberania, dotado de independência, com competência própria para decidir dos actos em que se traduz a actividade financeira das entidades colocadas sob a sua alçada; esses actos materializam-se na execução do orçamento e nos actos de administração e na gestão patrimonial, cujo controlo se revela imprescindível efectuar através do Tribunal de Contas, entidade vocacionada para o julgamento das actividades financeiras do Estado e entidades similares, bem como as entidades por eles criadas.

Numa sociedade democrática – como é a da Guiné-Bissau –, a transparência na gestão e administração financeira do Estado e das entidades similares aconselha o exercício do controlo através de um órgão de fiscalização externo e especializado, cuja jurisdição se exerce em relação às contas das entidades à ela submetida, a fim de determinar a sua correcção e legalidade. Este dado revela que o controlo financeiro é uma actividade estritamente ligada à administração e à gestão das coisas públicas, mormente dinheiros e património públicos.

III. A análise e desenvolvimento do tema cingir-se-ão, basicamente, a ponderar três principais contributos: o primeiro, centra-se no *direito constitucional*, parâmetro de medição da constitucionalidade do sistema de tributação no seu todo e de cada um dos tipos tributários em particular, pois nos permite explicar o fenómeno tributário, bem como os princípios que o rege. Sendo a Constituição um *repertório* dos princípios e das regras constitucionais, fornecer-nos-á os argumentos para testar as fórmulas legais que o legislador ordinário encontrou para dar corpo ao sistema de tributação necessário à materialização das funções financeiras do Estado (em sentido lato). O segundo, relativo à *ciência das finanças públicas*, ramo da ciência económica, é caracterizado por uma intervenção positiva do Estado, com os seus princípios, *maxime* da "economia" e da "justiça", bem como os valores que estão na sua base. As proposições dessa ciência dirigem-se, principalmente, à explicação da relação entre o Estado e o indivíduo; isto é, a procura de uma fundamentação para o fenómeno tributário, muito ligado ao exercício da soberania estadual, sem embargo de, na sua configuração constitucional, a sua tradução geral expressar um dever (constitucional) que impende sobre os cidadãos--contribuintes.

O terceiro contributo é o relativo à *teoria económica*, com o propósito de procurar encontrar uma explicação – com base em pressupostos que entendemos inoportuno discutir neste trabalho – para o fenómeno da satisfação das necessidades privadas/colectivas. Aqui, a nossa atenção dirige-se à procura de uma situação óptima para o indivíduo e para a comunidade. Razão pela qual iremos preocupar-nos principalmente com a *teoria da escolha pública* (*"public choice"*), cujos critérios alternativos, processual ou deontológico[7], fornecem inegáveis contributos para o enriquecimento. Evidentemente, no pressuposto de servir de instrumento de interpretação dos fenómenos económicos e políticos reais.

Deixamos de fora aspectos como os que dizem respeito às querelas da filosofia e das doutrinas políticas e sociais sem, no entanto, menosprezar o importante contributo que tiveram e têm no estudo dos fenómenos económicos – em que o Homem é agente e objecto de investigação –, na medida em que podem conduzir à uma melhor satisfação das necessidades individuais e do bem-estar social[8].

Na parte que toca aos estudos teóricos, entendemos que o método dedutivo[9] – próprio da análise do comportamento e dos móbeis dos indivíduos ou das dependências dos diversos elementos da vida económica[10], em larga medida influenciada por ilustres pensadores clássicos e neoclássicos que muito debruçaram sobre o fenómeno económico – serve melhor a necessidade de "conhecer a natureza dos fenómenos em análise e as

---

[7] Vide JORGE COSTA SANTOS, *Bem-estar social e decisão financeira*, Coimbra, 1993, pp. 6-7.

[8] *JOÃO P. C. LEITE (Lumbrales), Economia Política*, Vol. I, 2ª Edição, Coimbra, 1967, p. 97.

[9] A definição de ROBBINS, segundo a qual a economia é uma ciência que "estuda a conduta humana como relação entre fins e meios escassos aplicáveis a usos alternativos", tem como uma das consequências a afirmação do carácter dedutivo da ciência económica, isto é, as suas proposições deduzem-se dos postulados (factos indiscutíveis, como por exemplo a escassez de bens) inicialmente admitidos. Cfr. CLAUDIO NAPOLEONI, *A teoria económica no século XX*, trad., Lisboa, 1973, pp. 39-41. A propósito desta definição e críticas, vide FERNANDO ADÃO DA FONSECA e ROQUE CABRAL, *"Economia"*, in Pólis--Enciclopédia Verbo, Vol. 2, Lisboa, 1996, colunas 788-810.

[10] *JOÃO P. C. LEITE (Lumbrales), Economia Política*, pp. 106-107.

dependências entre eles existentes"[11]. No entanto, é de todo reconhecida, na actualidade, a necessidade de sintetizar este método com o método indutivo. Este último permite a observação dos factos explicativos da realidade económica, política e social – campos de aplicação do nosso trabalho –, com vista à formulação de proposições. Aliás, o fenómeno económico, componente de um conjunto mais vasto e global constituído pelo fenómeno económico, social e cultural, melhor se apreende quando observado conjuntamente com os outros.

Não obstante, a análise normativa[12], adequada à área das ciências jurídico-económicas, afigura-se-nos como a ideal, porquanto permite formulações relativas à melhor forma de conseguir uma justa repartição dos encargos públicos e à melhor solução, de entre as alternativas possíveis, para o problema de satisfação das necessidades colectivas. Esta opção, todavia, não descura a dimensão interdisciplinar – política, social e cultural –, pressuposta em toda a estrutura tributária, na medida em que garante uma visão mais abrangente do fenómeno tributário, em que o imposto assume lugar principal como instrumento de política económica e social, para além do papel imediato de contribuir para a materialização das necessidades colectivas, envolvendo a sua efectivação a tomada de decisões políticas que obrigam a escolha de uma decisão entre as várias alternativas que se colocam. Por esta razão privilegiamos os aspectos político--económicos, no estudo interdisciplinar que entendemos realizar.

Mas o nosso tema não se esgota nestes dois aspectos, dado que o nosso propósito vai para além de uma simples análise normativa. Ou seja, consumada a questão de uma tributação justa e equitativa, e encontrada a solução que melhor satisfaz as necessidades colectivas, entendemos que o fenómeno financeiro não fica completo sem que haja um controlo *apertado* das entidades que gerem o dinheiro e o património públicos, tão indispensáveis para à materialização das funções do Estado e das entida-

---

[11] JOÃO P. C. LEITE (*Lumbrales*), *Economia Política*, p. 96.
[12] PAUL SAMUELSON & WILLIAM D. NORDHAUS, *Economia*, Décima Quarta Edição, (trad.), Lisboa, 1993, p. 340 fazem apelo deste tipo de análise a propósito do estudo da economia do bem-estar dizendo que "corresponde a análise normativa dos sistemas económicos – o estudo do que está certo e do que está errado, do que é desejável e indesejável do funcionamento da economia". V. também, JORGE COSTA SANTOS, *Bem-estar social...*, quando diz o seguinte "(...), sendo a economia de bem-estar e a teoria da escolha colectiva especialmente orientadas para as questões normativas..." (p. 7).

des similares. Isto é, o fenómeno financeiro – componente do fenómeno económico-social – não se esvazia logo com a decisão político-financeira (acertada ou não) que manda *atender* a determinadas necessidades colectivas, continua presente nos gastos necessários e indispensáveis à execução quantitativa e qualitativa do orçamento. Por estas e por outras razões, justifica-se o *acompanhamento* da actividade financeira central e local, no intuito de se conformar aos objectivos e padrões considerados prementes e inadiáveis para qualquer sociedade moderna. Isso pode ser garantido mais eficazmente quando assegurado por uma entidade exterior e independente, o Tribunal de Contas.

PARTE I

SISTEMA FISCAL GUINEENSE.
OS PRINCÍPIOS CONSTITUCIONAIS FISCAIS.
OS PRINCIPAIS IMPOSTOS

CAPÍTULO I

CONSIDERAÇÕES GERAIS SOBRE O SISTEMA FISCAL GUINEENSE

I. O estudo do sistema fiscal – no sentido de conjunto de impostos e da forma global como se relacionam entre si, na sua articulação lógica e coerência social – desde sempre apaixonou ilustres estudiosos da ciência económica e da ciência das Finanças Públicas, em particular. O contributo pioneiro e relevantíssimo nesta matéria tem o cunho de ADAM SMITH, através da sua obra fundamental intitulada *Riqueza das Nações*. O autor apresenta quatro máximas que a generalidade dos impostos deve obedecer: a *justiça*, segundo a qual todos os cidadãos devem contribuir para a realização das despesas públicas, na medida das respectivas capacidades; a *certeza*, apelando para a não arbitrariedade do imposto que cada um deve pagar (o tempo, o modo e o quantitativo a pagar devem ser claros e simples); a *comodidade*, para significar que o lançamento e pagamento do imposto devem ser feitos de molde a não criar "inconveniências" ao contribuinte; e, por último, a *economia*, nos termos da qual as despesas com o erário público devem sacrificar o mínimo possível o património do contribuinte, e os impostos devem consubstanciar uma receita efectiva, superior ao custo administrativo da sua cobrança[13].

Os postulados assim apresentados pelo ilustre clássico obtiveram, (entre os autores), um grande consenso, sem embargo da variação no espaço e no tempo. Na actualidade, a obra de referência é a do Professor alemão FRITZ NEUMARK que identifica 18 princípios que devem nortear um sistema fiscal[14]. De uma maneira geral, os critérios que devem presidir aos

---

[13] Estas máximas relativas aos impostos em geral constam do Capítulo II, Parte II, Livro V, Vol. II, 2ª Edição, trad., Lisboa, 1989, pp. 485-489.

[14] A apresentação destes princípios encontra-se em *J. ALBANO SANTOS*, "*Sistemas*

sistemas fiscais em abstracto (a justiça, a racionalidade económica e a eficiência administrativa), isto é, os indicadores de aferição da qualidade dos mesmos, constituem preocupações de qualquer sistema fiscal em concreto. Voltaremos a estes assuntos.

As teorias dos sistemas fiscais sempre se desenrolaram em torno da problemática da relação Estado/indivíduo no que concerne à satisfação das necessidades individuais/colectivas[15]. Os conceitos da tributação equitativa e da tributação económica são também questões que muito ocuparam os autores que formularam teorias no intuito de analisar e explicar o fenómeno tributário. Determinar qual o sistema fiscal que melhor se adapta à noção de justiça (não só formal como, também, substancial) é uma tarefa de salutar importância para a teoria das Finanças Públicas: se aquele em que a tributação assenta no interesse[16] (benefício ou vantagem) ou em elementos que traduzem a capacidade do contribuinte[17]. Trata-se de uma

---

fiscais: análise normativa", in CTF, n.º 388, Lisboa, 1988, pp. 27-32. Este autor faz uma sistematização dos mesmos na p. 34.

[15] SOUSA FRANCO, "*Considerações sobre a problemática das relações financeiras do Estado com as regiões autónomas*", in RDJ, Vol. X, Tomo I, Lisboa, 1996, p. 142.

[16] A época dominada por uma concepção liberal, assente no princípio individualista do interesse reclamava a teoria segundo a óptica do benefício ou vantagem. A relação Estado/indivíduo baseava-se num mero contrato social, cujas explicações são diversas: Estado como firma, companhia de seguros, etc. Cfr. GUNNAR MYRDAL, *Aspectos políticos da teoria económica*, trad., S. Paulo, 1984, p. 136. Parece-nos que esta é a posição de SOARES MARTÍNEZ, *Pressupostos político-económicos de uma reforma fiscal*, Lisboa, 1984, pp. 10-12, em que, nomeadamente, afirma: "Mas quando, pelo contrário, a criação de riqueza cabe aos particulares como tais,... o poder político, consciente de que os particulares lhe são devedores da segurança de que beneficiaram na aquisição e na conservação desses patrimónios, reclama a respectiva quota-parte – o imposto", e "À face deste, o imposto encontra a sua justificação em utilidades, em benefícios prestados pelo poder", ou ainda "Contudo, uma redistribuição fiscal de rendimentos e de patrimónios não é incompatível com a dependência do imposto das utilidades prestadas pelo poder".

[17] Esta teoria coloca de lado os benefícios resultantes da prestação de serviços pelo Estado e elege a capacidade de contribuir como medida da promoção dos interesses da colectividade. Para mais desenvolvimento cfr. GUNNAR MYRDAL, *Aspectos políticos...*, principalmente, Cap. VII: A teoria da Finança Pública, pp. 136 e ss. Escreve o autor a propósito da querela doutrinária nesta matéria: "Seguindo uma velha tradição, os sistemas de teoria fiscal são divididos em dois grupos principais, conforme sejam eles baseados no princípio de interesses (vantagem, benefício) ou no princípio de capacidade" (p. 136); ainda SOUSA FRANCO, *Finanças Públicas e Direito Financeiro*, Lisboa, 1980, pp. 193-194, principalmente, p. 194; "*Tributação*", in DJAP, Vol. VII, Lisboa, 1996, pp. 489-490. Esta

questão muito explorada pelas várias teorias explicativas do sistema fiscal[18]. Longe desta querela – mas não menos importante – e, até, de alguma forma, consensual entre os estudiosos da ciência das Finanças Públicas é a justificação ou fundamento assente na nacionalidade, residência, ou na fonte da obrigação de contribuir para o encargo público.

Por outro lado, o imposto deve afectar o menos possível o rendimento do contribuinte. Um objectivo alcançado com o preenchimento do requisito da igualdade em que assenta todos os sistemas fiscais. A igualdade é um meio de alcançar a utilidade máxima. Como? Qual a interpretação correcta? Através da tributação proporcional, progressiva, degressiva ou regressiva? Não preocupamos com as análises teóricas das expressões da justiça do sistema fiscal, sendo certo que reflectirão em algumas das questões relacionadas directamente com o nosso tema.

II. O complexo universal, caracterizado por questões quer de índole social, quer económica, quer ainda psicológica, constitui a base e a referência de qualquer sistema. Os sistemas fiscais, segundo PIERRE BELTRAME[19] são "conjuntos, mais ou menos coerentes, de instituições, de regras e de práticas fiscais". Este conjunto de elementos próprios do quotidiano do homem é influenciado pelos factores sociais, políticos e económicos, e tem como objectivo imediato o fornecimento de meios financeiros à Administração fiscal para a realização das necessidades da colectividade.

Resulta disso que o fundamento e a análise dos sistemas fiscais devem cingir-se aos factos sócio-económicos ligados ao fluxo de bens e serviços de natureza económica[20]; noutros termos, o critério económico é erigido como definidor do sistema fiscal, enquanto expressão monetária da

---

posição foi criticada por SOARES MARTÍNEZ, *Elementos para um curso de Direito Fiscal (I)*, Lisboa, 1971, p. 109, ao afirmar que "As novas teorias tentaram fixar critérios de repartição de encargos, através de igualdade de sacrifícios, de utilidade marginal; mas esses critérios, menos precisos, são sobretudo de ordem política, e mais difícil se torna situá-los no plano jurídico quando o imposto é utilizado como instrumento de redistribuição de riqueza".

[18] Vide, entre outros contributos, RICHARD A. MUSGRAVE, *Teoria das finanças públicas*, Vol. I, pp. 89 e ss. Também GUNNAR MYRDAL, *Aspectos políticos...*, pp. 133 e ss.

[19] Cfr. *Os Sistema fiscais*, Coimbra, 1976, p. 9.

[20] Cfr. PIERRE BELTRAME, *Os sistemas fiscais*, p. 16: "O facto fiscal que se analisa num levantamento monetário sobre fluxos de produção de bens ou de prestações de serviços, é de natureza económica".

riqueza em geral, em atenção ao objecto imediato do imposto, a disponibilização de meios financeiros necessários à satisfação de necessidades colectivas (independentemente das mesmas serem satisfeitas pelos órgãos da administração central ou local).

O apuramento do tipo em concreto do sistema fiscal far-se-á estudando as características estruturais (regime da propriedade dos meios de produção; natureza dos órgãos que tomam as decisões relativas ao investimento, à fixação dos níveis de salários e do volume de produção) de uma determinada economia. Estas e outras características – nomeadamente, o grau de desenvolvimento do país, medido pelo crescimento produtivo e capacidade de transformação das actividades produtivas[21] – exercem grandes influências sobre o mesmo.

Este último aspecto apresenta deveras importância ao condicionar o nível de fiscalidade[22], na medida em que o fraco desenvolvimento industrial do país tem como consequências, no plano da fiscalidade[23], por um lado, a restrita base tributável e, por outro, a reduzida diversidade da matéria tributável, devido à baixa produção, ao baixo nível de rendimento por habitante e ao elevado índice de auto consumo que caracteriza a economia guineense, explicada, principalmente, pela predominância das actividades do sector agrícola, destinadas sobretudo à subsistência do agricultor e sua família[24].

Todas essas considerações põem à prova o rendimento do Sistema Fiscal guineense, cuja percepção é dada pelo nível de produtividade e pelo grau de intervenção do Estado na economia: a produção nacional médio-

---

[21] PAMPLONA CORTE-REAL, *Curso de Direito Fiscal*, Vol. I, p. 242-243; PIERRE BELTRAME, *Os Sistemas fiscais*, pp. 17-18.

[22] O **nível de fiscalidade** fornece a indicação das receitas tributárias no PIB; por sua vez o **coeficiente fiscal** indica "a relação entre as receitas fiscais e o PIB". Cfr. PIERRE BELTRAME, *Os sistemas fiscais*, pp. 19-20 e 26. Também CARLOS MARTINS DIAS, "As recentes modificações no Direito Fiscal guineense", in BFDB, n.º 4, 1997, p. 98.

[23] Entendemos por **fiscalidade**, os impostos e o conjunto de técnicas e estruturas administrativas, com vista à obtenção das receitas fiscais. Esta noção enquadra um aspecto muito importante: o lado humano da administração fiscal – a formação dos funcionários e dos próprios contribuintes. Vide a noção em ROGÉRIO F. FERREIRA, "*Fiscalidade*", in *Pólis*-Enciclopédia Verbo, Vol. 2, Lisboa, 1996, cols. 1488-1493.

[24] Esta ideia fica reforçada com a observação feita por PIERRE BELTRAME, *Os Sistemas fiscais*, pp. 20-23, ao relacionar o sistema fiscal com as fases de desenvolvimento das economias, mais concretamente a "fase primária do desenvolvimento" e o modo de produção inerente.

cre, centrada na sobrevivência das populações, limitadora da prestação fiscal, aliada às políticas fiscais rotineiras e à ausência de um programa de encorajamento da actividade produtiva, não oferecem condições para um alto rendimento fiscal. Acresce que não são de menosprezar os longos anos de gestão macroeconómica assente numa direcção centralizada, a cujo peso a iniciativa e a propriedade privadas sucumbiram por completo.

III. A repartição dos recursos públicos entre os entes públicos com vocação no domínio da satisfação das necessidades colectivas é tida – nos sistemas modernos, principalmente nas sociedades cujo sistema de organização económica e social assenta nos princípios do mercado – como um dos aspectos mais importantes e de maior relevo. Cabendo ao Estado e às entidades similares menores a satisfação das necessidades colectivas, a sua efectivação, em termos de despesas, depende, obviamente, da disponibilidade de recursos financeiros adequados, *maxime* as receitas provenientes particularmente dos impostos. Isso demonstra a indissociabilidade do binómio Estado/Imposto[25]. Seguimos, por isso mesmo, atentamente VITOR FAVEIRO[26] quando afirma que são "duas expressões de uma realidade unitária". E acrescenta que é inconcebível "pelo menos na prática, a existência de Estado sem impostos".

Este facto torna-se ainda mais evidente nos nossos dias. Com o alargamento progressivo das funções do Estado moderno, coloca-se a questão da efectivação dos direitos fundamentais, das obrigações e das garantias cometidas constitucionalmente. Assim, o cumprimento do dever para com os combatentes da liberdade da Pátria (artigo 5.º/2); a promoção do bem-estar físico e mental das populações, através da saúde pública (artigo 15.º/1, *primeira parte*); a criação e promoção de condições favoráveis à preservação da identidade cultural (artigo 17.º/1, *primeira parte*); o incentivo e acesso à cultura (artigo 17.º/2); a prática e difusão dos desportos e da cultura física (artigo 17.º/3); a protecção da família (artigo 26.º/1); o acesso à justiça independentemente dos meios económicos (artigo 32.º); a protecção, segurança e higiene no trabalho (artigo 46.º/1); a criação gra-

---

[25] Constatando a realidade de que nenhuma comunidade política bem organizada consegue sobreviver à margem de impostos, escreveu RICARDO SÁ FERNANDES: "Bem sabemos que não podemos passar sem impostos. Não há comunidades sem impostos (...)", em "A Reforma Fiscal Guineense", in BFDB, n.º 4, 1997, p. 76.

[26] *Noções fundamentais de Direito Fiscal Português*, Vol. I, *Introdução ao Estudo da realidade tributária. Teoria Geral do Direito Fiscal*, Coimbra, 1984, p. 44.

dual de um sistema de segurança na velhice, na doença ou resultante da incapacidade de trabalho (artigo 46.º/3); o direito e o dever de educação (artigo 49.º/1) e o acesso gradual aos diversos graus de ensino e sua gratuitidade (artigo 49.º/2) requerem a disponibilização de meios financeiros mais ou menos avultados[27-28].

A resposta a todas estas questões pode ser dada, de forma mais completa e precisa, recorrendo a dois conceitos-chave: Estado fiscal *versus* Estado tributário[29]. Ambos os Estados têm em comum a preocupação de satisfazer as suas necessidades financeiras, divergindo na forma. Assim, o primeiro encontra no imposto o seu principal meio de cobrir as suas necessidades financeiras; ao passo que o segundo recorre aos tributos em geral – e não especificamente os tributos unilaterais, os impostos –, para financiar as suas necessidades. Contudo, diversas razões, entre as quais se apontam essencialmente a provisão pública de bens públicos e a circunstância de não admitirem a exclusão da sua utilização ou consumo; a não individualização dos seus custos; os imperativos constitucionais ligados aos Estados sociais quanto à materialização dos direitos económicos, sociais e culturais, constituem fortes indicadores para que os Estados modernos sejam fiscais, isto é, que as suas necessidades sejam financiadas, essencialmente, através de impostos[30].

---

[27] Vide EUGÉNIO MOREIRA, *A repartição dos recursos públicos entre o Estado e as Autarquias Locais. O caso guineense*. Relatório apresentado no Seminário do Curso de Aperfeiçoamento, na disciplina de Direito Financeiro, sob a orientação do Prof. Doutor Paz Ferreira, Ano Lectivo de 1996/97 (Inédito).

[28] Todo o Título II da CRGB é relativo aos direitos, liberdades, garantias e deveres fundamentais, na linha das Constituições dos Estados de Direito. Realça-se um conjunto de princípios e a consagração de um regime material de protecção dos direitos fundamentais (artigos 30.º e 31.º). De entre os direitos fundamentais, encontramos os direitos pessoais, civis e políticos, bem como os direitos económicos, sociais e culturais. Para a distinção destas categorias de direitos (e deveres) fundamentais, vide, entre outros, JOÃO DE CASTRO MENDES, "Direitos, liberdades e garantias – alguns aspectos gerais (Artigos 25.º a 49.º da Constituição)", in Estudos sobre a Constituição, Vol. I, Lisboa, 1977, pp. 93-117; sobre um dos aspectos destes direitos, RABINDRANATH CAPELO DE SOUSA, "*A Constituição e os direitos de personalidade*", in Estudos sobre a Constituição, Vol. II, Lisboa, 1978, pp. 93-196.

[29] Sobre estes dois conceitos, *vide* para mais desenvolvimentos, CASALTA NABAIS, *O dever fundamental de pagar impostos. Contributo para a compreensão constitucional do estado fiscal contemporâneo* (Dissertação de Doutoramento em Ciências Jurídico- -Políticas na Faculdade de Direito de Coimbra), Coimbra, 1997, pp. 191-200.

[30] CASALTA NABAIS, *O dever fundamental...*, pp. 199-200.

Situamos, assim, no domínio da relação entre o Estado e os particulares: aquele precisa de receitas para a cobertura das despesas indispensáveis à sua existência como tal e, portanto, socorre-se do seu poder[31], resultado do exercício da sua soberana autoridade e impõe sacrifícios a estes, como forma de obter recursos de que carece e, com isso propõe, nomeadamente, realizar as suas necessidades financeiras ou corrigir as distorções na distribuição da riqueza. Repare-se que existe, aqui, uma relação de obrigatoriedade[32] da prestação pecuniária do contribuinte para com o Estado (fiscal), cuja característica, na actualidade, não lhe recusa um papel intervertor na economia em geral, a fim de assegurar a sua direcção e equilíbrio geral. Com isso queremos sublinhar, tal como CASALTA NABAIS, que o "princípio da subsidiariedade ou supletividade do estado no domínio económico... não pode pôr em causa a primazia da liberdade dos indivíduos ou o princípio da repartição"[33].

O conceito clássico de imposto não nos leva, de modo algum, a esquecer a natureza de um dever que lhe está subjacente, enquanto meio de captação de receitas necessárias à efectivação das necessidades financeiras da colectividade nacional e local, o que apela, evidentemente, para o dever de contribuição individual, sobretudo daqueles que possuem capacidade contributiva.

Dessas considerações decorre a necessidade e pertinência de um expediente que melhor adeqúe à realidade sócio-económica em concreta. Ora, nos países cujos sistemas económicos se centram no mercado – como é o da Guiné-Bissau (artigo 11.º, n.º 1, *primeira parte*) onde a propriedade e iniciativa privadas são direitos dos cidadãos (artigos 11.º, n.º 1, *in fine* e 12.º, n.º 1, al. c)][34] todos CRGB – o imposto[35] é um dos meios

---

[31] Escreve VITOR FAVEIRO, *Noções fundamentais...*, Vol. I, p. 30: " (...), pelo lado do detentor do poder de tributar como um efeito e uma realidade resultante desse poder, uma manifestação da autoridade que lhe pertence...".

[32] *Vide* o conceito de obrigatoriedade em VITOR FAVEIRO, "Fiscalidade...", pp. 331 e ss.

[33] CASALTA NABAIS, *O dever fundamental...*, p. 199.

[34] Repare-se na forma residual como se encarou a propriedade privada. Ela é reconhecida por exclusão de partes relativamente à propriedade do Estado e à propriedade da cooperativa: "*a propriedade privada que incide sobre bens distintos dos do Estado*". Este artigo proclama uma interligação entre o sector público e privado.

Por outro lado, o preceito tem hoje de ser objecto de uma interpretação objectivista em face do princípio da economia de mercado previsto no artigo 11.º, n.º 1, CRGB, dando prevalência à propriedade privada.

capazes (senão o único) que resta ao Estado e entidades menores similares para obterem os meios financeiros de que carecem. Por esta razão concordamos com PITTA e CUNHA[36], que escreve: "É nas economias descentralizadas, que se regem, pelo menos parcialmente, pelos mecanismos de mercado e em que se admite a apropriação privada dos meios de produção (ainda que não se trate dos «principais»), que o imposto se configura como instrumento indispensável de financiamento do aparelho estatal e de realização de objectivos de justiça social." Esta mesma ideia encontra-se expressa entre outros, em VITOR FAVEIRO[37], PIERRE BELTRAME[38], PAMPLONA CORTE-REAL[39], SOARES MARTÍNEZ[40] e SOUSA FRANCO[41].

A dicotomia Estado/economia fica melhor assegurada num Estado fiscal. A sua consagração constitucional – de forma explícita ou implícita – constitui uma garantia de que a tributação não deve servir de meio para a transformação da sociedade e da economia. Este tipo de Estado assenta no princípio da repartição ou da liberdade – o mesmo é dizer num Estado de Direito – e exige uma "separação que imponha que o estado se preocupe fundamentalmente com a política e a sociedade (civil) se preocupe fundamentalmente com a economia, sendo assim esta, no essencial, não estadual"[42].

A intervenção estatal na economia, visa, portanto, o "equilíbrio e orientação globais da economia", traduzida, na nossa ordem constitucio-

---

[35] Prestação pecuniária, obrigatória e unilateral dos cidadãos (contribuintes), indispensáveis à cobertura das despesas das entidades públicas. Este é, pois, uma realidade individual e colectiva que encontra a sua legitimidade no reconhecimento das necessidades colectivas. Para VITOR FAVEIRO, ("Fiscalidade...", pp. 339-340 e 363), justificação do imposto encontra-se "num princípio de evidência se não de fatalidade da condição humana: a necessidade de se viver em regime de organização sob a forma de Estado; a impossibilidade de ser outrem que não o Estado o órgão fomentador e organizador do sistema de satisfação das necessidades colectivas; a impossibilidade de o Estado realizar este objectivo imperioso sem recorrer por meios coactivos ao contributo pecuniário dos particulares". Cfr. ainda, *Noções fundamentais...*, Vol. I, p. 30.

[36] Vide PITTA e CUNHA, *A Reforma Fiscal*, Lisboa, 1989, p. 16.

[37] *"Fiscalidade e Justiça"*, pp. 442 e ss, nomeadamente, p. 443. Também, *Noções fundamentais...*, Vol. I, pp. 53-56 e 58.

[38] *Os sistemas fiscais*, p. 17.

[39] *Curso de Direito Fiscal*, Vol. I, CCTF, n.º 124, Lisboa, 1981, pp. 241-242.

[40] Vide *Pressupostos político-económicos...*, p. 15.

[41] *Finanças Públicas e Direito Financeiro*, p. 575.

[42] CASALTA NABAIS, *O dever fundamental...*, p. 195.

nal, no princípio da subordinação do poder económico ao poder político, conforme reza o artigo 11.º, n.º 1 CRGB: "*A organização económica e social da República da Guiné-Bissau assenta nos princípios da economia de mercado, da subordinação do poder económico ao poder político...*". Resulta deste desiderato constitucional aquilo que CASALTA NABAIS designou de "princípio da livre disponibilidade (económica) dos indivíduos", cujo cerne está na garantia aos indivíduos, pela ordem jurídico-económica, da livre iniciativa no processo económico numa economia de mercado, cabendo ao Estado as tarefas que melhor pode assegurar em relação aos particulares. Isto é, requer uma efectiva participação dos cidadãos na formação da vontade política comunitária, o que pressupõe o pleno funcionamento do sistema democrático, como forma de garantir que seja assegurada a primazia da acção económica dos cidadãos[43]. Este mesmo princípio fundamenta o princípio da subsidiariedade do Estado, ou seja, implica que o suporte financeiro seja proveniente do sistema impositivo e não da sua actuação positiva como agente económico.

A repartição dos recursos públicos entre o Estado e as Autarquias locais, tema central da nossa dissertação de mestrado, requer, como é óbvio, a distribuição vertical de tarefas entre estas entidades, daí a necessária autonomia financeira, *maxime* na percepção de receitas, sobretudo as provenientes dos impostos (fiscais) necessários à efectivação das necessidades locais contrapostas às nacionais. Este aspecto marcante da forma de estruturação e organização do poder político compreende também uma outra vertente, de não somenos importância: a participação livre e activa dos indivíduos na vida colectiva, traduzida, essencialmente, na renúncia à satisfação da necessidade individual em consideração da necessidade do Estado em sentido lato.

Entre a necessidade de obtenção de receitas para a satisfação das necessidades colectivas e a propriedade privada, deve haver um equilíbrio, cabendo ao próprio sistema fiscal a tarefa de o encontrar, sob pena de, num prisma negativo, arruinar os particulares (o que demonstraria a sua incoerência com a realidade económica e social) e, por conseguinte, deixar de

---

[43] CASALTA NABAIS, *O dever fundamental...*, p. 204 e ss, para quem, "não obstante a livre disponibilidade económica individual não constituir um pressuposto absolutamente necessário do estado fiscal, não há dúvidas de que só um tal princípio permite reconhecer claramente esta forma de estado e garanti-la face a desenvolvimentos perversos, mormente no momento actual de crise do estado social" (p 207).

existir, pelo menos temporariamente, uma fonte para o Estado e para entidades similares (captarem os réditos de que necessitam). O equilíbrio pretendido seria alcançado mais facilmente pelo Estado fiscal que propugna a separação entre o Estado e a economia, que não só permite a "realização estadual dos seus interesses gerais, como impede automaticamente que a sua realização subverta o sistema económico autónomo (ou livre)."[44]

1. AS FONTES DO SISTEMA FISCAL GUINEENSE

No tratamento das fontes do Sistema Fiscal guineense, convém não perder de vista a estrutura política-económica-social em que se insere, pois, como se sabe, depende grandemente das suas características e do seu concreto desempenho. Aliás, esta estrutura (incluindo também as suas características), enquanto instituição de direito positivo, não se esgota nos diplomas legais fiscais que configuram as normas que regulam a relação entre Estado e os contribuintes.

Existe uma pluralidade de fontes, a começar pela Constituição da República da Guiné-Bissau; de seguida, os vários códigos de impostos parcelares e geral; o Código de Processo Tributário; as leis avulsas específicas sobre as taxas e contribuições parafiscais; os diplomas legais relativos aos direitos aduaneiros; o direito privado e o direito público, reguladores da vida colectiva, onde se projecta também o Direito Fiscal.

Torna-se útil, por este motivo, procurar nestas vastas fontes, assim dispersas, as disposições relativas aos impostos. A primeira dessas fontes, pela sua importância e grau de hierarquia, é a Constituição da República. Esta é muito parca em matéria fiscal. Das poucas referências específicas encontramos disposições que estabelecem, nomeadamente, que *"todos os cidadãos são iguais perante a lei, gozam dos mesmos direitos e estão sujeitos aos mesmos deveres"* (artigo 24.º, *primeira parte*), donde se infere implicitamente o dever fundamental de pagar impostos; ou *"o reconhecimento, pelo Estado, da constituição da família, bem como a sua protecção"* (artigo 26.º, n.º 1), preceito através do qual se retira a exigência da consideração, entre outros, para fins de tributação, dos encargos da família, do mínimo de existência necessário ao contribuinte e sua família.

O artigo 86.º, al. d) CRGB reserva para a ANP, órgão supremo do poder político do Estado, a competência exclusiva para a criação de

---

[44] CASALTA NABAIS, *O dever fundamental...*, p. 198.

impostos e do sistema fiscal. Desta norma constitucional retiram-se duas exigências. *Primo*, só mediante lei (da ANP) se pode impor sacrifício patrimonial aos cidadãos, donde se segue a inconstitucionalidade dos impostos criados através de diplomas, como por exemplo, o Decreto-Lei ou o Decreto. *Secundo*, está implícito o direito dos cidadãos se recusarem a pagar os impostos que não respeitam a forma de lei da ANP.

Seguem-se as leis ordinárias que criam e regulam os impostos parcelares presentes na ordem jurídico-tributária guineense em geral. Realça-se o facto de cada um dos tipos tributários (que, no seu conjunto, constituem o Sistema Fiscal, expresso num Código), tem uma natureza específica e um regime próprio, o que os torna também, como é lógico, diferentes uns dos outros. Contudo, esta situação não prejudica uma síntese global do sistema, conforme a recomendação da ordenação da ciência e técnica fiscais. Assim, em todos estes tipos encontramos uma regulamentação dos principais aspectos, mais ou menos com as seguintes arrumações: a incidência e isenções; a determinação da matéria colectável; a liquidação; as taxas; a cobrança; as garantias dos contribuintes (reclamações e recursos); as penalidades e a fiscalização.

Acrescem a estes diplomas fiscais outros tantos com interesse em matéria tributária: dois deles, o Regulamento dos Serviços de Justiça Fiscal e o Código de Processo Tributário, cuja importância, em matéria processual, se prende com a disciplina do acto tributário, do processo administrativo de reclamação e do processo de impugnação contenciosa, bem como da instrução e julgamento dos processos tributários e da execução de sentenças ou títulos com força executiva, respectivamente. São ainda, aplicáveis às relações tributárias entre o Estado e os indivíduos os Códigos Civil, Comercial[45] e Penal, bem como os Códigos de Processo Civil e Penal [artigo 1.º, al. c), do Código de Processo Tributário] e o Código Administrativo. Todos estes diplomas têm em comum a circunstância de regularem, nas suas diferentes vertentes, as situações jurídicas que constituem o fenómeno tributário.

---

[45] Em matéria de legislação comercial, haverá hoje que atender ao direito uniforme emanado da Organização para a Harmonização em África do Direito dos Negócios (OHADA), e à potencial revogação operada sobre o Código Comercial e demais legislação complementar, problema que apenas referenciamos, dado que extravasa claramente do âmbito desta tese.

2. EVOLUÇÃO E CARACTERIZAÇÃO GERAL DO SISTEMA FISCAL GUINEENSE

Neste número, iremos abordar dois aspectos importantes que ajudam a uma melhor compreensão do Sistema Fiscal guineense: a sua evolução e caracterização. No primeiro, procuraremos apreender dentro da linha evolutiva que o marcou, quais as causas mais próximas, bem como os seus reflexos na ordem jurídica tributária. Razão porque entendemos começar por as apresentar e analisar em traços muito gerais. Relativamente ao segundo, importa, sobretudo, mostrar os seus aspectos caracterizadores, sem descurar as grandes questões com que se depara.

Nesta óptica, iremos não só apresentar as suas linhas mestras, mas também procurar encontrar as dificuldades inerentes ao próprio sistema e, logicamente, sugerir as soluções que nos parecem indicadas para as minorar e, até para, as ultrapassar.

2.1. Evolução

O Sistema Fiscal, tal como é concebido na ordem jurídica guineense, sofreu muitas poucas alterações, mantendo-se, na actualidade, essencialmente como se configurava aquando do aparecimento, em 1973, na cena internacional, do jovem Estado da Guiné-Bissau, saído da proclamação unilateral da independência, em Madina de Boé. Marcadamente influenciado pela conjuntura nacional, regional e internacional, passada mais de duas décadas mantém-se na sua ossatura original: impostos parcelares e imposto complementar, concebido para corrigir as deficiências reveladas por aqueles tipos de impostos.

Contudo, atravessado por este lapso de tempo, algumas transformações quer de índole política, quer de índole económica, influenciaram sobremaneira o seu desempenho, a ponto de hoje os objectivos e princípios que estiveram na sua base serem, de alguma forma, adulterados. Não cuidaremos das influências conjunturais ou estruturais externas, nem tão--pouco dos seus efeitos na ordem jurídica guineense em geral e, em particular, na ordem jurídica tributária.

Para um melhor enquadramento da evolução do Sistema Fiscal guineense, iremos proceder a uma brevíssima análise das causas gerais que, no nosso entender, são responsáveis por todas as alterações da ordem jurídico-tributária anteriormente estabelecida. Torna-se praticamente impossível enumerá-las e analisá-las, pelo que entendemos apresentar uma síntese das mesmas no concernente aos seus pontos fulcrais, bem como a influência exercida no actual contexto do direito tributário guineense.

2.1.1. *As causas gerais da crise do Direito Fiscal Guineense*

Concebido na sua origem como um instrumento para a captação de recursos necessários à satisfação das necessidades colectivas (função fiscal) e de servir, em simultâneo, de instrumento para a consecução de objectivos económicos e sociais (função extra fiscal), o Direito Fiscal guineense contém, em si mesmo, um conjunto de princípios que o caracterizam. Assistimos, ao longo dos anos, a uma gradual decadência do seu espírito original. São apontadas como causas deste fenómeno, basicamente a dimensão gigantesca do Estado, as revoluções, as crises dos princípios e da forma, bem como a crise das mentalidades[46].

Relativamente à primeira das causas – *a dimensão gigantesca do Estado* –, trata-se de uma verificação do período a seguir à luta de libertação nacional e à independência política. Tal como sucedeu, praticamente, em todos os Estados africanos recém-independentes, o Estado da Guiné--Bissau, assumiu, essencialmente, duas funções: decisor político--económico e (principal) agente económico. Para conciliar as duas funções, foi obrigado, antes de tudo, a nacionalizar as (poucas) unidades produtivas que existiam ao tempo da proclamação unilateral da independência.

Consumada a nacionalização dessas unidades (e também das terras), enfrenta a dura e difícil tarefa de ser, simultaneamente, decisor e interventor (no sentido da sua actuação na actividade empresarial de produção, distribuição e comercialização de bens), o que o caracterizou como omnipotente e omnipresente. À frente das unidades produtivas estatais estavam os gestores na sua maioria ex-comissários políticos, sem um mínimo de preparação adequada para assumirem o comando das mesmas.

A dimensão assustadora do Estado é, também, explicada, em parte, pelo excesso de pessoal da Administração Pública em geral, motivado pela

---

[46] Para um estudo aprofundado desta questão, relativamente à ordem jurídica portuguesa em geral, em particular, a ordem jurídica tributária, *vide* VITOR FAVEIRO, *Noções fundamentais de Direito Fiscal Português*, Vol. II, *Estrutura jurídica do sistema fiscal português*. *Impostos sobre o rendimento*, Coimbra, 1986, pp. 45 e ss.

ausência de rigorosos critérios de admissão à Função Pública, onde é manifesto o compadrio e nepotismo que sempre a caracterizou, com reflexos nefastos em todo o aparelho estatal.

Em consequência destas opções política e económica, encontramos um Estado de dimensão que extravasa a sua própria capacidade em geral, retirando qualquer possibilidade de intervenção à iniciativa privada. Assistia-se a um gigantismo do sector público e, em consequência, à maior preponderância do Direito Público, em profundo contraste com a reduzida (ou quase nula) presença do sector privado e do Direito Privado. Por esta razão porque, durante o período que vai da independência e meados da década oitenta, não se podia falar, com propriedade, de uma verdadeira iniciativa privada (empresas privadas).

No campo tributário, surge como consequência a necessidade de uma cada vez maior receita para cobrir as crescentes despesas estatais, o que obriga a uma maior carga fiscal sobre os contribuintes, na maior parte das vezes, sem correspondência com a capacidade contributiva manifestada. Ao Estado interessava conseguir cobrir as suas avultadas despesas à custa do sacrifício da magra poupança familiar.

A segunda causa da crise que apontámos foi a das *revoluções* e suas consequências. Decorrida pouco mais de meia década após a sua ascensão à independência, o Estado da Guiné-Bissau conheceu a primeira revolução conduzida por um auto-denominado Movimento Reajustador que, em 14 de Novembro de 1980, através de um golpe de Estado, "tomou as rédeas" do poder militar e político, com isso, o poder de criar o direito. Desde então, a instabilidade política ameaçou (e ameaça) a vida e a segurança de mais de um milhão de pessoas. Assistimos ainda hoje, quiçá, à continuação dessa revolução, arrastando consigo todos os males indesejáveis que atormentam uma nação inteira, sem se entrever, no curto prazo, o desfecho final saudável, quanto mais não seja a reposição da paz e da tranquilidade tanto almejadas, e o abrir de uma nova página rumo ao desenvolvimento, fundado no respeito e na dignidade da pessoa humana, centro de toda a atenção das entidades públicas, Estado e Autarquias locais.

Não sendo gerido conforme a expectativa criada aquando da revolução militar (e também política) operada, naturalmente não se podia esperar melhores resultados, porque não estavam lançadas bases seguras para que assim acontecesse: os detentores do poder de criar o direito, chegados ao centro da autoridade do Estado, por intermédio da revolução, não se serviram desta vantagem com engenho e arte, pelo que nem sempre foram capazes de criar o direito numa linha de evolução consentânea com as mais dignas aspirações que fundamentaram a própria revolução, nem tão-pouco corresponderam ao espírito de verdadeiro regulador e modelador da vida colectiva.

Ademais, assistimos, hoje, a repetição das cenas de Novembro de 1980: uma ala militar, a auto-denominada Junta Militar, com apoios no seio do próprio partido no poder, socorre-se da força das armas para, segundo as suas reivindicações, restabelecer a ordem constitucional sistematicamente violada pelo actual Presidente da República. O dia 7 de Junho de 1998 ficará marcado, à semelhança de 14 de Novembro, como mais um dia das revoluções militares na recente história (da democracia) guineense[47].

Geralmente, as revoluções militares (com incidências políticas) transportam em consequência a institucionalização de um novo poder legitimado. Normalmente, o novo poder instituído carrega consigo muitas alterações na forma de organização e estruturação, bem como no seu relacionamento com a sociedade civil em geral. Estas alterações, mais ou menos transitórias, marcaram decisivamente a evolução da sociedade guineense em geral e da concepção do Direito, não só enquanto conjunto de normas disciplinador das relações da colectividade e desta com o mesmo poder, como também, enquanto leque de faculdades, com ou sem consagração constitucional expressa, que assiste aos cidadãos individualmente considerados.

Tudo isso vem dar razão à concepção do *status naturalis* contraposta ao *status civilis,* defendida por HOBBES, LOCKE e ROSSEAU, embora com algumas nuances. Vive-se um *status* de completa degradação da autori-

---

[47] A ocorrência – volvidos precisamente 11 (onze) meses após o levantamento militar de 7 de Junho –, do golpe fatal de 7 de Maio de 1999, obriga-nos a retomar estas linhas – que considerávamos – por encerradas: podemos afirmar que se consumou, definitivamente, o conflito militar com a rendição das tropas fiéis ao Presidente da República. Parece que o destino assim quis que esta revolução ficasse indelevelmente marcada pelo dia 7 (de Junho e de Maio), respectivamente início e fim da revolução militar que, ao que tudo indica, conduzirá à normalidade da vida dos guineenses sistematicamente ofendidos nos seus direitos a viverem em paz e tranquilidade. Segundo as declarações do Primeiro-ministro (indigitado) e do porta-voz da Junta Militar, o período de transição será assegurado pelo Presidente da ANP (em substituição do deposto Presidente da República), nos termos da Constituição, até à eleição dos órgãos da soberania marcada, pelo então Presidente da República, para o dia 28 de Novembro do ano em curso. Isso leva-nos a acreditar que, apesar de tudo, não se assistirá à suspensão temporária da vigência da Constituição da República, contrariamente ao que aconteceu no passado muito recente da história do país.

dade do Estado, em virtude da incapacidade e da fragilidade política dos governantes em garantir a ordem constitucional e social; numa palavra, presenciamos a ruptura do contrato social, "estado de sociedade" e o consequente retorno ao "estado de natureza", (crê-se que) temporariamente.

Contudo, uma particularidade verificou-se relativamente à revolução de 7 de Junho de 1998. Os militares, embora não conseguiram o controlo da situação política e, por conseguinte, não instalando um novo poder político – diferentemente do que acontecera no passado – obrigaram os legítimos detentores a limitarem os seus poderes constitucionais, à margem das normas constitucionais e legais, justificada por uma situação de extrema anormalidade da vida política e social do país (com uma dualidade de poderes com diferentes legitimidades).

Isto é, há uma redefinição da repartição e do equilíbrio do poder de criar o direito, mesmo que por um período transitório muito breve, uma vez que está agendada para o primeiro semestre de 1999 (concretamente, o mês de Março), a realização de eleições gerais no país (transferidas para a data de 28 de Novembro do mesmo ano). Desta vez, o poder de criar o direito já não é exclusivamente resultado de uma revolução político--militar, nem tão-pouco exclusivamente fruto do veredicto das urnas. Trata-se de uma miscelânea, cuja regra de equilíbrio se chama *consenso das partes beligerantes*[48]. Esta é uma das facetas singelas desta revolução militar que, com certeza, deixará marcas indeléveis na nação guineense, no final do segundo milénio.

Os órgãos com poder de criar o direito manifestaram (e manifestam, ainda hoje) uma legitimidade diferente daquela que caracterizava outrora

---

[48] Depois de percorridas várias capitais africanas, eis que finalmente as partes beligerantes chegam a um acordo, assinado em Abuja, Nigéria, a 1 de Novembro de 1998. Os termos do acordo levam-nos a questionar se os poderes constitucionais, *maxime* do Presidente da República (PR) não foram, em parte derrogados. Isto é, não estamos na presença de suspensão parcial das normas constitucionais atributivas dos poderes do PR? Tudo indica que a resposta é afirmativa, como demonstra a realidade prática, principalmente, as constantes movimentações no sentido de reunir consensos – exemplo típico é a indigitação (e não nomeação) do Primeiro-Ministro, matéria da competência do PR (artigo 68.º, al. g) CRGB) – entre os protagonistas, respectivamente, Presidente da República, General de Divisão João Bernardo Vieira, e Brigadeiro Ansumane Mané, Chefe do Estado--maior General das FARP (Forças Armadas Revolucionária do Povo), ambos líderes das duas facções militares ligadas ao Partido no poder, o PAIGC. O mesmo sucederá com o novo Presidente da República (indigitado), Senhor Malam Bacai Sanhá, enquanto não forem realizadas as eleições livres e justas e entrarem em funcionamento os órgãos eleitos.

os órgãos democraticamente eleitos, independentemente da concreta situação em que ocorreram os sufrágios populares: monopartidarismo ou democracia multipartidária. Nos dias que se seguiram à última revolução militar, a legitimidade democrática do poder político, mormente do Presidente da República, já "não é o que era". Basta pensar no requisito do consenso – como um mal necessário – para o exercício de poderes constitucionais, sem o qual qualquer decisão (unilateral), mesmo que legitimada pela Lei Fundamental, não teria validade e eficácia juridicamente relevantes. É caso para dizer que a concepção da própria Constituição, enquanto conjunto de normas de estruturação e repartição de funções e competências entre os órgãos do poder político do Estado, também já não é o que era. É a nova concepção da legitimidade do poder político do Estado, cujas regras de jogo e de equilíbrio não colocam em confronto órgãos de poderes sufragados pelos cidadãos...

Na sequência da revolução militar de Novembro de 1980, ficaram desvirtuados os princípios subjacentes ao Direito Fiscal, designadamente o princípio da legalidade e os seus colorários da tipicidade e exclusivismo. O princípio da autotributação perdeu força, consistência e significado, não sendo tido como limite do poder de imposição do Estado. Os cidadãos-contribuintes são entregues à sua sorte, porquanto os impostos poderiam ser criados (ou alterados) independentemente da forma legal, nem sequer precisa de fundamentos razoáveis: bastaria o aumento nominal dos rendimentos daqueles que com o seu mísero salário iriam sofrer o ónus das despesas públicas para financiar o pesado e burocratizado aparelho da Administração Pública em geral.

Assistiu-se à assunção de competência principalmente em matéria tributária por parte de órgãos que, em circunstâncias normais (aliás, mesmo na situação transitória em que se encontrava a ordem jurídica guineense), nunca poderiam ser competentes por si sós, necessitando de uma autorização legal que nunca existiu. Estávamos na fase evolutiva da crise do direito[49] que se arrasta por mais de década e meia, persistindo mesmo

---

[49] No direito tributário esta crise teve início ao tempo em que – cremos que sem autorização legislativa, contrariando o disposto no artigo 31.º, 1.º parág., CRGB 1973 que rezava o seguinte: "*A Assembleia Nacional Popular pode **delegar** poderes legislativos ao Conselho dos Comissários de Estado. Esta delegação é feita por tempo limitado e para questões determinadas*" (os sublinhados são nossos) –, o Governo (Conselho dos Comissários de Estado) legislava sobre matérias reservadas à ANP. Exemplo disso são as alte-

após a reposição da legalidade constitucional, já num quadro novo, marcado pela existência de uma nova Lei Fundamental solenemente aprovada a 16 de Maio de 1984, depois de uma anterior tentativa abortada de dotar a *Respublica* de uma nova Constituição[50], aprovada a 10 de Novembro de 1980, escassos dias antes do Movimento Reajustador de 14 de Novembro.

Esta revolução não trouxe nada de novo no domínio económico-social: a situação económica e social, e principalmente os princípios reguladores da economia, não se alteraram e assistiu-se a uma paulatina degradação e pauperização sociais. Nos meados da década de oitenta, iniciou-se o processo de institucionalização dos princípios da economia do mercado e da livre concorrência, em consequência do abandono das pretensões do Estado que simultaneamente dirigia, controlava e actuava como agente económico – Estado omnipotente e omnipresente –, cedendo lugar à privatização das empresas estatais, uma resposta aos desafios da era da globalização das economias em voga, correndo o risco de desembocar num autêntico monopólio de certos grupos económicos internacionais, o que se assemelha a uma subtil forma de imperialismo na sua veste de colonização económica.

A estatização da economia, causa dos grandes males sociais e económicos, parecia ter os dias contados. Os detentores do poder de criação

---

rações introduzidas pelo diploma do Governo, o Decreto n.º 31/75, promulgado no dia 21 de Dezembro de 1975, pelo então Presidente do Conselho de Estado e publicado no Boletim Oficial – doravante BO – n.º 21 de 24 de Maio do mesmo ano.

[50] Cumprindo todos os trâmites processuais constantes dos artigos 57.º e 58.º CRGB 1973, a ANP, reunida em Bissau, aprova a 10 de Novembro de 1980, uma nova Constituição que entraria em vigor no primeiro dia de Janeiro do ano de 1981, segundo a Lei de Transição Constitucional. Assim, estava transitoriamente em vigor a Constituição de 1973. A verdade é que a nova Constituição nunca chegou a vigorar: porque nem ela, nem a Lei de Transição Constitucional foram publicadas no BO, daí a não produção de qualquer efeitos jurídicos na ordem jurídica em geral, não obstante a sua validade. A justificação para o sucedido está na surpresa do acontecimento da noite de 14 de Novembro. Para mais desenvolvimentos e os seus contornos vide, entre outros, A. E. DUARTE SILVA, "Formação e estrutura da Constituição de 1984", in BFDB, n.º 4, pp. 153-160; JORGE REIS NOVAIS, *Tópicos de Ciência Política e direito constitucional guineense, segundo as lições na Faculdade de Direito de Bissau, no ano lectivo de 1995/96*, Lisboa, 1996, pp. 95-98; EMÍLIO KAFFT KOSTA, *O Constitucionalismo guineense e os limites materiais de revisão (Dissertação de Mestrado em Ciências Jurídico-Políticas)*, Lisboa, 1997, especialmente pp. 197-204.

de direito decidiram, finalmente, a alteração do quadro económico vigente no país. Deu-se a liberalização económica, em meados da década de oitenta, concretamente no ano de 1986, na sequência de contactos estabelecidos com as instituições de Bretton Woods, Fundo Monetário Internacional e Banco Mundial. Por arrastamento desta (pensa-se que uma das exigências das instituições financeiras internacionais), procedeu-se à liberalização política, iniciada em 1991 e, por conseguinte, à criação de um quadro institucional propício à democracia multipartidária, com todas as suas consequências, nomeadamente: a liberdade de opinião e de expressão; o direito de reunião e de manifestação; acima de tudo, a liberdade de constituição dos partidos políticos e a alternância do poder (de criar direito), (esta última considerada por VITOR FAVEIRO uma das causas da crise do Direito em geral[51]).

Se se considerasse esse facto um mal necessário das democracias multipartidárias, porém, são-lhe reconhecidas virtudes, quanto mais não seja a de permitir que o poder da criação do direito não fique reservado apenas a um grupo restrito de indivíduos que, ao longo de mais de duas décadas, se revelou incapaz de encontrar melhores soluções quanto à satisfação do interesse da colectividade guineense em geral.

Também, para a crise que se instalou sobre o Direito positivo em geral, com reflexos no direito tributário, contribui (e tem contribuído) a *crise dos princípios e da forma*, mormente a *vacatio legis* ou tempo necessário para o normal conhecimento das leis em geral, em particular das leis tributárias e a consequente produção de efeitos jurídicos. São várias as manifestações da primeira, das quais destacamos o poder de criar direito; a justa distribuição da carga tributária, a certeza e garantia dos cidadãos e a crise das mentalidades que nos afiguram como guardiãs de qualquer sistema fiscal.

No que tange ao *poder de criar o direito*, *maxime* à imposição de sacrifício ao património dos particulares, era reservado à ANP, sendo agora pertença do Governo, cuja legitimidade assenta num acto do Conse-

---

[51] *Noções fundamentais...*, Vol. II, pp. 63 e ss.
Pelo contrário, sem pretender questionar o seu mérito, parece-nos, (todavia), que a ausência, neste momento, da alternância do poder está na origem dos grandes males que vêm flagelando, a um ritmo assustador e incomensurável, a sociedade guineense, entre os quais se pode nomear a incompetência, os indícios de corrupção (esta estranha forma de acumulação de riqueza), o nepotismo, o compadrio e o clientelismo.

lho da Revolução: a Decisão n.º 4/81, de 29 de Janeiro, diploma que consideramos materialmente constitucional, produzido na sequência das Leis Constitucionais n.ºs 1/80, de 15 de Novembro, e 1/81 e 2/81, ambas de 29 de Janeiro.

Os detentores do *poder de criar o direito* fizeram dele uso por vezes indevido, nomeadamente quanto à observância dos requisitos exigidos pela Constituição ou normas legais, nomeadamente no domínio da autorização legislativa do Conselho da Revolução, conforme o estabelecido no artigo 10.º, al. c) da Decisão n.º 4/81: *"Compete ao Governo Provisório:... Exercer a função legislativa, mediante a autorização do Conselho da Revolução".* Não dispomos de informação que nos permita concluir no sentido do cumprimento ou não deste preceito. A verdade é que ela nunca foi mencionada nos diversos diplomas legais em matéria fiscal. Este facto, constitui prova evidente da distorção de que foi alvo o sistema anteriormente construído, ao mesmo tempo que se revela a incapacidade de criar um novo.

Esta crise verificou-se, entre outros, no capítulo das questões fundamentais da vida política, económica e social. Estas questões, que anteriormente eram reservadas à ANP, agora (referimo-nos à fase posterior a revolução de 1980) são incumbidas ao Governo, embora sob a condição de uma autorização legislativa do Conselho da Revolução (antes da aprovação da nova CRGB 1984). Facto é que, como dissemos acima, desconhecemos qualquer autorização nessa matéria, não obstante os inúmeros diplomas legislativos produzidos pelo executivo. Esta situação reflectiu-se no domínio da criação (e também alteração) dos impostos. Daí, em princípio, a inconstitucionalidade desses diplomas.

Outra vertente em que se verificou a crise dos princípios é no domínio da *justa distribuição da carga tributária*, apanágio de qualquer sistema fiscal que se proclama ou pretende justo. A preocupação desmedida de rechear os cofres do Estado não teve em devida conta a capacidade contributiva manifestada pelos contribuintes. As elevadas taxas progressivas de impostos reais e parcelares consomem praticamente os rendimentos gerados pelos contribuintes, obrigados a responder com muita desconfiança e, com muita frequência, à fraude e evasão fiscais, consoantes as possibilidades, verificando-se que os trabalhadores dependentes, com os míseros salários, não encontram *"escapatória"*, em virtude do esquema legal.

Relativamente à *certeza e garantia dos cidadãos*, particularmente dos contribuintes, temos a considerar o efeito da crescente dimensão do

Estado sobre a fiscalidade. É óbvio que, no quadro em que o Estado se movia, preocupado em satisfazer necessidades crescentes, resultantes das opções político-económico-sociais, se gerou uma corrida desenfreada aos rendimentos dos particulares, como um dos meios capazes de resolver a situação então criada. Isso gerou no contribuinte um impacto negativo, a incerteza e o agravamento da sua obrigação fiscal à medida que aumentavam as despesas do Estado.

Acresce a tudo isso o recurso às presunções para a fixação da matéria colectável. Não estamos a criticar o método em si mesmo, porquanto se revela, em determinadas situações, como o mais adequado, precisamente porque não se consegue uma "medição rigorosa... ou o apuramento segundo índices prefixados ou em harmonia com os instrumentos contabilísticos do contribuinte"[52]. Não concordamos com os poderes atribuídos à Administração fiscal – a coberto do poder discricionário (ou da discricionariedade técnica) – e que são, segundo alguma doutrina, insusceptíveis de serem controlados judicialmente. Estes mesmos poderes tornam-se perigosos, porquanto criam no sistema uma certa dose de subjectividade, de dependência do critério do agente na consideração das realidades tributáveis[53].

Por último, mas não menos importante causa da crise dos princípios é as *crises de mentalidades* a que vimos assistindo desde os primórdios, da independência do país. Resume-se em duas vertentes: a *crise de mentalidade dos detentores do poder de criar o direito*, cuja manifestação mais saliente é a confusão do poder com o Estado. Este só faz sentido quando integrado no *conceito* mais amplo do poder que uma minoria exerce em nome de uma qualquer legitimidade. Renovada a legitimidade revolucionária, o défice de legitimidade democrática, o exercício do poder foi algo que se diluiu na própria pessoa que o detinha: o combatente da luta de libertação nacional. Daí que o poder do Estado (sinónimo do poder pessoal ou de grupo) não conhecesse limitações: todo o exercício do poder era válido. Esta concepção que vingou durante duas décadas suplanta qualquer tentativa de reconhecimento do homem comum, vulgar, como uma pessoa merecedora de dignidade e respeito aspirada por uma sociedade (minimamente) civilizada. Pior de tudo, (é que) as pessoas (ou conjunto de pessoas) que detinham (e detém) o poder, nunca foram capazes de apre-

---

[52] VITOR FAVEIRO, *Noções fundamentais...*, Vol. II, p. 70.
[53] VITOR FAVEIRO, *Noções fundamentais...*, Vol. II, p. 70.

sentar um projecto político de sociedade com um conjunto de programas que contemplasse soluções para os problemas que afligem gravemente a sociedade guineense, pois o que mais lhes interessava era o projecto de poder e de pessoas que se pensa serem inseparáveis e indissociáveis: o poder renova-se facilmente, sem necessitar de um projecto que lhe dê corpo.

Como é natural, estes tipos de comportamentos têm reflexos negativos em qualquer sector da sociedade, nomeadamente no campo do Direito Fiscal. A preocupação de obtenção de um maior volume de receitas coloca em perigo o princípio da capacidade contributiva do contribuinte que se vê, muitas vezes, confrontado com cargas fiscais que não condizem com a capacidade manifestada. Exemplo típico e flagrante desta realidade é o agora extinto imposto de reconstrução nacional, sem qualquer conexão com a ideia do Estado fiscal, o que para nós, constitui, no mínimo, um autêntico absurdo.

Situações como aquelas que dizem respeito a uma maior, mais regular e pronta captação de receitas para o erário público fazem com que se institucionalize uma forma de colaboração entre a Administração fiscal e o contribuinte, impondo-o determinadas obrigações acessórias. Bem elucidativas são aquelas apontadas por VITOR FAVEIRO[54]: "Em Direito Fiscal, são atribuídas ao contribuinte, por leis, pela Administração e até pelos Tribunais, funções de determinador da matéria colectável, de liquidador, de tesoureiro e, até mesmo, de polícia da ordem tributária". Sem, por vezes, reconhecer nele uma pessoa, principalmente quando se trata de punir os actos não conformes com a prescrição legal[55].

A despersonalização do contribuinte ainda se verifica no concernente ao valor jurídico que é atribuído à sua declaração. Repare-se que a sua apresentação constitui, para certo grupo de contribuintes, uma obrigação. Sem este documento, em princípio, não é possível quantificar a respectiva obrigação fiscal. Mas a lei atribui por vezes aos serviços da Administração fiscal, *maxime* ao subjectivismo dos agentes, determinados poderes,

---

[54] *Noções fundamentais...*, Vol. II, p. 76.

[55] *Vide* a consideração feita por VITOR FAVEIRO, *Noções fundamentais...*, a propósito das infracções fiscais cometidas pelo contribuinte e seu julgamento pela Administração fiscal. Escreve em relação à multa que "é vista, sob óptica que rejeita o fim utilitário da suspensão condicional, como mera fonte complementar da receita e não como uma forma de reparação do alarme social e reintegração da personalidade do delinquente" (p. 76).

ou pactua com a ausência de critérios de base que regem a incidência, o que se mostra incompatível com a tradicional função que cabe à declaração[56].

A segunda vertente, da manifestação da crise das mentalidades, não diz respeito aos detentores do poder de criar o direito, mas sim aos seus *aplicadores*. Como numa pirâmide, os efeitos de uma tal concepção do poder projectam-se na sua aplicação prática. Aos agentes aplicadores do direito, o Estado (ou melhor, o poder) é a única realidade que interessa: o interesse na realização dos seus fins ultrapassa qualquer outro valor da colectividade. Assim, para a Administração fiscal só os cofres do tesouro público merecem consideração, acima da pessoa do contribuinte, tida apenas como uma máquina de produção de recursos financeiros de que carece o Estado, um cumpridor dos deveres fiscais, no sentido de proporcionar meios aptos à satisfação das necessidades colectivas que nem sempre foram tidas em consideração.

Não admira, pois, que em face destas circunstâncias e da crescente necessidade de mais receitas, em particular de receitas fiscais, tenham surgido soluções impraticáveis, dados os perigos que escondem. Referimo-nos à questão da *crise da forma*, mormente, a *vacatio legis*, período de tempo necessário para que a lei chegue ao conhecimento dos seus destinatários, em especial dos contribuintes. Verifica-se com frequência o estabelecimento de prazos para a vigência ou entrada em vigor das leis em geral e dais leis tributárias em particular não compatíveis com o valor da matéria em causa.

Não raras vezes, estes diplomas entram imediatamente em vigor na data da sua publicação, o que, para agravar ainda mais a situação, nem sempre coincide com a sua divulgação. Ora, como ensina VITOR FAVEIRO, autor que seguimos de perto neste particular, tal situação tem como consequência a "negação ou supressão do princípio da teoria clássica do Direito de que a ignorância da lei não aproveita a ninguém", acrescentando que "na verdade, não é hoje possível, ao homem médio, e designadamente ao contribuinte, conhecer todos os normativos das leis tributárias que se acumulam em fólios imensos dos jornais oficiais, se substituem, se revogam, se recriam, se negam, se contradizem ou que se mandam aplicar antes de ser materialmente possível o seu conhecimento"[57]. Esta realidade

---

[56] Sobre esta questão *vide* VITOR FAVEIRO, *Noções fundamentais...*, p. 76.
[57] *Noções fundamentais...*, Vol. II, p. 74.

é bem visível na ordem jurídica guineense, onde os mecanismos de publicação das leis em geral constituem um autêntico emaranhado.

2.1.2. *A Lei n.º 1/73*

Agora, passamos decididamente a uma breve caracterização do Sistema Fiscal guineense. Para uma melhor compreensão do actual quadro de direito tributário guineense, importa recuar no tempo, precisamente ao nascimento do Estado soberano e independente da Guiné-Bissau. A estrutura e característica do Direito Tributário actualmente vigente, salvo pequenas alterações recentemente introduzidas, são anteriores ao próprio Estado guineense, saído da proclamação unilateral da independência. Constitui, por assim dizer, um produto da colonização portuguesa, herdada pelo novo Estado.

A primeira manifestação do poder soberano do jovem Estado guineense – sem embargo da proclamação da independência e aprovação da primeira Constituição – traduziu-se na recepção formal do direito colonial vigente à data em que o poder político passou a ser exercido pelos órgãos soberanamente eleitos; direito esse não contrário aos ideais que conduziram a luta de libertação nacional e independência. Assim, a Lei n.º 1/73 de 24 de Setembro de 1973, publicada no BO n.º 1, de 24 de Janeiro de 1975, reza no seu artigo 1.º: *"A legislação portuguesa em vigor à data da Proclamação do Estado soberano da Guiné-Bissau mantém a sua vigência em tudo o que não for contrário à soberania nacional, à Constituição da República, às leis ordinárias e aos princípios e objectivos do Partido Africano da Independência da Guiné e Cabo-Verde (P.A.I.G.C.)"*.

De entre o direito colonial recebido, constava, naturalmente, o direito tributário, como um corpo de normas que sujeita à incidência determinados tipos de rendimentos. Por essa altura, a matéria relativa aos impostos e sistema fiscal, tal como hoje são concebidos, pensa-se, estava reservada à lei formal da ANP. São exemplos as primeiras leis fiscais (Leis n.ºs 1, 2, e 3 todas de 3 de Maio e Leis n.ºs 4, 5 e 6/75, ambas de 5 de Maio, publicadas todas no BO n.º 19 de 10 de Maio do mesmo ano). Retomaremos esta matéria, a propósito do princípio da legalidade fiscal, no Título I do Capítulo II.

O ordenamento jurídico guineense – incluindo o direito tributário – estava, assim, a ser construído. Com mais ou menos sobressaltos, próprios de Estados recém-independentes, assistia-se a uma gradual e paulatina construção do sistema jurídico em geral e ao regular funcionamento dos órgãos do Estado. Até que, no início dos anos 80, começou a crise do Direito em geral e, por conseguinte, a inversão de alguns princípios fundamentais, *maxime* os princípios constitucionais em matéria tributária. Exemplo típico desta inversão é o exercício da competência tributária, com a reserva (absoluta) de lei que a caracterizava, a ser transformada numa reserva relativa, sem limites, por determinação de um diploma legal produzido pelo Conselho da Revolução.

Esta situação criou no ordenamento jurídico em geral, e, em especial, no sistema fiscal, uma distorção dos princípios, principalmente da legalidade, donde se seguiu a existência de produções legislativas que não se compadecem com as regras e com os ordenadores do sistema ora definido: o Governo passa a legislar sobre matérias reservadas à ANP (cuja competência o Conselho da Revolução chamou a si), sem obedecer ao requisito da autorização (expressa), nos termos da al. c), artigo 10.º da Decisão n.º 4/81, de 29 de Janeiro, como estava definido anteriormente pelo próprio órgão revolucionário, conforme observámos acima, no ponto 2.1.1. Sublinhe-se mais uma vez que desconhecemos qualquer autorização nesse sentido. Assim entendemos que são inconstitucionais os diplomas legais produzidos pelo Governo, carentes de autorizações legislativas expressas do parlamento.

Vivia-se o período de transição, pós 14 de Novembro de 1980, em que o Governo provisório foi chamado ao exercício de competências que a normalidade da vida político-social não lhe atribuía. Em abono desta situação, apontou-se a sua transitoriedade, a que aludimos acima. Todavia, aquilo que se pensou ser de vigência limitada no tempo tornou-se numa situação consumada, sem paralelo. Era o agudizar da crise do já debilitado Direito Fiscal: sem princípios rígidos; com violação das leis e regras tributárias; corroído por poderes discricionários; em negação de princípios constitucionais; eivado de desumanização e sofrendo da corrupção das instituições.

2.1.3. *As reformas fiscais guineenses*

Ocorreram-se, na actualidade, duas reformas: a reforma fiscal de 1983/84 e a reforma fiscal de 1997; não obstante, mantém-se intacta, no essencial, a estrutura herdada do colonialismo português: impostos reais parcelares e imposto complementar, de intuito personalizante. Ou seja, mantém-se todo o esqueleto do sistema fiscal anterior à Lei n.º 1/73 e à reforma de 1983/84, constituído essencialmente por um conjunto de impostos parcelares que tributa os rendimentos adquiridos em diversas cédulas ou parcelas (*maxime*, o trabalho dependente ou independente; as actividades económicas comerciais ou industriais;...), sem consideração da pessoa do seu titular; porquanto a introdução do Imposto Complementar, cuja filosofia visa atingir os rendimentos globais das pessoas físicas e das sociedades[58], não conseguiu ainda ajustar os objectivos que lhe são subjacentes: a correcção dos defeitos da tributação parcelar. Este tipo tributário acaba, por introduzir ainda mais injustiças no próprio sistema, ao incidir sobre realidades já tributadas em sede de impostos parcelares.

De comum a estas duas reformas são: o descurar dos aspectos relativos à reforma dos serviços tributários – bem como a componente participativa dos contribuintes, o que compromete, sobremaneira, os seus êxitos –, a provisoriedade das soluções encontradas (assumindo urgência encontrar uma solução que melhor satisfaça o sistema fiscal em geral, *maxime*, a personalização do sistema, através do imposto único), e a ausência de uma melhor concepção do contribuinte como pessoa, dotada de um conjunto de direitos e deveres.

2.1.3.1. A reforma fiscal de 1983/84

Esta reforma em nada alterou o quadro do direito tributário anteriormente vigente – recebido na ordem jurídica guineense, pela Lei n.º 1/73 –, mantendo-se, portanto, toda a estrutura tributária herdada, razão pela qual não a concebemos como uma verdadeira reforma fiscal.

Em traços muito gerais são apontadas diversas preocupações nesta reforma.

A primeira: foi a da preocupação financeira, isto é, a procura de meios financeiros para sustentar o aparelho de Estado que se foi agigantando face ao tão ambicionado programa político, económico e social que caracterizou o período após a independência. Seguem-se-lhe a preocupação de controlar todos os sectores da vida da colectividade guineense; o

---

[58] Pela Lei n.º 11/95 de 16 de Outubro, foi abolida a tributação dos rendimentos dessas pessoas.

Estado assume-se como o maior (senão único) agente económico, juntando-se-lhe o papel de decisor político-económico.

Em face deste seu carácter de Estado interventor não admiramos a dimensão que assumiu e o volume dos recursos necessários para o fazer funcionar nos moldes em que era concebido. Por outro lado, a ausência de uma classe empresarial, aliada aos ventos da mudança económica (negociações com as instituições da Bretton Woods) e, por arrastamento, a mudança política e o fenómeno da globalização económica dos nossos dias apanharam desprevenidos os nossos governantes, incapazes de conduzirem a transição económica e política como seriam desejáveis.

A *segunda*: foi a da correcção da actividade administrativa, um dos argumentos que serviram de base à reforma, conforme se pode ler no Preâmbulo do diploma que criou o Imposto Profissional, é a inadequação do sistema fiscal herdado do colonialismo português face às necessidades da época e à sua difícil gestão.

A *terceira*: foi a da necessidade da tributação assentar em rendimentos reais, considerada escopo de um sistema fiscal justo e premissa de base para a passagem à uma forma de tributação baseada em taxas progressivas que toma em consideração a pessoa do contribuinte e a sua família (imposto único), questão que se mantém, persistentemente, e da qual ainda não se colheram os frutos.

2.1.3.2. *A reforma fiscal de 1997*

Sem embargo da reforma já efectuada em 1983/84 [da qual resultou a manutenção integral da então estrutura do sistema fiscal guineense, mormente as opções tributárias baseadas nos impostos parcelares sobre os rendimentos (o que revela a incapacidade de alterar a estrutura fiscal existente), conjugados com o Imposto Complementar, de sobreposição], foi, recentemente, em 1997, introduzido no sistema, um conjunto de três impostos que acabou com um certo "marasmo" que caracterizava a imposição sobre a despesa.

Esta reforma trouxe para o sistema alguns elementos novos, a saber: a introdução de um novo modelo de tributação do consumo (o *imposto geral sobre as vendas e serviços* e *o imposto especial de consumo*), incidente sobre o valor das transacções de mercadorias e prestações de serviços; e uma *pauta aduaneira* de importação, de estrutura simplificada, sendo, ao mesmo tempo, revogado o imposto de consumo e a taxa de serviços aduaneiros. Diríamos que se trata de uma tentativa de aproximação da estrutura tributária guineense à realidade de outros países da zona, reflexo dos desafios da integração económica dos nossos dias, cuja exigência se situa, num futuro não muito longínquo, a nível da harmonização das legislações fiscais nacionais, como meio para se alcançar determinados resultados próprios de economias nacionais integradas num espaço único de âmbito mais vasto.

Tal como na anterior, não se preocuparam os políticos com a reforma da Administração fiscal, nomeadamente os serviços fiscais, que continuam a carecer de quadros técnicos capacitados, com uma preparação suficiente e uma deontologia profissional aceitável para as importantes funções que são chamados a desempenhar a nível da gestão dos recursos provenientes, principalmente, dos impostos.

2.2. Caracterização geral

Apresentadas as linhas gerais que caracterizam historicamente o actual Sistema Fiscal guineense, marcado pela inconstitucionalidade de (alguns) diplomas legais – (diga-se) motivada pela deformação dos princípios constitucionais que informam o sistema –, prosseguimos o seu tratamento, começando por dizer que qualquer sistema fiscal está orientado, ainda que formalmente, para dois grandes princípios: a *justiça*, considerada a alavanca do sistema, na medida em que a sua preterição pode criar graves consequências, como por exemplo, a fraude e evasão fiscais, bem como o tratamento discriminado entre os contribuintes sem justificação plausível, a disparidade na repartição dos impostos entre os grupos de forma justa e a questão da pressão fiscal (*função de justiça*); e a *eficiência*, que mede, nos dias de hoje, a sua adequação aos objectivos de política económico-social (*função económica e social*).

Isto significa que o entendimento actual/moderno da neutralidade do imposto deve admitir desvios, quando confrontado com a ideia da justiça fiscal – diferentemente da ideia de neutralidade clássica, entendida como não interferência na afectação de recursos da economia pelo mercado, associada a concepção dos financeiros clássicos –, sem, no entanto, esquecer outra das características essenciais do sistema –, o *rendimento* ligado à minimização dos custos da captação de receitas fiscais.

Estes princípios são, por vezes, subestimados em nome de uma maior captação de receitas – função meramente fiscal, sem sombras de dúvidas a sua função imediata, como teremos oportunidade de demonstrar ao longo deste trabalho. É nossa convicção que deve existir um equilíbrio entre estes e outros princípios/objectivos, *maxime* a regular, pronta (e crescente) captação de receitas, de modo a não se desvirtuarem. Explicitando melhor: a (crescente) necessidade de obtenção de receitas públicas, através de impostos, em si mesmos causadores de distorções, não deve pôr em risco a *eficiência* e *justiça ficais*, porquanto valores informadores de qualquer sistema fiscal e sem os quais não se asseguram, adequadamente, as finalidades da normal afectação dos recursos pelo mercado com menos distorções possíveis[59], nem tão pouco a consecução dos objectivos económicos e sociais ou ainda a igualdade de sacrifício entre os contribuintes.

De uma maneira geral, entendemos que a justiça fiscal – justiça na distribuição dos encargos fiscais – deve ser elevada à mais alta categoria de um sistema fiscal, não devendo ser preterida, para não condicionar a eficiência e o rendimento do sistema fiscal. Basta pensar nos efeitos e nas consequências políticas de uma injusta distribuição dos encargos fiscais, mormente, no estímulo à fraude e à evasão fiscais e nas rebeliões populares, respectivamente.

A *justiça fiscal* apela para a igualdade entre os cidadãos, noção-base de qualquer sistema fiscal, e traduz-se na existência de princípios formais e materiais como a legalidade tributária, a generalidade tributária e a capacidade fiscal, respectivamente. Ao passo que a *eficiência fiscal* ou a neutralidade, numa visão clássica, admite sobretudo que a igualdade seja apenas formal. Na actualidade, o intervencionismo estatal confere-a outro sentido, relacionado com os objectivos de política económica e social, incorporados nos designados objectivos extra-fiscais. Surgem, então, as chamadas *políticas fiscais*, tendo como núcleo fundamental os impostos, enquanto instrumentos de política financeira. Teremos ocasião de retomar, mais detidamente, estes conceitos, nomeadamente, o primeiro.

---

[59] A *eficiência* é considerada, aqui, segundo critérios de neutralidade: no sentido clássico e no sentido actual ou moderno. No primeiro está em causa a não interferência ou perturbação do normal funcionamento da economia: o imposto deve sacrificar o menos possível os rendimentos dos contribuintes e provocar menores distorções na economia (critério de neutralidade). No segundo, a prossecução de fins ou objectivos de política económico-sociais (critério de funcionalidade) é a ideia-mestra. *Vide,* para mais desenvolvimentos, SOUSA FRANCO, *Finanças Públicas e Direito Financeiro*, 3ª Edição, Coimbra, 1990, pp. 626 e ss.

De um modo geral o Sistema Fiscal guineense apresenta determinados traços que o incluem no sistema fiscal dos países em vias de desenvolvimento[60], confrontado com graves problemas quer de índole estrutural, quer de índole essencialmente económica, nomeadamente, fracas capacidades económicas. Assim, assinalam-se:

1. uma quase exclusividade da tributação parcelar ou cedular[61] – tem a vantagem de adequar esta modalidade de tributação à natureza dos rendimentos; a modulação das taxas conforme seja maior ou menor a exactidão na determinação da matéria colectável[62] –, mitigada pela tributação do rendimento global do contribuinte (imposto complementar[63],

---

[60] Vide a controvérsia questão sobre o conceito em si mesmo, os critérios definidores, bem como as dificuldades de qualificações a ele inerentes, em SOARES MARTÍNEZ, "Economias subdesenvolvidas", in Dispersos económicos, Separata da RFDL, 1990, pp. 215-219. O autor definiu o subdesenvolvimento económico como "baixo nível de vida estrutural, isto é, que não seja provocado por oscilações de conjuntura" que condiciona definitivamente qualquer progresso. Aponta como causa a organização social e os processos de produção anacrónicos (p. 217). Uma tentativa de classificar (referimos a classificação tripartida de STALEY) os países segundo o nível de vida, através de rendimentos líquidos, per capita, embora com algumas dificuldades no concernente à determinação do rendimento nacional, distingue os países em altamente desenvolvidos, desenvolvimento médio e países subdesenvolvidos (pp. 218-219).

[61] A cada categoria, cédula ou parcela de rendimento corresponde um imposto próprio, com regras (incidência; isenção; determinação da matéria colectável; taxas; liquidação; cobrança; infracções e garantias dos contribuintes: reclamação e recursos) próprias. Cada tipo de rendimento corresponde uma cédula. Este tipo de imposto corre o risco de criar graves injustiças e distorções por não tomar em consideração todas as faculdades contributivas. Diferentemente acontece com o imposto único, que incide sobre todo o rendimento dos contribuintes, e que se encontra por isso em melhores condições de atingir a sua situação económica real, servindo melhor o critério da igualdade. Contudo, não é de estranhar a opção do legislador fiscal, uma vez que este tipo de imposto não é de fácil administração, implica determinadas condições que, neste momento, julgamos não estarem reunidas (vide a nota 63). Para mais desenvolvimentos destes e outros aspectos, vide DIOGO PAREDES LEITE DE CAMPOS, "Evolução e perspectivas do Direito Fiscal", in ROA, Ano 43, Lisboa, 1983, pp. 645 e ss.

[62] PITTA e CUNHA, A Reforma..., p. 13.

[63] Pensa-se que esta forma de tributação tem em perspectiva a passagem para o modelo de imposição única sobre o rendimento, o que exige, por parte dos serviços da Administração fiscal uma adequada preparação. No plano da técnica legislativa, o Imposto Complementar implica a dependência das tributações parcelares. Na prática, este imposto acaba por consistir no agravamento das taxas efectivas do imposto profissional, da contri-

pessoal de sobreposição), na vã tentativa de corrigir os defeitos da tributação cedular e assegurar uma maior justiça fiscal[64];

2. um forte predomínio da tributação indirecta, ocupando mais de 85% da tributação global, explicada, em parte, pelo fraco desenvolvimento industrial do país e pelas dificuldades em conhecer/computar as matérias colectáveis, pois a grande maioria das actividades económicas situa-se no sector primário e informal; o que acresce o baixo rendimento *per capita*;

3. uma excessiva fiscalidade externa (direitos de importação/exportação) nas receitas do Estado, reflexo da sujeição económica e do papel reservado aos direitos alfandegários no conjunto das receitas tributárias, pois, como se sabe, o país depende muito do comércio exterior, e, dentro desta fiscalidade aduaneira, verifica-se uma sobredimensão do direito aduaneiro sobre a exportação da castanha de caju, principal produto de exportação;

4. uma legislação fiscal inadaptada à realidade actual, cujas justificações apontadas, são entre outras, a herança colonial e ausência de produção legislativa no presente que reflecte a realidade social e económica do país. Contudo, em nove estados, o verdadeiro problema reside na ausência de uma verdadeira política fiscal que se adapte às actuais características do país[65];

5. a manutenção ou, melhor, a renovação (e de novo a extinção em 1996) do imposto de capitação, após a sua revogação no pós independência, por estar conotado com o colonialismo português. Na verdade, nada justificava – para além, obviamente, do seu fundamento estritamente financeiro, sem expressão significativa – a existência deste tipo de imposto sem base de incidência, ou seja, desligado de qualquer manifesta-

---

buição industrial, da contribuição predial urbana e do imposto de capitais. Excluem-se do âmbito da sua incidência apenas os rendimentos da contribuição redial rústica (artigo 17.º LOGE 1996). *Vide* alguns aspectos deste imposto, no anterior Direito Fiscal Português, em LEITE DE CAMPOS, "*Evolução e...*", p. 649.

[64] Cfr. RICARDO SÁ FERNANDES, "*A Reforma fiscal guineense*", in BFDB, n.º 4, 1997, p. 91.

[65] Em 1983/84 tentou-se levar a cabo uma reforma do sistema fiscal guineense, preconizada pelo então Ministro das Finanças, Dr. Victor Freire Monteiro. Dessa reforma foi criada um conjunto de diplomas que se pensa poderia revolucionar o quadro de direito tributário. Mas mais não se fez do que manter o sistema de impostos parcelares que vinha da época colonial, incluindo o Imposto Complementar, um autêntico "quebra-cabeças" no conjunto do Sistema Fiscal guineense. Por isso, foi apelidada de "meramente nominal e periférica" por MANUEL BOTELHO DA SILVA, "*O Direito Fiscal legislado e o Direito Fiscal efectivo na Guiné-Bissau*", in BFDB, n.º 5, 1998, p. 310.

ção de riqueza, em termos da capacidade contributiva do sujeito passivo do imposto[66], que eram todos os cidadãos guineenses que atingissem a maioridade;

6. como se tudo isso não bastasse, acresce uma máquina administrativa fiscal deficiente, com pessoal pouco qualificado e deontologicamente mal preparado e serviços desorganizados, com sobreposições de tarefas e chefias, facilitador de corrupção[67]; note-se, neste particular, a sobreposição de competências tributárias, dispersas entre os serviços da Direcção Geral das Contribuições e Impostos (DGCI) e os serviços da Direcção Geral das Alfândegas (DGA). Estes últimos são hoje chamados a liquidar e cobrar certos impostos indirectos, em particular as operações relativas às transmissões de bens e prestações de serviços sujeitos ao IGV, quando feitas de acordo com a legislação aduaneira.

Dissemos – a propósito do tipo de tributação preponderante no sistema fiscal/tributário guineense, e do imposto complementar ou de sobreposição – que se tratava de uma tentativa vã. Porquê? Repare-se que a introdução deste imposto, de tipo pessoal, visa, essencialmente, corrigir os defeitos que a tributação cedular acarreta para o sistema, em virtude da imposição que incide separadamente sobre os rendimentos do contribuinte não retratar toda a sua capacidade económica. Apenas considera uma parcela da sua faculdade. Daí o imperativo de um imposto que incidisse sobre todas as faculdades do contribuinte, configurando-se como o mais ideal, em ordem a atingir a igualdade e a justiça fiscais. Acontece que o imposto complementar ficou aquém das expectativas e nem sequer conseguiu ajustar à situação, acabando por incidir sobre as realidades já tributadas em sede da tributação cedular[68], constituindo, portanto, um mero acanhamento no contexto em que se move o nosso Sistema Fiscal.

---

[66] Sobre este imposto, do qual é exemplo típico o Imposto de Reconstrução Nacional, agora extinto, *vide* as considerações tecidas por MANUEL BOTELHO DA SILVA, "O Direito fiscal legislado...", pp. 305-306.

[67] *Vide* para mais desenvolvimentos PIERRE BELTRAME, *Os sistemas fiscais*, pp 34 e ss.

[68] Idêntica situação era vivida antes da reforma fiscal portuguesa que introduziu o imposto único, conforme LEITE DE CAMPOS, "Evolução...", p. 649: " (...), o imposto complementar português incidir sobre rendimento já tributado por outros impostos...".

Ainda na linha da caracterização, realça-se a predominância dos impostos reais e parcelares e a progressividade[69] das suas taxas (muito elevadas), na procura da personalização do imposto – aqui sem esquecer o Imposto Complementar e as deduções para encargos familiares –, crescendo à medida que aumenta a matéria colectável. Isto é, a distribuição da carga fiscal é individual, progressiva, e conforme os rendimentos auferidos pelos contribuintes.

Esta atitude de política legislativa fiscal (sublinhe-se a conjugação de impostos parcelares com elevadas taxas progressivas) pode ser nefasta para a economia guineense, em fase de arranque para o desenvolvimento. A progressividade supõe um tratamento global dos rendimentos auferidos pelos contribuintes e pode exercer um efeito inibidor sobre o aumento da produtividade e do investimento. Por exemplo, pode penalizar os rendimentos de trabalho, constituir um factor prejudicial para a produtividade dos rendimentos das empresas e, ainda, em matéria da tributação dos rendimentos de capital (na qual, por vezes, se tributa, em última análise o próprio factor produtivo capital), impedir a sua formação e, por arrastamento, desincentivar o investimento. Enfim, uma elevada progressividade das taxas em matéria dos impostos reais e parcelares pode constituir um sério obstáculo ao desenvolvimento económico do país.

Do que temos vindo a dizer podemos tirar a seguinte conclusão: estamos perante um Sistema Fiscal caracterizado, em termos globais, por ser cedular ou parcelar e progressivo nos seus impostos. Esta última característica, pensa-se, encontra justificação na necessidade de elevação do nível de fiscalidade mas, com esta atitude, corre-se o risco de colocar em perigo a justiça e eficiência do sistema fiscal, porquanto, de um lado, pode conduzir a resultados diferentes para contribuintes dispondo de rendimentos globalmente iguais, consoante se está na presença de rendimentos provenientes de uma só fonte ou de diferentes fontes[70] e, de outro, convidar à evasão e à

---

[69] A opção pela progressividade do imposto tem em vista sobretudo a realização da justiça social, isto é, a igualdade de sacrifícios ou diminuição de desigualdades (sociais) entre os contribuintes. Cfr. LEITE DE CAMPOS, "Evolução...", p. 649. É bom dizer que este método pode conduzir a resultados graves, como por exemplo, desincentivar a produtividade e o investimento, em resultado do efeito psicológico que, as suas taxas acima de um certo nível, podem produzir. Vide VITOR FAVEIRO, Noções fundamentais..., p. 76 e nota 1.

[70] Isso acontece quando se aplicam taxas elevadas a rendimentos de uma só fonte e os rendimentos provenientes de diversas fontes são atingidos por taxas menos elevadas. PITTA E CUNHA, A Reforma..., p. 14; PIERRE BELTRAME, Os Sistemas fiscais, pp. 64 e 65; ainda LEITE DE CAMPOS, "Evolução...", p. 651.

fraude fiscais[71]. Reproduzindo VITOR FAVEIRO[72]: "... a injustiça na distribuição do imposto cria, pelo contrário, uma natural oposição de defesa legítima no plano moral e, portanto, conduz o contribuinte à evasão e à fraude...".

Uma das grandes questões com que se debate o Sistema Fiscal guineense é a de dimensão do sector informal e o seu dinamismo: actuando longe de qualquer fiscalização por parte dos órgãos da administração tributária. Esta atitude tem consequências no plano da arrecadação das receitas públicas, dado que não são tributadas as actividades deste sector. RICARDO SÁ FERNANDES[73] a propósito escreve: "A razão de ser do dinamismo de tal mercado é também fácil de compreender. Primeiro, a ausência de salários, pois as empresas do sector informal são fundamentalmente constituídas por membros da mesma família. Depois, a ausência de despesas de instalação. Segue-se uma sensibilidade muito próxima das necessidades do mercado, como decorre da boa informação que uma convivência em que todos se conhecem facilita. Acresce que os empresários informais estão livres das restrições regulamentares que oneram os custos do mercado oficial".

Como se tudo isso não bastasse, acresce o elevado índice de produção de auto consumo e o fraco desenvolvimento industrial e a incapacidade de transformação dos produtos agrícolas e da pesca (sector cuja contribuição para o OGE é significativa). Estas e outras considerações influenciam o rendimento do sistema fiscal. Existem, porém, duas alternativas em concreto:

a) ou o agravamento do encargo fiscal a qualquer custo, com consequências injustas para com os contribuintes cumpridores, além da estagnação ou delapidação do sector privado ao transferir os bens dos particulares para o Estado[74], o atraso no desenvolvimento e a (eventual) conversão da estrutura económica, com o Estado a assumir o mesmo papel de outrora[75].

---

[71] PITTA E CUNHA, *A Reforma...*, pp. 25 e 26.
[72] "*Fiscalidade...*", p. 388. Cfr. ainda, *Noções fundamentais...*, p. 86.
[73] "*Políticas económicas e decisões empresariais*", BFDB, n.º 2, 1993, p. 90.
[74] Não hesitaríamos em considerar semelhante atitude de confisco por se configurar uma situação de pesada sanção do património do contribuinte. Com tal atitude transfere-se os bens dos particulares para o Estado: daqui o cerceamento da economia do sector privado.
[75] Referimos a situação anterior à liberalização económica do país, em que o Estado assumia o papel de ordenador e controlador e actuava simultaneamente como agente económico. Não nos parece, de resto, que seja esta, na actualidade, a intenção dos nossos governantes. Aliás, ficou provado, nessa época, a sua manifesta incapacidade, enquanto

b) ou, diferentemente, o alargamento das bases tributáveis, de forma a abranger actividades e rendimentos até aqui não tributados. Esta é, a melhor solução.

O recurso à primeira via pode descurar os aspectos da justiça fiscal (da qual resultam noções chaves de qualquer sistema fiscal, como a igualdade, a legalidade, a generalidade e a capacidade fiscal) e da eficiência fiscal (princípio de natureza instrumental, ligado à captação de receitas para a satisfação das necessidades colectivas) e inverter a lógica do próprio sistema. Aliás, pensa-se que o Estado não estaria minimamente interessado em que tal acontecesse, porque seria uma afronta à Lei Fundamental por violação frontal do seu espírito e, por conseguinte, da propriedade privada, para além de pôr em risco a sua própria sobrevivência e das entidades similares, pois lhes faltariam os recursos necessários à realização das suas necessidades. Assim, só resta a segunda alternativa, da qual daremos conta *infra*.

As preocupações de justiça fiscal levam-nos ainda – mas sem qualquer pretensão de questionar a bondade do nosso Sistema Fiscal – a realçar um aspecto importante, a solução encontrada para atingir a tão almejada justiça: as deduções à matéria colectável, permitidas aos profissionais liberais. Estes deduzem os encargos necessários à formação do rendimento para efeito de apuramento da matéria colectável do Imposto Profissional, nos termos do artigo 13.º deste Código.

Numa lógica de paralelismo, idêntico tratamento deveria ser dispensado, pelo legislador fiscal, aos trabalhadores dependentes – categoria em que estão incluídos os servidores do Estado –, quanto aos custos suportados no exercício da actividade. Para nós, constitui dever de justiça a dedução do mínimo indispensável (isenção do imposto até um certo montante). Esta opção, seria de resto, uma forma de expressão da justiça, porquanto estes profissionais auferem um mísero salário que não cobre os seus sustentos e das suas famílias[76], pelo que deviam ser concedidos deduções, por exemplo, em matéria de transportes de/para serviço.

---

agente económico e, portanto, pensamos que não se atreverá a enveredar por essa via, da qual não tem agradáveis recordações.

[76] Remetemos mais desenvolvimentos para o Capítulo II, Título II, ponto 2 relativo ao mínimo de existência, enquanto parcela de rendimento não sujeita a imposto, constituindo, portanto, uma das derrogações ao princípio da generalidade fiscal.

Uma última consideração relacionada com o sistema fiscal e os impostos tem que ver com os seus objectivos, principalmente a igualdade tributária. A Lei Fundamental não refere expressamente esta matéria. Assim, que cabe à doutrina e à jurisprudência formular, em particular, as finalidades dos impostos. É do domínio dos financistas e dos jusfiscalistas que aos impostos são reconhecidos dois fins ou objectivos: o *fiscal* e o *extrafiscal*. Quanto ao primeiro, é unânime e pacificamente aceite, entre a doutrina e a jurisprudência em geral, que a satisfação das necessidades financeiras do Estado, confere o poder de imposição de sacrifícios ao património dos particulares, a fim de arrecadar receitas necessárias à satisfação das necessidades colectivas: um dever de todos os cidadãos com capacidade contributiva.

De algum modo controversa é a finalidade extrafiscal dos impostos, quando não está expressamente erigida na Constituição – como é o nosso caso. Contudo, é de reconhecer a sua importância e utilidade, principalmente no domínio da modelação económico-social, em que se traduz num meio adequado à consecução da justa repartição dos rendimentos e da riqueza entre os cidadãos. A par desta, aponta-se um outro objectivo, cuja projecção é bem visível no domínio das relações económico-sociais. Aqui, os efeitos dos impostos são facilmente perceptíveis, actuando no âmbito mais vasto dos benefícios fiscais, mormente os estímulos ou incentivos fiscais, consubstanciados nas prestações do Estado social[77].

Em conclusão, não obstante a ausência de referências constitucionais, parece-nos que o conceito de imposto com relevância constitucional engloba quer as finalidades fiscais (obtenção de receitas), quer as finalidades extrafiscais, ligadas, designadamente, às prestações do Estado social. Isto é, são relevantes, para a nossa Lei Fundamental – como para todas as outras – as finalidades fiscais (o que não levanta nenhuma dúvida) e também desideratos extrafiscais.

Apenas algumas observações para terminar. Em face do que temos vindo a sustentar, impõem-se, entre outras medidas necessárias e urgentes, como forma de conseguir uma melhor eficácia na arrecadação das receitas e relançar a vida económica, as seguintes: a *melhoria na administração dos impostos* e *na aplicação das leis fiscais* e a *modernização das estruturas produtivas*.

---

[77] Sobre as finalidades extrafiscais dos impostos, *vide* o importante contributo de CASALTA NABAIS, *O dever fundamental...*, pp. 226 e ss.

A *melhoria na administração dos impostos* e uma *melhor aplicação das leis fiscais* passam por uma reforma global do sistema fiscal, caracterizada pela sua complexidade e inelasticidade em relação ao rendimento, no qual se salienta a necessidade da simplificação do imposto sobre as transações – recentemente efectivada com a introdução do Imposto Especial de Consumo e do Imposto Geral sobre as Vendas e Serviços – e o alargamento da base tributável, uma melhor disciplina e controlo dos benefícios fiscais (*maxime* as isenções, deduções, etc.); bem como a informatização do sistema, principalmente no que tange aos dados dos contribuintes; e ainda uma melhor gestão dos mesmos pelo Tesouro público.

Uma das soluções, no nosso entender, é a *integração do sistema fiscal no conjunto mais vasto das políticas fiscais de desenvolvimento*, adequado às variações conjunturais e novas condições económicas do país e uma urgente e adequada preparação das estruturas tributárias aos desafios da integração económica. A primeira das soluções (*integração das políticas fiscais no conjunto das políticas de desenvolvimento*) afigura-se como uma das mais urgentes e inevitáveis, se queremos atingir um nível de arranque para o desenvolvimento, no sentido de assegurar um crescimento e melhoria das condições de vida (condições económicas) e das qualidades inerentes ao homem (saúde, educação, cultura e mentalidade), centro de todo o desenvolvimento. Há que, assim, complementar os dois aspectos relativos ao desenvolvimento: aspecto material, donde relevam os meios económicos; e o aspecto pessoal, donde brota um futuro melhor para a sociedade guineense. Trata-se de programar acções integradas que permitam a combinação desses dois aspectos. É aqui que entra o imposto, como precioso instrumento de desenvolvimento integral.

Conhecido o estádio de desenvolvimento em que se encontra o país – em vias de desenvolvimento, com todas as consequências que daí advêm – as acções integradas devem dirigir-se, prioritariamente, à melhoria das estruturas económicas, capazes de conduzir o país à industrialização, donde a necessidade de incentivo ao investimento que, segundo as palavras de Vitor Faveiro "é a base fundamental ou condição *sine qua non*, do desenvolvimento económico, e, portanto, do desenvolvimento social"[78]. Por outro lado, não menos verdade é a verificação de que a condição necessária para qualquer tipo de investimento é a existência do capital pronto para ser investido.

---

[78] *Noções fundamentais...*, Vol. I, p. 119.

Sem subestimar o papel do capital estrangeiro ou externo – pelo contrário reconhecemos a sua utilidade no desenvolvimento do país, mas tem a particularidade de retornar à sua proveniência –, torna-se imprescindível o fomento do capital nacional ou interno. Este objectivo é alcançável limitando a tributação do rendimento (quer das empresas quer dos factores de produção). É este o papel que cabe desempenhar à fiscalidade nesta fase de desenvolvimento do país, na perspectiva de política fiscal, em que os impostos, assumem importante e decisivo papel de instrumento e incentivo para o fomento das fontes de riqueza; estímulo aos factores de produção, nomeadamente, trabalho e capital; estímulo à poupança e ao investimento em sectores de produção e exportação.

A *economia* e o *imposto* ver-se-ão integrados numa realidade em que os problemas económicos em geral e os da fiscalidade em particular se integram numa óptica económica e tributária, isto é, onde se articulam a política económica e a política fiscal[79]. Assim, delineadas as políticas de actuação económica (ordenação dos objectivos dos sectores público e privado; conhecidos os meios disponíveis por cada um destes), o passo a seguir, decisivo, centra-se no imposto: a escolha entre a tributação alta, média ou baixa, tendo sempre em atenção o efeito que irá provocar. Não duvidamos, nesta fase, que a opção mais correcta é a tributação média, propiciadora de muitas vantagens em termos, sobretudo, de investimento que privilegie a criação da riqueza.

Complementarmente, impõe-se a modernização das estruturas económicas, com a introdução de novas tecnologias, capazes de alterar profundamente os níveis de produtividade e uma reestruturação do próprio sistema produtivo. Quanto mais sofisticadas as estruturas económicas, melhor servirão o país, porquanto a sua repercussão, a nível da fiscalidade, traduzir-se-á numa maior abundância (e facilidade de conhecimento) da matéria colectável.

Em relação à *preparação das estruturas tributárias,* parece-nos uma evidência indiscutível, por tudo quanto dissemos sobre a crise do direito em geral e, em particular, sobre o sistema fiscal. São precisas medidas como uma profunda análise da capacidade contributiva, revelada pelo país no seu todo, onde se destaca a dos contribuintes singulares e empresas, na

---

[79] *Vide,* sobre este aspecto, VITOR FAVEIRO, *Noções fundamentais...*, Vol. I, pp. 122-128.

tentativa de procurar uma distribuição justa da carga tributária, no sentido de evitar o sacrifício injusto dos contribuintes em geral. Sem descurar, naturalmente, um outro aspecto essencial: uma análise mais atenta e cuidada dos gastos públicos, quanto mais não seja a hierarquização e priorização das necessidades colectivas, bem como o aumento da produtividade dos serviços públicos, que consomem uma grande fatia das receitas públicas. Contudo, tudo isso seria porventura mais frutuoso se se revisse e dotasse a própria Lei Fundamental de princípios que estabelecessem, nomeadamente: uma melhor disciplina de relacionamento entre o Estado e os cidadãos, em particular os contribuintes, e a garantia contra o arbítrio do poder; a consagração de normas relativas ao sistema fiscal e ao tipo de tributação em que deve assentar; a finalidade dos impostos, bem como a forma de repartição da carga tributária sobre as pessoas físicas e as pessoas colectivas (empresas).

No concernente à *aplicação das leis*, um melhor apetrechamento, em matéria do pessoal qualificado, por parte da Administração fiscal, seria uma das formas de colmatar as enormes brechas com que se depara este sector da Administração Pública; concomitantemente, seria necessária uma modernização dos serviços, principalmente, a informatização dos dados dos contribuintes, constituiria um bom começo.

Uma última observação é relativa a uma questão de relevado interesse: o *suporte técnico* que assegurará a descentralização político--administrativa que será implantada em todo o território nacional. Perguntar-se-á quais os meios humanos e técnicos de que dispõem (irão dispor) as Autarquias locais para gerir (todos) os assuntos que lhes dizem directamente respeito. Nessa perspectiva, parece-nos que a solução ideal passa pelo recrutamento de alguns quadros técnicos que servem actualmente a Administração central. (Sem embargo de as entidades menores locais prevenirem e criarem um corpo administrativo, que, no curto prazo, se encarregará de gerir os assuntos locais, *maxime* financeiros, indispensáveis à materialização das necessidades locais).

2.2.1. *Composição do Sistema Fiscal Guineense*

O Sistema Fiscal guineense é composto por impostos estaduais e por impostos locais. Ensina VITOR FAVEIRO que o critério de base de classificação está "assente na qualidade do órgão competente para administrar cada um dos impostos em causa como sujeito activo da respectiva relação jurídica e titular do direito correspondente à exigência do cumprimento da obrigação"[80].

Refira-se que esta categorização dos impostos se tornou relevante na ordem jurídica guineense com a revisão constitucional operada em 1995, através da Lei Constitucional n.º 1/95, de 1 de Dezembro, que consagrou a existência de mais um grau no nível de organização, estruturação e funcionamento do poder político do Estado: as Autarquias Locais, as quais consubstanciam um verdadeiro poder local diferente do poder central. A circunstância de a própria Constituição atribuir património e finanças próprias às entidades infra-estaduais, mormente as Autarquias locais (artigo 110.º, n.º 1 CRGB) – como é óbvio, diferentes da entidade central –, faz do Sistema Fiscal guineense um conjunto constituído, na generalidade, por impostos estaduais atribuídos, separadamente, à Administração central e à Administração local.

Contudo, a materialização desta intenção só foi possível com a Lei das Finanças Locais (Lei n.º 7/96 de 9 de Dezembro, aprovada no dia 29 de Outubro do mesmo ano e publicada no BO n.º 49, da mesma data e ano). Neste diploma, reforça-se a ideia da descentralização administrativa dos impostos (e das taxas), afectando o produto das respectivas cobranças, na totalidade ou em parte, às entidades infra-estaduais. Observa-se, assim, que o critério de referência para a afectação de receitas fiscais e a atribuição da qualidade de sujeito activo da relação jurídico-tributária dos impostos está na personalidade jurídica das pessoas colectivas: Estado e Autarquias locais, *maxime*, os Municípios, são chamados a prosseguirem o interesse das respectivas populações no âmbito nacional ou local, restrito a uma determinada localização geográfica dentro daquele todo.

2.2.2. *Equilíbrio do Sistema Fiscal Guineense*

O equilíbrio do sistema fiscal irá depender, essencialmente, de duas questões: por um lado, o peso, o significado ou a preponderância dos impostos directos/indirectos no conjunto do sistema; por outro, a parte ocupada pela fiscalidade externa, no conjunto da fiscalidade em geral. Conhecido que é o peso dos impostos indirectos, nomeadamente, o Im-

---

[80] *Noções fundamentais...*, Vol. II, p. 37.

posto extraordinário sobre a exportação da castanha de caju, no cômputo das receitas do Estado, não duvidamos que a fiscalidade, no seu todo, espelha o significativo peso e influência da fiscalidade externa.

Por outro lado, não duvidamos que as características que a estrutura da economia guineense apresenta – como iremos ver seguidamente – coloca-a no grupo dos países cujos impostos indirectos (*maxime* os impostos sobre a exportação) representam uma grande parcela no conjunto das receitas fiscais. (Se não vejamos...)

A nível da fiscalidade interna apresenta, resumidamente, alguns aspectos que nos parecem importantes e que reflectem o *statu quo*, não obstante algumas melhorias que se vêm registando, embora ensombradas por acontecimentos que não dignificam em nada um Estado (de direito democrático) no fim do século XX e no início de um novo milénio. Eis os aspectos caracterizadores:

i) o baixo nível de rendimento *per capita*, com dupla implicação. Por um lado, limita a imposição global; por outro, proíbe que seja tributada eficazmente o rendimento necessário à subsistência das populações;

ii) a actividade agrícola, predominante entre a população, coloca sérias dificuldades à Administração fiscal quanto à avaliação dos rendimentos que dela provêm, em razão das contingências climáticas, elevado auto consumo familiar e reduzida parte da produção expressa em termos monetários. Por todas estas considerações, a tributação directa fica grandemente prejudicada;

iii) razões ligadas ao funcionamento da máquina administrativa (ausência de contabilidade organizada; insuficiência de pessoal técnico qualificado; funcionários de duvidosa deontologia profissional; graus de chefias mal articulados e favorecedores de uma cultura de corrupção) condicionam a aplicação de imposto sobre rendimento, na medida em que prejudicam de alguma forma as operações de lançamento e liquidação.

No que tange à fiscalidade externa, a sujeição económica do país ao exterior, de resto justificada pelo seu fraco desenvolvimento económico, é motivo mais do que suficiente para uma total dependência fiscal: os direitos alfandegários representam uma significativa parte das receitas fiscais. Pelo que não restam dúvidas da grande dependência da fiscalidade do país relativamente aos impostos que advêm do comércio internacional.

Em suma, em face destes dois elementos – a predominância dos impostos indirectos e a (grande) dependência da fiscalidade externa –, somos levados a concluir que o Sistema Fiscal guineense é desequilibrado, porquanto depende (grandemente) de receitas que o fisco não perceberia na ausência do comércio exterior.

Este desequilíbrio poderá ser, eventualmente, colmatado com a imposição de carga fiscal sobre a diferença entre a produção e o consumo[81]. Pensamos que esta solução não afecta as necessidades vitais da maioria da população e, portanto, não entra em confronto com o princípio constitucional do mínimo de existência indispensável a cada contribuinte e sua família. Aliás, parece-nos que a tributação da parte de produção não destinada ao sustento próprio e da família constitui exigência da justiça fiscais, na medida em que a sua colocação no mercado gera rendimentos susceptíveis de serem objecto de incidência real como todos os rendimentos que constituem a base do imposto. Contudo, levanta problemas de difícil resolução, que remetemos para o Capítulo relativo às opções tributárias, em especial sobre o Imposto Geral sobre as Vendas e Serviços.

3. BREVES REFERÊNCIAS À FISCALIDADE E ESTRUTURA ECONÓMICA GUINEENSE

A análise dos aspectos ligados, respectivamente, ao sistema fiscal e a concreta estrutura económica (e, também, social, cultural e política) em que se organiza o conjunto dos impostos, designa-se por estrutura fiscal[82]. Esta é uma perspectiva de análise das Finanças Públicas em que são privilegiados os dois aspectos acima mencionados.

Muito recentemente, a palavra *fiscalidade*[83] começou a ser usada, no âmbito do Direito Fiscal, para significar genericamente o conjunto dos impostos, as técnicas, estruturas, esquemas e acções que se prendem com

---

[81] PIERRE BELTRAME, *Os Sistemas fiscais*, p. 36.

[82] Trata-se, como se disse, de uma análise na perspectiva das Finanças Públicas, em que se confronta as estruturas económico-sociais com os sistemas fiscais. O estudo integrado e relacionado destes envolventes designa-se por **estrutura fiscal**. *Vide*, sobre a matéria, SOUSA FRANCO, "A Tributação", in DJAP, Vol. VII, 1996, Lisboa, pp 503 e ss.

[83] Para mais desenvolvimentos desta temática, *vide*, entre outros, VITOR FAVEIRO, "Fiscalidade...", pp. 329 e ss; TEIXEIRA RIBEIRO, *Lições*..., pp. 34 e ss, contrapondo as finanças públicas às finanças privadas; ROGÉRIO F. FERREIRA, "Fiscalidade", in *Pólis-Enciclopédia Verbo*, Vol. 2, Lisboa, cols. 1488-1493.

o fenómeno tributário. De uma maneira geral, a *fiscalidade* é o ramo de Direito Fiscal que ocupa dos impostos presentes numa dada ordem jurídica fiscal, bem como toda a organização estrutural, incluindo os serviços e a formação dos funcionários, e o conjunto de técnicas, estruturas, esquemas e acções pensadas com o objectivo último de garantir as receitas fiscais de que carece o Estado e entidades menores similares. Paralelamente as preocupações com a formação dos contribuintes estão na ordem do dia desta ciência.

Em síntese, trata-se de um expediente que permite às entidades públicas captar as receitas susceptíveis de tornar efectivo o fornecimento de bens e serviços de que carece tanto a comunidade nacional como a comunidade local, nomeadamente, instrução; educação; saúde; defesa e segurança da colectividade; a criação de infra-estruturas. Compreende-se facilmente que o ónus é suportado pelas pessoas singulares e colectivas que revelam capacidade contributiva requerida na lei que estabelece o tipo de imposição. Estas duas categorias de pessoas constituem a base, o sustentáculo de toda a actividade tributária estatal, o que é compreensível enquanto produtores de rendimentos, fonte de receitas fiscais. O ónus traduz-se na privação de rendimentos (ou até mesmo de capitais) destas mesmas pessoas.

A fiscalidade nos Estados modernos assume uma grande importância, pelo menos nos Estados de cariz capitalista, que encontram nos impostos a sua principal fonte de receita. Daí a necessidade de um profundo conhecimento, só possível através do estudo da capacidade tributária revelada pelo país no seu todo. Deve-se privilegiar, entre outros aspectos, as implicações das cargas fiscais (e também parafiscais), suportadas pelos contribuintes, tanto em termos quantitativos como qualitativos, bem como as espécies de matérias colectáveis determinantes das pressões fiscais de cada contribuinte ou grupo de contribuintes.

Os objectivos da fiscalidade não se resumem unicamente à captação das receitas dos impostos. Outros estão associados, nomeadamente, a influência sobre os indicadores macroeconómicos como a produção; poupança; investimento; e a redução da inflação. Basicamente a influência que exerce sobre estes indicadores traduz-se na isenção, no agravamento ou no aligeiramento da tributação de determinados sectores de actividades ou de certos rendimentos ou consumos.

Todavia, existe uma outra categoria de objectivos estritamente ligados, nos nossos dias, à fiscalidade: são os objectivos sociais, propostos pelos governos, a fim de atenuar a assimetrias de rendimento, isto é, a redistribuição de rendimentos, através da qual se absorvem riquezas acumuladas nas mãos dos particulares. As receitas provenientes destas riquezas são usadas geralmente na prestação de cuidados de saúde, em princípio, gratuitos, na melhoria do saneamento básico, etc. Ora, dentro deste campo movediço colocam-se algumas questões pertinentes à fiscalidade: a legitimidade e justiça dos impostos, nomeadamente, os critérios de repartição e a sua utilização pelos governantes. Em breves palavras, a gestão das receitas do Estado e o funcionamento dos serviços.

A ideia da justiça impõe que se esteja na posse de melhores conhecimentos sobre a real capacidade fiscal do país e das cargas tributárias que podem suportar os contribuintes. Isso é importante na medida em que, se descurada, corre-se o risco de se cercear as fontes produtoras de rendimentos susceptíveis de tributação. Por exemplo, o imperativo de captação de mais receitas necessárias, para resolver problemas sociais graves, pode conduzir tendencialmente ao lançamento de impostos progressivos de altas taxas. Se se resolver o problema, outro se colocará: o prejuízo da poupança. É que, com esta atitude, estar-se-à implicitamente a desincentivar a poupança, tão útil e indispensável ao investimento e à criação de condições para a industrialização e desenvolvimento económicos do país; o trabalho e capital procurarão mercados (externos) que ofereçam melhores condições e garantias.

As exigências do desenvolvimento económico e social são conciliáveis com a ideia da justiça. Um desmedido conjunto de incentivos fiscais – que beneficiam sectores de actividades, com o objectivo de desenvolver determinadas regiões ou sectores económicos considerados relativamente atrasados no conjunto do país, ou ainda de determinadas falanges sociais – pode provocar distorções tributárias. Por esta razão, importa que os interesses em jogo sejam devidamente ponderados. Uma das formas de o conseguir é através de uma ampla campanha de formação da opinião pública nacional sobre a importância do problema da fiscalidade, onde o imposto se assume como um instrumento de mudança.

Para terminar estas curtas palavras sobre a fiscalidade convém apontar as suas implicações no domínio das actividades económicas. Repare-se que, associado a este fenómeno, está não só a feitura das leis pelo poder político constitucionalmente competente, bem como a sua aplicação, envolvendo também a sua interpretação pelas entidades administrativas fiscais, como pelos particulares interessados. Tudo isso exige que haja uma adequada preparação ao nível de Direito, Economia e Contabilidade. Os reflexos destas ciências são palpáveis e óbvios: hoje exige-se que os contribuintes sejam efectivos colaboradores da Administração fiscal, não só pela obrigatoriedade de entrega da declaração de rendimentos, mas também pela prestação de elementos que, não raras vezes, são carregados de um certo grau de tecnicismo. Recentemente foi criada uma classe de técnicos, os chamados Técnicos de Contas, cuja disciplina se encontra no Decreto n.º 16/94 de 16 de Maio. Deu-se igualmente a aprovação do Plano Oficial de Contabilidade, regulamentado pelo Decreto n.º 18/94 de 16 de Maio, publicados ambos no BO, n.º 20, na mesma data.

A própria vida quotidiana está hoje repleta de factos susceptíveis de dar lugar a situações tributáveis. Por exemplo, a decisão de vender um determinado bem pode dar origem à emissão de documentos e suscita, logo, problemas fiscais de diversas índoles, podendo entroncar numa das tributações que dá lugar a pagamento de imposto de selo, de transacção, da contribuição industrial, etc. A grande variedade de situações com que nos confrontamos coloca problemas de tratamentos fiscais diferenciados, segundo a categoria de rendimentos em causa e dentro da mesma categoria. Veja-se o caso da tributação dos rendimentos de trabalho, em que tudo pode acontecer, desde a isenção à diferença de tributação, conforme sejam ou não provenientes da actividade por conta de outrem ou por conta própria. São estas questões que a fiscalidade deve dar resposta.

Relativamente à actual estrutura económica guineense, refira-se que os agregados económicos que a compõem, bem como o modo de relacionamento que os caracteriza, os circuitos de produção, repartição e emprego dos rendimentos produzidos pelas unidades de produção, estão muito marcados pelo estádio incipiente de progresso técnico. Este, por seu turno, é caracterizado por apostar numa fase inicial de industrialização que, no passado, apostou nas pequenas e médias empresas com potencialidades para criar equilíbrio entre os sectores e preparar o país para o arranque rumo ao desenvolvimento. Mas deparou-se com a ruptura com o anterior esquema de desenvolvimento industrial; com a ausência de políticas de governação que conduzissem ao desenvolvimento sustentado e autofinanciado, *maxime* a falta de ambição política revelada a partir da década de 80, contrastando com a aposta do pós-independência; a manutenção de uma cultura de produção destinada ao auto-consumo, e a incapacidade política para alterar o "status quo". Estes são, entre outros, os factores que explicam o "marasmo" em que se encontra a economia guineense, muito flagelada pelos desequilíbrios de índole estrutural, reflexo não só da conjuntura interna mas também da conjuntura externa.

Um dos grandes males de que padece a estrutura económica guineense tem a ver com a sua reduzida dimensão, isto é, trata-se de uma pequena economia aberta, muito influenciada pela evolução económica internacional, nomeadamente a extrema dependência do mercado internacional de petróleo e de outras matérias-primas, com sérias implicações no nível de financiamento das despesas públicas. Não raras vezes, a solução encontrada passa pelo agravamento de algumas taxas de impostos sobre os rendimentos provenientes de trabalho, deixando incólumes outros rendimentos que beneficiam mesmo de isenções ou de reduções das taxas.

3.1. A relação entre a fiscalidade e a estrutura económica guineense

Relacionar a fiscalidade com a estrutura económica implica, pois o conhecimento do grau de desenvolvimento e industrialização do país (reflectidos na criação da riqueza nacional) e da própria estrutura económica (a intensidade das trocas, o grau de monetarização e de abertura da economia ao exterior). Portanto, o nível da fiscalidade irá depender, sobremaneira, do desempenho das infra-estruturas económicas e da sua capacidade de produção e criação de riqueza.

O enquadramento da economia guineense em termos de estrutura económica, isto é, o agregado de agentes económicos e o sistema de relacionamento que os caracteriza entre si, demonstra que se trata de uma realidade muito debilitada, sem (grandes) recursos que permitam a produção de riqueza e, com toda a naturalidade, a redistribuição de rendimentos por parte do Estado; bem diferente é o seu emprego na satisfação das necessidades colectivas. Para além destas vertentes de produção, de repartição e de emprego dos resultados económicos, a noção da estrutura económica comporta, também, uma componente caracterizada pelo relacionamento entre os agentes económicos: a *troca*.

O fraco nível de desenvolvimento económico do país, cuja economia se encontra numa fase de arranque muito "tímida", é ensombrado por acontecimentos entre os quais se conta a instabilidade política e militar, sem menosprezar os factores históricos e culturais, nomeadamente a colonização e uma certa passividade e conformismo que caracteriza o povo guineense em geral, bem como a falta de soluções políticas e a grande dependência da sua economia face à economia internacional, não só em resultado do fenómeno da globalização, mas também dada a sua pequena dimensão.

Nesta ordem de ideias, sobressaem questões políticas e técnicas, avultando a má gestão e uma (quase) ausência de orientações políticas de governação, cujos resultados são palpáveis ao nível da produção, marcadamente influenciada pelo predomínio de bens consumíveis pelo produtor (regra geral pequeno agricultor especializado na produção de arroz e mancara, e muito recentemente da castanha de caju) e sua família; do pequeno comércio, em que abundam os retalhistas; das indústrias em fase embrionária, sem grande expressão, dominadas pelo artesanato, por pequenas e médias empresas; e do sector de serviços, em crescente ascensão nos últimos anos.

O factor histórico, *maxime* a colonização e as suas implicações nefastas, exprime-se de uma maneira geral pela difícil situação económica nacional e internacional que caracterizaram os últimos anos da presença colonial portuguesa na actual Guiné-Bissau (então Guiné-Portuguesa), cujos rastos se prolongaram no tempo. Repare-se que o processo de descolonização portuguesa, muito tardiamente encetado, provocou profundas alterações nas estruturas económicas dos novos Estados emergentes, em particular no da Guiné-Bissau, impelido a adoptar formas de funcionamento da economia, sem paralelo com os objectivos e com os princípios de política económica anteriormente implantados.

O desmantelamento (quase) por completo do aparelho produtivo colonial e uma total desarticulação do sistema de comercialização provocaram, consequentemente, uma significativa quebra na produção e produtividade, reflectindo muito rapidamente na escassez de produtos de base, produtos esses, anteriormente, objecto de exportação[84]. Junta-se a

---

[84] Vide o nosso Relatório apresentado na disciplina de Economia Portuguesa no ano lectivo de 1996/97, sob a orientação do Prof. Doutor Pedro Soares Martínez, sobre o tema *As Relações económicas e comerciais entre Portugal e África: – em particular os Países Africanos de Língua Oficial Portuguesa*, principalmente, pp. 14-15. Vide, também, para mais desenvolvimentos, as análises globais de A. OLIVEIRA DAS NEVES e ORLANDO MADUREIRA, "*As relações económicas e comerciais de Portugal com as suas antigas colónias*", in Conferência intitulada A Cooperação de Portugal com os Palop, realizada no Instituto Damião de Góis da Presidência da República, Lisboa, 30 e 31 de Maio de 1985, p. 18;

esta "difícil" situação a decisão de nacionalização das unidades produtivas, passando o Estado a exercer o controlo directo das mesmas. Em alguns casos, trata-se de um verdadeiro confisco, porquanto não se verificou uma (justa) indemnização dos anteriores proprietários[85].

No período após independência, em termos sectoriais, mais concretamente, no domínio da propriedade, a Lei Fundamental, no seu artigo 12.º, estabelece que são reconhecidas a propriedade pública ou estatal; a propriedade cooperativa, incidente basicamente na exploração agrícola de produção de bens de consumo, e, por último, a propriedade privada, sendo esta definida por exclusão de partes. No actual contexto da economia de mercado, entendemos que este sector deve ser melhor acautelado e, quiçá, suplantar os outros sectores, pois que as regras do mercado assentam, sobretudo, nas capacidades dos agentes económicos privados.

No concernente às empresas ou unidades produtivas (geralmente pequenas e médias), a esmagadora maioria pertence ao sector público, e, actualmente, é objecto de privatização, um movimento nem sempre muito bem gerido, com muitas controvérsias, principalmente para denunciar casos de alegada corrupção. Acrescem a estas empresas mistas no âmbito da exploração dos recursos pesqueiros. Quanto ao sector cooperativo, pequenas associações cooperativas com espírito de entreajuda, mormente, por parte dos ex-combatentes da liberdade da Pátria. Actualmente, os esforços de algumas pessoas estão mobilizados, principalmente, no domínio de ensino. Por último, o sector privado, vítima da fúria dos políticos, está numa clara ascensão, a partir da liberalização económica, muito forçada pelas organizações internacionais de Bretton Woods, o Banco Mundial e o Fundo Monetário Internacional.

Durante quase uma década e meia, assistimos a um Estado todo-poderoso e gigantesco: simultaneamente decisor político e agente económico. Esta "confusão" de poderes trouxe um total estrangulamento da economia, cujos efeitos nefastos ainda, hoje, se fazem sentir. Não é admirar que durante esta fase a estrutura económica guineense fosse exclusivamente constituída por pequenas e médias empresas públicas que tinham à frente ex-comissários de guerra, mal preparados para assumirem

---

cfr. ainda PORTUGAL DEZ ANOS DE POLÍTICA DE COOPERAÇÃO, Ministério dos Negócios Estrangeiros, 1995, p. 106.
[85] EUGÉNIO MOREIRA, *As relações económicas e comerciais...*, p. 15.

as funções de gestão, ao mesmo tempo que assistíamos ao nascimento de poucas empresas de sector cooperativo, em profundo contraste com uma degradação rápida do sector privado, com muito pouco campo de manobra.

Resulta de todo este emaranhado de difíceis situações uma significativa quebra da produção e produtividade, cujas repercussões não tardaram a aparecer, sobretudo, no domínio da fiscalidade. A cada vez mais escassa e pouca diversidade de bases e de matérias tributáveis está directamente relacionada com a reduzida e insuficiente produção de bens de consumo. O sector público não conseguia responder com clarividência ao papel que lhe fora reservado, enquanto motor de desenvolvimento económico, revelando-se incapaz de criar postos de trabalho para acolher a mão-de-obra, que procurava emprego, e de oferecer remunerações condignas. Por seu turno, o sector privado "moribundo" dava, por vezes, algum "fôlego" de que dispunha. Mas estava tudo condenado ao fracasso. Numa palavra, não se produzia o suficiente, não havia rendimentos para consumir ou investir, portanto, não havia, propriamente dita a fiscalidade, uma vez que o seu sustentáculo estava condenado ao desaparecimento. E qual a solução? Não raras vezes, era o agravamento da pressão fiscal, para "liquidar o moribundo". Como iremos ver oportunamente, se esta pressão não for acompanhada de um real aumento da produção, correr-se-á o risco de cometimento de graves injustiças.

A estrutura económica guineense, caracterizada, como se disse, pelo grau muito incipiente de desenvolvimento, como prova a produção, essencialmente, agrícola e de subsistência, que ocupa grande parte da sua população, reflecte-se no nível de riqueza nacional, com um baixo rendimento *per capita*[86]. Esta situação, muito preocupante, acaba por ser uma condicionante do seu comércio externo (assente nos poucos produtos de que dispõe para as trocas comerciais internacionais, nomeadamente a castanha de caju que, como se sabe, se encontra muito dependente das oscilações de preços no mercado internacional, ditados pelos países desenvolvidos), cuja balança comercial se apresenta globalmente deficitária. Resta-nos uma única esperança: os recursos pesqueiros que, sendo bem geridos, consti-

---

[86] Em termos numéricos, pensa-se que não ultrapassa anualmente os 300 dólares americanos.

tuem uma potencial fonte de rendimentos para o país, enquanto se aguardam os resultados dos projectos de prospecção dos recursos minerais (mormente o bauxite e petróleo).

Como se pode perceber existe uma interdependência entre a fiscalidade e a estrutura económica de um determinado país. A influência desta determina que aquela seja o reflexo do tipo de organização da produção, da repartição e do consumo[87] e, até, do grau de monetarização do país. Assim, concretamente a economia guineense, cuja estrutura económica influi no nível de rendimento fiscal muito baixo, justificada por uma produção de subsistência, com pressão negativa no montante da prestação fiscal suportada pelos rendimentos produzidos, consumidos ou capitalizados e também pela existência de um sector público deficitário, ainda, com uma assinalável dimensão.

Em suma, a influência exercida pela estrutura económica sobre o sistema fiscal no seu todo e, por conseguinte, a sua maior ou menor flexibilidade são funções da maior ou menor autonomia de que goza relativamente àquela. Por outras palavras, a flexibilidade do sistema fiscal[88] é medida em função da sua maior ou menor autonomia face às estruturas económicas mais ou menos desenvolvidas nos seus aspectos de troca (directa ou monetária) e do grau de abertura ao exterior.

A maior ou menor quantidade do volume de receita tributária e a qualidade ou tipo de impostos estão dependentes da estrutura económica[89]. Note-se que os impostos sobre o rendimento não têm, neste sistema, grande expressão, devido à escassa produção quer por parte das pessoas singulares quer por parte das pessoas colectivas; a pressão fiscal incide, predominantemente, sobre o pouco rendimento produzido por estas pessoas. Isso dificulta, de certa forma, o investimento e a poupança, a fis-

---

[87] A análise que aqui se tenta não encara em especial nenhum dos ângulos (produção, repartição do rendimento e seu emprego, e trocas). Trata-se de uma análise global que procura focar alguns dos aspectos que se considera importante para o nosso tema, questões essenciais para compreender o desempenho da fiscalidade. Para uma visão mais pormenorizada, vide ANTÓNIO DE SOUSA, "Estrutura económica", in Pólis-Enciclopédia Verbo, Vol. 2, Lisboa, 1996, cols. 1230-1234.

[88] Vide o conceito de **flexibilidade do sistema fiscal** em PIERRE BELTRAME, Os Sistemas fiscais, p. 37, para quem é "o grau de autonomia relativamente à infraestrutura económica", e diminui à medida que se sobe os degraus do desenvolvimento.

[89] Em relação à interdependência entre a fiscalidade e a estrutura económica vide, entre outros, VITOR FAVEIRO, Noções fundamentais..., pp. 92 e ss.

calidade externa (imposições sobre a importação de bens de consumo e exportação de matérias primas) é uma fonte geradora de um grande volume de receitas, razão pela qual, em princípio, deve ser desviada a carga fiscal para este sector.

A inversa também é verdadeiro. Ou seja, a fiscalidade condiciona a estrutura económica: uma tributação menos gravosa ou branda dos rendimentos estimula a iniciativa privada, o aforro e o investimento. Aliás, para um país como a Guiné-Bissau, onde as carências são de várias ordens, principalmente as económicas, tratar-se-ia de uma forma de incentivar a produção e o investimento, e, nessa medida, estimular a criação de uma classe empresarial privada com capacidade, no futuro, para gerar níveis de riqueza capazes de sustentar as necessidades colectivas mais prementes. Contudo, na prática, não menos frequentemente, o Governo é tentado a dar absoluta prioridade à arrecadação de um maior volume de receitas, descurando, assim, o aspecto moderador do imposto na formação de novas estruturas que garantam, no curto/médio prazo, receitas para o erário público[90].

Esta forma de actuação do Governo é justificada pelo volume de despesas que realiza, principalmente, para fazer face às necessidades de um sector público deficitário, sem capacidade para a sua própria manutenção, bem como o total descontrolo na execução orçamental. Corre-se o risco de realizar avultadas despesas num sector que muito pouco tem produzido em termos de vantagens para a comunidade. Os que suportam o ónus fiscal deverão sentir-se satisfeitos com a realização, pelo Estado, de algo que diz respeito à vida da colectividade em geral. Quando isso não acontece, duvidamos que estejamos perante satisfação de necessidades colectivas que requerem sacrifícios patrimoniais dos particulares. Ou seja, presume-se que o produto dos impostos produz algo de vantajoso para a comunidade. É para isso que existe a fiscalidade.

---

[90] VITOR FAVEIRO, Noções fundamentais..., pp. 57 e 58.

CAPÍTULO II

OS PRINCÍPIOS CONSTITUCIONAIS FISCAIS

1. RAZÃO DE ORDEM

A Constituição da Guiné-Bissau é dotada de uma sistematização muito pouca aprimorada, em matéria de princípios fundamentais e estruturantes do sistema jurídico, fazendo sentir-se em todo o ordenamento, com reflexos também nos princípios constitucionais respeitantes ao Direito Fiscal.

A pouca clarificação levanta sérias dúvidas quanto à verdadeira intenção do legislador constitucional, ao consagrar formalmente determinados princípios. Porém, qualquer apreciação dos mesmos – no sentido de apurar o seu significado e alcance, bem como os reflexos na ordem jurídica em geral, principalmente, no Direito Fiscal – só ficaria completa quando feita à luz do sistema económico e social vigente, cuja vantagem é a de permitir descobrir qual o seu real desígnio, sem embargo dos mesmos decorrerem da constituição material[91] e têm a função de limitar o poder tributário do Estado.

A evolução que o Estado sofreu – forma de organização e estruturação da sociedade – ao longo do tempo, permitiu encarar a realidade, na actualidade, com preocupações bem diferentes das dos séculos passados, em que o indivíduo era centro das discussões. A conquista medieval teve continuidade ao longo dos nossos dias. Assim, nos Estados orientados por regimes democráticos, os tributos são uma emanação dos membros da

---

[91] Cfr. LEITE DE CAMPOS, "*A reforma dos tribunais fiscais*", in ROA, Ano 46, Lisboa, 1986, p. 57, a propósito da justificação material do imposto.

colectividade nacional/local. Isto é, há uma efectiva participação das assembleias representativas da comunidade na estruturação das instituições financeiras, principalmente, os regimes tributários[92].

Resulta que o estudo do sistema fiscal desde sempre apaixonou os (ilustres) economistas. A teoria fiscal – ramo da ciência económica – sempre desenrolou em torno da problemática dos princípios que devem nortear a relação entre o Estado e os particulares. Os conceitos da tributação equitativa e da tributação económica são duas questões de suma importância e ordenadoras desta mesma relação.

Durante séculos, a investigação da relação Estado/indivíduo dividiu dois principais grupos, dependendo da orientação em que se baseia e defende a tributação: segundo o princípio do interesse (benefício ou vantagem) ou segundo o princípio da capacidade contributiva/de pagar.

Esta questão muito controversa entre a doutrina é, também, muito explorada. Repare-se que os denominados princípios da tributação, são muito estudados e desenvolvidos pelas diversas correntes de pensamento económico, no intuito de explicar os mecanismos da acção do governo relativamente às receitas, despesas e, porque não, à dívida pública, objectos da política tributária.

À parte a divergência doutrinaria quanto ao fundamento do imposto, consensual é o entendimento de que deve afectar menos possível o rendimento do contribuinte. Isso consegue-se preenchendo o requisito da igualdade em que assentam os sistemas fiscais. A igualdade é, pois, um meio para alcançar a utilidade máxima. Como? Através da tributação proporcional, progressiva, regressiva ou degressiva?

Dissemos acima que qualquer sistema fiscal se organiza em torno de dois princípios: a justiça e eficiência fiscais. Porém, não raras vezes a tradução dos mesmos não é facilmente perceptível, num determinado sistema, principalmente quando não se encontra muito bem estruturado e sistematizado. Mas a ausência de referências expressas desses princípios, não nos autoriza a inferir a inexistência de quaisquer reflexos no Direito Tributário guineense.

A exigência da justiça fiscal requer a existência na ordem jurídica tributária de princípios como a legalidade, igualdade, generalidade, unifor-

---

[92] Isso retrata o princípio da participação das assembleias representativas na vida política. Vide SOARES MARTÍNEZ, *"Votação de impostos"*, in *Dispersos económicos*, pp. 225-226.

midade e capacidade contributiva, enquanto decorrências do Estado de Direito contemporâneo. Vamos de seguida explorar estes princípios à luz da Constituição, seguindo a sequência com que aparecem ou podem ser apreendidos.

A importante função que desempenham os princípios jurídico--constitucionais fiscais, no concernente à limitação de carácter geral do poder de criação de impostos por parte do órgão legislativo do poder político do Estado, a ANP, explica a necessidade de se fazer um estudo teórico-prático dos mesmos, nomeadamente nas suas implicações, na regulação que emprestam ao relacionamento entre os órgãos do poder legislativo/executivo, bem como na garantia, na protecção e na confiança que conferem aos cidadãos em geral e os contribuintes em especial.

TÍTULO I

O PRINCÍPIO DA LEGALIDADE FISCAL: CONCEITO E SIGNIFICADO

O princípio da legalidade aparece como um dos princípios fundamentais da ordem jurídica em geral e, em particular, do direito administrativo e do direito fiscal. Este princípio atravessou vários séculos e regimes políticos, conhecendo, por isso, conotações diferentes. Como princípio geral de Direito, essência do Estado de Direito, é referenciado através de duas modalidades: a *legalidade fiscal* (de que nos iremos ocupar mais detidamente, dado que está no cerne de qualquer sistema tributário moderno) e a *legalidade administrativa*, enquanto subordinação da Administração à Lei, mormente nos Estados de Direito[93].

---

[93] O princípio da legalidade administrativa encontra referência expressa no artigo 266.º, n.º 2, da Constituição da República Portuguesa. Não existe semelhante norma no ordenamento jurídico guineense, que consagra expressamente a submissão da Administração Pública à lei como aspecto do princípio da legalidade. Contudo, da articulação do artigo 8.º CRGB: [*"O Estado subordina-se à Constituição e baseia-se na legalidade democrática"* (n.º 1); *"A validade das leis e dos demais actos do Estado e do poder político local depende da sua conformidade com a Constituição"* (n.º 2)] com o artigo 59.º (*"A organização do poder político baseia-se na separação e interdependência dos órgãos de soberania e na subordinação de todos eles à Constituição"*) podemos inferir os seguintes:

1. Debalde se procuraria na Constituição guineense uma menção expressa ao Estado de Direito; contudo não restam dúvidas de que o acolhe na sua modalidade de Estado social e democrático (JORGE REIS NOVAIS, *Tópicos de Ciência Política...*, p. 108), como indicam alguns dos seus pressupostos fundamentais contidos nos artigos atrás citados, garantindo, entre outros, o primado da Lei. O próprio Preâmbulo constitucional vai no mesmo sentido, ao rezar: *"Ao adoptar a presente Constituição,... pela legalidade, pelo direito e pelo gozo das liberdades fundamentais..."*. (Estamos a referir-nos ao Preâmbulo da Constituição, saído da revisão constitucional de 1991, consubstanciado na Lei Constitu-

cional n.º 1/91, de 9 de Maio, publicada no Suplemento ao BO n.º 18). *Vide* também JORGE REIS NOVAIS, *Tópicos de Ciência Política*..., p. 109;

2. Decorrente da própria organização política do Estado, proclama-se o princípio da legalidade democrática no mesmo artigo 8.º, n.º 1 CRGB. Esta concepção releva que é o povo o titular da soberania, que será exercido segundo as regras jurídicas. Em matéria fiscal, traduzir-se-á numa manifestação da vontade popular, através dos seus representantes, chamados a deliberar sobre as normas impositivas de sacrifícios ao património dos cidadãos; trata-se de uma visão actual da exclusividade de competência das assembleias representativas em moldes diferentes da autotributação defendida anteriormente pelos liberais;

3. A subordinação do Estado ao Direito exige, em primeiro lugar, a subordinação da própria lei à Constituição, de onde se infere que a qualidade da lei ordinária depende da sua conformidade com a Lei Fundamental e não da sua forma; esta situação irá reflectir-se em todos os ramos do Direito, particularmente, no Direito Fiscal, requerendo a correspondência da lei com a Constituição, uma vez que a sua qualidade deve ser aferida pela sua conformidade com os princípios constitucionais (*vide* CASALTA NABAIS, *Contratos fiscais (Reflexões acerca da sua admissibilidade)*, Studia Iuridica n.º 5 do BFDC, 1994, p. 227, nota 714);

4. Num Estado de Direito, como é o da Guiné-Bissau, o Estado (entidade política e administrativa, dotado de órgãos e agentes) tem por fim o Direito e submete-se na sua organização e funcionamento ao direito (incluindo às normas jurídicas e direitos fun-damentais) por ele criado através da assembleia representativa (ANP) dos cidadãos (*M. GALVÃO TELES, "Estado de Direito", in Pólis*-Enciclopédia Verbo, Vol. 2, Lisboa, 1996, col. 1185);

5. O princípio do Estado de direito, para além de significar a concepção do Estado como pessoa jurídica dotado de direitos e deveres, pressupõe que se organiza em órgãos, serviços e actividades, repartindo as suas funções, e os seus actos devem obedecer a uma hierarquia jurídica, na qual a lei geral e abstracta ocupa o lugar cimeiro (JORGE REIS NOVAIS, *Tópicos de Ciência Política*..., pp. 19 e ss); ora, como corolários, resultam, entre outros, o princípio da legalidade administrativa – inspirado no sistema administrativo francês, saído da Revolução Francesa de 1789, que traduz a ideia de que a "administração pública procede em conformidade com as normas legais", ideia essa viria a ser elevada à categoria de princípio da legalidade da administração (*Vide J.* CARLOS MOREIRA, *"O princípio da legalidade na administração"*, in BFDC, Vol. XXV, pp. 385 e ss, *maxime*, pp. 400-408) e o princípio do respeito pelos direitos dos cidadãos. A ser assim, cremos que o princípio da legalidade da administração dispensa consagração expressa, por ser, como afirma FREITAS DO AMARAL, "um princípio geral do Direito administrativo" (Cfr. *"Legalidade (Princípio da)"*, in *Pólis-Enciclopédia Verbo*, Vol. 3, col. 977);

6. Entretanto, a subordinação à lei (como era entendida pelos liberais) fica completa com a obediência ao Direito, *maxime* à Constituição. Existe, portanto, uma vinculação dos poderes quer legislativo, quer administrativo, quer ainda judicial ao bloco da legalidade que HAURIOU mencionava (*DIOGO FREITAS DO AMARAL, "Legalidade (Princípio da)", in Pólis-*

No campo tributário, a origem do princípio da legalidade remonta ao século XI, no qual já se erguiam vozes contra tributos não criados por lei[94]. A ideia de que os impostos devem ser uma expressão de consentimento vem da Idade Média e difundiu-se através dos tempos até a actualidade. Muito embora se reconheça que existem, hoje, diferenças significativas no seu entendimento, na sua essência continua a postular a ideia de que as imposições que afectam a liberdade ou propriedade dos cidadãos

-*Enciclopédia Verbo*, col. 984): a obrigatoriedade da lei (sentido restrito) e dos demais actos (lei sentido amplo) serem conforme à Constituição (legalidade em sentido amplo), em consonância com a distribuição de competência a centros de poderes legislativos originários, a ANP (e, eventualmente, o Governo). O instituto da reserva de lei encontra ponto de referência no bloco da legalidade, "constituído por todas as fontes de Direito Administrativo. A par dos actos legislativos e dos regulamentos, é, pois, necessário tomar em consideração a própria Constituição...", segundo escreve JOSÉ MANUEL SÉRVULO CORREIA, *Legalidade e autonomia contratual nos contratos administrativos*, Coimbra, 1987, pp. 286-287. Ainda do mesmo autor, "*Os princípios constitucionais...*", p. 666;

7. Cfr. a própria Constituição, no seu artigo 8.º, n.º 2, que consagra o princípio da conformidade dos actos (inferiores) dos órgãos do poder central ou local relativamente à Constituição; por outro lado, a actividade administrativa cuja essência está na "*execução das leis*", nos termos do artigo 97.º CRGB, n.º 2, *in fine*, deve obediência à lei (legalidade sentido restrito). É o chamado princípio da legalidade administrativa;

8. Da subordinação à lei da actividade pública na execução daquela, mesmo quando o executivo é investido em poderes legislativos, resultado da separação de poderes, infere-se que a lei é o fundamento da actuação da Administração (conformidade ou reserva de lei) e a obrigatoriedade da conduta da administração em não contrariar a lei (compatibilidade ou precedência da lei), como resultado de uma realidade política inserida numa democracia, em que a vontade popular, manifestada através do órgão representativo, prevalece sobre a vontade dos outros órgãos.

De entre a vasta bibliografia portuguesa em matéria da compatibilidade ou precedência de lei, *vide*, ALBERTO XAVIER, *Conceito e natureza do acto tributário*, Lisboa, 1972, pp. 281 e ss; JORGE MIRANDA, *Funções, órgãos e actos do Estado*, Lisboa, 1990, pp. 278 e ss; J. CARLOS MOREIRA, "*O princípio da legalidade...*", pp. 385 e ss; ANA PAULA DOURADO, "*O princípio da legalidade fiscal na Constituição Portuguesa*", in CTF, n.º 379, Lisboa, 1995", pp. 49 e ss, contendo um leque considerável de autores.

Sobre a controvérsia doutrinária acerca do princípio da legalidade administrativa, *vide* ANDRÉ GONÇALVES PEREIRA, *Erro e ilegalidade no acto administrativo*, Lisboa, 1962, pp. 19-31.

[94] A nível do Direito Tributário, reconhece-se que este princípio tem origem consuetudinária e o seu conteúdo apresenta-se mais restrito do que no Direito Administrativo. *Vide*, para mais desenvolvimentos, ALBERTO XAVIER, *Conceito e natureza...*, pp. 275 e ss; 309. Também JOSÉ CASALTA NABAIS, *Contratos fiscais*, pp. 215 e ss. Ainda do mesmo autor, *O dever fundamental...*, pp. 321-394, principalmente, pp. 321-323.

merecem, por parte destes, o consentimento expresso que pode ser obtido directamente (no caso de referendo, pouco usual) ou através dos seus legítimos representantes.

Este princípio tem alguma conotação com o princípio da legalidade administrativa – cuja influência é inegável ao nível do direito público em geral e do direito administrativo, em particular –, embora com um significado mais restrito e com este não se confundindo, encontrando alguma diversidade de expressão, de acordo com as experiências constitucionais, havendo Constituições que expressamente contêm disposições específicas nesse sentido e outras sem qualquer alusão específica[95].

O princípio da legalidade em matéria tributária – mais restritamente o princípio da legalidade fiscal[96] – tem, como afirmámos *supra,* a sua génese ligada ao princípio do Estado de Direito, mormente, o princípio da segurança jurídica, e postula a criação de impostos pelas assembleias representativas dos cidadãos, donde vem a designação de sacrifício colectivamente consentido ou autotributação[97-98], princípio que atravessou várias épocas, mantendo, não obstante, no essencial, a sua ideia-base.

O princípio da legalidade fiscal é um instituto de carácter constitucional, com pretensão de constituir um eixo de relação entre o poder legislativo e executivo, no concernente à produção de normas jurídicas com implicação no nível do direito patrimonial dos cidadãos, ao excluir certas matérias da normação por via que não seja legislativa (entre nós, da ANP). Nisso se traduz a reserva de normação para aquelas matérias que

---

[95] Sobre a matéria, vide CASALTA NABAIS, *O dever fundamental...*, pp. 323-325.

[96] Referente à situação portuguesa, *vide,* entre outros, JORGE MIRANDA, "A competência legislativa no domínio dos impostos e as chamadas receitas parafiscais", in RFDL, Vol. XXIX, 1988, pp. 9-24; CASALTA NABAIS, *Contratos fiscais*, pp. 215-265; *O dever fundamental...*, pp. 321-394; NUNO SÁ GOMES, *Manual Direito Fiscal*, Vol. II, pp. 33 e ss; ANA PAULA DOURADO, "*O princípio da legalidade...*", pp. 49 e ss.

[97] Cfr. ALBERTO XAVIER, *Conceito e natureza...*, p. 277; LEITE DE CAMPOS, "A reforma dos...", p. 58; JORGE MIRANDA, "A competência legislativa...", pp. 13-14. NUNO SÁ GOMES, *Manual de Direito Fiscal*, Vol. II, p. 33 e ss; CASALTA NABAIS, *Contratos fiscais*, pp. 216 e ss.

[98] O princípio da autotributação encontra a sua tradução jurídica no princípio da reserva absoluta de lei formal, implicando, portanto, um controlo político dos contribuintes, em obediência a valores como a certeza e a segurança. Vide LEITE DE CAMPOS, "Evolução e...", p. 664; TEIXEIRA RIBEIRO, "Os princípios constitucionais da fiscalidade portuguesa", in BFDC, n.º XLII, 1966, p. 226 e 228.

têm dignidade primária no ordenamento jurídico. Significa que os critérios e os princípios que devem reger a criação de impostos *ex novo*, bem como os seus elementos essenciais pertencem ao plano da lei em sentido formal[99].

Quando se refere o princípio da legalidade fiscal, é esta a primeira ideia: a validade dos impostos depende da sua criação pelo órgão competente; órgão esse representativo dos cidadãos que sofrem o poder impositivo do Estado. Em traços muito gerais, este é o conceito que está associado ao princípio da legalidade fiscal. Esta ideia, em que se traduz a autotributação ou autoimposição seria expressa, ao longo do constitucionalismo, por duas vias: a do princípio da legalidade fiscal e a do princípio da votação anual do orçamento. Através da primeira, exige-se que seja a assembleia representativa dos cidadãos a criar e a definir os elementos essenciais dos impostos; através da segunda, fica assente que cabe aos representantes dos cidadãos conceder a autorização anual (e renovada) da cobrança dos impostos[100] criados nos termos e segundo as regras constitucionalmente previstas.

No actual ordenamento constitucional guineense, o princípio da legalidade fiscal infere-se da própria competência legislativa da assembleia representativa dos cidadãos (ANP), segundo o preceituado no artigo 86.º, al. d) CRGB. Este estabelece o seguinte: "*É da exclusiva competência da Assembleia Nacional Popular legislar sobre as seguintes matérias: Imposto e sistema fiscal*". O legislador constitucional quererá significar com isso que a criação dos impostos (e não imposto, como refere a Constituição) e sistema fiscal compete à ANP. Isto é, só existem impostos (e sistema fiscal) quando sufragados pelos representantes legítimos dos cidadãos-contribuintes. Daí decorrem as já referidas designações de princípio da autotributação ou autoimposição.

Este princípio contém a exigência da criação e disciplina dos impostos (incluindo os seus elementos essenciais) por lei; o mesmo se diga relativamente ao sistema fiscal. Lei essa que reflicta a vontade da assembleia

---

[99] Cfr., entre outros, JORGE MIRANDA, "A competência legislativa...", p. 15 e ss. O autor apresenta quatro momentos compreendidos no princípio da legalidade; FERNANDO SAINZ DE BUJANDA, *Lecciones de Derecho Fiscal*, Quinta Edicion, Madrid, 1987, pp. 96-97.

[100] ALBERTO XAVIER, *Conceito e natureza*, p. 277; Cfr. ainda CASALTA NABAIS, *Contratos fiscais*, pp. 218 e ss; *O dever fundamental...*, pp. 328-329. Cfr. também GIULIANI FONROUGE, *Derecho Financiero*, pp. 284-285.

representativa dos cidadãos, concretizada na reserva (de lei), que se desdobra em dois aspectos:

– o primeiro, a reserva de lei formal é apenas e só compatível com a intervenção parlamentar na criação e disciplina dos impostos (e sistema fiscal), rejeitando, por conseguinte, qualquer intervenção de outro órgão político-legislativo;
– o segundo, a reserva material de lei, que se traduz numa completa disciplina pela lei da matéria reservada à ANP, tem o significado de que a disciplina legal deve ser tal que "dela derivam os critérios de decisão das situações concretas, ou seja, que dela decorra se há lugar a tributação ou não e, em caso afirmativo, o "quantum" dessa tributação"[101].

Estes dois aspectos (ou se quisermos sub princípios) do princípio da legalidade fiscal encontram expressão num único preceito da nossa Constituição: o citado artigo 86.º, al. d) CRGB. Por outras palavras, colorários do princípio da legalidade fiscal são: *a)* os impostos só podem ser criados por lei formal da competência exclusiva da assembleia legislativa (ANP), em homenagem à ideia da separação de poderes; *b)* a reserva de lei, enquanto disciplina dos impostos e garantia de que qualquer intervenção do poder na esfera da liberdade e de propriedade dos cidadãos, deve ser autorizada por lei[102], expressando, assim, a tutela dos direitos subjectivos.

Deste modo, fica vedada qualquer forma de devolução da disciplina dos impostos a actos inferiores, principalmente o Decreto-Lei e Decreto, diplomas legais produzidos no uso da competência legislativa do Governo, nos termos do artigo 102.º CRGB. Em suma, o princípio da legalidade fiscal assume, assim, uma dimensão que extravasa a mera reserva de lei, requerendo também o respeito pelo princípio da tipicidade[103], isto é, os elementos essenciais dos impostos devem ser definidos por lei do órgão com competência legislativa por excelência. Nisso consiste o conteúdo do princípio da legalidade fiscal.

---

[101] Vide, sobre estes aspectos, CASALTA NABAIS, *O dever fundamental...*, p. 345.
[102] ALBERTO P. XAVIER, *Conceito e natureza...*, pp. 277 e 282. Também, TEIXEIRA RIBEIRO, "Os princípios constitucionais...", pp. 228-229.
[103] JORGE MIRANDA, "A competência legislativa...", pp. 16-17; CASALTA NABAIS, *Contratos fiscais*, pp. 220 e 221. Também de forma muito aproximada, LEITE DE CAMPOS, "Evolução...", p. 656.

Relativamente ao seu significado, refere-se que é considerado uma garantia de defesa dos cidadãos perante o próprio legislador e perante o poder executivo, no sentido de fundamentar e limitar as suas actuações. A lei assume, assim, a garantia de igualdade e segurança e exclui o arbítrio do Governo[104]. Tal afirmação, na actualidade, sofre de uma certa crise motivada pela circunstância do executivo assumir importantes tarefas, nos domínios económico-sociais, que o obriga a ser centro de produção normativa, abrindo a porta a que a lei deixe de ser a "vontade geral", para além de, em quase todos os Estados modernos, se identificar com a vontade da maioria parlamentar que em dada altura ocupa o poder (através dos partidos políticos) e, desse modo, estar ao serviço de um programa político ou ser ainda portador de interesses de um certo grupo privilegiado (lobbyng)[105], que exerce grande pressão sobre o poder.

Para além desta função garantística da liberdade e propriedade, há ainda a apontar a este princípio outras funções, entre as quais se destacam: a de direcção política da acção do Estado pela Assembleia, conforme o artigo 76.º, *in fine* CRGB; a de assegurar uma decisão central quanto à matéria relativa aos encargos fiscais (relativamente à sua oportunidade, modalidades e montante), que se considera requerer uma intervenção a nível nacional e não meramente local[106] e a de reequilíbrio dos poderes

---

[104] Sobre este facto, que traduz o império da lei, acentua JORGE REIS NOVAIS, *Tópicos de Ciência Política...*, p. 27: " (...) na medida em que a lei era, por definição, geral e abstracta, ou seja, aplicável a todos e em todas as circunstâncias... sendo os homens iguais perante a lei, estariam automaticamente excluídos a discriminação, os privilégios individuais e o arbítrio dos governantes"; acrescenta: "... para que o edifício do Estado de Direito se completasse, era necessário que o carácter soberano da função legislativa se traduzisse na consequente subordinação, quer do executivo e da Administração, quer do poder judicial, aos comandos da lei aprovada pelo Parlamento".

[105] *Vide* por todos, sobre a crise da reserva de lei, CASALTA NABAIS, *O dever fundamental...*, pp. 332-334. Através do quadro traçado afirma "(...) na opinião de alguma doutrina, o princípio da legalidade fiscal não exprimir actualmente qualquer carácter garantístico associado ao consentimento dos impostos" (p. 340). Parece-nos que não acompanha tal conclusão quando, a pp. 341-342, escreve: "(...) Não são de deduzir consequências tão radicais, mormente a de que a ideia garantística ancorada no consentimento dos impostos tenha desaparecido em absoluto do princípio da legalidade fiscal. É certo que (...) desempenha actualmente outras importantes funções que, a nosso ver, embora atenuem significativamente aquela, não a põem em causa no seu significado essencial".

[106] Claro está que este entendimento deve ser compatibilizado com o princípio constitucional de autonomia que assiste as entidades territoriais menores, onde se destaca a autonomia financeira. Significa isso que alguns aspectos dos impostos podem, por

entre os órgãos do Estado com funções, respectivamente, legislativa e técnico-administrativa[107].

Com isso, pretendemos afirmar que a questão principal em matéria do princípio da legalidade fiscal se encontra no problemático relacionamento entre o Parlamento e o Governo. No nosso sistema constitucional, aparece reflectida esta forma de encarar a realidade nas questões fundamentais que podem ser assumidas tanto pela Assembleia (artigo 76.º CRGB) como pelo Governo (mormente, na parte que diz respeito à execução política e técnica dessas mesmas questões, conforme se depreende do artigo 100.º, idem), embora, reconheça-se as matérias essenciais, nomeadamente, os impostos e o sistema fiscal, caibam ao órgão legislativo por excelência, a ANP. Todavia, nas matérias em que o poder legislativo é exercido pelo Governo, a garantia de que os particulares não ficam a sua mercê fica assegurada, em particular, pelo instituto da ratificação, conforme o estabelecido no artigo 91.º, n.º 3 CRGB: *"Os Decretos-Leis aprovados pelo Governo no uso da competência legislativa delegada, serão remetidos à Assembleia Nacional Popular para ratificação,..."*, bem como através do controlo jurisdicional dos seus actos[108], de conformidade com o artigo 32.º CRGB[109].

Entretanto, impõe-se o exame atento da questão relativa à competência legislativa em matéria dos impostos e sistema fiscal ao longo do cons-

---

expressa vontade do legislador constitucional, ser delegado a estas entidades. Com isso, não ficam diminuídos os "inelutáveis imperativos de praticabilidade e eficácia da política fiscal" a que se alude CASALTA NABAIS, *O dever fundamental...*, p. 343 e nota 460. De resto, acompanhamos de perto o autor.

[107] Sobre as funções do princípio da legalidade fiscal, *vide,* para mais desenvolvimentos, CASALTA NABAIS, *O dever fundamental...*, pp. 339 e ss.

[108] É manifesto o pensamento de SÉRVULO CORREIA nesta matéria: "Para poder imprimir uma profunda marca qualitativa nas sociedades em que impera, a legalidade tem de assentar sobre uma estrutura institucional onde, pelo menos nas matérias essenciais, a elaboração das leis não caiba ao Governo e em que esteja assegurado o controlo dos actos deste órgão, para que os particulares não fiquem à mercê das condutas por ele tomadas fora do enquadramento legal". Vide, *"Os princípios constitucionais..."*, p. 668.

[109] Este artigo constitui uma garantia dos cidadãos contra eventuais violações dos seus direitos, nomeadamente pelos órgãos do poder de Estado. Reza o seguinte: *"Todo o cidadão tem o direito de recorrer aos órgãos jurisdicionais contra os actos que violem os seus direitos reconhecidos pela Constituição e pela lei,..."* (artigo 32.º CRGB, primeira parte).

titucionalismo guineense, para se aflorar e esclarecer algumas questões que nos parecem importantes. A linha em que se evoluiu a actual Constituição conheceu experiências nesta (e noutras) matéria que convém reter e sublinhar. Dispensamos as considerações meramente históricas desse constitucionalismo, pelo que nos cingimos unicamente a questões estritamente conexas com o nosso tema de abordagem.

Na vigência da CRGB de 1973, a competência legislativa era repartida entre a ANP[110] [órgão soberano do poder de Estado, com competência para votar leis e resoluções (artigo 28.º), cabendo-lhe deliberar sobre *"questões fundamentais da política interna e externa do Estado"*, nos termos do artigo 29.º, *primeira parte*] e o Conselho dos Comissários de Estado, órgão executivo, no qual podia o órgão máximo de soberania do Estado *"delegar os poderes legislativos... por tempo limitado e para questões determinadas"*[111], de acordo com o primeiro parág. do artigo 31.º, reservando-se a faculdade de *"modificar ou anular as medidas adoptadas pelos outros órgãos do Estado"*, incluindo as do próprio Conselho de Comissários de Estado perante ela responsável (artigo 30.º), e sem competência legislativa própria.

A ANP era um órgão legislativo por excelência, cujas funções eram asseguradas, entre as suas sessões pelo Conselho de Estado, perante ela responsável (artigo 36.º). Na prática, acabou por ser este órgão (da Assembleia) que exercia as funções legislativas, em virtude daquela se reunir ordinariamente uma vez por ano. Daí decorre a dupla responsabilidade do órgão executivo (o Conselho dos Comissários de Estado): perante a ANP e, também, perante o CE, quando esse assegure as funções daquela.

Ao Conselho de Comissários de Estado, órgão colectivo, essencialmente executivo e administrativo (artigo 45.º), cabiam as tarefas de direcção, coordenação e controle da actividade política, económica, social e cultural (artigo 46.º), podendo, no exercício das suas atribuições, fazer decretos e emitir ordens, dentro dos limites fixados na Lei, conforme o preceituado no artigo 47.º da Constituição de 1973.

---

[110] Este órgão do poder de Estado é uma emanação da soberania popular. Encontra a sua legitimidade directamente na base, os Conselhos Regionais (artigo 26.º), onde são eleitos os seus deputados. Isso demonstra a concepção de um modelo escalonado de base ao topo, com concentração sucessiva de poderes. Vide JORGE REIS NOVAIS, *Tópicos de Ciência Política...*, pp. 94-95.

[111] Estaria na génese da repartição de competências entre o poder legislativo e executivo, tal como, hoje, se apresenta na ordem jurídico-constitucional.

Idêntica situação vivia-se durante a primitiva CRGB de 1984[112], de resto compreensível, porquanto esta se situa *"materialmente na linha de continuidade da Constituição de 1973"*[113]. A ANP continua a ser – tal como hoje – o órgão supremo do poder de Estado (artigo 48.º, *primeira parte*). A ela cabe decidir – como na anterior Constituição – sobre as questões fundamentais da política interna e externa do Estado (*in fine* artigo 48.º). É competente para *"fazer leis e votar moções e resoluções"* (n.º 4 do artigo 56.º). No intervalo das suas sessões, o CE[114] exercia as suas funções (artigo 62.º n.º 1) e era responsável perante ela (artigo 62.º n.º 2). As decisões deste órgão assumem a forma de decretos-leis, moções e resoluções (artigo 64.º, n.º 2), como acontecia na anterior Constituição, de onde se infere, também, a dupla responsabilidade do Governo (artigo 75.º).

Em matéria de *"delegação de poderes legislativos"* no executivo, verificou-se um claro recuo relativamente ao texto constitucional de 1973, no qual estava expressamente prevista tal possibilidade (conforme avançámos *supra*), na medida em que a versão original da Constituição de 1984 nada adiantou em relação à tal matéria. Esta situação leva a questionar-nos sobre a legítima intenção do legislador constitucional: será que pretendeu afastar o executivo das funções legislativas? Isto é, estará este órgão, essencialmente executivo e administrativo do Estado, esvaziado de qualquer competência legislativa própria? Ou a intenção foi tão-somente excluir a hipótese de "delegação dos poderes" da ANP no Governo?

Relativamente à primeira questão, em face das normas constitucionais atributivas de competências, pensamos que o Governo não tem competência legislativa própria, sem embargo de dispor de iniciativa legislativa[115]: al. g) *"aprovar projectos de lei e decretos-leis"* a submeter à

---

[112] O texto constitucional de 1984 culminaria um longo processo de reforma, iniciado a 10 de Novembro de 1980, aquando da aprovação de uma nova Constituição e respectiva Lei de Transição Constitucional, que marcou a entrada em vigor da nova Lei Fundamental para 1 de Janeiro de 1981, coisa que não sucedeu como dissemos supra.

[113] JORGE REIS NOVAIS, *Tópicos de Ciência Política...*, p. 98.

[114] A. E. DUARTE SILVA, *"Formação e estrutura..."*, p. 158, referindo a substituição do órgão legislativo guineense, a ANP, pelo seu órgão o CE, no período em que esta não se encontrava em funcionamento, após ter realçado este aspecto, escreve: "Todavia, é mais que um mero "órgão permanente" da ANP..., visto que dispõe de atribuições próprias".

[115] A este propósito, escreveu A. E. DUARTE SILVA, *"Formação e estrutura..."*, p. 159: " (...). Não é, pois, um "executivo no sentido ocidental, antes se assemelhando

ANP e ainda al. a): *"interpretar e aplicar, de maneira criadora, a linha de acção governativa..."* todos do n.º 1 do artigo 72.º (primitiva versão CRGB 1984). Entendemos que, ao *"interpretar e aplicar de maneira criadora"* as linhas gerais de acção estabelecida pela ANP e CE, o Governo acaba por exercer a faculdade de criar o direito estritamente necessário à sua aplicação ao caso concreto, próprio do órgão executivo e administrativo, contrastando com a solução que impera na actualidade.

A segunda questão, porém, deixa-nos sem argumento, porquanto a Constituição não contém referência nesta matéria, o que, todavia, não excluia a hipótese de uma lei ordinária disciplinar tal matéria[116]. Contudo,

---

aos órgãos superiores administrativos de tipo socialista e, embora dispondo de iniciativa legislativa, não tem competência legislativa própria".

[116] A única indicação fornecida nesta matéria é a Decisão n.º 4/81 de 29 de Janeiro, publicada em Suplemento ao BO n.º 4 de 20 Janeiro do mesmo ano, contendo a disciplina do Estatuto do Governo Provisório. Recorde-se que esta Decisão é uma consequência de três leis aprovadas pelo Movimento Reajustador de 14 de Novembro de 1980: a Lei n.º 1/80 que dissolveu a ANP e o Conselho de Estado, extinguiu o Conselho dos Comissários de Estado e destituiu das funções o então Presidente do Conselho de Estado, o Senhor Luís Cabral. Em consequência, o Conselho da Revolução (CR) concentra todos os poderes constitucionais dos extintos órgãos, como se pode inferir pelas Leis n.ºs 1 e 2, ambas, também, de 29 de Janeiro, que respectivamente regula a composição, competências e funcionamento do CR e cria o Governo Provisório. Estas Leis completariam o quadro constitucional para vigorar durante o período de transição.

Dada a importância e influência (marcante e decisiva) que exerceu ao nível da organização, direcção, orientação e gestão dos assuntos públicos do Estado guineense, após o Movimento Reajustador (e de alguma forma na actualidade), transcrevemos aqui alguns dos artigos da Lei n.º 1/80, com interesse, nomeadamente, o Capítulo II: *Da competência do Governo Provisório*, os artigos 10.º: "*Compete ao Governo Provisório: (...) c) Exercer a função legislativa, mediante autorização do Conselho da Revolução*" e 11.º: "*No uso da sua competência, o Governo Provisório aprova decretos e ordens*". Temos assim que a lógica democrática e constitucional está subvertida: o CR passa a ser o órgão legislativo supremo do Estado, podendo delegar a sua competência legislativa no Governo (Provisório). Esta situação perdurou no tempo, mesmo com a aprovação da Constituição de 1984.

Algumas normas constantes desta Decisão, nomeadamente as normas dos artigos 10.º e 11.º, foram invocadas como atributivas de competência legislativa em matéria fiscal, como demonstram as fórmulas que geralmente aparecem nos Preâmbulos dos diplomas legislativos (fiscais): "*Nestes termos,... no uso da competência que lhe é conferida pelos artigos 10.º, alínea f) e 11.º do respectivo Estatuto, aprovado pela Decisão n.º 4/81, de 29 de Janeiro, o Governo Provisório decreta e eu promulgo...*".

Refira-se o seguinte: 1. Reafirmamos a nossa posição de que o Governo (Provisório) não tinha competência legislativa própria; 2. Somente podia legislar sobre determi-

a prática revela-nos situações totalmente contrárias ao silêncio do legislador constitucional, pensa-se que muito influenciada pela situação que se vinha verificando na vigência da anterior Constituição – e, também, em certa medida, criada pela revolução militar de Novembro de 1980, mormente, os poderes constitucionais exercidos pelo Conselho da Revolução, relevando, neste particular, as Leis Constitucionais n.ºs 1/80 e 1/81 e 2/81 –, o que não deixa de ser deveras preocupante.

Em conclusão, se, no domínio da anterior Constituição (1973), a competência legislativa era repartida entre a ANP (seu órgão, o CE) e o Conselho dos Comissários de Estado, na primitiva versão da Constituição de 1984, a situação alterou-se de alguma forma: a ANP continua a ser o órgão legislativo do Estado; ao Governo assiste a possibilidade de, no estrito exercício das atribuições constitucionais, criar o direito aplicável ao caso concreto. Por outro lado, a verdade é que existe uma diferença de grau entre as duas experiências constitucionais, sobretudo revelada pela ausência de normas (constitucionais) expressas, que autorizassem a delegação de competência legislativa da ANP no Governo na versão original da CRGB 1984, não obstante a prática revelar situações contrárias, como veremos oportunamente.

Feitas estas considerações preliminares, que permitiram perceber a repartição de competência legislativa entre os órgãos do poder de Estado, nessas duas experiências constitucionais, fica, porém, por esclarecer a questão de saber a quem cabe legislar sobre as matérias que, pela sua natureza, entroncam com o património dos particulares, *maxime* a propriedade privada, uma vez que não encontremos referência expressa em matéria de impostos e sistema fiscal, como vimos adiantando. Isso não pode significar que se tratava de matéria desconhecida nem tão-pouco relegada ao acaso dos órgãos do poder político do Estado.

Sem embargo, todas essas considerações apontam no sentido de uma conclusão que nos parece indubitável: a legitimidade constitucional da ANP (ou do CE) – nestas duas experiências constitucionais – para legislar sobre matérias que traduzam para os particulares num sacrifício patri-

---

nadas matérias delegáveis ao abrigo da autorização legislativa expressa (*maxime* artigo 10.º, al. c) da Decisão n.º 4/81); 3. Ora, qualquer diploma legal que, aprovado pelo Governo, não reunisse as condições exigidas legalmente, padecia de vício de inconstitucionalidade por ser contrário a disciplina constitucional relativa à matéria da divisão e separação de competências estabelecidas para os órgãos do Estado.

monial, pois qualquer conclusão no sentido contrário significaria negar a soberania fiscal, geralmente ligada à soberania dos Estados. Aliás, mesmo a ausência de referência constitucional em matéria de impostos e sistema fiscal (situação que nos tentaria a esboçar a conclusão no sentido da existência de um vazio constitucional) não legitima outra conclusão, porquanto nesta matéria impera o consenso universal relativamente à competência do Parlamento, Assembleia representativa do povo, através do qual o contribuinte se autotributa, se autolimita no seu próprio direito.

Fica consumada, portanto, a competência da Assembleia Nacional (ou do Conselho de Estado), de um lado, por tudo o que vimos dizendo; de outro, porque se trata de uma solução universalmente aceite, através dos tempos e representa uma garantia dos contribuintes, visto que só mediante uma lei geral e abstracta deste órgão poderão ser-lhes impostos quaisquer sacrifícios patrimoniais.

Decisivos nesta matéria são, em nosso entender, os artigos 29.º e 48.º (todos *primeira parte*), respectivamente, da CRGB 1973[117] e 1984 (na primitiva versão) ao conferir a ANP o poder de decisão sobre as *"questões fundamentais da política interna e externa do Estado..."*[118]. Desde logo, parece-nos importante apurar qual o significado e o conteúdo das *"questões fundamentais"*.

Entendemos que se trata de um núcleo ou categoria de matérias que, pela sua natureza e pelos valores que visam defender e proteger, merecem uma dignidade e uma protecção à altura da lei em sentido formal. Assim sendo, cabem neste conceito aquelas matérias que requerem a intervenção do órgão supremo de soberania nacional, como por exemplo, os direitos, liberdades e garantias dos cidadãos; a organização e funcionamento da vida política, económica, social e cultural; a defesa e segurança do Estado;

---

[117] Publicada no BO n.º 1 de 4 de Janeiro de 1975. O desfasamento entre a aprovação da Constituição (24 de Setembro de 1973, ainda no decurso da luta de libertação nacional, após a proclamação do Estado da Guiné-Bissau) e a sua publicação é justificada precisamente pela circunstância de este (primeiro) texto constitucional ter sido aprovado ainda no contexto da guerra, não dispondo o "Estado de facto" da Guiné-Bissau de mecanismos que permitissem tornar públicas as suas leis em geral.

[118] Esta norma sucessivamente presente na ordem constitucional guineense está, hoje, contida no Capítulo IV (Da Assembleia Nacional Popular, artigos 76.º a 95.º). O artigo 76.º, *in fine* estabelece que: *"Ela decide sobre as questões fundamentais da política interna e externa do Estado"*. Deduz-se que são as matérias das mais diversas naturezas constantes, nomeadamente dos artigos 85.º a 87.º CRGB.

a participação do Estado na arena internacional; etc... Entenda-se que estão, também aqui, incluídas as matérias que, pela sua natureza, configuram uma agressão à liberdade e à propriedade dos cidadãos e, neste particular, os impostos e o sistema fiscal.

A fórmula (mais ou menos idêntica) que aparece nos mais diversos actos da pertença da ANP ("... *a Assembleia Nacional Popular, no uso da sua faculdade conferida pelos artigos 28.º e 29.º da Constituição, determina...*") confere verdade e reforça a nossa posição sobre a importância das matérias reservadas a este órgão. Assim, por exemplo, a Lei n.º 1/75[119], a Lei n.º 2/75[120] ou a Lei n.º 3/75[121], todas de 3 de Maio.

---

[119] Diploma publicado no BO n.º 19/75 de 10 de Maio. A sua Base I reza: "*É criado um imposto, denominado «imposto de reconstrução nacional»* ". Este imposto é devido por todos os cidadãos guineenses – imposto por cabeça –, de idade igual ou superior a 16 anos e empresas que exercem actividade no território nacional (Base II). Na Base III, há um elenco das pessoas isentas deste imposto, em que constam "*os estudantes dos ensinos secundário, médio e superior, de idade igual ou inferior a 20, 22 e 25 anos, respectivamente, desde que não possuam bens ou não tenham profissão*" – al. a); "*os estudantes que beneficiam de subsídio ou bolsa de Estado e os alunos do Instituto Amizade* – al. b); "*os doentes e incapacitados*" – al. c) e os "*maiores de 60 anos de idade*" – al. d), desde que não possuam bens ou rendimentos; as *mulheres*, não funcionárias do Estado, ou das empresas privadas – al. e); por último, "*os elementos das Forças Armadas de patente inferior a chefe de pelotão*" – al. f).
Os critérios a que deve obedecer a colecta constam da Base IV, nomeadamente a taxa mínima – al. a); a taxa de 1% ou 1/12 "de taxa mínima anual para aqueles que, através do desconto de 1%, não atinjam essa taxa" devida pelos "trabalhadores da Função Pública ou empresa privada" – al. b); e os restantes contribuintes, através de uma taxa progressiva por escalão (1, 2 e 3%), em função dos rendimentos. Na Base V, constam os destinos a dar ao total do imposto recolhido em todo o território nacional. Esta lei deixa ao critério do executivo – Conselho dos Comissários de Estado – a fixação, através de decreto, das formas de lançamento e cobrança, excepto os impostos devidos pelos trabalhadores do Estado ou empresa privada (Base VIII).

[120] Isenta do pagamento de imposto de reconstrução nacional, por um período até "ao fim do ano de 1977, as populações que viviam nas antigas zonas libertadas e que nelas permaneceram até 24 de Setembro de 1973" (Base I), deixando as formas de identificação dos indivíduos beneficiários a tarefa do Conselho dos Comissários de Estado (Base II).

[121] Ao Conselho dos Comissários de Estado, foi atribuída competência para a criação do selo de reconstrução nacional, "*a cobrar nas situações que determinar, fixando as respectivas taxas*" (Base I). Pela primeira vez, assiste-se à possibilidade de criação e imposição de sacrifícios aos particulares através de um acto legislativo do Governo, mediante um acto de delegação de poderes (artigo 31.º, *primeira parte*), mas sujeito à ratificação da ANP (*segunda parte* do mesmo artigo 31.º).

Trata-se dos primeiros actos legislativos da ANP em matéria de imposição de sacrifício patrimonial aos particulares; actos esses consubstanciados em leis gerais e abstractas.

Da leitura desses diplomas legais podemos extrair a conclusão de que a Assembleia chamou a si os poderes de representação dos cidadãos – autotributação ou auto-imposição – ao manifestar, através dos seus actos, o poder de imposição, adoptando técnicas idênticas. Assim, na primeira das três leis referidas, a ANP optou por determinar todos os elementos essenciais do imposto – excepto as formas de lançamento e cobrança –, deixando ao órgão aplicador do direito somente a subsunção dos factos na norma legal. Da mesma forma procedeu na segunda lei (isenções), cujo objectivo único é o do premiar o patriotismo revelado pelas populações das antigas zonas libertadas. Já relativamente à última lei (criação de selo de reconstrução nacional), as coisas diferem um pouco da normalidade.

Afigura-se importante procurar perceber as situações consideradas desvios em relação ao que é normal verificar nessa matéria. Estamos a referir-nos às situações em que o órgão legislativo por excelência, a ANP, por sua livre vontade, decide conceder a outro órgão o exercício da sua competência. Isto é, não se observou aquilo que se designou "reserva absoluta de lei", dando lugar ao tratamento das matérias relativas aos impostos e sistema fiscal por actos legislativos, cuja categoria é inferior à lei da Assembleia. Importa, neste particular, tecer algumas considerações:

1. não nos restam dúvidas de que as matérias relativas aos impostos e sistema fiscal cabem na competência da Assembleia representativa dos cidadãos, como temos vindo a afirmar em face das sucessivas Leis Fundamentais;

2. entretanto, como tivemos oportunidade de verificar, a Assembleia pode delegar a sua competência legislativa no Conselho dos Comissários de Estado[122], órgão executivo e administrativo, na vigência da

---

[122] Expressamente permitida no artigo 31.º, *primeira parte* CRGB 1973. Surpreendentemente a *parte final* deste mesmo artigo faz referência aos "*decretos-leis adoptados pelo Conselho dos Comissários de Estado... submetidos à ratificação da Assembleia Nacional Popular na primeira sessão ordinária após a sua adopção*". Certo é que nenhum dos actos que pertencem a este Conselho reveste esta forma, conforme demonstra o já citado artigo 47.º CRGB 1973: "*Para a realização das suas atribuições,... faz* **Decretos** *e emite* **Ordens***, dentro dos limites fixados na Lei*". Na versão original do texto constitucional de 1984, a designação de Conselho dos Comissários de Estado foi substituída pelo Governo.

Constituição de 1973. Em relação à situação constitucional que vigorou a partir da Constituição de 1984, reafirmamos a nossa posição, manifestada anteriormente;

3. a delegação de competência legislativa "*é feita por tempo limitado e para as questões determinadas*" (artigo 31.º, *in fine*). Mas que questões? Não encontramos qualquer concretização constitucional nesta matéria, embora pensemos que a *ratio* desta norma era (e continua a ser) a de proibir a intervenção legislativa do executivo em determinadas categorias de matérias. A não concretização deste comando constitucional (no que se refere à especificação das questões delegáveis prevista no artigo 31.º) pode ser susceptível de algumas interpretações:

– a *primeira*, a ausência de qualquer especificação tornaria impraticável qualquer tipo de delegação de poderes, para usar a terminologia adoptada pela Constituição 1973, pois, não se conhecem quais são as matérias da competência da ANP delegáveis ou não delegáveis no Governo;
– a *segunda*, fica a cargo da ANP a especificação das matérias a delegar em actos seus. Esta interpretação permitiria, assim, que se concretizasse o comando constitucional contido no artigo 31.º, *primeira parte*: a possibilidade da ANP delegar no executivo, Conselho de Comissários de Estado, os seus poderes nos termos da Constituição.
– a *terceira*, cabe ao Conselho de Comissários de Estado, em face da permissão constitucional e na ausência de qualquer especificação, legislar sobre quaisquer matérias, mesmo aquelas que eventualmente se enquadrarem nas questões fundamentais, sem precisar de autorização legislativa para o efeito.

4. Parece-nos que a segunda interpretação é aquela que melhor se adequaria ao espírito do sistema traçado pelo legislador constituinte, até porque, como é facilmente perceptível, a Constituição 1973, não atribuiu competências próprias ao executivo, para além daquelas necessárias e suficientes ao prosseguimento das atribuições constitucionais. Porém, é preciso notar que qualquer delegação de poderes deve constar de um acto expresso da ANP, que explicitamente contemple o objecto, o conteúdo, a extensão e a duração da delegação, porquanto a delegação de competências não se presume (uma "regra de ouro" do direito administrativo). Com isso, ficaria excluída a hipótese de delegação tácita, isto é,

delegação que não assenta em actos formais do órgão que normalmente é competente.

Em face do acima exposto, parece-nos indiscutíveis as seguintes conclusões:

a) não há uma clara e rigorosa delimitação de competências, nas Constituições de 1973 e 1984 (primitiva versão), entre os órgãos de soberania do Estado; salvo a definição das competências (políticas e legislativas) da ANP, ainda que em termos muito vastos;

b) qualquer concretização do comando constitucional relativo à *"delegação de poderes"*, de resto, como era admitida na CRGB 1973, reservaria sempre para a ANP, nomeadamente as matérias relativas aos impostos e sistema fiscal, em obediência ao princípio da segurança jurídica dos cidadãos-contribuintes, sem embargo da possibilidade de o Governo legislar, mediante autorização, sobre estas matérias desde que assim entendesse o legislador constitucional[123];

Em conclusão, haveria inconstitucionalidade de diplomas normativos que não revestissem a forma de lei ou que não respeitassem as competências legislativas do órgão legislativo, isto é, fossem produzidos sem qualquer base de autorização, com a consequência de despoletar uma enérgica reacção por parte dos cidadãos: a recusa de pagamento de impostos não criados segundo as normas constitucionais.

Contudo, na verdade, há um total desconhecimento da existência de qualquer autorização legislativa, não obstante a variedade de actos legislativos que supostamente foram produzidos ao abrigo da "delegação de poderes", pois, de outra forma, seriam impensáveis as suas existências na ordem jurídica. Curiosamente, verifica-se que uma esmagadora maioria dos diplomas, em matéria de impostos e sistema fiscal, reveste a forma de Decreto do Governo, sem quaisquer referências a (eventuais) leis de autorização! A fórmula mais ou menos comum – *"O Conselho dos Comissários de Estado, no uso da faculdade atribuída pelos artigos 46.º e 47.º da*

---

[123] É, de resto, a opção seguida pelo legislador constitucional português que, ao atribuir competência legislativa à Assembleia da República em matéria da criação de impostos e sistema fiscal, permite que o Governo legisle sobre tais matérias (artigos 165.º, n.º 1, al. i) e 103.º, n.º 2 CRP), mediante autorização.

Constituição decreta..."[124], não dispensa a autorização legislativa expressa da ANP para legislar sobre questões que respeitam à propriedade privada. Aliás, pensamos que eventuais actos legislativos nesta matéria deveriam sujeitar-se ao preceituado no artigo 31.º, *in fine* CRGB 1973, isto é, a *ratificação* da Assembleia Nacional Popular.

Assim, o espírito que havia orientado o legislador constituinte não foi respeitado. Alguns actos produzidos nessa matéria não respeitaram as formalidades legais, *maxime* a lei de autorização legislativa (no caso em que tal é admitida), nem tão-pouco a reserva absoluta de lei, estando, por isso, em profunda contradição com a Lei Fundamental (então) em vigor. Deste modo, reputamo-los inconstitucionais.

Estamos a pensar em actos que materialmente limitam o património privado, mas que do ponto de vista formal não respeitam os preceitos constitucionais. Exemplos mais flagrantes desta contradição são, entre outros, os Decretos n.ºs 4, 5, 6, 7, 8, 9 e 10/84 de 3 de Março[125] e 15/94 de 16 de Maio[126] e o Despacho n.º 1/94 de 7 de Janeiro do Ministro das Finanças que fixa a taxa do imposto de capitais em 10%[127].

---

[124] Vide, por exemplo, o Decreto n.º 31/75, promulgado em 21 de Maio, em matéria de alterações introduzidas ao Imposto Profissional; Imposto sobre os proventos de cargos públicos; Contribuição predial urbana; Contribuição predial rústica; Imposto complementar; Imposto de transações; Indústrias rurais não especificadas e Execuções fiscais. E também o Decreto n.º 23/83 de 6 de Agosto, publicado no Suplemento ao BO n.º 32, cuja pretensão é a de alterar o sistema fiscal como indica o preâmbulo: "*O diploma que se publica pretende constituir o início duma reforma fiscal que se deseja orientada pelos princípios da justiça tributária e da eficácia administrativa... parte da almejada justiça tributária será conseguida sobretudo pela tributação de rendimentos reais, procurando--se, em todos os impostos, que o esforço exigido a cada cidadão seja proporcional à sua real capacidade contributiva... São taxas progressivas, que evitam saltos bruscos de tributação... optando-se por não instituir taxas demasiadamente elevadas atendendo a que se mantém o imposto complementar como imposto global de correcção*".

[125] São diplomas relativos à tributação dos rendimentos parcelares, publicados em Suplemento ao BO n.º 9, da mesma data, os Decretos n.ºs 4 a 7, e os n.ºs 8, 9 (Regulamento dos Serviços de Justiça Fiscal, com alterações introduzidas pela Lei n.º 6/95) e 10 (relativo ao Código de Processo Tributário), também da mesma data, publicado em 2.º Suplemento ao BO. Trata-se basicamente de diplomas de natureza tributária, de grande importância no quadro do Direito Tributário guineense. Remetemos para considerações posteriores, quando tratarmos dos principais impostos.

[126] Reza o Preâmbulo deste Decreto: "*(...) o Governo decreta, nos termos do artigo 100.º, n.º 2 da Constituição...*". Convém explicitar aqui três questões: a *primeira*, tem que ver com a competência concorrencial entre a ANP e o Governo, isto é, sobre certas e

determinadas matérias, tanto um como outro pode legislar. Assistindo àquele órgão legislativo um leque de competências (reservadas) que não se esgota naquelas matérias constantes nos artigos 85.º a 87.º CRGB, pode legislar sobre quaisquer das matérias em concorrência com o Governo – excepto, quanto à matéria relativa à *"organização e funcionamento"*, reservada exclusivamente ao órgão executivo, nos termos da al. d), *in fine*, artigo 100.º CRGB. Assim, vale o princípio do acto legislativo posterior: lei, decreto-lei ou decreto; a *segunda* prende-se com a possibilidade de o Governo legislar sobre certas matérias (da reserva relativa de competência da ANP), quando para tal for devidamente autorizada: a **autorização legislativa**, conforme o preceito do n.º 1. Naturalmente, o Decreto-lei aprovado no uso da competência legislativa fica sujeita a ratificação da ANP (n.º 3) todos do artigo 92.º CRGB.

Ora, quando o Governo faz alusão ao artigo 100.º, n.º 2 CRGB, como fundamento da sua "competência" para legislar sobre matérias relativas aos impostos [referimo-nos, nomeadamente, ao citado Decreto n.º 15/94 (contém na sua essência a alteração ao artigo 64.º do Código da Contribuição Industrial), de 16 de Maio, publicado no BO n.º 20, da mesma data], está, apenas, a praticar um acto ferido de inconstitucionalidade, porque, como se sabe, esta matéria está reservada – *reserva absoluta de lei formal da ANP*, excluindo, portanto, qualquer delegação no Governo – ao órgão legislativo, a ANP, nos termos do artigo 86.º, al. d). Por último, e *terceira*, o artigo 100.º, n.º 2, diz que o Governo, reunido em Conselho de Ministros, exerce as competências das als. a), b), d) e e), o que não se confunde com a atribuição de competências próprias para legislar sobre os impostos que, de resto, não figuram entre as matérias constantes do n.º 1 do mesmo artigo. Aliás, outra coisa não seria de esperar. Ficamos sem saber em qual das als. do n.º 1 baseou o Governo a sua pretensa competência. Nem tão-pouco compreendemos o motivo de tamanho descuido para não dizer outra coisa. Em suma, o Decreto n.º 15/94 é inconstitucional, não produzindo quaisquer efeitos jurídicos na ordem jurídica em geral.

[127] Este despacho foi publicado no BO n.º 2/94 de 10 de Janeiro. Transcrevemos parte do mesmo onde se lê: *"Nestes termos, e no uso da competência que me foi conferida pelo artigo 3.º do Decreto n.º 30/89 de 26 de Novembro, determino: Excepcionalmente, e para vigorar durante o ano de 1994, é fixada em 10% a taxa do imposto de capitais a aplicar aos rendimentos referidos na al. e) do artigo 1.º do Decreto n.º 8/84 de 3 de Março"*. Pensa-se que esta decisão tem como base o artigo 22.º, n.º 3 do Código de Imposto Capitais, CICap., segundo o qual: *"O Governo poderá nas condições previstas no artigo 6.º conceder reduções de taxas do imposto a aplicar aos rendimentos provenientes de aplicação de capital consideradas necessárias ou convenientes ao desenvolvimento do País"*. A verdade é que não encontramos no Código nenhuma explicitação do significado da expressão *"consideradas necessárias ou convenientes ao desenvolvimento do País"*, nem tão-pouco os critérios a seguir. Contudo, sendo norma geral e abstracta, não coloca a questão, *maxime*, de natureza discriminatória dos contribuintes.

A habilitação legal, prevista no artigo 22.º, n.º 3 do CICap., é conferida apenas ao Governo, reunido em Conselho de Ministros, e não a um membro de Governo, mormente

A grande revolução nesta matéria surge, entretanto, com a Lei Constitucional n.º 1/93, que se revelou importantíssima em vários aspectos. Realçamos, neste particular, o fim das situações dúbias que se vinham arrastando em matéria fiscal desde a primeira experiência constitucional guineense, na medida em que se estabeleceu com suficiente nitidez a separação entre a competência legislativa da ANP e do Governo, bem como o estabelecimento de competências reservadas diferenciadas.

A atribuição de poderes legislativos ao executivo não abrange, todavia, a matéria fiscal, pelo menos quanto ao direito tributário material. Assim, a actual versão da Constituição opta por uma concepção restritiva da legalidade substancial (com todas as suas consequências), nomeadamente a exclusão na zona reservada ao legislador – definição dos elementos essenciais do imposto – da intervenção do executivo e da Administração fiscal, e da sua margem de livre decisão.

Para o que nos interessa por agora, as matérias reservadas à competência do órgão legislativo por excelência, a ANP dividem-se em: *reserva absoluta de competência* (reserva exclusiva) e *reserva relativa de competência*, respectivamente os artigos 86.º e 87.º CRGB, e encontram justificação na não permissão ou permissão de delegação de competência no Governo, em função das matérias. Ou seja, a linha de separação está na vedação ou não da possibilidade da autorização legislativa no Governo para legislar sobre um conjunto determinado de matérias, reputadas de elevada dignidade a ponto de merecerem protecção da lei formal (da ANP). Fica, assim, traçada com rigor o âmbito das matérias que pelo princípio da legalidade estão reservadas à lei. Entre elas, – repisamos –, está a matéria relativa aos impostos e sistema fiscal, previstas na al. d) do artigo 86.º CRGB.

---

o Ministro das Finanças. Isto é, a competência é atribuída para ser exercida sob a forma de Decreto-Lei ou Decreto, segundo o artigo 102.º CRGB. Portanto, a validade do acto resultante desta habilitação está em função da sua conformidade com as regras estabelecidas constitucional ou legalmente.

Esta questão é para nós importante, na medida em que, de acordo com o nosso entendimento, o artigo 86.º, al. d) CRGB – impostos e sistema fiscal – engloba, também, as próprias taxas de impostos. Estes e outros elementos essenciais do imposto estão incluídos nas matérias da reserva absoluta da ANP, não admitindo, portanto, actos com dignidade infra-legal. Em face do exposto, a habilitação legal em si mesma é inconstitucional, por violação das disposições constitucionais, sobretudo o artigo 86.º, al. d) CRGB, pelo que reputamos inconstitucional tal despacho. Em suma, estamos perante a inconstitucionalidade da norma fiscal, por desrespeitar o comando constitucional relativo à distribuição de competências entre os órgãos do poder político do Estado.

O princípio da legalidade fiscal – enquanto reserva de lei formal – apela para a intervenção da ANP e constitui, portanto, a garantia de que só mediante a lei (lei formal/material) da Assembleia representativa dos cidadãos se pode interferir na esfera patrimonial dos particulares. Fundamenta-se nos valores da segurança jurídica em geral e no papel específico que desempenha o sistema fiscal de uma economia de mercado, cujos princípios orientadores são os da livre iniciativa, a concorrência e a propriedade privada[128].

A ser assim, entendemos que as matérias relativas ao sistema fiscal, em geral e cada tipo de imposto *per se,* devem ser definidos por lei, como reza o brocardo latim: *"nullum tributum sine lege"*, como forma de eliminar "os factores que possam traduzir-se em incertezas económicas..."[129]. Pelo que não pode o Governo, nem as Assembleias Municipais – sem embargo de considerações relativas à autonomia do Poder Local – estabelecerem os impostos limitadores do património dos particulares, nem tão pouco alterar qualquer dos seus elementos essenciais, na medida em que os pilares em que se alicerça a economia guineense (propriedade, iniciativa privada e concorrência) requerem a delimitação rigorosa das pretensões fiscais do Estado, a fixação dos elementos essenciais de cada tributo, as condições necessárias para que os particulares prevejam os seus encargos tributários e ainda a materialização da ideia da igualdade[130].

O legislador constitucional guineense optou por consagrar de forma expressa o princípio da legalidade fiscal (artigo 86.º, al. d) CRGB), reservando as matérias dos impostos e sistema fiscal à competência da ANP – reserva de lei formal/material –, no sentido de significar que se trata de uma norma geral e abstracta, emanada de um órgão do poder legislativo por excelência, isto é, um acto normativo provindo do órgão com competência legislativa normal, na forma externa legalmente prescrita, devendo disciplinar os elementos essenciais em que se traduzem cada tipo de imposto. Em consequência, afasta a possibilidade dos impostos serem

---

[128] Vide ALBERTO XAVIER, *Conceito e natureza...*, pp. 299, 302.
[129] ALBERTO XAVIER, *Conceito e natureza...*, p. 302.
[130] Cfr. ALBERTO XAVIER, *Conceito e natureza...*, p. 306. Também, LEITE DE CAMPOS, *"Evolução..."*, referindo-se à reserva absoluta de lei afirma na p. 664: "(...) as leis tributárias devem ser elaboradas de tal modo... nomeadamente em termos de ser possível conhecer e computar as obrigações fiscais...".

criados por costume[131], regulamento, decreto ou decreto-lei, isto é, não contempla a intervenção de outros órgãos diferentes da ANP nesta matéria e afasta qualquer tipo de delegação normativa.

Ao atribuir à ANP a competência para legislar sobre a criação de impostos e sistema fiscal – o já citado artigo 86.º, al. d) CRGB –, a Constituição faz coincidir a *reserva de lei* com a *reserva de parlamento*[132], tanto no sentido formal como material. Consequentemente, há uma limitação dos poderes legislativos do Governo, sem embargo de continuar a ser o órgão de direcção política ficando, assim, impossibilitado de legislar sobre essas matérias, muito embora disponha da possibilidade de apresentar a proposta de lei, nos termos da iniciativa legislativa que lhe assiste (artigo 91.º, n.º 1). De igual modo, estas matérias são, também, subtraídas da competência das Assembleias Municipais, dotadas de poder regulamentar próprio (artigo 112.º, n.º 1).

É este o significado da reserva de lei formal prevista no artigo 86.º, al. d), em que a lei aparece como fundamento da criação e disciplina dos impostos, ao mesmo tempo que fundamenta e limita os actos inferiores da Administração tributária. O mesmo é dizer que a actuação desta deve ser conforme à lei (da ANP) – artigo 97.º, n.º 2, *in fine* –, devendo conter, ainda, o critério da decisão no caso concreto, nomeadamente o campo de aplicação subjectivo ou objectivo – *reserva absoluta* –, donde resultam os *princípios da tipicidade fechada, exclusivismo* e *determinação*[133]. Esta-

---

[131] Cfr. SOARES MARTÍNEZ, *Direito Fiscal*, Coimbra, 1997, p. 112: "Mas não parece que tal aconteça [que o costume se afirme como fonte de Direito] no campo tributário, onde as normas não são criadas espontaneamente pelos destinatários. Não é o princípio da legalidade do imposto que leva a afastar o costume daquele campo. Porquanto, como se sabe, esse princípio domina apenas alguns aspectos da tributação, especialmente o da incidência fiscal".

[132] Situação diferente verifica-se no ordenamento português, em que a competência de criar o imposto e sistema fiscal é atribuída a Assembleia da República, mas pode o Governo mediante autorização parlamentar legislar sobre estas matérias. Vide, entre outros, SOUSA FRANCO, "Sistema financeiro e Constituição financeira no texto constitucional de 1976", in Estudos sobre a Constituição, Vol. III, Lisboa, 1979, pp. 526 e ss; MANUEL PIRES, "A Constituição de 1976 e a fiscalidade", in Estudos sobre a Constituição, Vol. II, Lisboa, 1978, pp. 433 e ss; NUNO SÁ GOMES, Manual de Direito Fiscal, Vol. II, 1997, pp. 33 e ss; ANA PAULA DOURADO, "O princípio da legalidade...", pp. 49 e ss.

[133] Posição defendida por ALBERTO XAVIER, *Conceito e natureza...*, pp. 322 e ss; NUNO SÁ GOMES, *Manual de Direito Fiscal*, Vol. II, pp. 37 e ss, a propósito dos artigos 106.º, n.º 2, e outros da Constituição da República Portuguesa.

mos, assim, em condições de afirmar que o artigo 86.º, al. d) CRGB consagrou a reserva absoluta de lei formal.

Pelo que, a inobservância da forma legal[134], prescrita para os actos legislativos relativos aos impostos e sistema fiscal, acarreta duas consequências. Por um lado, a inconstitucionalidade dos actos normativos que não revistam a forma legal (tais como, Decreto-Lei, Decreto, Regulamento ou Despacho) e cuja pretensão seja a criação de imposições sobre o património dos particulares. Por outro, a recusa por parte dos cidadãos-contribuintes de pagarem os impostos que não obedeçam à lei formal, como elucida o brocardo latino: *"nullum tributum sine lege"*. Noutros termos, os contornos dos tipos tributários não podem ser criados senão por lei formal. Estes constituem, portanto, "monopólio das normas revestidas de força de lei, dimanadas dos órgãos legislativos competentes, por antonomásia as Assembleias representativas"[135].

Em conclusão do que acima fica exposto, afirmamos convictamente que a reserva absoluta de lei, consagrada na Constituição [al. d), artigo 86.º] equivale, portanto, a reserva exclusiva da ANP e exclui quaisquer actos legislativos de categoria inferior à lei (orgânica e material), de onde se infere, também, o poder tributário deste órgão de soberania. Esta reserva encontra razões justificativas no próprio Estado de Direito, porquanto se reporta a noções básicas como as de autotributação, segurança jurídica e capacidade contributiva, tão indispensáveis ao Direito Fiscal/ /Tributário contemporâneo.

---

[134] A imposição de formas legais limita os poderes da Administração, pois considera-se "que excede os seus poderes se não observa a forma devida". Esta matéria tem grande importância no que concerne à margem de vinculação da Administração. Vide LEITE DE CAMPOS, "A reforma...", p. 59.

[135] Vide ALBERTO XAVIER, *Conceito e natureza...*, p. 310. Isso deve-se à própria função do princípio da legalidade no Estado de Direito, que é garantir a separação de poderes entre a função legislativa e a função executiva, como pressuposto de realização da justiça (os factos tributários e a medida dos tributos, só podem ser deixados a órgãos cuja composição e garantia constituam uma expressão equilibrada e ponderada da justiça material) e da segurança material (por via do conhecimento claro e inequívoco de que os impostos devem constar de uma lei escrita e por via de estabilidade a ela relativa, dada a presunção de que gozam as normas editadas pelo órgão legislativo relativamente às editadas pela Administração, facilmente modificadas ou revogadas) em matéria do imposto.

1. OBJECTO DA RESERVA DE LEI FISCAL

A reserva de lei formal da ANP distingue dois tipos de intervenções: uma, de *carácter formal*, isto é, a lei pode autorizar o Governo a legislar sobre certas e determinadas matérias, conforme as normas constitucionais; e outra, de *carácter material*, para significar que a lei deve conter toda a disciplina dos impostos[136]. Deixando por agora de lado este último aspecto – matéria de que nos ocuparemos a seguir, a propósito do princípio da tipicidade fiscal –, vamos concentrar-nos no primeiro.

Nos termos em que a nossa ordem constitucional previu a reserva de lei formal, as matérias que constam da reserva exclusiva da ANP, nomeadamente (e para o que nos ocupa por agora) os impostos e sistema fiscal são, desde logo, subtraídos de qualquer possibilidade de delegação legislativa no Governo. Ao serem incluídas no núcleo de materiais indelegáveis, o legislador constitucional cria uma "*barreira protectora*", inultrapassável, contra um eventual poder de normação do Governo ou contra outro órgão que não assuma dignidade e grau de representação semelhantes aos da ANP. Em suma, a Constituição afasta do exercício de poderes fiscais o Governo, bem como os órgãos de representação local, mormente, os órgãos municipais. Para este último, considerações ligadas à autonomia de que gozam poderão ditar soluções que levem à atribuição de uma certa dose dos mesmos poderes.

A solução constitucional acabada de expor leva-nos a questionar os "poderes fiscais" do Governo vertidos na proposta de lei do orçamento relativamente às disposições fiscais que bulem necessariamente com a estrutura dos impostos, nomeadamente a sua criação e alteração. A resposta a esta interrogação passa pela questão de saber se a intervenção parlamentar, requerida pelo princípio da reserva de lei formal/material, pode ser vertida tanto na lei comum como na lei do orçamento.

Não existe no nosso quadro constitucional nenhuma norma que define os limites dos poderes do Governo quanto à proposta da lei do orça-

---

[136] CASALTA NABAIS, *O dever fundamental...*, p. 347. Esta disciplina resume-se numa palavra: a incidência fiscal, isto é, a determinação geral e abstracta das situações em que alguém deve o imposto. Os seus elementos essenciais são: o facto tributável, os sujeitos e as formas de riqueza ou matéria/base tributável (incidência real ou objectiva, a realidade atingida pelo imposto). *Vide*, entre outros, SOUSA FRANCO, "Tributação", in DJAP, pp. 491 e ss.

mento: a sua vinculação ou não relativamente às matérias fiscais (diferentemente se passa no ordenamento constitucional português, uma vez que o Governo é autorizado a legislar sobre a matéria fiscal: especificamente artigo 165.º, n.º 5, da CRP, bem como outras experiências constitucionais[137]).

Por outro lado, a aprovação da proposta de lei do orçamento do Estado pela ANP – de onde se retira o *princípio do exclusivismo de aprovação do OGE* – configura um acto legislativo-político de um órgão legislativo por excelência, não obstante o artigo 85.º, al. g) CRGB sugerir que é diferente das outras leis (comuns), ao autonomizar as Leis do Orçamento do Estado (e as de Plano Nacional de Desenvolvimento). Deste facto extrai-se implicações políticas pela circunstância da sua prática caber ao executivo, no exercício de uma função estadual, a política. Para alguma parte da doutrina, a lei de orçamento constitui não um acto legislativo (lei formal), mas sim um acto político ou ainda um acto-plano[138].

À parte a querela doutrinária, pela nossa parte, pensamos que, em face da nossa Constituição, as disposições fiscais contidas na proposta de lei do orçamento, cuja preparação cabe ao Governo, nos termos da al. c), n.º 1, artigo 100.º CRGB – *princípio do exclusivismo da iniciativa orçamental* – destinam-se unicamente a conferir eficácia quanto à cobrança dos impostos (obtenção de receitas) e à sua utilização (realização das despesas) para a satisfação das necessidades financeiras do Estado. Isso implica que, em princípio, o Governo apenas pode incluir nela as disposições

---

[137] Estamos a referir por exemplo as situações italiana, alemã e espanhola. *Vide* sobre este aspecto concreto, CASALTA NABAIS, *O dever fundamental...*, p. 349.

[138] *Vide* sobre a querela doutrinária CASALTA NABAIS, *O dever fundamental...*, nota 481, p. 350 e autores citados. Ainda, particularmente sobre a natureza da lei de orçamento, vide GOMES CANOTILHO e VITAL MOREIRA, "Orçamento" (artigo 108.º) e "Elaboração de Orçamento" (artigo 109.º), in Constituição da República Portuguesa (Anotada), 3ª Edição, Revista, Coimbra, 1993, que parecem admitir que se trata de uma lei especial, quando afirmam a p. 470 que "Todavia, sendo a lei de orçamento uma lei especial..."; JOÃO MIGUEL LOURENÇO GOMES, "Orçamento", in *Pólis-Enciclopédia Verbo*, Vol. 4, 1986, cols. 831--835; SOUSA FRANCO, "Orçamento" in DJAP, Vol. VI, Lisboa, 1994, pp. 191-228, que, quanto à natureza da lei do orçamento de Estado, afirma "nos parece revestir a natureza de acto-plano" (p. 204); GUILHERME D'OLIVEIRA MARTINS, "*Poder orçamental*", in DJAP, Vol. VI, Lisboa, 1994, pp. 387-392, para quem "O orçamento do Estado reveste a forma de lei, dotada de regime específico... Com efeito, trata-se de um «acto-plano» " (p. 388), "A Assembleia da República exerce, assim, o poder orçamental... a natureza de acto--plano" (p. 390).

fiscais, destinadas exclusivamente à obtenção de receitas de que carece para materializar o seu programa. Sendo uma das matérias da exclusiva competência da ANP, a matéria relativa aos impostos (e sistema fiscal) não pode ser objecto de autorização legislativa, pelo que, por maioria de razão, não pode configurar a lei do orçamento do Estado uma *lei de autorização*[139].

Por outras palavras, não pode, em princípio, a proposta de lei do orçamento conter disposições que impliquem a alteração do quadro fiscal resultante da vontade expressa pelos parlamentares, representantes dos cidadãos que neles delegaram um conjunto vasto de poderes, materializados no direito de representação. A não ser assim, estaríamos a permitir o que não é admissível, criando artifícios para contornar a vontade do legislador constitucional. Acresce que a complexidade das materiais fiscais aconselha a que seja discutida em sede própria, num ambiente sereno, longe das pressões políticas que a aprovação do orçamento suscita.

Portanto, em princípio, sob pena de inconstitucionalidade, a proposta de lei do orçamento não pode conter disposições fiscais que criem os impostos ou acarretem a alteração da sua estrutura, mormente o seu aumento ou a sua diminuição.

No entanto, não raras vezes o órgão executivo, através de um diploma que, no essencial, deve conter a previsão sobre as receitas a perceber pelo Estado e as despesas a realizar mediante as receitas obtidas, solicita a *autorização* do poder legislativo para criar "*ex novo*" um determinado tipo impositivo ou para alterar a estrutura dos impostos (matéria que à partida não está ao seu alcance). É preciso distinguir dois momentos ou planos: o da criação do imposto e da sua eficácia. Quanto ao primeiro, está reservado ao órgão legislativo supremo do poder político do Estado, nos termos do artigo 86.º, al. d) CRGB; em relação ao segundo, precede

---

[139] Reza o artigo 10.º da Lei n.º 3/87 (Lei de Enquadramento do Orçamento do Estado), sob a epígrafe Conteúdo do articulado da proposta de lei: "*O articulado da proposta de lei deve conter, além das normas de aprovação dos mapas orçamentais e das normas necessárias para orientar a execução orçamental, a indicação das fontes de financiamento do eventual défice orçamental, a discriminação das condições gerais de recurso ao crédito público, a indicação do destino a dar aos fundos resultantes de eventual excedente e todas as outras medidas que se revelarem indispensáveis à correcta administração orçamental do Estado para o ano económico a que o Orçamento se destina*". Como se pode observar, nada nos permita concluir que o Governo possa incluir na proposta de lei do orçamento disposições fiscais que impliquem alteração da estrutura do imposto.

aquele lógica e cronologicamente; donde se segue que as disposições fiscais que devem constar da proposta de lei de orçamento são apenas aquelas relativas aos impostos criados nos termos da Constituição.

Por outro lado, é preciso notar que a criação "*ex novo*" dos impostos não configura a única expressão dessa realidade. São-na também aquelas que dizem respeito à *alteração de um dos seus elementos essenciais*, mormente as *taxas* ou ainda aos *direitos e garantias fiscais*. Assim, qualquer disposição fiscal contida na lei de orçamento, como, por exemplo, as taxas de impostos deve ser considerada uma atenuação ou agravamento do sacrifício fiscal; e, quanto aos direitos e garantias fiscais dos contribuintes, seguem o regime traçado superiormente pela Constituição no seu artigo 30.º, n.º 3 CRGB[140].

Não menos verdade é o facto de a intervenção legislativa requerida pela Constituição, por parte da ANP, constituir a garantia dos cidadãos contra o poder de normação – que não se confunde com a iniciativa legislativa do Governo prevista no artigo 91.º CRGB – do executivo. Pelo que seja por via de lei comum, como seja por via da lei de orçamento, estaremos no domínio da competência do órgão legislativo por excelência.

A realização da justiça material, própria de um Estado de Direito, no qual exprime a sua máxima intensidade através de uma rigorosa delimitação de esferas jurídicas, tem como consequência a subtracção às esferas privadas da actividade arbitrária do Governo. Isto encontra a sua expressão no princípio da legalidade fiscal, sob duas vertentes: a reserva de lei formal/reserva absoluta e as suas consequências quanto à exclusão de actos legislativos de natureza inferior à lei e à disciplina do acto do poder administrativo de forma precisa e completa, como critério de realização dessa mesma justiça em termos seguros e certos; os princípios de segurança e certeza jurídicas, cujos reflexos fizeram sentir no campo fiscal.

A tendência da doutrina dominante, segundo ALBERTO XAVIER, vai no sentido de encontrar a essência da segurança jurídica, na "susceptibilidade de previsão objectiva, por parte dos particulares, das suas situações jurídicas (*Vorhersehbarkeit* e *Vorausberechenbarkeit*), de tal modo que estes

---

[140] Reza o n.º 3 do artigo 30.º CRGB: "*As leis restritivas de direitos, liberdades e garantias têm de revestir carácter geral e abstracto, devem limitar-se ao necessário para salvaguardar outros direitos ou interesses constitucionalmente protegidos e não podem ter efeitos retroactivos, nem diminuir o conteúdo essencial dos direitos*".

possam ter uma expectativa precisa dos seus direitos e deveres, dos benefícios que lhes serão concedidos ou dos encargos e deveres que hajam de suportar"[141]. Assim se analisa esta ideia em dois conteúdos: um conteúdo formal (a estabilidade do Direito) e outro material, apelidado de «protecção de confiança», cuja projecção no Direito Tributário – princípio da confiança jurídica na lei fiscal – recomenda a elaboração das leis tributárias de "tal modo que garantam ao cidadão a confiança de que lhe facultam um quadro completo de quais as suas acções ou condutas originadoras de encargos fiscais"[142].

Esta é, em termos muito resumidos a justificação da configuração do princípio da legalidade fiscal como reserva absoluta de lei formal[143], resultado do princípio da confiança na lei fiscal ou do direito do contribuinte à segurança jurídica, qualificados como princípios-garantia[144], cujas consequências, como afirmáramos atrás, são duplas: a inconstitucionalidade dos impostos criados por diplomas emanados de órgão diferente do titular do poder legislativo por excelência, *maxime* diplomas do governo e o direito dos cidadãos se recusarem a pagar tais impostos.

Ora, para além desta referência constitucional sobre a reserva absoluta de lei/reserva da assembleia, o legislador constitucional não se cuidou de adiantar mais pormenores quanto aos elementos que devem constar da

---

[141] Cfr. *Conceito e natureza...*, p. 297, referindo, em particular, a doutrina alemã citando alguns dos autores na nota 42. As mesmas razões levaram LEITE DE CAMPOS, "*Evolução...*", a sustentar que " (...) A exigência formal da reserva absoluta de lei desenvolve-se, assim, no princípio da confiança na lei fiscal... de tal modo que facultem um quadro completo das condutas originadoras de encargos fiscais... nomeadamente em termos de ser possível conhecer e computar as obrigações fiscais..." (p. 664). Esta é, pois, uma forma de evitar que se destruam "as expectativas dos destinatários das normas, pondo em causa a certeza e segurança dos cidadãos..." (p. 656).

[142] Na Alemanha, este princípio foi proclamado um imperativo constitucional de Estado de Direito. BACHMAYR *apud* ALBERTO XAVIER, *Conceito e natureza...*, pp. 297-298 e ss., chegou mesmo a afirmar que o "princípio da confiança na lei fiscal, como imposição constitucional da segurança jurídica, traduz-se praticamente na possibilidade dada ao contribuinte de conhecer e computar os seus encargos tributários com base directa e exclusivamente na lei". *Vide* também LEITE DE CAMPOS, "*Evolução...*", p. 664, para quem "São estas razões, a necessidade de certeza e segurança, que determinaram o princípio da legalidade dos impostos..." (p. 657). Cfr. ainda NUNO SÁ GOMES, *Teoria geral dos benefícios fiscais*, CCTF, n.º 165, Lisboa, 1991, pp. 346, 348.

[143] Cfr. ALBERTO XAVIER, *Conceito e natureza...*, pp. 295 e ss.

[144] ANA PAULA DOURADO, "*O princípio da legalidade...*", p. 92.

reserva de lei. De resto, idêntica situação vivia-se na vigência da Constituição Portuguesa de 1976, como resulta da leitura dos artigos 106.º e 167.º, al. o) todos CRP[145].

Esta técnica abre, portanto, caminho à construção doutrinária e jurisprudencial, de forma a aquilatar o alcance e conteúdo do princípio da reserva de lei fiscal contido no artigo 86.º, al. d) CRGB. Perguntar-se-á a que elementos do imposto se aplica e até onde deve ir a disciplina legal: restringer-se-á unicamente às meras bases gerais do sistema tributário ou estender-se-á a toda a disciplina fiscal. Nesta última hipótese, retirar-se-ia ao Governo qualquer poder normativo, salvo o poder de emissão de regulamentos executivos de execução ou qualquer margem de livre decisão. Estas questões irão merecer um tratamento (quando tratamos do princípio da tipicidade fiscal).

A reserva de lei fiscal afasta, em princípio, aquelas prestações que não partilham as características de unilateralidade, coactividade e definitividade, próprias dos impostos e figuras afins, sem embargo de constituírem, também elas, receitas tributárias. Esta é, pois, em face da norma constitucional em vigor a interpretação que nos parece mais plausível, uma vez que nela não constam referências às taxas e figuras afins (por exemplo, as licenças e tarifas) – pensa-se por serem caracterizadas pelo vínculo sinalagmático e pressuporem uma contraprestação pública individual, da qual pode resultar uma utilidade ou o pagamento de um custo[146], cujo montante não deverá ultrapassar a respectiva contraprestação, de acordo com o princípio da equivalência ou dos custos e "susceptível de avaliação económica" (ANA PAULA DOURADO)[147]; isto é, uma vantagem específica[148]

---

[145] Quanto ao âmbito das matérias abrangidas pela reserva de lei há alguma controvérsia, uma vez que a CRP limitou-se a referir a "criação de impostos" e o "sistema fiscal", sem adiantar quais os elementos essenciais dos impostos são objectos de reserva de lei. Assim, a orientação seguida pela Comissão Constitucional e pelo Conselho de Revolução era contrária a da Assembleia da República Portuguesa. Vide SOUSA FRANCO, "Sistema financeiro...", pp. 526 e ss;

[146] Cfr. CASALTA NABAIS, Contratos fiscais, pp. 236 e ss; cfr. também, ANA PAULA DOURADO, "O princípio da legalidade...", pp. 56-58.

[147] ANA PAULA DOURADO, "O princípio da legalidade...", pp. 57-58, entende que deve haver uma equivalência económica entre o montante e a contraprestação: "(...) e o montante a pagar não deverá ultrapassar essa contraprestação" (p. 57). Contra este entendimento, entre outros, E. PAZ FERREIRA, "Ainda a propósito da distinção entre impostos e taxas: o caso da taxa municipal devida pela realização de infra-estruturas urbanísticas",

derivada do pagamento pela utilização de um serviço, de um bem público ou remoção de um obstáculo jurídico à actividade dos particulares.

Esta orientação, no entanto, não é seguida pelo legislador fiscal (ordinário) que manda submeter às taxas (bem como outras figuras afins) o tal princípio, bem como a sua decorrência. Donde se segue, pela lei ordinária, contrariamente a Constituição, a consagração do princípio da legalidade e tipicidade tributárias, uma vez que o n.º 4, artigo 1.º LFL comina com a sanção de nulidade as deliberações dos órgãos autárquicos que criem e lancem as taxas (bem como as derramas e mais-valias) não previstas na lei. Conclui-se, assim, que a aplicação destes princípios aos tributos causais não é exigência constitucional, mas sim legal. Remetemos para a matéria dos impostos locais, quando tratamos a matéria das Finanças Locais na II Parte deste trabalho.

Refira-se que o princípio da equivalência ou dos custos é uma concretização do princípio da proporcionalidade[149] (consagrado como princípio constitucional geral nos artigos 30.º, n.º 3 e 40.º, n.º 2 CRGB), ao proibir o excesso, e tem a função de restringir "a liberdade de conformação do legislador ou da Administração na criação de taxas"[150], porquanto podem afectar os direitos, liberdades e garantias dos cidadãos, para além de constituir um indicador de aferição da constitucionalidade das mesmas, razão pela qual ficam livres da submissão ao princípio da legalidade[151]. Aliás, o

---

in CTF, n.º 380, Lisboa, 1995, pp. 76 e ss, citando ALBERTO XAVIER; DIOGO PAREDES LEITE DE CAMPOS, "Imposto", in *Pólis-Enciclopédia Verbo*, Vol. 3, Lisboa, 1985, cols. 426-427; NUNO SÁ GOMES, *Manual de Direito Fiscal*, Vol. I, Lisboa, 1996, pp. 73 a 77, mais concretamente, p. 74; ISABEL MARTÍNEZ, "Taxa", in *Pólis-Enciclopédia Verbo*, Vol. 5, Lisboa, 1987, col. 1126: "Porém, tal prestação não constitui necessariamente um equivalente económico... será, frequentes vezes, de valor inferior... de valor superior". Encontra nisso a razão para criticar a não submissão das taxas ao princípio da legalidade.

[148] Pensamos que isso nem sempre se verifica. Como exemplos temos as taxas de justiça devidas quer pelos réus condenados em processo criminal ou no processo civil, por falta de contestação da acção.

[149] CASALTA NABAIS, *Contratos fiscais*, pp. 237 a 239; ANA PAULA DOURADO, "O princípio da legalidade...", p. 58. Este princípio constitui, por exemplo, fundamento para atacar determinadas opções, *maxime*, as relacionadas com o(s) objectivo(s) subjacente(s) à criação dos impostos (i. e., confisco; expropriação sem justa/qualquer indemnização; as elevadas taxas de impostos;...).

[150] ANA PAULA DOURADO, "O princípio da legalidade...", p. 58.

[151] CASALTA NABAIS, *Contratos fiscais*, pp. 236 e ss; ANA PAULA DOURADO, "O princípio da legalidade...", p. 58.

facto de não constarem entre as matérias que a Lei Fundamental guineense sujeita a este princípio, confere mais consistência à nossa afirmação. Repare-se que o legislador constitucional não quis submeter as taxas ao princípio da legalidade, de outro modo, tê-las-ia incluídas nas matérias da competência reservada (reserva de lei formal/reserva parlamentar), tal como fez com os impostos[152].

Problema diferente é o de saber se o princípio da equivalência ou dos custos assegura suficientemente a garantia de defesa e protecção dos cidadãos contra o eventual excesso do Governo na criação das taxas, uma vez que a tendência natural seria o aproveitamento da situação para sobrevalorizar os serviços públicos prestados a particulares ou o bem público por este utilizado ou ainda a remoção do obstáculo jurídico que impede a actividade dos mesmos, ou ainda a sua criação indiscriminada. Parece esta a preocupação que presidiu a opção do nosso legislador ordinário quanto aos impostos locais.

A doutrina alemã encontra, no respectivo sistema fiscal, outro limite constitucional à criação das taxas. Partindo da sujeição da criação das receitas públicas ao princípio do Estado fiscal – cuja exigência aponta no sentido das receitas públicas necessárias à cobertura das despesas públicas resultarem, em regra, dos impostos – chegou-se a conclusão de que o recurso às taxas (contraprestações devidas às entidades públicas), enquanto uma das categorias de receitas públicas necessárias ao financiamento das despesas da comunidade, deve ser excepcional, na medida em que a Constituição previu somente normas relativas aos impostos[153].

Não duvidamos, que na ausência de qualquer referência constitucional relativa à matéria das taxas ou outras figuras tributárias afins – contrariamente o que acontece na ordem constitucional alemã –, como indica o preceito do artigo 86.º, al. d) CRGB (*"imposto e sistema fiscal"*), o que

---

[152] Situação idêntica era aquela que se verificava no ordenamento português anteriormente à última revisão constitucional. Parece que havia um consenso da doutrina e jurisprudência portuguesas, unânimes em considerar que as taxas não estavam sujeitas ao princípio da legalidade, contrariamente os impostos. Vide, entre outros, E. PAZ FERREIRA, "*Ainda a propósito da distinção...*", pp. 61 e ss; PAMPLONA CORTE-REAL, *Curso de Direito Fiscal*, pp. 77-78; MANUEL PIRES, "*A Constituição de 1976...*", pp. 441-442. Em sentido contrário, vide NUNO SÁ GOMES, *Manual de Direito Fiscal*, Vol. II, pp. 44 e ss.

[153] Cfr. ANA PAULA DOURADO, "*O princípio da legalidade...*", p. 58. Entende que, em face da Constituição portuguesa, a doutrina alemã é, também, aplicável ao caso português, na medida em que as situações se assemelham.

não se confunde com o sistema tributário, uma vez que o preceito constitucional em causa não o refere expressamente, seja aplicável, também, a doutrina alemã à situação guineense. Isso melhor se compreende considerando as exigências do Estado de Direito, em que o conceito de imposto assenta no princípio da capacidade contributiva, tido como uma referência ou medida para a imposição de sacrifícios patrimoniais aos particulares, donde resulta que a "criação indiscriminada e disseminada de taxas, pelo menos ao nível estadual, seria assim, inconstitucional"[154].

Para uma outra corrente da doutrina e jurisprudência[155], o objecto de reserva de lei fiscal abrange os impostos e outras figuras tributárias similares aos impostos[156] que, por serem prestações devidas ao Estado e entidades similares, consubstanciam uma forma de manifestação do poder tributário[157]. Importa, desde já salientar, entre outros, os principais fundamentos, como assinala SOUSA FRANCO: a "segurança jurídica objectiva e a protecção das expectativas legítimas dos contribuintes"[158].

2. A DENSIFICAÇÃO DA LEGALIDADE FISCAL

As normas densificadoras que concretizam a exigência do princípio da legalidade fiscal destinam-se a conferir o grau de conformidade e compatibilidade da actuação da Administração com a lei fiscal, e têm a função

---

[154] ANA PAULA DOURADO, "O princípio da legalidade...", p. 58.

[155] Estamos a pensar na doutrina e jurisprudência estrangeiras, nomeadamente, a portuguesa com preciosos contributos nesta matéria. O vasto leque de doutrinas não aconselha a menção de umas e omissão de outras.

[156] Consideradas prestações unilaterais, coactivas e definitivas destinadas à obtenção de receitas fiscais. Vide PAMPLONA CORTE-REAL, Curso de Direito Fiscal, Vol. I, CCTF, n.º 124, Lisboa, 1981, pp. 9 a 11; NUNO SÁ GOMES, Manual de Direito Fiscal, Vol. I, pp. 59 e ss; CASALTA NABAIS, Contratos fiscais, pp. 236 e ss; ANA PAULA DOURADO, "O princípio da legalidade...", pp. 56 e 57.

[157] MANUEL PIRES foi mais longe entendendo que "(...) O princípio deveria aplicar-se a todos os gravames, qualquer que fosse a sua forma, que constituam manifestação do poder tributário, porquanto, sendo todos eles «actos coercitivos do poder público que invadem a esfera patrimonial privada», todos devem estar sujeitos ao princípio da legalidade". Admite, no entanto, que a Constituição Portuguesa de 1976 não é tão clara quanto às taxas. Vide "A Constituição de 1976...", p. 441.

[158] "Sistema financeiro...", p. 534. Diga-se que os fundamentos são idênticos para a generalidade da doutrina e jurisprudência, embora a consequência em termos da extensão/redução da sua aplicação seja diferente de acordo com o entendimento prevalecente.

de garantir o princípio da legalidade substancial[159]. A densificação do princípio da legalidade levanta, basicamente, a questão da articulação entre seu colorário, o princípio da tipicidade, e a discricionariedade, enquanto espaço livre de actuação deixada à Administração fiscal na concretização do acto tributário. Saber se pode a lei deixar ao órgão administrativo fiscal um campo de actuação que compreenda a expressão de uma vontade livre é a tarefa que nos compete desvendar.

Conhecidos os elementos da previsão e da estatuição do imposto, isto é, os elementos que definem de forma típica um tipo tributário, perguntar-se-á se todos esses elementos deverão constar da lei formal (lei da ANP); ou se, apesar de tudo, existirão possibilidades de um espaço livre de decisão para a actividade administrativa. Esta última hipótese admite a teoria da essencialidade[160], ou seja, a actividade do executivo deve limitar-se a uma actuação complementar e vinculada, quando se trate daqueles elementos do imposto de fundamental importância para a definição do sacrifício fiscal que irá suportar o património do cidadão.

A exigência da densidade mínima para as normas que regem o acto administrativo fiscal, coloca-se relativamente à habilitação para a prática de actos em relação às matérias reservadas, pela Constituição, sob forma de Lei, ao órgão supremo da soberania do Estado, a ANP. Noutros termos, a reserva de lei da ANP implicará ou não uma reserva absoluta de acto legislativo? Escrevemos noutro lugar que o actual sistema constitucional faz coincidir, no concernente à matéria dos impostos (e sistema fiscal), as duas reservas: a *reserva do acto legislativo* e a *reserva absoluta de lei formal*. Esta situação reflecte-se nos poderes concedidos à Administração fiscal para a prática de actos com incidência nas matérias conexas com a liberdade e propriedade dos cidadãos e no grau de determinação da conduta do órgão aplicador.

Trata-se de uma questão muito debatida na Alemanha e gira em torno da "correlação entre a matéria versada pela norma e consequentes reservas de primeira normação... e a graduação decrescente da densidade exigível

---

[159] Vide ANA PAULA DOURADO, "*O princípio da legalidade...*", p. 50.

[160] Parece-nos que a *teoria da essencialidade* é aplicável ao caso guineense, naquelas matérias que podem ser enquadradas naquilo que a Constituição designou por "*questões fundamentais da política interna e externa do Estado*" (artigo 76.º), da competência da ANP podem ser ou não delegáveis no Governo. São exactamente estas últimas, entre os quais constam os impostos e sistema fiscal, que se enquadram na citada teoria.

da norma"[161], com base no "raciocínio de que onde o legislador não pode delegar a conformação das soluções à administração regulamentaria, também o não pode fazer à liberdade criativa da administração exercida através de actos administrativos"[162].

No Direito guineense, a questão não se coloca quanto à matéria de reserva de competência da ANP – porquanto a Constituição proclama uma reserva absoluta de Lei (da Assembleia), o que tem como consequência a proibição de qualquer hipótese de autorização legislativa no Governo –, tal como defendeu SÉRVULO CORREIA, para o caso português[163]. A sua importância é relativa à proibição ou não da "existência de zonas de discricionariedade nos actos administrativos a praticar ao abrigo de diplomas emanados na área de reserva de acto legislativo e, em caso negativo, se se deve e pode impor um nível mais reduzido do que o geralmente admissível para tal discricionariedade"[164].

A questão da essencialidade das matérias fiscais levanta-se ao nível da densificação legal (e não relativamente à delimitação da competência legislativa entre os órgãos legislativo e executivo), consagrada pelo artigo 86.º, al. d) CRGB, em relação aos impostos e sistema fiscal.

A sua resolução deverá ocorrer da conjugação da norma geral sobre os impostos (reserva absoluta/específica de lei) e normas especiais, que se prendem com os direitos fundamentais (reserva de lei geral). Estas últimas têm a função de proteger certas matérias contra a discricionariedade legislativa e delimitam o âmbito de actuação do executivo.

Tais garantias podem ser conferidas pelo princípio da tipicidade, enquanto concretização da legalidade substantiva. Sendo que a competência legislativa da ANP implica o carácter absoluto da reserva de lei, não

---

[161] MAURER e SCHIMPF apud SÉRVULO CORREIA, Legalidade e autonomia contratual..., p. 335.

[162] HERGOZ apud SÉRVULO CORREIA, Legalidade e autonomia contratual..., p. 335.

[163] Escreve o autor, Legalidade e autonomia contratual..., p. 336: "À face do Direito português, não se levanta a questão de saber se, em matéria de reserva de competência da Assembleia da República, a lei ou decreto-lei (sob autorização legislativa) podem ou não conceder «autorizações globais» ou «autorizações em branco» para a prática de actos administrativos".

[164] SÉRVULO CORREIA, Legalidade e autonomia contratual..., p. 336.

pode a matéria relativa aos elementos essenciais dos impostos ser objecto de autorização legislativa no Governo, limitada quanto ao objecto, sentido e extensão. Ora, na esteira de SÉRVULO CORREIA, o "«objecto» e a «extensão» do acto administrativo significam os seus pressupostos"; relativamente ao "«sentido», poderá discutir-se se compreende apenas o fim ou também o conteúdo"·

A forma como foi concebida o princípio da legalidade fiscal e seu colorário, a tipicidade fiscal, proíbe a concessão da discricionariedade em tudo o que diz respeito à reserva de acto legislativo, porquanto se dirige à liberdade de fixação dos pressupostos pela Administração fiscal. É o que se pode concluir da estatuição constitucional em sede de impostos e sistema fiscal.

Mas, por vezes, o legislador (fiscal) vê-se obrigado a recorrer a técnicas que concedem poderes discricionários, a fim de acompanhar, nomeadamente, a evolução tecnológica, cujas repercussões atingem todos os sectores da vida da sociedade, donde decorre a "impossibilidade de empregar um *Tatbestand* fechado", o que aconselha a "existência de uma normação aberta à ausência de qualquer regulação"[165]. Contudo, o recurso a tal técnica não deve constituir uma regra; pelo contrário, só se justifica quando não seja possível proceder a uma densificação das matérias de reserva de acto legislativo.

Do princípio da legalidade fiscal resultam dois importantes colorários: a **conformidade** ou **reserva de lei formal**, significando que a conduta da Administração fiscal carece de um fundamento legal; e a **compatibilidade** ou **precedência de lei**, cuja consequência é a da invalidade dos actos *contra legem* (artigo 8.º CRGB). À parte o segundo colorário, enquanto obrigatoriedade de a conduta da Administração fiscal se subordinar à lei, ao mesmo tempo que não a pode contrariar, vamos debruçar-nos, de seguida, sobre um dos aspectos conexos, com a segunda formulação do princípio da legalidade fiscal, a conformidade ou reserva de lei formal. Estamos a referir-nos ao princípio da tipicidade fiscal.

---

[165] SÉRVULO CORREIA, *Legalidade e autonomia contratual...*, p. 339.

2.1. A tipicidade fiscal

As primeiras referências ao princípio da tipicidade fiscal, cuja origem normativa é a lei formal[166], donde decorre a sua ligação ao princípio da legalidade fiscal, têm origem na doutrina alemã[167]. Este princípio tem manifestação em vários sectores da ordem jurídica, como é o caso particular do Direito Fiscal e demarca os limites da vontade humana (da Administração fiscal), no que tange à produção de efeitos jurídicos, quer na instituição quer na aplicação dos tributos[168].

O princípio da reserva de lei formal e reserva absoluta de lei apelam para a necessidade, respectivamente, da *lex scripta* e *lex stricta*: lei (da ANP) contendo todos os elementos necessários à decisão do caso concreto, que se obtém por dedução da própria lei. Ademais, a reserva absoluta dirige-se ao legislador ordinário e ao aplicador do direito (juiz ou Administração fiscal), porquanto ao primeiro manda formular comandos legislativos em termos rigorosos, sob pena de inconstitucionalidade, e aos segundos proíbe a criação de direito tributário, o que afasta a aplicação da norma legal por analogia ou o subjectivismo na aplicação da lei, com a consequência da exclusão da discricionariedade[169].

Como expressão do princípio da legalidade fiscal, e em virtude da sua estreita conexão com este princípio (do Direito Fiscal) – na sua manifestação de reserva absoluta de lei –, o princípio da tipicidade visa defender os particulares do arbítrio da Administração fiscal. A sua construção encontra-se assente em considerações de segurança jurídica[170], sendo

---

[166] Afirma ALBERTO XAVIER, *Conceito e natureza...*, p. 311: "Seja, porém, lei em sentido formal ou lei em sentido material, a verdade é que a tipicidade tributária é sempre de origem legal: – nullum tributum sine lege". Isso afasta as outras fontes de direito enquanto repositórios da criação de normas jurídicas, *maxime*, as impositoras de sacrifícios patrimoniais.

[167] ALBERTO XAVIER, *Conceito e natureza...*, pp. 263 e ss.

[168] Existe nos sectores privado (sociedades comerciais; direito da família – regime patrimonial; contratos; etc.) e público (Direito Penal – factos incriminatórios) uma similitude da actuação do princípio da tipicidade. No primeiro, destina-se a limitar a relevância da autonomia privada; no segundo, limita a conduta do poder, a vontade dos órgãos de aplicação do direito, através da submissão à lei. Vide ALBERTO XAVIER, *Conceito e natureza...*, pp. 271, 337 e ss.

[169] Vide ALBERTO XAVIER, *Conceito e natureza...*, pp. 292-293.

[170] Para PAMPLONA CORTE-REAL, *Curso...*, p. 84, o princípio da tipicidade aparece como "corolário lógico" do princípio da legalidade e "decorre do facto de os elementos

reputado, conforme os ensinamentos de ALBERTO XAVIER, como a técnica "mais adequada à plena compreensão do próprio conteúdo de reserva absoluta e, portanto, dos limites que a lei impõe à vontade dos órgãos de aplicação do direito em matéria tributária"[171] ou, como adianta ANA PAULA DOURADO, a "técnica mais adequada para concretizar e garantir a legalidade substancial", desempenhando a função imediata de "ordenar/ /delimitar a esfera de relações entre poder legislativo e executivo"[172].

A tipicidade fiscal – decorrente da exigência da reserva absoluta da lei, como dissemos supra – resume-se, assim, quer à associação de efeitos jurídicos à verificação de factos, quer à submissão dos factos tributáveis aos tipos legais. Estes são, portanto, objectos da tipificação: os factos reveladores da capacidade contributiva[173] e os efeitos relativos, por exemplo, à fixação do *quantum* da prestação tributária, *maxime* a taxa e a matéria tributável[174], todos eles elementos da estatuição da norma. Como consequências exige, por um lado, um grau de determinação do conteúdo da norma do imposto – tipicidade fechada e exclusivismo da lei e determinação[175] e, por outro, repele qualquer tipo de tributação assente em con-

essenciais da obrigação do imposto... estarem tipicizados por força do próprio princípio da legalidade". Ainda do mesmo autor, *As garantias dos contribuintes*, pp. 16-19. Também, LEITE DE CAMPOS, "*Evolução...*", p. 664 "A exigência formal da reserva absoluta da lei desenvolve-se, assim, no princípio da confiança na lei fiscal...".

[171] *Conceito e natureza...*, p. 310. Também pp. 337-378, a tipicidade é uma técnica delimitadora da "esfera de relevância da vontade na produção de efeitos jurídicos... nomeadamente na instituição e aplicação dos impostos".

[172] "*O princípio da legalidade...*", p. 59. Também, FERNANDO SAINZ DE BUJANDA, *Lecciones de Derecho Financiero*, p. 96: "El principio de legalidad o reserva de ley es un instituto de carácter constitucional que constituye el eje de las relaciones entre el poder legislativo el ejecutivo en lo referente a la producción de normas, que persigue precisamente excluir para ciertas materias la posibilidad de normación por vía distinta de la legislativa".

[173] É um conceito que "fornece ao legislador o quadro geral das situações tipificáveis, ao estabelecer que só as situações de vida reveladoras de capacidade económica são susceptíveis de tributação" (p. 320). Cfr. ALBERTO XAVIER, *Conceito e natureza...*, pp. 314 e ss.

[174] A taxa é o elemento mais importante – embora não único – para a quantificação abstracta da prestação do imposto. Nos impostos fixos, é o único elemento que permite quantificar a dívida do imposto. Nos variáveis, para além dela concorre, também, a matéria tributável. Para além destas, concorrem ainda as deduções à colecta e os "elementos relevantes para a escolha da taxa a aplicar", nas situações em que existe uma pluralidade de taxas aplicáveis. Cfr. ALBERTO XAVIER, *Conceito e natureza...*, pp. 317 e 320.

[175] ALBERTO XAVIER, *Conceito e natureza...*, pp. 325-327, 343; LEITE DE CAMPOS, "*Evolução...*", p. 664; NUNO SÁ GOMES, *Manual de Direito Fiscal*, Vol. II, *idem;* ANA

ceito ou cláusula geral[176]. Numa palavra: exige-se ao legislador ordinário a definição com rigor e precisão dos actos e situações jurídicas sujeitas a imposto, de forma que o conteúdo da decisão do órgão aplicador do direito esteja pré-determinado na lei, donde a sua actuação em toda a extensão da norma tributária (previsão e estatuição).

Assim, do ponto de vista normativístico – isto é, partindo da norma para a vida –, a tipicidade exige, portanto, a determinação legal dos elementos essenciais do imposto que fazem parte da previsão (incidência ou determinação, em termos gerais e abstractos, das situações em que é devido o imposto) e da estatuição ou repartição abstracta do sacrifício fiscal. Mudando o ponto de vista para uma perspectiva da vida para a norma, impõe-se que sejam delimitadas, por lei, aquelas realidades ou situações jurídicas que prefiguram factos específicos, cuja ocorrência está associada a determinadas consequências jurídicas[177]. A concretização da norma fiscal por parte do órgão aplicador de direito, isto é, a norma que define os factos (económicos) reveladores da capacidade contributiva[178], deve ser feita de acordo com o conteúdo pré-determinado na mesma. Isso tem a vantagem de evitar que o órgão aplicador introduza critérios subjectivos de apreciação na sua aplicação ao caso concreto[179].

PAULA DOURADO, "O princípio da legalidade...", p. 61, citando o primeiro autor referido nesta nota.

[176] Requer-se que os tributos constam de uma tipologia (taxativa, exclusiva e determinada), isto é, que haja uma descrição completa em tipos ou modelos das realidades passíveis de tributação, principalmente através da especificação. Esta é, pois, uma condição necessária para que um facto desencadeie efeitos tributários, sem necessidade de recurso a quaisquer outros, pois não se admitem lacunas. O conteúdo da decisão deve ser determinado na lei. Situação idêntica verifica-se relativamente aos crimes. Vide ALBERTO XAVIER, Conceito e natureza..., pp. 321 e ss. Também, LEITE DE CAMPOS, "Evolução...", pp. 664-665.

[177] ANA PAULA DOURADO, "O princípio da legalidade...", pp. 58 e ss. Neste sentido ALBERTO XAVIER, Conceito e natureza..., pp. 269, 312 e ss. Para o autor, "o tipo tributário exprime, assim, uma especificação do conceito de imposto, cada tipo, por si, deve conter todos os elementos que caracterizam aquele conceito... dir-se-á que objecto da tipificação são os «elementos essenciais» do imposto... a incidência, as isenções a que possa haver lugar e a taxa ou os seus limites." (p. 312).

[178] A capacidade contributiva surge como indicador das situações susceptíveis de constituir um tipo tributário, na medida em que só as situações reveladoras de capacidade económica são passíveis de tributação. Vide ALBERTO XAVIER, Conceito e natureza..., pp. 320 e ss.

[179] Pensa-se por exemplo na fixação dos factos tributáveis ou na fixação da medida do tributo, como forma de subtrair ao órgão aplicador do direito qualquer interferência que

O princípio da tipicidade fiscal impõe que os impostos sejam típicos. Isto é que sejam objecto de uma tipologia: descrição em tipos ou modelos tributários que obrigam ao legislador a escolha ou selecção das realidades passíveis de tributação. Em breves palavras: a lei deve conter não apenas todos os elementos essenciais dos impostos, como deve ainda disciplina-los. Nesta perspectiva, desdobra-se em dois aspectos importantes: quais os elementos de impostos abrangidos por lei? e até onde deve ir a disciplina legal? Iremos retomar a seguir estas duas questões.

O legislador constitucional guineense, ao consagrar o princípio da legalidade fiscal no artigo 86.º, al. d) em termos de reserva (absoluta) de lei fiscal/reserva da ANP, fê-lo no intuito de garantir que seja respeitada a legalidade substancial. Sem embargo, não se nos afigura suficiente para resolver o problema da tipicidade dos elementos essenciais de qualquer imposto a criar por lei (da ANP). A Constituição é omissa nesta matéria, contrariando, desta forma, a exigência da tipicidade do facto tributável em todos os seus elementos constitutivos como condição indispensável à produção de efeitos jurídicos[180]. Tal omissão cria, pois, dificuldades (aliás como atrás afirmámos), como, por exemplo, no respeitante a que elementos do imposto se aplica o princípio da reserva de lei fiscal. É uma questão que se reflecte na própria delimitação legal dos elementos da previsão e da estatuição ou ainda na extensão da disciplina legal dos mesmos.

A falta de especificação desses elementos, aliada à uma (quase) inexistência de quaisquer construções doutrinárias ou jurisprudenciais nacionais, no âmbito do Direito Tributário, não facilita a resolução deste problema. Contudo, afigura-se-nos de grande importância a noção de impostos e sistema fiscal, dado que nos poderá indicar algumas pistas. De resto, como último recurso, somos forçados a fazer apelo à doutrina estrangeira, nomeadamente, a portuguesa.

À parte a noção de imposto – sobejamente conhecida e trabalhada pela doutrina (naturalmente referimo-nos à doutrina estrangeira) – parece, de certa forma, consensual, a construção doutrinária do sistema fiscal.

---

poderá conduzir ao arbítrio ou subjectivismo. *Vide,* para mais desenvolvimentos ALBERTO XAVIER, *Conceito e natureza...,* pp. 313, 317.

[180] Esta situação (tipologia tributária fechada) afasta a previsão de novas situações tributáveis, fundadas na analogia ou na livre valoração dos órgãos de aplicação de direito, que não sejam aquelas que constam do catálogo legal.

Neste campo, onde há importantíssimos trabalhos, julga-se existir uma (certa) aproximação da posição jurídica e fiscalista (os principais contributos). Estamos de acordo com a maioria dos autores que integram no sistema fiscal, sobretudo, a articulação dos impostos no seu conjunto com as diferentes figuras tributárias dentro de um espaço fiscal[181]. Resumidamente, entendemos por sistema fiscal, na esteira de SOUSA FRANCO, o "conjunto de impostos e a forma como entre si eles se relacionam globalmente, na sua articulação lógica e coerência social"[182-183].

Este conjunto de impostos tem em comum, no domínio da técnica fiscal, para além das funções meramente fiscais e extrafiscais, um leque de elementos considerados essenciais que os caracterizam. São, nas palavras de SOUSA FRANCO, "matérias reputadas tipicamente definidoras do sistema fiscal"[184], destacando-se, no sentido mais abrangente, as matérias relativas à incidência, às taxas, aos benefícios fiscais, às garantias dos contribuintes, à liquidação e à cobrança. Em relação ao regime geral das taxas e outras contribuições financeiras devidas às entidades públicas, estamos em crer que, entre nós, não está contemplado na previsão do artigo 86.º, al. d) CRGB.

Ora, seguindo esta orientação e fazendo apelo à origem da reserva de lei fiscal na ordem constitucional guineense, entendemos que a essencialidade de alguns elementos justifica a sua inclusão ou previsão na lei formal. Daí a necessidade, de *jure constituendo*, da previsão normativa que contemple todos os elementos essenciais do imposto, de molde que, na lei tributária, seja fornecido um quadro completo daquelas condutas que originam encargos fiscais, mormente a possibilidade de conhecer e computar, com base exclusivamente na lei, as obrigações fiscais, aquilo que se designa por princípios da tipicidade e exclusivismo da lei.

---

[181] O sistema fiscal tem de ser relacionado não só com o conjunto dos impostos, mas também com a estrutura económica, o grau de desenvolvimento do país em concreto e as próprias características políticas, económicas, sociais e culturais. Vide supra Cap. I.

[182] Cfr. deste autor, *Finanças Públicas e Direito Financeiro*, 3ª Edição, Coimbra, 1990, pp. 595-596; *Finanças Públicas e Direito Financeiro*, com a colaboração do Dr. PAZ FERREIRA, Lisboa, 1980, p. 177. Vide também, nomeadamente, MANUEL PIRES, "A Constituição de 1976...", pp. 445-446.

[183] Na Parte I, Cap. I dedicada ao Sistema Fiscal guineense, citámos PIERRE BELTRAME a propósito da noção do sistema fiscal em referência, sobretudo, aos aspectos sociais, económicos e psicológicos. Incluímos nele apenas os impostos presentes na nossa ordem jurídico-tributária e a forma como se relacionam entre si.

[184] Vide deste autor, "*Sistema financeiro...*", p. 533.

Exige-se que cada tipo de imposto contenha "uma valoração definitiva da situação que é seu objecto"[185], a tipicidade fechada, de tal forma que o conteúdo da decisão do órgão aplicador de direito fique rigorosamente determinado na lei. Neste particular, referimos as matérias da determinação da incidência (*lato sensu*) e das garantias dos contribuintes (incluem-se aqui tanto as graciosas como as contenciosas). Esta solução tem a seu favor a garantia derivada da reserva absoluta de lei formal e a subsequente subtracção de qualquer intervenção legislativa do Governo ou das assembleias locais, *maxime*, as municipais, sem embargo de considerações relativas ao princípio da autonomia local, que cremos poder constituir um limite ao princípio de reserva parlamentar.

Importa, ainda nesta linha, observar qual o alcance da reserva de lei em matéria fiscal, prevista constitucionalmente relativamente aos impostos (e sistema fiscal). É que cada tipo de imposto em particular é formado por um conjunto de elementos. Na sequência do conceito do sistema fiscal adoptado *supra,* dissemos que cada imposto, em concreto, é definido segundo determinados elementos. Afigura-se-nos importante resolver algumas questões relativas à reserva material de lei fiscal: a que elementos do imposto se aplica o princípio da reserva de lei? A todos ou somente a alguns? Ou não se aplica a quaisquer dos elementos, na medida em que a Constituição não faz referência expressa nesta matéria; e, em caso afirmativo, até onde deve ir a disciplina da lei relativamente a tais elementos?

Relativamente ao primeiro aspecto, é pacífico na doutrina e na jurisprudência estrangeiras (nomeadamente a portuguesa, a alemã, a francesa e a italiana) de que cabe à lei disciplinar todos os elementos essenciais do imposto; orientação a que aderimos e, em face da qual, entendemos que a resposta à questão da existência ou não da reserva de lei quanto aos elementos essenciais do imposto é naturalmente positiva. Então, pergunta-se, quais são os elementos do imposto objecto do princípio da reserva de lei fiscal? Entendemos que a resposta a esta questão – bem como a própria abrangência da disciplina legal – é decisiva para a resolução do problema da tipicidade fiscal.

O silêncio do legislador constitucional abre portas, na tentativa de uma resposta satisfatória, ao labor da doutrina (e, porventura, à jurisprudência). Isto é, a falta de base (constitucional) de fundamentação obriga-

---

[185] LEITE DE CAMPOS, "*Evolução...*", p. 664.

nos a procurar resposta analisando, seguidamente, o princípio da tipicidade em referência aos elementos geralmente considerados essenciais e que devem constar da lei formal (da ANP). A circunstância de a Lei Fundamental guineense ser omissa e, portanto, não oferecer outra base de análise, senão aquela que toma em consideração todos os elementos considerados, em termos clássicos, como essenciais, sem embargo de considerações que encontram justificações de índole (meramente) administrativa, ligadas à execução da lei pela Administração fiscal, não deixa margem para dúvidas. Trata-se, como afirma ROGÉRIO SOARES, "de saber até onde está a Administração obrigada a funcionar como execução da lei, até onde a sua actividade supõe necessariamente uma lei que forneça a medida e o conteúdo dos seus actos concretos"[186].

No que concerne ao alcance da reserva (material) de lei fiscal, à luz da actual Constituição Portuguesa, ANA PAULA DOURADO[187] defende que o problema da tipicidade se coloca relativamente às normas de previsão do imposto ou elementos da incidência (*lato sensu*) do imposto, estendendo-se depois às próprias consequências da determinação ou estatuição. A generalidade da doutrina e a jurisprudência alemãs, conforme CASALTA NABAIS, "vê no princípio da tipicidade fiscal um qualificado princípio da legalidade da administração..." e a lei deve "... levar a sua disciplina tão longe quanto possível, excluindo-a assim, quer da competência da administração, traduza-se esta em poder normativo (regulamentar) ou numa qualquer margem de decisão decorrente da utilização pela lei de cláusulas gerais ou de conceitos (normativos) indeterminados ou da concessão de faculdades discricionárias, quer da competência do juiz a que, neste domínio, está vedado proceder à colmatação de lacunas"[188].

---

[186] Vide do autor "*Princípio da legalidade e administração constitutiva*", in BFDC, Vol. LVII, 1981, p. 172. Também, no mesmo sentido, ALBERTO XAVIER, Conceito e natureza..., p. 338: "..., a questão está essencialmente centrada em saber em que limites se pode manifestar a vontade da Administração em matéria de impostos, ou seja, em saber qual o âmbito da discricionariedade no Direito Tributário".

[187] "*O princípio da legalidade...*", pp. 58 e ss.

[188] Vide O dever fundamental..., pp. 354-355. Ainda do mesmo autor, Contratos fiscais, pp. 37, 221 e 250 e ss, bem como os autores citados nas respectivas obras. No entanto, parece-nos que o autor não perfilha a mesma posição, porquanto opina no sentido da, com base no princípio da praticabilidade, concessão à Administração fiscal de uma margem de livre decisão, quer se traduza na atribuição de faculdades discricionárias ou na utilização de conceitos indeterminados (pp. 378-385), bem como, a favor do recurso à analogia, embora não o aceite em geral (p. 393) e da integração das lacunas das leis fiscais (pp. 385-394).

A análise casuística do alcance das normas tributárias (em conjunto ou em separado) permitir-nos-á concluir se o legislador ordinário atribuiu ou não à Administração fiscal poderes discricionários no acto tributário, isto é, qual a relevância da vontade do órgão aplicador de direito no que concerne ao conteúdo do acto que determine a existência ("*an*") e o quantitativo ("*quantum*") da obrigação tributária. Dispensamos desta análise as normas relativas à criação de impostos que, como é óbvio, têm na lei, pertença do órgão legislativo por excelência, o seu fundamento. Entendemos, portanto, que a reserva de lei fiscal abrange as normas criadoras do imposto, bem como do seu aumento ou diminuição. Isso exclui, à partida, quaisquer intervenções legislativas do Governo.

A incidência – elemento essencial que determina em abstracto o conteúdo da obrigação tributária[189] – comporta um sentido lato e um sentido restrito. No primeiro sentido, a incidência abrange as regras relativas aos sujeitos (activo e passivo, particularmente os contribuintes), a matéria colectável, a taxa do imposto e os benefícios fiscais; por outras palavras, abrange as normas relativas aos pressupostos e elementos da obrigação de imposto. No segundo, existe uma autonomia destas últimas (taxas e benefícios fiscais)[190] em relação à incidência (*stricto sensu*).

Esta última opção é a seguida pelo legislador fiscal guineense, quando emprega o termo incidência nos Códigos tributários e nas leis tributárias avulsas, como demonstram a arrumação dessas matérias em capítulos diferentes e autónomos. Ou seja, há autonomia da determinação da matéria colectável, taxa, liquidação, cobrança, garantias dos contribuintes e penalidades em relação à matéria da incidência (e benefícios fiscais, nomeadamente, as isenções). Contudo, certo é, porém, que todas elas constituem objecto reserva de lei.

A sistematização a que obedecem, comportando ou não a incidência um capítulo autónomo em relação às restantes matérias – como é usual na legislação fiscal guineense –, reclama para as mesmas a disciplina de lei formal, porventura não com a mesma intensidade, em ordem a considerações que, por ora, julgamos não oportunas tecer. Referimo-nos aos benefí-

---

[189] SOUSA FRANCO considera, a taxa a par da incidência, como "dois elementos essenciais determinantes em abstracto do conteúdo da obrigação tributária". Vide "Sistema financeiro e...", p. 529.

[190] Vide entre outros, CASALTA NABAIS, *Contratos fiscais*, p. 241. Também, *O dever fundamental...*, p. 362; ainda NUNO SÁ GOMES, *Manual de Direito Fiscal*, Vol. II, pp. 56-57.

cios fiscais (mormente as isenções) cujas considerações e desenvolvimento remetemos para o Título II, Secção I, ponto 1.

As normas referentes à própria existência, "*an*", e à fixação do "*quantum*" da obrigação do imposto (matéria colectável, taxa, deduções à colecta, critérios de escolha das taxas quando se tratam de taxas múltiplas) são substancialmente normas de incidência (real ou objectiva), pelo que se reconduzem à reserva material de lei formal (princípio da tipicidade), princípio estabelecido no artigo 86.º, al. d) CRGB, excluindo qualquer margem de livre decisão ou actuação da administração[191].

A repartição da carga tributária em concreto (o "*an*" e o "*quantum*") deve observar aos princípios da legalidade fiscal e a sua densificação legal (tipicidade fiscal). Assim, o conjunto de normas (de Direito Fiscal), respeitantes à concreta repartição, deve, tanto quanto possível, ser densificado, de conformidade com as exigências do princípio da tipicidade fiscal. Relativamente às normas de lançamento e liquidação, consideradas fases do processo tributário, próprio da competência da Administração fiscal (isto é, não se incluem no conceito mais amplo de incidência), correspondem à aplicação da lei do imposto ao caso concreto, e, como tal, não são consideradas elementos essenciais do imposto, e logicamente não fazem parte dos elementos do imposto sujeitos à legalidade substancial e à tipicidade·

Em conclusão, seguindo ANA PAULA DOURADO, a distinção entre as normas de incidência, destinadas a determinar os sujeitos passivos do imposto e os rendimentos sujeitos à tributação, e as normas de lançamento e liquidação, enquanto actividades que se prendem com a determinação, em concreto, do montante do imposto a pagar, acaba por se resumir à escolha da técnica legislativa a utilizar para regular cada uma das matérias e à relevância que se atribui à função administrativa. Estas últimas, porque requerem necessariamente a intervenção administrativa ou do contribuinte para a sua concretização de acordo com a capacidade contributiva, no sentido de se atingir o rendimento líquido (acréscimo-patrimonial), implicam que o legislador recorra sempre a "conceitos indeterminados

---

[191] *Vide* CASALTA NABAIS, *Contratos fiscais*, pp. 223-224, a propósito da solução adoptada pela doutrina, sem embargo das diferenças formais de algumas Constituições. É, também, esta a orientação de TEIXEIRA RIBEIRO, "*Os princípios constitucionais...*", p. 229, ao referir a Constituição Portuguesa de 1933, afirmando: "Em tal hipótese, sem dúvida que seria incompatível com a autotributação que a lei delegasse em órgãos administrativos quaisquer poderes em matéria de incidência ou de taxas".

atributivos de discricionariedade, embora... cautelosamente, sob pena de esvaziar a reserva de lei"[192].

O mesmo raciocínio é aplicável à cobrança do imposto, enquanto fim do processo conducente à entrada para o cofre do Estado (Tesouro Público) das receitas fiscais provenientes dos impostos lançados nos termos da legislação em vigor. Nesta fase da actividade administrativa, não estando em causa a determinação do montante do imposto (apenas a sua consequente captação), não se justifica uma exigente densificação legal das suas normas[193].

Ainda são consideradas integrantes do princípio da tipicidade fiscal as normas relativas às garantias dos cidadãos-contribuintes. Estas constam, *grosso modo*, dos artigos 50.º e ss do CPT e incluem as normas que disciplinam o procedimento e o acto tributário, nomeadamente o direito à informação, à fundamentação das decisões e respectiva notificação aos interessados, as normas relativas às garantias graciosas (reclamação e recurso hierárquico contra os actos administrativos fiscais que violam os direitos dos contribuintes) e contenciosas (impugnação judicial dos actos tributários, preceitos sobre as decisões relativas ao processo de execução fiscal, o direito à audição e defesa e a oposição no processo de execução fiscal)[194].

Mesmo uma eventual inclusão dos elementos não essenciais do imposto (particularmente a liquidação, enquanto actividade que visa a determinação do montante devido, em concreto, por um contribuinte) no conceito de incidência (*lato sensu*) não prejudicaria em nada a conclusão acabada de apresentar, porquanto o apuramento da matéria colectável, não raras vezes, é feito segundo métodos indiciários (artigo 11.º, n.ºs 2 e 3 CCI), pensa-se que em ordem a conseguir uma tributação de acordo com os princípios da capacidade contributiva e do lucro real do contribuinte. Razão, pela qual a lei recorre, em geral, à utilização de conceitos vagos ou indeterminados.

Em favor da atenuação da densificação do princípio da legalidade fiscal, são apontados, entre outros, os crescentes deveres de cooperação

---

[192] "*O princípio da legalidade fiscal...*", p. 69.

[193] *Vide* por todos ANA PAULA DOURADO, "*O princípio da legalidade fiscal...*", pp. 65-69.

[194] Sobre o conjunto das garantias dos contribuintes (que não se integram a categoria das garantias fundamentais dos cidadãos), *vide,* para mais desenvolvimentos, CASALTA NABAIS, *O dever fundamental...*, pp. 367-368.

que assistem aos contribuintes, os sujeitos passivos do imposto e obrigam a "um novo entendimento da liquidação e cobrança... implicam encargos adicionais, inclusivamente monetários, para o contribuinte"[195]; o papel interventor do Estado moderno na economia, podendo servir de instrumentos fiscais para prosseguir os seus fins. Assim, os objectivos económicos e sociais são, em simultâneo com o objectivo de captação de receitas fiscais – necessárias à cobertura das despesas públicas –, erigidos em prioridades dos Governos e não raras vezes, merecedores de consagração constitucional. Por isso mesmo, não faltam vozes que reclamam uma densificação menos intensa das matérias relativas aos benefícios fiscais.

Neste aspecto particular, CASALTA NABAIS não é de opinião que seja aplicada de forma restrita o princípio da reserva absoluta de lei aos benefícios fiscais, porquanto têm no seu conteúdo aspectos de ordem económica que importam algumas ponderações. Para o autor – tal como os impostos –, são instrumentos de intervenção económica e social do Estado e, como tais, integram o chamado Direito Económico Fiscal[196], cuja preocupação difere do Direito Fiscal clássico, por permitir a intervenção do Estado na economia (imposto como meio de acção económica), em busca de determinados resultados económicos ou sociais.

Esta peculiar preocupação do Direito Económico reflecte-se na sua relação com os outros ramos de direito. Assim, o Direito Económico "intercepta obliquamente esses ramos de direito modificando-os" e "não se justapõe em termos horizontais". Isso faz com que o Direito Fiscal se converta em instrumento de realização de objectivos económicos e sociais propostos pelo Estado. E implicaria que a disciplina do imposto, marcada pela rigidez emprestada pelo princípio da legalidade, comportasse alguma abertura.

Quando assim acontece, continua, o imposto terá que "aceder às características do direito económico,... à maleabilidade ou flexibilidade traduzida em as suas normas serem em geral normas-quadro ou normas-base, normas que se ficam por um grau de abstracção e generalidade muito elevado, assim deixando aos seus aplicadores uma larguíssima margem de livre decisão que lhes permita dominar a realidade económica caracterizada pela mobilidade e mutabilidade permanentes"[197]. Por isso – e por

---

[195] Cfr. ANA PAULA DOURADO, "O princípio da legalidade fiscal...", p. 68.

[196] Doutrina com origem na Alemanha. Em Portugal, tem acolhimento por parte de CASALTA NABAIS, Contratos fiscais, pp. 260 e ss. Vide a crítica desta forma de conceber o direito em NUNO SÁ GOMES, Manual de Direito Fiscal, Vol. II, p. 186.

[197] Cfr. Contratos fiscais, p. 254.

outras preocupações que caracterizam o Direito Económico Fiscal em contraposição com o Direito Fiscal clássico –, conclui que o princípio da legalidade fiscal deve ser "temperado ou moderado" com outros princípios constitucionais que reclamam a competência do executivo·

Estas preocupações, universalmente reconhecidas (praticamente) em todos os sistemas económicos, aconselham à compatibilização entre as exigências do Direito Fiscal clássico (arrecadação das receitas necessárias à realização das despesas públicas) e do Direito Económico que pugna pela intervenção estatal na economia a fim de prosseguir determinados objectivos ligados às opções de carácter meramente político, económico e social. Dissemos compatibilização, o que quer significar, nesta matéria, uma partilha de competência entre a Assembleia e o Executivo, isto é, a combinação do instrumento fiscal que caracteriza a competência daquela com a acção económica e social da competência deste, através de uma regulamentação básica da sua disciplina[198].

Relativamente à questão da extensão da reserva de lei fiscal, isto é, até onde deve ir a disciplina legal quanto aos elementos essenciais do imposto, a saber: a incidência, a taxa, os benefícios fiscais (isenções), e as garantias dos contribuintes, entendemos que extravasa as meras bases ou princípios gerais. O mesmo é dizer que compreende toda a disciplina normativa desses mesmos aspectos. Donde se conclui pela exclusão de qualquer delegação normativa na Administração fiscal, que vê a sua função restringida apenas à execução da lei. Significa isso que tais elementos devem encontrar na lei uma rigorosa determinação, o designado princípio da determinabilidade[199].

A determinabilidade dos elementos essenciais do imposto em que se traduz o princípio da tipicidade fiscal, enquanto exigência do princípio da reserva de lei, pode encontrar alguns limites que a seguir propomos examinar muito rapidamente. Estes limites são os próprios preceitos ou princípios constitucionais que interferem com o princípio da reserva parlamentar, limitando o seu alcance, principalmente o *princípio da autonomia local* e o *princípio da praticabilidade*. Para além destes dois princípios, há ainda que fazer referência à exigência de que o princípio da determinabilidade, segundo CASALTA NABAIS "vale apenas face a normas

---

[198] *Vide* por todos CASALTA NABAIS, *Contratos fiscais*, pp. 252-258.
[199] CASALTA NABAIS, *O dever fundamental...*, p. 368.

de tributação efectiva e não face a normas de tributação fictícia ou aparente..."[200], querendo assinalar com isso aqueles elementos do imposto em que a intervenção da Administração fiscal ou outro órgão (constitucional/legalmente competente) não coloca em perigo tal princípio. É o que se verifica relativamente à actualização das taxas de impostos em função da inflação. Note-se que esta actualização em nada colide com o princípio de reserva de lei fiscal, porquanto se trata apenas de alteração nominal e não real do imposto[201]. O mesmo se diga relativamente à actualização dos montantes das multas por infracções fiscais, através de coeficientes estabelecidos para fazer face à inflação.

A limitação do princípio da reserva de lei, na sua expressão da determinabilidade, verifica-se em relação ao *princípio da autonomia local*, *maxime* na sua vertente financeira e no correspondente parâmetro normativo, que sugere que haja uma compatibilização (de todo compreensível em homenagem à distribuição vertical do poder tributário, enquanto expressão do federalismo financeiro desejado pelo legislador constitucional) deste princípio com a reserva de lei fiscal/reserva parlamentar[202].

Repare-se que a Lei n.º 7/96, de 9 de Dezembro, que consagra a autonomia financeira e patrimonial das Autarquias locais, admite o lançamento das derramas (al. c), artigo 3.º) pelas Câmaras Municipais não podendo *"exceder 10% sobre a colecta do imposto sobre o rendimento das pessoas colectadas relativa ao rendimento gerado na sua área geográfica"* (n.º 1), destinada a *"ocorrer ao financiamento de investimentos ou no quadro de contratos de reequilíbrio financeiro"* (n.º 2), todos do artigo 5.º do mesmo diploma. Esta prerrogativa não contende com o princípio constitucional da reserva de lei fiscal, porquanto o órgão camarário, com representação democrática, se limita a cumprir um comando legal imposto pelo legislador constitucional.

As entidades territoriais menores dispõem somente do *"poder regulamentar próprio"* – que lhes permite produzir os regulamentos autónomos ou independentes, nos limites da Constituição e das leis, o que signi-

---

[200] *O dever fundamental...*, pp. 369-370.

[201] Sobre este aspecto *vide,* para mais desenvolvimentos, CASALTA NABAIS, *O dever fundamental...*, pp. 369-371.

[202] A nossa posição está em consonância com a defendida pela generalidade da doutrina portuguesa. A propósito da situação portuguesa, *vide* entre outros, CASALTA NABAIS, *O dever fundamental...*, pp. 371-373.

fica que não gozam do exercício de poderes legislativos, em termos clássicos, e da possibilidade de alterarem substancialmente parte das suas receitas. Nesta base, entendemos que não está ferida de inconstitucionalidade a norma legal que atribui às Autarquias locais a possibilidade de lançarem as derramas previstas na lei (cfr. artigo 1.º, n.º 4 LFL), solução diferente encontra-se no artigo 11.º, n.º 1, al. n) LBAL (lei reforçada) ao conferir competência as mesmas entidades quanto à criação das derramas.

Impõe-se, por último o tratamento de questões práticas que se prendem com a actividade da Administração fiscal e que podem ditar a atenuação do princípio da determinabilidade, tal como acontece com o princípio da autonomia local das Autarquias locais. Aquilo que se designou por *princípio da praticabilidade* apelando para uma determinação menos rigorosa das soluções legais, isto é, a abertura de uma margem de livre decisão à Administração fiscal[203], de modo a responder as exigências práticas, principalmente as relativas às suas próprias actividades, a fim de evitar situações embaraçosas do ponto de vista da economicidade, eficácia, eficiência e racionalidade. Pense-se, por exemplo, nas centenas (senão milhares) de contribuintes, obrigadas à entrega de declarações e ao cumprimento de obrigações fiscais acessórias, e na necessidade de tributar o rendimento real, enquanto exigência da justiça fiscal. As dificuldades humanas e materiais da nossa Administração fiscal podem aconselhar que seja reconhecido competência para, em face das suas limitações, apurar os factos tributáveis: aquilo que se designou por "ilegalidade necessária". Contra este entendimento, apontam-se duas razões: a concepção restrita do princípio da tipicidade ou determinabilidade e a não elevação do princípio da praticabilidade à dignidade constitucional, e o risco de tornar crónica, definitiva, a carência de meios humanos e materiais, ou seja, a "ilegalidade necessária" em "ilegalidade habitual"[204].

---

[203] CASALTA NABAIS, *O dever fundamental...*, p. 373.
[204] CASALTA NABAIS, *O dever fundamental...*, pp. 376-377 e autores citados na nota 567. Para o autor a questão está em que o "princípio da determinabilidade não se confunde com um suposto dever de pormenorizar o mais possível ou de optimizar a pormenorização da disciplina dos impostos, uma vez que, quanto mais o legislador tenta pormenorizar, maiores lacunas acaba por originar relativamente aos aspectos que ficam à margem dessa disciplina, aspectos estes que, como facilmente se compreende, variarão na razão inversa daquela pormenorização". E continua, acentuando que "...as especificações excessivas, porque se enredam na riqueza dos pormenores, perdem o plano de que partiram, acabando, ao invés, por conduzir a maior indeterminação" (p. 377).

Importa saber se o legislador fiscal pode habilitar o órgão aplicador de direito e em que situações. Ou seja, os problemas que se colocam dizem "respeito a princípios materiais que limitam a liberdade de conformação do próprio legislador, como são os princípios da igualdade nas suas diversas exigências e do respeito pelos direitos fundamentais"[205]. Isso porque a tipificação legal pode violar estes princípios, donde se segue a "dispensa de observância do respectivo tipo legal naqueles casos em que a igualização formal, provocada por tais técnicas de simplificação, conduza a situações de manifesta ou gritante iniquidade, admitindo-se, assim, em relação a tais casos, que a administração proceda segundo a regra de diferenciação afastada pela interposição do tipo legal"[206].

O princípio da praticabilidade anda muito ligado à execução tipificada ou simplificada da lei pela Administração fiscal, sem consideração da potencial diferença que geralmente se esconde na realidade. O legislador, ao proceder à escolha e disciplina dos factos/situações tributáveis, recorrendo às suas tipificações, obriga o órgão de aplicação de direito a uma actuação que não lhe deixa qualquer possibilidade de individualização ou diferenciação das situações para além daquela realizada formalmente. Porém, nada obsta a que decida habilitar o órgão aplicador do direito a proceder segundo critérios que permitam a diferenciação ou individualização, que tome em consideração não só a igualdade formal, como também, a igualdade material. Nesta última hipótese, poder-se-á dispensar a Administração fiscal do respeito pelo tipo legal.

Independentemente da consagração expressa do princípio da praticabilidade – como é o caso do ordenamento constitucional português, através de normas específicas (artigo 267.º, n.ºs 2 e 4 CRP), quer na sua vertente de normas de organização ou estruturação, quer de procedimento da administração[207] – ou da ausência dessa consagração, como se verifica entre nós [muito embora, haja um aflorामento no artigo 7.º, *in fine*: "*No quadro da sua estrutura unitária e da realização do interesse nacional, o*

---

[205] CASALTA NABAIS, *O dever fundamental...*, p. 376.
[206] CASALTA NABAIS, *O dever fundamental...*, p. 376. Para mais desenvolvimentos *vide* do mesmo autor, ponto n.º 24. O limite aos limites materiais da tributação, pp. 619-626.
[207] *Vide*, sobre este aspecto relativamente ao Direito Constitucional português, GOMES CANOTILHO e VITAL MOREIRA, anotações ao citado artigo; v. ainda CASALTA NABAIS, *O dever fundamental...*, p. 377.

Estado da Guiné-Bissau promove a criação e apoio à acção de colectividades territoriais descentralizadas e dotadas de autonomia nos termos da lei", conjugado com o artigo 100.º, n.º 1, al. a) todos CRGB: "*No exercício das suas funções compete ao Governo: Dirigir a Administração Pública, coordenando e controlando a actividade dos Ministérios e dos demais organismos centrais e os poder local*"[208] não é de excluir a "tipificação e demais formas de simplificação na execução da lei", por parte da Administração fiscal, desde que seja permitida legalmente, quando se trata de "situações verdadeiramente excepcionais"[209], concedendo uma habilitação que lhe permite dispensar o tipo legal.

Ora, assim sendo, quando se torna difícil a diferenciação e individualização das situações, o legislador deverá proceder, sempre que possível, a uma tipificação das mesmas (por exemplo, a tributação das realidades reveladoras da capacidade económica), como forma de realizar a igualdade formal, permitindo, em contrapartida, à Administração fiscal, naquelas situações em que a observância do tipo legal, vem a conduzir a injustiças[210], a sua dispensa.

Duas formas traduzem o princípio da praticabilidade justificativa ou constitutiva de fundamento da atenuação do princípio da legalidade fiscal, mormente da determinabilidade. Trata-se da concessão da margem de livre decisão, concretizável através da atribuição de faculdades discricionárias, que permitam a opção de uma determinada conduta dentro de um quadro de decisões possíveis, a denominada discricionariedade ou utilização, por lei, de conceitos indeterminados, embora dentro do contexto dos princípios da legalidade e da tipicidade no âmbito do Direito Tributário[211]. São disso exemplo, para a discricionariedade: as faculdades concedidas ao Ministro da Economia e Finanças/Governo, previstas em todos os Códigos dos Impostos parcelares (artigos 3.º, n.º 3 CIP; 8.º CCI; 10.º, n.º 2 CCPU; 6.º, n.º 1 CICap.; e 6.º, n.º 1 CICompl.); no CIGV, permite-se a correcção do valor de mercado dos bens pelos Serviços da Administração fiscal [al. a) do n.º 1 do artigo 13.º]; no CCI, a consideração como custos ou perdas, dos gastos ou despesas dentro de determinado limite considerado

---

[208] Vide a nossa posição, sobre este último artigo, na Parte II, Capítulo II, ponto 1.
[209] CASALTA NABAIS, *O dever fundamental...*, p. 377.
[210] Vide para mais desenvolvimentos, CASALTA NABAIS, *O dever fundamental...*, pp. 373-378, especialmente, pp. 377-378.
[211] BÜHLER-STRICKRODT *apud* ALBERTO XAVIER, *Conceito e natureza...*, p. 339, nota 3.

razoável pela Administração fiscal (artigo 13.º), e a autorização do Ministro da Economia e Finanças para aceleração das amortizações ou permitir a amortização total (artigo 16.º, n.º 6).

Relativamente aos conceitos indeterminados, temos os seguintes exemplos: *"encargos dedutíveis"* (artigo 13.º, n.º 2 CIP); *"relevante interesse económico ou social"* (artigo 8.º); *"os proveitos ou ganhos e todos os custos ou perdas dedutíveis, atribuíveis ao exercício"* (n.º 1); *"lucro presumivelmente real... capacidade instalada, a média normal"* (n.º 2); *"lucro que, em condições normais de mercado poderia ser obtido"* (n.º 3) todos do artigo 11.º; *"consideradas razoáveis"* (artigo 13.º); *"aceleração das amortizações... obsolescência técnica, se torne economicamente desaconselhável"* (artigo 16.º, n.º 6) do CCI; e *"equivalente utilidade"* (artigo 2.º, n.º 1 CCPU).

A atribuição de faculdades discricionárias prende-se com a natureza do acto tributário: acto cujo conteúdo se encontra rigidamente submetido à lei ou é expressão de uma vontade discricionária[212]. Uma eventual existência desses poderes em matéria tributária, por parte da Administração fiscal, seria relativamente ao conteúdo e não quanto à oportunidade e à forma, como é evidente submetidas a estritos limites da legalidade[213]. Questão importante é saber se se pode, na prática do acto tributário, deixar à livre escolha da Administração fiscal determinados elementos que concorram para a definição abstracta da prestação individual. Entendemos que a resposta a esta questão se prende com a matéria em causa: quando se trate, por exemplo, da escolha dos elementos essenciais dos impostos (*maxime*, os elementos relativos à incidência), deve ser observado o princípio da legalidade estrita, com a consequente determinabilidade dos mesmos; ao invés, tratando-se, mormente, da escolha da taxa ou da isenção a aplicar no caso concreto (situações que, ao que cremos, não colidem com os princípio da reserva de lei e da tipicidade da lei fiscal), entendemos que justifica a intervenção da actividade administrativa.

Assim, na linha de uma visão prática, preocupações de mais variadas ordens, nomeadamente aquelas que se prendem com a necessidade de evitar a fraude e a evasão fiscais (ou garantir que sejam asseguradas a liberdade de acção e de decisão da Administração fiscal, insindicáveis pelos tribunais?!), com fundamento na atribuição da faculdade de agir e decidir dentro da chamada «zona desvinculada» da actividade administrativa – entendimento passível de críticas, mas, dado o objecto deste traba-

---

[212] ALBERTO XAVIER, *Conceito e natureza...*, pp. 337 e ss.
[213] ALBERTO XAVIER, *Conceito e natureza...*, pp. 341-342.

lho, dispensamos a sua análise – levaram o legislador fiscal a atribuir importantes poderes à Administração fiscal na prossecução, pensa-se, do interesse fiscal, o qual reclama a simplicidade dos impostos e a sua regular e pronta cobrança, bem como uma abrangência maior das situações económicas tributáveis, reveladoras da capacidade contributiva.

Não raras vezes, essas preocupações parecem-nos excessivas, pelo que duvidamos da constitucionalidade de certas disposições legais, porquanto afrontam, em certa medida, os princípios consagrados constitucionalmente, mormente, o princípio da reserva de lei fiscal. Se é verdade que este não significa que a Administração fiscal não pode exercer poderes discricionários – situação própria do Direito Administrativo, porquanto, no Direito Fiscal, em princípio, exclui-se qualquer hipótese de concessão de poderes discricionários em obediência ao princípio da tipicidade fiscal –, não é menos verdade que só existem quando permitidos expressamente por lei que fixa a competência quanto ao seu exercício em ordem a prossecução dos fins visados nas normas jurídicas[214].

Deparamos na lei com situações em que a matéria tributável é fixada pela Administração fiscal ou por uma Comissão de revisão constituída maioritariamente por representantes da Administração fiscal. Curiosa é que estas matérias são insusceptíveis de recurso contencioso, a não ser com fundamento na «*preterição das formalidades legais*» que, segundo a doutrina, pertence à «zona vinculada» da actividade administrativa, sujeita à censura jurisdicional contrariamente à «zona discricionária», subtraída a qualquer censura, por requerer juízos de valoração assentes em regras técnicas ou de experiência que, em regra, os juizes do tribunal fiscal não estão em condições de julgar.

Dois exemplos, relativos à insusceptibilidade do recurso contencioso contra o acto administrativo fiscal que fixa a matéria colectável em sede de imposto Profissional e Contribuição Industrial, referem-se aos actos do Chefe de Repartição de Finanças, nos termos do artigo 14.º, n.º 1 CIP, com base nos elementos fornecidos pela declaração do contribuinte, como também, através de "*outros elementos informativos de que eventualmente disponha*" e do "*Secretário de Repartição de Finanças*"[215], conforme a regra

---

[214] SÉRVULO CORREIA, *Legalidade e autonomia contratual...*, pp. 326 e ss.

[215] A legislação fiscal usa, de forma indiscriminada, a expressão **Chefe de Repartição** (nomeadamente o artigo 14.º CIP) e **Secretário de Repartição** (especialmente os artigos 26.º, 31.º CCI) para significar uma mesma entidade administrativa competente para

do artigo 26.º do CCI. Nestes dois exemplos, a regra é da insusceptibilidade do recurso contencioso, salvo os casos previstos na lei.

Ainda, e não menos frequentes na Contribuição Industrial, deparamos com situações em que o recurso ao método indiciário para fixar a matéria colectável é legítimo. Assim, na impossibilidade de se apurar o *"lucro real"*, a Repartição das Finanças deve apurar o *"lucro presumivelmente real"*[216] (n.º 2). Esta última situação corresponde, ainda, à forma de cálculo do lucro dos contribuintes do grupo A, não obrigados a possuir escrita devidamente organizada, devendo, portanto, adoptar um *regime simplificado de escrituração*. Trata-se de uma avaliação mista em que se socorre de elementos disponíveis nos livros de escrituração combinado com os indícios técnicos e circunstanciais (as circunstâncias em que ocorreram o exercício da actividade): a declaração do contribuinte constitui, apenas, um indício através do qual se pode retirar elementos que permitam a fixação da matéria colectável. Em boa verdade, o Secretário de Repartição de Finanças presume a matéria colectável do contribuinte, o que pode comprometer a veracidade do próprio sistema fiscal, para além de potenciar injustiças e desigualdades.

Idêntica faculdade dispõe a Repartição de Finanças, após cumprida certa formalidade, de fixar o *"lucro que, em condições normais de mercado, poderá ser obtido"* (artigo 11.º, n.º 3 CCI)[217]. São as situações dos

---

a prática de actos administrativos fiscais (definitivos e executórios) com incidência na esfera patrimonial dos cidadãos-contribuintes.

[216] Entre outros elementos que devem servir de base à sua fixação, contam-se a *"capacidade instalada, a média normal de rendimento por cada ramo de actividade e as circunstâncias que tenham ocorrido durante o exercício, afectando a actividade normal do contribuinte"* (n.º 2, in fine do artigo 11.º CCI). O recurso aos conceitos indeterminados, como a capacidade instalada, a média normal e as circunstâncias que tenham ocorrido suscita a questão de saber se o legislador quis conceder uma margem de livre apreciação à actividade da Administração fiscal que justifica a atribuição de faculdades discricionárias. Estes conceitos remetem para a actividade volitiva da Administração, onde cabe uma única decisão desejada por lei. Assim sendo, a interpretação e aplicação das normas feitas pela Administração são susceptíveis de serem sindicalizadas pelo Tribunal e não são incompatíveis com o princípio da legalidade e da certeza e segurança dos contribuintes. Sobre os aspectos da problemática da discricionariedade e suas consequências, sobre a posição da doutrina e jurisprudência portuguesas, *vide*, entre outros, ANA PAULA DOURADO, *"O princípio da legalidade..."*, pp. 73 e ss e obras citadas.

[217] Os contribuintes sujeitos a este tipo de tratamento são os do grupo B, dispensados apresentarem a declaração de rendimento, conforme reza a *primeira parte* do artigo 25.º CCI. Para a fixação do lucro fiscal devem ser consideradas as *"circunstâncias que*

contribuintes do grupo B, dispensados da apresentação da declaração de rendimento. Isto é, a declaração do contribuinte não tem o tradicional valor de fixar a matéria colectável, porque não lhe é exigida. Converte-se, assim, a excepção na regra geral: a liberdade probatória da Administração dos factos fiscalmente relevantes. Mesmo assim, é nossa convicção de que o objectivo é procurar apurar a matéria colectável de forma mais real possível, através de uma prova indirecta ou indiciária, quando se apresenta como único recurso ou meio.

Assim, entendemos que a *ratio* do artigo que permite à Administração fiscal, através do Secretário de Finanças, intervir na fixação da matéria colectável do Grupo A, visa assegurar a correcção das declarações erradas ou substituir a sua falta ou insuficiência. É esta a verdadeira interpretação, tanto mais que nos parece que o valor da declaração do contribuinte, regra geral, é fixar a matéria colectável efectiva. Assim, parece-nos razoável e compreensível que sejam corrigidas ou colmatadas (conforme o caso) as falhas ou insuficiências detectadas pela Administração fiscal na declaração dos contribuintes. O que não nos parece admissível é a substituição desta pelos próprios critérios daquela na fixação da matéria colectável, porquanto se corre o risco, nomeadamente, de defraudar a capacidade contributiva revelada na declaração. Não queremos com isso significar que há uma limitação apenas aos factos da contabilidade//escrita dos contribuintes, embora, exista, em princípio, uma vinculação a tais factos em termos da sua valorização como são revelados[218], pois a Administração fiscal pode socorrer-se de outros elementos de que eventualmente dispõe, nomeadamente, a prova indiciária para fixar a matéria colectável.

---

afectam excepcionalmente a actividade de cada contribuinte e sejam susceptíveis de produzir um desvio considerável do lucro anual", segundo as regras do n.º 3 do artigo 11.º CCI. Como é fácil de perceber, atribuiu-se à Administração fiscal a liberdade de apreciação das circunstâncias que comprometeram a actividade económica do contribuinte, limitada pelos condicionalismos de produção e comercialização.

Por outro lado, o artigo 11.º, n.º 3 emprega a forma gramatical no futuro *poderá ser obtido*? Parece-nos que o legislador fiscal estará a apelar para as circunstâncias objectivas de produção e comercialização em que ocorreram a actividade comercial/industrial, razão pela qual deveria empregar o pretérito imperfeito "*podia ter obtido*".

[218] Esta vinculação não se verifica sempre. Por vezes, é dada a Administração a faculdade de provar os factos diversamente dos resultados da contabilidade. São as situações em que a lei utiliza conceitos indeterminados cujo preenchimento deixa à Administração uma margem de livre apreciação, mas sindicável.

Nem o direito de reclamação para a Comissão de revisão – competente tão-só para decidir do montante resultante da fixação da matéria colectável pelo Chefe (Secretário) de Repartição de Finanças, nos termos, respectivamente, dos artigos 14.º, n.º 3 e 14.º-A, n.º 1 todos CIP e n.º 2 do artigo 29.º CCI –, cuja decisão é obrigatória, como se pode inferir destes artigos[219], obsta a que o contribuinte impugne judicialmente o acto tributário que fixa a matéria colectável do imposto, por se tratar de acto definitivo e executório praticado no uso de competência própria (artigos 14.º e 26.º, respectivamente, CIP e CCI), com repercussões na sua situação[220]. Inferem-se destas normas legais que os actos, praticados segundo as regras assim estabelecidas, reúnem todas as condições necessárias que os tornam em actos definitivos (em termos material, horizontal e vertical) e executórios[221].

A definitividade e executoriedade destes actos e, *ergo*, a sua impugnabilidade judicial – mais concretamente a última – ficam, porém, prejudicadas, em princípio, pela utilização, por parte do legislador fiscal, de técnicas legislativas – passíveis de algumas dúvidas quanto à sua natureza –

---

[219] As suas redacções, salvo ligeiríssimas diferenças, são semelhantes. Assim, o n.º 2 do artigo 14.º-A CIP e 29.º, n.º 2 CCI rezam: *"A reclamação da fixação da matéria colectável terá efeito suspensivo até ao trânsito em julgado da sua decisão,..."* e continuam *"mas apenas será aceite após a entrega de um montante igual a 25% da diferença entre o imposto total que resultaria da matéria colectável fixada e o somatório dos pagamentos por conta efectuados,..."*. Ou seja, admite-se a reclamação do acto de fixação da matéria colectável e, simultaneamente, condiciona-se-lhe a entrega de um montante que será creditado a favor do contribuinte caso venha a ser atendida a sua pretensão. Entendemos que o quantitativo que o contribuinte é obrigado a entregar é considerado uma caução, própria do instituto *"Solvet et repete"*. A ser assim, põe-se a questão – independentemente do resultado da decisão de reclamação – de saber se compete à Administração fiscal fixar a caução como condição necessária à admissão da reclamação?! Não estará, desta forma, a Administração a limitar o exercício de um direito constitucional ao contribuinte, segundo o argumento por maioria de razão, retirado do artigo 32.º CRGB? Uma eventual resposta positiva conduziria à conclusão da inconstitucionalidade daquela norma legal, por violação das garantias dos cidadãos-contribuintes.

[220] A propósito da relação entre a Administração e os particulares, SÉRVULO CORREIA, *"Os princípios constitucionais..."* pp. 666-667 afirma: "Através dos actos administrativos definitivos e executórios, a Administração define situações jurídicas entre ela e certos e determinados particulares".

[221] *Vide*, para mais desenvolvimentos, VASCO BRANCO GUIMARÃES, *"A fixação da matéria colectável pelas regras do grupo B – Contribuição Industrial"*, in RJ, n.ºs 2 e 3, Lisboa, 1985, p. 233-241.

que se julga atributivas à Administração fiscal de faculdades discricionárias: os conceitos indeterminados. Mas a verdade é que a irrevisibilidade desses actos não encontra fundamentação nessas faculdades, mas sim – como veremos – na própria natureza técnica da decisão.

Por outro lado, a procura, de um melhor controlo sobre a matéria colectável, através da captação de fenómenos económicos determinantes da capacidade contributiva, devido à susceptibilidade de mudanças da própria vida e da actividade económica (incluindo a própria evolução técnica) levou o legislador fiscal a utilizar conceitos como lucro real, lucro presumivelmente real ou lucro que, em condições normais de mercado, poderia ser obtido..., deixando à Administração fiscal uma liberdade de apreciação e de fixação dos factos, decorrentes da utilização por lei de conceitos indeterminados[222] e da admissibilidade de meios de prova quanto à concretização dos comandos legais, em princípio, incontroláveis pelos tribunais.

Contudo, o princípio da reserva absoluta de lei formal, no campo tributário, exige que os elementos do imposto relativos à incidência (*lato*

---

[222] A doutrina portuguesa é particularmente rica no que concerne a esta matéria. Apenas, para citar alguns nomes como ALBERTO XAVIER, *Conceito e natureza...*, pp. 333 e ss., que recusa a admissibilidade dos conceitos indeterminados no Direito Fiscal, justificada por razões de segurança jurídica, traduzidas "na susceptibilidade de previsão objectiva, por banda dos particulares, das suas situações jurídicas..." (p. 333); LEITE DE CAMPOS, "*Evolução...*", p. 663, "... os conceitos indeterminados... representam a parte «movediça» do ordenamento, os instrumentos destinados a introduzir-lhe automaticamente as mudanças e particularidades das situações de vida". Contudo, nega, também, a sua admissibilidade no Direito Fiscal: "(...) o princípio da legalidade não encontra suficiente expressão... postulando a sua integração. Verifica-se uma incompletude... Trata-se, pois, de lacunas a integrar, em violação ao princípio constitucional da legalidade". Chega, porém, a admitir que "nestes casos não se trataria à primeira vista de discricionariedade da Administração, e que nada impede que a integração possa ser controlada pelo tribunal administrativo –..." (p. 665); NUNO SÁ GOMES, *Manual de Direito Fiscal*, Vol. II, entende que é uma das modalidades "utilizadas pelo sistema fiscal para conferir flexibilidade aos instrumentos fiscais" (pp. 157-158). Admite, porém, que o preenchimento pela Administração fiscal dos conceitos vagos e indeterminados não se trata de verdadeira discricionariedade (p. 160). Conclui, igualmente, pela proibição do emprego, por parte do legislador fiscal, quer da discricionariedade administrativa, quer dos conceitos vagos ou indeterminados (pp. 161-162). Por sua vez, CASALTA NABAIS, invocando razões de ordem prática, admite que se empreguem técnicas legislativas como "cláusulas gerais, conceitos indeterminados ou, nalguns casos, mesmo da concessão aos agentes da Administração fiscal de autêntica discricionariedade" *Contratos fiscais*, (p. 233). Isto é, conclui-se no sentido da necessidade do "aumento do domínio da margem de livre decisão da Administração fiscal" (p. 234).

sensu) respeite os princípios da determinação e da tipicidade fechada, ligados aos ideais da certeza e segurança jurídicas, para facultar um quadro completo das condutas que originam encargos fiscais, donde decorre a limitação/proibição do legislador fiscal quanto à utilização de conceitos indeterminados, porquanto a configuração das situações merecem um grau de certeza e determinabilidade que corresponda às exigências das normas sobre os impostos, nomeadamente, o artigo 86.º, al. d) CRGB.

O processo de verificação dos pressupostos de facto relativamente à norma da incidência do imposto bule com o princípio da legalidade fiscal, na sua vertente de reserva absoluta de lei formal e, consequentemente, torna-se susceptível a sua apreciação jurisdicional. Sendo que a legalidade deve ser apurada relativamente ao binómio norma/situação de facto a que se aplica, pode acontecer que exista um erro de direito ou um erro de apreciação da situação fáctica[223]. Releva desta última que mesmo a atribuição da margem de livre apreciação à Administração fiscal – segundo a expressão usada por ALBERTO XAVIER[224] – "não delimita negativamente a competência dos tribunais".

Ainda segundo o mesmo autor, a questão da (in)susceptibilidade do controlo jurisdicional dos actos administrativos, em matéria da fixação//valoração da matéria colectável, entronca com a distinção entre as *questões de facto* e as *questões de direito*, limitando-se, em princípio[225], a irrevisibilidade do acto administrativo fiscal àquelas questões. Assim, o princípio da plena revisibilidade admitido no Direito Público cede lugar, atentas as peculiaridades de cada caso em concreto, a algumas excepções. Neste aspecto, constituem excepção à revisibilidade do acto administrativo fiscal que fixa os factos as "limitadas possibilidades de uma idêntica actividade por parte dos juizes", considerados, em geral, "menos apetrechados do que a Administração fiscal e do que as Comissões tributárias" para procederem à prova de "situações de facto, cuja interpretação e valoração envolvem complexos juízos técnicos e a utilização de máximas de experiência de que os órgãos jurisdicionais se acham em regra desprovidos"[226].

---

[223] Cfr. *Alberto* XAVIER, *Conceito e natureza...*, p. 373-374.

[224] MARCELO CAETANO e ANDRÉ GONÇALVES PEREIRA apud *Conceito e natureza...*, p. 374.

[225] Note-se que, mesmo em relação às questões de facto, quando não requeiram "valoração segundo regras técnicas ou de experiência comum" podem sujeitar-se ao controlo jurisdicional. Vide ALBERTO XAVIER, *Conceito e natureza...*, p. 380.

[226] ALBERTO XAVIER, *Conceito e natureza...*, p. 374. Infere-se destas considerações

A tarefa de concretização dos comandos legais exige juízos de ponderação a fim de preencher o conteúdo da norma no caso concreto. No caso *sub judice*, a fixação da matéria colectável, configura-se uma actividade que envolve juízos de subsunção dos factos à norma legal, e permite verificar se os pressupostos legais estão preenchidos, a fim de desencadear os efeitos previstos na norma de estatuição. Por outras palavras, trata-se de certificar o preenchimento da norma relativa à incidência do imposto com todas as consequências legais.

A Administração fiscal deve actuar no sentido de procurar fixar a matéria colectável que reflicta a situação económica real do contribuinte, isto é, que a matéria colectável seja real ou efectiva. Ora, pode acontecer que a matéria colectável real não coincida com a presumida pela Administração fiscal, donde resulta a injustiça, por se desrespeitar a capacidade contributiva do contribuinte.

A utilização por lei de conceitos indeterminados – remetendo para uma margem de livre apreciação do órgão aplicador de direito – e a sua interpretação pela Administração fiscal implica uma actividade vinculada e sindicável: a ponderação das regras de experiência para a equiparação do facto indiciante ao facto indiciado, isto é, a verificação dos elementos da previsão da norma com idoneidade para condicionar a decisão. Na verdade, pretende-se que seja tributado o rendimento (acréscimo-patrimonial) segundo a capacidade contributiva manifestada.

Sem embargo, nas nossas legislações fiscais, admite-se o recurso contencioso com fundamento em "*desvio de poder, incompetência ou preterição de formalidade legais*[227]", nomeadamente nos artigos 14-A, *in fine* CIP e 28.º, *in fine* CCI. Donde se infere que a regra a observar é a da admissibilidade do recurso contencioso, sempre que se verificar um destes pressupostos, ou seja, a revisibilidade dos actos que decidam a fixação dos factos relativos à incidência (*lato sensu*) com fundamento num destes vícios. Conclui-se, portanto, que a irrevisibilidade destes actos é apenas limitada[228].

---

que a exclusão da revisibilidade dos actos de fixação dos factos não se fundamenta na discricionariedade destas questões, mas tão-só nos juízos técnicos que envolve.

[227] As chamadas formalidades legais incorporam as questões de direito – por oposição às de facto – relativas aos critérios jurídicos de determinação do valor, da admissibilidade e interpretação das provas, da legitimidade de escolha de critérios técnicos de avaliação". Cfr. LEITE DE CAMPOS, "Evolução e...", p. 671.

[228] Esta limitação deve-se ao "fundamento excepcional" motivado por "considerações pragmáticas de direito processual, decorrentes da inconveniência de substituir" o

Entendidas as «formalidades legais» em sentido amplo[229], abrangem-se as regras jurídicas relativas à determinação da matéria colectável em abstracto, portanto, as operações com influência no "fundo ou mérito da decisão", em particular os critérios com reflexos na própria decisão final, por exemplo: o erro de apreciação, a falta/insuficiência de cálculo, a interpretação das provas... Em suma, na esteira do ensinamento de ALBERTO XAVIER, a irrevisibilidade do acto não se circunscreve somente à natureza da questão; esta engloba também as «preterições das formalidades legais».

Em bom rigor, aquilo que o legislador fiscal atribuiu à Administração fiscal é a discricionariedade de juízo, subsuntiva, cognitiva, vinculada ou técnica[230], que se limita, por via de subsunção, a aplicar o direito. Requerendo, inegavelmente, a intervenção de valorações pessoais do agente, esta operação só admite, contudo, uma opção juridicamente fundada: a decisão querida por lei[231]. Não há, por parte da Administração fiscal, qualquer liberdade de escolha relativamente aos elementos que concorrem para a definição da prestação tributária (sujeitos passivos e rendimentos tributáveis). A vontade desta resume-se unicamente à concretização do elemento legal relativo à norma de lançamento e liquidação.

Assim, pensamos que os ensinamentos de ALBERTO XAVIER e LEITE DE CAMPOS se vêm situar na linha da orientação, segundo a qual a própria discricionariedade, cujo significado se traduz na liberdade de escolha dos pressupostos, sendo livre não significa que seja arbitrária[232] pois, con-

---

juízo da Administração pelo juízo do tribunal, ambos problemáticos. Cfr. ALBERTO XAVIER, *Conceito e natureza...*, p. 375.

[229] Segundo a jurisprudência dos tribunais citadas por ALBERTO XAVIER, *Conceito e natureza...*, pp. 376-378, e notas 62-66.

[230] ALBERTO XAVIER distingue este tipo de discricionariedade em relação à discricionariedade de acção, livre, pura, constitutiva ou volitiva, em que existe, para o agente, a escolha entre as várias opções todas juridicamente relevantes. Vide para mais desenvolvimentos, *Conceito e natureza...*, pp. 337 e ss, nomeadamente, p. 339 e nota 4.

[231] ALBERTO XAVIER, *Conceito e natureza...*, pp. 370. O autor cita W. JELLINEK, que prefere a designação «liberdade científica», conferida ao órgão aplicador de direito "não para a escolha de uma de entre várias decisões possíveis mas para a determinação da única solução querida por lei".

[232] ALBERTO XAVIER, *Conceito e natureza...*, p. 340; LEITE DE CAMPOS, "*Evolução e...*", p. 671. Tal opinião é, também, manifestada por SÉRVULO CORREIA, *Legalidade e autonomia contratual...*, depois de configurar a total liberdade de escolha dos pressupostos do acto administrativo, por parte do órgão competente, sem a prévia definição de qualquer critério, como equivalente a "entregar ao seu critério o apuramento... da subsistência da

forme ainda este último, "continuamos no domínio do princípio da legalidade da Administração" e, portanto, "a solução a encontrar pelo agente, tem de ser a melhor, ou seja, uma só". Ademais, a lei, ao conferir a faculdade de apreciação da prova, da providência a adoptar ou, até mesmo, a oportunidade da medida a tomar, faz depender tal faculdade da comprovação do preenchimento do pressuposto legal com base nos critérios for-necidos. Assim, afigura-se-nos que a única decisão é a legal, baseada em juízos de avaliação, segundo os critérios apontados na lei. Portanto, o preenchimento da norma é controlável judicialmente[233], cabendo à Administração provar os elementos em que baseou para fixar a matéria colectável.

De tudo isso se conclui que as questões de facto que não obrigam a juízos de natureza técnica se situam fora da zona reservada à irrevisibilidade dos tribunais. Igualmente, pela sua própria natureza, acompanham este regime as questões de direito e os vícios essenciais do processo. Em conclusão, parece-nos lógico que a determinação da matéria colectável em concreto, porque envolve todos esses complicados processos entregues à livre valoração da Administração fiscal, não deve ser furtada à sindicância dos tribunais. Esta posição reflecte o lugar que ocupa o princípio da legalidade fiscal num Estado social de Direito que reclama pela justiça material.

O legislador está vinculado à própria Constituição e limitado quanto à utilização dos conceitos indeterminados: a situação de facto a regular por lei deve ter em consideração as exigências da densidade legislativa, fundamentadas na reserva de lei, com a relevância de poder desencadear a averiguação da constitucionalidade das normas que põem em causa o controlo judicial dos actos administrativos fiscais.

---

necessidade pública a que corresponde o poder", conclui que a "ausência de critérios objectivos quanto à razão de ser da utilização do poder" converte-se num "arbítrio". Assim, continua o mesmo autor, "a exigência de uma tipificação mínima que deve ser assegurada pelo legislador, constitui uma imposição necessária a assegurar a vinculação ao fim" (p. 329).

[233] Para SÉRVULO CORREIA, *Legalidade e autonomia contratual...*, a limitação dos poderes da Administração é "uma exigência do Estado de Direito... e da racionalidade da organização estadual que constitui fundamento da legalidade objectiva", aquilo que designou por parametricidade ou mensurabilidade *(Messbarkeit)*, condição da justiciabilidade, porquanto os "tribunais não dispõem de parâmetros suficientemente firmes para analisar em que medida a relação entre o acto administrativo e a norma satisfaz o requisito da conformidade" (p. 317).

Em suma, o legislador fiscal, ao pretender excluir do controlo judicial os actos que fixam a matéria colectável, estaria a violar o princípio da legalidade e seus colorários, porque a concretização da incidência dos impostos poderá ser determinada apenas por critérios da Administração, em detrimento da declaração prestada pelo contribuinte e, por outro lado, estaria a diminuir a garantia dos contribuintes que vêem o valor das suas declarações reduzido, sem qualquer significado, e substituído pelo «poder discricionário» da Administração[234].

De acordo com estas observações, uma coisa nos parece lógica e natural: a susceptibilidade destes tipos de actos tributários serem impugnados contenciosamente com fundamento na ilegalidade, por violação de lei (erro sobre o pressuposto de facto e de direito) ou desvio de poder. Aliás, com a adopção da nova Constituição, na sua actual versão, cujo artigo 32.º, *primeira parte*, estatui o seguinte: *"Todo o cidadão tem o direito a recorrer aos órgãos jurisdicionais contra os actos que violem os seus direitos reconhecidos pela Constituição e pela lei..."*, coloca-se a questão de saber qual a validade da norma fiscal que restringe os direitos e garantias dos cidadãos em geral, limitando-lhes a possibilidade de recorrem aos tribunais.

Nem o argumento da discricionariedade técnica afastaria a possibilidade de tal controlo, porquanto a verificação dos pressupostos, enquanto elementos da incidência, é susceptível de apreciação judicial, por se tratar de uma actividade vinculada da Administração[235]. Enfim, cabe ao tribunal "verificar se a solução encontrada obedeceu às exigências externas da ordem jurídica, nomeadamente a fundamentação da decisão[236], de forma lógica, não contraditória, não ofensiva do princípio da igualdade"[237].

---

[234] Trata-se de uma atitude deliberada do legislador que quis substituir o critério do contribuinte pelo critério, para usar a expressão de LEITE DE CAMPOS, de "boa administração do fisco", excluindo os actos deste do controlo de legalidade. Esta atitude traduz-se na abertura de uma "lacuna intralegal", cuja exigência obriga a Administração a criar o direito no caso concreto. Vide do autor *"Evolução..."*, pp. 666-668. Cfr. ainda *"A reforma..."*, p. 60.

[235] Cfr. ANA PAULA DOURADO, *"O princípio da legalidade..."*, pp. 74-75.

[236] A necessidade de fundamentação do acto tributário justifica-se, sobretudo, em matéria da sua impugnação contenciosa por parte dos cidadãos-contribuintes. Daí a justificação do dever de fundamentação dos actos administrativos fiscais, *maxime* os relativos à fixação (e correcção) da matéria colectável, mesmo que a lei fiscal não a exija. Por isso mesmo, entendemos, com PAMPLONA CORTE-REAL, que se reconduz "a falta de fundamentação à preterição de formalidade legais". Vide deste autor, *As garantias dos contribuintes*, in CCTF, n.º 147, Lisboa, 1986, p. 42.

[237] LEITE DE CAMPOS, *"Evolução..."*, p. 671.

Não menos duvidosas são as situações de concessão de isenções. Enquanto uma das modalidades de benefícios fiscais, são um dos elementos essenciais do imposto, objecto de reserva de lei. Contudo, parece ser de admitir que, atendendo à sua própria natureza e aos fins extrafiscais que visam, a densificação da referida reserva não deve ser tão exigente, contrariamente a outros elementos, como seja o caso da incidência objectiva ou subjectiva. Nessa perspectiva, as normas que disciplinam as suas atribuições, embora normas de Direito Fiscal material negativo, sujeitas ao instituto de reserva de lei da ANP, não devem ser muito rígidas, porque se prestam a outras finalidades.

Os benefícios fiscais *"stricto sensu"* e os privilégios fiscais a conceder, tal como se apresentam na nossa legislação fiscal, ficam, em princípio, na total disponibilidade do Governo. Assim sucede com os favores diplomáticos, no caso do Imposto Complementar, para os diplomatas e pessoais ao serviço das Organizações Internacionais de Direito Público sediadas no território guineense, a estabelecer por acordo prévio do Ministro da Economia e Finanças (artigos 4.º, n.º 2 e 3 CIP); a concessão de isenções (totais ou parciais) pelo Conselho de Ministros para as *"actividades de relevante interesse económico e social"*, os incentivos fiscais (artigo 8.º CCI); a concessão de isenções a rendimentos prediais urbanos (artigos 9.º e 10.º CCPU); a concessão de *"isenções relativamente aos rendimentos de aplicação de capitais que se mostrem necessários ou convenientes ao desenvolvimento do País"*, por iniciativa do Governo ou a requerimento do interessado (artigo 6.º, n.º 1 CICap.); e, ainda, o poder do Governo, *"por sua iniciativa ou por convenção de direito público, conceder isenções de Imposto Complementar a entidades cuja actividade possa ser considerada de relevante interesse nacional"* (artigo 6.º, n.º 1 CICcompl.).

Em todas estas situações, nota-se uma total ausência de critério(s) a observar quanto à concessão de isenções tanto por iniciativa do Governo, como a requerimento do interessado ou por contrato, deixando à Administração fiscal, em última análise, o poder de criar leis em sentido material. No entanto, entendemos que parte desta matéria deve ser tratada conjugando estas normas com as constantes da legislação relativa ao Código de Investimento. São os casos dos benefícios fiscais ligados aos projectos de investimento, cujos potenciais beneficiários são os agentes económicos nacionais e estrangeiros que decidem investir no território nacional.

Retomaremos o desenvolvimento posteriormente, no Título II, Secção I, ponto 1.

Mesmo admitindo a hipótese de que estas matérias pertencem ao domínio do Direito Económico Fiscal, não nos parece razoável deixar à Administração fiscal uma *"carta branca"* para preencher a seu belo prazer o seu conteúdo. Trata-se, aliás, como é de resto admitido, de matérias que versam sobre o poder de criação de leis em sentido material; donde decorre a necessidade, pelo menos, de bases gerais que contenham os critérios que deverão presidir à concessão de isenções, bem como à aprovação dos contratos por lei em sentido formal.

Por último, e já no que concerne directamente à matéria da eficácia dos actos tributários impugnados contenciosamente, rezam os artigos 59.º, *primeira parte: "A impugnação judicial só poderá ter efeito suspensivo em relação aos actos de execução posteriores à penhora"* e 109.º, n.º 2: *"Se a dívida tiver sido objecto de impugnação judicial, no entanto, o processo de execução fiscal suspender-se-à em seguida à citação do executado, devendo prosseguir ou findar logo que transite em julgado a sentença proferida no processo de impugnação"* (todos do CPT). Resultam destas normas que, em termos de execução fiscal, não vigora o princípio da execução prévia dos actos administrativos fiscais, pois carece de intervenção jurisdicional. Isto é, a regra é a não execução dos actos relativos à dívida do imposto – contrariamente ao direito administrativo –, ou seja a sua suspensão, aguardando, desta forma, a pronúncia quanto a legalidade da pretensão do Fisco.

A intenção de o legislador fiscal não prosseguir, prontamente, o interesse fiscal tem a ver com as garantias conferidas aos contribuintes. Assim, através da via jurisdicional, pretende-se que seja assegurado a garantia e defesa do contraditório. No entanto, parece que tal garantia não está completamente assegurada, uma vez que, resulta o n.º 1 do artigo 108.º CPT, a apreensão dos bens do presumível contribuinte-faltoso. Isto é, sobrepõe-se o interesse fiscal da Administração fiscal em perceber o imposto a que julga ter direito e que, alegadamente, o contribuinte não se disponibiliza voluntariamente a pagar, limitando, assim, a eficácia suspensiva do acto de cobrança apenas nas situações em que a garantia do cumprimento se tornar efectiva, na medida em que os seus bens se encontram disponíveis para responder pelas (eventuais) dívidas ao Fisco.

Esta solução, conforme se disse, é justificada pelo interesse da Administração fiscal em captar pronta e regularmente as receitas fiscais. Contudo, não pode pôr em perigo as garantias dos cidadãos-contribuintes, nem tão pouco contender com a capacidade contributiva[238]. Senão vejamos:

- o regime da não suspensão do efeito do acto administrativo fiscal – privilégio da execução prévia – visa proteger a realização do interesse público; ora quando não está em causa imediata ou remotamente a realização de tal interesse, isto é, a não execução imediata do acto tributário não implica para a Administração "grave dano", por falta de uma pronta captação das receitas de que necessita, entendemos que não se justifica tal privilégio;
- ademais, a execução do acto pode acarretar ao sujeito passivo do imposto um "prejuízo grave e irremediável" em comparação com o eventual dano que se julga poder resultar para a Administração fiscal;
- decisiva parece-nos ser a natureza da matéria com que contende tal execução. Cremos que as matérias relativa à aplicabilidade directa dos direitos, liberdades e garantias fundamentais consagrados constitucionalmente no artigo 30.º, n.º 1 CRGB, constituem excepção ao princípio da execução prévia dos actos da Administração, *maxime*, do acto de cobrança de impostos, quando impugnado contenciosamente;
- recorde-se, por outro lado, que a sentença do juiz competente pode *"vir a anular parcialmente o acto impugnado"*, artigo 59.º *in fine*, do mesmo Código. Diríamos mais: nada impede que venha a ser declarado anulado ou mesmo nulo. Tudo isso atribui maior peso a doutrina que defende a suspensão da eficácia do acto de cobrança de imposto, não só com fundamento na violação das garantias constitucionais, como também por violação do princípio da capacidade contributiva do sujeito passivo do imposto[239].

---

[238] CASALTA NABAIS, *Contratos fiscais*, p. 282-283.
[239] Sobre este último aspecto, *vide* CASALTA NABAIS, *Contratos fiscais*, pp. 282-283, também nota 913

TÍTULO II:

O PRINCÍPIO DA IGUALDADE FISCAL

O princípio da igualdade é tido como princípio estruturante do sistema constitucional, considerado princípio jurídico fundamental está consagrado no artigo 24.º da Constituição. Impõe-se ao legislador quer constitucional, quer ordinário[240]. Decorrente da noção da pessoa humana, constitui critério de tratamento dos indivíduos, sujeitos ao mesmo "*imperium*". É considerado condição efectiva de exercício dos direitos[241] consignados nas Leis e nos documentos internacionais.

Este princípio jurídico fundamental exprime-se por *via formal* (igualdade perante a lei), obrigando quer o legislador, quer a administração, quer ainda o tribunal; coloca as pessoas em pé de igualdade, sem formular, à partida, qualquer tipo de consideração. Exprime-se também por *via material*: *negativa*, obriga o legislador ordinário a não fazer discriminações infundadas, isto é, a dar tratamento igual a situações iguais e tratamento desigual a situações desiguais (igualdade na lei)[242] e *positiva*, auto-

---

[240] Vide CASALTA NABAIS, *Contratos fiscais*, p. 266. No mesmo sentido, NUNO SÁ GOMES, *Manual...*, Vol. II, p. 212 escreve: "(...), tratamento igual a todos os respectivos destinatários, mas antes, por imperativo material, recusar ao próprio **legislador fiscal**, incluindo o **constitucional**, o poder de consagrar critérios tributários, instituindo formas de tributação arbitrariamente discriminatórias...".

[241] Vide JORGE MIRANDA, "*Igualdade, princípio da*", in *Pólis-Enciclopédia Verbo*, Vol. 3, 1985, cols. 402-403.

[242] Vide JORGE MIRANDA, "*Igualdade, princípio da*", in *Pólis-Enciclopédia Verbo*, Vol. 3, cols. 406 e ss; VITOR FAVEIRO, *Noções fundamentais...*, Vol. I, pp. 72 e ss; ainda do mesmo autor, "*Fiscalidade e justiça*", pp. 409 e ss, estudo em que refere a de justiça comutativa, justiça distributiva e, também, justiça social, como princípios para tratar, respectivamente, de forma igual ou desigual os indivíduos. Assim, a primeira concepção de justiça, de cariz liberal, preocupada em reduzir o papel do Estado, coloca o indivíduo no centro da

riza o legislador a fazer discriminações (positivas), compensadoras de desigualdades reais (igualdade pela lei).

Para atingir a igualdade material, impõe-se o respeito das regras constitucionais estabelecidas com tal propósito. Assim, pressupõe, para usar a expressão de CASALTA NABAIS, "uma constituição rígida que vincula o legislador (ordinário) aos critérios de diferenciação ou discriminação proibidos ou impostos por um outro legislador – o legislador constituinte..."[243]. Não se trata de o legislador ordinário regular ou disciplinar os factos de acordo com o seu entendimento como iguais ou diversos, mas, tão-só de acordo com a avaliação feita pelo legislador constitucional.

Tendo a lei carácter geral e abstracto constitui um meio eficaz de prosseguir a igualdade entre os cidadãos-contribuintes, porquanto os impostos devem obedecer os requisitos de generalidade e abstracção que lhes são próprios[244], aptos a atingir a mesma igualdade. É o chamado princípio da igualdade consistindo, portanto, na consideração de todas as pessoas como iguais perante a lei, igualdade formal e, simultaneamente, na proibição, sem fundamento, de privilégios e discriminações entre os cidadãos e, de outro lado, na discriminação positiva que compensa as desigualdades fácticas, a igualdade material.

A aplicação do princípio geral de igualdade à matéria fiscal (tributária) desdobra-se em dois aspectos: a *igualdade horizontal*, segundo a qual o igual deve ser tributado igualmente; e a *igualdade vertical* implica que o desigual deve ser tributado desigualmente, na justa medida dessa desigualdade. Isso levanta uma questão: qual o critério de comparação do que

---

ordem jurídica e económica, contenta-se com a distribuição da carga fiscal igual a todos os cidadãos, *maxime*, sob a forma de capitação, em virtude de todos beneficiarem de igual protecção do Estado. A segunda, reconhecendo que a necessidade de defesa dos ricos e pobres (incluindo os seus patrimónios) não é a mesma, conclui-se pela distribuição da carga fiscal em termos desiguais, de acordo com o regime proporcional que tenha em consideração o volume da prestação tributária; por último, a justiça social, encontra o seu fundamento em preocupações, mormente, de reparação de injustiças sociais resultantes da diferenciação de classes, ligadas às transformações económicas posteriores à Revolução Industrial. No campo tributário, o regime de progressividade da carga fiscal, foi a opção mais acertada. Cfr. também, CASALTA NABAIS, Contratos fiscais, p. 266; *O dever fundamental...*, p. 435; NUNO SÁ GOMES, *Manual...*, Vol. II, pp. 208-209. Cfr. ainda GIULIANI FONROUGE, *Derecho Financiero*, pp. 278 e ss.

[243] Vide CASALTA NABAIS Contratos fiscais, p. 266, nota 847. Cfr. ainda *O dever fundamental...*, pp. 435 e ss.

[244] TEIXEIRA RIBEIRO, "Os princípios constitucionais...", pp. 227-228.

é igual ou desigual? É actualmente pacífica na doutrina e, também, na jurisprudência, que a capacidade contributiva, cuja génese remonta os primórdios da humanidade[245], se presta a servir de melhor critério.

O princípio da igualdade fiscal, um dos corolários da justiça fiscal, não encontra consagração autónoma no nosso ordenamento jurídico-constitucional. Ele é retirado do princípio da igualdade geral, estabelecido no artigo 24.º, *primeira parte*, e faz apelo ao sacrifício igual entre os cidadãos-contribuintes. A Lei Fundamental guineense optou por consagrar a primeira expressão do princípio da igualdade geral – igualdade formal – neste artigo: "*Todos os cidadãos são iguais perante a lei...*", sem qualquer indicação quanto à igualdade material; donde se conclui, pelo menos, a sua não consagração expressa. Esta situação podia ser colmatada, nomeadamente, com a especificação do princípio da igualdade em matéria fiscal – o princípio da capacidade contributiva –, como forma de delimitar materialmente a actividade do legislador dos impostos. Mas tal também não aconteceu.

Independentemente da sua consagração constitucional (como princípio autónomo ou retirado do princípio geral da igualdade), o princípio da igualdade fiscal é considerado um "importante instrumento de realização do Estado de Direito material", cujas preocupações vão ao encontro de exigências materiais do Direito fiscal (material), que "reclama uma atenuação da legalidade e a sua compensação por princípios de carácter material em que se destaca o princípio da capacidade contributiva"[246].

Sem embargo dessas considerações, a ausência de consagração material do princípio geral da igualdade cria dificuldades, nomeadamente quanto à sua concretização, na medida em que não há elemento orientador da repartição da carga fiscal entre os cidadãos-contribuintes, desconhecendo-se, portanto, o(s) critério(s) em que deve assentar. A nossa Lei Fundamental bastou tão-só com a enunciação dos princípios da generalidade e universalidade fiscais, como veremos oportunamente.

Em suma, em termos jurídico-constitucionais, o legislador não cuidou de apontar nenhum critério adequado para a efectiva distribuição do sacrifício fiscal pelos contribuintes. Refira-se, no entanto, que deverá ter em consideração duas coisas importantes e intimamente ligadas à própria pessoa do contribuinte que são: as circunstâncias económicas e as condi-

---

[245] *Vide* a resenha histórica desse princípio em CASALTA NABAIS, *O dever fundamental...*, p. 443, nota 726.
[246] CASALTA NABAIS, *Contratos fiscais*, p. 267.

ções subjectivas ou pessoais. Esta forma de ver as coisas tem o mérito de não incluir no domínio da incidência (subjectiva) dos impostos todos aqueles que não possuem capacidade contributiva, embora possuam capacidade económica que lhes permita um mínimo de existência[247].

Qual o significado do princípio da igualdade fiscal? Sendo um princípio aceite pacificamente pelo direito constitucional, bem como pela teoria fiscal, a sua concretização envolve, todavia, polémicas, divergências, nomeadamente sobre o seu verdadeiro alcance, em virtude de não ser passível de uma única interpretação. Ou seja, é um princípio com significado ambíguo pois admite, segundo as doutrinas, tanto o princípio do sacrifício (proporcional, igual ou mínimo) como o princípio da capacidade (faculdade) contributiva, medida através da capacidade de pagar, associado quer ao capital, ao rendimento ou à despesa[248].

Encontrado o critério que deverá presidir à justa repartição dos impostos entre os cidadãos-residentes, importante é saber como conseguir atingir a igualdade fiscal, ou seja, que os iguais suportem cargas fiscais iguais, e os desiguais, por conseguinte, cargas fiscais desiguais. O mesmo é perguntar quando é que os cidadãos-contribuintes se encontram, ou não, em condições de igualdade/desigualdade e têm, ou não, a mesma capacidade contributiva? Em resposta a esta questão, surgem dois princípios que chocam entre si: o princípio do benefício e o princípio da capacidade contributiva[249]. Certo é, porém, que este último é, nos dias de hoje, pacificamente aceite pela maioria da doutrina financista como medida da tributação, assente na ideia de que deve ser aferida pelo rendimento obtido e não pela despesa efectivamente realizada. Por esta razão optamos por tratar

---

[247] Sobre a diferenciação da tributação assente na capacidade contributiva contraposta à capacidade económica e capacidade de pagar, vide alguns aspectos em CASALTA NABAIS, O dever fundamental..., pp. 441-442, bem como a bibliografia citada nas notas 724 e 725.

[248] Vide para mais desenvolvimentos, DOMINGOS MARTINS EUSÉBIO, O imposto pessoal de rendimento, in CCTF, n.º 69, Lisboa, 1968, pp. 105-107.

[249] Para mais desenvolvimentos destes princípios vide, entre outros, TEIXEIRA RIBEIRO, Lições de Finanças Públicas, pp. 260 e ss; VITOR FAVEIRO, Noções fundamentais, pp. 74 e ss; SOUSA FRANCO, Finanças públicas e..., pp. 613 e ss; "Tributação", DJAP, pp. 515-517; CASALTA NABAIS, O dever fundamental..., pp. 441-442, nota 722; NUNO SÁ GOMES, Manual, Vol. II, pp. 204 e s; maxime, pp. 214 e ss; PAUL A. SAMUELSON & WILLIAM D. NORDHAUS, Economia, p. 375.

somente este princípio, excluindo o princípio do benefício, o que não obsta que se faça referência sempre que tal se justificar.

O princípio geral da igualdade expressa-se, basicamente, em dois vectores: o princípio da generalidade ou universalidade e o princípio da uniformidade. É bom realçar aqui que o princípio da generalidade ou universalidade é colorário da igualdade dos cidadãos perante a lei, como ficou estabelecido no artigo 24.º CRGB, podendo ser resumido nisto: a adstrição de todos (os cidadãos[250]) contribuintes ao pagamento de impostos, sem discriminações de carácter subjectivo. É um princípio que impõe um dever geral de contribuição para as despesas necessárias à manutenção das colectividades estadual e local. Isso significa que mais do que uma relação Estado/indivíduo, consubstanciada numa relação tributária, existe um dever geral de todos os cidadãos para com a comunidade nacional, afastando, desde logo, qualquer tratamento fiscal que reclame privilégios ou isenções. Trata-se de uma questão de justiça do sistema fiscal.

Note-se que, embora a nossa Constituição – tal como a generalidade das constituições modernas – faz alusão aos *cidadãos*, quer com isso significar apenas os detentores da capacidade contributiva, pois que aqueles que não a possuem são excluídos do âmbito da incidência do imposto. Donde se conclui que a referência constitucional limita a sua acção apenas aos que, através de qualquer manifestação da riqueza, revelam capacidade contributiva susceptível de imposição fiscal. É exactamente a estes que se impõe o dever constitucional de pagar impostos.

Um outro vector deste princípio, o princípio da uniformidade, quererá significar que o pagamento de impostos a que estão adstritos os cidadãos (que revelam capacidade contributiva) deve respeitar um critério idêntico, igual para todos, geralmente dado pelo princípio da capacidade

---

[250] Expressão cujo significado extravasa o âmbito nacional (cidadãos nacionais) englobando também os cidadãos estrangeiros, conforme o estabelecido no artigo 28.º, n.º 1 CRGB: "*Os estrangeiros, na base de reciprocidade, e os apátridas, que residam ou se encontram na Guiné-Bissau,... estão sujeitos aos mesmos deveres que o cidadão guineense...*". Para além disso, entendemos que poderá abarcar, por analogia, para além das pessoas singulares, as pessoas colectivas – na medida em que estas tenham um semelhante vínculo de pertença ao Estado – sujeitas ao dever de pagar os impostos, muito embora a Constituição não faça referência a essa matéria; contudo, parece-nos que tal se retira do dever geral de todos os que auferem rendimentos se sujeitarem à imposição: o vínculo económico.

contributiva (diferente da capacidade económica, capacidade de pagar, *ability-to-pay*, segundo os países de tradição anglo-saxónica) que parece reunir consenso geral.

Vamos de seguida observar cada um dos vectores que compõem o princípio da igualdade fiscal, a começar pela generalidade ou universalidade que nos dá a extensão da norma geral e abstracta aplicável aos destinatários (os detentores da capacidade contributiva), adstritos a uma conduta determinada por essa norma. Este princípio confunde-se com o próprio princípio da igualdade, embora dele se distinga como veremos a seguir. Os princípios da generalidade e da uniformidade fiscais são condições essenciais para o cumprimento do princípio da igualdade fiscal.

SECÇÃO I

O PRINCÍPIO DA GENERALIDADE DOS IMPOSTOS. SUAS EXCEPÇÕES

O princípio da generalidade de impostos, enquanto um dos vectores do princípio geral da igualdade – vide *supra* –, encontra referência constitucional expressa. A par da consagração daquele, o legislador constitucional acrescentou: "*(...) e estão sujeitos aos mesmos deveres*" ("*in fine*" artigo 24.º CRGB). Trata-se, como é facilmente perceptível, de uma norma geral e abstracta que sujeita todos os cidadãos a tratamento igual em sede de determinados deveres. Mas que deveres?

Para o que nos interessa, em termos de princípios (fiscais) jurídico-constitucionais, ligados ao Direito Fiscal, subentenda-se que significa a *adstrição de todos os cidadãos a deveres para com a sociedade*. Ora, como é sabido, Estado e imposto constituem um binómio inseparável, porquanto não se concebe a sua existência sem recursos financeiros proporcionados através de imposições de sacrifícios. Não menos verdade é o facto de que tais recursos só estão disponíveis porque existe um dever específico de contribuição, enquanto faceta do dever geral consagrado no artigo 24.º da Lei Fundamental, a que estão adstritos todos os cidadãos.

Em conclusão, a Constituição dá-nos a ideia do dever de contribuição que impende sobre os cidadãos, retirado de um dever geral. Contudo, não adianta a(s) finalidade(s) dessa contribuição, nem sequer a medida. São questões que cabe à doutrina procurar responder.

É do domínio comum que o dever de contribuição para com a sociedade pode ser traduzido no pagamento de impostos necessários à materialização dos fins do Estado. Portanto, sobre todos os cidadãos, sem quaisquer distinções de carácter subjectivo (raça, sexo, nível social, intelectual ou cultural, crença religiosa ou convicção política), impendem tais ónus ou encargos públicos, conforme reza a parte final do referido artigo. É a tradução da ideia da adstrição, o dever de contribuir para o encargo público, através do pagamento de impostos para fazer face a despesas colectivas.

Porém, este dever a que estão adstritos os cidadãos deve ser limitado. A sua limitação, em princípio deveria merecer consagração constitucional, como garantia de que os cidadãos não terão de contribuir para além do estritamente necessário. Acontece que a Lei Fundamental, nessa matéria, é omissa, como temos vindo a salientar. Dela só podemos inferir que é necessária a contribuição de todos para a realização das despesas da colectividade-Estado. Contudo, esta omissão não pode significar, de maneira alguma, que o dever de contribuição é ilimitado. Desde logo, encontra limite nas próprias necessidades do Estado. Tudo o que vai para além destas é ilegítimo.

Por outro lado, num Estado de Direito, o imposto – configurado numa lei geral e abstracta –, é um produto da autotributação dos próprios cidadãos-contribuintes, o que quer significar que deve incidir em alguma coisa, mais não seja uma parcela da propriedade privada. A conjugação dessa realidade com o fenómeno da autotributação leva-nos a pensar, legitimamente, que ninguém consentiria o sacrifício de toda a sua propriedade. De resto, seria uma solução contrária à própria Constituição, que reconhece e protege a propriedade privada dos particulares[251].

Então, questiona-se até onde vai a autotributação? A resposta parece-nos simples: limita-se, apenas, à capacidade contributiva de cada um dos cidadãos. A isso se resume o princípio da generalidade fiscal[252], retirado do princípio geral que impõe deveres iguais a todos os cidadãos.

---

[251] FILIPE BAPTISTA, "*Constituição Económica e delimitação de sectores*" in BFDB, n.º 2, 1993, p.. 39: "(...) já podemos vislumbrar na Constituição guineense um direito fundamental à propriedade privada, decorrente da recepção formal da Declaração Universal dos Direitos do Homem, operada pela última revisão constitucional (1993)...".

[252] Optamos por usar esta expressão – e não a generalidade tributária –, visto que as taxas são igualmente tributos como são os impostos, e, no entanto, aquelas não estão sujeitas a este princípio. Isso decorre do preceito constitucional previsto na alínea d) do artigo 86.º da Constituição, quando refere expressamente aos "*impostos e sistema fiscal*".

Sem embargo desta verdade, o princípio de que todos os cidadãos-
-contribuintes devem contribuir para o erário público, segundo a sua capacidade contributiva, comporta excepções justificadas quer por razões de
ordem política, económica e social (os benefícios fiscais, *maxime*, as isenções), quer pela necessidade de concessão de um patamar mínimo de existência vital ligado às exigências materiais do Estado social de direito (o
mínimo de existência). Este último aspecto configura também, tal como
dissemos *supra* para o princípio da generalidade, uma preocupação de um
sistema fiscal que se pretende justo e eficiente.

Evidentemente que estas situações não desvirtuam o princípio da
generalidade, porquanto as desigualdades de regime jurídico-fiscal que
lhes estão na base não comportam discriminações arbitrárias, sem fundamento. Pelo contrário, têm fundamentos objectivos, *maxime* o interesse
público e a prossecução pelo Estado, em concreto, da igualdade entre os
cidadãos com base em outras finalidades constitucionais, também legítimas, não contrariando a consciência jurídica da comunidade nacional.

1. OS BENEFÍCIOS FISCAIS

A tarefa, que cabe a Administração central e local quanto à satisfação das necessidades colectivas, reflecte-se na correspectiva disponibilização de meios financeiros adequados à sua efectivação. Equivale dizer
que só há efectiva satisfação das necessidades colectivas pelas entidades
públicas, porque existem recursos financeiros adequados e suficientemente disponíveis, pois são inconcebíveis quaisquer realizações sem se
dotar, primeiro, de meios susceptíveis de conduzir aos objectivos previamente consagrados.

Sabe-se, todavia, que as entidades públicas de população e território
não são as únicas *interessadas* na realização dos desígnios da colectividade. Para isso, contam com o apoio e a disponibilidade dos particulares,
cujas actividades são indispensáveis à criação de riquezas e melhoria dos
indicadores sócio-económicos nacionais. É dentro desta perspectiva que,
por exemplo, assistimos à concessão de incentivos[253] por parte do Estado

---

[253] Pensa-se que é esta a justificação porque alguns autores preferem (ou usam
conjuntamente) a expressão incentivos fiscais. É o caso, por exemplo, de JOSÉ ALBERTO

lato sensu, como forma de interessar os particulares no aumento da produção e produtividade e na criação de melhores condições de vida das populações.

A par dos benefícios fiscais *"stricto sensu"* de natureza económica, a nossa legislação, sobretudo a fiscal, permite também conceder, por razões principalmente de política religiosa e diplomática, os *favores fiscais* a determinados contribuintes, derrogando-se, assim, o princípio constitucional de igualdade fiscal, na sua vertente da generalidade.

A questão a resolver acaba por ser o confronto entre a necessidade do Estado (*lato sensu*) em prosseguir, por um lado, os seus fins, impondo sacrifícios aos particulares e, por outro, prescindir de recursos que normalmente advêm dessa mesma imposição. Ou seja, estamos aqui perante uma aparente contradição – por se tratar, de um lado, de potenciais receitas de que tanto carecem as entidades públicas territoriais e populacionais; e, de outro, de um instrumento, através do qual essas mesmas entidades podem atingir determinados objectivos e até mesmo cumprir com as suas obrigações contratuais e internacionais – entre a captação de recursos e a sua renúncia[254].

Esta matéria implica a legitimidade por parte de quem – por razões que se prendem com questões de natureza económica, política, social, cultural, religiosa e diplomática, em que se fundamentam os benefícios fiscais – se sente a pertinência de desfazer dos recursos financeiros que com toda a normalidade lhes pertencem, em resultado dos impostos. Isto é, configura-se como uma vertente de um mesmo fenómeno: o poder tributário.

As excepções às normas de incidência dos impostos – tal como são concebidos os benefícios fiscais – constituem uma das manifestações do mesmo poder de imposição de sacrifício ao património dos particulares. Assim sendo, parece-nos de admitir que, através de leis gerais e abstractas

---

P. PINTO, *A Fiscalidade*, Porto, 1997, p. 16. Também CASALTA NABAIS *Contratos fiscais*, pp. 123 e ss; NUNO SÁ GOMES, *Reflexões sobre a natureza, legitimidade, constitucionalidade e eficácia das sanções extintivas, suspensivas e impeditivas dos desagravamentos fiscais em caso de condenação por infracção tributária*, CCTF, n.º 145, Lisboa, 1986, pp. 14-24.

[254] A este propósito pensamos que se justifica a seguinte citação de NUNO SÁ GOMES, *Teoria geral...*, p. 63 "(...) existe sempre uma tensão dialéctica entre o interesse público dirigido à correcta percepção dos impostos e o interesse público ao estabelecimento de desagravamentos fiscais de qualquer natureza". Ainda do mesmo autor, *Reflexões sobre a natureza...*, pp. 42 e ss.

que fixem os contornos dentro dos quais esse poder se pode mover, se conceda à Administração fiscal (central ou local) a possibilidade de renunciar os seus créditos. O que dizemos não choca em nada com o princípio constitucional da legalidade fiscal e com os seus colorários da tipicidade e exclusivismo, porquanto é a lei que estabelece as condições e os pressupostos necessários a renuncia das receitas fiscais.

Para nós, o fundamento dos benefícios fiscais "*stricto sensu*" encontra-se nas atribuições do moderno Estado social, que se vê legitimado a derrogar os princípios constitucionais da igualdade e generalidade fiscais. Neste, o sistema fiscal e os impostos no seu conjunto são concebidos, também, como instrumentos direccionados à materialização de objectivos de natureza económica e social. Em suma, a questão dos benefícios fiscais fica melhor esclarecida se considerada à luz das funções extrafiscais do Estado (em sentido lato do termo), diferente das funções fiscais, reditícias ou de mera captação de receitas fiscais.

Ora, é entre a consecução do interesse colectivo – com meios financeiros, disponibilizados através das receitas fiscais, em resultado do exercício da soberania do Estado, traduzida no poder de tributar o rendimento patrimonial dos particulares – e a necessidade de prosseguir objectivos, *maxime* económicos e sociais, de molde a incentivar a produção nacional e a criar mais riqueza (incentivos ou estímulos fiscais), ou de honrar compromissos internacionais, no caso dos favores fiscais, devidos por outras ordens de razões, nomeadamente a utilidade pública de que gozam determinadas pessoas colectivas, mormente as Igrejas e suas organizações de beneficência, que se situa o problema dos benefícios fiscais.

Não vamos, neste ponto, fazer uma abordagem genérica desta problemática (conceito; regime geral; modalidades; classificações; pressupostos; etc), o que requereria uma análise da sua teoria geral, só por si suficiente para um trabalho de investigação. Propomos, aqui, uma abordagem na perspectiva do poder tributário (competência tributária, para alguns autores[255]) – do Estado e das entidades menores, designadamente das Autarquias locais –, dos princípios gerais que o enformam, enquanto normas de direito tributário material negativo –, orientadas para as finalidades de política económica e social que visam prosseguir.

---

[255] *Vide* o tratamento desta questão em NUNO SÁ GOMES, *Teoria geral...*, pp. 155 e ss.

Sem perder de vista a delimitação dos aspectos que apontámos para esta abordagem, começaríamos por dizer que os benefícios fiscais[256] em sentido amplo (inclui a isenção do mínimo de existência[257]) retratam a situação favorável de uma determinada pessoa (ou de uma actividade), seja ela singular ou colectiva, face à Administração tributária, em virtude da situação em que se encontra perante as normas legais subtractivas da tributação-regra, as medidas de política fiscal ligadas ao poder de desagravar, mormente através de isenções fiscais.

Só uma disciplina legal global e não parcial desta matéria nos parece adequada e eficaz, visto que assegura uma maior segurança jurídica e transparência e constitui motivo de dissuasão de comportamentos corruptos. Nesta ordem de ideias, entendemos, portanto, que só uma regulamentação jurídica geral nos garante o rigor, a confiança e a isenção indispensáveis ao normal funcionamento do sistema.

Sendo que os benefícios fiscais consubstanciam o desagravamento de uma situação tributável que, repita-se, por razões, nomeadamente, de política económica, social, cultural, religiosa e diplomática, se enquadra nas normas excepcionais que impedem uma normal tributação, afigura-se-nos que só quem tem o poder de impor sacrifícios, tem o correspondente poder de os afastar. Equivale dizer que representam uma consequência natural e normal do poder impositivo pertencente à ANP.

Nesta perspectiva, a disciplina dos benefícios fiscais consubstancia uma das facetas do poder de tributar[258] ou de impor sacrifícios. Ela é, entre nós, inconcebível longe deste poder de imposição, na medida em que só assiste a quem, por imperativos constitucionais, exerce o poder coercitivo sobre os patrimónios dos particulares. Destarte, o poder de desagravar assiste somente à entidade a quem a Lei Fundamental concede tais poderes: a ANP.

---

[256] Vide SOUSA FRANCO, "Tributação", in DJAP, Vol. VII, Lisboa, 1996, p. 514. Ainda NUNO SÁ GOMES, Teoria geral dos..., passim, considera que os benefícios fiscais, são medidas de carácter estrutural e constituem excepções ao modelo da tributação-regra, constituindo factos impeditivos da tributação normal (maxime, pp. 38, 72); fr.ainda Reflexões sobre a natureza..., pp. 14-15.

[257] Considerado um dos fundamentos dos benefícios fiscais, segundo SOUSA FRANCO, "Tributação", in DJAP, p. 514. No entanto, dadas as especificidades que levanta, mormente o problema da tributação do rendimento pessoal em sede de Imposto Complementar, decidimos a sua análise separada. Remetemos para o ponto a seguir.

[258] NUNO SÁ GOMES, Teoria geral dos..., p. 345, citando JOSÉ SOUTO MAIOR BORGES: "Existe uma conexão necessária entre o regime jurídico-material da tributação e o das isenções".

Parece-nos de todo conveniente fazer a distinção entre dois poderes que se afiguram autónomos: o de criar a disciplina legal (poder normativo) e o de concessão dos benefícios fiscais, verificados certos pressupostos. Aquele assiste ao órgão que a Lei Fundamental entendeu competente, a ANP, para criar os impostos e sistema fiscal, nos termos do artigo 86.º, al. d) CRGB. Este assiste às entidades que, em condições normais, beneficiam dos recursos resultantes do exercício daquele poder. Estamos a pensar nas entidades central e local, a quem a Lei atribuiu tal privilégio, respectivamente, a Administração central e local, mormente os Municípios.

A importância desta matéria é muito evidente no que concerne à análise do sistema fiscal no seu todo, e, em particular, de cada um dos impostos, em virtude de se "tratar de desvios em relação às regras gerais da tributação"[259]. Esta atitude justifica-se pela circunstância de os Estado-administração ou de as entidades menores comparticiparem nas actividades dos particulares, designadamente as económicas, em virtude do proveito económico e social a elas inerentes (as subvenções ou subsídios fiscais) ou pelo cumprimento de obrigações internacionais livremente assumidas (imunidades fiscais).

Feito estas considerações preliminares, vamos debruçar-nos sobre os aspectos ligados aos benefícios fiscais, recordando que podem ser incluídos no conceito mais amplo da incidência do imposto, como parece sugerir a nossa legislação fiscal. Ora, em relação a estes, vigoram alguns princípios que merecem um tratamento mais ou menos exaustivo, reconhecendo-se, desde já, que não temos qualquer pretensão de esgotar ou aprofundar todas as vertentes das suas manifestações.

---

[259] JOSÉ ALBERTO P. PINTO, A Fiscalidade, p. 16. Sobre esta visão mais lata do conceito dos benefícios fiscais, susceptível de ser enquadrada do seu lado quantitativo, as designadas despesas fiscais, vide PHILIPPE DUMAS, "Um novo instrumento de análise para as finanças públicas: o conceito de despesas fiscais" (tradução de LUÍS MÁXIMO), in RJ, n.º 1, 1982, Lisboa, pp. 163-180. Neste artigo, o autor apresenta as perspectivas de análise, as dificuldades que se colocam, nomeadamente os problemas práticos e quantitativos, bem como os métodos de avaliação das despesas fiscais. Critica a ideia subjacente ao conceito de despesa fiscal, nestes termos: "(...) é duma atraente simplicidade: consiste em observar que todas as disposições fiscais de carácter derrogatório equivalem a uma ajuda pelos poderes públicos aos beneficiários das disposições em causa e que elas têm o mesmo efeito que a concessão a esses beneficiários duma assistência financeira directa sobre a forma de despesas orçamentais ordinárias", e adianta "Pareceria, pois, que bastaria quantificar, em termos de percas de receitas fiscais, o custo desses benefícios, para estabelecer uma verdade orçamental que a técnica utilizada contribuiria para mascarar" (p. 168).

Relativamente ao princípio da legalidade fiscal, não restam dúvidas sobre a possibilidade de a lei (em sentido formal) deixar à Administração fiscal uma margem de livre decisão, no concernente à concretização das normas que consagram discriminações entre os contribuintes, fundamentadas em razões económicas, sociais ou culturais, desde que sejam determinadas as regras básicas (os benefícios fiscais que podem ser concedidos; os pressupostos; o regime jurídico; a forma de controlo; o prazo de duração) que deverão ser observadas quer através do acto administrativo individual e concreto, quer por contrato (de investimento).

Visa-se com isso não deixar nas mãos da Administração uma *carta branca* que preencheria a seu belo prazer. Aliás, está em plena consonância com o princípio da legalidade – reserva de lei – que obriga, no mínimo, a uma disciplina legal dos elementos essenciais do imposto, sem prejuízo da densificação dos benefícios fiscais poder ser menos exigente do que outras matérias[260]. Isso é uma demonstração de que, não obstante o princípio da legalidade fiscal, erigido como trave mestra do sistema fiscal, é ainda possível autorizar a Administração fiscal a concretizar, quer por via contratual (contratos de investimento), quer através de acto administrativo (benefícios fiscais individuais e concretos), os pressupostos e as condições previamente estabelecidos na lei em sentido formal.

A função da legalidade das normas relativas aos benefícios fiscais deve ser concebida com objectivos diferentes daqueles que movem a Administração fiscal na sua função clássica, a *captação de receitas*, e que subjaz às normas de repartição da carga tributária entre os contribuintes. Sem embargo desta verdade, a submissão daquelas normas à reserva de lei fiscal, não sendo possível a sua densificação, obriga ao recurso, por parte do legislador fiscal, às técnicas legislativas que concedem discricionariedade, devendo, ainda assim, optar pela menor margem possível[261].

A concessão de benefícios fiscais a uns e a sua recusa a outros contribuintes pode chocar, em princípio, com os princípios da igualdade e generalidade fiscais, segundo os quais a lei fiscal deve ser aplicada a todos

---

[260] A atenuação do princípio da legalidade nesta matéria (e consequente abertura das normas legais) é defendida por alguns autores, como CASALTA NABAIS *Contratos fiscais*, p. 234. Em sentido contrário, NUNO SÁ GOMES, *Teoria geral dos...*, pp. 344 e ss.

[261] ANA PAULA DOURADO, "*O princípio da legalidade...*", p. 72, para quem o recurso pelo legislador às técnicas legislativas que atribuem discricionariedade só se justifica "quando não seja possível densificar a norma, e deverá fazê-lo através de técnicas que concedam menor margem de discricionariedade".

sem excepção, tratando todos por igual, de acordo com a capacidade contributiva de cada um. Todavia, é a própria Constituição que admite implicitamente as isenções (mormente, o artigo 11.º, n.º 2, que consagra o objectivo de promoção contínua do bem-estar do povo, mediante a organização económica e social; o artigo 13.º, n.º 3, a promoção, por parte do Estado, do investimento do capital estrangeiro – acrescente-se, também o capital nacional – útil ao desenvolvimento económico e social do País e o artigo 26.º, n.º 1, relativamente às famílias).

Apesar da *colisão* entre o princípio da igualdade fiscal, na sua modalidade de generalidade fiscal, e os benefícios fiscais, em especial as isenções, estes não são inconstitucionais, em virtude de terem na sua génese a tutela de interesses públicos de grande relevo constitucional, tal como acontece com o próprio princípio da generalidade fiscal.

Não raras vezes, o legislador fiscal investe a Administração em geral numa margem de livre decisão, susceptível de ser concretizada na discriminação dos contribuintes, porquanto a capacidade contributiva (base da tributação dos rendimentos) é substituída por critérios, principalmente, de política económica e social (e mesmo diplomática). Ou seja, razões meramente extrafiscais ou extra-reditícias – onde se incluem os compromissos do Estado a nível internacional – obrigam o legislador fiscal a derrogar alguns dos princípios consagrados constitucionalmente em nome de outros princípios, também merecedores de relevo e protecção constitucionais.

Não tributar uma manifestação de riqueza pode tratar-se, afinal, de uma forma de o actual Estado social prosseguir a ideia de justiça. Enfim, estamos ainda no campo da justiça fiscal, cujo conteúdo significa a distribuição equitativa do imposto. Esta distribuição para além da sua forma positiva, pode assumir, também, a forma negativa, traduzida na não tributação dos rendimentos, justificada por razões ponderosas, mormente de natureza económica e social. Dir-se-ia que são duas concepções da ideia de justiça (fiscal e social) com indiscutível valor constitucional.

Porém, para a concessão dos benefícios fiscais, segundo CASALTA NABAIS[262], é preciso distinguir se dizem respeito ao *se* ou ao **quantum** da obrigação fiscal – contratos relativos à liquidação (*lato sensu*) e cobrança dos impostos e à determinação e reconhecimento em concreto dos benefí-

---

[262] *Contratos fiscais*, p. 289.

cios fiscais, *maxime*, as isenções fiscais de aplicação genérica e não dependentes de intervenção administrativa – ou à margem de livre decisão deixada à Administração fiscal quanto àqueles elementos.

Em resumo, torna-se imperiosa distinguir se a lei estabelece o *se* e/ou o *quantum* do benefício fiscal ou se quanto a eles deixa à Administração uma margem de livre decisão. As duas situações são distintas, dado que, na primeira, subentende-se que a lei estabelece, de forma genérica, quais os pressupostos gerais da sua concessão, autorizando a Administração fiscal a sua concretização individual ou contratual, isto é, através de acto administrativo ou contrato administrativo, respectivamente. A segunda pode consubstanciar a possibilidade de exercício de poderes que apelam para a actividade volitiva das entidades administrativas, potenciadoras de discriminações.

Estamos em crer que só na segunda hipótese é possível violar o princípio de igualdade de tratamento (na sua vertente de capacidade contributiva), que pode conduzir a discriminações fiscais não fundamentadas. Assim, como adianta Casalta Nabais, uma eventual violação deste princípio "situa-se na abertura legal à margem da livre decisão da Administração, sendo pois indiferente, sob este prisma, que a mesma desemboque em contratos ou actos administrativos: em ambas estas hipóteses o princípio da capacidade contributiva é, ou pode ser, posto em causa". Donde decorre que o problema essencial a resolver é o de saber se a lei pode ou não criar discriminações em matéria fiscal sem que isso ponha em causa o princípio da capacidade contributiva, o que se "reconduz à compatibilidade da lei que os prevê com esse mesmo princípio"[263].

Nos vários Códigos de impostos parcelares presentes no nosso Sistema Fiscal – nomeadamente os artigos 4.º, n.ºs 2 e 3 CIP, 8.º a 10.º CCI, 9.º, n.º 3 e 10.º CCPU, 5.º e 6.º CICap., e 6.º e 7.º CICompl. –, encontramos normas que expressamente habilitam o Governo a conceder por via unilateral ou contratual isenções a determinados contribuintes. Note-se que, salvo rara excepção, todos estes Códigos se referem unicamente a *"isenções"*. A excepção é o artigo 8.º do CCI, que estabelece que o *"Conselho de Ministros pode conceder isenções totais ou parciais..."*.

O legislador fiscal estará a sugerir a possibilidade de concessão, através do contrato de investimento, de isenções ou reduções fiscais. Sem embargo dessa diferença, estará implicitamente a referir-se aos benefícios

---

[263] *Contratos fiscais*, p. 290.

fiscais em geral. Ou seja, estamos em crer que a intenção do legislador vai para além da concessão, ao Governo, de poderes para atribuir isenções, isto é, engloba os próprios benefícios fiscais em sentido restrito, em que haja tutela de interesses públicos relevantes superiores que afastem a tributação. Isso é assim porque, através de uma interpretação *a fortiori*, quem pode o mais (conceder isenções fiscais) pode o menos (conceder reduções fiscais).

Para nós, esta questão deve ser analisada em termos de saber:

– se a Administração fiscal pode ou não conceder isenções a uns e não a outros contribuintes, desde que seja devidamente habilitada para tal. Ou seja, concluir se existe uma permissão legal que permite, através de um acto administrativo fiscal, discriminar os contribuintes. Entendemos que a resposta é normalmente positiva. Isso significaria que, primeiramente, deve haver uma disciplina geral (pressupostos fácticos; critérios; prazo; etc.) desta matéria;
– se é ou não possível a existência de um contrato administrativo com incidência fiscal, isto é, um contrato que crie, modifique ou extinga a relação de Direito Fiscal: *formal*, concernente à actividade da Administração fiscal ligada à aplicação da lei de imposto, à fiscalização dos deveres fiscais, aos meios de defesa e garantia dos contribuintes (recurso gracioso e impugnação contenciosa), ou *material*, respeitante à obrigação de imposto. A modalidade que nos interessa de momento é o contrato fiscal material que libera os contribuintes da obrigação de pagamento de imposto, podendo consubstanciar os incentivos fiscais. São os chamados *contratos económicos de investimento*[264], dos quais resultam a concessão de incentivos fiscais aos investidores.

---

[264] Sobre os contornos destes tipos de contratos, vide CARLOS PAMPLONA CORTE-REAL, "O contrato de investimento estrangeiro e a problemática decorrente da pretensa contratualização da concessão de benefícios fiscais", in RFDL, Vol. XXXIII, 1992, pp. 359-390. Defende, na vigência da anterior legislação, a ideia de que não se podia falar tecnicamente de contratos de benefícios fiscais, mas sim de contratos administrativos de investimentos, dos quais resultam, por decisão unilateral e necessariamente legal, os benefícios fiscais para o investidor (pp. 386-387). Entre nós, parece ser esta a ilação que se pode tirar da leitura do artigo 14.º (Da competência do Processo), Capítulo V, do Decreto-

Estas questões são importantes, porque, como se sabe, a matéria relativa aos benefícios fiscais, *v.g.* as isenções, constitui um dos elementos integrantes do imposto e é da reserva exclusiva de competência da ANP [artigo 86.º, al. d) CRGB]. Naturalmente, entendemos que pode haver uma habilitação legal ao Governo no sentido de concretizar, em cada caso, as normas de isenção previstas na lei. Para isso, torna-se importante a definição de um regime geral dos principais aspectos conexos com a atribuição dos mesmos, de molde que a intervenção do executivo fique balizada, limitando-se ao cumprimento dos critérios e condições previstas na lei, por razões de transparência e evitar, eventualmente, a tentativa de corrupção. Mas, sobretudo, por imperativos ligados aos princípios constitucionais, *maxime* os princípios da legalidade e da igualdade fiscais.

Neste momento, a situação não se encontra bem definida – salvo, no caso dos incentivos fiscais constantes do Código de Investimento, regulado pelo Decreto-Lei n.º 4/91, de 14 de Outubro –, pelo que questionamos a constitucionalidade das normas que concedem à Administração fiscal poderes discricionários para a atribuição de benefícios fiscais em geral, em particular, as isenções fiscais referidas expressamente na nossa legislação fiscal, sem, no entanto, procurar balizar o eventual acto do Governo.

O conjunto de benefícios fiscais de natureza económica (os incentivos fiscais), como se disse atrás, encontra disciplina legal no Código de Investimento. A lei confere autorização à Administração para a sua concessão com base nos contratos de investimentos. Trata-se, portanto, de contratos administrativos de investimento, de fonte legal, dos quais decorrem determinados incentivos aos investidores, cuja preocupação principal se prende com a atracção, sobretudo, do capital estrangeiro necessário ao desenvolvimento económico e social do país. Estão previstos basicamente dois tipos de benefícios fiscais: as isenções e reduções fiscais sobre os rendimentos sujeitos a Contribuição Industrial, a Imposto de Capitais e a Imposto Complementar [al. a)] e isenções de direitos aduaneiros [al. b)], todos do n.º 1 do artigo 12.º do mesmo Código.

Os contratos relativos aos investimentos estrangeiros com incidência fiscal contendo estímulos ou incentivos fiscais (do ponto de vista econó-

---

-Lei n.º 4/91, que reza o seguinte: "*A aprovação dos projectos ao abrigo do presente Código, e a sua consequente elegibilidade para a atribuição dos incentivos,...*". Ou seja, a atribuição de incentivos fiscais é apenas uma decorrência directa e imediata do contrato de investimento celebrado entre a Administração e o investidor.

mico-financeiro, constituem figura jurídica idêntica aos benefícios fiscais, enquanto desagravamentos excepcionais) não levantam problemas de maior, por tudo quanto se disse. Já a atribuição de imunidades tributárias, como são os casos das isenções canónicas e diplomáticas, não é pacífica.

Em ambos os casos, fica na disponibilidade da Administração fiscal não aplicar aos contraentes o regime tributário normal e conceder desagravamentos fiscais excepcionais. Mas cremos que tanto os estímulos ou incentivos fiscais como as imunidades tributárias assentam em relevantes interesses públicos ou em utilidade pública e compromisso internacional que impedem o normal funcionamento do regime-regra de tributação. Caso contrário, estaríamos na presença de privilégios fiscais infundados, ofensivos dos princípios constitucionais da igualdade e generalidade, sendo portanto inconstitucionais.

Os destinatários dos benefícios fiscais, regra geral, são as pessoas colectivas (ou empresas) e as pessoas singulares. Argumenta-se que o princípio da igualdade fiscal não tem valor idêntico entre àquelas e estas. Com isso não se quer significar que este princípio seja válido para umas e não para outras. O que se quer realçar é o facto de a intensidade e extensão com que opera ser maior em relação a estas últimas. Assim, o desrespeito que acarreta para elas choca, em última instância, com a sua própria dignidade da pessoa humana; enquanto que, em relação às pessoas colectivas, fere a liberdade e igualdade de iniciativa e concorrência[265].

Com os benefícios fiscais confrontam-se algumas questões, nomeadamente, a sua compatibilização com o princípio da capacidade contributiva e a sua (não) equivalência económica e jurídica com a despesa pública. No primeiro caso, a questão está em saber se a concessão de benefícios fiscais contratuais viola ou não o princípio da capacidade contributiva. Relativamente à segunda questão, implicando a concessão desses mesmos benefícios a renúncia a receitas públicas por parte do Estado-administração central ou local, questiona-se se deve existir ou não a equivalência económica e jurídica entre as receitas públicas renunciadas e as despesas públicas não realizadas ou poupadas.

Ora, estando os benefícios fiscais ao serviço de outros fins – não os da mera captação de recursos financeiros –, que constituem a sua razão de ser (os fins extrafiscais), pergunta-se se devem ainda conformar-se com o

---

[265] Vide CASALTA NABAIS, Contratos fiscais, pp. 290-291.

princípio da igualdade (capacidade contributiva). A relevância da questão prende-se com as contraprestações de carácter económica e social que os beneficiários são obrigados a realizar em prol da colectividade, na medida em que não sendo realizadas, implicariam, para o Estado, o desembolso de maiores somas, isto é, o custear de maiores despesas públicas.

Quando o Estado e entidades menores similares concedem benefícios fiscais, compensados com acções de carácter económico e social (segundo o artigo 8.º, *in fine* CCI, *"relevante interesse económico ou social"*), estar-se-á a respeitar o princípio da capacidade contributiva, porquanto as isenções ou reduções (em impostos) beneficiam precisamente os contribuintes que, por outra forma, contribuiriam para a realização do interesse colectivo. Aliás, note-se que os contratos administrativos com incidência fiscal têm implícita uma "contraprestação" entre a atribuição, mormente, de incentivos e as acções dos agentes económicos. Destarte, desde que se cumpram os termos do contrato, não se viola o princípio da capacidade contributiva. Mais ainda, a própria Constituição, ao chamar o Estado à prossecução de fins extrafiscais, não impede que sejam realizados através de instrumento fiscal: os impostos.

A resposta à segunda questão encontrar-se-á na (eventual) conexão entre as receitas públicas renunciadas e as despesas públicas não realizadas ou poupadas pelo Estado. Ou seja, indagar-se-á se deve existir uma relação de contrapartida entre o montante de incentivos concedidos pela Administração fiscal e o montante de investimento a realizar pelo investidor. Segundo CASALTA NABAIS, argumenta-se que o Estado-administração fiscal, ao renunciar às receitas públicas, estará a obter, do lado das despesas, uma poupança considerada "equivalente juridicamente a um imposto produtivo de uma receita pública"[266], opinião não partilhada por CARLOS PAMPLONA CORTE-REAL, para quem não se vislumbra qualquer correspectividade entre os montantes dos incentivos fiscais concedidos e os investimentos realizados[267].

---

[266] CASALTA NABAIS *Contratos fiscais*, p. 291.
[267] Vide *"O contrato de investimento estrangeiro..."*. Parece que esta conclusão é retirada da clara "autonomização do processo decisório de concessão dos benefícios fiscais" e a "dificuldade de quantificação precisa dos benefícios fiscais concedíveis... mas... denuncia a inexistência – por não ser viável – de qualquer correspectividade valorativa, de qualquer sinalagma preciso entre o montante dos investimentos realizados e o montante dos incentivos proteladamente concedidos". Para concluir que "Dependência, condi-

No entanto, várias são as razões apontadas no sentido da não equivalência económica e jurídica entre as receitas públicas (não captadas por força das isenções) e as despesas públicas (poupadas). Não vamos preocupar com a sua análise exaustiva. Limitamo-nos a enumerá-las exemplificativamente: 1. a incognoscibilidade do montante das receitas renunciadas; 2. a incognoscibilidade do montante das despesas poupadas, devido à não orçamentação; 3. a circunstância de os beneficiários poderem ser diferentes, isto é, as pessoas que aproveitam as isenções não são necessariamente aquelas que seriam beneficiadas com a despesa que o Estado efectuaria com a receita que renunciou.

Por último, pugnamos pela consagração das regras da transitoriedade e da avaliação periódica dos incentivos fiscais, como forma de evitar que sejam transformados em verdadeiros privilégios fiscais, concedidos a determinados contribuintes e não a outros. Assim, em conformidade com o previsto no artigo 18.º do Decreto-Lei n.º 4/91, determinadas entidades têm o dever de fiscalização geral dos projectos de investimentos que beneficiam de desagravamentos excepcionais, em especial, o Gabinete de Apoio ao Investimento, entidade criada especialmente para essa finalidade: *"Sem prejuízo da competência de outros Ministérios, designadamente do Ministério da Economia e Finanças, da Tutela e do Banco Central da Guiné-Bissau, ou de outros Departamentos do Estado, na área das suas atribuições, compete especialmente ao GAI verificar que a execução do projecto de investimento está a ser realizado de acordo com as condições subjacentes à atribuição dos respectivos incentivos"* (n.º 1).

A inobservância das disposições contratuais que deram origem à atribuição dos incentivos fiscais é, *per se*, motivo de caducidade, uma vez que estão condicionados ao cumprimento pelo contraente-investidor do estabelecido no contrato de investimento: *"O não cumprimento, por parte do investidor, das condições a que se refere o número anterior, é motivo de revogação da atribuição dos respectivos incentivos, determinando a anulação de todos os benefícios entretanto usufruídos, através de Despacho conjunto dos Ministros de Estado da Economia e Finanças e da Tutela"* (n.º 2).

---

cionamento haverá, claro, mas não uma verdadeira relação de contrapartida" (p. 374). O autor vai mais longe ao afirmar que: "... nem neste contrato de investimento estrangeiro, se vislumbra qualquer nexo sinalagmático ou de correspectividade entre a prestação do investimento e a concessão dos benefícios fiscais" (p. 377).

No n.º 3, o legislador fiscal, tenta precisar a expressão vaga utilizada no número anterior dizendo: *"Considera-se, designadamente, não cumprimento das condições de atribuição dos incentivos, a liquidação ou cessação das actividades do projecto nos seus dois primeiros anos de vida, ressalvadas as situações de força maior, a apreciar caso a caso pelo GAI".*

Note-se que, ocorrendo uma destas causas por facto imputável ao contraente-investidor, pode-se, por despacho conjunto dos Ministros da Economia e Finanças e da Tutela, revogar o acto de concessão dos incentivos fiscais, com efeitos *ex tunc*, donde o despontar das regras da tributação normal.

2. O MÍNIMO DE EXISTÊNCIA

O acolhimento que mereceu o princípio de que cada contribuinte deve pagar (os impostos) de acordo com a sua capacidade contributiva, o princípio da capacidade contributiva, "ganha especial densidade no que concerne ao imposto pessoal sobre o rendimento"[268], e recomenda a construção do sistema fiscal/imposto à escala da família, considerada, simultaneamente, unidade de produção, consumo, distribuição e assistência[269]. Isto é, em suma, a tributação (do rendimento pessoal) deve ter em consideração as necessidades do contribuinte e sua família.

Pacificamente aceite pela doutrina e jurisprudência a parcela do rendimento necessária à manutenção do contribuinte e sua família, o *mínimo de existência*, considerada o mínimo indispensável à existência física da pessoa, abarcando aquelas necessidades mais elementares como alimentação, vestuário e habitação, não deve ser tributada, em virtude de desempenhar "uma função equilibradora, actuando como compensação da sobrecarga suportada em impostos de consumo pelas classes economicamente mais débeis"[270]. Trata-se de uma preocupação que encontra justificação na

---

[268] O princípio da capacidade contributiva é considerado trave-mestra da tributação dos rendimentos e tem importantes implicações neste domínio, nomeadamente, na tributação do rendimento líquido (e não bruto), respeitando a lógica de que para a sua obtenção são necessárias despesas, o que justifica as deduções bem como o respeito pelo mínimo de existência. Vide para mais desenvolvimentos, CASALTA NABAIS, *Contratos fiscais*, p. 284.

[269] Vide LEITE DE CAMPOS, "Evolução e...", pp. 651-652.

[270] DOMINGOS MARTINS EUSÉBIO, *O imposto pessoal...*, p. 189.

própria ideia do Estado social dos nossos dias, sendo inconcebível que retire ao contribuinte aquilo que precisaria e esperaria receber do mesmo Estado, as prestações sociais, em caso de carência. É verdade que estas prestações dependem de factores alheios à boa intenção que as preside, como afincadamente expressou a Constituição no já conhecido artigo 58.º,: *"Em conformidade com o desenvolvimento do país, o Estado criará progressivamente as condições necessárias à realização integral dos direitos de natureza económica e social reconhecidos neste título"*.

Todavia, pensamos que este artigo não deve servir de refúgio para se recusar aos mais carenciados o que precisam, ao menos para manterem um mínimo de dignidade. Condicionam-se apenas as prestações ao desenvolvimento do país. Isso é a demonstração evidente da teoria jusfundamental dos direitos, na sua acepção de princípio da dignidade da pessoa humana.

Considerada a família unidade de produção, como a "principal fonte de actividade económica", não existe justificação possível para a imposição fiscal que absorve o "rendimento necessário à conservação do indivíduo e da sua família"[271]. Aliás, o Estado, ao lançar qualquer imposição que atinja tal parcela de rendimento, não estará a fazer mais do que comprometer o seu próprio progresso, ao corroer uma parte significativa da sua produção e produtividade. Isso melhor se compreende num país em que o sustento, a conservação da família (africana) depende de rendimentos que mal chegam para as necessidades humanas elementares e inadiáveis. Ora, cercear o pouco (que ganha) seria atentar gravemente contra a sobrevivência do indivíduo-contribuinte e da sua família[272], célula básica da sociedade e sua primeira unidade de produção.

Não queremos com isso significar que o mínimo de existência esteja talhado para resolver os problemas relativos à situação pessoal e familiar do contribuinte. Trata-se de uma medida aplicável a todos os contribuintes sem consideração, neste tocante, do seu estado civil[273]. Queremos tão-só

---

[271] DOMINGOS MARTINS EUSÉBIO, *O imposto pessoal*..., p. 189.

[272] É preciso notar que a noção da família (guineense) africana não se compadece com a da família europeia, porquanto a sua constituição e funcionamento são grandemente influenciados por tradições costumeiras secularizadas. A descon-sideração desta realidade terá como consequência a transposição de realidades e sentimentos que não encontram quaisquer correspondências reais e justificam, quase sempre, o falhanço de muitas boas intenções dos nossos governantes.

[273] DOMINGOS MARTINS EUSÉBIO, *O imposto pessoal*..., p. 191.

testemunhar a indispensabilidade, para o contribuinte (e sua família), de uma parcela de rendimento inatingível pela tributação, isto é, desobrigada da incidência de imposto. É que, na maior parte das vezes, sucede que a sobrevivência do indivíduo-contribuinte e da sua família não se encontra assegurada pelo minguado rendimento normalmente auferido pelo conjunto da família, na grande maioria das famílias guineenses apenas um dos cônjuges (ou companheiros) aufere rendimento.

O *mínimo de existência* é considerado o ponto a partir do qual se considera que um indivíduo dispõe de capacidade contributiva; isto é, o limiar em que, garantido o mínimo, o indispensável à existência física (e da família – *mínimo de existência familiar* ou *conjugal*), pode suportar uma carga fiscal. Em termos de consagração constitucional, encontramos referência explícita e directa deste princípio no artigo 26.º, n.º 1 que reza: *"O Estado reconhece a constituição da família e assegura a sua protecção"*.

Problema é que o princípio da capacidade contributiva não nos fornece indicação quanto ao montante deste mínimo indispensável ao sustento do contribuinte e sua família. Esta preocupação será resolvida em sede do Estado social, preocupado em oferecer prestações sociais aos cidadãos carenciados, dependendo das considerações relativas ao desenvolvimento do país (artigo 58.º CRGB). Por outras palavras, queremos significar com tudo isso que o *mínimo de existência* encontra justificação não na capacidade contributiva do sujeito passivo da relação jurídica tributária, mas sim no Estado social, bem como, na dignidade da pessoa humana, cuja protecção contra a intervenção fiscal estadual, reclama uma "barreira intransponível, concretizada na garantia da intangibilidade fiscal de um mínimo de meios ou recursos materiais indispensáveis à salvaguarda dessa dignidade"[274].

A norma constitucional constante do artigo 26.º, n.º 1 CRGB contém um princípio geral que está presente na ordem jurídica em geral e reclama medidas quer positivas (*maxime* de carácter social, como as prestações socais, incluindo o planeamento familiar), quer negativas (não discriminação sem fundamento das famílias, por exemplo, o montante do mínimo de existência por cabeça não deve ser diferente para o contribuinte com família ou pessoas a cargo e para o contribuinte sem família[275], situação que se nos afigura não incompatível com o mínimo de existência familiar que toma em consideração o número de membros do agregado familiar, em

---

[274] CASALTA NABAIS, *O dever fundamental...*, pp. 559 e ss.
[275] CASALTA NABAIS, *Contratos fiscais*, p. 286.

homenagem não só ao princípio do Estado social, como também da protecção da família[276], uma imposição constitucional, em termos da sua dignidade como principal cédula social). Por outras palavras não deve haver discriminação dos casados em relação aos não casados, ou ainda entre família e concubinato.

As implicações do preceito do artigo 26.º, n.º 1 CRGB no domínio fiscal prendem-se, nomeadamente, com as soluções legislativas para se alcançar a protecção preconizada pelo legislador constitucional. Assim, o imposto pessoal sobre o rendimento não pode colocar o contribuinte (e sua família) em condições piores ou degradantes. Por outro lado, a tributação pessoal que não considere a situação do agregado familiar é reputada de ilegítima, porque fere o princípio constitucional de protecção da família. Em igual sanção incorre a solução legislativa que discrimine a família (em vez de a proteger, conforme exige a Lei Fundamental).

Porém, a Constituição não nos diz o modo como efectuar esta protecção: se mediante o imposto igual; proporcional; degressivo ou progressivo sobre o rendimento total do agregado familiar. A omissão constitucional seria aproveitada pelo legislador fiscal para implantar um sistema de alta progressividade de taxa, não se sabe, ao certo, com que intenção, tributando mais fortemente as pessoas casadas. Poder-se-á pensar que se

---

[276] Entenda-se que o favorecimento da família, a nosso ver, deveria consubstanciar medidas como aquelas que toma em consideração os membros do agregado familiar, coisa que não acontece com o nosso Imposto Complementar, nomeadamente, no seu artigo 3.º CICompl. Ao permitir que se deduza do rendimento tributável nos termos das als. a) 92.308 F. CFA (contribuinte sem família a seu cargo) e b) 184.615 F. CFA (contribuinte com família a seu cargo), não está a considerar o número do agregado familiar, mas apenas a deduzir alguns montantes; igualmente os *"encargos sociais obrigatórios suportados sobre salários"* [al. c)] englobam os seguros e providência sociais; a aposentação... Por outro lado, não toma em consideração a situação dos sujeitos passivos casados, porquanto a liquidação deste imposto, é igual quer para os casados (segundo a lei civil ou católica, ou ainda os usos e costumes não contrários à lei, portanto equiparados àqueles) quer para os concubinos (casados segundo os usos e costumes não contrários à lei, mas não equiparados aos outros) ou solteiros. Entendemos que, neste aspecto, a técnica do *splitting* total ou *splitting* atenuado (CASALTA NABAIS, *Contratos fiscais*, p. 286, nota 924) ou a aplicação de tabela especial de taxas, de quociente conjugal/quociente familiar ou ainda a consideração do indivíduo como unidade fiscal, tributando em separado os rendimentos de cada um dos membros do agregado familiar (TEIXEIRA RIBEIRO, *Lições...*, pp. 320-321) responderiam melhor a estas situações. Pelo que nos parece que estas soluções legais são susceptíveis de censura constitucional.

pretende desincentivar o casamento e, por conseguinte, criar uma cultura que favorece o concubinato?

O esquema pensado para a situação guineense, na tentativa de considerar a família como uma unidade contributiva fiscal ficou estabelecido no Código de Imposto Complementar (adiante CICompl.), disciplinado pelo Decreto n.º 7/84, de 3 de Março, publicado em Suplemento ao BO n.º 9 da mesma data, nomeadamente, nos artigos 3.º e 9.º deste diploma legal.

Ficaram, *supra,* demonstradas as deficiências deste tipo de imposto no Sistema Fiscal guineense. O seu objectivo ficou aquém das expectativas, porquanto não conseguiu corrigir os defeitos da tributação analítica a que se propôs, através de um sistema de imposto personalizado – na verdade não passa de um imposto de sobreposição – que incide, pela segunda vez, sobre os rendimentos tributados em sede de impostos parcelares. Esta situação frustrou por completo os objectivos de personalização e de preparação do sistema para o imposto único. Segundo as palavras de RICARDO SÁ FERNANDES: "Deste modo, a sua manutenção não tem significado relevante como receita e constitui um elemento de perturbação na lógica do imposto cedular... complicando as relações do contribuinte com a Administração e dificultando a clareza do sistema"[277]. Acresce que a consideração da família como unidade de produção, consumo, distribuição e assistência associada a este tipo tributário está desgarrado da realidade guineense, cuja coerência de constituição e funcionamento estão fundadas em raízes tradicionais em nada assemelhadas à família de tipo europeu[278].

Algumas considerações se impõem fazer acerca do Imposto Complementar. Desde logo, em matéria de equiparação de tratamento, para efeitos fiscais, das *"famílias constituídas com base em vínculos de relação relevantes segundo usos e costumes não contrários à lei"* aos *"agregados familiares constituídos segundo os vínculos jurídicos previstos na lei"*, nos termos do n.º 3 do artigo 3.º do CICompl.

Antes de mais, convém precisar a expressão usada pelo legislador fiscal. Salvo melhor entendimento, o legislador usa uma técnica legislativa que obriga o aplicador do direito ao caso concreto a procurar no ordenamento jurídico qual o conteúdo do conceito por ele utilizado[279]. Se isso

---

[277] *"A reforma..."*, p. 91.
[278] Vide RICARDO SÁ FERNANDES, *"A reforma..."*, p. 91.
[279] Esta técnica legislativa configura a situação de conceitos determinados directa e implicitamente pelo legislador. Não se trata de nenhuma faculdade discricionária, nem tão

é verdade, não duvidamos que se impõe o recurso às normas do direito civil, *maxime* o casamento celebrado nos termos das leis em vigor: civil/católica.

Assim, de grande utilidade prática nos parecem as normas da Lei n.º 3/76[280], de 4 de Maio, em cujo Preâmbulo se declara a intenção de proteger legalmente as uniões de facto. Equipara-se, para efeitos civis, o casamento não formalizado, vulgo *união de facto*, ao casamento formalizado (civil e católico) celebrado nos termos das respectivas leis. Contudo, esta equiparação não opera de forma automática: requerendo, portanto, a intervenção (reconhecimento) judicial da situação fáctica própria da união de facto (artigo 1.º).

Segundo alguma doutrina, professada por JOÃO ESPÍRITO SANTO[281], a Lei n.º 3/76 visa tutelar as situações de casamento não formalizado, querendo significar-se com tal expressão a "união de facto judicialmente reconhecida com tal" diferente da "união de facto juridicamente irrelevante", situação que designou de *concubinato*. Adianta ainda que "só a primeira delas é plenamente equiparada, quanto aos efeitos, ao casamento formalizado"[282]; aliás, em conformidade com o estabelecido no artigo 1.º, n.º 2, da mesma lei: *"O casamento não formalizado produzirá todos os efeitos próprios do casamento formalizado, quando for reconhecido judicialmente"*.

Pensamos que esta conclusão se aplica inteiramente à matéria que estamos a tratar. A justificação mais próxima do regime de equiparação, para efeitos de tributação, do casamento não formalizado ou união de facto ao casamento formalizado se encontra nesta Lei n.º 3/76, ao estabelecer a equiparação, para fins civis, entre estes tipos de casamentos: não formali-

---

pouco de uma margem de livre apreciação deixada à Administração, obrigada a aplicar a norma legal de acordo com o conteúdo previamente definido, isto é, requer apenas uma actividade vinculada, conforme sustenta MARIA CELESTE CARDONA, *"O regime e a natureza da discricionariedade imprópria e da discricionariedade técnica"*, in CTF, n.ºs 289/291, Lisboa, 1983, p. 173 e ss.

[280] Publicada em Suplemento ao BO n.º 18, de 4 de Maio, contém normas reguladoras do casamento não formalizado. Trata-se de uma Lei, cujo objectivo principal consiste em conceder protecção legal às uniões de facto.

[281] Vide *"Apontamentos sobre os regimes jurídicos guineenses de fonte legal do casamento e do divórcio"*, in BFDB, n.º 4, 1997, pp. 211-251.

[282] JOÃO ESPÍRITO SANTO, *"Apontamentos sobre os regimes jurídicos guineenses..."*, pp. 222-223, e nota 31.

zado e formalizado. Assim sendo, estamos em crer que, para efeitos fiscais, se aplica o regime do casamento formalizado (civil e católico) ao casamento não formalizado (vulgo união de facto), o que já não acontece em relação aos chamados concubinatos; caso contrário, incorrer-se-ia em incongruências dentro do próprio sistema. Em suma, a equiparação de tratamento a que se aludiu o legislador fiscal verifica-se entre "*os agregados familiares constituídos segundo os vínculos previsto na lei*" – casamento formalizado (civil e católico) e os agregados familiares constituídos "*com base nos vínculos de relação segundo os usos e costumes não contrários à lei*" – união de facto ou casamento não formalizado reconhecido judicialmente.

O reconhecimento no plano conceptual, pelo legislador ordinário, de que a união de facto reconhecida judicialmente, constitui um agregado familiar, obriga o legislador fiscal a criar um sistema em que a unidade fiscal seja idêntica para os agregados familiares constituídos de acordo com a lei civil ou católica e os agregados familiares equiparáveis, as designadas uniões de facto. Significa isso que não podem existir discriminações infundadas relativamente a esses mesmos agregados familiares.

No que concerne à tributação do agregado familiar, impõe-se distinguir a participação dos membros, componentes destes agregados no rendimento da família. Isso porque, para nós, não é indiferente tributar os seus rendimentos sem ter em devida conta se todos os seus componentes (pais e filhos) ou só algum/alguns aufere(m) rendimentos (nomeadamente um dos cônjuges) sujeitos à tributação. Em todas estas hipóteses, podem ocultar-se injustiças que importa combater em homenagem aos princípios da igualdade e da obrigação de alimentos como factor diminuidor da capacidade contributiva.

Repare-se que, para efeitos de liquidação do Imposto Complementar das pessoas singulares, os rendimentos a englobar são os respeitantes ao agregado familiar (n.º 1), que se considera "*o conjunto formado pelos cônjuges e filhos ou enteados menores a cargo do casal*" (n.º 2). Seguem este regime os agregados familiares formados pelo casamento formalizado e casamento não formalizado, mas reconhecido judicialmente. Implica isso a consideração unitária dos rendimentos (líquidos) do agregado familiar (marido, mulher e filhos/enteados menores). Isto é, a consideração da família como unidade fiscal, submetida a uma taxa mais alta, devido à progressividade deste imposto, agravada com as insuficientes deduções estabelecidas no CICompl., o que faz com que o imposto se situe para além da capacidade contributiva do agregado familiar.

Mas porque não é equiparado, para fins fiscais (como de resto, civis), ao casamento formalizado, o concubinato segue, como é óbvio, um regime fiscal diferente, ou seja, não se englobam, para efeitos de liquidação deste imposto, os rendimentos de cada um dos concubinos. O que equivalerá a dizer que os seus rendimentos, bem como os dos seus filhos/enteados menores a cargo, são considerados separadamente em termos de tributação. Esta situação convida não só à *mancebia*, como também discrimina os filhos. Regime idêntico seguem também os contribuintes individuais, os solteiros.

A não inclusão dos rendimentos dos filhos e enteados menores ao cargo das famílias não constituídas legalmente, cujos rendimentos são tributados segundo o regime do concubinato (também das pessoas sem família a cargo, os solteiros) – algo que não se verifica relativamente ao casamento (formalizado/não formalizado, mas equiparável) – criou no sistema uma fonte de injustiça sem paralelo, uma vez que não se previu nenhum regime específico de dedução para os filhos/enteados menores que vêm os seus rendimentos tributados conjuntamente com os dos seus progenitores. Entendemos, portanto, que a norma do artigo 3.º, n.º 2 do CICompl. é inconstitucional por violação do princípio da igualdade dos filhos, consagrado no n.º 2 do artigo 26.º CRGB, que estabelece: *"Os filhos são iguais perante a lei, independentemente do estado civil dos progenitores"*.

É caso para perguntar se o casamento é um factor gerador de imposto ou se se quererá com isso desincentivar tal vínculo? É que, através do esquema criado, ficaram desvirtuados os princípios da igualdade e capacidade contributiva, bem como o sistema de protecção da família pensado pelo legislador constitucional. Ou ainda, para indagar porque se penalizam os filhos e enteados pelo simples facto de os pais serem casados. É esta a protecção pensada pelo legislador constitucional? Entendemos que não. Não se pode, num Estado moderno, admitir um tipo de tratamento discriminatório.

Uma outra consideração que nos parece pertinente tem que ver com o sujeito passivo deste imposto. Ao que nos parece, o sistema criado pelo CICompl. está pensado para a tributação individual, conforme se pode concluir da leitura de vários artigos, entre os quais, 1.º a 4.º, 8.º, 9.º, etc, referindo-se sistematicamente às pessoas singulares. Sem embargo, procurou-se, a partir delas, englobar os rendimentos da família, elevando-a a categoria de unidade fiscal, conforme reza o artigo 9.º deste Código. Consideramos que esta referência deve ser entendida indiscriminadamente na pessoa de um dos cônjuges (marido ou mulher) em obediência ao princípio constitucional de igualdade constante do artigo 25.º[283]. Outra interpretação não podia ser feita sob pena de se criar uma contradição da lei fiscal com a Lei Fundamental e também com a lei civil, segunda a qual a administração dos bens do casal cabe a ambos os cônjuges.

O regime concebido pelo CICompl. não é válido para a tributação dos cônjuges em geral. Isto porque, segundo o Código Civil (adiante "CC") e a Lei n.º 3/76[284], os regimes patrimoniais de bens dos casais são: comunhão de adquiridos, comunhão geral e separação de bens. Como é do domínio comum, neste último regime, os cônjuges asseguram cada um a administração dos seus bens nos termos do artigo 1735.º CC, pelo que cada um é tributado, separadamente, pelos rendimentos que aufere.

O CICompl. estabeleceu um sistema de tributação, em que um dos cônjuges ou indivíduo intervém como sujeito passivo, desde que se encontra abrangido pelas normas de incidência pessoal. Acontece que se criou, nos casos dos casados e equiparados, um sistema em que a tributação dos indivíduos se efectua mediante a criação de uma unidade contributiva, composta por todos os membros que compõem o agregado familiar. Esta solução visa fazer coincidir, em relação aos casados e equiparados, o sujeito passivo do imposto e a unidade contributiva, o agregado familiar, cujo conjunto de rendimento determina a "capacidade contributiva de cada sujeito jurídico... e, consequentemente, o nível de tributação a que deverá estar sujeito"; pelo que se imputam aos cônjuges os rendimentos do agregado familiar e conjuntamente "o dever de proceder ao pagamento do imposto, quer os deveres fiscais acessórios, como de declarar os rendimentos do agregado familiar"[285].

Perguntar-se-à se o sistema de englobamento tal como está pensado não será uma forma de "*passar atestado*" de incapacidade a um dos cônjuges, regra geral, a mulher? Não será, porventura, resquícios da figura do

---

[283] Reza este artigo: "*O homem e a mulher são iguais perante a lei em todos os domínios da vida política, económica, social e cultura*". Este preceito mais não será que um reforço do princípio de igualdade geral estabelecido no nosso já conhecido artigo 24.º todos CRGB.

[284] Em face do estabelecido no artigo 7.º desta Lei: "*Na falta de acordo sobre o regime de bens, o regime aplicável é o da comunhão de adquiridos*", isto é, o legislador da Lei 3/76 acolheu o mesmo regime supletivo de bens matrimoniais previsto na lei civil.

[285] Vide JOSÉ LUÍS SALDANHA SANCHES, "*O Imposto Complementar como imposto de rendimento*", in RJ, n.º 4, Lisboa, 1984, p. 194.

«chefe de família» prevista na versão anterior do CC e que, com base, no princípio constitucional de igualdade dos cônjuges, pacificamente entendida contrária à Constituição e, portanto, expurgada da lei civil?

A solução encontrada pela lei fiscal, mormente, no artigo 9.º do CICompl. não nos afigura pacífica. Duvidamos da sua constitucionalidade. Pelo que somos da opinião, em face da situação, que deve haver liberdade de escolha quanto ao regime de tributação, contanto que seja combatida os efeitos nefastos resultantes da leitura desta norma fiscal. Lembre-se que a Constituição não obriga a nenhum regime em concreto, o que não afasta a possibilidade da tributação separada dos rendimentos de cada um dos cônjuges, melhor, cada um dos membros do agregado familiar. De resto, este é o método seguido relativamente à tributação dos rendimentos de cada um dos concubinos (incluindo os filhos/enteados a cargo) e solteiros. A opinião não se fundamenta em nenhum mal, em abstracto, atribuído à tributação conjunta dos rendimentos do agregado familiar; repudiamos, sim, os efeitos discriminatórios resultantes desta forma de tributação, que o legislador fiscal não se preocupou em atenuar ou eliminar.

Veja-se um exemplo em concreto. A e B, casados, com um rendimento global líquido (depois de efectuadas as deduções do artigo 11.º do CIComp.) de 300.000 F. CFA, pagam, conjuntamente, de imposto, 48.000 F. CFA. Mas, considerados os mesmos rendimentos (150.000 F. CFA para cada um), A e B, concubinos (ou solteiro), pagam cada um de imposto 12.000 F. CFA, num total de 24.000 F. CFA. Isto é, metade do que pagaria um agregado familiar, marido e mulher. A explicação para esta situação é simples: até o limite de cerca de 300.000 F. CFA, a taxa aplicável é de 16%; enquanto que a taxa aplicável para o rendimento na ordem dos 150.000 F. CFA, é de 8%, ou seja, metade daquela.

Renovamos aqui a nossa preocupação quanto à eventual eleição do casamento como facto gerador do imposto. Voltaremos a este assunto a propósito do princípio da capacidade contributiva, no ponto 1. da próxima Secção do nosso trabalho.

Por último, resta fazer uma derradeira consideração ainda, no que tange à solução do CICompl. Parece-nos, de algum modo, desfasada da realidade guineense a desconsideração dos parentes próximos (como por exemplo, os primos, sobrinhos, pais e avós) como membros do agregado familiar. Estes, contrariamente ao que se observou relativamente aos filhos/enteados menores a cargo do contribuinte, não são considerados dentro de uma mesma realidade social, económica e cultural. Será que o legislador fiscal desconhece (ou quererá ignorar) a constituição do agregado familiar guineense-africano?

Esta solução terá implicações na consideração dos encargos da família quer para efeitos da capacidade contributiva, quer para efeitos da sua protecção (repita-se, família guineense-africana e não de cariz europeia) merecedora de expressa consagração por parte do legislador constitucional. Enfim, entendemos que a solução legal conflitua com os valores constitucionais de protecção da família e com o próprio objectivo proposto pelo Imposto Complementar, a personalização do imposto. A consecução deste objectivo implica a consideração das situações que diminuem a capacidade contributiva do sujeito passivo. Assim, por exemplo, a obrigação de alimentos do obrigado relativamente aos seus familiares não deve ser ignorada[286].

Em face destes considerandos prefiguram como soluções possíveis: a tributação conjunta, mas atenuados/eliminados os seus efeitos nefastos; ou a tributação em separado dos rendimentos de cada um dos membros da família, tal como acontece nas situações de concubinatos e solteiros, sem esquecer as necessidades relativas à subsistência da família (guineense-africana) consubstanciadas em regime de deduções ou isenções. A opção por esta solução tem a seu favor, entre outras razões: a sua simplicidade e eficiência; a sua concordância com o princípio da igualdade, do qual decorre a igualdade entre os cônjuges; a identidade entre a família (constituída nos termos da legislação em vigor) e os concubinatos/solteiros; entre os casados e os não casados; e a igualdade entre os filhos, independentemente do estado civil dos progenitores.

---

[286] Cfr. HEINRICH EWALD HÖRSTER, "Contra a tributação conjunta dos cônjuges para efeitos do imposto complementar", in RDE, Ano IV, n.º 2, 1978, pp. 476-477, nota de rodapé n.º 5: "(...) Justa será uma tributação individual que tome em devida e efectiva consideração as obrigações alimentares do titular dos rendimentos".

SECÇÃO II

O PRINCÍPIO DA UNIFORMIDADE DOS IMPOSTOS

Observámos anteriormente que uma das traduções do princípio da igualdade (fiscal) requer a exigência da generalidade do imposto: "... *estão sujeitos aos mesmos deveres*", reza o já citado artigo 24.º CRGB, entre os quais, como já adiantamos, figura o dever de contribuir para o erário público, uma tradução do *dever fundamental de pagar impostos*. Mas, tal dever não ficaria completa sem um critério definidor da medida do sacrifício imposto aos cidadãos-contribuintes. Por esta razão torna-se imperativo encontrar um critério que servirá de medida.

Este critério é dado pelo *princípio da uniformidade* que fornece a medida da sujeição dos cidadãos-contribuintes: a sujeição aos impostos deve ser igual para todos, isto é, a sua repartição deve obedecer um critério idêntico para todos os que estão adstritos ao dever de contribuir para o erário público.

Este conceito tem evoluído ao longo dos tempos e admitiu várias concepções. Destarte, uma primeira concepção entendia que a igualdade de sacrifício se conseguiria através de um imposto igual para todos, donde a justificação das capitações, entre nós existentes outrora. Esta concepção viria a ser abandonada, porquanto não servia para as situações fundadas, por exemplo, em desigualdades de base, razão pela qual se seguiu a exigência do imposto desigual, sendo, portanto, a sua taxa proporcional, traduzindo o sacrifício fiscal a capacidade contributiva de cada um.

Por último, as preocupações de natureza social estariam na origem de uma terceira concepção, que reclama a progressividade dos impostos (directos sobre o rendimento), como forma de atingir a justiça social em termos de igualdade de sacrifícios (ou diminuição de desigualdades) entre os cidadãos-contribuintes. As taxas aplicáveis aos rendimentos devem ser progressivas, aumentando à medida do aumento dos rendimentos. Assim, para rendimentos altos, elevadas taxas de impostos, e para rendimentos baixos, baixas taxas. Refira-se que esta última concepção não se filia em preocupações meramente fiscais – prover o orçamento com as receitas necessárias à cobertura das despesas –, mais sim em argumentos de índole política e social, *maxime* a redistribuição de rendimentos[287].

---

[287] Sobre os regimes de taxas de impostos, a propósito da função redistributiva (redistribuição vertical): imposto de taxa fixa; regressiva; proporcional e progressiva; *vide*

Delineados que estão os contornos deste princípio, insistimos novamente na sua constitucionalização. A Constituição actualmente em vigor – bem como as versões que a antecederam – preocupou-se tão-só com a formulação de um dever geral de contribuir para o erário público, sem no entanto apontar o(s) critério(s) que deve(m) servir de base à repartição da carga fiscal entre os cidadãos-contribuintes, de forma a se atingir a tão almejada igualdade de sacrifícios sem a qual não se efectiva a justiça fiscal. Há, portanto, uma omissão constitucional que poderia comprometer as aspirações do princípio da uniformidade expressa quer na igualdade horizontal (igual tributação para igual riqueza) quer na igualdade vertical (diferente tributação para diferente riqueza) e, deste modo, distorcer o princípio da igualdade fiscal.

Em face desta circunstância, torna-se, porém, legítimo perguntar se o legislador constitucional quis deixar ao livre arbítrio do legislador ordinário a escolha do(s) critério(s) que deve(m) presidir à justa repartição da carga fiscal entre os cidadãos-contribuintes? É evidente que a resposta não podia ser outra, senão negativa.

Impõe-se, portanto, uma igualdade horizontal entre os cidadãos, sujeitos aos mesmos deveres, em particular o dever de contribuir para a satisfação das necessidades públicas através de sacrifícios patrimoniais. Entretanto, é sentimento comum que não devem ser exigidos quaisquer impostos para além daqueles "determinados pelas necessidades do bem comum"[288]; nem tão-pouco é defensável a ideia de uma arbitrária repartição da carga fiscal. Este sentimento geral, no entender da doutrina e da jurisprudência mais avisadas, exige que qualquer imposição (fiscal) deve assentar em pressupostos reveladores de alguma capacidade. Assim, o *princípio da uniformidade* visa atingir igualdade de sacrifício, logo, admite um critério igual, assente na capacidade contributiva revelada por cada um dos cidadãos-contribuintes.

Porém, importa dizer que, o legislador (ordinário) fiscal optou por consagrar um regime de impostos de taxas progressivas (o que não significa um sistema fiscal progressivo), na ausência de imperativos

---

entre outros, ANÍBAL ALMEIDA, *"Desigualdades e progressividade" (Em complemento de uma lição recente de J. J. TEIXEIRA RIBEIRO)*, in BCE, Vol. XXXII, 1989, pp. 233-239; ainda do mesmo autor *"Imposto regressivo e redistribuição"*, in BCE, Vol., XXXVIII, 1995, pp. 113-152.

[288] A exigência arbitrária dos impostos pode conduzir ao direito de resistência. Vide entre outros, LEITE DE CAMPOS, "A reforma dos..." p. 56.

constitucionais que o obrigassem, como melhor forma de conseguir os objectivos de justiça social (igualdade de sacrifícios ou desigualdades sociais) que o direito propõe realizar no campo fiscal. Isso sem embargo de as características apresentadas pelo Sistema Fiscal guineense reclamarem o método proporcional próprio dos sistemas em que predominam os impostos analíticos. Naturalmente a função redistributiva pode ser conseguida por qualquer um dos tipos de impostos – quer de taxa fixa, regressiva, proporcional ou progressiva, uns mais do que outros –, desde que as despesas sejam predominantemente afectas a finalidades sociais.

Pensamos que esta opção do legislador fiscal é influenciado pelo lugar de destaque que se pretende conferir a tributação na diminuição das desigualdades sociais, embora se saiba que esta função não é prosseguida pelos fins meramente fiscais dos impostos, mais sim pelos fins extrafiscais, próprios dos Estados modernos intervencionistas. Donde se conclui que todas estas funções são dignas de protecção constitucional, e daí a necessidade de equilíbrio entre elas.

1. A CAPACIDADE CONTRIBUTIVA

O princípio da igualdade fiscal, como se viu, para além da vertente da *generalidade* – adstrição de todos (os que revelam capacidade contributiva) ao pagamento de imposto – tem uma outra faceta, traduzida num critério igual para todos como medida de sacrifício de imposto, a *uniformidade*, que se expressa em termos da capacidade contributiva de cada um dos cidadãos-contribuintes.

Este princípio, sem expressão constitucional, encontra a sua fundamentação no princípio geral da igualdade, e a sua concretização é deixada ao legislador fiscal, com a possibilidade de ser controlada judicialmente. Isto é, trata-se de um conceito que pode ser retirado do ordenamento jurídico-constitucional, podendo servir, por isso mesmo, de parâmetro da constitucionalidade das normas materiais de impostos.

Na esteira de CASALTA NABAIS, diríamos que o princípio da capacidade contributiva "não carece dum preceito específico e directo no texto constitucional, decorrendo o mesmo do princípio geral da igualdade... dos diversos preceitos constitucionais respeitantes aos impostos e sistema fiscal... e, bem assim, dos (ou em articulação com os) preceitos relativos aos direitos fundamentais"[289]. Este princípio embora servindo de termo de comparação (do que é igual ou desigual), não fornece nenhum critério, sendo, porém, certo que, enquanto expressão da justiça fiscal, apela para critérios materiais, excluindo portanto os critérios arbitrários, como aqueles que se baseiam em elementos subjectivos, designadamente os referidos no artigo 24.º da Constituição.

Em termos práticos, em que se traduz a ideia da tributação segundo a capacidade contributiva? Que significado têm expressões como a mesma capacidade contributiva e diferente capacidade contributiva? Este problema começou a ser debatido no domínio da ciência das finanças, com base na *teoria da equivalência* e também no *princípio do sacrifício*, e encontra justificação no pretenso carácter remuneratório dos impostos, cuja expressão máxima se traduz nestas palavras: "Os súbditos de todos os Estados devem contribuir para a manutenção do governo, tanto quanto possível, em proporção das respectivas capacidades, isto é, em proporção do rédito que respectivamente usufruem sob a protecção do Estado"[290].

A distribuição da carga contributiva entre os cidadãos-contribuintes não deve ser feita de modo arbitrário e irracional. Deve observar um critério objectivamente definido e igual para todos. O dever de fundamental de pagar impostos, isto é, o dever de contribuição a que todos estão adstritos para a realização do bem comum, encontra limite na capacidade pessoal de cada um. Decorre desta ideia a eleição da capacidade contributiva como medida da contribuição que cabe a cada contribuinte isoladamente. Nas palavras de LEITE CAMPOS, a "cada um deve competir uma quota medida rigorosamente pela capacidade contributiva"[291].

Esta ideia não se compadece com aquela que faz assentar a capacidade contributiva na capacidade pessoal de suportar impostos pela não utilização do rendimento ou do património que os impostos implicam em benefício do Estado, o princípio do sacrifício, traduzida na renúncia a satisfação das necessidades privadas, cujas premissas em que se baseia são

---

[289] CASALTA NABAIS, *O dever fundamental...*, p. 445.
[290] ADAM SMITH, *Riqueza das Nações*, Vol. II, pp. 485-486. Segundo o autor, na "observância ou não dessa máxima consiste o que se chama a igualdade ou desigualdade da tributação" (p486). Para uma crítica desta posição, vide CASALTA NABAIS, *O dever fundamental...*, pp. 449 e ss; não obstante, reconhece a aplicação de tal princípio (de benefício) aos tributos causais ou bilaterais, mormente as taxas e as contribuições especiais.
[291] "*A reforma dos...*", p. 56.

indemonstráveis (como seja a medição das utilidades individuais, algo subjectiva e o correspondente sacrifício imposto), ao mesmo tempo que revela uma falta de unicidade de entendimento da (des)igualdade de sacrifício, passível de ser procurada em várias teorias: a do sacrifício absoluto ou total (igual), proporcional (igual) e marginal (igual)[292].

Como princípio constitucional é natural que a capacidade contributiva desempenha algumas funções. Coube a doutrina alemã e italiana o estudo dos significados deste princípio, a partir das específicas disposições constitucionais em que se fundamentam[293]. À capacidade contributiva cabe a função de servir de fundamento material de justificação dos impostos. Ou seja, constitui a razão de ser dos impostos. Assim, é chamado a desempenhar a função de critério ou parâmetro da tributação; através dela é aferida a (in)constitucionalidade das normas jurídico-fiscais. Nesta perspectiva, é de afastar a escolha de critérios, por parte do legislador fiscal, quando não toma em consideração a capacidade contributiva do contribuinte. O mesmo é dizer que é de rejeitar a regulação do imposto em que seja adoptado um elemento contrário à capacidade contributiva, mormente a repartição do imposto em que a mera existência (o ser) da pessoa é erigido a elemento de incidência – a *capitação* (imposto de cabeça) ou em que as exigências deste princípio são colocadas em perigo, em resultado da aplicação do imposto[294]. É nisso que consiste, muito resumidamente, o lado negativo do critério ou parâmetro da tributação[295].

O lado positivo deste significado da capacidade contributiva (critério ou parâmetro da tributação) diz respeito ao âmbito de aplicação, que se situa quer ao nível objectivo quer subjectivo, e tem inegáveis vantagens práticas. No que concerne ao primeiro, a tributação de acordo com a capacidade contributiva permite distinguir os impostos de outros tributos

---

[292] Para uma crítica do princípio do sacrifício como expressão da capacidade contributiva, vide CASALTA NABAIS, *O dever fundamental*..., pp. 452 e ss.

[293] CASALTA NABAIS, *O dever fundamental*..., p. 462.

[294] Pense-se por exemplo na sujeição de determinados contribuintes, dentro da mesma categoria, a um conjunto de normas jurídico-fiscais diferentes dos restantes, como seja a dispensa da declaração a uns e não a outros. Isso constituiria uma violação do princípio da igualdade fiscal que exige tratamento igual para todos os contribuintes em idêntica situação e, em consequência, a inconstitucionalidade material dessa norma fiscal.

[295] Para mais desenvolvimentos deste aspecto particular do princípio da capacidade contributiva, vide CASALTA NABAIS, *O dever fundamental*..., pp. 469 e ss.

causais (taxas, contribuições especiais, etc.). Entre nós, a consagração constitucional do dever geral de contribuir para a colectividade – sublinhe-se, sem apurar nenhum critério – inculca a ideia de que tal dever é independente de qualquer consideração relativa à sua proveniência. Ou seja, não interessa que seja apurada com base nos impostos ou noutros tributos, mormente, as taxas e outras figuras tributárias similares. A vingar esta interpretação, estender-se-ia o princípio da capacidade contributiva a estes tipos de tributos. Entretanto, duas observações parecem-nos suficientes e decisivas para afastar tal entendimento, e respeitam à estrutura do facto tributário nesses tributos (*maxime* os impostos e as taxas) e ao critério que subjaz a uma ou outra figura tributária[296], e à consequente aplicação de uma ou outra norma constitucional, consoante a opção política que oriente a escolha do legislador.

Relativamente à primeira, importa sobretudo dizer que a estrutura da generalidade dos impostos assenta numa contribuição que toma como facto tributário a actividade económica do contribuinte. Isso é válido mesmo em relação às contribuições especiais, por exemplo, a tributação das *mais-valias ocasionadas pela realização de obras públicas,* ou a *contribuição do utente da rede rodoviária* (unificação, a partir de 1997, do *imposto de circulação,* devido pela circulação de veículos pesados, e as consequentes despesas de manutenção e reparação que acarretam e *imposto de compensação,* igualmente sobre veículos ligeiros e pesados que utilizem gasóleo como combustível). Trata-se de situações em que, respectivamente, resulta um benefício de forma indirecta e reflexa para o contribuinte, em resultado da actuação de um ente público, ou do uso anormal de bens ou serviços públicos que obriga à sua compensação. Ou seja, não existe nenhuma conexão directa entre os fins do ente público e a satisfação daí resultante para os obrigados. Por outro lado, as técnicas que delimitam o facto gerador do dever de pagar tanto no imposto como nas

---

[296] A doutrina italiana e a espanhola apontam como razões justificativas da exclusão da aplicação do princípio da capacidade contributiva às taxas, primeira, as diferentes estruturas dos factos tributários nos impostos e nas taxas; segunda, as dificuldades de aplicação de tal princípio às taxas, em que basicamente argumentam os seguintes: os factos que dão origem ao dever de pagar são produzidos pelo ente público (administração), que é simultaneamente, o credor do imposto; a matéria a tributar junto do contribuinte: ou porque não tem expressão monetária, ou não existe correlação entre ela e o respectivo facto tributário. Para uma crítica deste último argumento, *vide* CASALTA NABAIS, *O dever fundamental...*, pp. 474 e ss.

contribuições especiais são idênticas: satisfações indivisíveis e contribuintes não individualizáveis relativamente à actuação do ente público que fornece essas mesmas satisfações.

Diferentemente se passam as coisas com as taxas, cujo facto que lhe dá origem é (e apenas só) a actividade do ente público que presta, nomeadamente, um determinado serviço público apto à satisfação da necessidade individual. Existe nestas, portanto, uma contraprestação específica que se encontra ausente no caso dos impostos ou das contribuições especiais.

Quanto ao consequente desencadear da aplicação de certas normas constitucionais tal fica, como é óbvio, ao critério do legislador, ressalvando o tipo de Estado: fiscal ou tributário. Assim, a opção pelas taxas, porquanto pressupõe uma contrapartida ou contraprestação pública para o particular (quer se traduza na prestação de um serviço, na utilização de um bem de domínio público, ou na remoção de um obstáculo jurídico à sua actividade) implica o pagamento de um montante que, em princípio, não poderá ultrapassar a respectiva contraprestação. Por outras palavras, o carácter sinalagmático que caracteriza as taxas apela para o chamado princípio da equivalência ou dos custos, enquanto concretização do princípio da proporcionalidade, princípio este que nos fornece um critério segundo o qual a "medida da taxa há-de ser proporcional aos específicos benefícios que proporciona aos que a suportam ou aos específicos custos que a administração tem de suportar para manter os correspondentes serviços"[297]. Assim sendo, o princípio da proporcionalidade constitui parâmetro de constitucionalidade das taxas. O que equivale a dizer que a constitucionalidade das taxas é medida, justamente, à luz deste princípio. Em nome da conclusão a que chegámos, fica afastada a aplicação do princípio da capacidade contributiva às taxas.

Ao invés, a opção pelos impostos (com fins meramente fiscais) desencadearia o controlo da sua constitucionalidade com base no princípio da capacidade contributiva, visto que se tratam de contribuições, sem contrapartidas específicas e não postas ao serviço de um determinado objectivo (extrafiscal) específico, donde a necessidade de a sua medida ser encontrada numa actividade económica em concreto, expressa em termos monetários, que, ao cabo e ao resto, retrate a sua capacidade contributiva.

---

[297] CASALTA NABAIS, *O dever fundamental...*, p. 478. Para mais desenvolvimentos desta questão, *vide* o citado autor e obra, pp. 474 e ss; também sobre o mesmo assunto, ANA PAULA DOURADO, "*O princípio da legalidade...*", pp. 57-58.

Temos, assim, um índice adequado para medir a carga fiscal que deverá suportar um contribuinte: a capacidade contributiva.

Chegados a este ponto surgem-nos três importantes questões que entendemos tratar muito rapidamente: a *primeira*, é a de saber se a capacidade contributiva actua sobre os impostos em conjunto (sistema fiscal) ou apenas em cada um dos impostos *per se*? A *segunda*, diz respeito à intensidade com que actua a capacidade contributiva nos mesmos: ou seja, ela é válida para todos os impostos, sem consideração da sua natureza? E a *terceira* e *última* tem que ver com cada imposto em si mesmo considerado.

Quanto à primeira questão, é evidente que a capacidade contributiva como critério de medida da carga fiscal, é valida tanto para o sistema fiscal no seu todo, como para cada um dos impostos individualmente considerados. Entendemos que isso não causa nenhuma estranheza porque, de outra forma, veria limitado o seu alcance prático e, nessa medida "não passaria de uma directriz para o legislador...", que se sentiria satisfeito, por exemplo, com a protecção do "núcleo essencial ou caracterizador do sistema fiscal"[298], relegando cada um dos impostos em concreto à sua sorte. Isto é, os contribuintes sentir-se-iam prejudicados, sem um critério que funcionasse como limite ao poder de criação de cada um dos impostos que pertence ao Estado/outras entidades públicas de base populacional e territorial, nos termos da Constituição.

O que acabamos de dizer conduz-nos à segunda questão acima levantada: a intensidade da sua actuação em cada um dos tipos de impostos. A resposta só pode ser encontrada precisamente nos objectivos visados por cada um destes tipos em concreto: impostos com fins/objectivos fiscais e impostos com fins/objectivos extrafiscais. Ora, é sabido que os primeiros estão relacionados intrinsecamente com a satisfação das necessidades financeiras do Estado, servindo-se de meio adequado e eficaz de propiciar aos entes públicos os recursos necessários à realização do bem comum. Nesta perspectiva, a concreta contribuição de cada um deve ser apurada de acordo com a sua capacidade criadora de riqueza.

Já, no que tange aos segundos, mormente os direitos aduaneiros, devem ser adequados aos fins ou objectivos que visam atingir, o que equivale dizer que tais impostos devem ser justificados à luz de outros princípios jurídico-constitucionais que não a capacidade contributiva, nomeada-

---

[298] CASALTA NABAIS, *O dever fundamental...*, p. 479.

mente o princípio da proporcionalidade. Em consequência, devem ser adequados aos fins e objectivos, naturalmente extrafiscais, consagrados constitucionalmente (nomeadamente, os objectivos de carácter económico e social) ou ainda de acordo com a "afectação de outros valores constitucionais, mormente dos direitos, liberdades ou garantias fundamentais"[299].

Terceira e última questão: o critério da capacidade contributiva em relação à cada imposto. Note-se que, em termos da ciência fiscal, cada tipo tributário concretiza-se numa relação obrigacional (fiscal) subjectiva, em que um dos lados é o contribuinte ou terceira pessoa, sujeitos de obrigações de carácter principal (*maxime* a prestação pecuniária) ou de carácter acessória, como aquelas que dizem respeito às técnicas de lançamento, liquidação e cobrança do imposto. Enquanto a primeira das facetas é aferida, em princípio, através da capacidade contributiva daquele que presta, o obrigado do imposto; a segunda é comandada por outros critérios constitucionais, em que sobressaem os direitos fundamentais[300], formando uma defesa contra às intervenções estaduais.

Face à concepção dos impostos como um dever fundamental, apresentam-se como um limite ao conteúdo dos direitos fundamentais. Deste ponto de vista, os impostos, sendo constitucionalmente aceites como limitadores dos direitos individuais, não os podem, contudo, afectar dentro de uma zona demarcada pelo domínio constitucional, na qual se exerce uma defesa e protecção com especial relevo para a propriedade e iniciativa privadas. Donde decorre o entendimento prevalecente de que os impostos não constituem quaisquer restrições aos direitos, liberdades e garantias, mas sim uma limitação.

De tudo isso se retira a conclusão da insusceptibilidade de se aplicar aos impostos o teste jusfundamental material e principalmente, a proibição de excesso (sentido negativo) ou o princípio da proporcionalidade (sentido positivo); ao invés, é de aplicar o princípio da capacidade contributiva, critério que fornece um juízo de (des)conformidade dos impostos como meio ou instrumento necessário à obtenção dos recursos de que carece o Estado fiscal. Subjaz a este tipo de entendimento – a inaplicabilidade do princípio da proporcionalidade aos impostos –, a não convocação da teoria das restrições jusfundamentais como teste material dos impostos[301].

---

[299] CASALTA NABAIS, *O dever fundamental...*, p. 479.
[300] CASALTA NABAIS, *O dever fundamental...*, p. 480.
[301] Para mais desenvolvimentos das considerações sobre as virtualidades dos

Sem embargo se reconhece que é próprio da justiça fiscal o respeito pelos direitos fundamentais (direitos, liberdades e garantias), porquanto não é admitida na ordem jurídica constitucional a tributação que não os respeite, ou seja, os afecte nos seus conteúdos. Por isso mesmo, tem-se por inconstitucional a tributação que os atinge (*maxime*, nos seus conteúdos). É que o ónus fiscal deve incidir sobre uma dada manifestação desses direitos, por exemplo, os rendimentos auferidos pelo contribuinte ou o seu património e não sobre os direitos em si mesmos considerados. Em abono desta afirmação, apontam-se os impostos com carácter verdadeiramente confiscatório que, em última análise, se propõe atingir a propriedade privada, em vez da sua concreta manifestação.

Assim, a concepção dos direitos fundamentais como direitos subjectivos públicos, constitui uma barreira contra a tributação excessiva que atinge o núcleo essencial desses direitos, descaracterizando-os ou desconfigurando-os face ao conteúdo constitucional que lhes é dado, uma vez que se nos afigura contraditória a consagração constitucional dos direitos fundamentais, de um lado, e a permissão do seu aniquilamento, através das imposições (a coberto do *dever fundamental de pagar impostos*), de outro[302].

A teoria jusfundamental dos direitos fornece importantes limites à tributação (*máximo*, ao não admitir impostos de cariz confiscatórios ou sufocantes, naquilo que se prende com outros objectivos ou fins, também, relativos ao sistema fiscal, designadamente os económicos e sociais; e *mínimo*, isenta da incidência da tributação o mínimo de existência)[303]. Estas limitações são bem visíveis, principalmente na questão relativa à progressividade dos impostos individualmente considerados ou do sistema fiscal no seu todo. Com isso, saímos do âmbito restrito da fiscalidade para nos circunscrever ao domínio da extrafiscalidade. É aqui que melhor se reflectem as virtualidades dos direitos fundamentais, enquanto limite ou parâmetro da tributação meramente extrafiscal, ao mesmo tempo que se recusam essas mesmas virtualidades já no concernente aos impostos com objectivos fiscais.

---

direitos fundamentais, enquanto limitação ao poder estadual de imposição, *vide* CASALTA NABAIS, *O dever fundamental...*, pp. 550 e ss.

[302] CASALTA NABAIS, *O dever fundamental...*, pp. 562 e ss, principalmente, pp. 570-572.

[303] Esta virtualidade não esconde, contudo, a dificuldade da teoria jusfundamental dos direitos em fornecer o montante a que deve corresponder o mínimo de existência. *Vide* CASALTA NABAIS, *O dever fundamental...*, pp. 550 e ss, principalmente, pp. 554-555, nota 1038.

Em suma, pretendemos com tudo isso apenas afirmar que a convocação dos direitos fundamentais não serve para testar os impostos com objectivos ficais, designadamente a concreta obrigação de imposto. Por outro lado, no que tange aos impostos com finalidades extrafiscais, assentes em preocupações de outra natureza (económica, social ou cultural), os mesmos direitos prestam-se a servir de parâmetro para as "chamadas obrigações fiscais acessórias, ligadas ao procedimento fiscal (lançamento, liquidação e cobrança dos impostos)", bem como "à fiscalização do cumprimento da obrigação de imposto e das obrigações acessórias, as relativas à simplificação fiscal"[304]. Actualmente, assiste-se a um progressivo chamamento dos particulares, contribuintes, a participarem na execução das tarefas que normalmente cabiam à Administração fiscal, nomeadamente as instrumentais que se destinam a obtenção (incluindo aqui, a sua atempada cobrança) da prestação tributária, ligadas ao dever fundamental de pagar impostos. Esta situação pode colidir com os direitos, liberdades e garantias fundamentais constitucionalmente consagrados. Por isso mesmo, procurar-se-á apurar se a afectação dos direitos fundamentais é "adequada, necessária e proporcional ao fim extrafiscal visado ou à materialização desse interesse fiscal instrumental..."[305].

Para apurar o critério da capacidade contributiva relativamente a cada imposto, propomos o recuo à época do pensamento clássico, e à distinção proposta entre os impostos directos (impostos sobre o rendimento e património) e indirectos (impostos sobre o consumo)[306]. Nos primeiros, é fácil verificar que a tributação deve ter correspondência na capacidade

---

[304] CASALTA NABAIS, *O dever fundamental...*, p. 557.

[305] CASALTA NABAIS, *O dever fundamental...*, p. 557, nota 1044. Para além deste peculiar aspecto da teoria jusfundamental dos direitos, outra sua manifestação verifica-se em relação às chamadas imunidades fiscais ou exclusões fiscais, assim como à dignidade da pessoa humana e a consequente inadmissibilidade da tributação em que o pressuposto de facto assenta no ser e não no ter da pessoa – as capitações. Vide sobre estes e outros aspectos aplicáveis à teoria jusfundamental, o autor e obra citada.

[306] Como assinala CASALTA NABAIS, *O dever fundamental...*, pp. 480 e ss, nota 828, trata-se de uma distinção prevalecente entre a doutrina económica defendida pelos economistas, e, reconduz-se à distinção dos impostos que incluem ou não, técnica e juridicamente, o preço dos bens e serviços. Noutros termos, os juridicamente ou não repercutíveis; porquanto é sabido que a nível económico, dependendo das condições de mercado, também os impostos directos são repercutíveis. *Vide* do autor a obra, bem como a bibliografia citada.

contributiva real do obrigado da relação jurídica formal do imposto. Isto é, a tributação deve espelhar ao máximo a situação económica real daquele que é onerado de forma directa com o encargo fiscal. O que coloca a questão da forma de determinação da matéria colectável.

Já no que concerne aos segundos, os impostos indirectos (impostos sobre consumo), porque estão incorporados nos bens e serviços postos à disposição dos particulares no mercado, naturalmente que um dos sujeitos da relação jurídica do imposto, aquele que suporta economicamente o imposto, não é, à partida, um conhecido, pois, na expressão de CASALTA NABAIS, "o onerado com o encargo fiscal é deixado no anonimato do mercado..."[307]. Isso faz com que a tributação não incida sobre a capacidade contributiva real do contribuinte, mas sim, sobre a capacidade manifestada, de forma objectiva, através dos produtos (bens e serviços) adquiridos: a capacidade de pagar.

Estamos aqui perante uma capacidade que encontra manifestação somente no adquirir dos bens e serviços previamente onerados, em virtude de o imposto incorporar o preço dos mesmos. Por esta razão, não é possível conhecer a situação real do consumidor onerado (contribuinte), uma vez que este não revela todo o seu rendimento ou património[308]. Pretendemos, com isso, concluir que o critério da capacidade contributiva não serve para medir rigorosamente a tributação assente em impostos que oneram o consumo dos bens e serviços oferecidos no mercado, os chamados impostos indirectos que, entre nós, encontram a disciplina principal nos denominados impostos sobre as vendas e serviços e nos impostos especiais de consumo.

Em conclusão, a capacidade contributiva, enquanto critério ou parâmetro de tributação, fornece bases seguras para a tributação assente em manifestações directas da capacidade económica do contribuinte (impostos directos), porquanto se estabelece uma relação directa entre esta e os rendimentos ou património do obrigado de imposto; diferente é a situação que se verifica nos impostos indirectos, em que quem suporta o encargo fiscal se encontra no anonimato do mercado, pelo que não se consegue obter com rigor necessário a sua situação económica em termos de rendimento e património. Donde a dificuldade deste critério para servir

---

[307] *O dever fundamental...*, p. 481.
[308] *Vide* sobre esta questão, CASALTA NABAIS, *O dever fundamental...*, pp. 481-483 e autores citados.

com suficiente rigor de medida da carga tributária nestes tipos de impostos.

Relativamente ao âmbito de aplicação subjectivo, tanto se aplica às pessoas singulares como às pessoas colectivas que revelam capacidade económica[309], capaz de suportar a carga fiscal, porquanto produzem rendimentos. Contrariamente, não serve de medida de tributação assente no benefício/utilidade que cada um aufere dos bens públicos como se tratassem de tributos causais que supõem uma equivalência económica, e a consequente sujeição ao princípio da proporcionalidade.

A equiparação das pessoas colectivas (morais) às singulares encontra justificação, justamente, na capacidade contributiva (objectiva) que revelam no próprio substracto económico que subjaz a este tipo de organização. Ademais, a própria natureza dessas pessoas não é incompatível com o dever de pagar impostos; dever esse medível segundo a capacidade contributiva[310].

Mas importa fazer duas ressalvas ao que acabamos de dizer. Realça-se que, em face do imperativo constitucional do dever de pagar impostos, a aplicação subjectiva deste princípio se restringe unicamente àqueles que revelam a capacidade contributiva adequada a suportar o ónus fiscal. Isto é, a capacidade contributiva não serve de parâmetro para toda e qualquer pessoa como resulta da Lei Fundamental no seu artigo 24.º, "*in fine*"; aliás, o mesmo se diga relativamente a algumas experiências constitucionais, mesmos as de países europeus mais desenvolvidos. Este dever é limitado apenas a determinados destinatários de deveres fundamentais: aqueles capazes de suportar a carga fiscal através do rendimento ou património.

Adicionalmente, a tributação segundo a capacidade contributiva é extensível às pessoas colectivas em equiparação com as pessoas singulares. Não menos verdade é a excepção que isso comporta, isto é, a isenção que se verifica relativamente às pessoas colectivas públicas e organizações interna-

---

[309] Repare-se que a intensidade da actuação é diferente: a capacidade contributiva das pessoas singulares é de natureza subjectiva e projecta-se na própria condição económica, devendo tomar em consideração, tendencialmente, todo o rendimento global, enquanto que para capacidade contributiva das pessoas colectivas basta a existência da realidade económica, traduzida em rendimento, património ou despesa. Vide CASALTA NABAIS, *Contratos fiscais*, p. 277; *O dever fundamental...*, pp. 485-486.

[310] CASALTA NABAIS, *Contratos fiscais*, p. 277; *O dever fundamental...*, pp. 483 e ss.

cionais. Tal isenção não decorre da Constituição. Assim sendo, a concreta exclusão fiscal só é susceptível de ser captada recorrendo a cada uma das disciplinas dos factos e situações tributáveis previstos para cada um dos impostos parcelares ou cedulares, nomeadamente, o artigo 7.º CCI, em todas as suas als.; os artigos 6.º e 7.º CCPU; o artigo 4.º, com excepção da al. f) CICap.; o artigo 5.º CICompl.; e o artigo 9.º, al. a), parág. 1.º e 2.º CIGV.

Parece-nos que deve ser feita, *a priori*, uma distinção entre as pessoas colectivas públicas que actuam no mercado em pé de igualdade com as pessoas singulares e as pessoas colectivas de direito privado, mormente as sociedades. Se não se tomar em devida consideração este facto, incorre-se o risco de desvirtuar ou falsear a concorrência que as regras do mercado exigem para os sujeitos económicos. É que, ao conceder isenções fiscais às pessoas colectivas públicas que desenvolvem actividade económica como qualquer outro sujeito económico, estar-se-á implicitamente a conceder-lhes vantagens no mercado, quando, ao contrário, deveriam ser tributadas do mesmo modo que os outros contribuintes que, por desenvolverem uma actividade sujeita à tributação, ficam, desde logo, submetidos à incidência do imposto, de acordo com a sua capacidade contributiva.

O critério da capacidade contributiva, entre nós, presta-se ainda a servir de medida do dever de pagar, mas somente para a situação em que o sujeito passivo da relação jurídico-tributária é o indivíduo, e não a família, porque esta não é um sujeito fiscal. Esta situação só se verifica em relação aos seus membros titulares dos rendimentos. O que dissemos não prejudica em nada a consideração da família como unidade fiscal ao lado dos indivíduos que a constituem, pois a tributação dos rendimentos destes deve ter em consideração os encargos familiares (discriminando ou não em razão do número do agregado familiar a cargo), de forma a evitar discriminação dos indivíduos com família em relação aos sem família, justificativa da liquidação e cobrança conjunta dos impostos. Em suma, o princípio da capacidade contributiva não tem como destinatário a família, uma vez que nela não se verifica a titularidade de rendimentos sujeitos à tributação[311].

Diríamos que a nível de tributação da família, o princípio da capacidade contributiva exige que não sejam feitas discriminações desfavoráveis aos agregados familiares, antes pressupõe um tratamento favorável. Nou-

---

[311] *Vide* para mais desenvolvimentos, CASALTA NABAIS, *O dever fundamental...*, pp. 487, 495 e ss.

tros termos, a protecção da família (constituída nos termos da lei civil e católica, e segundos os usos e costumes não contrários à lei, reconhecida judicialmente, portanto, equiparados para fins civis e fiscais àquela) significa que esta não deve ser discriminada ou desfavorecida relativamente aos concubinos ou solteiros, contrariamente ao que se verifica no Imposto Complementar (artigo 3.º, n.º 3), que claramente contraria o comando constitucional da protecção da família no que tange à sua consideração como unidade fiscal.

Mas isso não quererá significar que a protecção da família impõe ao legislador fiscal o seu benefício ou favorecimento, embora nada obste a que tal aconteça, nomeadamente, para se atingirem fins extrafiscais. Tal protecção configura antes uma total proibição da discriminação contra os contribuintes casados ou com filhos em relação aos concubinos e solteiros sem filhos, pressupondo, portanto, que aqueles não sejam objectos de imposições mais gravosas do que estes[312].

Com isso, a questão central residirá na matéria da tributação. Qual a fórmula que deve ser adoptada: tributação conjunta ou tributação separada? Em que montante deve ser tributada a família, em ordem ao respeito do princípio constitucional da sua protecção, isto é, da sua não discriminação em relação às uniões de facto não reconhecidas judicialmente e aos solteiros? Começaremos por tratar da fórmula, a que se seguirá o *quantum* da tributação.

A primeira consideração exige que seja definida a unidade fiscal: se a família, se os indivíduos que a compõe. Sem embargo do que se disse *supra,* o problema está na incidência, onde se prontificam as duas alternativas atrás apontadas: a tributação conjunta pura e simples (que encontra acolhimento nos regimes de bens matrimoniais – comunhão de adquiridos e de comunhão geral –, cujas disciplinas estão previstas, respectivamente, nos artigos 1721.º e ss e 1732.º e ss CC e ainda artigo 7.º Lei n.º 3/76), sem qualquer mecanismo de neutralização da discriminação daí resultante. Este poderia consistir no *splitting* ou *quociente conjugal*, instrumento neutral no tratamento da família como unidade fiscal que não constitui "nem

---

[312] Vide CASALTA NABAIS *O dever fundamental...*, pp. 524 e ss. Na p.. 534, escreve: "(...) a não afectação fiscal da família há-de aferir-se ao nível do *quantum* da tributação, ou seja, em termos materiais, pois que o que as constituições visam impedir, ao tutelar a família, é que as pessoas, pelo simples facto de constituírem família, passem a pagar mais impostos, ou seja, que o casamento e a família se configurem como (verdadeiros) factos tributários".

um benefício fiscal nem uma oneração da família", assumindo-se como uma forma de tributação separada e imputação aos cônjuges dos rendimentos adicionados (e tributação separada para os filhos), diferentemente do *quociente familiar*, enquanto concretização de um "efectivo meio de favorecimento das famílias numerosas e com elevados rendimentos...", traduzido no fraccionamento ou divisão dos rendimentos da família de acordo com os seus membros. Para além destas formas de evitar a discriminação fiscal da família, pode recorrer-se ao sistema de deduções[313], como se verifica entre nós no que concerne ao Imposto Complementar, nos termos do artigo 11.º CICompl, com o único objectivo de atenuar a progressividade do imposto. Enfim, considerações que requerem, sobretudo, uma análise virada para os objectivos extrafiscais do(s) imposto(s).

Em termos abstractos, a tributação conjunta da família, ao incluir no processo de liquidação os rendimentos dos cônjuges ou destes e seus dependentes, *maxime* filhos e enteados menores (realça-se aqui o princípio de igualdade dos filhos, independentemente de nascerem dentro ou fora do matrimónio) não encerra em si mesma nenhum mal, enquanto técnica fiscal visando o apuramento do *quantum* do imposto que cada contribuinte deve pagar. Apesar de tudo, a tributação conjunta dos rendimentos da família apresenta alguns inconvenientes e, até mesmo, algumas contradições com a Lei Fundamental. Dispensamos, de alguma forma, estas considerações, remetendo-as para o momento posterior quando analisarmos mais detidamente, na Secção 5 do Título I do Capítulo III, as opções do legislador relativamente ao objecto de tributação.

Diga-se que a opção do nosso legislador fiscal recaiu sobre a tributação conjunta dos rendimentos da família (legalmente constituída ou equiparada) ao prever no artigo 3.º, n.º 1 CICompl que: "*Os rendimentos a englobar para efeitos de liquidação do Imposto Complementar das pessoas singulares, são os respeitantes ao agregado familiar*", considerando-se incluído neste "*... o conjunto formado pelos cônjuges e filhos ou enteados menores a cargo do casal*", conforme reza o n.º 2 do mesmo artigo. E os rendimentos do agregado familiar formam a capacidade contributiva da unidade fiscal, a família, encabeçada pelos cônjuges. Ora, pode acontecer que os filhos ou enteados menores a cargo do casal sejam

---

[313] CASALTA NABAIS, *O dever fundamental...*, p. 529, nota 966, ainda p.. 549. Vide também, LEITE DE CAMPOS, "*Tributação da família: carga fiscal e inconstitucionalidade*", BFDC, Vol. LV, 1979, pp. 102-103; PITTA e CUNHA, *A reforma fiscal*, pp. 92-94, principalmente p.. 94.

titulares de rendimentos próprios, e nessa medida, também eles sujeitos passivos do imposto (parcelar e complementar) – devendo nessa qualidade beneficiarem de deduções próprias –, sem embargo dos deveres fiscais acessórios caberem aos progenitores; a não ser que se conclua que não são contribuintes, ou seja, são isentos, o que constituiria uma fonte de injustiça. Pelo que nos afigura que a solução é infeliz.

Deixando estas considerações de lado por momento – mas não porque sejam de somenos importância –, entendemos que o que está em causa é saber se do lançamento conjunto do imposto sobre os rendimentos dos cônjuges (contrariamente ao que se passa relativamente aos concubinos e solteiros, tributados separadamente de acordo com a capacidade contributiva que cada um manifesta[314]), com base na tributação progressiva pensada para o contribuinte individual, resulta ou não para os casados e equiparados um tratamento discriminatório. Ora, de acordo com o já conhecido artigo 3.º, n.º 3 CICompl., resulta uma manifesta discriminação destes em relação aos não casados (concubinos e solteiros), uma vez que, do cúmulo de rendimentos, pode resultar, sem dúvida, um escalão mais elevado, sujeito a uma taxa superior, contrariamente o que aconteceria se fossem tributados separadamente, agravando-se com o facto de não se consagrar um mecanismo que corrija os efeitos nefastos resultantes de tal situação. Donde se conclui que há um desfavorecimento da família contrário ao espírito do artigo 26.º, n.º 1 CRGB.

É que, efectivamente, nem o sistema de dedução à colecta previsto no artigo 11.º CICompl. consegue disfarçar a discriminação dos casados

---

[314] Porquanto não estão incluídos na previsão do n.º 3 do artigo em análise, que dispõe: "*Às famílias constituídas com base em vínculos de relação relevantes segundo os usos e costumes não contrários à lei será atribuído, para efeitos deste código, o tratamento previsto para os agregados familiares constituídos segundo os vínculos jurídicos previstos na lei*". Desta previsão retiram-se, entre outras, as seguintes ilações: *primeira*, são constituídos "*segundo os vínculos jurídicos previstos na lei*" os agregados familiares de acordo com a lei civil ou católica; *segunda*, as famílias constituídas "*com base em vínculos de relação relevantes segundo os usos e costumes não contrário à lei*" entendam-se as uniões de facto ou casamento formalizado, equiparadas, para efeitos fiscais, aos casamentos formalizados; *terceira*, não se consideram equiparadas para os mesmos efeitos, por conseguinte, as uniões de factos, não reconhecidas judicialmente, os concubinos, como decorrência, de resto, da atribuição de efeitos civis, conforme a Lei n.º 3/76 de 4 de Maio; *quarta*, nos termos expostos, a tributação conjunta dos cônjuges não é aplicável às uniões de facto não reconhecidas judicialmente.

e equiparados relativamente aos não casados (concubinos e solteiros). Repare-se que o sistema prevê deduções para todos os contribuintes, dependendo o seu montante apenas da existência ou não de família a cargo, independentemente da existência de um vínculo conjugal, união de facto ou concubinato, podendo-se estar inclusivamente perante solteiros, viúvos ou divorciados.

Por outro lado, decorre do mesmo artigo que não existe nenhuma dedução específica para os filhos ou enteados menores a cargos que vêm os seus rendimentos, para efeitos de liquidação, englobados no rendimento da família. Situação contrária verifica-se relativamente aos filhos de pais concubinos ou solteiros tributados separadamente. Disso resulta um tratamento desigual dos filhos baseado no estado civil dos seus progenitores, o que viola flagrantemente o princípio específico de igualdade dos filhos *"perante a lei, independentemente do estado civil dos progenitores"*, constante do artigo 26.º, n.º 2 CRGB. Por isso mesmo a norma fiscal em análise é inconstitucional.

A discriminação da família agrava-se ainda mais à medida que o número de filhos e enteados menores aumenta e, também, sobretudo, se tomarmos em consideração que o rendimento pode ser gerado apenas e só por um dos cônjuges. Note-se que não se prevê nenhuma dedução específica para os membros do agregado familiar, não obstante os seus rendimentos se encontrarem incluídos, a fim de se determinar a capacidade contributiva do mesmo. Acresce a tudo isto, também sem explicação racional, o facto de não se permitir qualquer dedução, para o contribuinte, relativamente aos encargos com os parentes próximos a seu cargo, o que contraria a concreta composição da família guineense, tipicamente africana, e demonstra um absurdo desconhecimento ou ignorância da realidade social, económica, cultural do país, cuja ossatura familiar se diferencia muito da família de cariz europeia, para nós, objecto da solução pensada pelo CICompl.

Em face do que vimos expondo, concretamente em matéria da protecção da família, ao contrário do que seria de esperar e é reclamado constitucionalmente, o legislador não se preocupou em beneficiar ou proteger a família. Antes pelo contrário, contemplou um sistema de tributação da família do qual resulta a discriminação ou seu desfavorecimento, não se sabe em nome de que ideal, quiçá o desencorajamento do casamento como instituição jurídica e social e a consequente promoção do concubinato! Daí, sublinhe-se, a inconstitucionalidade da norma fiscal que consagra uma tal discriminação infundada, contrária à lógica pretendida pela ordem constitucional, não por se tratar de uma tributação conjunta, mas porque desta resulta discriminação ou desfavorecimento dos casados e equiparados relativamente aos não casados (concubinos e solteiros).

A consequência desta inconstitucionalidade, em princípio, expande-se a todos os efeitos produzidos no passado desde o momento da entrada em vigor do Código – efeitos «*ex tunc*» –, podendo desencadear o direito de resistência relativamente ao pagamento do imposto e, até mesmo, a restituição dos impostos cobrados à sombra de uma tal norma[315]. Contudo, é preciso verificar a relação de correspondência entre a norma fiscal com a Lei Fundamental.

Note-se que o CICompl. é anterior à actual Constituição, datando de 3 de Março de 1984 e incorporado no Decreto n.º 7/84 – lembre-se que, tal como a totalidade dos impostos parcelares, foi recebido na ordem jurídica em geral, em particular a ordem jurídico-tributária, pela Lei n.º 1/73 –, donde a necessidade de se ressalvar os efeitos produzidos antes da entrada em vigor da (nova) Constituição, 16 de Maio de 1984, altura a partir da qual a norma fiscal já não produz qualquer efeito.

Na vigência da anterior Constituição de 1973, não se estabelecendo nenhuma protecção específica para a família (mas também não obrigava a qualquer discriminação), para além dos princípios de igualdade geral e específica entre o homem e a mulher (no concernente à família, ao trabalho e actividades públicas) previstos, respectivamente, nos artigos 13.º e 16.º CRGB 1973, nem por isso a questão estava esvaziada de significado. Sem embargo, não se podia admitir este tipo de discriminação, na nossa perspectiva, destituída de qualquer lógica.

Em suma, não está em causa a técnica da tributação em si mesma, pois entendemos que a liberdade de que goza o legislador fiscal permite-lhe optar entre a tributação conjunta e a tributação separada ou individual. Para nós, a questão central está nos efeitos discriminatórios que resultam daquela tributação, não neutralizados (ou seja, queridos!) pelo legislador, em flagrante contradição com a Lei Fundamental.

Outra orientação defendida nesta matéria é a da tributação separada ou individual da família, a qual é apontada como tendo um efeito neutro no que tange à tributação do casal, não comportando nenhuma sobrecarga dos casados e equiparados relativamente aos não casados, concubinos e

---

[315] LEITE DE CAMPOS, "Tributação da família ...", pp. 106-107.

solteiros. A ser assim, esta forma de tributação apenas elimina a discriminação dos casais face a estes últimos, ficando por resolver a questão da discriminação da família com filhos ou enteados menores [e, porque não, outros dependentes, parentes mais próximos: avós, pais, sobrinhos, primos, que vivam em total comunhão com o casal, formando uma família *lato sensu*, como é, em geral, a família (tradicional) guineense].

Em face da lei (artigos 3.º e 9.º CICompl.), torna-se imperiosa questionar a tributação dos filhos e enteados menores pelos seus próprios rendimentos, uma vez a cargo das pessoas que vivem em união de facto não reconhecida judicialmente (não equiparável à família constituída nos termos da lei numa interpretação a *contrario* do n.º 3 do artigo 3.º), porque nessa vigora o regime de tributação separada dos rendimentos dos seus membros, na medida em que não se trata de família para fins civis e fiscais, donde não haver, portanto, a imputação dos rendimentos como está definido no artigo 9.º CICompl.

Ora, a tributação separada dos rendimentos dos agregados familiares não fundados no casamento civil ou católico, ou ainda com base em vínculos de relação relevantes segundo usos e costumes não contrários à lei – isto é, a tributação dos concubinos individualmente –, faz com que não haja que imputar os rendimentos dos filhos e enteados menores a cargo, a não ser que um dos pais-concubinos administre os bens destes e suporte os encargos da sua manutenção. Em princípio, poderia correr-se o risco de colocar um dos progenitores em posição de predomínio relativamente ao outro, o que violaria o princípio específico da igualdade dos pais quanto à capacidade civil e política e à manutenção e educação dos filhos, estabelecido no n.º 3 do artigo 26.º CRGB. Razão porque nos parece que a solução poderia ser tributar também separadamente os rendimentos dos filhos, beneficiando estes, assim, da respectiva dedução.

Mas, nada impede que os rendimentos dos bens dos filhos e enteados menores sejam tributados nas mãos da pessoa (um dos progenitores) que exerce o poder paternal ou administra os seus bens. Na hipótese de o exercício e administração caber a ambos os progenitores, entendemos que os rendimentos devem ser imputados a ambos. E, no que tange aos enteados menores, a questão não muda de figurino, uma vez que tudo indica que a administração dos bens, ou fica a cargo do progenitor (mãe/pai), sendo os rendimentos imputados, por conseguinte, a este, ou a cargo de quem assume a administração dos seus bens, mesmo que não seja o progenitor biológico. De resto, entendemos que não é relevante, do ponto de vista do Direito Fiscal, se a assunção da responsabilidade pela administração dos bens dos enteados menores, é de um dos progenitores com quem vive ou do padrasto/madrasta.

De tudo quanto se disse até aqui, parece-nos que a questão central não está na opção do legislador em tributar conjuntamente os rendimentos da família ou em tributá-los de forma separada porque, quanto a nós, repita-se, goza de uma ampla margem de liberdade, em virtude de não existir na Constituição nenhuma norma que o obrigue a optar por um ou outro sistema, nem tão pouco está em causa a forma de tributação em abstracto.

Contudo, uma tal margem de liberdade encontra um limite constitucional previsto no artigo 26.º, n.º 1 CRGB. Isto é, da opção do legislador fiscal nunca pode resultar tratamento discriminatório, desfavorável para a família. O legislador constitucional quis conceder determinados direitos à família como instituição jurídica e social, reclamando para ela uma específica protecção.

A tutela constitucional da família pretendida pelo legislador constitucional – como acontece em (quase) todas as constituições –, visa impedir que da decisão livre e consciente das pessoas se unirem em casamento, formando uma família, resulte uma espécie de punição, ou seja, que tal não configure verdadeiro facto tributário, motivo suficiente para pagar mais impostos[316]. Pelo que a não discriminação da família deverá ser procurada em outros terrenos, como seja, por exemplo, ao nível do *quantum* da tributação, na medida em que nem o mecanismo do quociente conjugal ou *splitting*, nem o quociente familiar conseguem evitá-la[317].

Questiona-se sim, os efeitos discriminatórios resultantes da opção seguida pelo legislador. Na esteira de CASALTA NABAIS, defendemos que tal comando constitucional de protecção da família, de não discriminação da família poderá ser concretizado através da "dedução dos respectivos

---

[316] LEITE DE CAMPOS, "Da inconstitucionalidade do imposto complementar", in BFDC, Vol. LIII, 1977, p. 341; "Tributação da família ...", p. 95. Cfr. ainda CASALTA NABAIS, *O dever fundamental* ..., p. 534.

[317] CASALTA NABAIS, *O dever fundamental* ..., p. 534. A aplicação desta conclusão à ordem jurídico-constitucional guineense não prejudica a diferença do nível de pormenorização e especificação do sistema de protecção da família nestes ordenamentos, nem tão pouco a consideração do estádio mais ou menos avançado em que se encontra o Estado social; sendo certo que o quociente familiar é aplicável a realidade em análise se se considerar todos os seus membros.

encargos à matéria colectável do imposto sobre o rendimento, conjunta ou separadamente apurada", o que resulta do "princípio geral da igualdade, expresso a nível fiscal no princípio da capacidade contributiva, e que, relativamente à família, dispõe de uma afirmação constitucional específica... porque no estado social a família não pode deixar de ser objecto de favorecimento (positivo)"[318]. Só assim se respeita a capacidade contributiva da família, não tributando os respectivos encargos.

A consequência normal desta situação é, sem sombra de dúvida, a não tributação do mínimo de existência[319] (conjugal ou familiar), assim como a dedução dos encargos respeitantes ao sustento e educação dos dependentes, na acepção por nós utilizada a propósito da consideração da família (tradicional) guineense, o que se consegue adoptando quer uma ou outra técnica fiscal. Observe-se que um tal mínimo, consubstanciando o rendimento necessário para a família assegurar um mínimo de dignidade aos seus membros, enquanto seres humanos, deve ser função do número do agregado familiar, constituindo uma zona que não se compadece com a incidência do imposto, nem se encontra sujeita ao dever de o pagar, válida para todos os cidadãos, sem consideração dos rendimentos manifestados.

Por outro lado, em conformidade com a ideia acima exposta, os encargos da família, enquanto pertença do núcleo do mínimo de existência familiar, configuram-se despesas necessárias para assegurar a família a educação, a instrução, a saúde dos filhos, afectam fortemente a capacidade contributiva, diminuindo ou amputando os rendimentos disponíveis, pelo que devem ser deduzidos à matéria colectável e não ao rendimento líquido.

Ora, entre nós, isso acontece com os montantes fixos (contribuintes sem família a cargo [al. a)] e contribuintes com família a cargo [al. b)] e os *"encargos sociais obrigatórios suportados pelos salários"* [al. c)] todos do artigo 11.º CICompl.), onde figuram os encargos com os seguros e previdência social; a pensão de aposentação, reforma ou invalidez; os abonos

---

[318] *O dever fundamental* ..., p. 534.

[319] Para nós, é convincente a argumentação de CASALTA NABAIS, segundo a qual a não tributação do mínimo de existência configura uma das exigências do princípio do Estado fiscal que apela para a auto-responsabilização primária dos contribuintes pela sua existência e ganha-pão. A responsabilidade da comunidade nesta matéria fica para um segundo plano. Ora, assim sendo, o mínimo de existência adquire-se em momento anterior, e não posterior, à intervenção do imposto. *Vide* para mais desenvolvimentos, *O dever fundamental* ..., pp. 535 e ss.

de família e prestações similares; o subsídio de alimentação (pago apenas por uma ou outra empresa) – não se consideram incluídas as despesas do contribuinte e seu agregado familiar, como por exemplo a educação, instrução e saúde (esta última, em alguns departamentos estatais e empresas públicas, tem um regime de comparticipação), o que é manifestamente pouco se tomarmos em consideração o rendimento médio disponível de uma família guineense – não sujeitos à incidência do imposto, em consonância com o estabelecido no próprio Preâmbulo do diploma em causa, onde a mesma preocupação ficou expressa nesses termos: "*... e ainda proteger do imposto o mínimo de rendimentos indispensáveis ao sustento dos indivíduos e das famílias*", depois confirmada pelo artigo 16.º, relativo à liquidação "*... pela aplicação das taxas previstas no art.º 24 ao rendimento tributável apurado nos termos dos artigos 10.º e 11.º*".

Daqui resulta que o mínimo de existência é encarado como limite inferior à intervenção do Estado, assinalando o ponto a partir do qual se concebe a capacidade contributiva[320], significativamente diminuída, com os encargos suportados pelo contribuinte, pelo que deve ficar isenta da incidência fiscal.

Outra questão, diferente da que acabamos de aflorar, mas ainda na mesma linha, diz respeito ao montante, *quantum* desse mínimo que, como já referimos, é função do desenvolvimento do país como se estabeleceu no artigo 58.º CRGB. Donde resulta uma margem de liberdade do legislador na sua concretização. O ideal é que este não se situe abaixo do resultado ou somatório dos mínimos de existências dos membros do agregado familiar. Sendo o Estado constituído no dever de conceder prestações sociais

---

[320] Sobre esta problemática, *vide* CASALTA NABAIS *O dever fundamental...*, pp. 537 e ss, autor que perfilha a concepção de despesas relativos aos encargos existenciais da família como verdadeiras diminuições da capacidade contributiva e amputações do rendimento disponível (p. 537). Considera, por outro lado, que a consideração do mínimo de existência através da dedução à colecta manifesta o ideal de um "estado tendencialmente igualitário e, consequentemente, totalitário a quem é legítimo, primeiro exigir (quase) tudo dos seus cidadãos, desde que, depois, lhes distribua em medida igual tanto quanto eles precisam para poderem subsistir"; portanto, nesta última situação estaríamos em face de um "estado que constitui justamente a própria negação da ideia de estado fiscal" (p. 538). O autor conclui que "o mínimo de existência familiar, porque integra o rendimento indisponível ou necessário para assegurar aos pais e filhos os próprios pressupostos mínimos da sua dignidade como pessoas, deve ser excluído antecipadamente da tributação através da dedução à matéria colectável do imposto" (p. 541).

aos seus cidadãos carenciados, deve excluir-se da incidência do imposto – tal como defendemos para o mínimo de existência – o montante destinado à satisfação de tais prestações, ou seja, a parte do rendimento que o Estado social estaria disposto a prestar em caso de carência de meios. Disso resulta que o mínimo existencial fiscal nunca pode ser inferior ao direito às prestações sociais[321].

Outro ponto não menos importante, ainda no concernente à abordagem da capacidade contributiva como critério ou pressuposto da tributação tem que ver com as técnicas fiscais utilizadas para simplificar as operações relativas ao lançamento, liquidação e cobrança de impostos, por intermédio de interpostas pessoas, as designadas *técnicas de intermediação ou interposição*, diferentes daquelas que são oneradas com o imposto[322] ou dos verdadeiros titulares deste direito. Acontecem, normalmente, quer por imposição constitucional/legal, quer em virtude de contrato entre os titulares activos (*maxime*, as entidades territoriais) da relação jurídico-tributária, e não levanta problemas quanto à observância do critério da capacidade contributiva.

---

[321] Vide CASALTA NABAIS *O dever fundamental...*, pp. 541 e ss.

[322] Estamos a referir-nos aos institutos do Direito Tributário material. Caracterizam as ligações que o desenvolvimento normal ou patológico do fenómeno tributário tem no domínio dos sujeitos passivos da relação jurídico-tributária. O substituto fiscal e o responsável fiscal são, por via legal, em certas circunstâncias, obrigados à prestação fiscal, sem embargo do facto constitutivo dessa mesma relação não se verificar em relação aos mesmos. Contudo, a extensão da obrigação de imposto a pessoas estranhas em que se traduzem tais figuras jurídico-tributárias tem como exigência a pronta, segura e eficaz captação de imposto ou a garantia da sua efectiva satisfação. Assim acontece quando a lei impõe a determinada pessoa que não aquela à qual se verificou o facto tributário a obrigação de imposto, isto é, a substituição do verdadeiro devedor (substituição fiscal) ou ainda, a imposição a pessoa estranha ao débito do imposto, a função de garantir, subsidiariamente, o seu pagamento no caso do devedor originário não o satisfazer (responsabilidade fiscal).

O recurso a instrumentos e institutos privatísticos está na base da determinação e construção dogmáticas dos aspectos objectivos e subjectivos da relação jurídico-tributária em que ambos ocupam lugar de destaque, não obstante o surgimento destes não se dar nos exactos termos do Direito Civil. Vide o desenvolvimento desta matéria em CASALTA NABAIS, *O dever fundamental* ..., pp. 487 e ss; JOÃO SÉRGIO TELES DE MENEZES CORREIA LEITÃO, "A substituição e a responsabilidade fiscal no Direito Português", in CTF, n.º 388, Lisboa, 1988, pp. 93-148; ANA PAULA DOURADO, "*Substituição e responsabilidade tributária*", CTF, n.º 391, Lisboa, 1998, pp. 29-89.

Relativamente a tais técnicas procura-se verificar se a intermediação a que recorre frequentemente a lei fiscal, para regular as relações tributárias, obstaculiza ou não a aplicação rigorosa do princípio da capacidade contributiva. Como técnicas de intermediação apontam-se: a *entrega a terceiros a administração e gestão de impostos*, mormente a liquidação, retenção e entrega nos cofres do Tesouro Público; a *cobrança de impostos por terceiros*, em que se dá a substituição legal do titular activo ou credor da relação jurídica tributária por outro, como de resto se verifica relativamente às Autarquias locais, mormente, os Municípios, para as operações de liquidação e cobrança dos impostos locais (artigo 4.º LFL); *os pagamentos de impostos por terceiros* e a consequente a liberação do devedor de imposto por um acto (de terceiro) que dá em pagamento o imposto alheio, com base num acordo de vontades, consubstanciando um contrato com eficácia exclusivamente jurídico-privada; a *solidariedade fiscal*, nos termos da qual o imposto devido pelos sujeitos passivos ou devedores solidários é pago apenas por um deles, permitindo a lei o exercício do direito de regresso sobre os demais devedores; a *responsabilidade fiscal* ou reforço da garantia de crédito fiscal figura que permite, na situação de incumprimento do devedor principal, a satisfação, em último lugar, por um terceiro que mantém uma específica relação jurídica e económica com aquele (i. e. do artigo 123.º, n.º 1 CPT, em que um interessado nos bens penhorados ou responsável subsidiário pela dívida de imposto pode efectuar o pagamento, ficando, desta forma, sub-rogado nos direitos do Estado); a *substituição fiscal*, de que é exemplo típico a figura da retenção na fonte, que permite ao substituto reter e pagar imposto alheio (trabalhador por conta de outrem, como é o caso do Imposto Profissional), devendo a lei autorizá-lo a obter o regresso da quantia paga a mais à Administração fiscal; e a *repercussão (económica) do imposto*, que se verifica nos impostos indirectos, em que a carga fiscal integra os preços dos bens e serviços oferecidos no mercado, onde os preços se formam livremente, segundo a regra da oferta e procura dos bens/serviços, razão porque há dificuldade em apurar o onerado com o encargo fiscal. Todavia, nas circunstâncias em que é de todo impossível observar o fenómeno da transladação do imposto, porque o mercado não o permite, quem acaba por assumir o encargo dos impostos sobre os bens e serviços são os próprios agentes económicos.

Em resumo, todas estas situações, traduzidas na utilização de técnicas fiscais, ditadas por razões de interesse fiscal (nomeadamente a simplificação dos processos de lançamento, liquidação e cobrança dos impostos), em que observamos a intermediação de pessoas diversas das oneradas com o imposto – por conseguinte a instrumentalização dos particulares pelo fisco –, não nos parece existir qualquer afronta ou obstáculo à aplicação do princípio da capacidade contributiva, porquanto este se dirige (quase) exclusivamente à incidência dos impostos e não a sua dinâmica, como sucede nas técnicas fiscais, sem embargo daquela instrumentalização contender com os direitos fundamentais dos contribuintes.

A cobrança e arrecadação das receitas fiscais fazem parte de um leque de tarefas, de execução das leis, que se enquadra nas funções da Administração fiscal. O interesse fiscal subjacente proclama uma simples, cómoda, económica e segura percepção das mesmas. No entanto, diga-se que tal interesse não deve ser satisfeito à custa dos particulares, donde as suas intervenções se resumir aquelas situações em que se torne imprescindível, como por exemplo a entrega da declaração e autoliquidação. Caso contrário, defendemos, na esteira de CASALTA NABAIS[323], uma contraprestação para os particulares chamados ao exercício das competências tributárias que única e exclusivamente cabem à Administração fiscal.

Mas isso não nos leva a ignorar a influência destes procedimentos fiscais relativamente ao *se* e ao *quantum*[324] do imposto que, nestas circunstâncias, merecerão ser testados à luz do critério da capacidade contributiva. O aspecto quantitativo dos impostos é submetido a testes deste critério. Assim, procura-se compatibilizá-lo com os impostos de taxa regressiva, quota fixa, progressiva ou proporcional. Os dois primeiros configuram verdadeiras capitações no que tange ao aspecto quantitativo do imposto, ao negarem validade à capacidade contributiva como critério de medição do *quantum* a pagar por cada um dos contribuintes. Também o terceiro não merece acolhimento, porquanto o princípio da capacidade contributiva tem como exigência que a oneração do imposto seja proporcional em razão da diferença manifestada pelos contribuintes: assim, a igual capacidade contributiva, igual imposto; e a diferente capacidade contributiva, diferente imposto, mas na proporção da diferença.

---

[323] Para quem o facto da Administração fiscal transferir para os particulares a competência tributária deve dar lugar a uma contraprestação. Vide do autor *O dever fundamental...*, p. 492; também, *Contratos fiscais*, pp. 259-260, principalmente, esta última.

[324] Sobre o teste do aspecto quantitativo do imposto em função do critério da capacidade contributiva *vide*, para mais desenvolvimentos, CASALTA NABAIS, *O dever fundamental ...*, pp. 492-495.

De acordo com esta orientação é exigido um sistema fiscal (e cada um dos impostos) proporcional, onde cada um contribui para os encargos da sociedade na devida proporção da diferença manifestada através da sua capacidade contributiva, em obediência ao princípio da igualdade fiscal. Por outras palavras, não se apela para o imposto (ou sistema fiscal) progressivo, que encontre justificação em outras exigências, *maxime* no princípio do Estado social e reclama uma desigualdade fiscal, enquanto meio de intervenção no sistema, a fim de se proceder a transformações de carácter social, objectivo que não se ajusta à matriz meramente fiscalista ligada aos impostos e sistema fiscal.

Sem embargo, o princípio em causa não nos oferece os limites exactos da proporção em que cada um deve contribuir para os encargos da sociedade. Isso deixa uma margem ampla ao legislador fiscal, só balizada pelo mínimo de existência e pelo máximo confiscatório[325].

Estabeleceu-se uma relação deste princípio com o sistema fiscal. Postulando a igualdade no imposto (mesmo imposto para igual capacidade contributiva e diferente imposto para diferente capacidade contributiva), significa que, como se disse atrás, exige um sistema fiscal proporcional, na justa medida em que cada um deve pagar em proporção da sua capacidade económica[326]. Diferentemente, a igualdade pelo imposto é prosseguida por outros princípios, *maxime* o princípio de Estado social que postula a desigualdade fiscal como instrumento de correcção das desigualdades sociais[327]. Só isso explica a progressividade que se verifica relativamente a (quase) todos os impostos no Sistema Fiscal guineense, enquanto forma do Estado atingir a igualdade social. Aqui, situamo-nos já fora do âmbito privativo da fiscalidade.

Sem embargo da limitação do critério da capacidade contributiva como índice de medida do imposto a pagar, principalmente no concernente

---

[325] CASALTA NABAIS, *O dever fundamental* ..., pp. 492-495.

[326] CASALTA NABAIS, *Contratos fiscais*, pp. 273 e ss, nota que do princípio da capacidade contributiva "não se retira a exigência de um sistema fiscal progressivo ou dotado de imposto(s) progressivo(s) ... exige mesmo um sistema fiscal proporcional", sustentado a sua posição com a demonstração de TEIXEIRA RIBEIRO (pp. 274-275). Admite, no entanto, que este princípio pode reclamar um sistema fiscal progressivo, como forma de compensar os impostos regressivos (p. 275). *Vide* ainda do mesmo autor, *O dever fundamental...*, pp. 492-495, concretamente, p. 494.

[327] CASALTA NABAIS, *Contratos fiscais*, pp. 274-275; *O dever fundamental...*, pp. 494-495.

aos seus limites quantitativos, não se lhe nega virtualidades. Sobretudo a doutrina e jurisprudência reconhecem nele o fundamento do imposto, o que, desde logo, afasta qualquer arbitrariedade ao legislador, conferindo--lhe, ao invés, racionalidade. Nas palavras de CASALTA NABAIS, ele é "a causa ou a ratio do imposto"[328]. Assim, na selecção e articulação dos factos tributários, o legislador, deve cingir-se unicamente aos factos reveladores da capacidade contributiva, o que explica que a definição do objecto ou matéria colectável de cada imposto deve assentar num determinado pressuposto económico que seja manifestação dessa capacidade; noutros termos, deve existir uma "efectiva conexão entre a prestação tributária e o pressuposto económico seleccionado pelo legislador..."[329], de tal sorte que exista uma coerência entre estes, evitando, assim, que seja banalizado o princípio *sub judice* em detrimento de determinados interesses.

Nisso consiste o significado de substracto ou pressuposto da tributação que, segundo CASALTA NABAIS, se pretende baseado na "força ou potencialidade económica do contribuinte, expressa na titularidade ou utilização da riqueza (ou do rendimento)...", e, por isso, os "impostos hão-de ter por objecto "bens fiscais", isto é, factos ou situações da vida que, por constituírem expressão duma capacidade de prestação económica, revelem indicadores ou índices da capacidade contributiva, isto é, fontes potenciais a que o legislador fiscal pode recorrer", que o próprio autor qualifica de estrito, porquanto, logicamente, significa que "o dinheiro (dos impostos) apenas pode ser tirado onde o há"[330].

O princípio da capacidade contributiva assume, portanto, a função de limitar materialmente o poder fiscal do Estado. Erigido como uma proibição de determinadas formas de tributação, não se compadece, nomeadamente, com a capitação[331], enquanto forma de tributação dirigida à própria

---

[328] *O dever fundamental...*, p. 496.

[329] *Vide* CASALTA NABAIS, *Contratos fiscais*, p. 278; *O dever fundamental...*, pp. 496-497.

[330] *Vide* por todos, *O dever fundamental...*, p. 462-463. Também do mesmo autor, *Contratos fiscais*, p. 272, encontramos semelhante expressão: "ir buscar dinheiro onde o há".

[331] Esta proibição é tida, para algum sector da doutrina portuguesa, como uma das poucas virtualidades atribuídas ao princípio da capacidade contributiva. *Vide* CASALTA NABAIS *Contratos fiscais*, pp. 270 e 272. Embora não retira a legitimidade constitucional dessa proibição da capacidade contributiva, enquanto pressuposto ou substracto da tributação, e parece não reconhecer ao princípio em análise grandes virtualidades. *Vide O dever*

pessoa, elevando o próprio aspecto da personalidade do indivíduo (a existência humana como factor determinante do imposto) à categoria de objecto da relação fiscal, sem consideração da sua real capacidade económica. Nessa medida, a lei fiscal que não se adequa a este princípio entra, com efeito, em contradição com a Lei Fundamental.

Referia-se que o que se disse é válido para as leis fiscais cuja preocupação é estritamente a de impor sacrifícios aos cidadãos-contribuintes com o objectivo único de arrecadar receitas necessárias ao erário público ou assegurar a justiça social, nos denominados impostos fiscais[332], porquanto nos extrafiscais se dispensa, em princípio, a sua aplicação, em consideração de objectivos próprios e específicos subjacentes. Nem por isso se admite factos tributários que toma em consideração a simples existência humana.

Em consequência da necessária conexão efectiva entre a prestação tributária e o pressuposto económico em que deve assentar, determinadas normas legais incorrem em contradição com o princípio da capacidade contributiva. Assim, por exemplo, o interesse da Administração fiscal em conseguir certos objectivos (certeza; simplicidade das relações fiscais; regular percepção dos impostos; combate a fraude e evasão fiscais) leva o legislador fiscal a recorrer, não raras vezes, à técnica da presunção (*iuris tantum*) para a fixação da matéria colectável, nomeadamente, na Contribuição Industrial (artigo 11.º, n.ºs 2 e 3). Isso pode contrariar o princípio da capacidade contributiva desde que se coloque o contribuinte na impossibilidade de provar a inexistência da sua capacidade tal como requerida na lei (o que acontece nas chamadas presunções absolutas). Torna-se forçoso realçar aqui o imperativo da admissão da prova em contrário, por força da conexão entre a prestação tributária e o pressuposto económico que exige que "o imposto se ligue a um pressuposto certo, provado e não apenas provável"[333].

As *sanções impróprias*, consubstanciadas em alterações da própria estrutura do imposto, implicam um agravamento do quantitativo dos

---

fundamental..., pp. 464-465. Ainda sobre esta matéria, vide também, VITOR FAVEIRO, *Noções fundamentais...*, pp. 72-73 e nota 2 da p.. 72; NUNO SÁ GOMES, *Manual...*, Vol. II, p. 209, nota 330.

[332] CASALTA NABAIS, *Contratos fiscais*, p. 270.

[333] CASALTA NABAIS, *Contratos fiscais*, p. 279; *O dever fundamental...*, pp. 497 e ss., citando, entre outros, ENRICO DE MITA.

impostos que não encontra, sequer, expressão no aumento da capacidade contributiva, acabam por atentar contra tal princípio. É o que acontece, nomeadamente, com a cominação com altas taxas de juros moratórios/ /indemnizatórios pelo atraso, imputável ao contribuinte, no pagamento de impostos, conforme reza o artigo 41.º, n.º 1 do CPT[334], ou ainda com a condenação ao pagamento de multas por infracções em múltiplos do imposto devido[335]. Estas sanções podem ser de carácter procedimental, como a recusa de deduções à matéria colectável ou à colecta, a preclusão de um meio de tutela ao contribuinte que estaria na sua disposição, não fosse a infracção cometida em termos procedimentais (*maxime* a violação dos deveres fiscais, como a ausência total/parcial de dados da contabilidade), dando, assim lugar, ao reforço dos poderes da Administração fiscal em matéria da liquidação, por exemplo negando validade a declaração do contribuinte e a consequente liquidação do imposto administrativamente, com base em elementos disponíveis. É o que se retira do n.º 3 do artigo 14.º-B CIP *"será liminarmente indeferida qualquer reclamação da fixação quando o contribuinte não tenha apresentado a declaração de rendimento prevista no artigo 11.º, ou tendo-a apresentado, a mesma não contenha os elementos de apreciação nela exigidos"*.

Repare-se, neste último caso, no objectivo pretendido pelo legislador fiscal: fornecer à Administração fiscal um mecanismo de reacção contra a violação dos deveres de conduta fiscais que impõe ao contribuinte a apresentação da declaração tributária, necessária e indispensável ao controlo da

---

[334] Estabeleceu-se para os juros de mora uma taxa igual à taxa praticada pelo ex-Banco Central, acrescida de 30% [al. a)]; e para os juros indemnizatórios, 10% do total em dívida [al. b)], todos do n.º 1, contados mensalmente (n.º 2 do citado artigo). Ora, estas sanções, agravando significativamente os impostos, não encontram correspondência na capacidade contributiva dos contribuintes, na medida em que extravasam "a função que a sua natureza lhes assinala: a função de uma cláusula penal ex lege a agravar o imposto pelo retardamento da sua liquidação.... e a função de indemnização pela mora no pagamento do imposto...". Vide, para mais desenvolvimentos, CASALTA NABAIS, *Contratos fiscais*, pp. 280 e 281 e notas 905 a 908, excepto, a nota 907; *O dever fundamental...*, pp. 502-504. Também, VICTOR FAVEIRO, *Noções fundamentais...*, pp. 439 e ss, especialmente, pp. 443-446, relativamente à natureza jurídica dos juros de mora.

[335] As penalidades (multas) por violação das leis tributárias estão previstas, respectivamente, nos artigos 35.º e ss CIP; 60.º e ss CCI; 39.º e ss CCPU; 34.º e ss CICap.; 28.º e ss CICompl. Alguns dos factos punidos com multa constituem, também, infracções penais puníveis como tais pelo Código Penal no artigo 174.º (fraude fiscal), constituindo crime contra a economia nacional (Cap. III do Código Penal, regulado pelo Decreto- -Lei n.º 4/93 de 13 de Outubro).

matéria colectável declarada. Daí o facto de a conduta violadora do dever de autoliquidação do imposto[336] ser passível de sanção por violação legal. Se estas sanções não contendem com a capacidade contributiva do contribuinte, por se tratar de uma reacção da Administração contra a "violação dos deveres fiscais cujo cumprimento favorece o contribuinte"[337], já o mesmo não se pode dizer em relação aos direitos e garantias fundamentais, cuja protecção é elevada à categoria de matérias da competência dos órgãos legislativo e judicial.

A matéria relativa à definição dos crimes, bem como a dos direitos, liberdades e garantias dos cidadãos é da competência exclusiva (reserva absoluta de lei) da ANP, nos termos, respectivamente, das als. g) e j) do artigo 86.º CRGB. Por outro lado, a aplicação das sanções penais constitui um monopólio dos juizes, no exercício da função jurisdicional (artigo 120.º, n.º 3) do mesmo diploma. Estas situações não se compadecem com qualquer intervenção do executivo dentro dos núcleos de matérias, assim reservadas ou colocadas na alçada de outros órgãos melhor posicionados, porque isentos e imparciais, para lidarem com os direitos e garantias dos cidadãos merecedores de protecção constitucional, estabelecida no artigo 30.º CRGB.

Na verdade, o que verificamos na legislação fiscal – afastando a matéria da definição das infracções (fiscais), previstas nos vários Códigos de impostos parcelares e, também, no Código Penal (Crime contra a economia nacional: Fraude fiscal, artigo 174.º) – é a atribuição de competência à Administração fiscal para a aplicação de sanções (mormente, pecuniárias e processuais). Perguntar-se-á se esta atitude não estará em total desacordo com a Constituição, na medida em que está expressamente afastada a intervenção do executivo em matérias que contendem com os direitos, liberdade e garantias dos cidadãos, atribuídas aos órgãos legislativo e judicial (juiz penal).

Seguimos de perto AUGUSTO SILVA DIAS[338] quando afirma que é necessário distinguir se se trata "de infracções e sanções de carácter admi-

---

[336] A obrigatoriedade da entrega da declaração por parte dos contribuintes prende-se com a tributação de rendimentos reais, como exigência de justiça fiscal, pois procura atender à real capacidade económica manifestada pelos contribuintes. Esta declaração "contém valorações sobre factos, permitindo a concretização da obrigação fiscal e originando sanções em caso de infracção de deveres". ANA PAULA DOURADO, "A natureza jurídica da autoliquidação", in RJ, n.ºs 11 e 12, 1989, p. 180 e nota 4.

[337] CASALTA NABAIS, Contratos fiscais, p. 280 e nota 905.

[338] "A distinção entre crimes e contravenções no ordenamento jurídico guineense", in BFDB, n.º 4, 1997, p. 31.

nistrativo e então é preciso modificar a designação da sanção para não se lhe estender o regime das penas ou se trata de infracções e de sanções penais, mais aí é preciso observar, como vimos, o princípio constitucional da reserva de lei (não pode a lei delegar numa autoridade administrativa o poder de definir penas) e ainda o princípio da jurisdicionalidade, segundo o qual só ao juiz penal compete a aplicação de penas quaisquer que sejam". Enfim, salvo melhor entendimento, estamos em crer que se trata de verdadeiras infracções/sanções fiscais, previstas pelas legislações fiscal e penal em vigor, como atrás afirmámos. Em face do *supra* exposto, embora com algumas dúvidas, não defendemos a inconstitucionalidade das normas legais relativas às sanções pecuniárias aplicadas administrativamente, desde que adequada a capacidade contributiva do sujeito passivo, sem menosprezar o seu efeito pedagógico.

O mesmo não se pode dizer em relação àquelas normas que reduzem drasticamente as garantias dos particulares-contribuintes, deixando-os à mercê das autoridades administrativas fiscais. Tais normas fiscais contrariam os comandos constitucionais que protegem o núcleo de matérias relativas aos direitos, liberdades e garantias dos cidadãos em geral, sobretudo estas últimas, de forma tão intensa a ponto de as subtrair ao poder de normação e/ou concretização do poder executivo.

No que respeita aos *impostos retroactivos* (isto é, aos impostos cujos factos tributários que lhes deram origem deixaram de se verificar no momento em que a lei do imposto se tornou efectiva), trata-se de uma situação que representa uma presunção de que ainda permanece, na titularidade do contribuinte, a capacidade contributiva manifestada no passado, sem que este, no entanto, possa reagir contraditoriamente, provando que já não existe, como tal, na sua esfera jurídica. Há, portanto, um desfasamento no tempo, motivado pelo seu decurso, entre o pressuposto económico e o imposto devido, o que acaba por contrariar frontalmente o princípio da efectiva conexão pressuposto/imposto e, logicamente, o princípio da capacidade contributiva[339-340]. Entretanto, um outro argumento

---

[339] Aqui, necessário se torna averiguar se no momento em que a lei entra em vigor, ainda existe manifestação da capacidade contributiva oriunda de tais pressupostos económicos tributários que verificaram no passado. *Vide* para mais desenvolvimentos, CASALTA NABAIS, *Contratos fiscais*, p. 281.

[340] Vale a pena recordar as palavras de C. PAMPLONA CORTE-REAL, *As garantias dos contribuintes*, pp. 31-33, no sentido de que a não retroactividade dos impostos encontra

em defesa dessa proibição, que nos parece decisivo, tem que ver com o princípio da protecção da confiança, subjacente à ideia do Estado de Direito, na medida em que a simples consideração da capacidade contributiva poderia justificar a imposição sobre manifestações de riqueza já consumadas, mas que ainda se manifestem no presente. Ora, uma atitude desta chocaria com a confiança dos contribuintes[341].

Pense-se no artigo 2.º do Decreto n.º 23/83, de 6 de Agosto, que aprova o CIP: *"O Código de Imposto Profissional começará a vigorar em todo o território da Guiné-Bissau a partir da data da sua publicação, aplicando-se aos rendimentos auferidos em 1983"*. A questão que se coloca é saber se, à data da entrada em vigor deste diploma, continuam na titularidade dos sujeitos passivos deste imposto as manifestações de riqueza que se pretende atingir, isto é, as anteriores a data de 6 de Agosto, em que foi publicado o diploma legal.

O facto de se tratar de um diploma que vem substituir outros na ordem jurídica tributária guineense, leva-nos a pensar que não se trata de uma verdadeira retroactividade da lei fiscal, caracterizada por uma ausência de base tributável no momento em que entra em vigor o Imposto Profissional. Não se trata da criação *ex novo* de um imposto. O que se verifica é a presença de uma nova disciplina de impostos vigentes no período colonial, regulados pelo Diploma Legislativo n.º 1753, de 8 de Maio de 1961 e suas alterações posteriores (Regulamento de Imposto Profissional); Diploma Legislativo n.º 1772, de 27 de Junho de 1963 (imposto sobre proventos de Cargos Públicos, e alterações posteriores); Decreto n.º 43/75, de 2 de Agosto [als. b) e c), artigo 2.º do Regulamento de Imposto de Reconstrução Nacional, bem como as disposições referentes à cobrança do imposto sobre as remunerações dos Trabalhadores da Função Pública e

---

justificação no princípio da legalidade, cuja *ratio* importa a "anterioridade de uma lei em sentido formal relativamente à verificação do facto ou factos geradores da obrigação do imposto" (p. 31), "(...), o princípio da legalidade, trazendo incita a irretroactividade das normas de tributação (...)" (p. 33). Cite-se também as palavras de LEITE DE CAMPOS, *"Evolução..."* (p. 656): "Transformar factos em factos tributários, ou modificar a configuração essencial destes, com base em manifestação de vontade legislativa posterior, viria destruir as expectativas dos destinatários das normas, pondo em causa a certeza e a segurança dos cidadãos ...".

[341] CASALTA NABAIS, *O dever fundamental* ..., pp. 468-469. Para além da frustração da confiança dos particulares, o autor refere, também, o perigo de se comprometer os planos económicos do contribuinte.

trabalhadores por conta de outrem]; e Decreto n.º 33/76, de 30 de Outubro (na parte que respeita às Contribuições para o Fundo de Solidariedade calculadas sobre as remunerações de trabalho).

Se, ao tempo da revogação desses diplomas legais, existia identidade dos elementos típicos da incidência real – isto é, a identidade dos factos elevados à categoria de incidência deste imposto e nos vários diplomas *supra* citados, constitutivos do direito da Administração fiscal à liquidação e cobrança –, não cremos que se trate de lei fiscal retroactiva; caso contrário, estaríamos na presença de uma lei que visa tributar factos consumados no passado: ou porque os rendimentos já não existiam como tais, em virtude, por exemplo, de terem sido convertidos em capital ou consumidos. Salvas as limitações no concernente aos trabalhadores por conta própria e direitos de autor (inexistentes no direito anterior), pensamos que a situação em causa corresponde à primeira descrição feita, ou seja, não há aqui uma verdadeira retroactividade da lei fiscal.

A questão repete-se ao nível das disposições constantes de alguns dos Decretos que aprovaram os Códigos de impostos parcelares. Estamos a pensar naquelas que, com a entrada em vigor dos novos diplomas legais, mandam aplicar retroactivamente as leis fiscais novas às situações anteriores. São disso exemplo o artigo 2.º do Decreto n.º 5/84: "*O Código da Contribuição Predial Urbana entra imediatamente em vigor e aplica-se às liquidações a fazer em 1984 referentes a rendimentos de 1983*"; o artigo 2.º do Decreto n.º 7/84: "*O Código entra imediatamente em vigor, aplicando-se às liquidações a fazer em 1984, relativas a rendimentos de 1983*, bem como o artigo 2.º do Decreto n.º 38/84, de 29 de Dezembro, que manda entrar em vigor o Código de Imposto de Capitais. Sobre este último, remetemos para as considerações relativas ao mesmo.

Nas duas primeiras, a retroactividade da lei diz respeito apenas à matéria da liquidação, isto é, a operação pela qual se torna determinada e certa a quantia do imposto: a fixação concreta do imposto ou sacrifício fiscal devido. O que pressupõe, à partida, a existência de uma disciplina própria dos elementos (essenciais) relativos a um determinado tipo tributário. Aqui não vemos como não respeitar a capacidade contributiva manifestada, pois se trata de aplicar as taxas à matéria colectável apurada. Desde que estas não tenham sido alteradas com a nova lei, não se coloca a questão da violação da capacidade contributiva do sujeito do imposto; diferentemente, no caso de ter havido um aumento das taxas ou alargamento da matéria colectável às situações não contempladas no passado (verificação, no tempo, da conexão imposto/pressuposto económico), estaremos perante uma norma legal que viola a capacidade contributiva e a confiança e expectativa do contribuinte seriam completamente frustradas com esta atitude legislativa. Ainda pode suceder que os deveres acessórios dos contribuintes tenham sido agravados, donde decorre o chamamento à colação do princípio jusfundamental.

Impõe-se, também, limitar a irracionalidade ou arbitrariedade daqueles institutos que, por força da particularidade do Direito Fiscal, constituem derrogações a alguns ramos de direito[342] (civil; administrativo ou processual), em homenagem ao princípio da capacidade contributiva. Assim, o instituto do *"solve et repete"* (primeiro paga, depois discute), o privilégio da execução prévia em direito fiscal afecta as garantias jurisdicionais dos contribuintes e a não suspensão da eficácia do acto tributário, mormente, o acto de cobrança de impostos, beneficiando do privilégio de execução prévia (como se tratasse de um qualquer acto da Administração), pode contender com o princípio da capacidade contributiva. É o caso, por exemplo, da execução de acto de cobrança de impostos, não precedido de acto de lançamento, isto é da verificação dos elementos da incidência, em particular o facto tributário gerador do imposto: o rendimento, lucro ou consumo impugnado judicialmente. Nessa situação, podem derivar para o contribuinte "danos graves e irreparáveis"[343], sem que o interesse fiscal[344] no prosseguimento da cobrança seja afectado pela suspensão de tal acto.

A *antecipação do pagamento*, – segundo a técnica da **retenção na fonte,** dirigida a todos aqueles que paguem rendimentos de trabalho subordinado, incluindo nesta categoria não só os trabalhadores dependentes como também os prestadores de serviços, ou a **substituição fiscal**, através da qual se protege a normal e regular entrada das receitas provenientes dos impostos nos cofres do Tesouro público para fazer face às despesas orçamentadas – não deve sacrificar o princípio da capacidade contributiva. Na hipótese de substituição fiscal, bem como nas situações de responsa-

---

[342] *Vide* para mais desenvolvimentos, CASALTA NABAIS *Contratos fiscais*, pp. 277 e ss.; *O dever fundamental* ..., pp. 497 e ss.

[343] CASALTA NABAIS, *Contratos fiscais*, p. 283.

[344] O interesse fiscal resume-se, sobretudo, à simplicidade dos impostos e à regularidade e prontidão na sua cobrança. Cfr. CASALTA NABAIS *Contratos fiscais*, p. 278 e nota 899, também, pp. 282-283.

bilidade fiscal, deve ser permitido expressamente pela lei o direito de regresso aos terceiros que paguem impostos alheios, como afirmámos acima. Isso constitui apenas um dever de justiça: permitir a recuperação das quantias ou somas despendidas por parte de quem, por mandato legal, respondeu por dívidas alheias.

O princípio da capacidade contributiva é ainda chamado a intervir em situações como a tributação de rendimentos nominais, decorrentes da desvalorização monetária, provocada pelo fenómeno inflacionista, concretizada "na tributação de rendimentos exclusivamente nominais (v.g., mais-valias absolutamente nominais ou juros com taxa inferior à da inflação") ou que "se materializa numa tributação de rendimentos apenas parcialmente nominais"[345]. Na primeira situação, converte-se a tributação sobre o rendimento em tributação sobre o capital enquanto que, na segunda, estar-se-ia na presença de um agravamento da tributação dos rendimentos reais, em virtude de este tipo de rendimentos não criar qualquer capacidade contributiva. A preocupação principal centra-se na questão da não correcção monetária ou da sua insuficiente correcção, com a consequente repercussão nos valores da matéria colectável ou da colecta, ou ainda na desactualização dos escalões de rendimento no que tange aos níveis da taxa progressiva.

Nos rendimentos nominais, verifica-se uma discriminação – tratamento desigual e agravado – destes relativamente àqueles que não foram afectados (ou menos afectados) pela inflação. Nesses termos, a questão não se centra a nível da violação da capacidade contributiva, mas sim na discriminação injustificada, irracional, destes rendimentos. Assim sendo, é lógico que o teste da (in)constitucionalidade não se enquadra com a capacidade contributiva, encontrando-se noutros critérios que, segundo CASALTA NABAIS, estão intimamente ligados com a vontade do legislador, como seja, o querer ou não assumir tais resultados fiscais da inflação (aqui se entram considerações relativas à igualdade fiscal), a admissibilidade ou não da tributação do capital, a coerência do sistema quanto à limitação da conversão da tributação do rendimento em tributação sobre capital, ou

---

[345] CASALTA NABAIS, O dever fundamental..., pp. 507 e ss. Em relação ao imposto sobre os ganhos realizados ou mais-valias, quando afectados pela desvalorização monetária, vide A. A. GALHARDO SIMÕES, Tributação das mais-valias. Alguns aspectos, in CCTF, n.º 83, 1969, pp. 28 e ss.

ainda o agravamento da tributação dos rendimentos inflacionados, bem como a praticabilidade das soluções alternativas[346].

No tocante à tributação das actividades ilícitas[347], assumida em (quase) todas as legislações fiscais modernas, justifica-se pela irrelevância da conduta, desde que estejam preenchidos os pressupostos de facto contidos na lei tributária, em homenagem ao princípio da capacidade contributiva que apela para a tributação das manifestações de riqueza. Nem a objecção de que tributar tais actividades serviria de incentivo a tais condutas (ilícitas), porquanto as legaliza ou branqueia, como defendem alguns autores, justifica a sua não tributação, na medida em que tal opção violaria flagrantemente o princípio da igualdade fiscal, conquanto os rendimentos provenientes de tais actividades beneficiariam de uma espécie de "isenções fiscais", sem que para tal concorressem os critérios que regem tais comportamentos positivos por parte da Administração fiscal, justificados por razões de carácter económico, social, cultural, que nada têm a ver com estes tipos de condutas, repudiadas, na generalidade, pela sociedade.

O teste da capacidade contributiva releva igualmente em matéria da dupla tributação (jurídica e económica), no plano interno. Na primeira, verifica-se a identidade de objecto, sujeito, período de tributação e imposto, sobre o qual recaem duas diferentes normas de incidência de imposto; na segunda, ao contrário, não existe identidade do facto tributário quanto ao sujeito. Esta, designada também por sobreposição de impostos, tem que ver com a organização dos factores de produção e a forma como estão estruturados, implicando a circulação de rendimentos entre os sujeitos passivos do imposto.

Com respeito pelo princípio da capacidade contributiva é de admitir que o legislador fiscal goze de ampla liberdade de conformar, em concreto, o sistema fiscal querido pelo legislador constitucional. Assim, cabe àquele proceder à concreta efectivação da *dupla tributação jurídica*, que pode ser consubstanciada quer numa repartição dos poderes fiscais em termos verticais (tributação vertical), traduzida em concursos de poderes entre o Estado e as entidades similares menores, concretizada na "acumulação dos

---

[346] CASALTA NABAIS, *O dever fundamental...*, pp. 507 e ss.
[347] CASALTA NABAIS *O dever fundamental...*, pp. 505-507.

impostos autónomos ou de impostos numa relação de dependência ou de acessoriedade..."[348], motivada por uma pluralidade de titulares do poder tributário, nos sistemas fiscais onde tal é admissível. Ainda pode ocorrer uma tributação horizontal por razões da própria estruturação do sistema fiscal ou de técnica fiscal, cujo exemplo típico é a autonomia, mormente financeira, de que gozam certas entidades, consubstanciada na existência de receitas próprias das entidades infra-estaduais diferentes do Estado (administração central).

Ao invés, a *dupla tributação económica* ou *sobreposição de impostos*, como se disse acima, prende-se, sobretudo, com a própria organização e estruturação das unidades de produção, com a consequente circulação de rendimentos entre diversos sujeitos tributários, num mesmo período. Exemplo disso é a tributação dos lucros obtidos na esfera das sociedades em sede de Contribuição Industrial e dos lucros ou dividendos dos sócios, prevista no artigo 1.º, al. c) CICap.

Como se pode verificar de tudo quanto referimos, na concretização destas situações de acumulação de impostos assiste ao legislador fiscal uma ampla margem de liberdade, embora limitada quanto à excessiva tributação decorrente de tal acumulação pelo carácter confiscatório ou pelo estabelecimento arbitrário no que tange aos sujeitos, submetendo uns e não outros à oneração fiscal, quando a identidade da situação, em termos da capacidade contributiva, aconselha a submissão de todos à mesma incidência fiscal.

Do princípio da capacidade contributiva retira-se a exigência de um conceito amplo do rendimento[349], de forma a abranger não somente o *rendimento-produto* (rendimento em sentido restrito), identificado com qualquer acréscimo patrimonial proveniente de uma actividade económica, mas também, o *rendimento-acréscimo* que, segundo CASALTA NABAIS, se identifica com o acréscimo patrimonial líquido[350]. Pensa-se que este enten-

---

[348] CASALTA NABAIS, *O dever fundamental* ..., p. 511. Sobre a dupla tributação (económica e jurídica), vide pp. 511-512, bem como os autores aí citados. Ainda sobre o primeiro aspecto, *vide* ainda LUÍS MANUEL TELES DE MENEZES LEITÃO, "Evolução e situação da reforma fiscal", in CTF, n.º 387, Lisboa, pp. 33-34.

[349] PITTA e CUNHA, *A Reforma fiscal*, pp. 91; CASALTA NABAIS, *O dever fundamental*..., p. 512.

[350] *O dever fundamental* ..., p. 513. Segundo o autor, este rendimento pode ou não resultar do exercício de uma actividade produtora, caracterizada ou não pela periodicidade. *Vide* também os autores citados na nota 931.

dimento vai ao encontro das considerações que se prendem com o objectivo da personalização do imposto, entre nós presente no Imposto Complementar, imposto de sobreposição concebido em ordem à consideração das necessidades do indivíduo-contribuinte e sua família. Mas, contrariamente ao que seria de esperar, dada a forma como funciona este imposto, estamos longe de conseguir a realização deste objectivo. Remetemos para o desenvolvimento das opções tributárias, principalmente para a Secção 5 do Capítulo III do Título I, relativo ao Imposto Complementar.

A harmonização ou a conjugação do princípio da capacidade contributiva com outros princípios/exigências constitucionais afasta do conceito de rendimento líquido determinados tipos de rendimentos. Assim, o *princípio da praticabilidade* reclama o afastamento dos rendimentos não cognoscíveis ou cujo valor seja difícil de apurar por parte da Administração fiscal, mormente os rendimentos em natura (parte da produção agrícola consumida), imputados (exemplo da habitação própria) e as mais-valias não realizadas.

O *princípio do Estado social*, por sua vez, exclui da incidência do imposto as prestações sociais devidas pelo Estado (social) e instituições particulares aos indivíduos e sua família que delas careçam, como forma de assegurar uma existência humana condigna. Aqui, importa sublinhar que uma tal harmonização, entre o Direito Fiscal e o Estado social (direito das prestações socais), deve passar pela partilha dum "mesmo conceito de mínimo de existência e, consequentemente, de um mesmo conceito de rendimento, de modo que o mínimo de existência, a furtar materialmente a tributação do(s) imposto(s) sobre o rendimento, seja idêntico ao do direito social *stricto sensu*"[351].

A liberdade de que goza o legislador na adopção das políticas económicas, permite-lhe optar pela inclusão ou não, no âmbito de incidência do imposto, de algumas das mais-valias realizadas, ou por uma tributação atenuada das mesmas, ou ainda pela exclusão das subvenções do rendimento tributável das empresas, cujo teste de constitucionalidade é apurado em função de outros critérios, como por exemplo a proporcionalidade daquelas face aos objectivos que estão na origem da sua atribuição. Por

---

[351] Vide CASALTA NABAIS, *O dever fundamental* ..., p. 515. Sobre a harmonização do princípio da capacidade contributiva com os princípios/exigências constitucionais acabados de referir, *vide*, para mais desenvolvimentos do mesmo autor e obra, pp. 512 e ss, observando a dificuldade de harmonizar o Direito Fiscal e o direito das prestações sociais (p. 516).

último, a mesma liberdade pode, também, justificar uma tributação especial das aquisições a título gratuito, a incidir sobre o património do transmitente ou do adquirente.

De tudo isto se conclui que a exigência de um conceito amplo de rendimento decorrente do princípio da capacidade contributiva deixa nas mãos do legislador fiscal uma margem de liberdade para o conformar com outras exigências constitucionais. Ao excluir o conceito rendimento-produto, existem duas alternativas: a primeira, consiste na manutenção do conceito de rendimento-acréscimo e a segunda na opção por um conceito de rendimento mais restrito que o anterior, mas mais amplo do que o rendimento-produto, baseado no mercado, no qual se efectiva a garantia da liberdade económica subjacente ao Estado fiscal, conquanto que a prestação fiscal mais não seja do que uma consequência da autonomia privada assente na liberdade de actuação económica[352].

Quanto a nós, a ausência de preceitos constitucionais em matéria de objectivos dos impostos e sistema fiscal, que poderiam ajudar a vislumbrar qual a concreta opção do legislador relativamente ao conceito de rendimento – contrariamente à ordem jurídico-constitucional portuguesa (objectivos, respectivamente, do sistema fiscal e dos impostos sobre o rendimento pessoal), mormente nos artigos 103.º, n.º 1 e 104.º, n.º 1 CRP (antes artigos 106.º, n.º 1 e 107.º, n.º 1 CRP) – não prejudica o *ensaio* no sentido de captar se o legislador fiscal optou por consagrar um conceito amplo ou restrito do rendimento.

Na linha do que apresentamos a propósito das funções dos impostos e do sistema fiscal, continuamos a defender que estes estão dirigidos tanto para a realização de finalidades meramente fiscais como extrafiscais. De

---

[352] A primeira opção excluiria da "incidência do imposto sobre o rendimento os acréscimos patrimoniais que, por razões de praticabilidade ou das exigências dos princípios do estado social e da liberdade de manobra económica dos órgãos estaduais, não são de integrar no objecto de um tal imposto" e a segunda acabaria por aceitar a definição do rendimento em termos idênticos aos proporcionados pelo mercado, isto é, através da participação no movimento do mercado, com o intuito da obtenção de ganhos ou excedentes (p. 517). O autor continua firme e fiel à primeira opção, criticando a tentativa de algumas doutrinas quanto à construção de um novo conceito de rendimento baseado no mercado, não obstante reconhecer que este constitui, "por via de regra, o melhor (ou mais ideal) objecto de imposto..." (pp. 518-519). *Vide* para mais desenvolvimentos deste ponto, CASALTA NABAIS, *O dever fundamental...*, pp. 517-520, bem como os autores e bibliografia citados.

entre estas últimas sobressaem os objectivos da correcção ou diminuição das desigualdades de rendimentos entre os cidadãos. Ora, estes só são atingíveis por intermédio do imposto sobre o rendimento, no qual se incluem, entre outros, os rendimentos provenientes das mais-valias (realizadas) e dos ganhos fortuitos – em particular, os relativos aos ganhos realizados pela transmissão onerosa de terrenos para construção, pela transmissão onerosa do activo imobilizado da empresa ou por bens mantidos como reserva ou para fruição (acções ou quotas de sociedades), pelo trespasse de escritórios ou consultórios afectos ao exercício de profissões liberais constantes da tabela anexa ao CIP – enquanto ganhos não resultantes do exercício de uma actividade de produção. Aqui, o conceito de rendimento é entendido em sentido amplo.

De resto, a inclusão destes ganhos no conceito mais amplo de rendimento constitui uma solução desejável, não só do ponto de vista da capacidade contributiva, mas também por razões de justiça fiscal, conquanto aumentam o poder aquisitivo dos seus titulares e, nessa medida, devem ser tributados como quaisquer outros rendimentos. Em face do exposto, entendemos que, sem embargo do silêncio do legislador constituinte, o legislador fiscal acabou por não optar por um conceito amplo de rendimento tributável, onde se incluem, entre outros, os rendimentos provenientes das mais-valias (realizadas) e dos ganhos fortuitos, porquanto só são tributados os rendimentos provenientes de uma actividade produtiva, excluindo, entre outros, os ganhos e perdas de capital e os proveitos ocasionais, a teoria do rendimento-fonte. Esta solução não permite a correcção ou atenuação das desigualdades de rendimentos, enquanto revelação das desigualdades da capacidade de satisfação das necessidades individuais (e familiares).

Mas, do conceito do rendimento consagrado em algumas das legislações ficais, em conformidade com o princípio da capacidade contributiva, somente o *rendimento líquido objectivo* merece acolhimento, porque constitui verdadeiro rendimento para fins de imposição fiscal. Isto é, o rendimento que se afigura como resultado das deduções das despesas necessárias à sua obtenção, excluindo, portanto, delas as despesas que dizem directamente respeito à esfera privada, não relacionada com a actividade lucrativa do contribuinte, na medida em que os encargos necessários à obtenção do rendimento constituem "expressão negativa da capacidade contributiva"[353], razão pela qual devem ser excluídos da incidência do imposto.

---

[353] CASALTA NABAIS, *O dever fundamental...*, p. 521.

Esta conclusão é apenas parcial, pois não prejudica a liberdade de o legislador fiscal fixar o limite do montante máximo a deduzir ou mesmo excluir certas deduções da categoria das despesas, como acontece, entre nós, nomeadamente, com os trabalhadores independentes ou liberais, nos termos do artigo 13.º CIP – em que se fixou o limite máximo para certas deduções específicas, de acordo com as regras estabelecidas nos n.ºs 3 a 5 do mesmo artigo –, ou com os contribuintes em sede da Contribuição Industrial, conforme o artigo 11.º, em que se admite a dedução dos custos ou perdas, mas *"dentro dos limites fixados pela lei ou, quando a lei não as limite, consideradas razoáveis pela Administração Fiscal"*, segundo o previsto no artigo 13.º todos CCI. Porém, o mesmo já não se pode dizer relativamente aos trabalhadores por conta de outrem, sobretudo os funcionários públicos, que não beneficiam de quaisquer deduções para efeitos de constituição do rendimento bruto tributável.

Para além do rendimento líquido objectivo, muito brevemente referido atrás, extrai-se, também, do princípio da capacidade contributiva a exigência de um *rendimento líquido disponível, subjectivo, privado ou existencial*, segundo o qual ao rendimento líquido (objectivo) há que deduzir as despesas privadas, imprescindíveis à existência do contribuinte (mínimo de existência individual) e da sua família (mínimo de existência familiar ou conjugal). Esta solução tem a seu favor a consideração do ponto a partir do qual se considera existir capacidade contributiva, isto é, que o indivíduo reúne as condições materiais para ser sujeito passivo da relação jurídico-tributária, o que sucede após adquirido o mínimo necessário à existência pessoal ou de um conjunto de pessoas, no que concerne à existência física, tendo como as preocupações centrais as relativas à alimentação; a habitação, ao vestuário e a existência humana, requerendo para cada indivíduo um certo grau de instrução e educação[354].

Ora, todas estas considerações só podem ser atendidas, pensa-se, através de um imposto cujas características estão direccionadas a prosseguir tais objectivos. Entre nós, o Imposto Complementar, de intuito personalizante, deve atender as necessidades pessoais do contribuinte e sua

---

[354] Estas preocupações constituem "pressupostos respectivamente do direito à vida e uma vida minimamente digna como ser humano", expressa no brocardo latino *primum vivere, deinde tributum solvere*. Vide CASALTA NABAIS, *O dever fundamental...*, p. 522.

família. Nesses termos, entendemos que a personalização do imposto pode ser conseguida por via da isenção do mínimo de existência, excluído da tributação e desempenha a função de separar o rendimento passível do rendimento não passível de incidência fiscal. Prevê-se que esta personalização se realiza mediante a entrega da declaração anual de rendimentos no mês de Setembro, nos termos do artigo 12.º do mesmo Código. Na prática o que sucede é o aproveitamento, pela Administração fiscal, da liquidação efectuada em sede de impostos parcelares, o que significa que esta norma legal é letra morta.

O problema fundamental reside precisamente em saber qual deve ser esse mínimo. Aqui entram considerações que têm que ver com o "*grau de desenvolvimento económico do país*", índice expressamente previsto no artigo 58.º CRGB, capaz de definir, em termos abstractos, as prestações sociais devida pelo Estado aos mais carenciados. Isso coloca nas mãos do legislador fiscal uma ampla margem de liberdade para decidir o montante (mínimo) que deve ser prestado e, por conseguinte, excluído do cômputo da colecta dos impostos.

Essa amplitude poderá explicar a ausência de preocupações com as precárias, desumanas e degradantes condições de vida em que se encontra a maioria dos cidadãos guineenses, ansiosos de obter, por parte do Estado (social), o mínimo que o Estado (fiscal) não lhes concede – inclui os trabalhadores dependentes, principalmente os funcionários públicos que mal conseguem obter o seu "ganha-pão" –, porquanto não possuem condições económicas para produzirem o suficiente para assegurar a subsistência individual e familiar. Este facto choca frontalmente com as exigências da dignidade humana e do Estado que se proclama social, cuja organização económica e social tem como "*objectivo a promoção contínua do bem-estar do povo e a eliminação de todas as formas de sujeição da pessoa humana a interesses degradantes, em proveito de indivíduos, de grupo ou de classes*", conforme preceitua o artigo 11.º, n.º 2 CRGB.

A desumanização que tem caracterizado o Estado guineense contrasta frontalmente com a luxúria em que vive uma certa camada social da população guineense. Donde decorre que não é de admitir qualquer justificação que se pretende ancorada no preceito constitucional insito no artigo 58.º, pois este apenas condiciona as prestações sociais que cabe ao Estado oferecer aos mais carenciados, mas não serve de fundamento à (eventual) recusa em cumprir com as suas obrigações constitucionais. Caso contrário, pôr-se-ia em causa a sua existência como Estado moderno, muito preocupado com as prestações sociais aos seus cidadãos. Diríamos que, na actualidade, é inadmissível que um Estado (que se pretende social) recuse prestar um mínimo de assistência aos cidadãos que dela carecem. Assim, observamos a atitude, no mínimo, insensata dos nossos governantes, e reveladora de uma total ausência de orientações políticas definidas no sentido da concretização dos imperativos constitucionais que reclamam a criação de condições básicas que ofereçam uma melhoria de vida aos guineenses, de forma a facultar-lhes o indispensável para se poder falar com toda a propriedade de um mínimo de dignidade para a pessoa humana. Enfim, não queremos enveredar por este tipo de discurso, mas a verificação fáctica do que é injustificável, impensável e inimaginável no final do século XX não nos deixa tranquilos.

Como se pode observar, tudo isso demonstra que o Estado (de Direito) da Guiné-Bissau está longe de se configurar um verdadeiro Estado social. Muitas coisas estão por fazer, nomeadamente, a revolução das mentalidades, designadamente do sentido do poder político e o seu exercício que, como se sabe, é do povo, pelo povo e em nome do povo. Infelizmente, nem todas as orientações políticas, económicas, sociais, fiscais, estão projectadas para o benefício das nossas populações, carentes de tudo, quando, por vezes, bastaria um mínimo de atenção para com as pessoas que, ao fim e ao cabo, detêm e exercem o poder, mesmo que de forma indirecta, sendo elas o centro, a razão de ser, de qualquer projecto de sociedade.

Evidentemente, todas estas considerações podem imiscuir-se na consideração fiscal da família. Decorre da ideia do Estado social a específica protecção da família como instituição jurídica, concretizada na consagração de direitos, como por exemplo o direito social à protecção e promoção por parte do Estado. Aliás, nada estamos a inventar. Apenas reproduzimos o espírito que presidiu o legislador constitucional, como se pode observar pelo artigo 26.º, n.º 1 CRGB que reza: *"O Estado reconhece a constituição da família e assegura a sua protecção"*; preceito que, a nosso ver, não passa de letra morta, sem um mínimo de concretização, porquanto as suas implicações, tanto no domínio das prestações sociais, como no da tributação da família, nunca foram tomadas a sério.

Dispensamo-nos de repetir aqui as considerações, acabadas de tecer a respeito das prestações sociais que o Estado (social) deve aos seus cidadãos, em virtude de não possuírem meios, particularmente económicos, para produzir e obter o ganha-pão, como é próprio de um Estado fiscal.

CAPÍTULO III

AS OPÇÕES POR OBJECTO DE TRIBUTAÇÃO. OS PRINCIPAIS IMPOSTOS

Preliminares

Abrimos este capítulo com uma pequena resenha histórica do modelo-tipo de tributação em vigor no país, para dizer apenas duas coisas: a *primeira*, relativa à origem próxima, ou, melhor, à génese do direito fiscal/tributário guineense, essencialmente constituído por um mitigado de impostos reais parcelares e imposto pessoal (denominado imposto complementar, de sobreposição), bem como o imposto sobre as empresas, cuja sede é a Contribuição Industrial que, como é de todo compreensível, é um produto da herança colonial portuguesa, mais concretamente do sistema tributário português, vigente até à reforma fiscal de 1987/88[355]; a *segunda* decorre da necessidade de sublinhar que, não obstante as reformas de que foi alvo por duas vezes, com maior ou menor intensidade, está ainda longe de ser um modelo conseguido, com a curiosidade de o seu figurino original manter intacto e, no essencial, inalterável.

Começaríamos por afirmar que, em matéria de opções quanto aos tipos tributários, a Constituição em vigor – aliás, tal como a anterior – não contém normas orientadoras do tipo de imposto em que deve assentar o Sistema Fiscal guineense. Isto é, o legislador constitucional não forneceu indicações quanto às realidades típicas objecto de incidência tributá-

---

[355] Reforma com um grande significado, diria até, revolucionou o direito tributário português, ao introduzir, nomeadamente, o imposto único sobre o rendimento das pessoas singulares, IRS e sobre o rendimento das pessoas colectivas, IRC.

ria, como modelo eleito. Destarte, a formulação de tipos-base de tributação ficou a dever ao legislador (fiscal) ordinário, que concebeu um sistema de tributação misto: para as pessoas singulares, impostos reais parcelares e imposto pessoal. Acresce ao sistema a tributação que incide sobre as empresas (quer em nome individual, quer sob a forma de sociedade), cuja sede é a Contribuição Industrial.

A observação da legislação tributária guineense e a verificação fáctica do peso relativo de cada um dos impostos no Sistema Tributário guineense permitem apreender, com alguma certeza, que determinados impostos representam a (quase) totalidade das receitas fiscais percebidas, anualmente, pela Administração fiscal. São precisamente estes, entre outros, os tipos que o legislador fiscal concebeu e que devem nortear a tributação do rendimento, do património e do consumo. Sem qualquer ordem de prioridade, surgem claramente aqueles com maior significado: o Imposto Profissional, a Contribuição Industrial, a Contribuição Predial Urbana, o Imposto de Capitais, o Imposto Complementar, todos impostos directos, e o Imposto Extraordinário sobre a Castanha de Caju, imposto indirecto, que incide de forma indirecta – apesar da sua designação – sobre os rendimentos dos prédios rústicos.

Mas, muito recentemente, através da reforma fiscal de 1997, a juntar a estes tipos, foram introduzidos, no contexto do nosso direito fiscal/tributário, dois tipos de impostos: o Imposto Geral sobre as Vendas e Serviços, designado abreviadamente por IGV, e o Imposto Especial de Consumo, IEC, ambos impostos indirectos, cuja intenção é principalmente a da simplificação da tributação do consumo, ao mesmo tempo que se procura atingir os bens e serviços, na sua globalidade, e o estabelecimento de uma Pauta Aduaneira que se apresenta como uma estrutura de apenas quatro taxas.

Uma das grandes questões que a vida em sociedade tem debatida é a escolha de uma base sobre a qual assenta os impostos. O relevo desta questão deixou marcas nas causas e pretextos dos movimentos de massas que, outrora, ergueram vozes contra o desajustamento da base de impostos aos princípios ou às realidades[356] económicas.

---

[356] Vide SOARES MARTÍNEZ, "*Impostos, rendimentos e consumos*", in Dispersos económicos, p. 231.

A resposta reconduz-se basicamente a três categorias económicas: rendimento, consumo e património (onde se inclui o capital), como base de imposto e constituem pressupostos legais – situações previamente previstas na lei – ou aferidas em relação a factos, cuja ocorrência cria uma sujeição do contribuinte ao imposto. Isso atesta o carácter económico da base de incidência do imposto, ligada ao fenómeno da produção, consumo e repartição da riqueza.

Em matéria de tributação e dos principais aspectos conexos, o conjunto dos impostos existentes na ordem jurídica guineense expressa bem a opção, seguida pelo legislador fiscal, dentro do universo de factos susceptíveis de tributação, ao prever os efeitos possíveis de desencadear quando sobre os mesmos factos tributários recai uma norma de previsão ou de incidência.

Impõe-se uma análise destes tipos, mesmo que sumária, quanto aos seus elementos essenciais: sujeito passivo, matéria colectável, taxas, liquidação, cobrança e a garantia que assiste aos contribuintes contra eventuais actos da Administração fiscal violadores do seu património. Dada a particularidade do imposto extraordinário sobre a castanha de caju, dispensamos o seu tratamento, enquanto tipo tributário próprio da fiscalidade externa.

A nossa análise irá seguir a metodologia que passamos a enunciar. Procuraremos, num primeiro momento, abordar a forma como são tributadas as várias matérias tributáveis, seleccionadas pelo legislador fiscal, de acordo com a tipologia prescrita legalmente. O tipo de tributação e as técnicas utilizadas são apreendidos através do estudo de cada um dos tipos de imposições a que se sujeitam as diversas matérias tributáveis: rendimento, despesa e património, eleitas como base de incidência do imposto, e que são passíveis de serem captadas mediante as manifestações ligados aos sujeitos económicos (pessoas singulares e colectivas).

A maior ou menor abundância destas formas de manifestação de riqueza, a capacidade de serem captadas ou conhecidas mais facilmente pela Administração fiscal são factores decisivos para o fenómeno de arrecadação de (um maior volume de) receitas necessárias ao cabal cumprimento dos imperativos constitucionais ligados ao fornecimento de bens e serviços colectivos. Assim, temos que a fiscalidade de um país depende, sobretudo, do tipo de estruturas económicas existentes, influenciando o próprio conhecimento das situações tributáveis. São disso exemplo a influência da organização da escrita, da contabilidade das empresas, geralmente, pequenas e médias, com a consequente pouca capacidade organizacional, no domínio da fixação da matéria colectável real e efectiva e suas nuances para efeitos, por exemplo, da Contribuição Industrial.

Excluímos do âmbito do nosso trabalho o tratamento da tributação sobre o património (imposto sobre as sucessões e doações). Estes são os únicos impostos que incidem sobre o património dos particulares. Na ordem tributária guineense é praticamente (senão mesmo) desconhecida esta forma de tributação da riqueza. No período pós-independência do país, este tipo tributário tem pouca expressão no conjunto das receitas tributárias.

Iremos, de seguida, abordar cada uma das opções tributárias do legislador fiscal, apresentando, nomeadamente, as suas manifestações, os principais aspectos que delas relevam, bem como as questões ou dúvidas que suscitam dentro do sistema fiscal. Não cuidaremos, porém, dos impostos cuja expressão dentro do sistema é considerada muito reduzida, nem tão pouco das taxas e das contribuições parafiscais.

A nossa análise incidirá sobre os diplomas fiscais, conforme se trata da tributação de rendimentos (o Código de Imposto Profissional; da Contribuição Industrial; da Contribuição Predial Urbana; do Imposto de Capitais e do Imposto Complementar) ou da tributação do consumo (Imposto Geral sobre as Vendas e Serviços e Imposto Especial de Consumo). Por fim, assinale-se a Lei de Finanças Locais (cujo desenvolvimento será remetido para o tratamento das questões relativas às Finanças Locais, outra das manifestações do poder de imposição afecto às entidades menores ao Estado).

Deixamos propositadamente de fora, como acabámos de referir, entre outros, os impostos provenientes da tributação do património, nomeadamente a sisa, que nos afigura um imposto devido pela transacção de um imóvel a título oneroso, e o imposto sobre as sucessões e doações, caído em desuso na ordem tributária guineense. Também não abordaremos a matéria relativa à Contribuição Predial Rústica (imposto directo), nem o imposto extraordinário sobre a castanha de caju (imposto indirecto), cujo processo de liquidação e cobrança são da competência dos serviços alfandegários.

TÍTULO I

A TRIBUTAÇÃO DO RENDIMENTO

Generalidades

A tributação do rendimento confina-se apenas aos rendimentos normais auferidos em cada uma das várias cédulas (trabalho, aplicação de capital e empresa), mitigado por um imposto de sobreposição, o imposto complementar, que se revela desfasado da realidade concreta do país, nomeadamente dos padrões tradicionais sociais e culturais seculares. Ou seja, em termos de tributação do rendimento, apresentam-se na ordem tributária guineense como objecto de incidência tanto os rendimentos ou resultados dos factores produzidos de forma isolada (*maxime*, trabalho, capital, terra) como os resultados da acção coordenada e organizada dos factores de produção (os lucros das actividades comerciais e industriais). Observa-se ainda, nesta matéria, que, com excepção dos rendimentos de terra provenientes da Contribuição Predial Urbana, bem como os rendimentos das pessoas colectivas que exercem actividades comerciais ou industriais, todos os restantes rendimentos sujeitos à incidência real dos impostos parcelares sofrem uma sobreposição, ou seja, são tributados na titularidade do mesmo beneficiário, por um imposto real parcelar e por um imposto pessoal: imposto complementar de sobreposição, pensado para tornar pessoal a tributação.

Em termos da maior ou menor pressão tributária, o legislador fiscal preocupou-se, aparentemente, em tributar mais pesadamente os rendimentos provenientes da utilização de capital quer em regime de empresa, quer aplicado isoladamente, o que poderia ter o seu reverso no (eventual) desencorajamento do investimento; por outro, incentiva o consumo (de bens e serviços), a imobilização do capital e favorece a evasão fiscal, prejudicando desta forma a necessidade do país que tanto carece de empreendimentos empresariais, necessários e úteis ao seu normal desenvolvimento. Assim, por exemplo, a dupla tributação económica dos lucros das empresas comerciais e industriais: na Contribuição Industrial [artigo 12.º, al. e) CCI] e, depois, no Imposto de Capitais, com a tributação dos lucros distribuídos [artigo 1.º, al. c) CICap], atenuada com a incidência sobre os dividendos, de uma taxa de 10%, nos termos do artigo 22.º, n.º 2 CICap.

A opção do legislador quanto à relação entre a tributação e a riqueza centrou-se na prevalência dos impostos reais em contraposição com o imposto pessoal: aqueles tributam a riqueza sem consideração da pessoa do seu titular e família; este, igualmente, tributa a riqueza, mas tem em consideração a situação pessoal do contribuinte titular do rendimento, mormente o estado civil, os filhos,... uma vez que se procura que a sua estrutura seja adequada à situação (pessoal e familiar) do contribuinte, de molde a atingir a justiça fiscal [357]. Note-se que a utilização quase em exclusivo destes impostos resulta não só da incapacidade da máquina administrativa fiscal como da ideia de igualdade abstracta dos cidadãos.

Sobre o Imposto Complementar – imposto que incide sobre os rendimentos tributados em cada uma das cédulas ou parcelas – aproveitamos a ocasião para manifestar a nossa indignação pela sua manutenção, no sistema tributário, tal e qual, sem tentativa da sua reformulação. Longe de prestar qualquer contributo, antes, pelo contrário, acaba por ser motivo de distorção e de injustiça, porquanto as soluções que comporta estão desfasadas da realidade social, cultural,... da sociedade guineense, *maxime*, o tratamento dispensado às famílias guineense, como se tratassem de famílias com estruturas e comportamentos europeus.

Acresce a este facto um outro, não menos importante, que já mereceu alusão: exceptuados os rendimentos sujeitos à Contribuição Predial Urbana[358] e Contribuição Industrial, todos os outros são sujeitos às impo-

---

[357] Entende-se que o imposto pessoal, para que seja justo, tem necessariamente algumas características, a saber: a consideração de uma parte significativa, senão global, de toda a riqueza ou rendimento do contribuinte; a incidência do imposto sobre o rendimento real ou efectivo, o que afastaria alguns índices de presunções de riqueza, sem correspondência real; a progressividade das taxas; a consideração da situação do contribuinte, bem como do seu agregado familiar. Vide SOUSA FRANCO, "Tributação", in DJAP, p. 499.

[358] Os rendimentos desta cédula foram subtraídos à incidência do Imposto Complementar pelo artigo 17.º da Lei de OGE para o ano de 1996.

sições parcelares (Imposto Profissional; e Imposto de Capitais) e são, consequentemente, tributados em sede do Imposto Complementar ou de sobreposição. Assim, logicamente, verifica-se o seguinte: somente se sujeitam a este tipo de imposição os rendimentos anteriormente tributados em cada uma das imposições parcelares; o que equivale a dizer que não são tributados os rendimentos que não entraram no cômputo da capacidade contributiva de cada uma dessas parcelas em particular, uma vez que, na prática, somente sujeitam a este tipo tributário os rendimentos anteriormente tributados (ou porque declarados ou porque são facilmente perceptíveis pela Administração fiscal). Esta situação acaba por constituir uma fonte de injustiça e um elemento falseador da concorrência entre os sujeitos económicos.

Esta é apenas uma pequena demonstração das más opções de política tributária que caracterizam o nosso Sistema Fiscal. Enfim, teremos oportunidade de aprofundar as principais inconveniências desta forma de tributação. Remetemos, por isso, para desenvolvimentos posteriores.

Por outro lado, temos o recurso a técnicas de determinação da matéria colectável: lucro presumível, recurso a presunções, deduções fixas, etc., agravadas pela impossibilidade de impugnação contenciosa, com fundamento no poder discricionário da Administração fiscal, cujos reflexos poderão traduzir-se na desconfiança dos contribuintes relativamente à Administração fiscal, desembocando em evasão e fraude fiscais.

Não pretendemos significar com isso que deva ser banida a presunção, enquanto forma de fixação da matéria colectável, que, por vezes, se afigura como última solução que resta para o seu conhecimento. Estamos apenas a manifestar o nosso repúdio pela forma como são tratados os contribuintes, recusando-lhes direitos constitucionalmente previstos, no interesse da Administração fiscal em conseguir um maior volume de receitas tributárias. Rejeitamos esta forma de tratamento despersonalizado que vê no contribuinte uma fonte de captação de receitas essenciais à efectivação das necessidades colectivas. O contribuinte (cidadão ou residente) é incomparavelmente muito mais do que isso: trata-se, acima de tudo, de uma pessoa com deveres, mas também com direitos.

A tributação da totalidade dos rendimentos, manifestados através de índices reveladores da capacidade económica, é apontada como uma das funções que (todos) os sistemas fiscais modernos pretendem realizar. Trata-se de um instrumento fiscal ao alcance dos Estados intervencionistas, para prosseguirem, simultaneamente, os fins de captação de receitas, repartindo de forma justa os encargos entre os contribuintes e os fins que conduzam às reformas sociais[359] e à diminuição das desigualdades entre os cidadãos.

A tributação do rendimento conexo com o exercício de uma actividade, em particular, diferencia-se em função dos tipos de pessoas em concreto. No concernente às pessoas físicas, são tributadas pelos rendimentos auferidos, incluindo, aqui, as suas participações em sociedades civis (artigo 4.º CICompl.). A procura de atingir todo o rendimento (rendimento-fonte) do contribuinte levou o legislador fiscal a adoptar o sistema de tributação cedular, por sua vez mitigado com o imposto geral sobre o rendimento, o Imposto Complementar, cujo objectivo é assegurar a personalização do sistema. Encontramos basicamente os seguintes impostos sobre o rendimento: Imposto Profissional; Contribuição Industrial; Contribuição Predial (Rústica e Urbana); Imposto de Capitais e Imposto Complementar.

O rendimento fiscal considerado nesta sede é entendido na sua acepção de produto obtido durante um determinado período, isto é, resultado de uma determinada actividade produtiva, ou ainda da participação dos agentes ou factores de produção na organização produtiva. De uma forma geral, acolhe-se o valor líquido, calculado com dedução dos encargos necessários à sua formação ou reintegração do capital produtivo.

Dificuldades várias são apontadas como obstáculos a esse tipo de tributação, nomeadamente a ausência de uma contabilidade organizada, no caso da empresa, cuja consequência não tarda a reflectir-se na falta de rigor no apuramento da matéria colectável; a reduzida parte da produção expressa em termos monetários, devido à prevalência da economia de subsistência; as variadas espécies de pagamentos, sobretudo as gratificações, presentes, contribuições tribais muito frequentes na sociedade guineense; a inadaptação das taxas (algumas vezes muito elevadas, com o perigo de absorver a totalidade dos rendimentos e patrimónios); a anarquia das instituições fiscais; os indícios da corrupção administrativa; a ineficácia dos controlos e a susceptibilidade de fraude e evasão fiscais; sem contar com as resistências dos contribuintes.

A tributação do rendimento congrega determinados traços característicos (do ponto de vista da sua base de incidência subjectiva e objectiva;

---

[359] SOARES MARTÍNEZ, "*Impostos, rendimentos e consumos*", p. 213.

dos seus objectivos; do seu peso no conjunto da fiscalidade em geral; das vantagens e inconvenientes que lhe são inerentes) dentro do conjunto que compõe este universo. Assim:

- no que tange as *pessoas físicas*, o figurino da tributação do rendimento assenta nos impostos parcelares, cujos tipos específicos, sem os quais não há incidência, expressam realidades reveladoras da capacidade contributiva e encontram-se inconfundivelmente estabelecidos nos respectivos Códigos. A somar a estes tipos parcelares, foi concebido um imposto que atendesse todo o rendimento do contribuinte, considerando os seus encargos e os relativos à sua família – o *imposto pessoal*, numa clara tentativa de personalizar o sistema. É a situação típica, entre nós, do Imposto Complementar.
Ao conjunto de rendimentos do contribuinte, percebidos no nosso país, é aplicável uma taxa progressiva por escalão[360]. Estas duas considerações levam-nos a afirmar que o figurino apresentado pelo nosso Sistema Fiscal, cuja ossatura se construiu num conjunto de impostos reais parcelares, sem embargo da sua mitigação através do imposto pessoal, visa a sua adaptação, no futuro, a um sistema de imposto único, uma preocupação de justiça fiscal, dado o seu objectivo de atingir todo o rendimento global do contribuinte.
- relativamente às *pessoas morais* a tributação incide sobre o lucros das empresas de natureza comercial ou industrial (indistintamente a empresa em nome individual e sociedade), assente, em princípio, sobre o rendimento real, efectivo, baseado em factos que comprovem os proveitos e custos ligados ao exercício destas actividades, com carácter permanente ou acidental. Por outras palavras, sobre os lucros imputados a uma actividade coordenada de factores de produção, a empresa.

Em certas legislações, distinguem-se as sociedades de capitais, onde existe um património próprio da sociedade independente do dos sócios, justificada pela distinção da pessoa moral (sociedade) e os membros que a

---

[360] Os rendimentos dos contribuintes são decompostos num certo número de escalões e a cada um é aplicado uma taxa diferente, sendo as mais altas para os escalões superiores.

compõe, e as sociedades de pessoas, onde, com muita frequência, se adopta a tributação dos seus membros, ilimitadamente responsáveis e, portanto, não se considera viável a tributação separada do património da sociedade e o dos seus membros[361].

Contudo, não nos parece que esta constitua a melhor solução, porquanto penaliza fortemente os contribuintes (pessoas singulares) que vêm os seus rendimentos tributados quer em sede de impostos sobre capitais, quer em sede do imposto complementar ou de sobreposição, enquanto as pessoas colectivas estão fora da incidência deste tipo de imposto, como se, pode concluir pela Lei n.º 11/95, de 16 de Outubro.

No entanto, existe uma atenuação relativamente aos lucros ou dividendos atribuídos aos sócios das sociedades, pois a estes se aplica uma taxa reduzida de 10% (n.º 2), enquanto que a taxa normal é de 25% (n.º 1) todos do artigo 22.º CICap. A este sistema chamou PIERRE BELTRAME como de dupla tributação parcial[362], porquanto atenua a imposição sobre estes rendimentos.

Ainda, dentro desta temática, é curial a distinção entre a tributação de rendimentos do trabalho (salário ou remuneração) e do capital (juro, renda, dividendo). São as duas formas que assumem os rendimentos, no Direito Fiscal guineense, provenientes da produção. Aquela depende de muitas incertezas, como o risco de invalidez e velhice e a morte; deve, portanto, merecer um tratamento mais vantajoso (taxas menores ou deduções) para que, no lapso de tempo da vida laboral, o seu titular possa economizar parte do que recebe. Esta situação nos leva-nos a admitir um tratamento mais gravoso, assente numa discriminação qualitativa dos rendimentos do capital. O que dissemos não se altera, porém, com o sistema de previdência social (reforma ou aposentação) – generalizadamente presente no mundo mais avançado –, falido e incapaz de dar resposta aos desafios da sua criação.

Sabe-se, porém, que a tributação do rendimento comporta algumas vantagens e inconvenientes: quando feita globalmente, a principal vantagem deriva do facto de se ajustar melhor aos objectivos da progressividade na tributação e da redução das desigualdades, uma vez que atende à totalidade da capacidade contributiva dos contribuintes. Porém, verificam-se também inconveniências: propicia uma maior resistência a nível psicoló-

---

[361] PIERRE BELTRAME, *Os sistemas fiscais*, p. 84.
[362] Cfr. *Os sistemas fiscais*, p. 85.

gico por parte dos contribuintes; oferece uma mais elevada propensão para a fraude e evasão fiscais; requer o emprego de recursos, *maxime* humanos, para a prevenção e fiscalização; encerra dificuldades maiores de determinação da matéria colectável.

Um outro perigo deste tipo de tributação está na sua utilização. Nos dias de hoje, verifica-se a tendência para os governos abusarem desta forma de tributação para resolverem os problemas orçamentais[363]. A adopção de determinados comportamentos (como por exemplo, uma elevada carga tributária sem consideração da capacidade contributiva dos contribuintes) pode ter implicações gravosas para a economia nacional, tais como a descapitalização e estagnação do processo de desenvolvimento económico e social.

Por último, a consideração dos efeitos da inflação sobre os valores das multas aplicáveis por violação das normas fiscais, as chamadas *transgressões fiscais*, previstas em cada um dos Códigos que regulam os elementos típicos de cada um dos impostos parcelares presentes no Sistema Fiscal guineense, e, em consequência, a diminuição do poder de dissuasão que lhes subjaz, estiveram na origem da publicação do Decreto n.º 17/94, de 16 de Maio, no BO n.º 20 da mesma data e ano, com o intuito de actualizar as multas pelos coeficientes, *"conforme o ano em que foram estabelecidos os respectivos montantes legais: anteriormente a 1978 – coeficiente 25%; de 1978 a 1982 – 15%; 1983 a 1987 – 10%; 1988 a 1992 – 5%"*, reza o artigo 1.º deste diploma. Ora, isso quer dizer que, em princípio, por esta altura, os montantes das multas deveriam ser de novo actualizados.

SECÇÃO I

IMPOSTO PROFISSIONAL

1. CARACTERIZAÇÃO GERAL

Um dos mais significativos impostos presentes na nossa ordem tributária – tal como os outros impostos parcelares que constituem a ossa-

---

[363] JOSÉ A. P.. PINTO, *A Fiscalidade*, pp. 12-13.

tura do nosso Sistema Fiscal – remonta à época colonial[364]. O Imposto Profissional, criado pelo Decreto n.º 23/83, de 6 de Agosto[365], com alterações introduzidas pelo Decreto n.º 4/84, de 3 de Março[366], Decreto n.º 32/93, de 10 de Agosto[367] e artigo 10.º LOGE 1998[368]. São estes diplo-

---

[364] Foi aprovado pelo Diploma Legislativo n.º 1753, de 8 de Maio de 1961, alterado pelo Diploma Legislativo n.º 1818, de 14 de Novembro de 1964. No período pós-independência as primeiras alterações nesta e noutras matérias (Contribuição Industrial; Contribuição Predial Urbana; Contribuição Predial Rústica; Imposto Complementar e Imposto de Transações; Impostos sobre os proventos de cargos públicos; Indústrias rurais não especificadas e Execuções fiscais) foram introduzidas pelo Decreto n.º 31/75, promulgado em 21 de Maio de 1975, e publicado no BO n.º 21, de 24 de Maio do mesmo ano.

[365] Publicado em Suplemento ao BO n.º 32, da mesma data.

[366] A alteração verificou-se relativamente às taxas (artigo 27.º). Tem todo o interesse reproduzir, aqui, uma das passagens do Preâmbulo deste diploma: *"Na sequência do aumento de vencimentos dos trabalhadores da Função Pública, aprovado pelo Decreto 34/83, de 23 de Dezembro, impunha-se a revisão dos escalões de determinação de taxas para efeito de imposto profissional, revisão que deveria ter em conta a proporção dos acréscimos sofridos"*. Este diploma concebeu três escalões e respectivas taxas de 4%, para rendimentos anuais até 84.000 Pesos Guineenses (PG); 20%, para rendimentos até 252.000 PG e, 35%, para os rendimentos superiores a 252.000 PG, respectivamente. Subentende-se que estas escalões e taxas eram aplicáveis quer aos trabalhadores por conta de outrem, quer aos por conta própria.

[367] Publicado em Suplemento ao BO n.º 32/93, de 10 de Agosto, altera e adita alguns artigos deste Código. Reza o seu Preâmbulo: *"As mudanças de ordem económica verificadas na sociedade guineense, com o incremento da iniciativa privada e aplicação do programa de ajustamento estrutural, determinam a revisão das leis fiscais"*. As razões justificativas são, entre outras, seguindo a linha do mesmo Preâmbulo: 1. *"a necessária adaptação de escalões e taxas de imposto... Neste, particular, a opção seguida foi a da moderação das taxas, que se apresentam, em regra, significativamente mais baixas..."*; 2. *"... dupla tabela de taxas, a aplicar a trabalhadores por conta de outrem, quer sejam funcionários públicos ou privados, e a profissionais livres."*; 3. *"Em consequência, aproxima-se a tributação dos profissionais por conta própria..."*; 4. *"... criação de um recurso administrativo da fixação da matéria colectável... implementação dos pagamentos por conta..."*; 5. *"criação de obrigações acessórias, inerentes ao dever de cooperação com a administração"*, como consequência do surgimento dos profissionais livres; 6. *"retenção na fonte sobre os rendimentos brutos daqueles profissionais, quando pagos por contribuintes que devam (entenda-se devem) possuir contabilidade regularmente organizada, aos quais incumbe a entrega do imposto retido"*; 7. actualização das *"molduras legais das sanções por incumprimento de obrigações fiscais"*; 8. *"... aproveita-se para reformar a tabela de profissões livres..."*.

[368] Segundo o artigo 10.º (Imposto Profissional) da Lei de Orçamento do Estado para 1998:

mas que contêm o essencial da disciplina deste imposto que, como se sabe, marca o início da *reforma fiscal* levada a cabo nos anos de 1983/84.

O Código de Imposto Profissional, adiante CIP, regula todos os elementos essenciais que caracterizam a imposição sobre os rendimentos de trabalho quer dos trabalhadores subordinados, quer dos trabalhadores por conta própria, profissionais liberais. Esta disciplina compreende a incidência (*lato sensu*), no sentido de englobar: os sujeitos activo e passivo do imposto e as isenções; a matéria colectável; a liquidação; as taxas; a cobrança; as garantias dos contribuintes, bem como as penalidades a que estão sujeitos os contribuintes infractores. Seguidamente, apresentamos os aspectos em que se traduzem cada um destes elementos.

Apresenta-se como um *imposto real*, que tributa o rendimento de trabalho, sem consideração das qualidades pessoais do seu titular (seja ele solteiro ou casado; tenha ou não família a seu cargo), o trabalhador. A constituição do direito do Estado ao imposto verifica-se com o direito à remuneração ou contraprestação em resultado da aplicação do trabalho a favor de outrem ou da utilidade que gera ao prestador de serviço. É *parcelar*, porquanto o rendimento de trabalho tributado nesta sede tem auto-

---

O artigo 27.º do Código de Imposto Profissional, aprovado pelo Decreto n.º 23/83, de 6 de Agosto, passa a ter a seguinte redacção:
"*1. As taxas de imposto são:*
a) Para os rendimentos do trabalho por conta de outrem:
Rendimento anual
SUPERIOR ATÉ TAXA
0 171.693 0% – Isenta
171.693 233.724 2%
233.724 311.816 4%
311.816 497.355 6%
497.355 785.076 8%
785.076 2.054.288 10%
2.054.288 2.526.774 13%
2.526.774 2.956.326 16%
Superior a 2.956.326 20%
b) Para os rendimentos do trabalho por conta própria e direitos de autor:
Rendimento anual
SUPERIOR ATÉ TAXA
0 153.846 10%
153.846 615.385 20%
Superior a 615.385 30%"

nomia face aos (eventuais) rendimentos de que disponha o trabalhador e provenientes de outras fontes, sujeitos ao Imposto Complementar (em consequência disso, há uma sobreposição de impostos, em sede de Imposto Profissional e em sede de Imposto Complementar, como se disse, conjuntamente com outros rendimentos do mesmo titular).

Tem como *objecto mediato* o rendimento do trabalho das pessoas singulares ou físicas e, como *objecto imediato*, os subtipos de remunerações de trabalho. Incide sobre o rendimento dos factores de produção, de forma isolada, auferidos pelos seus titulares, como contraprestação do esforço físico ou intelectual despendido[369].

2. INCIDÊNCIA REAL

O Imposto Profissional tem como base ou incidência real os "*rendimentos do trabalho, em dinheiro ou espécie, quer resultem de relações de trabalho subordinado, de contrato de prestação de serviços ou de exercício de profissão liberal por conta própria*", de acordo com o n.º 1 do artigo 1.º deste Código. Como se pode perceber, trata-se de um imposto que pretende tributar a generalidade dos rendimentos auferidos pelos sujeitos passivos, como contrapartida do esforço quer físico, quer intelectual, por eles desenvolvido.

Por isso, tributa dois grandes tipos de rendimentos, resultantes quer da relação laboral ou trabalho subordinado quer do trabalho independente (prestação de serviços e profissão liberal por conta própria). São estes os dois grandes objectos mediatos deste tipo de imposição, que elege unicamente como base de incidência real os rendimentos de trabalho auferidos por pessoas singulares ou físicas. Significa isso que se as pessoas colectivas auferem rendimentos de trabalho, no exercício de profissões liberais, em regime de empresa, por esse facto, sujeitam-se às normas de incidência real da Contribuição Industrial.

Para além destes dois subtipos de incidência, o Código vem ampliar o âmbito de incidência real a outros rendimentos, conforme a opção do legislador fiscal, ao considerar, para efeitos de tributação, os rendimentos

---

[369] *Vide*, sobre estes caracteres do Imposto Profissional, VITOR FAVEIRO, *Noções fundamentais...*, Vol. II, pp. 103 e ss. Qualquer referência ao autor e obra citada, em matéria de impostos parcelares sobre o rendimento, considera-se feita em relação ao Sistema Fiscal português anterior à reforma que introduziu o imposto único.

de trabalho, entre outros: "*a) os vencimentos, ordenados, salários, soldadas, gratificações;...; b) as remunerações pagas a cientistas, artistas ou técnicos....; c) os direitos de autor de obras intelectuais*", constantes das als. do n.º 2 do mesmo artigo 1.º. Isto é, todos estes rendimentos acabados de mencionar constituem, também, fontes de incidência real.

3. NORMAS DE EXCLUSÃO DE INCIDÊNCIA REAL

Para além da consagração de normas de incidência real, o legislador contemplou, também, um conjunto de normas de exclusão da incidência real. Infere-se destas normas que ficam de fora da incidência, ou seja, excluem-se da incidência real do Imposto Profissional, portanto, não se consideram rendimentos de trabalho, para efeitos deste Código, nomeadamente: "*a) os abonos de família e outras prestações ou subsídios de natureza semelhante...; b) as pensões de aposentação, reforma ou invalidez; c) os subsídios de doença... e bem assim as pensões de doença, invalidez ou incapacidade...; d) as ajudas de custo; e) as despesas de deslocações e viagem; f) as indemnizações por despedimento de trabalhadores por conta de outrem*", numa clara delimitação do âmbito ou da amplitude das normas de incidência real deste imposto.

4. INCIDÊNCIA PESSOAL

O legislador fiscal não se ficou apenas pela consagração da incidência real, cujo objecto da relação fiscal se resume na existência do rendimento de trabalho, independentemente das qualidades pessoais de quem exerce a actividade. Outrossim, este imposto é caracterizado pela sua incidência pessoal, donde se destacam os regimes de relações de trabalho subordinado e contrato de prestação de serviços, bem como o exercício de profissão liberal por conta própria, conforme o artigo 1.º, n.º 1.

Assim, o artigo 3.º deste diploma legal reza o seguinte: "*Estão sujeitos ao Imposto Profissional todos os indivíduos que aufiram rendimentos de trabalho no território da República da Guiné-Bissau, ainda que nele não tenham a sua residência permanente (...)*"[370]. Deste artigo se extrai a

---

[370] No Decreto n.º 23/83 constava o seguinte: "*Estão sujeitos ao Impostos Profissional todos os indivíduos que recebem rendimentos de trabalho no território da República*

conclusão de que sujeitos passivos deste imposto são todas as pessoas físicas que têm direito à contraprestação, sob qualquer uma das formas previstas no n.º 2 do mesmo artigo, bastando que sejam titulares de rendimento no território da Guiné-Bissau.

É o apelo ao *princípio da fonte de rendimento*, como elemento de conexão de relevada importância: o rendimento do trabalho, sendo um imposto real, deve ser tributado no lugar onde foi produzido. Deste modo, sujeitam-se às normas de incidência pessoal do CIP todos os que auferem rendimentos no território nacional da Guiné-Bissau, sem consideração da fonte pagadora.

Ou seja, o critério de residência (permanente ou habitual), para efeitos da tributação do rendimento de trabalho, não se afigura decisivo. Basta estar temporariamente na Guiné-Bissau e auferir rendimentos de trabalho para se sujeitar às regras da tributação do CIP. Para além dos residentes, com vínculo juslaboral, e trabalhadores por conta própria (independentemente do seu vínculo político), também os estrangeiros ao serviço das missões diplomáticas ou consulares e o pessoal estrangeiro (artigo 4.º, n.º 1) são sujeitos passivos deste imposto. Em consequência, os rendimentos de trabalho postos ou colocados à disposição dos seus titulares, neste território, por trabalho ou actividade prestada no exterior, isto é, os rendimentos de fonte estrangeira ou não guineense não são submetidos à disciplina deste Código.

A consideração da incidência ou sujeição pessoal deste imposto centra-se numa pluralidade de regimes para as pessoas singulares, cada um com os seus efeitos: trabalhadores por conta de outrem; por conta própria; que auferem rendimentos provenientes de direitos de autor; ou ainda prestadores de serviços.

5. ISENÇÕES

Diferentemente das normas de exclusão deste imposto estabeleceu--se um regime geral de isenções pessoais previsto no artigo 4.º segundo o

---

da Guiné-Bissau, ainda que nele não tenham a sua residência permanente, desde que essas remunerações sejam pagas no País por trabalho aqui prestado ou pelo exercício, ainda que acidental, no mesmo território, de qualquer profissão liberal, constante da tabela em anexo a este Código".

qual "*os estrangeiros ao serviço das missões diplomáticas ou consulares acreditadas na Guiné-Bissau, desde que haja reciprocidade de tratamento*" e o "*pessoal estrangeiro ao serviço de Organizações Internacionais consideradas de Direito Público Internacional*", estão isentos deste imposto, conforme, respectivamente, as als. a) e b) do n.º 1. O tratamento discriminatório relativamente aos nacionais aqui previsto, a concessão de privilégios ou favores fiscais quanto aos primeiros, não opera de forma automática, pois está condicionada ou dependente da convenção entre o Estado da Guiné-Bissau e países terceiros: a reciprocidade de tratamento [artigo 4.º, n.º 1, al. a), *in fine* CIP]. Donde se conclui que a não existência de convenção nesta matéria tem como consequência a submissão destes à jurisdição da Administração fiscal guineense quanto aos rendimentos percebidos no território nacional.

As isenções anteriores a este Código, concedidas pelas autoridades guineenses e quaisquer entidades, não são prejudicadas, mantendo-se válidas nos termos dos contratos (n.º 2 do mesmo artigo). O legislador fiscal entendeu habilitar – *habilitação legal* – o Ministério da Economia e Finanças para rubricar os futuros contratos relativos aos benefícios fiscais, *maxime* as isenções, segundo o n.º 3 do mesmo artigo. A nosso ver, esta habilitação deve ser aferida em conformidade com a reserva de lei formal prevista no artigo 86.º CRGB para os elementos essenciais do imposto, como demonstrámos *supra*, no Capítulo II, Título I, ponto 1.

6. O LUGAR COMO ELEMENTO DE CONEXÃO

Paralelamente à consagração da incidência pessoal, o legislador entendeu que o Imposto Profissional deve ser regido pelo *princípio ou critério da fonte*[371] *de rendimento* – tal como frisamos *supra* –, segundo o qual o rendimento do trabalho, base de incidência deste imposto real, deve ser tributado no lugar onde foi produzido; isto é, adoptou-se como critério para a determinação da incidência tributária a sua fonte, incidindo, indistintamente, em princípio, sobre todos os rendimentos auferidos ou obtidos no território da Guiné-Bissau, desde que proveniente do trabalho humano (manual ou intelectual).

---

[371] *Vide,* para desenvolvimentos deste elemento de conexão tributária, ANA PAULA DOURADO, A Tributação dos rendimentos de capitais: a harmonização na Comunidade Europeia, CCTF, n.º 175, Lisboa, 1996, p. 60.

A opção pelo *princípio da fonte* tem subjacente o vínculo económico do contribuinte com o espaço onde aufere rendimentos, independentemente da sua nacionalidade, o chamado *critério da nacionalidade ou do vínculo jurídico*. Aqui, a obrigação tributária tem como vínculo o lugar onde o indivíduo obtém o seu rendimento, o território da Guiné-Bissau. O legislador fiscal escolheu como critério de sujeição à legislação fiscal guineense o vínculo económico que, derivado do exercício, ainda que acidental, de uma actividade económica no território guineense, liga o contribuinte à Administração fiscal. Essa relação constitui o contribuinte numa obrigação pecuniária correspondente ao exercício de uma actividade (por conta de outrem; por conta própria ou por prestações de serviços) contemplada no CIP, independentemente da sua residência (permanente).

O momento em que se constitui a obrigação do imposto deve ser aferido ao da ocorrência da prestação do trabalho, criadora da correspondente prestação, mormente a remuneração. O nosso CIP é omisso nesta matéria, nada adiantando. Contudo, entendemos que este momento deverá coincidir com a efectiva atribuição da contraprestação devida pelo empregador ao titular do direito: o recebimento ou a colocação à disposição do trabalhador[372].

7. DETERMINAÇÃO DA MATÉRIA COLECTÁVEL

Nesta matéria, constam um conjunto de normas de direito processual que impõem determinados deveres, entre os quais figuram, para os que pagam remunerações aos trabalhadores por conta de outrem (artigo 7.º), para os trabalhadores por conta própria (artigo 11.º) e ainda para os titulares de direito de autor, o dever de apresentar uma ficha com discriminação dos rendimentos pagos, no ano anterior, aos seus trabalhadores ou a declaração de rendimentos auferidos.

A determinação da matéria colectável (artigo 5.º)[373] é feita em colaboração com os organismos de Estado e entidades (públicas e privadas)

---

[372] Vide, as consequências em VÍTOR FAVEIRO, *Noções fundamentais...*, Vol. II, pp. 124-125.

[373] A primitiva versão do Decreto n.º 23/83 era quase idêntica à actual redacção, estabelecendo "*Os organismos do Estado e quaisquer entidades públicas e privadas que empreguem trabalhadores ou paguem remunerações de trabalho, ainda que com carácter acidental, deverão escriturar em ficha própria, individual, todas as importâncias pagas ou atribuídas e o imposto deduzido nos termos do artigo 18.º*".

que pagam rendimentos de trabalho, através de escrituração em fichas[374] própria individual das importâncias pagas ou atribuídas, deduzido o imposto, conforme o artigo 18.º do Código. Estão aqui incluídos os organismos de Estado, as outras entidades públicas e ainda as entidades privadas. A colaboração dessas entidades prende-se com a escrituração em ficha individual, a entregar, anualmente, na Repartição de Finanças, onde deve constar todos os elementos necessários à correcta identificação do beneficiário das importâncias pagas. Trata-se de uma mera preparação para a determinação da matéria colectável final ou mera confirmação da determinação anteriormente feita pelas entidades patronais, como se pode observar pelo artigo 8.º do diploma em análise.

Para os trabalhadores por conta de outrem, não estabeleceu o Código nenhuma dedução à matéria colectável, contrariamente aos trabalhadores por conta própria. A matéria colectável daqueles é o resultado do rendimento de trabalho efectivamente recebido ou posto à disposição do seu titular. Isto é, "sem deduções susceptíveis de contribuir para a liquidez da utilidade real auferida pelo trabalhador, e, designadamente de deduções de encargos de deslocação de residência para o lugar de trabalho, de amortização dos custos de formação profissional, etc"[375]. Aqui a regra a observar é relativa ao rendimento bruto e não rendimento líquido, sem consideração das despesas relativas aos encargos necessários, nomeadamente, a formação do contribuinte.

Apurada a matéria colectável dos trabalhadores por conta de outrem, com base apenas nos dados constantes dos mapas enviados no início de cada ano às Repartições de Finanças, deve ser liquidado o imposto, sem embargo de efectuar a conferência com os objectivos de *"verificar a regularidade das liquidações feitas pelas entidades patronais e a conformidade entre as deduções feitas nas remunerações e as entregas nos cofres do Estado"*, nos termos do artigo 8.º CIP. A nosso ver, este processo pode englobar quer o suprimento das faltas, quer a sua correcção.

---

[374] Estas fichas são *"integradas no processo individual do contribuinte com vista à liquidação do Imposto Complementar"*, reza o artigo 10.º CIP. Isso constitui demonstração mais do que suficiente das dificuldades que se colocam ao Imposto Complementar: só paga quem efectivamente for contribuinte, por exemplo do Imposto Profissional. Perguntar-se-á onde estarão os objectivos da personalização a ele inerente?

[375] VITOR FAVEIRO, *Noções fundamentais...*, Vol. II, pp. 190-191.

Segundo o artigo 10.º-A, aditado pelo Decreto n.º 32/93, de 10 de Agosto, os indivíduos, pessoas singulares que pretendem exercer actividade por conta própria, os trabalhadores por conta própria, constantes da tabela anexa ao Código, são obrigados a entregar, antes do início da actividade, uma declaração de inscrição na Repartição de Finanças da área do seu domicílio. E, de acordo com o artigo 11.º[376], anualmente, devem apresentar na Repartição de Finanças, uma declaração de rendimentos auferidos no ano anterior. Para o apuramento da matéria colectável, de acordo com as regras estabelecidas no artigo 13.º, deduzem as despesas relativas aos encargos respeitantes às suas actividades (como por exemplo, as remunerações com empregados e colaboradores; rendas, despesas de consumo de água, de energia, deslocações,...), desde que devidamente documentadas, conforme o estabelecido no n.º 1 do mesmo artigo.

No caso de o sujeito passivo exercer a actividade em conjunto com outros profissionais, os encargos a deduzir serão "*rateados em função da respectiva utilização ou na falta de elementos que permitam o rateio, proporcionalmente aos rendimentos brutos auferidos*" (n.º 2). É de notar que as deduções estão limitadas a determinadas percentagens constantes dos n.ºs 3 a 5 do mesmo artigo 13.º: para as viaturas, 50%; as deslocações, viagens e estadas, no seu conjunto não podem exceder 10% do rendimento bruto; a valorização profissional e outras despesas de formação do rendimento, também não pode ultrapassar, no conjunto, 10% do mesmo rendimento bruto.

A declaração dos trabalhadores por conta própria serve, por via de regra, para a fixação da matéria colectável, sem prejuízo da Administração fiscal recorrer a outros elementos informativos de que eventualmente dispõe e fornecidos pelos serviços de fiscalização. É o que decorre dos n.ºs 1 e 2 do artigo 14.º do Código. São estas as fontes em que deve basear o Chefe de Repartição de Finanças, a fim de determinar a respectiva matéria tributável. Por outras palavras, não há qualquer atribuição de discricionariedade a fim de tornar efectivo este processo.

---

[376] Dispunha a redacção do Decreto n.º 23/83 o seguinte: "*Os indivíduos que exerçam por conta própria qualquer das actividades constantes da tabela anexa a este Código entregarão no mês de Janeiro, na Repartição de Finanças da área da sua residência, uma declaração de modelo a aprovar por despacho do Ministro da Economia e Finanças, respeitante às actividades exercidas no ano anterior*".

O n.º 3 do mesmo artigo[377] manda notificar o contribuinte, para efeitos de reclamação para a Comissão de revisão da matéria colectável, se a fixação for em montante superior ao declarado. Numa interpretação *"a contrario"*, diríamos que esta obrigação deixaria de existir se o montante da matéria colectável declarado pelo contribuinte fosse igual ou superior ao fixado. Neste último caso, deve ser feita a correcção administrativa do rendimento declarado.

8. GARANTIAS DE DEFESA CONTRA O ACTO DE DETERMINAÇÃO DA MATÉRIA COLECTÁVEL

Determinada a matéria colectável, com base nos elementos acabados de referir, fica na disposição do contribuinte (trabalhador por conta própria) lançar mão dos meios de defesa[378]: o recurso contencioso para reagir contra o acto administrativo fiscal que decidiu a sua posição relativamente à Administração fiscal, como se pode inferir da leitura do artigo 14.º-A, aditado pelo Decreto n.º 32/93, desde que seja fundamentado no desvio de poder, incompetência ou preterição de formalidades legais. Este último fundamento deve abranger, na nossa opinião, as questões de direito, entre os quais os critérios jurídicos relativos à determinação da matéria colectável, a admissibilidade e interpretação das provas, bem como os próprios critérios técnicos da sua avaliação. De fora destas, no entendimento de alguma doutrina, ficam as questões de facto, porquanto requerem juí-

---

[377] Rezava o artigo 14.º, n.º 3 do Decreto n.º 23/83: *"Se a fixação for feita em montante superior ao declarado pelo contribuinte, este será sempre notificado da fixação, podendo da mesma recorrer, no prazo de 8 dias, para o Director-Geral do Orçamento e Tesouro, que decidirá em despacho definitivo e executório"*.

[378] Um dos meios de pretensa garantia que a lei faculta é a reclamação para a Comissão de Revisão da matéria colectável, competente, apenas, para a questão relativa ao *quantum* da obrigação tributária, apenas quando for superior ao declarado pelo contribuinte, nos termos do artigo 14.º, n.º 3. A reclamação só terá efeito suspensivo, mediante a *"entrega de um montante igual a 25% da diferença entre o imposto total que resulta da matéria colectável fixada e o somatório dos pagamentos por conta efectuados,..."*, em conformidade com o n.º 2 do artigo 14.º-B. A pretensa garantia de que falávamos tem a ver com a ausência de relação hierárquica entre o Chefe de Repartição de Finanças e o Presidente da comissão de revisão, pelo que entendemos não se poder falar, por esta e outras razões de uma garantia de recurso hierárquico.

zos de avaliação baseados em critérios técnicos que não estão ao alcance dos órgãos jurisdicionais.

A reclamação do acto tributário de fixação da matéria colectável praticado pelo Chefe de Repartição de Finanças só tem lugar numa única situação: quando a matéria colectável for fixada em montante superior ao declarado pelo contribuinte, conforme o n.º 3 do artigo 14.º CIP, devendo reclamar para o Presidente da comissão de revisão[379], prevista no artigo 30.º Código de Contribuição Industrial, doravante CCI, para o qual remete o artigo 14.º-C CIP, também aditado pelo Decreto n.º 32/93.

A figura jurídica da reclamação significa que há recurso contra o acto praticado pela pessoa a quem se recorre. Isto é, existe uma identidade de pessoas: a pessoa que pratica o acto recorrido e a pessoa para o qual se recorre, pedindo a revisão do acto anteriormente praticado. Acontece que no caso em análise, não existe essa identidade. Pelo que não se pode falar com toda a propriedade de uma reclamação (que deveria ser feita para quem de direito: o Chefe de Repartição de Finanças, competente para a prática do acto tributário; numa palavra, a reclamação pertence à esfera de quem praticou o acto originário), mas sim, eventualmente, de um recurso necessário ou facultativo. Desde logo, fica afastado da reclamação, por se exigir que haja ainda a possibilidade de decisão final não por parte de quem praticou o acto originário, mas de entidade hierarquicamente superior, com competência para a prática do mesmo acto.

Diga-se que a decisão do Chefe de Repartição de Finanças não é susceptível de recurso hierárquico (necessário) – como acabámos de afirmar –, pois torna-se indispensável a existência de uma hierarquia entre quem praticou o acto originário e a entidade para quem se recorre do mesmo acto, portanto, competente para proferir a decisão final sobre a matéria. Ora, segundo nos parece, não existe nenhuma relação hierárquica entre a comissão de revisão (entidade que se julga independente, constituída, com o objectivo único de resolver os litígios emergentes da fixação da matéria colectável, cuja competência se resume estritamente ao *quantum*

---

[379] A comissão de revisão, segundo o artigo 30.º, n.º 1 CCI, é constituída pelo *"Director Geral das Contribuições e Impostos, ou por um funcionário em que este delegue..., por um vogal representante da Fazenda Nacional designado pelo Ministro das Finanças e pelo vogal dos contribuintes designado pela associação ou organismo representativo da respectiva classe ou actividade"*. Trata-se de uma entidade com competência meramente técnica e limitada à fixação do montante da matéria colectável, cuja composição é dominada por quadros pertencentes à Administração fiscal.

dessa mesma matéria colectável) e o Chefe de Repartição das Finanças, competente para a sua fixação, nos termos do artigo 14.º-B, n.º 1 CIP.

Nem o facto de quem presidir tal comissão ser o Director Geral das Contribuições e Impostos (ou quem delegar tal competência) altera a substância da questão, porquanto a pessoa competente em matéria de fixação da matéria colectável é, para todos os efeitos legais, o Chefe de Repartição das Finanças, como se pode observar da leitura do artigo 14.º, n.º 1 CIP: *"Em face da declaração referida no artigo 11.º e dos elementos que a acompanham, e de outros elementos informativos de que eventualmente disponha, o Chefe de Repartição de Finanças fixará o rendimento colectável do contribuinte"*. Por esta razão, entendemos que o acto praticado por este, em consequência, se torna definitivo e executório, sendo o último praticado dentro da ordem estabelecida pela lei fiscal, que lhe confere competência própria, portanto, susceptível, em princípio, de impugnação contenciosa; não obstante o poder de censura da comissão de revisão.

Contudo, pensamos que a lei fiscal, concretamente os artigos 14.º, n.º 3 e 14.º-B, n.º 1, todos do CIP, consagrou, em matéria de reacção contra os actos administrativos de fixação da matéria colectável, uma modalidade especial do processo gracioso de reclamação, cujo objectivo específico, como já salientamos, é a fixação do montante da matéria colectável. Essa modalidade consiste em remeter para a comissão de revisão a decisão final do acto de fixação de tal matéria, contrariamente o espírito que sempre caracterizou a figura jurídica da reclamação, enquanto meio de reacção contra a ilegalidade dos actos da Administração que afectam os direitos ou interesses legalmente protegidos dos cidadãos, neste particular, os contribuintes. Note-se que da decisão da Comissão de revisão não cabe recurso hierárquico, pois que em relação a esta não existe autoridade superior colocada em linha hierárquica[380].

Em suma, a nosso ver, não há lugar a recurso hierárquico (necessário), pois que o acto fiscal, praticado nos termos da lei, esgota a sequência de actos obrigatórios e necessários para dar lugar ao processo gracioso, com base na afectação dos direitos ou interesses legalmente protegidos; quando muito, admite-se a reclamação para a entidade competente (como dissemos acima, é o Chefe de Repartição das Finanças ou para a comissão de revisão, como observamos oportunamente), ou ainda, o recurso hierár-

---

[380] Sobre esta matéria e quanto às modalidades processuais de que se pode servir para submeter a decisão da autoridade que fixa a matéria colectável a censura de ilegalidade, vide VITOR FAVEIRO, *Noções fundamentais...*, Vol. II, pp. 234-236.

quico facultativo (e não necessário) para o Director Geral das Contribuições e Impostos, ou até mesmo, se quisermos, em última instância, para o Ministro da Economia e Finanças, colocado no topo da hierarquia deste departamento estatal.

Para terminar o processo de fixação da matéria colectável, apenas uma observação em matéria da dita reclamação. Contraposta à faculdade discricionária concedida à Administração fiscal para, com base em outros elementos fornecidos pelos serviços de fiscalização, fixar a matéria colectável do trabalhador por conta própria (e a consequente desvalorização da declaração do contribuinte(?!), elemento determinante neste processo, e sua substituição por outros elementos de que eventualmente dispõe), deve ser-lhe concedida a possibilidade de, querendo, contraditar – princípio do contraditório, uma das mais elementares regras básicas em que assenta o edifício do Estado de Direito, materializado no artigo 4.º CPT[381] –, a (in)veracidade de tais elementos de facto, provando, dessa forma, a (in)existência da capacidade contributiva que lhe tenha sido atribuída. Para isso, torna-se necessário que lhe seja dado conhecimento do acto da Administração fiscal, com a devida fundamentação, não bastando a mera notificação da fixação da matéria colectável como parece sugerir a lei fiscal, concretamente, o n.º 3 do artigo 14.º CIP.

9. LIQUIDAÇÃO

A matéria da liquidação consta do artigo 15.º, segundo as regras aí estabelecidas. Assim, para os residentes no território nacional, é competente a Repartição de Finanças da área de residência do contribuinte (*primeira parte*). Não tendo residência efectiva no território guineense, a competência é exercida pela Repartição de Finanças da área da sede da entidade pagadora dos rendimentos (*in fine*). Sem prejuízo destas regras, aos trabalhadores por conta própria e às entidades pagadoras de rendi-

---

[381] Reza o citado artigo: "*Os actos praticados pela autoridade fiscal a quem a lei atribui a respectiva competência são definitivos e executórios, sem prejuízo da sua eventual revisão ou recurso nos termos previstos neste Código*". Ora, a impossibilidade de contraditar os factos alegados pela Administração fiscal para fixar a matéria colectável, por não se enquadrar nas formalidades legais, deixa o contribuinte diminuído na sua garantia de fazer valer as suas razões, contrariando, assim, o preceito acabado de transcrever.

mentos de trabalho, compete proceder às operações de liquidação (artigo 17.º), conforme constam dos artigos 18.º e ss deste Código.

Assim, às entidades que pagam remunerações aos trabalhadores ao seu serviço, bem como aos titulares de rendimentos acidentais, impõem-se a obrigatoriedade de deduzirem o Imposto Profissional, calculado pela aplicação das taxas previstas no artigo 27.º, conforme o artigo 18.º, n.º 1. Por outro lado, as entidades que *"paguem remunerações pelo exercício por conta própria de actividades..., ou direitos de autor"* devem *"reter imposto mediante aplicação da taxa de 10% aos rendimentos ilíquidos..."*. O imposto assim retido tem a *"natureza de pagamento por conta do imposto que será liquidado..."*, segundo reza o n.º 2, *in fine*, do mesmo artigo, aditado pelo Decreto n.º 32/93[382].

Aos contribuintes, devedores de imposto que exercem profissões liberais, através de actividades por conta própria, compete a realização da autoliquidação dos seus rendimentos. Aliás, ficou assente atrás, cabe-lhes determinar a matéria colectável, enquanto "elemento componente da liquidação em amplo sentido, ou um pressuposto da liquidação em sentido restrito", traduzida na operação relativa à "aplicação das taxas à matéria colectável determinada"[383], segundo o artigo 19.º[384]. É de notar que esta liquidação é apenas provisória, uma vez que compete em definitivo à

---

[382] O artigo 18.º do Decreto 23/83 estabelecia o seguinte:
"1. As entidades referidas no artigo 5.º deduzirão em todas as remunerações pagas a trabalhadores ao seu serviço e bem assim aos titulares de remunerações acidentais, o imposto profissional correspondente às mesmas remunerações, calculado pela aplicação à respectiva importância das taxas previstas no artigo 27.º

2. Sem prejuízo da liquidação prevista no artigo seguinte, as entidades que possuindo ou devendo possuir contabilidade devidamente organizada, paguem remunerações pelo exercício por conta própria de actividades constantes da lista anexa a este Código, ou direitos de autor, são obrigadas a reter imposto mediante aplicação da taxa de 10% aos rendimentos ilíquidos. O imposto retido tem a natureza de pagamento por conta do imposto que será liquidado a final.

3. Não é permitido às entidades referidas neste artigo suportarem o imposto devido pelos trabalhadores."

[383] VITOR FAVEIRO, *Noções fundamentais...*, Vol. II, p. 216.

[384] Este artigo foi alterado pelo Decreto n.º 32/93. A anterior redacção constante do Decreto n.º 23/83 rezava: *"Os contribuintes referidos no artigo 11.º farão cálculo do imposto a pagar na declaração a que se refere o mesmo artigo e passarão o respectivo documento de cobrança, de modelo a aprovar pelo despacho do Ministro da Economia e Finanças"*.

Repartição de Finanças competente determinar o montante do imposto a pagar por cada contribuinte, conforme consta do artigo 20.º CIP. Mas não quer significar que a autoliquidação (aquela feita pelo contribuinte) não é um processo definitivo e executório, embora susceptível de correcção ou adicionação, para efeito de impugnação (graciosa ou contenciosa).

Pode acontecer que o montante determinado nos termos do artigo 20.º seja superior ao liquidado pelas entidades pagadoras e pelos trabalhadores por conta própria. Nesta situação, será emitido, pela Repartição de Finanças, o respectivo conhecimento de cobrança e notificado o "*contribuinte (incluindo aqui o responsável pelo imposto) para o pagamento eventual nos 10 dias seguinte à notificação*", conforme o estabelecido no n.º 1; não sendo, porém, efectuado o pagamento dentro do prazo, será "*o conhecimento debitado ao Recebedor para cobrança virtual, decorrendo o prazo de pagamento à boca do cofre no mês seguinte ao do débito*" (n.º 2) todos do artigo 21.º, conforme dispõe o CIP para as chamadas *Liquidações adicionais*, por prejuízos sofridos pelo Estado.

Por outro lado, não raras vezes, acontece que a liquidação do imposto é feita em montante superior ao devido, porque se cometeram erros em prejuízo do contribuinte. A lei diz que, oficiosamente, deve anular-se a importância a mais liquidada e processar a sua entrega ao contribuinte e o respectivo título de anulação. Esta previsão consta do artigo 22.º; o dever de iniciativa da Administração fiscal, por erro de liquidação, a ela imputado, da qual resulta o enriquecimento sem causa, não prejudica o exercício do direito de recuperação daquilo que indevidamente for liquidado e pago pelo contribuinte. Isto é, a iniciativa da reparação pertence-lhe, através da reclamação ou da impugnação, observando os prazos legais ou ainda, como adianta VITOR FAVEIRO, recorrendo à "acção judicial por não locupletamento"[385].

O artigo 25.º estatui que, na impossibilidade de se proceder à liquidação do imposto dentro do prazo previsto na lei, por facto imputável ao contribuinte, conjuntamente com o imposto a pagar ser-lhe-ão fixados juros compensatórios de taxa igual à dos juros de mora, sem prejuízo de penalidades em que incorre por infracção legal. São as chamadas *sanções impróprias*, traduzidas no agravamento do imposto em reacção ao incumprimento de obrigações fiscais pelo contribuinte. Refira-se que estas san-

---

[385] *Noções fundamentais...*, Vol. II, p. 219, para que a liquidação indevida imputável à Administração fiscal deve dar lugar a juros a favor do contribuinte, desde que assim seja reconhecido em processo gracioso ou judicial.

ções podem violar o princípio da capacidade contributiva do sujeito passivo do imposto. Remete-se para as considerações feitas a propósito deste princípio.

Importa referir, por último, que o direito à liquidação do imposto, bem como às anulações oficiosas que assistem à Administração fiscal, caduca decorridos cinco anos civis, subsequentes ao ano a que respeita os rendimentos dos contribuintes sujeitos ao Imposto Profissional, como se pode inferir da leitura do artigo 26.º CIP.

10. TAXAS

A aplicação das taxas progressivas e escalonadas (artigo 27.º) difere consoante se está na presença de rendimentos de trabalhadores dependentes – variando, de acordo com os rendimentos, entre 2% e 20 % [al. a)] – ou rendimentos de trabalhadores independentes, situando-se entre 10% e 30% [al. b)] todos do n.º 1. É de referir que em relação aos primeiros estão isentos de imposição os rendimentos até 171.693 F. CFA (Franco da Comunidade Financeira Africana)[386], com o objectivo de separar o mínimo de rendimento isento de incidência, aplicável a todos os contribuin-

---

[386] Trata-se da alteração introduzida pela LOGE 1998, cuja referência se faz nessa moeda com curso legal forçado e poder liberatório no país desde 2 de Maio de 1997 (nos termos do artigo 1.º da Lei n.º 1/97, de 13 de Março, que autoriza a substituição do Peso Guineense (PG) pelo Franco da Comunidade Financeira Africana (F. CFA). A adesão da República da Guiné-Bissau à UMOA (União Monetária Oeste Africana) e sua sucessora, UEMOA (União Económica e Monetária Oeste Africana) e a consequente perda da soberania monetária, nomeadamente, o poder de emissão monetária, em detrimento do Banco Central dos Estados da África Ocidental, BCEAO, traduziu-se na substituição da sua (antiga) moeda, o PG criada em 1976. Este procedimento vem culminar o processo formal da ANP, iniciado com a revisão da CRGB pela Lei Constitucional n.º 1/96, de 27 de Novembro. Lembre-se que a Assembleia é o órgão legislativo por excelência a quem competia legislar sobre o *"sistema monetário"*. Entre outros artigos da Lei n.º 1/97, rezam, respectivamente, os artigos 5.º: *"... o Banco Central da Guiné-Bissau cessa todas as suas funções e actividades, nomeadamente o serviço de emissão de notas e moedas que é transferido para o Banco Central dos Estados da África Ocidental..."* e 6.º: *"É revogada toda a legislação que contrarie o presente diploma...."*.

Da conjugação destes dois artigos, inferem-se os seguintes aspectos: 1. O Estado da Guiné-Bissau *aliena* a sua soberania em matéria de poder de emissão monetária; 2. O legislador ordinário manda cessar todas as funções e actividades do Banco Central da Guiné-Bissau; 3. Este mesmo legislador pretende revogar toda a legislação contrária à

tes, cujo rendimento de trabalho anual não seja superior a quantia fixada pelo legislador fiscal. O mesmo tratamento não é dado aos segundos, pensa-se, pela presunção da facilidade da fraude e evasão fiscais.

Relativamente às remunerações acidentais, ou seja, às pagas a cientistas, artistas ou técnicos, aplica-se a taxa correspondente à remuneração recebida ou posta à disposição do seu titular. Esta taxa fixada em 10%, funcionará por retenção na fonte, conforme o actual n.º 2 do mesmo artigo 27.º[387].

Uma observação em matéria das taxas. Continuamos sem compreender a(s) razão(ões) em que se funda(m) as enormes diferenças, para as quais não encontramos qualquer explicação plausível, conforme ficou expresso num dos nossos relatórios de mestrado, relativamente às imposições aos trabalhadores dependentes. Infelizmente, continuou-se a sacrificar a justiça fiscal[388], e daí a tamanha injustiça de que têm sido alvos estes trabalhadores, submetendo-os a sacrifícios patrimoniais sem qualquer correspondência com o mercado de emprego (inclui-se aqui o mísero salário praticado pela Administração Pública em geral que nem sequer assegura o mínimo indispensável ao trabalhador e sua família), cuja dignidade merece consagração constitucional. Enfim, a verdadeira questão

---

Lei n.º 1/97, entre a qual, se encontrava a própria versão da Constituição da República anterior a Lei Constitucional n.º 1/96, nomeadamente, nos seus artigos 13.º/2: *"O Estado é detentor dos instrumentos de emissão monetária e controla..., por intermédio do Banco Central, as operações sobre o ouro e as divisas"* e 86.º, al. e): *"É da exclusiva competência da Assembleia Nacional Popular legislar sobre...sistema monetário"*, compreendendo o conjunto da massa monetária (notas e depósitos), bem como as disposições a ela inerente.

De resto, é o que se conclui do artigo 1.º: *"São revogados os artigos 13.º n.º 2 e 86.º alínea e) ambos da Constituição da República"* da Lei Constitucional n.º 1/96, de 16 de Dezembro, publicada no BO n.º 50, da mesma data.

[387] O n.º 2 do artigo 27.º segundo a versão dada pelo Decreto n.º 23/83, que criou o Imposto Profissional, rezava: *"Sobre as remunerações acidentais referidas na alínea b) do número 2 do artigo 1.º será aplicada a taxa média aplicável ao montante mínimo do último escalão referido neste artigo, excepto se excederem esse montante, caso em que se aplicam as taxas referidas neste mesmo artigo".*

[388] A falta de coragem e a insensibilidade do Governo, perante tamanha injustiça em relação às profissões liberais, ficaram bem patentes na proposta de alteração apresentada na Lei do Orçamento de Estado para o ano de 1996. Não houve preocupação em repor a justiça e eventualmente, a eficiência (neutralidade) do sistema – porquanto a situação se presta a grandes distorções –, pois a alteração assentou, simplesmente, na actualização dos escalões, mantendo inalteradas as taxas. Vide o artigo 15.º da Lei de OGE para o ano de 1996.

está no salário de "miséria" que auferem os servidores do Estado em geral.

Nesta perspectiva, embora muito criticada, defendemos a necessidade de uma discriminação qualitativa e quantitativa dos rendimentos. Isto é, entendemos que os rendimentos de trabalho devem ser menos onerados relativamente, por exemplo, aos rendimentos de capitais, cuja taxa mais elevada é de 25%, como se pode observar pelo artigo 22.º, n.º 1, chegando mesmo, para alguns rendimentos a fixar-se em 10%, como estabelece o n.º 2 do mesmo artigo do CICap. Ora, se considerarmos que os rendimentos de trabalho são precários e transitórios, requerendo dispêndio de sacrifícios físicos e dependendo principalmente da vida e saúde do trabalhador, obrigado, nas palavras de TEIXEIRA RIBEIRO, a "aforrar parte do que ganha, a fim de se precaver contra a doença, a invalidez e a velhice"[389], justifica-se o que dissemos.

Uma coisa nos parece lógica: a tributação menos intensa dos rendimentos do trabalho em relação aos do capital, que se apresentam fundados, perpétuos, permanentemente reconstituídos, ganhos sem sacrifício presente, e que conferem por si sós ao seu possuidor o poder de gastar, reveladora da capacidade tributária[390]. Entendemos que esta solução é, acima de tudo, uma questão de justiça fiscal.

11. COBRANÇA

Para terminar esta sequência do processo de angariação de receitas públicas, a cobrança é feita em relação aos trabalhadores por conta de outrem, de conformidade com o artigo 29.º, mediante guia processada em triplicado pelas entidades patronais, nos 10 dias seguintes ao mês a que respeita. E, no que concerne aos trabalhadores por conta própria, sujeitos, de acordo com a lei, à autoliquidação do imposto, obrigam-se a entrega do montante liquidado, no dia da apresentação da declaração de rendimentos, segundo o actual n.º 1 do artigo 30.º[391], resultante da alteração introduzida pelo Decreto n.º 32/93.

---

[389] "*As alterações ao Código de Imposto Profissional (Mais aspectos da contra--reforma)* ", in Suplemento ao BCE, Vol. XII, 1969, pp. 174-175.
[390] TEIXEIRA RIBEIRO, "*As alterações ao Código de Imposto Profissional...*", pp. 174-175.
[391] Estabelecia o mesmo artigo e número da versão primitiva do Decreto n.º 23/83: "*A cobrança do imposto liquidado nos termos do artigo 19.º será feita eventualmente no*

De acordo com o disposto no n.º 2 do mesmo artigo, o não pagamento do imposto liquidado no acto da entrega da declaração do modelo-1, é cominado com sanção, nos termos da qual se considera que o contribuinte não entregou a declaração, resultando daí todas as consequências legais. Impende ainda sobre os trabalhadores por conta própria o dever de efectuarem trimestralmente – nos termos do artigo 31.º-A, aditado pelo Decreto n.º 32/93 – os pagamentos por conta do imposto que vier a ser liquidado (n.º 1), correspondente a 25% do montante do último imposto liquidado (n.º 2). Os conhecimentos desta cobrança são debitados ao recebedor até ao último dia do mês imediatamente anterior ao do pagamento (n.º 3).

Em caso de liquidação correctiva, os pagamentos por conta serão determinados com base no valor total do imposto resultante da correcção (n.º 4). Contudo, a obrigatoriedade deste tipo de pagamento caduca por força da cessação da actividade, ou seja, quando deixa o trabalhador por conta própria de auferir rendimentos sujeitos ao Imposto Profissional (n.º 5)[392] todos do mesmo artigo. O mesmo é dizer que, a partir do momento em que deixam de existir os factos (percepção de rendimentos, por parte do profissional liberal, sujeito a este tipo de imposição) que dão origem à obrigação tributária, não se justifica a manutenção da relação do imposto, da qual se deduz o pagamento por conta.

São responsáveis pelo pagamento do imposto dos trabalhadores dependentes as entidades pagadoras, desde que tenham procedido à sua dedução (*primeira parte*). Não ocorrendo a dedução, são os trabalhadores responsáveis solidariamente pela dívida do imposto, "*não pela infracção resultante da falta de pagamento*" (*in fine*) artigo 32.º[393], mas pelo dever de pagar resultante do rendimento que auferem, desde que se situe acima do limiar em que existe a capacidade contributiva, capaz de suportar uma carga fiscal.

---

acto de entrega da declaração referida no artigo 11.º através do documento de cobrança referido no mesmo artigo."

[392] Este n.º 5 foi aditado pelo Decreto n.º 32/93, de 10 de Agosto.

[393] A primitiva redacção constante do Decreto n.º 23/83 era o seguinte: "*Pela cobrança do imposto liquidado nos termos do artigo 18.º são responsáveis apenas as entidades patronais, sempre que tenham procedido à dedução nos rendimentos. Se essa não ocorreu, os trabalhadores são solidariamente responsáveis pelo imposto, mas não pela infracção resultante da falta de pagamento*".

Em relação à garantia dos contribuintes, temos a dizer que são garantidos os meios de defesa contra actos da Administração que afectam os direitos ou interesses legalmente protegidos dos cidadãos-contribuintes, nomeadamente a lesão dos seus patrimónios. Assim se previu a reclamação e recursos, de acordo com o artigo 33.º CIP. O último meio de garantia tem como fundamento todos os vícios que afectam os actos da Administração fiscal, como se pode inferir do artigo 6.º, *in fine*: "*A impugnação dos actos tributários... poderá ter por fundamento a incompetência, vício de forma*[394], *inexistência do facto tributário ou erro nos pressupostos de tributação, o abuso ou desvio de poder ou qualquer violação da lei*", e tem como objecto a obtenção da sua "*anulação total ou parcial*", como consta da *primeira parte* do mesmo artigo.

A norma fiscal que instituiu o *sistema de pagamento antecipado do imposto*[395], contém dois comandos dirigidos às entidades pagadoras de remunerações, e que possuindo ou devendo possuir contabilidade devidamente organizada, paguem remunerações pelo exercício por conta própria de actividades sujeitas ao Imposto Profissional.

O primeiro destes comandos diz respeito à *retenção na fonte*, isto é, são obrigadas a deduzir nas entregas ou colocação dos rendimentos o montante do respectivo imposto, mediante a aplicação da taxa à matéria colectável e fazê-lo chegar aos cofres do Estado. Trata-se do cumprimento de um dever legal acessório de cooperação com a Administração fiscal, que consubstancia um regime de entrega espontânea do quantitativo do imposto retido na fonte. Se a entidade pagadora não cumprir, incorre em responsabilidade não só pelo pagamento do imposto, a título principal, enquanto substituto do beneficiário do rendimento (artigo 36.º CIP), como também em responsabilidade penal, pela infracção cometida e prevista no artigo 174.º, n.º 1, al. a) Código de Processo Penal (CPP).

---

[394] Este fundamento da impugnação dos actos tributários é menos abrangente do que as formalidades legais que incluem a forma do acto, actos preparatórios (informações dos serviços competentes da fiscalização; composição e funcionamento das comissões de avaliações, bem como a publicidade das deliberações, os prazos, a notificação, etc.), e as matérias de direito. *Vide supra*.

[395] Sobre este sistema que se desdobra na retenção na fonte e nos pagamentos por conta, ditado "por razões de simplicidade e de aproximação do pagamento do momento da percepção dos rendimentos", *vide* para mais desenvolvimentos, NUNO SÁ GOMES, *Manual...*, Vol. I, pp. 212-214. Também, VITOR FAVEIRO, *Noções fundamentais...*, Vol. II, pp. 213 e ss, principalmente, pp. 214-219.

O segundo comando prende-se com o *pagamento por conta*, também previsto no artigo 31.º-A. São pagamentos periódicos por parte dos profissionais liberais, efectuados trimestralmente, nos meses de Março, Junho, Setembro e Dezembro, e correspondem ao montante anual que o contribuinte deverá pagar ao fisco.

Resulta do sistema de antecipação de pagamento que a retenção na fonte é praticada para ambas as categorias de contribuintes (trabalhadores dependentes ou por conta de outrem e profissionais liberais, trabalhadores independentes ou por conta própria), desde que as remunerações sejam pagas por entidades que possuam ou devam possuir contabilidade organizada (n.º 1 e 2 do artigo 18.º). Enquanto que o pagamento por conta se aplica unicamente aos profissionais independentes, como resulta dos artigos 18.º, n.º 2, *in fine* e 19.º (*primeira parte*, autoliquidação; e, *in fine*, pagamento por conta), porquanto, não raras vezes, estes profissionais auferem rendimentos pagos por entidades que não têm contabilidade organizada (e nem são obrigadas a possuírem contabilidade), donde se segue a impossibilidade de se efectuar a retenção na fonte.

12. INFRACÇÕES

A matéria da aplicação de sanções, previstas para a violação das disposições do CIP consta dos artigos 35.º a 39.º, devendo a graduação das penas fazer-se de acordo com a lei de processo, nos termos do artigo 35.º deste diploma. Consagram-se as penalidades, respectivamente, para: a falta de entrega do imposto liquidado pelas entidades pagadoras de remunerações (incluindo as pagas aos titulares de remunerações acidentais), com deveres acessórios de retenção na fonte, bem como a falta de entrega do imposto destinado ao pagamento por conta do imposto, nos termos do artigo 36.º; a falta de entrega no prazo legal da declaração do profissional por conta própria e das fichas individuais dos trabalhadores por conta de outrem (n.º 1); a falta de passagem de recibos ou a sua passagem em montante inferior (n.º 2), bem como a recusa de exibição de recibos, documentos e fichas de escrituração (n.º 3) e outras infracções não especialmente prevista (n.º 4) todos do artigo 37.º do CIP.

Decorre da leitura dos artigos que consagram as multas – já com as alterações introduzidas pelo Decreto n.º 32/93 – que a culpa do infractor é um elemento fundamental. É exactamente por esta razão que o legislador refere a graduação das penas[396]. Isto quererá significar que em "matéria de infracções fiscais não há punibilidade objectiva, sendo a culpa um dos elementos essenciais para a punibilidade de qualquer violação da lei"[397]. De onde resulta que se aplicam a tais infracções as regras gerais do Código Penal (CP), nomeadamente, as causas justificativas do facto, a exclusão da culpa, a qualificação do dolo, a graduação das penas de acordo com as circunstâncias de facto atenuantes ou agravantes[398], conforme o artigo 1.º, n.º 3, al. a) Código de Processo Tributário (CPT).

A lei, concretamente o artigo 88.º CPT, apenas prevê as circunstâncias agravantes da transgressão fiscal; infere-se que as atenuantes são todas aquelas admitidas no processo penal, aplicáveis subsidiariamente às transgressões fiscais, conforme o artigo 1.º, n.º 3, al. c), *in fine*: *"... ou quanto ao processo de transgressão, normas de processo penal"*.

Consta do n.º 3 do artigo 7.º CPT que, quando a pena prevista for a multa como correspondente a uma determinada infracção fiscal, o pagamento espontâneo (considerado segundo o n.º 4 do mesmo artigo, o pagamento da multa antes de ter sido levantado auto de notícia ou iniciada inspecção ao contribuinte), desde que não tenha iniciado o procedimento penal, cria para o infractor um benefício que se traduz em deduções. Nos termos do artigo 39.º CIP, sendo as multas variáveis entre limites, serão graduadas no mínimo ou reduzidas a 25%, em função do imposto devido.

De acordo com o artigo 94.º CPT, são solidariamente responsáveis pela multa resultante da infracção, os agentes infractores, além de outras pessoas a quem a lei atribuir tal responsabilidade (os sócios das sociedades e os administradores ou gerentes em relação às mul-

---

[396] Vem dispor a lei do processo tributário, no seu artigo 87.º CPT, que *"a multa é variável entre limites, e quando a lei não determine especialmente a forma da sua fixação, será graduada em função da gravidade objectiva e subjectiva da infracção, definindo-se a gravidade objectiva pelo prejuízo causado ao Estado e a subjectiva pelo grau de culpabilidade do agente"*. Ou seja, confirma a regra geral de que só existem infracções fiscais baseadas em motivações subjectivas ou pessoais. Mas, na aplicação das multas correspondente a uma determinada infracção, devem ser tomadas em consideração não só a culpa do infractor, mas também o prejuízo causado ao Estado através da conduta infractora. Só que este artigo não faz alusão às circunstâncias que poderão, eventualmente, rodear e levar o infractor ao cometimento da infracção fiscal.

[397] VITOR FAVEIRO, *Noções fundamentais...*, Vols. I e II, respectivamente, pp. 447 e ss, principalmente, pp. 449-451; e p. 228.

[398] VITOR FAVEIRO, *Noções fundamentais...*, Vol. II, p. 228.

tas aplicadas às sociedades, como ficou estabelecida no artigo 38.º CIP).

Segundo o artigo 93.º, n.º 1 CPT, o procedimento penal relativo à transgressão fiscal prescreve no prazo de cinco anos a contar da data de cometimento da infracção, se não for instaurado nenhum processo ou se não tiver sido praticado nenhum acto; enquanto que a pena prescreve no prazo de 10 anos. Como se pode observar, constituem motivos de interrupção da contagem do prazo da prescrição: a *"instauração do processo de transgressão, bem como qualquer acto praticado no processo que tenha sido notificado o arguido"*, segundo o n.º 2 do mesmo artigo.

Por último, a lei, no artigo 40.º CIP, atribuiu ao Ministro da Economia e Finanças o esclarecimento das dúvidas que poderão resultar da aplicação do presente diploma legal (CIP), devendo, para o efeito, produzir um despacho. Convém referir nesta matéria que o legislador fiscal, ao conferir tal competência, reconhece aos órgãos administrativos fiscais, *maxime* o Ministro, a função interpretativa. Sem embargo, pensamos que o legislador estará a referir, apenas, as dúvidas respeitantes à aplicação da lei em matéria da organização e estruturação dos serviços administrativos fiscais. Nela não se compreende a matéria relativa à interpretação das normas fiscais e consequente criação de direito, esta sim reservada aos órgãos legislativos, enquanto expressão da reserva de lei consagrada no artigo 86.º, al. d) CRGB, quando se trata de elementos essenciais dos impostos.

13. GARANTIAS GERAIS DOS CONTRIBUINTES

Como em todos os Códigos de impostos parcelares presentes no nosso Sistema Fiscal, prevê-se no Capítulo VI, artigos 33.º e 34.º, as garantias que assistem aos contribuintes ou às pessoas solidariamente responsáveis pelo pagamento do imposto. Estas garantias traduzem-se nos tradicionais meios de reclamação ou impugnação graciosa e impugnação contenciosa, nos termos e com os fundamentos previstos na lei de processo, cujas normas compõem o CPT. Ora, esta lei, no artigo 5.º sobre a revisão dos actos tributários pelas entidades que os praticou, por sua iniciativa ou da entidade colocada em termos hierárquicos numa posição superior ou ainda em virtude de reclamação de pessoas com legitimidade, tem como fundamento o erro de apuramento da situação tributária; e no artigo 6.º, dedicado à matéria da impugnação dos actos tributários tem por fim a anulação total ou parcial dos mesmos, mediante decisão dos tribunais competentes com base na a incompetência, no vício de forma, na inexistência de facto tributário ou erro nos pressupostos de tributação, no abuso ou desvio de poder ou qualquer outra violação da lei. Estes direitos devem ser exercidos, conforme o artigo 34.º CIP, dentro do prazo de 10 dias previsto no artigo 55.º, para a impugnação graciosa, e no prazo de 90 dias, para a impugnação contenciosa, conforme o artigo 57.º todos do CPT.

SECÇÃO II

CONTRIBUIÇÃO INDUSTRIAL

1. CARACTERIZAÇÃO

Este imposto foi criado pelo Decreto n.º 39/83, de 30 de Dezembro, publicado em 2.º Suplemento ao BO n.º 52, da mesma data. Decorridos anos da sua criação foram introduzidas alterações através dos Decretos n.ºs 24/88, de 13 de Junho, 33/93, de 10 de Agosto[399] e 15/94, de 16 de Maio[400], bem como o Despacho n.º 3/90, de 19 de Fevereiro[401], ainda pela Lei n.º 8/97 (Lei de Orçamento Geral do Estado)[402].

---

[399] Este diploma foi publicado em Suplemento ao BO n.º 32/93, de 10 de Agosto. As alterações introduzidas visam, essencialmente *"simplificar métodos de tributação, reforçar as garantias dos contribuintes, reduzir a resistência ao pagamento do imposto e criar regras que permitam uma melhor fiscalização das obrigações tributárias"*, conforme reza o Preâmbulo. Reduziram-se os grupos de tributação para dois (A e B), em função da organização ou não da escrita; reformulou-se o recurso administrativo de fixação da matéria colectável, com a criação de uma comissão de revisão onde o contribuinte se faz representar; e criaram-se novas obrigações acessórias, à semelhança do Imposto Profissional, para as entidades públicas, no âmbito do dever de cooperação com a Administração fiscal.

[400] Publicado no BO n.º 20/94, de 16 de Maio. A alteração a que aludimos vem na sequência da criação e regulamentação da figura do Técnico de Contas e diz respeito às penalizações por infracções cometidas (artigo 64.º), como se pode inferir do artigo 1.º deste diploma; enquanto que pelo seu artigo 2.º foram aditados ao CCI os artigos 69.º-A e 69.º-B. Sem embargo da posição manifestada anteriormente (a inconstitucionalidade deste diploma do Governo, por violação do princípio da legalidade), iremos dar conta das alterações incorporadas neste Decreto.

[401] Este Despacho do Ministro da Economia e Finanças manda alterar o artigo 49.º (Taxas) do Código de Contribuição Industrial, aprovado pelo Decreto n.º 39/83, de

A evolução a que seguiu esta Contribuição ficou marcada, entre outras, pela supressão de um dos grupos, o grupo C, para efeitos de tributação dos rendimentos das actividades comercial e industrial e, consequentemente, a alteração dos regimes de incidência real. Desta supressão, resultou a combinação dos anteriores grupos A e B, num único grupo, o grupo A, mantendo-se incólume o ex-grupo C, agora grupo B, embora alterado em alguns aspectos do regime-tipo de incidência.

Com a mencionada alteração, introduzida em 1993, pelo Decreto 33/93, permanece, até a actualidade, um sistema híbrido, no qual se compreendem dois objectos imediatos e regimes diferenciados: o do grupo A, tributado de acordo com o *lucro real efectivo* e o *lucro presumivelmente real*; e o do grupo B, cuja tributação incide sobre o *lucro que em condições normais de mercado, poderá ser obtido* (entenda-se podia ter obtido, uma vez que o legislador apela para as circunstâncias de produção e de mercado em que se desenvolveram as actividades comerciais ou industriais). Não obstante, as alterações mantêm a caracterização deste imposto como unitário, incidindo sobre os lucros provenientes da acção organizada e coordenada dos factores de produção, a empresa económica comercial ou industrial.

---

30 de Dezembro. Tivemos oportunidade de apresentar o nosso ponto de vista sobre a matéria dos *impostos e sistema fiscal* a propósito do princípio da legalidade fiscal, a criação e alteração dos elementos essenciais do imposto, neste particular as taxas (de imposto), em obediência à repartição de competência entre os poderes legislativos e executivos, e afirmámos que existe uma reserva de lei (formal/material) da ANP, conforme o artigo 86.º, al. d) CRGB. Mas, mesmo admitindo o exercício de competência por parte do Governo – sublinhe-se –, reunido em Conselho de Ministros, através da autorização legislativa, nunca seria de admitir que esta competência fosse exercida de forma isolada, *maxime*, pelo Ministro de Economia e Finanças. Assim reputamos de inconstitucional o citado Despacho, por violação de regras constitucionais.

[402] Publicada em Suplemento ao BO n.º 48/97, de 2 de Dezembro. As alterações dizem respeito às matérias relativas à "*reavaliação do activo imobilizado corpóreo das pessoas singulares e colectivas sujeitas a contribuição industrial*", que consta da Lei n.º 4/95, de 24 de Maio, publicada no BO n.º 21, bem como acrescento do artigo 51.º-A, que prevê a "*retenção na fonte de 3% sobre o valor de pagamento decorrente de contratos de compra de bens e prestações de serviços*".

2. INCIDÊNCIA REAL

Começaremos por apresentar, muito sumariamente, os principais aspectos em que se traduz a Contribuição Industrial. Como é óbvio, diríamos que se trata de um imposto real e parcelar, e tem como objecto mediato os rendimentos das empresas e como objecto imediato o lucro proveniente do exercício de actividades de natureza comercial ou industrial. Isto é, um imposto que incide, nas palavras de VITOR FAVEIRO, sobre o "resultado da acção organizada de coordenação dos factores pelas empresas económicas"[403]. De acordo com o artigo 1.º CCI, *"incide sobre os rendimentos*[404] *atribuíveis ao exercício de actividades de natureza comercial ou industrial, com carácter permanente ou acidental"*; isso vem demonstrar precisamente que é um imposto de empresa, incidindo sobre o lucro, utilidade expressa em termos monetários dessa acção coordenada e organizada chamada empresa (económica).

Nos termos em que está redigida o artigo, ocorre dizer que a nossa legislação fiscal, mormente o artigo 1.º CCI, adopta o conceito estrito de lucro, ligado apenas ao exercício de uma actividade comercial ou industrial, respectivamente, de mediação entre a oferta e a procura ou incorporação de novas utilidades na matéria, com fins especulativos, o que, desde logo exclui da incidência deste imposto aqueles ganhos não resultantes intencionalmente destas actividades[405].

---

[403] *Noções fundamentais...*, Vol. II, p. 470. É exactamente isso que permite distinguir este imposto de outros, nomeadamente, os Impostos Profissional e de Capitais, os quais incidem sobre o "rendimento dos factores de produção directa e autonomamente produzido" (p. citada).

[404] Entende-se por lucro o acréscimo de valor imputável ao exercício da actividade comercial ou industrial. Nele não se inclui todo o acréscimo do valor patrimonial, designadamente, as doações, achados, acessão, mais-valias dos bens de capital, etc., porquanto não se enquadram no resultado da empresa, como resulta do próprio artigo quando refere explicitamente *"exercício de actividade de natureza comercial ou industrial"*. Cfr. VITOR FAVEIRO, *Noções fundamentais...*, Vol. II, pp. 478-479, 524-534, também nota 2 da p. 478.

[405] A este propósito podemos apontar como exemplo uma empresa cujo objecto é a transformação e comercialização da castanha de caju, que resolve investir com o fundo de reserva e adquirir prédio para os seus trabalhadores. Caso venha a valorizar (por causas estranhas) o bem adquirido e a empresa resolva vendê-lo, acumula, assim, um ganho que corresponde a diferença entre o valor de aquisição e o da venda ou realização. Tal ganho não está sujeito a Contribuição Industrial, pois não existe por parte da empresa nenhum objectivo especulativo na alienação do prédio.

Sendo um imposto real, verifica-se que incide sobre o rendimento de uma determinada actividade: o *lucro das actividades comerciais ou industriais*. Destas actividades resulta um direito do Estado de receber e exigir um determinado montante por parte da empresa (em nome individual e sociedade), independentemente das qualidades pessoais dos agentes económicos. Nesta linha de pensamento, o legislador fiscal manda submeter outras actividades à disciplina deste imposto. Isto é, para efeitos de Contribuição Industrial, caem, ainda, sob a alçada das suas normas de incidência real – as normas substantivas – outras actividades desenvolvidas segundo técnicas empresariais, com fins meramente especulativos. Assim, são passíveis de tributação, nos termos do artigo 49.º, n.º 2 CCI (taxas aplicáveis aos lucros provenientes de regimes especiais de tributação, nomeadamente, de petróleo, minas e outros), os rendimentos *"provenientes da actividade de pesquisa, desenvolvimento e exploração de hidrocarbonetos líquidos ou gasosos"*, de harmonia com o disposto no artigo 2.º do Regulamento do Imposto sobre o rendimento de hidrocarbonetos (líquidos ou gasosos)[406]. As designadas operações petrolíferas.

Enquanto parcelar, atinge somente a parcela de rendimento – o resultado – produzido pela empresa, e não todo o rendimento que aufere o agente económico ou beneficiário de tal rendimento. Ou seja, tributa, de forma separada e autónoma os rendimentos empresariais, independentemente de outros rendimentos de que beneficia ou aufere a pessoa que exerce tais actividades. Em resumo, a Contribuição Industrial incide sobre os lucros resultantes de uma acção organizada e coordenada de factores de produção: a empresa económica comercial ou industrial, bem como a prestação de serviços e exploração de hidrocarbonetos líquidos e gasosos, quando assentam em modelo de empresa com a particularidade de mediar a oferta e procura no mercado, ou, ainda, incorporar novos elementos para obter utilidades não susceptíveis de serem conseguidas isoladamente pelos mesmos factores.

Sintetizando o exposto nas linhas anteriores, diríamos que a incidência real da Contribuição Industrial abrange, entre nós, os lucros das: empresas comerciais ou industriais; prestações de serviços e explorações de hidrocarbonetos líquidos ou gasosos, segundo modelos das empresas económicas.

---

[406] Trata-se do Regulamento que consta do Decreto n.º 40/83, de 30 de Dezembro, publicado em 3.º Suplemento ao BO n.º 52, da mesma data, aplicável ao Imposto sobre a produção de petróleo, pago nesse mesmo bem pelas empresas prospectoras e exploradoras, a denominada «*ROYALTY*».

3. NOÇÃO E CONCEITO ECONÓMICO DE EMPRESA

O actual artigo 2.º, *primeira parte*, deste Código[407] vem precisar a noção da empresa económica em que assenta a Contribuição Industrial. Assim, consideram-se actividades de natureza comercial ou industrial aquelas que *"consistam na realização de operações económicas de carácter empresarial,..."*. Trata-se do reforço da ideia atrás sublinhada, e coloca o acento tónico na unidade de produção, cuja característica peculiar é a combinação de factores de produção, capaz de produzir um valor económico, diferente do que seria produzido isoladamente pelos mesmos factores.

O conceito económico de actividade comercial ou industrial apresentado foi ampliado pelo próprio legislador fiscal, ao incluir no artigo 2.º, *in fine*, deste Código o seguinte: *"...incluindo as prestações de serviços que não estejam sujeitas a Imposto Profissional"*. Isto é, as actividades que, não sendo qualificáveis como de mediação entre a oferta e a procura nem de incorporação de novos elementos com vista à obtenção de novas utilidades, são, no entanto, consideradas por lei, para efeitos deste imposto, como actividades comerciais ou industriais: as exercidas por conta própria, mas não sujeitas a Imposto Profissional. Estamos, portanto, na presença de uma norma de natureza excepcional – por isso não aplicável analogicamente e de interpretação declarativa.

Importante se torna descortinar quais são as actividades de prestações de serviços não sujeitas a Imposto Profissional, havidas como actividades de natureza comercial ou industrial. A resposta a esta preocupação tem de ser buscada na natureza específica da Contribuição Industrial, incidente sobre os resultados da empresa e não sobre os rendimentos dos factores isolados. Nessa perspectiva, não é de enquadrar no artigo 2.º os rendimentos que não sejam resultados da acção organizada e coordenada da empresa; ou seja, não cabem no conceito de empresas comerciais ou industriais os rendimentos resultantes directamente dos factores de produção, *maxime*, trabalho, terra e capital. Isto é, não se trata de uma articulação, de forma coordenada, destes factores de produção.

---

[407] A anterior redacção relativa à norma de exclusão da incidência real rezava: *"Os rendimentos advindos do exercício da actividade comercial ou industrial por contribuintes englobados na Tabela anexa ao Código do Imposto Profissional estão excluídos da sujeição a Contribuição Industrial."*

Mas a parte final vem acrescentar a esta categoria os rendimentos oriundos de empresas produtoras de serviços, nomeadamente as sociedades constituídas com o objectivo único de explorar as cooperativas de ensino, clínicas de saúde, os colégios ou a administração de prédios próprios[408]. Nestes termos, duas características concorrem para a qualificação de uma empresa como comercial ou industrial: o exercício efectivo de uma actividade e o móbil que lhe está subjacente, a finalidade objectiva, traduzida na obtenção de lucro[409].

Não obstante a Contribuição Industrial eleger como factos tributáveis essencialmente os resultados da empresa económica, cuja produção se caracteriza por uma continuada prática de actos comerciais ou industriais, não impede que se tributem os lucros das actividades que não reúnam a característica de permanência, ficando tão-só pela sua acidentalidade, mormente a prática de um único acto comercial ou industrial em regime de empresa, com fins meramente lucrativos. Significa isso que a habitualidade ou permanência na prática de actos de comércio ou indústria não é característica única e específica que importa para se submeter estas actividades à disciplina do CCI. Isso mesmo resulta do já citado artigo 1.º deste Código, quando refere expressamente "... *exercício de actividades de natureza comercial ou industrial, com carácter permanente ou acidental*".

Por outro lado, o conceito de empresa económica, sinónimo de coordenação dos factores de produção com vista à produção de utilidades, pode ser tratado sob duas ópticas: a *primeira* em que a sua consideração dispensa os aspectos relativos à titularidade de direitos sobre os factores ou produtos ou a qualidade jurídica da empresa como sujeito ou objecto de direitos, caso em que se refere apenas ao conceito económico da empresa; e a *segunda*, cujo acento tónico está não só nos factores de produção e utilidades produzidas como também na titularidade de direitos, objecto de relações jurídicas, situação reportada ao conceito jurídico da empresa.

---

[408] Vide VITOR FAVEIRO, *Noções fundamentais...*, Vol. II, pp. 476-478. Também TEIXEIRA RIBEIRO, "*Incidência da Contribuição Industrial*", BFDC, Vol. XLI, 1965, pp. 1-4.

[409] VITOR FAVEIRO, *Noções fundamentais...*, Vol. II, p. 472. Contudo, sublinhe-se que este facto não constitui motivo de perda de autonomia do substracto objectivo (exercício da actividade) relativamente à (s) pessoa (s) que exercem tal actividade. Antes pelo contrário. Isso mesmo é comprovado pela tributação do estabelecimento comercial pelos rendimentos produzidos, mesmo com a morte do comerciante individual.

Na sequência do que vimos dizendo – e repetimos agora –, a Contribuição Industrial, enquanto imposto real, elege como objecto de imposto a realidade económica empresarial, caracterizada por ser uma emanação da organização e coordenação de factores de produção, em ordem à produção de utilidades, sem considerações das qualidades dos seus titulares. Isto é, para efeitos deste imposto, é indiferente que a empresa comercial ou industrial tenha ou não personalidade jurídica. Assim acontece, entre nós, com as sociedades irregulares ou os consórcios, como se infere da al. b) do artigo 19.º, que reza o seguinte: *"As entidades desprovidas de personalidade jurídica..."*, e empresa em nome individual. Todas estas realidades são submetidas às normas de incidência subjectiva deste imposto, isto é, são titulares da personalidade tributária, independentemente das qualidades jurídicas que transportam.

4. NORMAS DE EXCLUSÃO E DE ISENÇÃO DA INCIDÊNCIA REAL

Contrariamente o que é normal verificar noutros Códigos (de impostos parcelares), o CCI não contém norma(s) expressa(s) de exclusão de incidência real. Diga-se que esta situação se deve à revogação do anterior artigo 2.º, sem que o legislador se tenha preocupado em contemplar um artigo semelhante.

No entanto, pode inferir-se das normas deste Código quais as realidades objectivas não sujeitas à incidência do imposto, muito embora se situam na sua proximidade. Assim, através da constatação de que este imposto incide apenas sobre situações que se localizam no âmbito de uma actividade de mediação entre a oferta e a procura ou de incorporação de novos elementos que possibilitem a obtenção de resultados inatingíveis isoladamente pelos factores de produção, bem como as actividades equiparáveis por lei – como são os casos de prestações de serviços não sujeitas ao Imposto Profissional e de exploração de hidrocarbonetos líquidos ou gasosos –, conclui-se que são excluídas da sua incidência todas aquelas situações que não reúnem as condições de resultados de uma actividade organizada e coordenada, com o intuito de obtenção de lucros, isto é, com fins meramente especulativos.

Diferentes destas normas são as de isenções, através das quais o legislador entende por bem afastar da incidência da Contribuição Industrial aquelas situações que, embora situadas no âmago da actividade empresarial comercial ou industrial, são dispensadas de incidência fiscal. Ou seja, as normas que afastam a exigibilidade da obrigação tributária, não obstante o preenchimento dos pressupostos de facto ou de direito exigidos por lei. Resulta destas normas uma situação de desigualdade só justificável pelo "*relevante interesse económico ou social*" mencionado no artigo 8.º deste diploma.

Porém, o Código não define tal interesse nem fornece os critérios, os condicionalismos de facto que devem orientar a concessão de isenção, que opera por decisão discricionária(!) do executivo, como parecem sugerir os artigos 8.º a 10.º, dado que a sua operacionalidade automática, *ex lege* não encontra, quanto a nós, expressão no Código. Não obstante, entendemos que se trata de situações que justificam o afastamento da tributação-regra, como, por exemplo, as actividades que concorrem para a criação de emprego e melhoramento das condições de salubridade das populações.

As normas de isenção de incidência real constam todas dos artigos 7.º a 10.º do Código. Assim, estão isentos deste imposto, de acordo com o artigo 7.º, entre outros: o Estado (entenda-se que nos dias de hoje, esta previsão deve ser entendida no sentido lato do termo, incluindo as entidades menores similares, as Autarquias locais) e seus organismos, estabelecimentos ou serviços; o PAIGC (deve entender-se os partidos políticos) e as suas organizações de massas; as organizações patronais em relação às actividades constantes dos seus Estatutos; as pessoas colectivas de utilidade pública legalmente reconhecidas; as organizações internacionais de que o país é membro; as representações diplomáticas e consulares, desde que haja reciprocidade de tratamento; as organizações religiosas relativamente aos rendimentos provenientes das suas actividades; as associações de beneficência, desportiva, cultural, recreativa e congéneres pelos rendimentos derivados de operações realizadas com os seus associados.

As isenções subjectivas e objectivas constam todas do artigo 7.º, als. a) a h). Trata-se de isenções (imunidades fiscais ou exclusões tributárias) que excluem da tributação algumas manifestações da capacidade contributiva que integram o conjunto de direitos ou liberdades, resultado de determinado entendimento das liberdades política, diplomática, religiosa, social, sindical. Ora, estas exclusões ou imunidades são questionáveis à luz da nossa Lei Fundamental, donde se deduz que ninguém pode ser isento do cumprimento de dever (de pagar imposto) com base na "*distinção da raça, sexo, nível social, intelectual ou cultural, crença religiosa ou convicção filosófica*" (*in fine*, artigo 24.º CRGB). O que dissemos não quererá significar que o legislador não pode isentar de impostos as entidades que bem entender, desde que o faça em termos gerais, sem discriminações infundadas.

Isso é demonstrado na al. b) do artigo 7.º do Código da Contribuição Industrial: "*Estão isentos da Contribuição Industrial: (...) O Partido Africano para a Independência da Guiné e Cabo-Verde (PAIGC) e as suas Organizações de Massas, nomeadamente a UNTG, UDEMU, JACC e OPAD*". Esta norma fiscal deve merecer uma interpretação actual, a fim de evitar discriminação entre as formações político-partidárias, pois note-se que estávamos na época do partido único, quando se concebeu este Código. Ora, em face das alterações político-sociais que marcaram nos últimos anos a cena política e social, entendemos que já não justifica tal tratamento, o que nos leva a admitir que, actualmente, as normas de isenção são aplicáveis, sem excepção, a todos os partidos políticos e suas organizações de massas, sob pena de se considerar que tal norma briga com a Constituição (inconstitucionalidade superveniente), por violação do artigo 4.º CRGB, da qual resulta a liberdade de constituição e o respeito pelas regras da democracia e independência dos partidos políticos face aos órgãos estatais e a Lei, mormente o 26.º Lei-Quadro dos Partidos Políticos (LQPP)[410], que postula a igualdade entre as formações políticas partidárias.

Esta lei (LQPP) no seu artigo 26.º isenta todos os partidos políticos de determinados impostos, nomeadamente: Impostos sobre sucessões e doações [al. b)]; Contribuição predial pelos rendimentos colectáveis de prédios de sua propriedade, onde se encontrem instaladas a sua sede nacional e suas delegações provinciais, regionais ou sectoriais e respectivos serviços [al. c)] todos do mesmo diploma.

Ainda em matéria das isenções, existe habilitação legal concedida ao Governo, reunido em Conselho de Ministros, sob proposta do Ministro competente, mediante parecer favorável do Ministro da Economia e Finanças, para "*conceder isenções totais ou parciais às pessoas que exerçam actividades de relevante interesse económico ou social*", nos termos do artigo 8.º deste diploma. São os denominados benefícios fiscais (mormente as isenções) de natureza económica e social. De futuro, isto é, a partir da entrada em vigor do CCI, quaisquer projectos de contratos, que

---

[410] Lei n.º 2/91, de 9 de Maio, publicada em Suplemento ao BO n.º 18, da mesma data.

envolvam o Estado e prevejam as isenções fiscais, deverão ser submetidos à apreciação do Conselho de Ministros (artigo 10.º). Sublinhe-se mais uma vez a ausência de critérios que devam orientar a actuação do Governo. Esta situação torna preocupante e vulnerável a actuação incontrolável por parte do executivo, portador de uma *carta branca*, cujo preenchimento pode provocar tratamentos discriminatórios, não objectivos, nem fundados. Remetemos para o que dissemos no Título II, Secção I, ponto 1 supra.

5. INCIDÊNCIA PESSOAL

Em matéria de incidência pessoal existe um conjunto de normas que indicam quem são os titulares das obrigações resultantes do enquadramento de uma determinada actividade na norma de incidência real, bem como o regime que segue a relação jurídico-tributária e os direitos e deveres acessórios inerentes. Não existe uma nítida separação formal dessas normas relativamente às de incidência real: as *"pessoas singulares ou colectivas titulares de rendimentos provenientes das actividades referidas no artigo 1.º, exercidas no território da República da Guiné-Bissau"*, conforme o n.º 1 do artigo 4.º do CCI.

É de realçar que esta norma também desempenha a função de delimitar as actividades comerciais ou industriais sujeitas à lei guineense, porque desenvolvidas sob a sua jurisdição, quando fornece o critério que a Administração fiscal deve seguir: o *critério da fonte*, nos termos do qual os lucros das empresas comerciais ou industriais são tributados na fonte onde se registaram os pressupostos do facto tributário. Note-se a importância do lugar na Contribuição Industrial. Desempenha uma "dupla influência sobre as situações jurídicas quer de incidência real quer de sujeição pessoal"[411].

No n.º 2 do mesmo artigo 4.º, há uma explicitação das entidades referidas no número anterior, em função dos critérios de conexão fiscal. Assim, considera-se que *"exercem a sua actividade"* no território guineense, as *"pessoas singulares ou colectivas que tenham a sua sede social ou alguma forma de representação permanente"* no País (*primeira parte*). A sede social quererá significar o lugar declarado de administração da empresa tanto para os empresários individuais-residentes como para as

---

[411] VITOR FAVEIRO, *Noções fundamentais...*, Vol. II, p. 541.

sociedades-residentes, enquanto que a expressão alguma forma de representação permanente refere-se às sucursais, agências, etc. ligadas por laços económicos e não jurídicos às empresas-mães.

A parte final deste número reza *"e bem assim as que residindo no estrangeiro, desenvolvam no País quaisquer acções pelas quais lhes sejam devidos pagamentos ou créditos por entidades residentes"*. O legislador fiscal, ao usar a expressão *"residindo no estrangeiro"*, parece sugerir que apenas se toma em consideração os empresários individuais não residentes, mas com vínculo económico ao país, derivado de actividades económicas, ainda que acidentalmente realizadas no território da Guiné-Bissau e não as empresas não residentes, mas com o mesmo vínculo. *Vide* o ponto imediatamente a seguir.

Segundo o regime actualmente em vigor, a qualidade da empresa comercial ou industrial (em nome individual ou sociedade) é *per si* suficiente para conferir a qualidade de sujeito passivo da obrigação tributária e fazer desencadear as normas de incidência tributária, porquanto se trata de um imposto real. Esta indiferença fica demonstrada no artigo 4.º, em que tanto as pessoas singulares como as colectivas que exercem actividades comerciais ou industriais são sujeitos passivos pelos lucros realizados no território da República da Guiné-Bissau. A mesma indiferença quanto à qualidade das pessoas, no concernente à convocação das normas de incidência real, para os casos de exercícios das actividades comerciais ou industriais, em regime de estabelecimento estável no território nacional, encontra expressão no n.º 2 do mesmo artigo, quando refere que *"... exercem a sua actividade... todas as pessoas singulares ou colectivas que tenham no País... alguma forma de representação permanente..."*.

A representação permanente deve ser entendida em sentido amplo, como sinónimo dos chamados estabelecimentos estáveis, dependentes da empresa-mãe económica, mas não juridicamente, abrangendo, pois, qualquer instalação fixa onde a empresa exerce, no todo ou em parte, a sua actividade (estabelecimentos estáveis reais), mas também os agentes, pessoas singulares, dependentes (estabelecimentos estáveis pessoais ou representação permanente em sentido restrito)[412]. Em suma, estão em causa as formas de representação quer de pessoas singulares quer de pessoas colec-

---

[412] Cfr. ALBERTO XAVIER, *Direito Tributário Internacional – Tributação das Operações Internacionais*, (reimpressão), Coimbra, 1997, pp. 260-275.

tivas que exercem as actividades comerciais ou industriais em regime de estabelecimento estável, sendo, portanto, indiferente a qualidade de pessoa que o detém, individual ou colectiva.

A incidência pessoal desempenha ainda a função de enquadramento dos contribuintes no grupo A, tendo em consideração a qualidade da pessoa em si mesma, conforme se depreende das als. a) a d) do artigo 19.º, cujas normas de previsão apontam todas para as pessoas colectivas. Note-se que, em todas elas, ou se apela para a sede ou para a direcção efectiva, como são os casos da al. a) *"empresas comerciais ou civis sob forma comercial, as cooperativas, as empresas públicas e as demais pessoas colectivas de direito público e privado"*; al. b) *"entidades desprovidas de personalidade jurídica..."*; al. c), *"entidades que não tendo sede ou direcção efectiva no território da República da Guiné-Bissau"*.

Tal como está redigida, esta última norma de incidência não faz sentido, porque não se concebe a submissão de uma entidade estrangeira à ordem jurídica de um outro Estado sem a qual não tem nenhum vínculo, mormente económico, razão pela qual entendemos que a norma deveria ser prevista nestes termos: *"entidades que, não tendo sede ou direcção efectiva no território da República da Guiné-Bissau, tenham nele sucursais, agências, delegações ou qualquer forma de representação ou ainda instalações comerciais ou industriais"*, os designados estabelecimentos estáveis.

Importa também atender ao disposto no artigo 45.º deste Código que reza o seguinte: *"Os contribuintes não residentes na Guiné-Bissau e que desenvolvam no País qualquer actividade cujos rendimentos estejam sujeitos às disposições deste Código, por período inferior a 6 meses por ano,..."*. Ora, o desenvolvimento de uma actividade económica de natureza comercial ou industrial que não chegue a consubstanciar um estabelecimento estável na Guiné-Bissau (por não atingir uma conexão suficientemente duradoura no território), dá origem a um regime de retenção na fonte sobre as vendas efectuadas ou os serviços prestados, nos termos dos artigos 47.° e 48.° do CCI.

Por último, a al. d) do artigo 19.º, de forma residual, refere os *"contribuintes não mencionados nas alíneas anteriores que não sejam enquadráveis no grupo B"*. Nas alíneas anteriores, encontram-se as pessoas colectivas e as entidades desprovidas de personalidade jurídica, e, no grupo B, temos os contribuintes, pessoas físicas que não reúnem as condições previstas para integrarem o grupo A desta Contribuição. Nestes termos, os contribuintes que não se integrarem em nenhuma dessas categorias, são, entre outros, os que pratiquem actos isolados ou acidentais enquadráveis nas normas de incidência deste Código. Note-se que, quanto ao grupo B, o Código não estabelece nenhuma limitação, a não ser aquela que tem a ver com as condições que devem reunir cumulativamente para serem considerados incluídos neste grupo (*vide* artigo 22.º) e submetidos às normas de incidência tributária previstas.

A pertença a um dos grupos de Contribuição Industrial cria determinados efeitos ao nível da incidência real e ao nível do regime aplicável, bem como a consequente atribuição de direitos e deveres, entre os quais se figura o direito do contribuinte não ser tributado segundo as regras que não correspondem às do grupo onde está integrado, bem como o direito de dedução à colecta dos prejuízos e outros constantes do artigo 35.º, e ainda a dedução à colecta dos impostos parcelares pagos sobre os rendimentos prevista no artigo 42.º Estes são apenas alguns dos direitos que figuram no estatuto jurídico do contribuinte.

As normas de incidência pessoal são, também, impositivas de deveres declarativos. Assim, antes do início da actividade, os contribuintes deverão: entregar na Repartição de Finanças da sua área fiscal a declaração do modelo 1, da qual faz parte o cartão de contribuinte, devidamente assinado e autenticado pelo Secretário da Repartição de Finanças (artigo 6.º) que o identifica perante a Administração fiscal, correspondente ao respectivo registo (artigo 5.º); entregar a declaração de rendimentos do modelo 2 ou 3, para os contribuintes do grupo A, respectivamente com ou sem contabilidade devidamente organizada (artigo 23.º).

Em termos de direitos, os contribuintes do grupo A são tributados na base de uma contabilidade sã, da qual se compreende a conta de resultados que permite apurar o saldo dos proveitos ou ganhos e custos ou perdas. Significa isso que são tributados pelo lucro real efectivo, podendo também reportar os prejuízos [al. a) do artigo 35.º]. Segundo o Código, são havidos como *custos*, as provisões, somas que poderão ser deduzidas do lucro tributável, para fazer face a perdas ou encargos não realizados, destinadas a cobrir: "*créditos de cobrança duvidosa*" [al. a)] e "*a eventualidade de indemnizações cujo risco não seja segurável*" [al. b)] todos do n.º 1 do artigo 17.º CCI. Trata-se de previsões necessárias à cobertura de factos prováveis.

Por outras palavras, a situação jurídica dos contribuintes do grupo A, com a alteração introduzida pelo Decreto n.º 33/93, fica marcada pela obrigatoriedade de uma contabilidade regularmente organizada, como determinante do direito de tributação, seguindo um regime próprio do grupo (A), cujos contribuintes com volume anual de negócios superior a 500.000.000,00 PG (antiga moeda com curso legal forçado e poder liberatório geral, substituído pelo Franco da Comunidade Financeira Africana, F. CFA), devem possuir, segundo o artigo 20.º, n.º 1, als. a) e b), cumulativamente, um técnico de contas, responsável pela escrita da empresa, inscrito na DGCI. Os restantes contribuintes deste grupo que não optam por uma contabilidade organizada, podem adoptar um *"regime simplificado de escrituração"*, consistindo no *"registo e escrituração dos seguintes livros: de compras, vendas e serviços prestados, despesas gerais e bens de investimento, diário de existências finais"*, conforme o mesmo artigo 20.º, n.º 2.

Por seu turno, a situação jurídica dos contribuintes do grupo B resume-se ao preenchimento de todas as condições objectivas do artigo 22.º – também fruto de alteração do Decreto n.º 33/93 – traduzida basicamente na ausência de uma escrita organizada, na falta de instalações fixas e no exercício de actividade sem concurso de empregados ou assalariados, ou seja, contando apenas com a laboração de pessoas da família. No entanto, podem mudar de regime de tributação, como se infere do n.º 2 do artigo 24.º, desde que ocorra *"alteração que determine mudança de grupo de tributação"* – referente a organização da contabilidade e o volume de negócios – devendo *"comunicar por escrito o facto à DGCI na última quinzena desse ano"*.

6. O LUGAR COMO ELEMENTO OBJECTIVO

Um dos elementos-base exigidos e indispensáveis, que concorre para a sujeição às normas do CCI, é a observância do lugar onde se produziu o lucro imputado às actividades comerciais e industriais como elemento ou pressuposto objectivo deste imposto. Trata-se de um elemento de conexão escolhido para fundamentar a relação jurídico-fiscal, tal como acontece nos outros tipos tributários. Assim, especialmente os artigos 4.º, 19.º, 22.º e também 45.º CCI[413] apontam todos no mesmo sentido, o que evidencia

---

[413] Há uma preocupação comum destes artigos quanto ao lugar onde se produziu o lucro imputável às actividades empresariais (comerciais ou industriais). Isso se deve ao

a importância decisiva do lugar no âmbito da tributação da Contribuição Industrial.

Todos eles acolhem o *critério da territorialidade* ou da *fonte*, como regra, no referente às actividades exercidas e lucros realizados no território nacional (artigo 4.º). Mas, a sua concretização nem sempre constitui tarefa fácil. Saber onde se realizaram os elementos constitutivos ou qualitativos dos lucros das actividades comerciais ou industriais levanta, em tese, considerações à luz do Direito Internacional (Convencional) sobre dupla tributação[414].

Complementar surge o *critério da residência*, considerada pólo de atracção dos rendimentos produzidos no estrangeiro. Aquilo que se denominou o *princípio da força atractiva*[415], permitindo a tributação dos lucros realizados e imputados às empresas comerciais e industriais longe do lugar onde exerce a actividade. Entre nós, parece não existir nenhuma norma legal que obriga a tributação dos rendimentos auferidos no estrangeiro por pessoas singulares ou colectivas com domicílio ou sede efectiva no país. Sem embargo do teor do artigo 42.º, *in fine,* que tem implícita a ideia de que existem rendimentos de fonte estrangeira tributados na esfera dos sujeitos passivos deste imposto.

Para efeitos das normas de conexão, haveria desigualdade de tratamento relativamente aos contribuintes do Imposto Profissional, mormente os trabalhadores independentes, porquanto são submetidos a tributação apenas os rendimentos de fonte guineense.

---

facto de ser elemento ou pressuposto objectivo que dá origem à tributação da Contribuição Industrial. Sem embargo da dificuldade que, às vezes, comporta a questão de determinar qual o lugar onde se verificou a produção de rendimento: se a sede da empresa ou onde a actividade é exercida. Esta questão é sobretudo importante no domínio das relações internacionais, no intuito de se evitar evasão legítima. Assim, não raras vezes se adopta cumulativamente a residência, para tributar os lucros obtidos em resultado de uma actividade; e o território, e a consequente tributação da actividade onde é exercida. Para mais desenvolvimentos, vide VITOR FAVEIRO, *Noções fundamentais...*, Vol. II, pp. 505 e ss.

[414] Remetem-se alguns pormenores para VITOR FAVEIRO, *Noções fundamentais...*, Vol. II, pp. 509, nota 2. Ainda CÂMARA DE COMÉRCIO INTERNACIONAL, *Dupla Tributação Internacional*, in CCTF, n.º 72, Lisboa, 1968.

[415] VITOR FAVEIRO, *Noções fundamentais...*, Vol. II, p. 509. Convém transcrever o autor, a propósito de tal princípio: "(...), segundo o qual a sede das empresas, além de produzir «in loco» determinados lucros, colabora por vezes, decisivamente na produção de lucros fora do território da residência e, portanto, atrai a si esses mesmos lucros".

Já a situação paralela, mas oposta – residentes no estrangeiro auferindo rendimentos de fonte guineense –, encontra consagração expressa no artigo 19.º, al. c). A nossa posição só faz sentido em virtude do entendimento que perfilhamos, em face da redacção que nos pareceu ser aquela que melhor retrata a realidade objecto de tributação, pois esta alínea, tal como se apresenta, não transmite o espírito que lhe subjaz: tributar os lucros imputados às empresas sem sede ou direcção efectiva no país, embora nele tenham estabelecimentos estáveis: agências, sucursais, delegações ou outras formas de representação. Se se vingar esta interpretação – como é nossa convicção –, pode convocar-se o critério da fonte para tributar, na nossa legislação, as empresas residentes no estrangeiro, no lugar onde desenvolvem a actividade, pelos lucros realizados através de estabelecimentos estáveis, cujo tratamento ao nível do direito fiscal internacional é tido como uma empresa independente da empresa-mãe. Aliás, outro não podia ser o entendimento, pois só havendo uma conexão mínima se compreende que as realidades económicas estrangeiras sejam submetidas a ordem jurídica-tributária nacional.

Ficou uma questão em aberto que aqui retomamos. Na sequência da nossa investigação, concluímos que a matéria de incidência da Contribuição Industrial, traduzida no exercício de actividades económicas comerciais ou industriais em regime de empresas principais ou secundárias, é indiferente à qualidade da pessoa: singular ou colectiva, bastando tão-só o vínculo económico com o território nacional, a sede ou forma de representação permanente no país, tal como expressa no n.º 2, *primeira parte*, do artigo 4.º do Código. Em consequência afasta-se, desde logo, a tributação das empresas estrangeiras

No entanto, o n.º 2, *in fine*, do mesmo artigo, depois de prever a submissão às regras do CCI as pessoas singulares ou colectivas residentes, conclui: "*e bem assim as que residindo no estrangeiro, desenvolvam no País quaisquer acções pelas quais lhes sejam devidos pagamentos ou créditos por entidades residentes no País*".

Convém explorar esta questão. Como dissemos *supra*, o lugar desempenha a função de pressuposto ou elemento de incidência real (o lugar onde a empresa exerce a sua actividade), bem como de sujeição pessoal (o lugar onde reside o titular dos lucros sujeitos a este imposto). São estas as funções que cabe desempenhar o lugar em sede da Contribuição Industrial.

Deixando de lado a incidência real, debruçamos sobre a matéria da sujeição pessoal. É que, quando se alude as pessoas "*que residindo no estrangeiro*", estará implícita a ideia de que, com tal previsão se pretende atingir outras pessoas não abrangidas pela *primeira parte* do mesmo número. São as pessoas não residentes. A questão que se coloca é a de saber se se abrange tanto as singulares como as colectivas à semelhança da *primeira parte* do mesmo artigo.

É que a **residência** pode assumir as seguintes expressões: **direcção efectiva** de uma empresa económica comercial ou industrial, o centro de gestão global donde emanam todas as decisões relativas à empresa; ou a **sede** ou **domicílio**, cuja significação aponta para o lugar relevante, para efeitos comerciais e fiscais, das pessoas singulares (empresários) ou colectivas[416].

Ora, se atentarmos à redacção do n.º 2 do artigo 4.º no seu todo, podemos chegar às seguintes conclusões relativamente aos critérios de conexão adoptados pelo legislador fiscal: assim, para as pessoas singulares e colectivas (residentes), basta, respectivamente, a residência ou alguma forma de representação, os estabelecimentos estáveis. Pelo que a referência *"e bem assim as que residindo no estrangeiro,..."*, sugere que, em princípio, faz apelo à consideração de determinadas pessoas singulares – sublinhe-se – não residentes, dado que somente a elas assiste o gozo do direito de residência.

Nesta perspectiva, parece que o legislador fiscal quererá atingir apenas as pessoas singulares não residentes – o mesmo é dizer residentes no estrangeiro –, pelos lucros realizados no território da República da Guiné-Bissau, deixando de fora as pessoas colectivas não residentes pelos lucros nele realizados.

Não nos parece a leitura correcta, pela ideia supramencionada que vincámos em relação à residência. Aliás, se assim fosse incorrer-se-ia numa profunda contradição com o preceituado no artigo 45.º CCI (*Regime especial dos contribuintes não residentes*), que manda submeter à jurisdição fiscal guineense as entidades não residentes pelos lucros auferidos no país. Na verdade, através deste preceito tem-se em vista atingir tanto os

---

[416] Sobre as formas empregues na Contribuição Industrial e, também, no Direito Internacional para significar o lugar: local de produção dos lucros das actividades comercial ou industrial, bem como os seus efeitos, vide VITOR FAVEIRO, *Noções fundamentais...*, Vol. II, pp. 505-516, 548-552; v. também, MANUEL PIRES, "*Tributação do rendimento e situações com elementos de conexão de estraneidade*", in ESTUDOS XX Aniversário do Centro de Estudos Fiscais, Vol. II, Lisboa, 1983, pp. 408-409. Ainda ALBERTO XAVIER, *Direito Tributário Internacional...*, pp. 243-252.

lucros das pessoas singulares não residentes como os das pessoas colectivas não residentes colocadas na mesma situação, ou seja, com conexão económica com o território nacional. Pelo que a solução ideal, salvo melhor entendimento, passa pela interpretação deste preceito, no sentido de abranger também os lucros realizados pelas pessoas colectivas.

A não ser assim, estar-se-á implicitamente a conceder tratamento diferente e privilegiado a uma categoria de pessoas, as colectivas, em detrimento das singulares, contrariando, desta forma, o princípio constitucional de igualdade de tratamento. A questão limita-se meramente ao campo da interpretação da verdadeira intenção do legislador que, a nosso ver, é tributar os lucros realizados no território nacional pelas pessoas residentes no estrangeiro, onde cabem tanto as pessoas singulares como as colectivas.

Aliás, esta solução prende-se com a ideia de justiça fiscal, que manda tributar os lucros imputados a uma determinada fonte, mormente as actividades enquadradas e sujeitas a Contribuição Industrial: actividade económica de mediação entre a procura e oferta ou incorporação de novas utilidades na matéria. Nesta medida, justifica-se plenamente que sejam tributados os lucros imputáveis às pessoas singulares ou colectivas residentes no estrangeiro, no âmbito das actividades desenvolvidas em regime de empresa e enquadradas neste Código, portanto sujeitas a esta Contribuição, desde que os mesmos sejam produzidos no território nacional (estabelecimento estável). Aliás, a situação é totalmente idêntica e as mesmas razões invocadas serviriam para submeter as pessoas singulares ou colectivas não-residentes à tributação pelos lucros realizados no território nacional em função de vendas efectuadas ou serviços prestados (fonte de produção).

7. TAXAS

De acordo com o artigo 49.º do CCI, na redacção resultante da alteração introduzida pelo artigo n.º 1 do Despacho n.º 3/90, de 19 de Fevereiro, sobre a qual tivemos ocasião de manifestar a nossa posição, são seguintes as taxas[417], de acordo com o regime normal ou o regime espe-

---

[417] Na versão original da Contribuição Industrial, criada pelo Decreto n.º 39/83, as taxas constavam do mesmo artigo 49.º, n.º 1, e situavam-se entre os 35% e 50%, para os

cial aferido em função dos contribuintes serem ou não residentes: para os primeiros, a taxa é de 20% sobre os lucros tributáveis até 6.000.000.00 PG; de 30% sobre os lucros tributáveis de mais de 6.000.000.00 PG a 50.000.000.00 PG; de 35% sobre os lucros tributáveis superiores a 50.000.000.00 PG [respectivamente, as als. a) a c) do n.º 1]. Por último, para os contribuintes sujeitos ao regime da tributação especial, onde se enquadram actividades como a exploração de petróleo, minas e outros, de acordo com o n.º 2 do mesmo artigo, a taxa é de 50% sobre os lucros provenientes dessas actividades. Note-se que, nesta Contribuição – bem como em todos os impostos cedulares ou parcelares que compõem o Sistema Fiscal guineense –, vigora o sistema de taxas progressivas que, como se pode verificar da descrição acima feita, chegam a atingir o limite máximo de 50% sobre os lucros imputáveis a algumas actividades.

O Código prevê no n.º 3 do artigo 49.º, face aos objectivos de política económica, a redução das taxas como *"incentivo fiscal às actividades consideradas de relevante interesse nacional"*. Trata-se de reduções temporárias que serão determinadas por *"despacho conjunto do Primeiro--Ministro e do Ministro da Economia e Finanças, sob proposta do Ministro de Tutela das actividades beneficiárias"*. Remetemos para o que dissemos a respeito das normas de isenções consagradas não só neste, mas também nos outros Códigos de impostos parcelares e CICompl. no Título II, Secção I, ponto 1.

Subsecção 1. Regime normal dos contribuintes residentes

8. DETERMINAÇÃO DA MATÉRIA COLECTÁVEL

A determinação da matéria colectável obedece o critério próprio do grupo em que está inserido o contribuinte: trata-se de um sistema híbrido, compreendendo dois objectos imediatos e respectivos regimes de tributa-

---

contribuintes do regime normal, comum, as empresas residentes; enquanto que para as não residentes, a taxa seria determinada por *"Despacho conjunto do Primeiro-Ministro e do Ministro da Economia e Finanças para cada ramo de actividade"*, segundo o n.º 2 do mesmo artigo. Enfim, dispensamo-nos de considerações relativas ao princípio da legalidade dos impostos (e sistema fiscal) e seus corolários de tipicidade e exclusivismo da lei formal da ANP.

ção (regime normal e regime especial dos contribuintes não residentes) e de incidência real. Existem dois grupos[418], conforme o preceituado nos artigos 18.º a 22.º CCI, para o regime normal de tributação, o grupo A, onde se enquadra as empresas ou melhor os contribuintes residentes ou equiparados, segundo, respectivamente, os n.ºs 1 e 2 do artigo 20.º (contribuintes com contabilidade devidamente organizada ou contribuintes que optaram por um regime simplificado de escrituração).

No grupo B, figuram os contribuintes sem contabilidade ou escrita organizada, conforme reza o artigo 22.º do mesmo diploma. Ou seja, o critério de distinção está no "grau de possibilidade da determinação da matéria colectável"[419], o que permite concluir que, em princípio, esta Contribuição está talhada em bases de justiça e de certeza que só uma organização contabilística sã pode oferecer. Significa isso que a contabilidade e a escrita das empresas comerciais ou industriais desempenham um impor-

---

[418] As normas dos artigos 18.º a 20.º resultaram da alteração legal operada em 1993, pelo Decreto n.º 33/93, de 10 de Agosto. Reza o artigo 18.º: *"Para efeitos de determinação da matéria colectável os contribuintes dividem-se em dois grupos: A e B"*. Logo a seguir, dispõe o artigo 19.º: *"Pertencem ao grupo A: a) As sociedades comerciais ou civis sob a forma comercial, as cooperativas, as empresas públicas e as demais pessoas colectivas de direito público e privado, com sede ou direcção efectiva no território da República da Guiné-Bissau; b) As entidades desprovidas de personalidade jurídica com sede ou direcção efectiva no território da Guiné-Bissau, cujos rendimentos não sejam directamente tributados na titularidade das pessoas que as compõem; c) As entidades que não tendo sede ou direcção efectiva no território da República da Guiné-Bissau; d) Os contribuintes não mencionados nas alíneas anteriores que não sejam enquadráveis no grupo B"*. Conforme referimos no ponto anterior, parece-nos que o sentido da al. c) não está completo. Na previsão da norma de incidência real falta algo que nos permite deduzir a obrigação tributária. Entendemos que o sentido completo da norma seria: *"As entidades que, não tendo sede ou direcção efectiva no território da República da Guiné-Bissau, tenham nele sucursais, agências, delegações ou qualquer forma de representação permanente, ou ainda instalações comerciais ou industriais"*. Esta norma é contraposta à constante na al. a).

Por sua vez, reza o artigo 22.º, n.º 1. *"Pertencem ao grupo B os contribuintes que reunam cumulativamente, as seguintes condições: a) Não tenham a escrita organizada; b) Não tenham instalações fixas; c) Exerçam a actividade sem o concurso de empregados ou assalariados"*. O n.º 2 do mesmo artigo vem clarificar que: *"Para o efeito da alínea b) não se considera existir instalação fixa quando o exercício da actividade se efective através da utilização do local de venda em mercados ou outros espaços colectivos, ainda que divisíveis, temporariamente cedidos por pessoas de direito público"*. Este n.º 2 é fruto, também, da alteração introduzida em 1993, pelo Decreto n.º 33/93.

[419] VITOR FAVEIRO, *Noções fundamentais...*, Vol. II, p. 41.

tante papel, enquanto elementos intrínsecos do tipo real de incidência, a ponto de marcarem a separação, a fronteira entre os grupos A e B, oferecendo um maior grau de confiança (reconheça-se um mais do que outro) no que tange à determinação da matéria colectável.

A contabilidade é tida como um elemento do próprio sistema e meio indispensável à concretização da tributação dos lucros sujeitos à Contribuição Industrial: o lucro real efectivo; outrossim, a escrita, o *"regime simplificado de escrituração"*, admissível para os *"restantes contribuintes do grupo A que não optem por uma contabilidade organizada..."*, (n.º 2 do artigo 20.º[420]), apresenta-se, também, como um dos elementos indispensáveis para a fixação do lucro real presumido dos contribuintes inseridos ainda no mesmo grupo. Exercem ambas idêntica função: elemento indispensável à fixação da matéria tributável dos contribuintes do grupo A, possuindo o valor que lhes é atribuído na ordem jurídica, nomeadamente, em matéria de prova[421]. Isso é importante, na medida em que a lei confere valor jurídico a tais documentos, pelo que fazem, também, fé no domínio fiscal[422].

---

[420] Reza o n.º 2 do artigo 20.º: *"Os restantes contribuintes do grupo A que não optem por contabilidade organizada, adoptarão um regime simplificado de escrituração que consistirá no registo e escrituração dos seguintes livros obrigatórios: a) Compras; b) Vendas e serviços; c) Despesas gerais e bens de investimento; d) Inventário de existências finais"*.

[421] Um dos exemplos nesta matéria é o valor probatório inerente a tais documentos particulares como se pode observar pelo artigo 376.º do CC (Força probatória) que reza o seguinte: *"O documento particular cuja autoria seja reconhecida nos termos dos artigos antecedentes faz prova plena quanto às declarações atribuídas ao seu autor, sem prejuízo da arguição e prova de falsidade do documento." (n.º 1)* e *"Os factos compreendidos na declaração consideram-se provados na medida em que forem contrários aos interesses do declarante; mas a declaração é indivisível, nos termos prescritos para a prova por confissão."* (n.º 2) Cfr. o artigo 360.º CC.
Pode igualmente apontar-se o artigo 44.º, n.º 1 do Código Comercial que dispõe: *"os assentos lançados nos livros de comércio, ainda quando não regularmente arrumados, provam contra os comerciantes cujos são; mas os litigantes, que de tais assentos quiserem ajudar-se, devem aceitar igualmente os que lhes forem prejudiciais"*.

[422] Sobre o assunto vide VITOR FAVEIRO, *Noções fundamentais...*, Vol. II, pp. 516 e ss, principalmente, pp. 518-520. Para o autor resulta do valor jurídico dos documentos admitidos na lei, em matéria de prova no âmbito fiscal "..., pelo menos, uma evidente inversão do ónus da prova quando o Fisco, aceitando uma parte da contabilidade, não aceita outra parte; e a inocuidade das afirmações dos examinadores de escritas comerciais

Assim, a tributação do grupo A segue dois tipos reais de incidência, tendo em comum a procura de fazer incidir o imposto sobre o lucro real conseguido pelo contribuinte durante o seu exercício anual. A distinção está no facto de num dos tipos, o *lucro real efectivo*, se basear na contabilidade do contribuinte, obtido pela diferença entre proveitos ou ganhos realizados e custos ou perdas imputáveis ao exercício; noutro, o *lucro real presumido*, igualmente assente na declaração e outros elementos de informação, nomeadamente a capacidade instalada, a média anual de rendimento do ramo de actividade a que pertence o contribuinte e as circunstâncias que ocorreram durante o exercício, a ponto de afectar a actividade normal do contribuinte.

São estes os critérios objectivos que informam a presunção[423] da Repartição de Finanças. Com base na ilação tirada, apurar-se-á a diferença entre proveitos ou ganhos e custos ou perdas, decorrentes da actividade empresarial comercial ou, industrial, reportados, também, ao ano anterior, podendo mesmo chegar à conclusão negativa, isto é, à inexistência de lucro.

Isso leva-nos a afirmar que há uma aproximação das regras de determinação da matéria colectável deste subtipo de incidência real do grupo A com as do grupo B, quanto à presunção do lucro imputável às empresas comerciais ou industriais, o que se pode traduzir numa quase mutação de regime justificada pela impossibilidade do seu apuramento através da diferença entre os proveitos e os custos ou ainda havendo dúvida fundada entre o resultado da escrita e a realidade. Note-se que a norma do n.º 2 do artigo 11.º é de natureza excepcional, limitada apenas ao apuramento do lucro tributável, e não deve prejudicar os direitos do contribuinte.

Porque se trata de uma impossibilidade objectiva, deve ser verificada e demonstrada, recorrendo ao exame da escrita do contribuinte, os elementos de informação e as circunstâncias objectivas – a conjuntura económica – que influenciaram a sua actividade (embora não seja de menos-

---

quando, aceitando uma parte da escrita, declaram não aceitar a outra parte, sem que, sobre a sua inexactidão ou inaceitação, façam a prova exigida..."

[423] Esta presunção é comandada pelo artigo 349.º do CC, que, sob a epígrafe Presunções, reza o seguinte: *"Presunções são as ilações que a lei ou o julgador tira de um facto conhecido para afirmar um facto desconhecido"*. Esta transcrição ilustra bem a actividade que cabe a Repartição de Finanças: partindo de factos conhecidos, presume um facto desconhecido: a empresa podia ter lucro. A partir desta ilação deverá calcular os proveitos e custos, com base nos elementos objectivos (vide a descrição dos critérios acima citados).

prezar o elemento subjectivo, ainda que limitado apenas ao processo de cálculo do lucro tributável), em ordem a afastar qualquer relevância subjectiva da atitude do agente na consideração dos factos[424]. Em ambos os casos de determinação da matéria colectável, pretende-se que o imposto incida sobre o rendimento líquido do contribuinte.

A tributação do grupo B respeita unicamente as condições de produção e de mercado em que funcionaram as empresas, sendo, portanto, de apurar o *"lucro que em condições normais de mercado podia ter obtido"* o contribuinte. Aqui, o legislador fiscal apela para a normalidade económica, pensa-se as circunstâncias favoráveis ou desfavoráveis ao desenvolvimento da actividade económica comercial ou industrial, durante o exercício anual. Assim sendo, apela-se para a concreta conjuntura económica em que se desenvolveu a actividade e, por conseguinte, a sua influência (negativa) no resultado líquido da empresa, como se pode inferir da expressão " *(...) ter-se em consideração ao longo do exercício as circunstâncias que afectem excepcionalmente a actividade de cada contribuinte e sejam susceptíveis de produzir um desvio considerável do lucro anual"*. Dir-se-ia que o legislador fiscal guineense foi suficientemente inteligente ao eliminar aquela que é, seguramente, uma das mais pesadas críticas dirigidas à determinação da matéria colectável com base nos rendimentos normais: a sua insensibilidade à conjuntura económica.

Sem embargo, falta neste grupo um dos elementos importantes, senão fulcral no processo de cálculo dos proveitos ou ganhos e custos ou perdas conducentes à fixação do lucro tributável: a escrita devidamente organizada ou a escrita simplificada do contribuinte. Nenhum destes elementos é obrigatório para os contribuintes do grupo B, conforme se pode depreender do Código, nomeadamente o artigo 22.º, al. a); não são obrigados também à entrega da declaração anual de rendimento. Contudo, a fixação do lucro só se observa quando se concluir que a empresa o podia ter obtido. Aqui, como no grupo A, não há nenhuma discricionariedade por parte da Repartição das Finanças na determinação da matéria colectável.

---

[424] VITOR FAVEIRO, *Noções fundamentais...*, Vol. II, pp. 497-500; 535-536. Trata-se de afastar a discricionariedade do Chefe de Repartição das Finanças, uma vez que se admite apenas dados objectivos provenientes de alguma fonte: declaração do contribuinte; informação da fiscalização e outros elementos, onde figura a escrita do contribuinte. Por esta razão, entendemos que o processo de fixação da matéria colectável dá lugar a censura judicial, a fim de se apurar a sua (i)legalidade.

Como se pode perceber da exposição que temos vindo a fazer, há uma diferenciação de regimes justificada pela possibilidade/impossibilidade de determinar a matéria colectável assente na diferença entre os proveitos ou ganhos e custos ou perdas, de acordo com os subtipos de incidência real dos grupos A, como também pela ausência de elementos relativos à contabilidade/escrita dos contribuintes do grupo B, cujo processo se reporta ao ano anterior.

Embora sem epígrafe, o Código contém um conjunto de normas constantes dos artigos 11.º a 35.º e 45.º a 48.º relativo à determinação da matéria colectável (e deduções à colecta), que poderiam ter sido autonomizados num Capítulo próprio com essa denominação ou epígrafe, e que corresponderiam a dois regimes: o regime comum, artigos 11.º a 35.º, e o regime especial, artigos 45.º a 48.º, respectivamente. Dentro deste complexo, encontramos tanto as normas de direito substantivo como as de direito adjectivo ou processual. Aquelas são complementares das normas de incidência real; estas disciplinam os procedimentos que constituem os deveres acessórios dos contribuintes ou terceiros e as regras respeitantes aos serviços da Administração fiscal, no concernente ao apuramento em concreto da incidência real[425].

Depreende-se da própria caracterização da Contribuição Industrial, concretamente do seu objecto mediato – o lucro da actividade comercial ou industrial – que a obrigação tributária se dá com a ocorrência de factos qualificáveis como constitutivos da empresa comercial ou industrial: os elementos factológicos do tipo de incidência real e respectivo regime de contribuição[426]. A determinação da matéria colectável segue os critérios definidos para cada tipo de incidência real das actividades comerciais ou industriais, seu objecto imediato, com o objectivo de atingir o mais possível o lucro, objecto mediato da incidência real.

Quanto às normas de direito substantivo complementares de incidência real do grupo A e do grupo B, em termos de definição do objecto imediato – o lucro ou lucro fiscal imputável à empresa comercial ou industrial – constam, em termos específicos, para cada uma das modalidades. No artigo 11.º, o *lucro real efectivo* e o *lucro real presumido*, para o grupo A, segundo, respectivamente, os n.ºs 1 e 2; e o *lucro que em condi-*

---

[425] VITOR FAVEIRO, *Noções fundamentais...*, Vol. II, pp. 567 e ss.
[426] VITOR FAVEIRO, *Noções fundamentais...*, Vol. II, p. 569.

ções normais de mercado podia ter obtido, para o grupo B, de acordo com o n.º 3, assumindo particular relevância os elementos de que dispõe o Chefe de Repartição de Finanças bem como as condições de mercado (produção e comercialização), como manda a norma do artigo 26.º, n.º 2, todos do CCI.

Esta norma legal é muito vaga: a que elementos disponíveis para o apuramento do lucro tributável dos contribuintes do grupo B se estará a referir o legislador fiscal? Não cremos que a intenção é conferir discricionariedade a Administração fiscal no apuramento do lucro que podia ou não obter a empresa. Este será baseado na conjuntura em que ocorreu a laboração empresarial. Somente estas circunstâncias, *maxime* de produção e de mercado, permitem concluir no sentido de poder haver ou não lucro. Em caso afirmativo, proceder-se-à a correspondente fixação da matéria colectável. Portanto, não admite discricionariedade por parte da Administração fiscal, mormente, do Chefe de Repartição de Finanças[427].

Ainda, dentro desta linha, a única fonte substantiva que deve sustentar a decisão do Chefe de Repartição de Finanças é a análise das condições de produção e de comercialização em que efectivamente teve lugar o exercício da actividade de produção; qualquer conclusão sobre se podia ou não obter lucro deve ser retirada com base nas circunstâncias reais em que decorreram a actividade, principalmente, os custos da actividade e, dentro destes, nomeadamente a remuneração normal do trabalho do contribuinte e dos membros da sua família não empregados nem assalariados, nunca inferior ao salário mínimo nacional para o sector de actividade em que se enquadra o contribuinte. Com isso, é de afastar qualquer vontade do agente no sentido de influenciar a matéria colectável, desviando-a de fontes que, com toda a normalidade, são as mais indicadas e credíveis para revelar a posição patrimonial líquida do contribuinte[428].

---

[427] Não resistimos a trazer para aqui uma das passagens do ensinamento de VITOR FAVEIRO, *Noções fundamentais...*, Vol. II, p. 699, a propósito da então Contribuição Industrial portuguesa, principalmente a tributação do grupo C. Escreveu: "Mais uma vez se confirma que não cabe ao chefe de repartição de finanças exercer um poder discricionário quanto à fixação dos lucros tributáveis dos contribuintes do grupo C. Trata-se, pelo contrário, de um poder vinculado à análise das condições em que efectivamente foi exercida a actividade, quer quanto à produção quer quanto às condições efectivas do mercado em que se exerceu a actividade".

[428] Nesta matéria dispunha o artigo 26.º, n.º 2 do Decreto n.º 39/83: "*Relativamente aos contribuintes do grupo C, o Secretário da Repartição de Finanças deverá solicitar aos*

São nestas linhas assim traçadas que se move (ou deve mover) todo o processo de determinação da matéria colectável da Contribuição Industrial: o *lucro real efectivo*, previsto no n.º 1, constitui o grande tipo de incidência real, ao lado do *lucro real presumido* (n.º 2), cujo funcionamento é suplementar, isto é, opera em caso de impossibilidade de se concretizar o lucro real efectivo, pelo que são escolhidos determinados indicadores com base nos quais será determinado o lucro. Por último, mencione-se o *lucro que podia ter obtido*, face às circunstâncias de laboração da empresa, para o grupo B, nos termos do n.º 3 todos do artigo 11.º, pois que, não existindo indicadores que esclareçam suficientemente a Administração fiscal ou o contribuinte para a fixação da matéria colectável, a tributação da empresa será aferida pelo lucro que teria obtido em condições normais de mercado, tendo em consideração as circunstâncias que rodearam o exercício da actividade.

Para o regime de contribuição do grupo A, o *lucro real efectivo* deve ser resultado dos factos constitutivos da actividade comercial e industrial, assente na diferença entre os proveitos ou ganhos e custos ou perdas imputáveis ao exercícios destas actividades: o lucro ou resultado fiscal apurado da contabilidade devidamente organizada do contribuinte. É assim que os preceitos dos artigos 11.º a 22.º estabelecem o regime de direito substantivo e definem os factos constitutivos das realidades de proveitos ou ganhos (artigo 12.º) e custos ou perdas (artigo 13.º). Estes últimos estão desenvolvidos nos seguintes: artigo 14.º (despesas, divididas em: de funcionamento e de investimento); artigos 15.º e 16.º (respectiva discriminação); artigo 17.º (os custos relativos às provisões ou somas deduzidas do lucro tributável). Tudo isto em complemento das normas de incidência real estatuídas nos artigos 1.º a 4.º CCI.

Diferente é a situação dos contribuintes do grupo B, cujo objecto de tributação, segundo a norma de direito substantivo complementar

---

serviços de fiscalização relatórios sobre cada uma das actividades, incluindo o volume normal de vendas e preços praticados nas compras e vendas. Nos relatórios referidos os serviços de fiscalização deverão declarar se, em seu entender, alguns contribuintes devem ser tributados por análises casuística de sua actividade". O Código incumbia à Administração fiscal determinadas tarefas de difícil concretização, não obstante se tratar, na altura, de um universo muito reduzido de contribuintes. Por outro lado, as actividades dos serviços de fiscalização pareciam mais identificáveis com as de polícia.

da incidência real, consta do n.º 3 do artigo 11: *o lucro que, em condições normais de mercado, podia ter obtido o contribuinte*. Para além desta norma, não se preocupou o legislador fiscal em mais desenvolvimentos, salvo a necessidade de consulta com os representantes dos contribuintes do sector da actividade, para que o Chefe de Repartição de Finanças fixe, na primeira semana do mês de Janeiro, com base nos elementos de que dispõe (artigo 26.º, n.º 2), o lucro da empresa. São estas as normas complementares do tipo de incidência real deste grupo estabelecidas no artigo 1.º deste Código, constituindo as fontes substantivas que permitem a averiguação dos factos tributáveis, a fim de se determinar a matéria colectável.

Não lhes sendo exigíveis a contabilidade organizada nem a escrita simplificada, nem tão pouco a apresentação de declaração, surgem dificul-dades quanto às fontes donde devem emergir os factos tributáveis e necessários à determinação da matéria colectável. Parecem-nos de aplicar, *mutatis mutandis*, as regras dos contribuintes do grupo A, sem contabilidade organizada, mas obrigados a possuir determinados livros de escrituração para os seus próprios registos. Aliás, esta interpretação é consentânea com a ideia por nós expressa e que encontra reflexo na própria Contribuição Industrial: a tributação do lucro imputável às empresas comerciais ou industriais deve ser a mais próxima possível do lucro real realizado pelos contribuintes.

Ora, este só é conseguível com base em factos objectivos que constam da contabilidade ou da escrita do contribuinte, corrigido, eventualmente, por outros elementos do conhecimento dos serviços de fiscalização. De resto, esta era a situação que se verificava anteriormente à alteração introduzida pelo Decreto n.º 33/93, e que, para nós, além de configurar uma verdadeira segurança jurídica para estes contribuintes[429], constituía um avanço considerável na tributação dos lucros das empresas económicas comerciais ou industriais.

---

[429] Estabelecia o artigo 25.º da primitiva versão (Dec. n.º 39/83) o seguinte: "*Os contribuintes do Grupo C são dispensados da apresentação da declaração de rendimentos. Apresentarão, no entanto, a declaração modelo 3 referida no artigo anterior quando pretendam a análise casuística da sua actividade para determinação da matéria colectável*". Como se pode verificar, houve um significativo recuo, sem qualquer justificação plausível do ponto de vista da certeza e segurança jurídicas do contribuinte e da transparência da Administração fiscal.

Para o grupo A, obtidos os lucros fiscais segundo as regras de qualificação e correcção dos factos tributários, são deduzidos os encargos com a sua obtenção ou formação. Estas deduções constituem um direito dos contribuintes deste grupo e justificam-se para aquelas realidades que não se acham dentro do universo constituído pelas normas de determinação da matéria colectável. Assim, o artigo 35.º manda deduzir os seguintes: os prejuízos, se os houver, relativos aos últimos três exercícios reportáveis à matéria colectável dos anos seguintes; os rendimentos isentos do imposto por lei especial; e os rendimentos sujeitos a alguma tributação directa – como são os casos do Imposto de Capital e da Contribuição Predial Urbana –, nos termos respectivamente, das als. a) a c). Não consubstanciam deduções os custos do exercício das actividades sujeitas à Contribuição Industrial, porquanto estes são dedutíveis à matéria colectável e não a colecta.

Perguntar-se-á se se aplicam as deduções aos dois subtipos do grupo A: *contabilidade devidamente organizada*, capaz de revelar todo o custo relativo ao processo de produção e comercialização da empresa comercial ou industrial, e *regime simplificado de escrituração*. As normas substantivas (e também as adjectivas) deste Código não estão estruturadas de acordo com os tipos/subtipos de incidência real. Para nós, o problema será resolvido em sede de elementos que, com toda a segurança, podem dar a conhecer, globalmente, a situação patrimonial líquida da empresa comercial ou industrial. E esta nos é dada principalmente pela organização contabilística e os elementos relativos à escrita simplificada do contribuinte. Pelo que nos parece de considerar tais deduções para todos os contribuintes desse grupo, uma vez que a diferença de regime é aplicável unicamente para efeitos de apuramento da respectiva matéria colectável, sendo irrelevante relativamente aos direitos dos contribuintes.

Em princípio, o mesmo já não se pode dizer para os contribuintes incluídos no grupo B, dispensados do dever de possuir contabilidade ou escrita, como se pode observar pelo artigo 22.º, n.º 1, al. a) do Código. A dificuldade senão mesmo impossibilidade de determinar os custos relativos ao exercício da actividade comercial no concernente aos prejuízos dos três anos anteriores [al. a)] opera por falta de elementos; no entanto, podem deduzir da matéria colectável os rendimentos isentos do imposto por lei especial e os rendimentos sujeitos à tributação directa de natureza especial, respectivamente, als. b) e c) do mesmo artigo 35.º do Código.

A lei atribuiu amplos poderes à Administração fiscal na consideração das despesas, mormente de funcionamento, para efeitos de dedução como custos. Repare-se que, na ausência de fixação de limites legais, cabe à Administração fiscal a consideração ou qualificação das despesas como *"necessárias para assegurar a actividade normal do contribuinte"* (artigo 13.º). Por essa via, atribui-se uma margem de livre apreciação concretizável casuisticamente. Esta situação torna-se ainda mais complicada com a utilização pela lei de conceitos técnicos, como, por exemplo, as despesas consideradas *"razoáveis"*, relacionadas com os custos ou perdas de exercício referenciados à actividade do contribuinte. Esta atitude é contrária ao princípio da legalidade e seus colorários de tipicidade, exclusividade e determinação da lei, porquanto a segurança jurídica do contribuinte exige que a lei use conceitos claros e precisos, não deixando qualquer margem de livre apreciação que proporcione uma intervenção da Administração fiscal não controlável jurisdicionalmente[430].

Sem embargo destas considerações, a própria lei enuncia um leque muito vasto, no artigo 15.º, n.º 1, als. a) a q), de despesas de funcionamento que constituem encargos da actividade comercial ou industrial. Esta última alínea, residual, comporta todas *"as despesas diversas não discriminadas nos números* (deve ler-se alíneas) *anteriores e não excluídas por este Código"*. Esta atitude pode muito bem "convidar" à sobrestimação das despesas, como, por exemplo, um exagero das notas de despesas (de viagem; representação, etc.) e a atribuição de remunerações excessivas, dificilmente controláveis por parte da Administração fiscal.

Ainda se admite, no grupo A, deduzir ao montante da colecta obtido por dedução dos encargos com as actividades comerciais ou industriais, a chamada dedução à colecta[431], nos termos do artigo 42.º, segundo a qual: *"Da colecta calculada deduzir-se-ão os impostos pagos sobre alguns dos rendimentos que serviram de base à liquidação e bem assim os impostos sobre o rendimento pagos no estrangeiro relativamente a rendimentos averbados na contabilidade do contribuinte"*. Este artigo visa impedir que haja tributações sucessivas dos impostos reportados à Contribuição Industrial no mesmo ano e bem assim a inutilização dos benefícios fiscais de

---

[430] O recurso à qualificação técnica – como qualificação jurídica – não consubstancia uma verdadeira discricionariedade, dado que ao agente não assiste a faculdade de escolha entre as várias soluções possíveis. Isto é, a vontade do agente aqui não tem relevância quanto à escolha da solução, que é só uma. Vide ANDRÉ GONÇALVES PEREIRA, *Erro e ilegalidade...*, pp. 267-270.

[431] Na expressão de VITOR FAVEIRO, *Noções fundamentais...*, Vol. II, p. 705, "dedução de colecta a colecta".

que gozam aqueles rendimentos, entre os quais se apontam o imposto de capitais relativamente aos lucros resultantes de títulos em outras empresas de que o contribuinte seja participante e impostos pagos por empresas residentes por lucros realizados no estrangeiro.

No tocante às normas de direito processual, as exigências são praticamente iguais para todos os contribuintes do grupo A, havendo pequenas diferenças quando se trata de contribuintes com contabilidade devidamente organizada ou contribuintes com regime simplificado de escrituração. Assim, os primeiros são obrigados a: apresentar a declaração modelo 1, de início de actividade (artigo 6.º), bem como a declaração da sua cessação (artigo 23.º, n.º 4); entregar a declaração de rendimentos modelo 2, em duplicado, acompanhada de relatório ou acta de reunião de aprovação das contas, se tiver ocorrido, e balanço do ano anterior demonstrativo de resultados, balanços de razão antes e depois do apuramento de resultado, mapas de amortizações, mapas de provisões (n.º 1 do artigo 23.º); entregar quaisquer outros elementos que julgar úteis para análise da sua situação fiscal; possuir técnico de contas, responsável pela escrita (artigo 20.º, n.º 1 al. b), a quem cabe assinar [(n.º 3 do artigo 23.º), na ausência de contabilidade devidamente organizada é substituído por um responsável pela escrita], conjuntamente com o contribuinte, a declaração (artigo 23.º, n.ºs 2 e 3); possuir determinados livros rubricados com chancela pelo Secretário de Finanças (artigo 73.º, n.º 2), a saber: inventários e balanços, diário, razão, actas de reunião, tratando-se de sociedades [als. a) a d), n.º 1 do artigo 73.º].

Mencionem-se ainda, em termos de deveres acessórios, a emissão de facturas ou documentos equivalentes por cada transmissão de bens ou prestação de serviços (artigo 72.º) e a obrigatoriedade de prestar esclarecimentos, quando solicitados pela Administração fiscal. Segue-se o acto de apuramento da matéria colectável (artigo 11.º, n.ºs 1 e 2), com a autoliquidação (artigo 36.º). Pode, neste seguimento, haver lugar a reclamação para o presidente da Comissão de Revisão da matéria colectável, impugnando a determinação da matéria colectável em que se baseou a liquidação (artigo 29.º), ou recurso contencioso do valor resultante do acto de fixação da mesma matéria colectável (artigo 28.º).

Sobre os contribuintes deste grupo, sujeitos ao regime simplificado de escrituração, impendem, para além da entrega de declaração modelo 1, de início e de cessação de actividade, nos termos do artigo 6.º e 23.º, n.º 4, as seguintes obrigações: de livros (devidamente registados na Repartição de Finanças competente e rubricados pelo Secretário da Repartição de Finanças, podendo ser utilizada chancela, segundo o artigo 74.º) de compras, vendas e serviços prestados, despesas gerais e bens de investimento e inventário de existências finais [als. a) a d) do n.º 2 do artigo 20.º]; a entrega, no mês de Abril de cada ano, da declaração de rendimentos modelo 3 (artigo 23.º, n.º 1); a emissão de facturas ou documentos equivalentes por cada transmissão de bens ou prestação de serviços (artigo 72.º); o apuramento da matéria colectável segundo as regras do artigo 11.º, n.ºs 1 e 2; e a autoliquidação do imposto (artigo 36.º). É-lhes assegurada a garantia de reclamar contra a fixação da matéria colectável que serve de base a liquidação do imposto (artigo 29.º) ou de recorrer contenciosamente do mesmo acto (artigo 28.º).

O regime do grupo B contém também, disposições processuais, à semelhança do grupo A, onde se destacam: a obrigatoriedade da entrega da declaração modelo 1, antes do início da actividade (artigo 6.º), bem como em caso da sua cessação (artigo 25.º); a dispensa da apresentação da declaração (artigo 25.º); donde a fixação da matéria colectável, pelo Chefe de Repartição de Finanças, com base nos elementos de que dispõe (artigo 26.º, n.º 1); a possibilidade de reclamação para a Comissão de revisão da matéria colectável (artigo 29.º) e de recurso contencioso (artigo 28.º); e uma eventual prestação de esclarecimentos, em caso de solicitação por parte da Administração fiscal.

Convém observar um aspecto importante no concernente à exigência legal quanto à contabilidade devidamente organizada ou escrita simplificada para os contribuintes do grupo A. No caso de existir mais de um estabelecimento comercial ou industrial, deve ser centralizada na sede efectiva. Em relação aos contribuintes do grupo B, contrariamente ao que parece inculcar o Código, estes devem também possuir para cada estabelecimento uma escrita específica (dado não terem contabilidade organizada, pela natureza das coisas, não parece ser de exigir a centralização), sem a qual não se poderão conhecer os dados relativos à actividade desenvolvida durante o período fiscal.

Em termos efectivos, a determinação da matéria colectável cumpre determinados critérios definidos na norma de incidência real. Relativamente ao grupo A, temos duas situações: a *primeira*, em que a matéria colectável é apurada através do lucro real efectivo; a *segunda*, que funciona subsidiariamente em caso de impossibilidade de apuramento do lucro real efectivo. Neste caso, apurar-se-á o lucro presumivelmente real.

O lucro real efectivo (artigo 11.º, n.º 1) é apurado através da *"diferença entre os proveitos ou ganhos e todos os custos ou perdas dedutíveis"*, sem prejuízo da intervenção do Secretário de Repartição de Finanças, com competência para confirmar ou infirmar, através da declaração apresentada pelo contribuinte, o apuramento efectuado, nos termos dos artigos 26.º, n.º 1 e 27.º, todos do CCI. Neste processo, tem-se em vista a determinação do lucro (real efectivo), objecto de incidência, com base na contabilidade do contribuinte – capaz de dar a conhecer a situação líquida e patrimonial da empresa –, através da qual é possível verificar o saldo de conta, confrontando os ganhos (de acordo com o artigo 12.º, onde está apresentada um leque de rendimentos considerados pela lei como tais) e os custos (elemento negativo do lucro).

Estamos perante um *conceito contabilístico de lucro* que, a par do *conceito económico* – acréscimo de valores ou utilidades derivados quer da mediação entre a oferta e a procura (actividade comercial), quer da incorporação de novas utilidades (actividade industrial), ambas com fins meramente especulativos –, abarca, também, o *conceito jurídico de lucro*, que supõe uma efectiva realização, revelador de elementos que definem as relações de direito que permitem encarar a sujeição tributária[432]. Em suma, o lucro contabilístico é uma revelação da contabilidade, apresentando-se "suficientemente líquido, coberto e garantido pelo Direito"[433].

O legislador fiscal, quando manda tributar os contribuintes do grupo A pelo lucro real efectivo, como referimos anteriormente, estará com isso a significar que deverá ser determinado com base na diferença entre os proveitos ou ganhos e custos ou perdas, segundo o estabelecido no artigo 11.º, n.º 1 deste Código. Isto é, está a reportar-se justamente ao conceito jurídico-fiscal de lucro, dirigido essencialmente ao saldo da conta de resultados apresentado pela empresa. Esta operação, como é natural, envolve aspectos que se prendem com a qualificação (e não raras vezes correcção) dos elementos fornecidos pela contabilidade do contribuinte.

---

[432] Sobre estes três conceitos de lucros, vide Vítor Faveiro, *Noções fundamentais...*, Vol. II, pp. 524 e ss, principalmente, pp. 526-530. As relações de direito estabelecem-se entre "os comerciantes e as pessoas e coisas em que se consubstanciam as figuras de sujeição e de objecto das relações jurídicas" (p. 528).

[433] Vítor Faveiro, *Noções fundamentais...*, Vol. II, p. 529.530.

Para isso, são os serviços da Administração fiscal chamados a desempenhar tal função, atributiva de poderes, seja de qualificação seja de correcção da matéria colectável, porquanto pode incluir realidades que se situam para além das normas de qualificação de factos tributários e/ou de correcção de dados apresentados pela contabilidade.

Sem embargo de se questionar o poder, assim conferido à Administração fiscal, verifica-se que a preocupação principal é a de conseguir chegar mais próximo possível da realidade apresentada pela contabilidade. Resulta disso que, para utilizar a expressão de VITOR FAVEIRO, "o poder de qualificação ou correcção dos elementos constantes da escrita é uma actividade vinculada ao apuramento e rigoroso respeito pela verdade material, não sendo pois, admissível qualquer poder discricionário", nem "tão-pouco, o por vezes invocado princípio da discricionariedade técnica"[434].

O n.º 2 do mesmo artigo 11.º estabelece que, na impossibilidade de se apurar o lucro real efectivo, será apurado o lucro presumivelmente real. Para isso, a Repartição das Finanças, através do Chefe da mesma, socorrerá de todos os *"suportes documentais do contribuinte e outros elementos de informação"*. Certo é que, da lei, não se pode tirar as circunstâncias que fundamentam tal impossibilidade. Contudo, parece-nos que se trata de dúvidas fundadas, suscitadas pela confrontação entre a escrita/contabilidade e a realidade ou a sua ausência ou ineficiência. Não se trata propriamente de recusar valor a "contabilidade como base indispensável para a tributação dos contribuintes do grupo A da contribuição industrial"[435]. Mas o que se verifica nesta hipótese é tão-somente a preocupação de o lucro tributável reflectir a realidade tal como se apresenta.

No grupo B, estão incluídos os contribuintes, geralmente pequenas empresas, não obrigados a apresentar a declaração (artigo 25.º), pelo que é um elemento ausente na fixação da matéria colectável, razão porque se estabeleceu no artigo 26.º, n.º 2 CCI que: *"Relativamente aos contribuintes do grupo B, o Secretário de Repartição de Finanças fixará a matéria colectável com base nos elementos de que disponha e com observância do disposto no número 3 do artigo 11.º"*. Um dos elementos de que fala o legislador, pensamos nós, é o livro de escrita do contribuinte – na ausên-

---

[434] *Noções fundamentais...*, Vol. II, p. 521.
[435] A propósito da reforma fiscal portuguesa, vide TEIXEIRA RIBEIRO, "A contra-reforma fiscal", in Suplemento ao BCE, Vol. XI, 1968, p. 129.

cia da declaração –, enquanto retrato fiel das operações comerciais e industriais desenvolvidas durante um certo espaço de tempo, normalmente, referenciado ao ano, sem a qual não se conceberia como efectivar a determinação da matéria colectável sem nenhum elemento ligado à actividade do contribuinte.

A lei obriga a que seja observado o disposto no n.º 3 do artigo 11.º que reza o seguinte: *"Relativamente aos contribuintes do grupo B, após consulta ao representante dos contribuintes do sector de actividade na primeira semana do mês de Janeiro, fixar-se-á o lucro que, em condições normais de mercado, poderia ser obtido"*. E acrescenta *"Poderão, porém, ter-se em consideração ao longo do exercício as circunstâncias que afectem excepcionalmente a actividade de cada contribuinte e sejam susceptíveis de produzir um desvio considerável do lucro anual"*. Trata-se de uma forma de obviar os efeitos da dispensa da contabilidade devidamente organizada (ou escritura simplificada).

Não obstante o reconhecimento de que a estrutura económica guineense – cuja organização de produção e comercialização é caracterizada maioritariamente pela existência de pequenas e médias empresas (incluindo as explorações agrícolas), criadoras de uma considerável percentagem de rendimentos – não oferece condições assinaláveis em termos de fornecer a contabilidade/escrita que (melhor) se adeqúe à tributação do lucro real, a técnica usada não nos afigura a mais correcta, pois o legislador fiscal não se dignou precisar os critérios a observar quanto à determinação do *lucro que podia ter obtido o contribuinte*. Esta situação não pode ser interpretada no sentido de sugerir uma actuação arbitrária por parte da Administração fiscal.

Aliás, entendemos que uma coisa é a estrutura que apresenta as nossas empresas, outra coisa é a exigência legal de fornecer critérios que devam fundamentar a actuação da máquina fiscal, chamada a entrar em relação com o contribuinte. Por isso mesmo, razões nomeadamente de justiça e certeza aconselham a adopção de técnicas fiscais suficientemente bem claras, em ordem a evitar o livre arbítrio, na consideração de determinadas circunstâncias como significativas ou não, em termos de influenciar a actividade do contribuinte, atribuindo-as a importância que bem entender na formação do lucro anual.

Enfim, entendemos que esta situação está longe do ideal, uma vez que nos parece que a decisão do Chefe de Repartição de Finanças deve ser baseada em algo que retrate as operações realizadas pelo contribuinte ao longo do exercício anual. No mínimo, a revelação deve ser dada pelos livros de escrita do contribuinte. Trata-se de uma questão de justiça. A tributação deve incidir sobre os lucros efectivamente realizados, naqueles casos em que os contribuintes não são obrigados a possuírem uma contabilidade devidamente organizada ou escrita simplificada.

Em confronto está o interesse do fisco em arrecadar os devidos montantes do imposto provenientes dos lucros efectivamente realizados e o direito do contribuinte em ser tributado de acordo com os lucros obtidos e não com base em qualquer lucro apurado pela Administração fiscal. Por tudo isto, parece-nos que é de todo indispensável que os contribuintes do grupo B possuam, ao menos, uma escrita capaz de reflectir a sua actividade anual, quer comercial quer industrial.

Por outro lado, considerando o intuito personalizante que se pretende conferir ao sistema fiscal, como se sabe, assente no Imposto Complementar, à partida ficaria desvirtuado, uma vez que os rendimentos normais que entram no seu cômputo muito raramente se aproximariam do rendimento real, sustentáculo do modelo de tributação ancorada na capacidade contributiva do contribuinte. Sem embargo desta opção técnica permitir que se adeqúe a tributação à conjuntura económica (prosperidade e depressão) – pois que o *quantum* do imposto a pagar na depressão, em que os lucros se reduzem e aparecem as perdas, não será o mesmo na prosperidade –, na medida em que os sujeitos passivos são tributados pelos rendimentos que podiam ter obtido em condições normais, considerando a situação económica em concreto.

Nesta perspectiva é de reforçar o direito do contribuinte ser tributado pelo lucro que poderia ter obtido durante o exercício, considerando as circunstâncias de laboração. Assim se evita que os contribuintes fiquem à mercê da Administração fiscal, de um lado; e desincentiva a adopção de atitudes de desconfiança e de revolta, propícias à fraude e evasão fiscais[436], de outro.

Por fim, a presunção aqui referida é tão-só de que a empresa podia ter obtido lucro durante o seu exercício. Não diz respeito à determinação do seu montante: parte-se de factos conhecidos para tirar a conclusão de que houve efectivamente lucros, sobre os quais a empresa será tributado.

---

[436] TEIXEIRA RIBEIRO, "*A reforma fiscal*", pp. 5-6.

Para terminar a análise da matéria relativa ao apuramento da matéria colectável, importa fazer considerações sobre as técnicas utilizadas pelo legislador fiscal. Os conceitos técnicos como *"limites... considerados razoáveis"* quanto às despesas consideradas como custos, *"capacidade instalada"* e a *"média normal de rendimento por cada ramo de actividade"*, colocam a questão de saber se se trata de atribuição da discricionariedade de carácter técnico, da qual resulta uma margem de livre decisão não controlável pelo tribunal.

Segundo os ensinamentos de ANDRÉ GONÇALVES PEREIRA, trata-se de qualificar (qualificação jurídica) os factos com recurso a critérios extra-jurídicos (qualificação técnica); sendo que aquela é um aspecto desta[437]. Ora, a qualificação técnica, "implica o uso daquilo que a doutrina italiana apelida de discricionariedade técnica, designação que não pode deixar de considerar-se imprópria, já que a qualificação técnica, como a qualificação jurídica, consiste simplesmente na aplicação das regras da arte, sem que haja qualquer intervenção da vontade do agente, qualquer liberdade na escolha de uma solução, ou seja qualquer discricionariedade". Segundo o mesmo autor, o que acontece nos casos de qualificação técnica e impossibilita a apreciação do tribunal é a circunstância deste lidar com a "técnica jurídica" e não poder "apreciar se as regras de uma ou outra arte foram bem aplicadas, e por isso é definitiva a qualificação operada pelo agente, a quem a lei atribui então a qualidade de perito"[438].

Nisso reside a justificação da impossibilidade da fiscalização contenciosa e não na existência de um qualquer poder discricionário, com o qual não se confunde. Conclui, assim, afirmando que a qualificação jurídica dos pressupostos é uma actividade de interpretação da lei e, por isso, uma actividade vinculada e não discricionária[439], pelo que não há lugar à vontade do agente na consideração de certos factos como integrando os conceitos utilizados pelo legislador, porquanto a interpretação só pode conduzir a um resultado.

Por tudo quanto se disse, manifestamos a nossa adesão a tal posição. Por outro lado, a nossa Lei Fundamental, no seu artigo 32.º permite recor-

---

[437] *Erro e ilegalidade...*, p. 267.

[438] ANDRÉ GONÇALVES PEREIRA, *Erro e ilegalidade...*, p. 268.

[439] ANDRÉ GONÇALVES PEREIRA, *Erro e ilegalidade...*, p. 269. Igualmente podemos encontrar idêntica conclusão em VITOR FAVEIRO, *Noções fundamentais...*, Vol. II, pp. 521--523, em relação aos artigos do Código de Contribuição Industrial portuguesa então em vigor.

rer, de uma forma geral, aos órgãos jurisdicionais contra os actos que violem os direitos reconhecidos pela Constituição e, neste particular, contra os actos definitivos e executórios da Administração fiscal. Esta mesma conclusão é retirada da leitura do artigo 29.º CRGB. Portanto, não é de conceber, em matéria *sub júdice*, qualquer desvio a regra fixada pela Constituição.

Diversamente, ocorre na utilização de conceitos indeterminados como as *"circunstâncias que tenham ocorrido durante o exercício..."*, cujo preenchimento apela à valorização do agente, deixando-lhe uma margem de livre apreciação quanto às suas concretizações, mormente a certificação ou não da existência de factos ou pressupostos que provam as circunstâncias queridas e não fornecidas pela lei. Aqui existe uma vinculação quanto aos factos a apreciar pelo agente que não se confunde com a discricionariedade, pois que a certificação ou não da existência dos factos é unívoca e não admite respostas variadas, porquanto o "agente deve servir-se de critérios puramente naturalísticos, objectivos, e que não visam determinar a idoneidade desses factos a servir como pressupostos, mas unicamente a sua existência material"[440].

9. LIQUIDAÇÃO

Determinada a matéria colectável, isto é, apurados, qualificados e valorados os factos tributários correspondentes ao tipo de incidência real, a operação seguinte visa aplicar as taxas ao resultado; o que se designa por liquidação (em sentido restrito). Mas o acto tributário abrange também, para além destes processos, a aplicação da lei aos factos nela previstos, bem como a declaração dos direitos emergentes para o Estado e o correspondente lado negativo, com a imputação da qualidade de sujeito passivo da obrigação do imposto. Esta imputação só se verifica com o acto da liquidação, normalmente da responsabilidade do mesmo órgão que decidiu a matéria colectável[441].

Ao Chefe de Repartição de Finanças da área fiscal, em que o contribuinte tem o seu domicílio fiscal, compete a liquidação da Contribuição Industrial, sem prejuízo das operações de cálculo se enquadrar no fenó-

---

[440] ANDRÉ GONÇALVES PEREIRA, *Erro e ilegalidade...*, pp. 265-266.
[441] VITOR FAVEIRO, *Noções fundamentais...*, Vol. II, pp. 701 e 702.

meno da autoliquidação. É o que consta do artigo 36.º CCI. Trata-se de uma liquidação definitiva, porque a liquidação provisória cabe aos contribuintes do grupo A, e ocorre com a entrega da declaração modelo 2, altura em que se procede "*ao cálculo do imposto devido... e processarão o respectivo documento de cobrança*", conforme o artigo 39.º do mesmo Código.

Apesar de se fazer alusão somente aos contribuintes obrigados à entrega da declaração modelo 2 – contribuintes com contabilidade devidamente organizada – e, por conseguinte, à obrigação de autoliquidação e processamento de cobrança do imposto devido, sem fazer qualquer referência aos restantes contribuintes, isto é, aqueles que optaram por um regime simplificado de escrituração, obrigados à entrega da declaração de rendimentos modelo 3, entendemos que lhes é aplicável o mesmo preceito. No entanto, resulta que estão dispensados de fazerem acompanhar o referido modelo dos documentos previstos nas als a) a g) do n.º 1 do mesmo artigo, através da interpretação a *contrario sensu* do artigo 23.º, *in fine*.

O Código prevê, no artigo 38.º, os prazos para se proceder às operações de lançamento e liquidação do imposto devido. Para os contribuintes do grupo A, estas operações deverão ser concluídas até 30 de Junho, conforme se estabelece no n.º 1[442]. Não se respeitando o estabelecido, o n.º 2 impõe a Repartição de Finanças o ónus de notificar os contribuintes de tal facto, indicando o montante do imposto, bem como o prazo de pagamento. Consta ainda, em matéria de prazos, no n.º 3 do mesmo artigo que, se por motivo imputável ao contribuinte, não se proceder à operação de liquidação no prazo legal, à colecta serão acrescidos os juros compensatórios, de taxa igual à que vigora para os juros de mora nas dívidas ao Estado.

Segundo o artigo 40.º, nas operações de lançamento feitas pela Repartição de Finanças – com o objectivo de verificar a veracidade dos cálculos feitos pelos contribuintes do grupo A –, pode haver necessidade de *liquidação adicional*, a fim de se corrigir os erros de facto ou de direito; ou de a*nulação da liquidação*, com base nos mesmos factos, altura em que

---

[442] A anterior redacção era a seguinte: "*As operações de lançamento e liquidação dos grupos A e B deverão estar concluídas durante o mês de Agosto de cada ano, e as do grupo C durante o mês de Fevereiro, não necessitando de ser notificadas ao contribuinte quando concluídas dentro do prazo. Deve proceder ao débito das respectivas importâncias ao Recebedor para cobrança virtual nos meses de Setembro e Março, respectivamente.*"

se processará o conhecimento de cobrança eventual ou o título de anulação do imposto, conforme o caso. Este direito caduca decorridos "*cinco anos seguintes ao ano a que respeitam os rendimentos*", conforme o preceituado no artigo 44.º CCI.

Para os contribuintes do grupo B, as normas de direito processual constam, também, do mesmo artigo 38.º, n.º 1 (os prazos das operações de lançamento e liquidação). Estas operações devem ter lugar até 1 de Março de cada ano. Deve ser notificado o contribuinte do montante de imposto e o respectivo prazo de pagamento, no caso de não se respeitar o preceituado no n.º 1. Quanto à cominação prevista no n.º 3, não se aplica, pois que estas operações cabem única e exclusivamente à Repartição de Finanças. Aliás, é o que se retira das normas de direito processual, artigo 41.º, resultantes da alteração introduzida pelo Decreto n.º 33/93, quando reza a "*Repartição de Finanças calculará o imposto devido pelo contribuinte...*". Por outras palavras, trata-se de uma liquidação definitiva, porquanto o Código não impõe tal dever aos contribuintes do grupo B.

As considerações sobre a liquidação adicional ou anulação oficiosa e caducidade desses direitos previstas nos artigos 40.º e 44.º, feitas a propósito do grupo A da Contribuição Industrial, são aplicáveis, *mutatis mutandis*, aos contribuintes do grupo B, sem embargo de estes não procederem à liquidação provisória.

10. COBRANÇA

A cobrança da Contribuição devida obedece as seguintes modalidades: *virtual* ou *eventual*. Aquela, dá-se quando é a Repartição de Finanças a relacionar previamente os conhecimentos de cobrança e debitá-los ao recebedor, ficando este, após a recepção, responsável perante o Estado pela sua guarda e pela cobrança. Essa responsabilidade cessa com a efectivação do pagamento; emissão do crédito por parte da Repartição de Finanças ou anulação da dívida. Enquanto que esta se verifica quando é o próprio contribuinte que apresenta, no acto de pagamento, o título de cobrança, ou quando é a Repartição de Finanças que o processa, ficando registado em livro próprio e pago no mesmo dia.

Nesses termos, a *cobrança eventual* é própria dos contribuintes do grupo A e verifica-se no dia de apresentação da declaração, pela diferença entre o montante da contribuição liquidada e os pagamentos por cont efectuados, nos termos da al. a), n.º 1, artigo 50.º (devem ser efectuados nos meses de Março, Junho, Setembro e Dezembro de conformidade com o estatuído no n.º 1 e cada pagamento por conta, corresponde a 25% do montante da última contribuição, liquidada à data do início do mês do seu vencimento, segundo o n.º 2 todos do artigo 51.º deste Código). O não pagamento no mesmo dia, considera-se, para todos os efeitos, que não foi entregue a declaração, ficando sujeito às penalidades previstas.

Sem prejuízo do exposto, o comportamento faltoso do contribuinte faz converter a cobrança eventual em virtual, com a Repartição das Finanças a debitar o conhecimento de cobrança ao recebedor para ser pago no prazo de 15 dias seguintes, após o qual se procederá a operação de relaxe para cobrança coerciva (n.º 3). Por outras palavras, dá-se o fenómeno da conversão da cobrança eventual em virtual, por falta do pagamento do título de cobrança, podendo desencadear o fenómeno da execução fiscal.

A obrigatoriedade do pagamento por conta prevista no n.º 1 do artigo 51.º, deixa de existir, segundo o n.º 7, com a cessação da obtenção dos lucros imputáveis às actividades económicas comerciais ou industriais. Refira-se que nasce com o início de actividades e elege como sujeitos passivos todos os contribuintes, pensa-se, do regime normal de tributação, e será apurada com base na contribuição que seria liquidada em condições normais de mercado, conforme manda o n.º 3 do mesmo artigo.

No caso do somatório de o pagamento por conta ser superior ao montante da contribuição liquidada, deverá ser creditado a favor do contribuinte um montante igual a diferença, acrescido de uma remuneração idêntica à dos juros compensatórios liquidados a favor do Estado. Ou seja, o Código prevê, no n.º 6 do artigo 51.º, o reembolso e compensação aos contribuintes pelo montante arrecado indevidamente pelo fisco.

Pelo artigo 11.º da Lei n.º 7/97[443] – Lei de Orçamento Geral do Estado –, publicada em Suplemento ao BO n.º 48/97, de 2 de Dezembro,

---

[443] Reza o artigo 11.º (*Contribuição Industrial*) da LOGE: "*É aditado ao Código da Contribuição Industrial o artigo 51.º-A, com a seguinte redacção:*
1. As entidades referidas no n.º 4, que efectuem pagamentos a sujeitos passivos residentes, decorrentes de contratos de bens e prestação de serviços, devem proceder à retenção sobre o valor de cada pagamento, à taxa de 3%.
2. A retenção efectuar-se-á sobre quaisquer contratos de bens e serviços, quer se trate de concursos públicos quer de aquisições directas, entre os quais os decorrentes de:
a) Empreitadas de obras públicas e construção civil e prestação de serviços conexos;
b) Transportes; c) Actividades de reparação ou restauração de máquinas, instrumentos

foi aditado o artigo 51.º-A da Contribuição Industrial. O seu n.º 1 impõe a obrigatoriedade às entidades (que constam do n.º 4 e são as seguintes: *"para além dos organismos da Administração Central e Local do Estado e Institutos Públicos, as missões diplomáticas e consulares, os organismos internacionais, as organizações não governamentais, as empresas públicas e as associações e fundações de direito público ou reconhecidas como tal"*) que efectuem pagamentos a sujeitos passivos residentes, decorrentes de contratos de fornecimentos de bens ou prestações de serviços, de reterem 3% sobre o valor de cada pagamento. De acordo com o n.º 2, as importâncias retidas serão entregues na respectiva Repartição de Finanças, mediante guia de modelo B, até ao dia 10 do mês seguinte ao da retenção; e, nos termos do n.º 5 *"constituem um adiantamento por conta da contribuição industrial, aplicando-se, com as devidas adaptações, o disposto no n.º 6 do artigo 51.º deste Código"*, ou seja, as normas relativas ao reembolso e compensação do montante superior ao imposto devido.

Tratando-se dos contribuintes do grupo B, conforme dispõe a al. b) do artigo 50.º, deve a contribuição ser paga, durante os meses de Abril e Outubro, respectivamente, para o primeiro e segundo semestres do ano. No caso de haver lugar a liquidação correctiva, segundo a al. c), o pagamento deverá efectuar-se no mês seguinte ao da liquidação. A cominação prevista no n.º 2 do artigo 50.º não é aplicável aos contribuintes que integram este grupo, em virtude da obrigatoriedade da entrega da declaração de rendimentos, entre nós, somente se verificar em relação aos contribuintes do grupo A.

---

ou outros bens, incluindo as prestações de serviços conexas; d) Actividades de limpeza de serviços públicos, vigilância e segurança; e) Actividades autónomas de intermediação; f) Fornecimentos diversos (alimentação, combustível etc. ...).

3. As importâncias retidas devem ser entregues na respectiva Repartição de Finanças, mediante guia de modelo B, até ao dia 10 do mês seguinte ao da retenção.

4. As entidades a que se refere o n.º 1 são, designadamente, para além dos organismos da Administração Central e Local do Estado e Institutos Públicos, as missões diplomáticas e consulares, os organismos internacionais, as organizações não governamentais, as empresas públicas e as associações e fundações de direito público ou reconhecidas como tal.

5. As importâncias retidas constituem um adiantamento por conta da contribuição industrial, aplicando-se, com as devidas adaptações, o disposto no n.º 6 do artigo 51.º deste Código".

Subsecção 2: Regime especial para oJs contribuintes não residentes

O Código reservou todo o Capítulo IV: *regime especial dos contribuintes não residentes*, artigos 45.º a 48.º e também artigo 52.º (incluído no Capítulo VI) às empresas económicas comerciais ou industriais não residentes e sem estabelecimento estável. A sua aferição faz-se de acordo com o tempo de duração da estadia: período inferior a 6 meses por ano. Importa considerar, tal como fizemos para o regime normal, as normas complementares de incidência real e as normas processuais. As primeiras constam do artigo 45.º, nos termos do qual se tributam todos os contribuintes não residentes na Guiné-Bissau, pelas actividades comerciais ou industriais e equiparáveis nela desenvolvidas. A especialidade deste regime verifica-se apenas relativamente à determinação da matéria colectável e à liquidação da contribuição devida.

11. DETERMINAÇÃO DA MATÉRIA COLECTÁVEL

Segundo consta do artigo 47.º do Código, a *"matéria colectável será o volume de negócios calculado pela soma de todas as vendas efectuadas ou receitas de serviços prestados..."*. Isto é, resulta do somatório das vendas dos produtos resultantes da coordenação de factores de produção ou receitas obtidas através das prestações de serviços em moldes empresariais, ou seja, não sujeitas ao Imposto Profissional. No fundo, o que este artigo refere é que são tributados com base nos preços de vendas ou receitas de serviços.

12. LIQUIDAÇÃO

No regime especial dos contribuintes não residentes, de acordo com a *primeira parte* do artigo 47.º, a matéria da liquidação provisória é da competência da entidade que, no país, *"for responsável pelo pagamento dos bens ou serviços"*, isto é, os compradores dos produtos resultantes da combinação dos factores de produção ou os beneficiários de prestações de serviços, realizados segundo o modelo de empresas económicas comerciais ou industriais. Na liquidação, proceder-se-á à dedução do *"montante do imposto a pagar ao contribuinte não residente"*, depois de aplicada, conforme os lucros, uma das taxas previstas nas als. a) a c) do artigo 49.º CIC.

A liquidação definitiva compete à Repartição de Finanças e visa "*corrigir as operações efectuadas...*". É o que dispõe o artigo 48.º, *in fine*. Donde resulta que as operações de aplicação das taxas à matéria colectável – liquidação (em sentido restrito) – são sancionáveis pela Administração fiscal, no sentido de controlar a operação de cálculo do imposto devido pelos contribuintes em relação aos lucros imputáveis às actividades sujeitas à Contribuição Industrial.

13. COBRANÇA

A dedução do montante da Contribuição no acto de pagamento de bens ou serviços aos contribuintes não residentes, nos termos do artigo 48.º, configura o dever de retenção na fonte pelas pessoas responsáveis na Guiné-Bissau, isto é, os compradores de bens ou beneficiários de prestações de serviços.

Segundo o artigo 52.º, n.º 1, o pagamento do imposto devido será efectuado eventualmente pelas entidades responsáveis pela retenção na fonte, no mês seguinte ao do pagamento dos valores sobre os quais incidiu o imposto. No n.º 2, consta que a falta de dedução na fonte torna o contribuinte "*solidariamente responsável pelo seu pagamento perante o Estado*", sem prejuízo de lhe assistir a garantia de recurso gracioso ou contencioso contra a liquidação (artigo 57.º), em prazos a contar, nos termos do artigo 58.º: da data do pagamento eventual ou do primeiro dia de cobrança virtual à boca do cofre [al. a)], ou a partir da notificação para cobrança eventual no caso de se tratar de liquidação feita pela Repartição de Finanças [al. b)] CCI.

Reza o artigo 59.º do CCI que "*as reclamações e recursos terão os efeitos previstos na lei de processo tributário*". E, segundo o artigo 59.º CPT "*a impugnação judicial só poderá ter efeito suspensivo em relação aos actos de execução posteriores à penhora*". Isto é, somente se suspendem os actos de execução da dívida do imposto, depois de apreendidos os bens que por ela respondem. Este preceito, do qual se poderia retirar o privilégio de execução prévia dos actos tributários relativos à penhora, seria contrário ao disposto no artigo 32.º CRGB, que assegura o recurso para os órgãos jurisdicionais contra os actos que violem os direitos dos cidadãos, se não for conjugado com o n.º 2 do artigo 109 do mesmo Código: "*Se a dívida tiver sido objecto de impugnação judicial, no entanto, o processo de execução fiscal suspender-se-à em seguida à citação do executado, devendo prosseguir ou findar logo que transite em julgado a sentença proferida no processo de impugnação*".

O Código, no artigo 65.º, manda punir, com pena de multa igual ao imposto devido, a falta de pagamento do imposto pelas entidades pagadoras dos valores sobre os quais incidiu a Contribuição: bens e serviços prestados por não residentes. De acordo com o artigo 67.º, tratando-se de sociedades, são solidariamente responsáveis pelo pagamento de multa, relativamente às infracções cometidas durante o período de administração ou gerência, os sócios-administradores ou sócios-gerentes, sem prejuízo da comunicação ao Ministro da tutela, a fim de iniciar o procedimento disciplinar, como se estabelece no artigo 69.º (este preceito só faz sentido tratando-se de empresas de capitais públicos). Segundo o artigo 68.º, o pagamento espontâneo da multa beneficia o infractor, ou seja, há uma redução em 50% do valor fixado.

SECÇÃO III

CONTRIBUIÇÃO PREDIAL URBANA

1. CARACTERIZAÇÃO GERAL

A Contribuição Predial Urbana é um dos tipos de impostos parcelares que constituem o conjunto de impostos presentes no Sistema Fiscal guineense. Tal como vimos, a sua origem remonta à colonização portuguesa na então Guiné-Portuguesa, actual República da Guiné-Bissau, regulada pelo Regulamento da Contribuição Predial Urbana, aprovado pelo Diploma Legislativo n.º 1376, de 8 de Dezembro de 1946. No período do pós-independência do país, a primeira alteração que sofreu resulta do Decreto n.º 31/75, de 21 de Maio[444], publicado em BO n.º 21, de 24 de Maio, do mesmo ano.

O actual Código da Contribuição Predial Urbana, a seguir CCPU, foi aprovado pelo Decreto n.º 5/84, de 3 de Março, publicado em Suplemento

---

[444] Basicamente as alterações dirigem-se às matérias de isenções (art. 3.º) e taxas (art. 7.º).

ao BO n.º 9 da mesma data. Com a entrada em vigor deste diploma, foram "*revogados o Diploma Legislativo n.º 1376 de 18 de Dezembro de 1946*", sucessivamente revisto, bem como o "*Decreto n.º 43/75, na parte em que prevê a sujeição dos rendimentos de prédios urbanos ao Imposto de Reconstrução Nacional*", ao mesmo tempo que eram "*abolidos todos os selos sobre conhecimentos de cobrança da Contribuição Predial*". Assim rezam, respectivamente, os artigos 3.º e 4.º deste diploma.

Embora não sendo muito significativo em termos de receitas fiscais, torna-se importante no conjunto do nosso Sistema Fiscal, porquanto incide sobre uma das manifestações dos factores de produção: o rendimento produzido pela propriedade imobiliária urbana. Reconhece-se, no entanto, o grande mal associado a este tipo de imposto: a organização do cadastro...

Ao longo da sua vigência, o CCPU conheceu algumas alterações, com o objectivo de melhor se adaptar ao sistema. Entre as alterações mais salientes temos as introduzidas pelos Decretos 43/88, de 15 de Novembro[445], e 34/93, de 10 de Agosto[446], publicados, respectivamente, no BO n.º 46, e em Suplemento ao BO n.º 32, das respectivas datas.

Em matéria da caracterização dos aspectos jurídico e técnico, importa dizer que a Contribuição Predial Urbana é um imposto real, ou seja, tributa o valor da utilidade do prédio urbano susceptível de ser fruída por qualquer pessoa, cuja expressão se traduza numa renda efectiva ou potencial. Para efeitos fiscais, é indiferente a qualidade da pessoa que aufere tal utilidade, o sujeito passivo da obrigação do imposto, podendo ser o proprietário, possuidor ou usufrutuário. Também é um imposto parcelar, por se tratar apenas de uma parte da tributação – e não da tributação global de todo o rendimento auferido –, tal como se verifica em relação ao Imposto Profissional e à Contribuição Industrial.

---

[445] Por este Decreto, introduziram-se alterações que visam principalmente a adopção de mecanismos expeditos que permitam proceder à inscrição na matriz predial, bem como à simplificação do formalismo inerente aos contratos de arrendamento. Por outro lado, pretendeu-se que, através das alterações introduzidas, fossem fomentadas a construção de prédios urbanos para habitação. Para isso, foram criadas novas escalões de taxas.

[446] As alterações referem-se às seguintes matérias: avaliação e inscrição (art. 13.º, n.º 1); determinação do rendimento colectável [art. 16.º, al. b)]; comunicação da alteração das rendas, celebração de novos contratos ou sua cessação (art. 18.º, n.º 2); cobrança (art. 28.º, n.º 1); multa (art. 40.º); fiscalização pelo Notário (art. 46.º) e colaboração da Câmara Municipal e Comités de Estado das Regiões (art. 47.º).

Na actualidade, em relação aos rendimentos provenientes da Contribuição Predial Urbana, não ocorre o fenómeno da sobreposição – diferente dos rendimentos provenientes de outros impostos cedulares ou parcelares, caso de Imposto Profissional; Contribuição Industrial e Imposto de Capitais –, porquanto não são englobados nos rendimentos sujeitos ao Imposto Complementar, em virtude do artigo 17.º da Lei de Orçamento Geral de Estado para o ano de 1996.

Por último, trata-se de uma contribuição periódica, porque sujeita ao regime de anualidade, expressão da incidência objectiva do rendimento produzido pelo prédio urbano, enquanto factor capital de produção, no período de um ano ou fracção.

2. OBJECTO MEDIATO

O objecto mediato da Contribuição Predial Urbana está previsto no artigo 1.º CCPU, que reza o seguinte: *"A Contribuição Predial Urbana é um imposto directo que incide sobre o rendimento de prédios urbanos no território do Estado da Guiné-Bissau"*. Mais uma vez, fica aqui expressa a importância do lugar – elemento de conexão –, circunstância objectiva da situação de bens, atributiva da competência para a organização das matrizes e processo de liquidação. Trata-se do princípio da «*lex rei sitae*», segundo o qual os rendimentos produzidos pelos bens imóveis, os prédios urbanos, devem ser tributados no espaço de território onde se situam.

Para efeitos deste imposto, o conceito jurídico de rendimento de prédio urbano consta do artigo 2.º, n.º 1 que estabelece o seguinte: *"Considera-se rendimento dos prédios urbanos a respectiva renda, quando arrendados e a equivalente utilidade que deles usufrua ou possa usufruir o titular do seu uso e fruição quando não arrendados"*.

A par destas normas, o legislador fiscal consagrou as normas de não incidência ou exclusão no artigo 3.º para os *"prédios afectos a uma actividade cujo rendimento esteja sujeito à Contribuição Industrial ou outro tipo de imposto directo cedular sobre o rendimento de que seja sujeito passivo o titular do rendimento predial"*. Esta norma pode ser subdividida em duas partes. A primeira, os *"...prédios afectos a uma actividade cujo rendimento esteja sujeito a Contribuição Industrial"*, pretende significar que, quando a actividade comercial ou industrial é exercida pelo próprio proprietário, possuidor ou usufrutuário do prédio, sem contrapartida traduzida em renda, o rendimento do prédio urbano não integra o conceito de rendimento sujeito à Contribuição Predial Urbana, porquanto é considerado um factor de produção no exercício destas actividades: o rendimento do prédio urbano não constitui um rendimento autónomo[447].

Enquanto que a segunda parte "...*outro imposto directo, cedular sobre o rendimento de que seja sujeito passivo o titular do rendimento predial*", afasta da incidência real desta Contribuição, nomeadamente, os rendimentos sujeitos ao Imposto Profissional, a fim de se evitar a dupla de tributação nas mãos do mesmo titular. É o caso, por exemplo, do advogado; médico; consultor... que afecta o seu prédio ao exercício da sua actividade profissional, submetendo-se, desde logo, à incidência do Imposto Profissional.

No artigo 4.º, n.ºs 1 e 2 CCPU[448], figura o conceito fiscal do prédio urbano. Neste conceito, constam os seguintes elementos[449]: *material,* significando qualquer construção ainda que amovível assente no solo com carácter permanente e fracção de solo não destinada à agricultura, bem como as suas partes integrantes que, não gozando de autonomia económica, formam com o prédio uma unidade de utilização, designadamente os quintais, hortas, pátios, jardins e recintos de recreio; *jurídico,* expressando o carácter patrimonial desta construção e fracção de solo, objecto de propriedade por parte de pessoas singulares ou colectivas. Por fim, um outro elemento que integra o tal conceito é o *económico,* ou seja, a susceptibilidade de produzir rendimentos.

Ainda, em relação ao mesmo n.º 1 do artigo 4.º, a referência "*e bem assim qualquer fracção de solo que, não estando destinada à agricultura...*", permite distinguir os prédios urbanos dos não urbanos ou rústicos, destinados à agricultura, *rectius* exploração agrícola, silvícola ou pecuá-

---

[447] VITOR FAVEIRO, *Noções fundamentais...,* Vol. II, pp. 391-392.

[448] O artigo 4.º CCPU reza: "*1. Para efeitos de Contribuição Predial considera-se prédio urbano toda e qualquer construção ainda que amovível assente no solo com carácter permanente e por um período de tempo superior a 6 meses, e bem assim qualquer fracção de solo que, não estando destinada à agricultura, seja susceptível de produzir rendimento pela afectação a qualquer outro fim. Consideram-se ainda como prédios as fracções autónomas dos prédios urbanos em regime de propriedade horizontal.*

2. Consideram-se parte integrante dos prédios urbanos as partes de solo que, não gozando de autonomia económica, constituem com os mesmos uma unidade de utilização, designadamente os quintais, hortas, pátios, jardins, recintos de recreio e outras."

[449] Sobre estes elementos, vide VITOR FAVEIRO, *Noções fundamentais...,* Vol. II, pp. 392-394.

ria. Nesta última situação, os rendimentos produzidos não se sujeitam à Contribuição Predial Urbana, pois que estão sob domínio da Contribuição Predial Rústica, regulada pelo Diploma Legislativo n.º 1752, de 8 de Maio de 1961, alterado pelo Diploma Legislativo n.º 1885, de 30 de Junho de 1967. Diga-se que este imposto entrou em desuso, pelo que não o incluímos no nosso estudo.

O regime de anualidade da Contribuição Predial Urbana, enquanto expressão da periodicidade que a caracteriza, no sentido de que os prédios urbanos, enquanto capital, são susceptíveis de produzirem rendimentos em regime de continuidade, exprime, assim, a base de incidência objectiva do rendimento reportado a cada ano ou fracção, em coordenação com o princípio de vigência anual do orçamento[450]. No caso de se verificar a transmissão da propriedade ou do direito ao rendimento dos prédios urbanos, no decurso do ano fiscal, a liquidação será feita, em conformidade com o artigo 24.º, n.º 1, em nome do adquirente, se a transmissão ocorrer durante o primeiro semestre, e em nome do transmitente, se ocorrer no segundo semestre.

Segundo o artigo 18.º, n.º 3, tratando-se de prédios devolutos, não lhes será atribuído qualquer rendimento ou utilidade, para efeitos fiscais, nos primeiros 60 dias em que se encontrem nesta situação; a partir desse período, há uma presunção (ilidível de acordo com o n.º 4), para efeitos de liquidação, de que o prédio produziu um rendimento igual à última renda anual convencionada. No caso da sua inexistência aplicar-se-á o valor da utilidade correspondente, que será determinada por avaliação, devendo ser considerada a sua localização, as suas características e 2/3 das rendas praticadas no mesmo local para prédios equiparáveis. É o que consta da actual redacção da al. b) do artigo 16.º[451], aplicável por força do artigo 18.º, n.º 3, *in fine*.

Sem embargo, consta do n.º 4 do mesmo artigo que a "*presunção referida no número anterior não subsistirá se o contribuinte fizer prova de*

---

[450] VITOR FAVEIRO, *Noções fundamentais...*, p. 388.

[451] A redacção primitiva desta alínea constava do Decreto n.º 5/84: "*Tratando-se de prédios não arrendados o valor da utilidade correspondente será o que, nas condições normais do mercado, seria possível obter se estivesse arrendado. Para determinar esse valor, levar-se-á em consideração a localização do prédio, as suas características, e o nível de rendas praticadas no mesmo local para prédios equiparáveis*". Havia como que um apelo à conjuntura de funcionamento do mercado.

que, apesar de o prédio ter estado disponível, não foi possível arrendá-lo. Neste caso não será atribuído ao prédio qualquer rendimento até um período máximo de devolução de 180 dias". Ou seja, ao proprietário é facultado um meio de reacção – em consonância com a ideia do Estado de Direito, *maxime* do respeito pelo princípio do contraditório –, a fim de provar que, apesar da disponibilidade do prédio, não foi possível arrendá-lo, por facto que não lhe é imputável. Assim sendo, ao prédio urbano não é atribuído nenhum rendimento até o fim do período considerado, findo o qual se considera, para efeitos de liquidação, o rendimento apurado pela Comissão de Avaliação, sujeito a actualização por iniciativa do contribuinte ou do Secretário da Repartição de Finanças, como se pode concluir pelo n.º 5 do mesmo artigo 18.º CCPU.

Tratando-se de prédios parcialmente arrendados, os critérios a seguir são os que constam do artigo 16.º, al. c), um misto de regras de prédios arrendados, em que se considera a renda efectiva dos prédios arrendados, e do valor da utilidade correspondente dos prédios não arrendados. Desta mistura de regras se consegue o rendimento anual.

Relativamente aos prédios urbanos novos – para além da obrigação de apresentação da declaração modelo 1, para efeitos de avaliação e inscrição, que impende sobre os seus proprietários, constante do artigo 13.º, n.º 1 – gozam de isenções temporárias, durante 10 anos, quando destinados à habitação do seu proprietário ou arrendado, se o seu valor locativo situar entre um montante mínimo e máximo por ano, nos termos do artigo 9.º, n.º 1, als. a) e b). Decorrido o prazo de isenção, os seus rendimentos ficam sujeitos à incidência conforme a lei.

3. INCIDÊNCIA REAL

Na Contribuição Predial Urbana distinguem-se dois tipos de incidência real. A primeira prende-se com o rendimento efectivo, expresso pela renda produzida anualmente, conforme se infere do artigo 2.º, *primeira parte*, cujas normas complementares constam do artigo 16.º, al. a). O valor locativo é considerado como correspondente à renda efectivamente recebida pelo proprietário, "*entendendo-se como tal toda a retribuição, em dinheiro ou em espécie, que o proprietário ou titular do rendimento receba anualmente pelo arrendamento, deduzido de uma percentagem para despesas de conservação e administração a fixar pela Comissão de avaliação com o limite máximo de 25%*". O conceito de renda adoptado pelo legislador fiscal vê-se não somente expressa em termos monetários, mas também, referenciado a uma retribuição em espécie, como por exemplo, os géneros alimentares; prestação de trabalho ou trabalho subordinado; etc.

De acordo com a al. c) do mesmo artigo 16.º, para os prédios urbanos parcialmente arrendados ou semi-arrendados, o valor será o resultado da conjugação dos critérios dos prédios urbanos arrendados em regime da liberdade contratual, a renda efectiva, com os critérios dos prédios urbanos não arrendados, o valor da utilidade correspondente, cuja determinação será por avaliação, devendo respeitar a localização do prédio em si mesma, as suas características e 2/3 das rendas praticadas no mesmo local para prédios equiparáveis. Ou seja, a determinação do valor da utilidade correspondente dos prédios não arrendados far-se-á, em parte, em comparação com outros prédios arrendados situados no mesmo local.

O Código refere a situação de subarrendamento ou cessão de prédios urbanos arrendados no n.º 3 do artigo 5.º, na qual se toma, também, como sujeito passivo da obrigação de imposto não só o proprietário, mas também o subarrendatário, pela diferença (naturalmente positiva) que obtém entre a renda paga ao proprietário e a recebida com o subarrendamento.

Outro tipo de incidência real é o rendimento normal dos prédios urbanos não arrendados, o valor da utilidade correspondente. Remete-se para o que se acabou de dizer, a propósito do regime misto relativo aos prédios urbanos parcialmente arrendados, no tangente aos critérios de determinação do valor da utilidade correspondente dos prédios urbanos não arrendados, aplicáveis por força do artigo 16.º, al. c). No Código, não se previu para os mesmos nenhuma dedução. A nosso ver, incompreensivelmente: ou não são tributados, porque não auferem rendas; ou são pela utilidade gerada e, neste caso, parece-nos lógico permitir deduzir as despesas relativas à conservação e administração. Aqui, por maioria de razão se justifica a dedução.

Para além destes dois tipos de incidência real, excluem-se da incidência desta contribuição os prédios devolutos. A justificação desta atitude legislativa prende-se com a não produção de qualquer rendimento, enquanto durar a devolução, contra a vontade do titular de direito de propriedade, desde que, também, não os ocupa. Assim, estabeleceu-se no artigo 18.º, n.º 3, o seguinte regime: nos primeiros 60 dias não será atribuído ao prédio devoluto qualquer rendimento ou utilidade, findos os quais se presume que produziu um rendimento igual à última renda convencionada; como se disse supra, trata-se de uma presunção ilidível nos termos do n.º 4 do mesmo artigo.

Importa referir um aspecto muito importante, que respeita à função da matriz predial urbana[452], em matéria da incidência real. Convém dizer que a sua função varia, essencialmente, conforme se trata de prédios urbanos arrendados ou de prédios urbanos não arrendados. Nos primeiros, note-se que a base de incidência real é a renda efectiva auferida pelo proprietário do prédio urbano; por isso, a matriz predial mais não tem a função de servir de controlo da renda apresentada na declaração de rendimentos. Enquanto que, para os prédios não arrendados, constitui verda-

---

[452] Reza o artigo 11.º CCPU relativo à determinação da matéria colectável:
"1. Todos os prédios urbanos serão inscritos em verbetes de matriz que constituirão o tombo dos prédios da Guiné-Bissau para efeitos fiscais. O conjunto dos verbetes, certificados nos termos do n.º 3 deste artigo designa-se por matriz Predial Urbana.

2. Os verbetes de matriz modelo 2, anexo a este Código, conterão o número de matriz que será constituído por três dígitos, como se indica: a) Uma série de dois dígitos, que identificará a região administrativa do prédio; b) Uma série de dois dígitos que identificará, dentro de cada região, o respectivo sector; c) Uma série de cinco dígitos que identificará, dentro de cada sector, o prédio.

3. Os verbetes serão devidamente arquivados nas Repartições de Finanças das áreas fiscais onde se situam os prédios. O Secretário de Finanças certificará, anualmente, em Janeiro, em impressos do modelo-3, anexo a este Código, o número de verbetes de matriz de cada Sector, arquivando a certidão conjuntamente com os verbetes.

4. Nos Serviços Centrais da Administração Fiscal haverá um exemplar de cada verbete de matriz e bem assim um exemplar de todas as certidões referidas no número anterior.

5. Quando se deva operar qualquer alteração nos elementos constantes do verbete de matriz, processar-se-á um novo verbete com numeração sequencial que indique tratar-se da continuação de verbete anterior. Todas as alterações serão feitas igualmente no exemplar existente nos Serviços Centrais da Administração Fiscal.

6. Os contribuintes deverão solicitar às Repartições de Finanças da área fiscal onde se situam os prédios, um exemplar do verbete da matriz de cada prédio de que sejam proprietários. O verbete, assinado e autenticado pelo Secretário da Repartição de Finanças, constitui documento autêntico relativamente aos elementos nela constantes, desde que emitido ou visado há menos de um ano.

7. A inscrição dum prédio na matriz em nome de determinada pessoa não constitui, no entanto, prova ou presunção de propriedade para efeitos não fiscais."

Uma observação atenta do disposto neste artigo, sobretudo no n.º 5, leva-nos a reafirmar que há toda uma necessidade de informatização dos serviços da Administração fiscal em geral.

deiro instrumento que dá a conhecer os factos tributáveis que servem de base à liquidação, sem necessidade ou admissibilidade da declaração de rendimentos dos contribuintes[453].

4. SUJEIÇÃO PESSOAL

Sendo a Contribuição Predial Urbana um imposto real sobre a renda ou utilidade correspondente, a qualidade de sujeito passivo da obrigação do imposto está destituída de relevo em termos de causa constitutiva de direito e obrigação, pois o que interessa é quem, de facto, aufere os rendimentos produzidos pelos prédios urbanos, sendo irrelevante se é ou não o próprio proprietário. É, também, indiferente que seja uma pessoa singular ou colectiva[454]. O importante é que seja titular de rendimentos ou utilidades gerados por prédios urbanos.

Segundo o artigo 5.º, n.º 1, do Código, os sujeitos passivos são os *"titulares do rendimento dos prédios, presumindo-se como tais as pessoas em nome de quem se encontram inscritos na matriz ou que estejam na sua posse efectiva"*. Resulta deste número a eleição à categoria de sujeição pessoal o titular do direito ao rendimento produzido pelo prédio urbano e não o titular do direito de propriedade. Prova disso é a presunção ilidível que se estabeleceu no corpo do artigo, pois pode não haver coincidência entre a pessoa titular do rendimento e a pessoa cujo nome figura na matriz predial ou tenha a posse efectiva. Nesta perspectiva, ainda que a Contribuição seja liquidada em nome da pessoa que figura na matriz, a responsabilidade do imposto é apenas do titular do rendimento gerado pelo prédio urbano. Em suma, conclui-se que a qualidade de sujeito passivo da obrigação de imposto é imputável ao titular do rendimento dos prédios urbanos.

Por vezes, acontece que, no mesmo prédio, é possível encontrar não um, mas vários titulares de rendimento, ou a existência de diferentes direitos na titularidade de pessoas diversas (a situação da contitularidade do direito a rendimentos, designada por compropriedade, ou a existência de direitos de propriedade, uso ou fruição, cujos títulos não pertencem à mesma pessoa). Em todas estas situações, cada titular do direito responde

---

[453] VITOR FAVEIRO, *Noções fundamentais...*, Vol. II, p. 406.
[454] VITOR FAVEIRO, *Noções fundamentais...*, Vol. II, pp. 406-407.

apenas pelo rendimento que aufere. É o que dispõe o n.º 2 do mesmo artigo 5.º CCPU[455].

Diga-se que o Código consagrou ainda a possibilidade de outras pessoas serem sujeitos passivos da relação jurídico-fiscal deste imposto. Estamos a referir-nos nomeadamente, à figura do subarrendatário, prevista no n.º 3 do mesmo artigo 5.º, pela renda superior que recebe relativamente à paga pelo arrendamento. Em conclusão, a titularidade do direito ao rendimento, de acordo com as respectivas figuras, assiste, respectivamente, ao senhorio (aqui inclui-se tanto o proprietário como o comproprietário), no contrato de arrendamento, e ao subarrendatário, no caso de haver subarrendamento, no respeitante à diferença ou excesso entre o que recebe e paga ao senhorio.

5. ISENÇÕES

As isenções previstas no CCPU justificam-se pelo importante papel dos prédios urbanos na vida económica e social em geral, como elementos essenciais do direito à habitação, uma necessidade inerente à própria pessoa humana, bem como pela afectação que lhes são dados com projecções a todo o nível pensável para o homem. Deste modo se estabelecem isenções de natureza quer pessoal quer real.

A começar pelas isenções de natureza real, temos uma lista considerável de prédios cujos destinos são os mais variados, desde os monumentos nacionais, as igrejas, mesquitas, cemitérios e construções neles existentes, as escolas, os hospitais,... todos isentos da Contribuição Predial Urbana, nos termos do artigo 6.º do Código. Outrossim, segundo o ar-

---

[455] Reza o artigo 5.º CCPU: *"1. São sujeitos passivos da Contribuição Predial Urbana os titulares do rendimento dos prédios, presumindo-se como tais as pessoas em nome de quem se encontram inscritos na matriz ou que estejam na sua posse efectiva.*

2. No caso de compropriedade ou de existência de diferentes direitos na titularidade de pessoas diversas, cada comproprietário ou titular será sujeito passivo da Contribuição Predial Urbana correspondente ao rendimento a que tem direito.

3. No caso de subarrendamento são igualmente sujeitos passivos da Contribuição Predial Urbana os arrendatários que recebem pelo subarrendamento renda superior à que pagam pelo arrendamento.

4. A presunção referida no n.º 1 deste artigo é ilidível, em processo de reclamação administrativa ou impugnação judicial da liquidação da Contribuição Predial Urbana a que se refere o artigo 36.º".

tigo 8.º, isenta-se o mínimo de rendimento até 120.000 PG (este valor deve ser referenciado ao F. CFA, à taxa de F.CFA = 65 PG) por ano. Dir-se-ia que estas são isenções reais permanentes.

As isenções de natureza real, mas temporárias, por um prazo de 10 anos, estão previstas no artigo 9.º para os prédios de construção definitiva, destinados à habitação dos seus proprietários ou à habitação, desde que o seu valor locativo exceda 240.000 PG e não seja superior a 600.000 PG por ano [respectivamente, as al. a) e b) do n.º 1]. Estes limites são fixados anualmente por despacho conjunto dos Ministros das Finanças e do Equipamento Social, segundo o n.º 2 do mesmo artigo.

Consta do n.º 3 do artigo 9.º que as isenções temporárias devem ser requeridas no prazo de 90 dias a contar da data de emissão de licença de habitação ou de ocupação, ou da data de ocupação efectiva quando anterior àquela. O período de isenção começa a contar precisamente a partir das respectivas datas, terminando no décimo ano subsequente. Refira-se ainda a manutenção, a partir da entrada em vigor deste Código, das isenções estabelecidas em contratos celebrados entre o Estado da Guiné-Bissau e quaisquer entidades; por outro lado, quaisquer outras isenções a celebrar contratualmente necessitam previamente do despacho conjunto do Ministro das Finanças e do titular do departamento estadual contratante. São as disposições, respectivamente, dos n.ºs 1 e 2 do artigo 10.º, que tivemos ocasião de comentar no Título II, Secção I.

Por sua vez, a matéria das isenções de natureza pessoal está prevista no artigo 7.º CCPU. Neste, há um elenco de pessoas colectivas de direito público ou privado beneficiário das mesmas. Ou seja, o critério seguido pelo legislador fiscal assenta na qualidade destas pessoas. Não nos preocupamos com a reprodução aqui neste trabalho destas entidades. Apenas fazemos um reparo relativamente às isenções previstas na al. b): *"O PAIGC e as Organizações de Massas: UDEMU, UNTG, JACC, OPAD"*. Tivemos já ocasião de manifestar a nossa opinião quanto à actualidade desta norma fiscal de isenção, a propósito da Contribuição Industrial, na Secção II, ponto 4.

Para terminar as isenções pessoais, refira-se que, segundo o n.º 2 do artigo 7.º, estas são oficiosamente reconhecidas pela Administração fiscal, bastando tão-só que os prédios sejam inscritos na matriz em nome das entidades mencionadas nas al. a) a g) do n.º 1 do mesmo artigo. São isenções automáticas, não carecendo de qualquer intermediação de actos ou contratos administrativos com incidência fiscal para a sua efectivação.

6. DETERMINAÇÃO DA MATÉRIA COLECTÁVEL

No regime da Contribuição Predial Urbana, referimos, quanto aos prédios arrendados que a matéria colectável deve incidir sobre as rendas efectivamente recebidas em cada ano, deduzida a percentagem, nunca superior a 25%, para a conservação e administração dos mesmos, conforme o artigo 16.º, al. a). Este artigo, apesar de formalmente integrar a matéria da determinação da matéria colectável, contém preceitos relativos às normas substantivas complementares de incidência real.

Igualmente dissemos, para os prédios não arrendados, que a matéria colectável é constituída pelo valor da utilidade correspondente, avaliável segundo as regras do artigo 16.º, al. b). Por outro lado, acrescentámos que, em nosso entender, se justifica que, do valor locativo apurado para estes prédios, sejam deduzidas as mesmas percentagens necessárias para assegurar as despesas de conservação e administração. Tratando-se de prédios parcialmente arrendados, conforme a al. c), a matéria colectável será apurada com base num misto de critérios dos prédios urbanos arrendados – rendas efectivamente recebidas – e dos não arrendados – o valor da utilidade correspondente.

Os proprietários de prédios novos, reparados ou ampliados, devem apresentar, no prazo de 30 dias, contados a partir da conclusão da obra ou sua utilização, na Repartição das Finanças da área fiscal, uma declaração do modelo 1 em triplicado, para efeitos de avaliação e inscrição do rendimento na matriz predial. É o que consta do artigo 13.º, n.º 1, deste Código. Pensa-se que, com base na avaliação efectuada, se procederá à fixação do rendimento colectável para estes tipos de prédios.

Em conclusão, quanto às normas substantivas complementares das normas de incidência real, elas constam das al. a), b) e c) do artigo 16.º, respectivamente para os prédios urbanos arrendados, não arrendados e parcialmente arrendados. Quanto aos prédios novos, estão temporariamente isentos de imposições, nos termos do artigo 9.º, como forma de incentivar a construção de prédios para habitação, findo o período de isenção submetem-se às normas de incidência geral de acordo com a situação em concreto: prédio arrendado; não arrendado ou parcialmente arrendado.

Já no que toca às normas processuais de determinação da matéria colectável, temos a obrigatoriedade de inscrição em verbetes para a elaboração da matriz predial (artigo 11.º), da competência da Comissão de Avaliação, a quem cabe a *"determinação do rendimento colectável dos prédios*" (artigo 12.º) e a obrigatoriedade da declaração de rendimentos para os prédios urbanos novos, reparados ou ampliados, de acordo com o artigo 13.º, n.º 1 todos do CCPU.

No registo onomástico dos proprietários ou titulares dos rendimentos dos prédios urbanos, deve constar o registo e o respectivo rendimento colectável. Um dos exemplares dos verbetes modelo 4, arquivado na Repartição das Finanças, destina-se a escriturar as operações de lançamento e liquidação, conforme o artigo 15.º, *idem*. Assim, o rendimento colectável a inscrever nos verbetes obedece os critérios definidos no artigo 16.º, devendo, de acordo com a al. d), ser tomado em consideração o rendimento ou utilidade das partes integrantes dos prédios e dos logradouros, jardins ou outros espaços dependentes. Desse resultado são notificados, pelo Secretário da Repartição de Finanças, os proprietários ou titulares de rendimentos, para efeito, se necessário for, de requerem no prazo de 15 dias a contar da notificação uma segunda avaliação a ser levada a cabo por uma Comissão de Recurso, cuja decisão, por maioria, é definitiva e insusceptível de recurso, nos termos, respectivamente, dos n.º 1 a 3 do artigo 17.º[456].

As avaliações[457] consubstanciam os actos administrativos de arbitramento da matéria colectável. Elas visam a comprovação das realidades que sustentaram o seu apuramento, bem como a atribuição de um valor ao

---

[456] Reza o artigo 17.º do Código da Contribuição Predial Urbana:

"*1. Os proprietários ou titulares do rendimento dos prédios deverão ser notificados pelo Secretário da Repartição de Finanças do rendimento determinado pela Comissão de Avaliação podendo requerer segunda avaliação no prazo de 15 dias a contar da data de notificação.*

2. A segunda avaliação será levada a efeito por uma Comissão de Recurso de avaliação composta por um membro designado pelo Ministro das finanças, um delegado do contribuinte, por este indicado na petição da segunda avaliação, e um terceiro escolhido por acordo dos dois referidos membros, e na falta de acordo o terceiro membro será designado pelo Presidente do Supremo Tribunal de Justiça.

3. A Comissão referida no número anterior decidirá definitivamente, por maioria, não cabendo recurso das suas decisões."

Apenas uma precisão quanto ao n.º 3 deste artigo: a recusa de um meio de garantia aos particulares-contribuintes, para reagirem contra o acto administrativo fiscal que decide definitivamente a sua situação perante a Administração fiscal é apenas em relação ao recurso gracioso e não contencioso, pois, nesta última situação, estaria a norma fiscal a violar o disposto no artigo 32.º CRGB, e, nessa medida, seria inconstitucional.

[457] Para mais desenvolvimentos desta matéria, vide VITOR FAVEIRO, *Noções fundamentais...*, Vol. II, pp. 418-421.

prédio urbano, o valor locativo, a inscrever na matriz (documento que contém elementos relativos aos prédios e tem a natureza de documento autêntico, segundo o artigo 11.º, n.º 6) tanto dos prédios arrendados como dos não arrendados, com a diferença de desempenhar, nos primeiros, a função de controlo das rendas declaradas pelos titulares de rendimentos resultantes de contratos de arrendamento.

É de concluir, em face de tudo o que vimos de expor, que não existe diferença na determinação da matéria colectável dos rendimentos de prédios arrendados, não arrendados ou parcialmente arrendados. São todos determinados pela Comissão de Avaliação.

Pergunta-se qual a importância da declaração de rendimento do contribuinte no regime dos prédios urbanos arrendados no processo de determinação da matéria colectável. É que não se faz referência a tal declaração. Cremos que a exigência dos artigos 18.º, n.º 1[458] quanto à actualização anual, durante o mês de Janeiro, das alterações ocorridas nos elementos relativos aos prédios no ano transacto não se confunde com a

---

[458] Reza o artigo 18.º CCPU:"*1. Os elementos relativos ao rendimento dos prédios urbanos constantes dos verbetes referidos nos artigos 11.º e 15.º, deverão ser actualizados anualmente, durante o mês de Janeiro, com as alterações ocorridas durante o ano anterior.*

2. Sem prejuízo da participação do inquilino prevista no artigo 48.º-A, devem os proprietários ou titulares do rendimento dos prédios arrendados, comunicar à respectiva Repartição de Finanças, no prazo de 15 dias, em impresso do modelo 2-A anexo a este Código, qualquer alterações ocorridas nas rendas e, bem assim, a celebração de novos contratos de arrendamento ou cessação dos mesmos.

3. Durante os primeiros 60 dias em que um prédio se encontra devoluto, não lhe será atribuído qualquer rendimento ou utilidade para efeitos fiscais. A partir desse período presumir-se-á, para efeitos de liquidação, que o prédio produziu um rendimento igual à última renda anual convencionada, e, inexistência dessa renda aplicar-se-á o critério da alínea b) do artigo 16.º.

4. A presunção referida no número anterior não subsistirá se o contribuinte fizer prova de que, apesar de o prédio ter estado disponível, não foi possível arrendá-lo. Neste caso não será atribuído qualquer rendimento até um período máximo de devolução de 180 dias.

5. Findo o prazo estabelecido no número anterior considerar-se-á, para efeitos de liquidação, o rendimento apurado pela Comissão de Avaliação, podendo o contribuinte ou o Secretário da Repartição de Finanças promover a avaliação para actualização do mesmo rendimento."

A actual redacção do n.º 2 resulta da alteração introduzida pelo Decreto 43/88. Em relação à redacção do n.º 3, *in fine* "... *e inexistência dessa renda aplicar-se-á o critério da alínea b) do artigo 16.º*" foi introduzida pelo Decreto.º 34/93, de 10 de Agosto.

declaração de rendimento dos contribuintes. Não existe no Código nenhuma norma que expressamente imponha um tal dever acessório – à semelhança do que sucede nos outros impostos reais parcelares, serve de instrumento para apuramento da matéria colectável – dos prédios urbanos arrendados e parcialmente arrendados.

Do n.º 2 do mesmo artigo retira-se o dever de comunicação das alterações das rendas por parte dos proprietários ou titulares do rendimento dos prédios arrendados, mas somente nas situações de *"alterações ocorridas nas rendas e, bem assim, a celebração de novos contratos de arrendamento ou cessação dos mesmos"*, cuja inobservância é punida segundo o artigo 18.º, n.º 1. Significa isso que, quando não estão em causas as alterações, não há lugar a dever de comunicação; donde decorre que a declaração inicial que consta da matriz, sublinhe-se, sendo um documento autêntico, tem por função suprir a declaração anual do rendimento do prédio urbano arrendado, sujeitando-se, assim, ao regime da presunção de que o prédio produz repetidamente rendimento todos os anos.

Em suma, não se confunde o dever de comunicação das alterações, respeitantes às rendas, com a obrigatoriedade de apresentação da declaração de rendimentos efectivamente recebidos, durante o ano, para efeitos de determinação da matéria colectável. No entanto, o disposto no artigo 40.º, n.º 1, em matéria de multa para a situação em que o contribuinte declarar *"receber renda inferior à que efectivamente recebe..."* inculca a ideia de um dever legal específico de apresentação da declaração de renda anual, pois, de outra forma, não se conceberia a inclusão na lista de condutas passíveis de constituir violação às regras deste Código, portanto sancionável com multa, a declaração da renda anual em montante inferior à efectivamente recebida.

De facto, entendemos que a real intenção subjacente ao n.º 1 do artigo 40.º é a de obrigar o titular de rendimentos a apresentar declaração de rendas anuais em conformidade com a própria realidade, enquanto elemento que fornece à Administração fiscal o rendimento efectivamente auferido, o que implicaria a consagração expressa da obrigatoriedade da sua apresentação como um dever acessório específico. É da maior justiça que a determinação da matéria colectável dessa Contribuição seja baseada em elementos que retratam com toda a segurança os rendimentos auferidos pelos respectivos titulares. E isso, neste particular, só é garantido pela declaração de rendas, cuja ignorância por parte da Administração fiscal, entendemos nós, pode servir de fundamento à impugnação do acto de determinação da matéria colectável.

A ausência de um dever específico de apresentação da declaração de rendimento anual dos prédios urbanos arrendados parece dever-se, por um lado, ao disposto no n.º 2 do artigo 18.º do Código; por outro, a presunção de que produzem, periodicamente, os mesmos rendimentos constantes da matriz predial – cuja função é servir de instrumento através do qual se confirma/infirma o rendimento declarado pelo contribuinte: a renda recebida no ano anterior –, desde que não haja declaração em contrário. A sua *ratio* é evitar o desperdício e a duplicação.

Naturalmente, a efectivação do dever de apresentação da declaração de rendimentos dos prédios arrendados carece de uma disposição legal que obrigue o titular a adoptar um comportamento activo, tal como se verifica noutros impostos cedulares. E, isso, neste momento, não nos parece retirar-se das disposições legais deste Código, apesar da sanção legal pela sua falta imputável, obviamente, ao titular de rendimento. Conclui-se, portanto, que se trata de uma omissão da lei, cuja solução passa pela interpretação do n.º 2 do artigo 18.º no sentido de estabelecer, ao lado do dever de comunicação das alterações ocorridas nas rendas, o dever de apresentação da declaração de rendimentos, sem embargo de, em algumas situações, poder torna-se dispensado a sua repetição, valendo como tal a declaração anterior.

Relativamente aos prédios urbanos não arrendados, esta questão não se coloca, conforme acabámos de sublinhar oportunamente, porquanto as matrizes prediais funcionam como meio de suprimento da declaração anual de rendas e, por outro lado, para estes vigora o regime de presunção (ilidível) da colecta, que é conhecida pelos contribuintes.

7. DEVERES ACESSÓRIOS

Os contribuintes, para além do dever de imposto, estão obrigados a determinados deveres fiscais acessórios, entre os quais constam: o dever de comunicação de rendas (artigo 18.º, n.º 2), a participação de prédios novos, reparados ou ampliados mediante a declaração modelo-1 na Repartição de Finanças da área fiscal da situação do prédio, no prazo de trinta dias a contar da data da conclusão de obras ou da sua utilização, se anterior, conforme o artigo 13.º, n.º 1[459]; ou ainda a participação de prédios

---

[459] A anterior redacção deste número, dada pelo Decreto n.º 5/84 é ligeiramente diferente da actual, pois, entre outras, não fazia referência à inscrição e utilização dos prédios. Rezava assim: *"Para efeitos de avaliação, os proprietários de prédios novos ou que*

omissos na matriz, devendo para tal, em conformidade com o n.º 1 do artigo 51.º, preencher e entregar um exemplar de impresso de modelo – a lei não faz referência – relativamente a cada prédio urbano de que sejam proprietários. A não observância deste dever é punível com uma multa, a pagar no prazo de trinta dias a contar da data da sua notificação; podendo, a requerimento do interessado para o Ministro das Finanças, ser autorizado o pagamento em prestações mensais iguais e sucessivas, no máximo de seis, nos termos do artigo 53.º do mesmo Código.

8. TAXAS

De acordo com o artigo 27.º, as taxas devidas pela Contribuição Predial Urbana sobre as rendas auferidas anualmente – cuja colecta fica livre de quaisquer adicionais – são fixadas em função do rendimento colectável, variando entre 15% e 20%, respectivamente, até 1.500.000 PG e para o seu excedente. Refira-se mais uma vez que estes montantes devem hoje ser expressos em F. CFA.

9. LIQUIDAÇÃO

A matéria da liquidação vem regulada nos artigos 21.º a 26.º deste Código. Como em todos os outros impostos parcelares, o CCPU, no seu artigo 22.º, enuncia os objectivos deste processo. Calculada a colecta sobre o rendimento, pela Repartição de Finanças, no mês de Fevereiro de cada ano, com base no registo onomástico dos proprietários ou titulares de rendimentos em verbete de modelo 4 – cujo exemplar presente no arquivo da Repartição de Finanças destina-se a escriturar as operações de lançamento e liquidação, de acordo com o n.º 2 do artigo 15.º –, contendo o número de matriz dos prédios e o respectivo rendimento colectável, devidamente actualizados, nos termos dos artigos 15.º e 18.º, são extraídos os conhecimentos de cobrança e debitados ao recebedor até final do mês de Fevereiro, conforme manda o preceito do n.º 2 do artigo 23.º deste Código. Infere-se deste número que o acto de liquidação não é notificado ao con-

---

tenham sido objecto de reparação ou ampliação, apresentarão, na Repartição Fiscal da área da situação do prédio, no prazo de 30 dias a partir da data da conclusão de obras, uma declaração modelo-1 anexo a este Código em triplicado".

tribuinte, em virtude da presunção do montante do imposto a pagar com base na colecta por ele conhecida. Basta, portanto, o aviso por parte da tesouraria.

Havendo transmissão de propriedade ou de direito ao rendimento de prédios urbanos durante o ano referente à liquidação, será lançada a contribuição como se segue: em nome do adquirente, se ocorrer durante o primeiro semestre; entretanto, se esta ocorrer no segundo semestre, será em nome do transmitente. São as regras que constam do artigo 24.º, n.º 1. No n.º 2 do mesmo artigo, impõe-se a obrigatoriedade do transmitente dos direitos a qualquer título comunicar a Repartição de Finanças, no prazo de 15 dias, para efeitos de avaliação. Esta obrigação não se verifica quando se trata da transmissão de conhecimento oficioso, *maxime* porque dá lugar a pagamento de sisa ou imposto sucessório.

Durante o processo de liquidação, podem ser cometidos erros de facto ou de direito, dos quais resultem prejuízos para o Estado. Assim, oficiosamente, a Repartição de Finanças procede à sua correcção, através da liquidação adicional. Por outro lado, os mesmos erros podem dar lugar a liquidação em montante de imposto superior ao devido, resultando para o con-tribuinte um prejuízo. De igual modo, os serviços competentes devem anular a liquidação, sem prejuízo da iniciativa ser desencadeada pelo contribuinte. Estas duas situações estão previstas no artigo 25º, n.º 1, e devem ser notificadas aos contribuintes, principalmente para efeitos de pagamento eventual nos 15 dias seguintes à notificação (n.º 2), findos os quais deve ser debitada ao recebedor para cobrança eventual no mês imediato ao do débito.

No entanto, com o não exercício do direito à liquidação nos cinco anos seguintes àquele a que respeitam os rendimentos, dá-se a caducidade, conforme o estabelecido no artigo 26.º CCPU. Ainda de acordo com o n.º 3 deste artigo, o atraso na liquidação por motivo imputável ao contribuinte, confere ao Estado não só o direito à contribuição, mas também a juros compensatórios de taxa igual à dos juros das dívidas ao Estado.

Não se previu nenhum mecanismo de reacção contra a liquidação no caso de pedido de reconhecimento de isenção. Enquanto não houver resposta (sendo certo que, em princípio, será reconhecida nos termos da lei), pode o contribuinte pedir a suspensão da liquidação? Entendemos que nada o impede. No caso de não lhe ser reconhecida, deverá não só pagar a Contribuição, sem limite de caducidade, como também os juros compensatórios previstos para o atraso da liquidação a ele imputável.

10. COBRANÇA

Segundo o artigo 29.º, n.º 2, as cobranças são normalmente realizadas virtualmente, pela constituição de débito ao tesoureiro, mediante o envio de aviso postal aos contribuintes (n.º 1), dando a conhecer os *títulos de cobrança*, também designados por *conhecimentos*. Conforme o n.º 1 do artigo 28.º, pode ser realizada de uma só vez, virtualmente à boca de cofre, durante o mês de Março, para a contribuição de montante inferior a 15.000.000 PG. Porém, admite-se que seja paga em duas prestações iguais, quando em montante superior, respectivamente nos meses de Março e Julho. No n.º 2 deste último artigo consta que, havendo lugar a liquidação adicional e não sendo paga eventualmente no prazo estabelecido no n.º 2 do artigo 25.º, será cobrada virtualmente no mês seguinte ao do débito ao recebedor, desde que decorrido o prazo da cobrança à boca de cofre.

11. GARANTIAS GERAIS DOS CONTRIBUINTES

As garantias dos sujeitos passivos da Contribuição Predial Urbana estão previstas no Capítulo VII, artigos 36.º a 38.º do Código. Apontam-se a reclamação e a impugnação contenciosa, nos termos e com os fundamentos previstos na lei de processo tributário. É o que se estabelece no artigo 36.º, n.º 1. E, nos artigos 4.º a 6.º CPT, estão disciplinadas as garantias de que gozam os sujeitos passivos da relação jurídico-tributária.

Para a impugnação graciosa, de acordo com o artigo 5.º CPT, temos a revisão do acto tributário, por iniciativa do seu autor, superior hierárquico ou reclamação de quem tem legitimidade, com fundamento em erro (de facto ou de direito) de apuramento da situação tributável. E a impugnação contenciosa, nos termos do artigo 6.º CPT, é dirigida aos tribunais competentes, com o objectivo de obter a anulação parcial ou total do acto tributário, e tem como fundamentos: a incompetência, o vício de forma, a inexistência de facto tributário ou erro nos pressupostos da tributação, o abuso ou desvio de poder ou qualquer outra violação da lei. Segundo o n.º 2 do artigo 36.º do CCPU, o prazo para qualquer destes expedientes conta-se a partir da data da notificação para a cobrança eventual ou do primeiro dia de cobrança virtual à boca do cofre.

Relativamente aos efeitos que produzem, de acordo com o artigo 37.º, são os previstos na lei de processo tributário: efeito suspensivo em relação aos actos de execução posteriores à penhora, conforme o artigo 59.º, conjugado com o artigo 109, n.º 2 todos CPT. Isto é, suspende-se a execução da dívida do imposto. Por outras palavras, a regra geral é a da não execução prévia (parcial) dos actos tributários, tal como dissemos *supra*. Esta solução vai ao encontro dos princípios da aplicabilidade directa e da vinculação das entidades públicas e privadas aos direitos, liberdades e garantias imposta pelo artigo 30.º, n.º 1 CRGB, que constituem, quanto a nós, uma excepção à regra da execução prévia dos actos da administração, em particular dos actos tributários.

Por fim, o artigo 38.º estabelece limites para a interposição de recursos contenciosos contra as decisões da Comissão de Avaliação. Apenas se admitem como fundamentos o abuso de poder, a incompetência dos membros da Comissão e a preterição de formalidades legais. Ora, sobre este assunto, repetimos, parece-nos que este preceito está derrogado com a entrada em vigor da Constituição de 16 de Maio de 1984 que, no seu artigo 32.º, concede direito de se recorrer aos órgãos jurisdicionais contra todos os actos que violem os direitos dos cidadãos reconhecidos pela Constituição ou pela lei.

12. INFRACÇÕES

As infracções às normas deste Código são puníveis segundo os preceitos constantes do Capítulo VIII, compreendendo os artigos 39.º a 44.º. Segundo o artigo 39.º, as penas aplicáveis são de multa, seguindo o tipo de processo tributário aplicável às transgressões fiscais, de forma graduada em função da gravidade objectiva e subjectiva da infracção, conforme o artigo 87.º, podendo ser chamadas à colação, entre outras, as circunstâncias agravantes previstas no artigo 88.º todos do CPT.

Deste artigo, aliás, já tivemos ocasião de dizer, conclui-se que as transgressões fiscais têm na sua base apenas motivações subjectivas, susceptíveis de um juízo de culpabilidade, a gravidade subjectiva. A referência à gravidade objectiva visa, por sua vez, tão-só definir o prejuízo causado ao Estado.

A pena de multa aplicável às condutas infractoras pode ser paga espontaneamente pelos infractores, segundo o artigo 7.º, n.º 3 CPT: "*Quando a pena prevista for apenas de multa, pode o infractor pagar espontaneamente a mesma, beneficiando das reduções previstas na lei, desde que não se tenha iniciado o procedimento penal*", seguindo o regime de responsabilidade solidária dos agentes da infracção, de acordo com o preceituado no artigo 94.º CPT. Isto é, o legislador fiscal contemplou neste Código uma norma idêntica à do artigo 68.º (Pagamento espontâneo) do CCI, pelo que podemos concluir, igualmente, pela existência de um benefício para o contribuinte, em virtude do pagamento espontâneo ou voluntário da multa.

Existe, nos artigos 40.º a 43.º e também no artigo 53.º, uma tipologia das condutas passíveis de constituir infracção as normas deste Código, isto é, as transgressões fiscais, puníveis com pena de multa. Assim, temos: a declaração da renda em montante inferior à efectivamente recebida (artigo 40.º); a falta de apresentação da declaração de renda (artigo 41.º); as declarações falsas no sentido do prédio se encontrar devoluto, susceptível de dar lugar ao processo criminal (artigo 42.º); a falta de declaração modelo-1 para a inscrição de prédio na matriz (artigo 43.º, n.º 1), aparecendo, no n.º 2 do mesmo artigo, e, em termos residuais, *"qualquer infracção ao presente diploma para a qual não esteja prevista sanção específica"* – em flagrante violação dos princípios da legalidade e tipicidade das penas previstos constitucionalmente no artigo 86.º, al. g) CRGB –; por último, a falta de inscrição ou actualização provisória da matriz imputável ao contribuinte (artigo 53.º, n.º 1).

Para além destas infracções por violação de deveres fiscais acessórios pelos contribuintes ou titulares de rendimentos de prédios urbanos, também a inobservância do dever de fiscalização, por parte das entidades a quem a lei impõe tal dever, mormente o incumprimento do dever de fiscalização por parte das entidades fornecedoras de água, energia eléctrica e telecomunicações é punível segundo o artigo 42.º, aditado pelo Decreto n.º 34/93, de 10 de Agosto.

A prescrição do processo de transgressões fiscais tem lugar decorridos 5 anos após o conhecimento do facto punível, e, das penas de multa, no prazo de 10 anos. Contudo, interrompe a contagem do tempo para a prescrição a instauração do processo de transgressão, bem como a prática de qualquer acto no processo que tenha sido notificado o arguido. São as disposições, respectivamente, dos n.ºs 1 e 2 do artigo 94.º CPT.

13. FISCALIZAÇÃO

A matéria dos deveres de fiscalização está prevista no Capítulo IX, artigos 45.º a 49.º, compreendendo os deveres gerais que impendem sobre todas as autoridades de Estado, especialmente os serviços competentes do Ministério das Finanças, e os deveres específicos, apenas para certas entidades, de acordo com as funções que desempenham ou os serviços que fornecem, respectivamente: Notários (artigo 46.º), Câmaras Municipais e Comités de Estado das Regiões (artigo 47.º), Conservadores do Registo Predial (artigo 48.º), entidades fornecedoras de água, energia eléctrica e telecomunicações (artigo 48.º-A), e qualquer funcionário que tenha conhecimento de infracções (artigo 49.º).

SECÇÃO IV.

IMPOSTO DE CAPITAIS

1. CARACTERIZAÇÃO GERAL

O Imposto de Capitais, criado pelo Decreto n.º 8/84, de 3 de Março, publicado em 2.º Suplemento ao BO n.º 9 da mesma data, entrou em vigor com o Decreto n.º 38/84, de 29 de Dezembro do mesmo ano[460]. Trata-se da única disciplina fiscal que viu deferida no tempo a sua aplicabilidade às relações jurídico-fiscais que visa tutelar, com a justificação de que se trata de um "*Código eventualmente desnecessário na actual conjuntura*", mas "*indispensável para manter a coerência do sistema fiscal e não deixar imunes ao fisco rendimentos possíveis, ainda que pouco significativos*".

É natural que assim fosse na altura em que se concebeu este conjunto coerente de normas para disciplinar as operações de aplicação de capitais, em virtude da completa inexistência dos mecanismos de mercado de bens e de capitais. Note-se que este Código vem substituir a "*antiga Contri-

---

[460] No conjunto do Sistema Fiscal Guineense, este imposto constitui excepção, por ser o único que viu protelado no tempo a sua entrada em vigor, de acordo com o artigo 2.º do diploma que o criou, quando estabelece o seguinte: "*O Código começará a vigorar na data em que vier a ser determinada pelo Conselho de Ministros*". E, o dia 29 de Dezembro do ano de 1984, foi a data escolhida, conforme o Decreto n.º 38/84, de 29 de Dezembro, publicado em Suplemento ao BO n.º 52, da mesma data. Reza o seu artigo 1.º: "*O Código de Imposto de Capitais aprovado pelo Decreto n.º 8/84, de 3 de Março, entra em vigor na data da publicação deste Decreto*".

buição de juros, que se esboroou de tal forma como instrumento de colecta de receitas a ponto de já ser inexpressiva a sua importância orçamental", conforme reza o Preâmbulo deste diploma.

Se é compreensível e louvável a atitude de reconhecimento das dificuldades, inerentes à aplicação desta imposição aos *factis species* elevadas à categoria de incidência objectiva, por falta, nomeadamente, de condições objectivas, sobressaindo a ausência de instituições ligadas ao mercado de capitais, remetendo, portanto, a sua aplicação para momento posterior em que "*as especiais condições de conjuntura financeira o justificarem*"; já não é plausível, nem merece acolhimento o argumento de servir de "*instrumento à disposição do Governo, que o usará quando entender*". Das duas, uma: ou existem condições objectivas que justificam a aprovação de um conjunto de normas disciplinadoras das relações jurídico-fiscais, com potencialidade para ser aplicada, obrigatoriamente, pelas entidades competentes às situações que visa regular – sem embargo de se protelar no tempo a sua efectivação – ou, não as existindo, não justifica, dentro do sistema fiscal, a existência de dispositivos legais colocados na inteira disponibilidade dos governantes para serem aplicados quando e como bem entender o Governo.

É nossa convicção que um Código (de imposto) deve justificar, por si só, a sua presença e necessidade no sistema, estando ao serviço de objectivos inerentes a captação de receitas fiscais e finalidades extrafiscais, não podendo jamais ficar a mercê de um de grupo de pessoas – não se questionando a sua legitimidade – que, em determinadas circunstâncias, ocupam as "rédeas do poder".

O que dissemos não traz nada de novo. Tem que ver pura e simplesmente com considerações ligadas à confiança e certeza dos cidadãos – particularmente dos contribuintes –, nas quais se alicerçam o fenómeno da autotributação. Não se pode, seja qual for o pretexto, em última análise, colocar à inteira disposição do Governo o destino do direito de propriedade dos particulares, sem que possam, com a normalidade requerida, definir os seus projectos com a estabilidade desejada, em função das expectativas das suas posições relativamente à Administração fiscal. Por outro lado, a estabilidade económico-financeira do país, em particular dos operadores económicos deve ser assegurada como garantia do bom funcionamento da economia nacional no seu todo.

Com a aprovação do Código de Imposto de Capitais (doravante CICap), foram "*revogados o Diploma Legislativo n.º 967, de 12 de Outu-*

bro de 1936 e o Decreto n.º 33500 de 20 de Janeiro de 1944 e suas posteriores alterações, e bem assim o Decreto n.º 43/75, na parte que submete os rendimentos de aplicação de Capitais ao Imposto de Reconstrução Nacional", como também foram "abolidos todos os selos cobrados sobre conhecimentos de cobrança de Impostos de Capitais", rezam, respectivamente, os artigos 3.º e 4.º do Decreto n.º 8/84. São estes os diplomas legislativos que formavam um corpo de normas aplicáveis às operações de aplicação de capitais.

A ser assim, a completa revogação da legislação, aplicável aos rendimentos sujeitos a este tipo de imposto, tem com consequência o vazio nesta matéria, intencionalmente provocado pelo legislador, porquanto não criou um regime transitório. O mesmo é dizer que, em princípio, até à entrada em vigor do diploma que aprovou o Código de Capitais, os rendimentos de aplicação de capitais não eram tributados no nosso Sistema Fiscal, por mera opção do legislador fiscal.

As razões da protelação no tempo da entrada em vigor do Código de Imposto de Capitais viriam a ser tornadas públicas pelo Preâmbulo do Decreto n.º 38/84, de 29 de Dezembro, que manda aplicar as disposições do mesmo Código. A justificação deste comportamento legislativo assenta na seguinte ideia "...*destinava-se a coordenar a entrada em vigor do Código com outras medidas de política económica, designadamente com a remuneração dos depósitos feitos no Banco Nacional da Guiné-Bissau*" pelo que, verificados os "*pressupostos dos quais dependia a aplicação do Imposto de Capitais, entrou imediatamente em vigor*". O artigo 2.º do Código reza: "*As disposições do Código aplicam-se aos rendimentos do ano de 1984 cuja obrigação de liquidação de imposto ocorra posteriormente à publicação deste Decreto*".

Põe-se a questão de saber se há aplicação retroactiva das normas do Código aos factos e às situações jurídicas já consumadas no passado, ainda que sem produção de efeitos jurídicos, isto é, entre 3 de Março de 1984, data da publicação do Código, e 29 de Dezembro do mesmo ano, data em que o imposto entrou em vigor, com todas as consequências legais.

Repare-se que foram ressalvados de propósito os rendimentos sujeitos às incidências reais deste Código: aqueles em que a obrigação de liquidação do imposto nasce no momento posterior à publicação do diploma. Sem embargo de os destinatários em geral das normas jurídicas, em especial os contribuintes não poderem prever a entrada (imediata) em vigor do diploma – dependente em tudo do Governo e das condições objectivas que não eram, a *priori*, conhecidas[461] –, estavam (?) em condições de conhecerem e computarem, com toda a segurança, a sua relação jurídico--fiscal durante o ano fiscal.

Se isso é verdade, não menos verdade é a limitação humana em antecipar o futuro. Em nossa opinião, poder-se-ia colocar em perigo o princípio da não retroactividade da lei fiscal se os rendimentos de capitais, à data da imediata entrada em vigor, não existissem como tais. Se por exemplo, fossem investidos na criação de unidades de produção. Nesta perspectiva, a confiança e a certeza jurídicas seriam frustradas, porque a imediata aplicação da lei, nos termos do Decreto n.º 38/84, de 29 de Dezembro, poderia constituir motivo de surpresa para os contribuintes, que ver-se-iam, inesperadamente, confrontados com tal situação.

Em termos da sua evolução, temos a destacar a alteração introduzida pelo Despacho n.º 1/94, de 7 de Janeiro, da autoria do Ministro das Finanças, publicado no BO n.º 2, de 10 de Janeiro do mesmo ano, cuja preocupação principal e única ficou manifestada nestes termos: "*Excepcionalmente, e para vigorar durante o ano de 1994, é fixada em 10% a taxa de imposto de capitais a aplicar aos rendimentos referidos na alínea e) do artigo 1.º do Decreto n.º 8/84 de 3 de Março*". Na sua base está, como se pode ler no Preâmbulo do diploma, a necessidade de "*... fomentar a constituição e captação de poupanças, foi entendido ser solução adequada o recurso a instrumentos de política fiscal, consubstanciados no abaixamento temporário, mas muito sensível, da taxa do Imposto de Capitais incidentes sobre os juros dos depósitos bancários, adequando-a à realidade económica e enquadrando-a no conjunto de medidas destinadas a controlar a inflação*" e continua a "*presente medida ainda que de carácter excepcional e temporário, insere-se num espírito de moderação e jus-

---

[461] Dissemos isto no intuito de significar que, apesar de o próprio Decreto n.º 8/84 remeter a aplicação do Código para quando "*as especiais condições de conjuntura financeira o justificarem*", não era previsível, para nós, que num espaço curto de tempo, estivessem reunidas todas as condições que, a princípio, não existiam, designadamente a "*remuneração dos depósitos pelo Banco Nacional da Guiné-Bissau*", causa principal e determinante, embora não única, da produção de efeitos jurídicos do Código de Impostos de Capitais, conforme dispõe o Decreto n.º 38/84. Isso faz crer que os depósitos não eram remunerados! Por outro lado, aquelas condições poderiam também significar a criação e a consolidação dos mercados financeiros, até aqui inexistentes, o estímulo à criação de capitais privados nacionais ou estrangeiros, através de poupanças significativas, etc. ...

tiça tributária que se pretende motivadora para os agentes económicos empenhados no desenvolvimento da economia nacional".

O despacho do Ministro das Finanças fundamenta-se na pretensa instrumentalização – de que demos conta *supra* – do Imposto de Capitais, colocado à disposição do Governo e realçada nos artigos 6.º, n.º 1 e 22.º, n.º 3 do Código. Ou seja, é considerado algo que está a *bel-prazer* do Governo, podendo dele fazer o uso que lhe parecer conveniente. Diga-se que se esqueceu de uma realidade indesmentível e inerente a todos os impostos que são as funções fiscais e extrafiscais que desempenham, simultaneamente, embora em medidas diferentes: uns mais do que outros. Não é apenas o Imposto de Capitais o único que possui esta virtude.

Por outro lado, e mais grave, o legislador fiscal desconhece que os impostos têm uma disciplina própria que não se confunde com a disciplina dos actos normativos do Governo: estão sujeitos a determinados princípios, entre os quais se destacam o princípio da legalidade e seus colorários da tipicidade e exclusivismo, próprios das matérias integrantes dos impostos e sistema fiscal, previstos no artigo 86.º, al. d) CRGB. Admitindo uma possível delegação de competência no executivo, seria exercida pelo Governo, reunido em Conselho de Ministros e não por um dos membros isoladamente, cumpridos os requisitos constantes nos dois artigos: "*mostrem necessários ou convenientes ao desenvolvimento do País*". Por tudo isso, entendemos que a norma legal é inconstitucional. Remetemos para o desenvolvimento que fizemos no Título I, ponto 1, a propósito do princípio da legalidade.

Contrariamente ao que sugere o título – Imposto de Capitais[462] –, trata-se de um tipo de imposto que incide sobre os rendimentos de capitais mutuados ou remunerados pela privação temporária de uma importância em dinheiro ou bens equiparados e investidos, visando tributar o rendimento do capital, entendido como um conjunto de bens ou valores susceptíveis de avaliação em dinheiro com todas as potencialidades de contribuir para a produção de riqueza, enquanto factor de produção ou potencial fonte de rendimento, em virtude de atribuir ao seu titular uma

---

[462] Segundo VITOR FAVEIRO, in Fiscalidade Nacional Contemporânea, Lisboa, 1964 (*apud* MARIA TERESA DA PIEDADE MOREIRA, "*A tributação dos rendimentos da propriedade industrial «o Know-how»* ", in RJ, n.ºs 9 e 10, dupla edição, Lisboa, 1987, p. 305), o Imposto de capitais é um imposto sobre o rendimento porque "... tributa certas disponibilidades que afluem periodicamente à economia dos contribuintes e que têm, quando muito, o carácter de simples riqueza em formação e nunca o de riqueza já adquirida e consolidada".

utilidade pela sua aplicação, ou uma compensação, pela sua cedência voluntária a outrem, sendo, em todos estes casos susceptível de ser expressa em termos monetários[463].

Como todos os outros impostos sobre os rendimentos presentes na ordem jurídico-tributária guineense, apresenta a dupla característica de ser real e parcelar. A primeira característica é que se trata de um imposto real, incidindo sobre o rendimento de capital aplicado ou cedido pelo seu titular. Destes simples factos (aplicação ou cedência) nasce para o Estado o direito ao imposto, em consequência do correspondente rendimento que produz. Para a constituição dessa relação jurídico-tributária, as qualidades pessoais de quem aufere rendimentos são irrelevantes. Por outro lado, é, também, um imposto parcelar que tributa os rendimentos previstos neste Código de forma isolada, sem necessidade de englobamento de outros rendimentos auferidos, se houver, pelo mesmo titular, para efeitos de personalização do sistema.

O Imposto de Capitais tem como objecto mediato o rendimento de aplicação ou cedência de capitais, entendido como cedência voluntária a outrem, dando ao cessionário a possibilidade de utilizar e fruir as utilidades dos capitais detidos. Assim, não se considera incluído neste a simples entrega de dinheiro à guarda de outrem, uma vez que não garante o poder de disposição ou utilização. Outrossim, exclui-se a entrega de capitais titulado por mandato para a utilização em nome e conta do próprio mandante. De outro lado, as utilidades produzidas pelos capitais cedidos devem ser susceptíveis de expressão numerária ou reduzidas a dinheiro, razão pela qual não se consideram incluídos os efeitos resultantes da cedência de capitais, mormente a "cedência de capitais por conta da subscrição de títulos de emissão a realizar de aumentos de capital de sociedades" ou as "utilidades meramente ideais ou de natureza simplesmente moral"[464].

Os rendimentos de capitais sujeitam-se ao princípio da anualidade, o que significa que existe uma presunção de que a situação manifestada produz rendimento, de forma repetida, todos os anos. Donde a liquidação do imposto se processar enquanto se mantiver a manifestação e os seus

---

[463] VITOR FAVEIRO, *Noções fundamentais...*, Vol. II, pp. 244 e ss; também neste sentido, Maria TERESA DA PIEDADE MOREIRA, "A tributação...", pp. 305-306.
[464] Vide VITOR FAVEIRO, *Noções fundamentais...*, Vol. II, pp. 243-244.

efeitos. Mas a anualidade não constitui o único elemento típico do tempo que influencia a relação jurídico-tributária, verificando-se também a ocasionalidade, cuja significação é a atribuição ou a colocação à disposição do titular de rendimento, o que cria para o Estado o direito ao imposto que, por sua vez, faz cessar a relação jurídico-tributária logo que seja satisfeito. Estamos a referir, por exemplo, a retenção na fonte do montante do imposto e à sua entrega aos cofres do Estado.

A obrigação tributária constitui-se, regra geral, com o vencimento de rendimento como contrapartida da cedência dos capitais por contrato: no caso particular de mútuo, na data da sua utilização; ou na atribuição efectiva dos rendimentos produzidos, entendida como pagamento efectivo ou colocação à disposição dos titulares dos rendimentos produzidos.

No que concerne à sua caducidade, o decurso do tempo – 5 anos subsequentes àquele a que respeita o rendimento – faz cessar o direito do Estado a qualquer liquidação, ainda que adicional, ou anulação oficiosa. Ressalvam-se desta regra, segundo o artigo 20.º, os rendimentos litigiosos, suspensos do manifesto nos casos de litígio de dívida, com a instauração do respectivo processo. A confirmação da dívida pelo tribunal dá lugar ao pagamento do imposto (incluindo os juros devidos), sem qualquer limite de tempo.

Também está consagrado o princípio da territorialidade, segundo o qual os rendimentos sujeitos à disciplina deste Código são os produzidos no território da Guiné-Bissau. Segundo o artigo 3.º, entende-se que foram produzidos neste os *"rendimentos derivados de actos e contratos referentes a capitais aí aplicados e pelo pagamento dos quais seja responsável qualquer pessoa que aí tenha o seu domicílio, sede efectiva ou estabelecimento estável ao qual o pagamento deva imputar-se"*. Assim, o lugar de produção dos rendimentos constitui circunstância objectiva de aplicação do CICap. no espaço e da regulação das relações constituídas debaixo da sua alçada.

O Código consagrou, no artigo 8.º, n.º 1, o regime de presunção de vencimento de juros à taxa legal, para as situações de aplicação de capitais, constantes, respectivamente, das als. a), juros de capitais mutuados, em dinheiro ou géneros, e f) juros de suprimentos ou abonos feitos pelos sócios às sociedades, todas do artigo 1.º CICap. Esta presunção é *"juris tantum"*, susceptível de ser ilidida através de uma declaração em contrário, passada pelas entidades credora e devedora, onde devem constar todos os elementos previstos no n.º 2 do artigo 9.º, respectivamente *"nome e morada do credor e devedor, montante do crédito, taxa de juro estipulada, forma de titulação de crédito e data a partir da qual são devidos juros*". Pensamos que nesta presunção cabe não só a admissibilidade de provar que o juro é diferente do legal, mas também a sua não estipulação contratual ou inexistência. Ressalvadas estas duas situações, o legislador fiscal consagrou o regime de juros legalmente fixados, servindo de base de incidência.

2. INCIDÊNCIA REAL

O legislador fiscal previu num único artigo dois grandes tipos de incidência real: *cedência de capitais por contrato* e *utilização de capitais em regime de empresa comercial ou industrial*. Por sua vez, contêm vários subtipos de incidência real constantes todos do artigo 1.º, als. a) a l) do CICap. Para além destes, podemos encontrar ainda um subtipo residual, onde cabe uma categoria de rendimentos que não se encontram incluídos em nenhum dos anteriormente previstos. Resumidamente os tipos de incidência atrás apontados estão previstos, respectivamente, nas als. a) e b) para as situações de cedência de capitais por contrato; e als. c) a j) para as situações de utilização de capitais em regime de empresa comercial ou industrial.

Sem pretender uma sistematização das incidências reais, de acordo com a situação retratada – cedências de capitais por contrato ou aplicação de capitais em regime de empresa comercial ou industrial, denominada neste Código por aplicação de capitais – iremos fazer uma abordagem dos tipos de incidências submetidas, pelo legislador fiscal, à disciplina do CICap., sendo que a nossa investigação não se resume apenas às situações nele previstas.

O primeiro tipo de incidência real consta da al. a) do artigo 1.º: os "*juros de capitais mutuados, em dinheiro ou géneros, sob qualquer forma contratual*". Este tipo configura a possibilidade de fruição de capitais alheios, segundo o artigo 1142.º CC, contrato de empréstimo de dinheiro ou coisa fungível com a obrigatoriedade de restituição que impende sobre o mutuário. É neste artigo que se deve encontrar a qualificação dessa realidade, uma vez que o CICap. não estabeleceu um regime próprio, para efeitos fiscais. A ressalva constante da última parte da al. a) demonstra que a invalidade, por falta de escritura pública, nos termos do artigo 1143.º CC, não prejudica os efeitos fiscais do mútuo.

De acordo com o n.º 1 do artigo 8.º, este contrato fica sujeito à presunção de juro legal, se não for apresentada a declaração em contrário elaborada nos termos do artigo 9.º do Código. Adicionalmente, existe uma obrigatoriedade de manifesto, por parte do credor da situação no período de 30 dias a partir da data da respectiva constituição, em declaração elaborada em duplicado, dando conhecimento à Repartição de Finanças da área de residência, sede ou direcção efectiva ou outra forma de representação permanente. No caso do credor residir no estrangeiro, a obrigação de manifesto recai sobre o devedor residente no país.

A alteração ou extinção da situação manifestada dá lugar o dever de comunicação, segundo o n.º 4 do artigo 9.º. Significa isso que, de acordo com o artigo 10.º, vigora a presunção de que o manifesto continua a produzir os seus efeitos, enquanto se mantiver tal como declarado pelo credor. Portanto, geram-se rendimentos sujeitos ao Imposto de Capitais. Não obstante, no caso de crédito litigioso, previsto no artigo 11.º, suspende-se o prazo de contagem do rendimento, a pedido do credor, enquanto durar o litígio (respectivamente, n.ºs 1 e 2). Segundo o n.º 3, findo o litígio judicial por transacção, acordo ou decisão final transitada em julgado, o credor está obrigado a entregar, no prazo de 10 dias, na Repartição de Finanças competente, a acta da transacção ou cópia da decisão judicial. A importância deste documento consta do n.º 4 do mesmo artigo: a contagem do rendimento a considerar para efeitos da determinação da matéria colectável.

O segundo tipo de incidência real consta da al. b) os "*rendimentos*[465] *originados pelo diferimento no tempo de uma prestação ou pela mora no cumprimento de uma obrigação, ainda que auferidos a título de indemnização ou cláusula penal estabelecida em contrato*". As qualidades de rendimentos aqui presentes são todas as importâncias resultantes das situações de diferimento no tempo de uma prestação ou de mora no cumprimento da obrigação. São estes os dois subtipos de incidência real. O pri-

---

[465] Tal como aparece no conjunto das normas de incidência real sugere a ideia de que se trata do produto de contrato de compra e venda a crédito, em que há diferimento no tempo do recebimento do preço relativo à mercadoria entregue. A ser assim, deveria contar-se entre os tipos de incidência real da Contribuição Industrial. Mas não. O que se pretende é tributar os juros (e não os rendimentos, como parece sugerir a norma) devidos pelo diferimento no tempo do preço que não é recebido, ficando o vendedor desprovido da sua utilidade.

meiro configura uma contraprestação entre o valor dos bens ou serviços vendidos a crédito e o preço que não é recebido de imediato. Enquanto o segundo, trata-se da mora ou da indemnização pelo incumprimento da contraprestação, *maxime*, a entrega do preço. Em resumo, não se tratam, ambos, de rendimentos, mas sim de juros devidos.

Na ausência de um regime fiscal próprio as características destas incidências devem ser procuradas, nomeadamente, nos artigos 798.º CC, responsabilidade do devedor pelo prejuízo causado ao credor por falta culposa do cumprimento da obrigação; 804.º CC, mora imputável ao devedor, sendo ainda possível realizar a prestação não efectuada no tempo devido, com o consequente dever de reparar os danos causados, e 806.º CC, a constituição de juros indemnizatórios na obrigação pecuniária.

De tudo isso se conclui que não são quaisquer diferimentos no tempo ou mora no pagamento que constituem os tipos de incidência real previstos no artigo 1.º, al. b). Aqui só estão abrangidas as situações resultantes de cláusulas contratuais. Assim, não se enquadram nesta alínea os casos em que, por lei ou decisão judicial, são atribuídos juros pelo diferimento no tempo de uma prestação ou mora no cumprimento da obrigação, sem acordo entre o credor e o devedor, pois consubstanciam situações de indemnização e não de rendimento. Não são, portanto, situações de aplicação de capitais abrangidas por este Código. Isso significa que está excluída a indemnização devida pelo locatário constituído em mora constante do artigo 1041.º CC, epigrafado Mora do locatário.

Estes rendimentos não estão sujeitos a presunção de juros. Resulta disso que somente os rendimentos efectivos dessas situações são susceptíveis de constituírem a base de incidência deste imposto.

Segundo o artigo 12.º, seguem o regime de manifesto previsto no artigo 9.º no caso de não serem manifestadas as situações conforme mandam as normas do artigo anterior e devem sê-las nos dez dias seguintes à propositura da acção judicial em que se peça os rendimentos. Considerar-se-á o manifesto litigioso.

Outro tipo de incidência são os "*lucros ou dividendos atribuídos aos sócios das sociedades*", conforme consta do artigo 1.º, n.º 1, al. c) CICap. Tratam-se de remunerações de capitais aplicados em empresa. Constituem assim outro tipo de incidência real qualificado como situação de aplicação de capitais em empresa comercial ou industrial.

Infere-se desta alínea que as situações enquadráveis são as da atribuição efectiva ou colocação dos lucros ou dividendos à disposição dos sócios e não a mera possibilidade dessa distribuição, mormente a aprovação de distribuição em assembleia geral da sociedade ou ainda a atribuição condicionada ou dependente de um determinado evento ou da disponibilidade financeira, situações que estão fora de controlo da vontade dos sócios. Isto é, enquadram-se nesta alínea as situações que requerem uma efectiva colocação dos rendimentos à disposição dos sócios e não a mera possibilidade da sua colocação. Assim sendo, parece-nos que esta previsão deve ser entendida no sentido de abranger, também, o adiantamento por conta de lucros ou dividendos aos sócios, enquadrado juridicamente como uma "mera antecipação de arrecadação de imposto por situações de lucros previstos, mas sujeitos a confirmação no final do exercício"[466].

Na al. d) do artigo 1.º, consta um quarto tipo de incidência real, em matéria da utilização ou aplicação de capitais em regime de empresa: *"os lucros auferidos nas contas em participação previstas no artigo 244.º do Código Comercial"*. As contas em participação, também designadas associações em participação, são de um tipo de contrato de associação, com a particularidade de não corresponderem à figura jurídica de sociedade, tal como esta se apresenta no comércio jurídico privado. Este contrato é caracterizado por ter um objecto que corresponde o exercício de uma actividade de natureza comercial ou industrial, por parte de uma pessoa, seja ela singular ou colectiva.

Neste contrato – tal como em todos –, existem duas partes: o *associante*, a pessoa que exerce a actividade, e o *associado*, a pessoa que participa somente nos lucros ou nos lucros e nas perdas, cumulativamente, da actividade exercida por outro contraente, o associante. Trata-se de uma mera associação de interesses que está longe de configurar uma verdadeira sociedade. Por esta razão a conta (associação) em participação não se sujeita a Contribuição Industrial, contrariamente ao associante, verdadeiro sujeito passivo deste imposto. Nesses termos, o associado coloca na conta ou associação em participação um determinado valor, o capital (em dinheiro ou em espécie) e o resultado dos lucros é tido como rendimento desse mesmo capital ou valor, portanto objecto de incidência real nos termos da al. d) do artigo 1.º CICap.

Os *"juros de depósitos confiados a quaisquer entidades legalmente autorizadas a recebê-los"* é outro dos tipos de incidência real, segundo a

---

[466] Vitor Faveiro, *Noções fundamentais...*, Vol. II, p. 278.

al. e) do artigo 1.º do Código. Trata-se de uma figura jurídica de direito civil: o depósito, contrato nominado previsto no artigo 1185.º CC: *"Contrato pelo qual uma das partes entrega à outra uma coisa, móvel ou imóvel, para que a guarde, e a restitua quando for exigida"*.

As entidades, os depositários, que desempenham, em regime de empresa, a actividade enquadrada no contrato de depósito – a actividade bancária, exclusiva das instituições de crédito –, são portadoras de uma autorização legal e sujeitam-se à disciplina das Instituições Financeiras[467] prevista, presentemente, na Lei n.º 10/97, de 2 de Dezembro, publicado em Suplemento ao BO, n.º 48, da mesma data, cujo Preâmbulo, concretizando o disposto no artigo 22.º do Tratado da União Monetária Oeste Africana, obriga à "harmonização das legislações em matéria de organização e distribuição do Crédito e do exercício da profissão bancária", em consequência da adesão do país à zona económica e monetária oeste-africana, de forma a se adaptar-se "ao novo dispositivo da gestão monetária".

Efectivamente, os juros dos depósitos entregues às instituições de crédito constituem objecto de incidência real previsto nesta alínea. Dela se infere que os depósitos em entidades não autorizadas a exercer este tipo de actividade, podem ou não vencer juros. A questão principal, nesta perspectiva, tem que ver com a garantia ou não da restituição. Quando exista, presume-se que se trata de contrato de mútuo, sujeito à presunção (ilidível) de juros nos termos do artigo 18.º; não havendo tal garantia, não há qualquer presunção de juros. Contudo, se os vencer efectivamente ficam abrangidos pela al. g), se lançados os juros em conta corrente, ou na al. l), para quaisquer outros rendimentos de capitais não especialmente previstos.

Configuram um dos tipos os *"juros de suprimentos ou abonos feitos pelos sócios às sociedades"*. Trata-se de dois subtipos do tipo de incidência real previstos no artigo 1.º, al. f).

Como se referiu, não é nossa intenção caracterizar as figuras jurídicas que constituem o tipo de incidência real em concreto, cujos rendimentos estão sujeitos à disciplina deste Código. Contudo, tal não prejudica a necessidade de esclarecimentos quando estes sejam justificados. Aliás, é isso que temos vindo a fazer quando o Código não fornece, para além da

---

[467] Anterior a presente disciplina, encontrava-se o Decreto n.º 31/89, de 27 de Dezembro, cujos artigos 40.º, 42.º, 43.º e 45.º foram alterados pelo Decreto n.º 14/94, de 25 de Abril, publicado no BO n.º 17, da mesma data.

mera previsão, nenhum conceito que permita uma melhor decifração das realidades em causa. É o que acontece, entre outros, com os suprimentos ou abonos.

Segundo a doutrina, também exposta pelo VITOR FAVEIRO, ambos podem configurar a situação de "empréstimo eventualmente qualificáveis como mútuo"[468], devendo, neste caso, seguir as regras previstas para este tipo de incidência. E, entre nós, consta o regime jurídico de presunção de juros legais; sujeição ao manifesto e liquidação pelos serviços tributários. O regime jurídico dos suprimentos, como se pode inferir não contempla a obrigação de manifesto, mas sim a de retenção na fonte, de acordo com o artigo 18.º deste Código; sujeita-se, também, a presunção de juros legais, segundo o artigo 8.º, n.º 1. De resto, é um regime jurídico idêntico ao anterior à reforma que conduziu ao imposto único em Portugal.

Os *suprimentos* são considerados empréstimos concedidos pelos sócios à sociedade, visando suprir as dificuldades financeiras que a afecta, havendo como que um direccionamento destes a um fim específico. Não se prevê a fixação de prazo de reembolso, como é óbvio, pois resolvidas essas dificuldades já não se justifica a sua manutenção. No que concerne ao objecto, podem ser representados quer sob a forma de dinheiro quer pelo fornecimento de bens; e *abonos* configuram situações de cedência de valores em dinheiro ou em espécie por parte dos sócios à sociedade, ficando esta no direito de fazer uma utilização proveitosa, assemelhando--se à situação de depósito[469].

Também os saldos de *"juros apurados em conta corrente"*, segundo a al. g), configuram outro tipo de incidência real. Aqui podem estar abrangidas duas realidades jurídicas distintas: o método contabilístico de conta corrente e o contrato de conta corrente, enquanto realidades que retratam o relacionamento entre duas pessoas, normalmente comerciantes ou comerciante e uma outra pessoa – sociedade e sócios –, que trocam valores entre si, das quais podem resultar, no tempo, situações de débito e crédito, depois de apurado o saldo.

A diferença está na opção das pessoas quanto às modalidades: a existência ou não de autonomia de fornecimentos de valores relativamente aos actos de execução do contrato. Na primeira modalidade, a autonomia jurí-

---

[468] *Noções fundamentais...*, Vol. II, p. 284. Também ANTÓNIO BRAZ TEIXEIRA, *Questões de Direito Fiscal*, CCTF, n.º 90, Lisboa, 1969, pp. 20 e 23.
[469] Vide VITOR FAVEIRO, *Noções fundamentais...*, Vol. II, pp. 284-293.

dica de cada um dos fornecimentos, cria o respectivo direito e obrigação, sem necessidade de apuramento do saldo. É o que se designa por operação contabilística do lançamento em conta-corrente. Na segunda, cada fornecimento constitui apenas actos de execução, sem qualquer autonomia; razão pela qual o saldo é apurado só no final e daí a definição das situações devedoras e credoras.

É exactamente a esta última que corresponde o contrato de conta corrente, sem autonomia jurídica, previsto e regulado nos artigos 344.º e ss. do Código Comercial. Os juros vencidos no cumprimento do contrato, não sendo fácil à sua sujeição a incidência tributária momento à momento, devido ao lançamento e neutralização por compensação, ficam, no final do contrato, depois de apurado o saldo, sujeito ao imposto; diferentemente acontece com a modalidade meramente contabilística, em que os juros lançados em conta corrente, com autonomia jurídica, não são, no entanto, objecto de uma previsão específica de incidência real. O importante são as "operações em si mesmas" e a "circunstância de vencerem efectivamente juros", lançados "sobre as remunerações ou indemnizações vencidas e não levantados; os juros efectivamente lançados sobre a entrega de dinheiro dos sócios por conta de pagamento de despesas suas ou de outros serviços prestados pela empresa"[470], objecto de escrituração em conta corrente.

Na al. h), constam os *"juros de obrigações emitidas por quaisquer entidades públicas ou privadas"*, como tipo de incidência real de aplicação de capitais. Como se pode perceber da leitura desta alínea, as entidades públicas podem emitir obrigações [em particular as Autarquias locais, referindo-se expressamente o artigo 3.º, n.º 1, al. g) LFL ao *"lançamento de obrigações municipais"*]. Isto é, quaisquer escritos em que a entidade emissora se obriga a pagar, de acordo com o estatuído no título, a quem o adquirir, uma remuneração de capital que corresponde à aquisição e amortização do mesmo. Estes juros, remuneração de capital adquirido pela entidade emissora de título, são sujeitos ao Imposto de Capitais, conforme a alínea em apreço.

Diferentes destes juros são os juros de títulos de empréstimos pagos por Autarquias locais (ou pessoas colectivas de utilidade pública administrativa). Repare-se que, em face da Constituição e da lei, gozam de autonomia administrativa e financeira, respectivamente, artigos 105.º, n.º 1 CRGB

---

[470] Para mais desenvolvimentos, vide VITOR FAVEIRO, *Noções fundamentais...*, Vol. II, pp. 293-298.

e 1.º, n.º 1 LBAL e 1.º, n.º 3 LFL, podendo no uso desta última faculdade, contrair empréstimos, como se pode observar do referido artigo 3.º, n.º 1, al. g), cujo regime se encontra desenvolvido no artigo 9.º todos LFL.

Segundo a al. i) do artigo 1.º, compreende-se no tipo de incidência real relativo à cedência de capitais, os *"rendimentos originados pela cessão temporária da exploração de estabelecimentos comerciais ou industriais, ou recebidos como indemnização pela suspensão ou redução de qualquer actividade de natureza comercial ou industrial"*. Nesta alínea, encontramos dois subtipos de incidência real, resultantes de determinados rendimentos, e constituem ambos o resultado de um direito: o exercício de uma actividade comercial ou industrial, considerado pressuposto de um direito constituído que, enquanto tal, é dotado de um valor de negociação, susceptível de ser havido como capital. Resulta, pois, que este valor só se considera aplicado "quando se trata de uma cedência voluntária em benefício de quem se obriga à contraprestação"[471].

O primeiro subtipo – *rendimentos originados pela cessão temporária de exploração* – dá origem a uma contraprestação pela fruição do prédio onde está instalado o estabelecimento comercial ou industrial. Esta contraprestação é, em princípio, equiparada à renda recebida no cumprimento do contrato de arrendamento do prédio urbano e, portanto, como tal, sujeita, em princípio, a tributação, nos termos da Contribuição Predial Urbana. Só que, de acordo com o artigo 3.º do CCPU, *"quando o prédio estiver afectado a uma actividade cujo rendimento esteja sujeito a Contribuição Industrial ou outro imposto directo cedular sobre o rendimento de que seja sujeito passivo o titular do rendimento predial"*, o rendimento não é passível dessa Contribuição.

Tivemos ocasião de analisar este preceito, no ponto 3 da Secção III *supra* e dissemos que os rendimentos produzidos por estes prédios são excluídos da incidência desta Contribuição em duas situações. Na primeira, quando o prédio urbano é considerado um verdadeiro factor de produção integrado na actividade empresarial, mormente, do seu proprietário, e onde, portanto, os seus rendimentos não têm autonomia relativamente ao exercício da actividade empresarial, pelo que são tributados segundo as regras da Contribuição Industrial. A segunda situação visa evitar que sejam duplamente tributados esses rendimentos, porque se pensa que são

---

[471] Vitor Faveiro, *Noções fundamentais...*, p. 298.

considerados rendimentos resultantes do trabalho, portanto sujeitos à incidência do Imposto de Profissional.

Quanto ao segundo subtipo – *rendimentos recebidos como indemnização pela suspensão ou redução de qualquer actividade de natureza comercial ou industrial* –, as importâncias efectivamente recebidas, desde que resultem da negociação e não da imposição da lei ou "sentença judicial por rescisão de uma concessão"[472], visam indemnizar o prejuízo sofrido com a suspensão ou redução dessas actividades; estão sujeitas a tributação nos termos desta alínea do Código.

Na al. j) do artigo 1.º prevêem-se os *"rendimentos provenientes da concessão ou cedência de patentes de invenção, licenças de exploração, modelos de utilidade, desenhos e modelos industriais, marcas, nomes ou insígnias de estabelecimentos, processos de fabrico e outros bens ou valores que possam ser considerados como cedência de tecnologia"*. São as chamadas «royalties» industriais, rendimentos da propriedade industrial tributados em sede de Imposto de Capitais, constituindo remunerações derivadas do exercício de direitos privativos industriais discriminados nesta alínea. Constituem, portanto, um outro tipo de incidência real.

Estão incluídos nesta alínea os rendimentos de cedência ou concessão de patentes e situações equiparadas, constituindo formas de aplicação de valores em capitais, enquanto cedência temporária ou valores a se ou, ainda, as prestações de informações adquiridas no sector comercial, industrial e científico enquanto valores a se destinados à utilização na actividade própria e por conta da pessoa a quem sejam prestados, o «know-how»[473].

De harmonia com a al. l) do mesmo artigo 1.º, o legislador fiscal consagrou um tipo de incidência real residual onde cabem todos os rendimentos não especialmente previstos em nenhum dos tipos (ou subtipos) que integram o grupo de incidência relativa à aplicação de capitais, e que tivemos oportunidade de, resumidamente, analisar. Assim, de acordo com o disposto neste preceito, *"O Imposto de Capitais incide sobre os rendimentos de aplicação de capitais seguintes:... Quaisquer rendimentos de aplicação não especialmente previstos nas alíneas anteriores e não tributados em qualquer outro imposto parcelar"*. Entendemos que, nesta alínea resi-

---

[472] VITOR FAVEIRO,, *Noções fundamentais...*, p. 299; MARIA TERESA DA PIEDADE MOREIRA, "A tributação...", pp. 306 e ss.
[473] VITOR FAVEIRO, *Noções fundamentais...*, p. 301.

dual, estão configuradas as situações, nomeadamente, da tributação de rendimentos de letras e livranças havidos como títulos de colocação de capitas ou ainda da atribuição de valores aos sócios das cooperativas.

Os primeiros, os rendimentos de letras e livranças, havidos como título de colocação de capitais, são diferentes dos de pagamento. Repare-se que estamos a referir as situações em que as operações, que estão na base do título, constituem o elemento de facto do tipo de incidência: os rendimentos das operações subjacentes ao título; o sacador e sacado não são comerciantes, ou seja, não praticaram acto comercial nessa qualidade, e nem tão pouco o título provém de transacções comerciais. Ora, assim sendo, configura-se uma verdadeira colocação de capitais, cujos rendimentos são submetidos à disciplina do CICap e não à do CCI, caso em que seriam resultados do exercício de uma actividade comercial.

Os segundos são os valores atribuídos aos sócios das cooperativas. É evidente que a característica de serem pessoas colectivas sem fim lucrativo não implica que, no final do ano, não hajam excedentes do resultado líquido das operações, desenvolvidas e distribuídos aos sócios. Exactamente, tais importâncias, colocadas à disposição destes, enquanto remunerações de capitais, devem corresponder um tipo de incidência real próprio.

3. SUJEIÇÃO PESSOAL

Consta do artigo 2.º do CICap. que os sujeitos passivos deste imposto são os *"beneficiários dos rendimentos referidos no artigo anterior"*. Convém precisar que o termo "beneficiários" está empregue com o sentido de querer significar os titulares de rendimentos; aliás, é possível concluir isso da leitura do artigo 9.º, n.º 1, quando constituiu no dever de manifestar a situação credora os titulares de rendimentos. Tal significa que a qualidade jurídica do lado passivo da relação jurídico-tributária está reservada aos titulares ou beneficiários dos rendimentos.

Contudo, no n.º 3 do mesmo artigo 9.º, à parte a relação de sujeição, consagrou-se uma situação jurídica de responsabilidade, em que se imputa o dever legal de prática de determinados actos tributários, ainda que acessórios da relação jurídico-fiscal principal. Por outro lado, a qualidade jurídica dos titulares de rendimentos, diferente da qualidade jurídica do responsável, funciona como elemento de determinação da qualidade da sujeição passiva e da definição da competência fiscal, funcionando o lugar como elemento da norma de incidência, nos termos do artigo 3.º CICap.

A relação de responsabilidade é tida como uma relação jurídica acessória que só funciona quando o credor, sujeito passivo da relação jurídico-fiscal não é residente e o devedor resida no território da República da Guiné-Bissau, como se pode observar pelo artigo 9.º, n.º 3, que reza o seguinte: *"No caso de o credor residir no estrangeiro a obrigação prevista neste artigo é da responsabilidade do devedor que resida na Guiné--Bissau"*.

Como se pode observar, em alguns casos imputa-se a responsabilidade pelo cumprimento da obrigação fiscal a entidades diferentes do sujeito passivo da relação jurídica do imposto. Assim acontece com o dever acessório de efectuar manifesto e declarar as alterações (inclusive a extinção) da situação manifestada, nos termos, respectivamente, dos n.º 3 e 4 do artigo 9.º; a liquidação dos impostos, segundo as regras dos artigos 15.º e 18.º, a retenção na fonte e posterior entrega do respectivo montante, conforme o artigo 26.º (cfr. ainda a responsabilidade infraccional constante dos artigos 38.º e 39º).

4. ISENÇÕES

Estabeleceu-se no artigo 4.º do CICap. – à semelhança do que acontece com outros Códigos que regulam os impostos parcelares previstos no Sistema Fiscal guineense – isenções subjectivas, atribuídas a determinadas entidades, de diferentes naturezas, nomeadamente política, social e económica. Igualmente, no artigo 6.º, n.º 1, por sua própria iniciativa ou a requerimento do interessado, pode o Governo conceder isenções *"relativamente aos rendimentos de aplicação de capitais que se mostrem necessários ou convenientes ao desenvolvimento do País"*. Estas últimas configuram isenções de natureza real.

Qual o significado que se deve atribuir à expressão *"mostrem necessários ou convenientes ao desenvolvimento do País"*? É do domínio público que a Guiné-Bissau carece de capitais estrangeiros disponíveis para serem aplicados em benefício do desenvolvimento económico e social. Problema diferente é saber se são ou não *convenientes,* porquanto não raras vezes surgem situações de aplicação de capitais inadequadas às condições do país de utilização, neste caso concreto, a Guiné-Bissau, com a agravante da quase inacessibilidade do controlo e desenvolvimento de conhecimentos transmitidos, cavando ainda mais o fosso de dependência tecnológica do país; pelo que seriam merecedoras de uma tributação agravada.

Certo é que o legislador fiscal nos deixou "na penumbra", ao não fornecer nenhum elemento que possa sustentar possíveis teses nesta matéria. Assim sendo, deve socorrer-se das disposições do Código de Investimento, compatibilizando o interesse nacional em atrair capitais (*maxime* a tecnologia e não transferência de capitais em sentido restrito cujos resultados são dos mais desastrosos) necessários e úteis ao normal desenvolvimento do país com os interesses das empresas multinacionais investidoras, protegidos por acordos bilaterais ou multilaterais.

Algumas das isenções pessoais ou subjectivas recomendam uma análise, ainda que muito resumida. São as que constam das alíneas e) e f). Naquela consta que "*Estão isentos de impostos de capitais: As instituições de crédito sujeitas a Contribuição Industrial relativamente aos juros dos empréstimos concedidos*". A razão de ser desta isenção é tão-só a de evitar a tributação em cascata, porquanto os juros das instituições de créditos são os principais proveitos das suas actividades. Quanto à al. f), estabelece isenções para "*... Os comerciantes sujeitos a Contribuição Industrial relativamente aos rendimentos previstos na alínea b) e g) do artigo 1.º*". Tivemos a oportunidade de analisar anteriormente todos estes rendimentos e de demonstrar que, quanto à alínea b), não se trata de tributar rendimentos, mas sim juros que, nas palavras de VITOR FAVEIRO, são "pura e simplesmente a compensação ou forma de reequilíbrio da distorção quanto à simultaneidade das prestações na compra e venda"[474]. Em relação à mora, não há qualquer dúvida que se trata de uma indemnização por não cumprimento da contraprestação devida: o pagamento de preço. Nesta perspectiva, uma vez que não são situações compreendidas na aplicação de capitais, embora surjam formalmente como normas de isenção, trata-se de verdadeiras normas de exclusão de incidência, portanto, de não sujeição à disciplina deste Código, mas sim do CCI.

---

[474] *Noções fundamentais...*, Vol. II, p. 311.

5. TAXAS

Em matéria de taxas o Código consagrou um regime de taxa única de 25% para a aplicação de capitais, segundo o n.º 1 do artigo 22.º, inobservável quando se trate das seguintes situações: lucros ou dividendos atribuídos aos sócios; lucros auferidos nas contas em participação e juros de obrigações emitidas por quaisquer entidades públicas ou privadas, respectivamente, as als. c), d) e j) do artigo 1.º do Código. Em todas estas situações, a taxa é de 10% conforme resulta o artigo 22.º, n.º 2 do Código.

No n.º 3 do mesmo artigo, admite-se a possibilidade de o Governo conceder reduções da taxa de imposto, *"a aplicar aos rendimentos provenientes de aplicações de capitais considerados necessários ou convenientes ao desenvolvimento do País"*, desde que se observem as condições previstas no artigo 6.º do diploma em análise. Acontece que este último artigo não contém nenhuma condição a observar. a não ser que o legislador entenda por condições a iniciativa do Governo ou o requerimento de qualquer interessado (n.º 1), a consignação em lei ou acordos (n.º 2), e a reciprocidade de tratamento ou tratamento mais favorável para a Guiné-Bissau (n.º 3), todos do referido artigo. Salvo o que acabámos de apontar, nada mais consta que nos leve a concluir que se prevêem determinadas condições para a redução da taxa de imposto.

Por fim, consta do artigo 23.º que sobre o *"imposto de capitais não recai qualquer adicional"*. Refira-se que se trata de adicional para o Estado e/ou entidades públicas similares de população e território.

6. DETERMINAÇÃO DA MATÉRIA COLECTÁVEL

As normas substantivas complementares de incidência real para os tipos constantes do artigo 1.º estão previstas no artigo 8.º CICap. A primeira a referir é a que sujeita os mútuos e os juros de suprimentos ou abonos feitos pelos sócios à sociedade, respectivamente, als. a) e f) do artigo 1.º, à presunção de juros (n.º 1). Isto é, considera-se que vencem juros à taxa legal. Todavia, permite-se a apresentação de declaração escrita em contrário, na Repartição de Finanças competente para a liquidação, onde devem constar todos os elementos referidos no n.º 2 do artigo 9.º, *maxime* a taxa de juro estipulada e a data a partir da qual são devidos, bem como a assinatura das entidades credoras e devedoras, como obriga o artigo 8.º, n.º 2. Numa palavra, trata-se de uma presunção *juris tantum*, ilidível nos termos atrás indicados.

Para os restantes casos, que não configuram operações qualificáveis como mútuos ou juros de suprimentos ou abonos, considerados de aplicação de capitais compreendidos também no artigo 1.º, vigora o regime de efectividade de rendimentos, isto é, requer-se que haja um efectivo recebimento ou colocação à disposição do titular de rendimentos, ou ainda a existência da "possibilidade legal de os exigir, quer por serem estabelecidos na lei quer por força do contrato ou decisão judicial"[475]. Ainda seguem este regime as dívidas litigiosas julgadas e decididas pelo tribunal.

Por último, os rendimentos expressos em moeda estrangeira, segundo o n.º 3 do artigo 8.º, "*são convertidos em moeda nacional ao câmbio do dia do pagamento ou vencimento dos mesmos rendimentos*".

Em relação às normas processuais de determinação da matéria colectável, temos o manifesto da situação credora, no período de 30 dias a partir da respectiva constituição, em declaração elaborada em duplicado (altura em que ficam sujeitos ao imposto), segundo o artigo 9.º, n.º 1, ou nos 10 dias subsequentes à propositura da acção judicial em que se peça rendimentos – manifesto litigioso –, nos termos do artigo 12.º, para a situação dos rendimentos originados pelo diferimento no tempo de uma prestação ou mora no cumprimento de uma obrigação. Mas, segundo o n.º 3 do mesmo artigo 9.º, quando o credor não residir no território pátrio, a obrigação de manifesto é da responsabilidade do devedor que aí resida.

Em todas estas situações, o manifesto desempenha a função de acto de registo, no qual se baseia para efectivar o processo de liquidação do Imposto de Capitais, sem necessidade de, anualmente, se declarar os rendimentos[476]. Funciona como pressuposto da constituição da obrigação do contribuinte, não precisando de ser participada anualmente; ou seja, constitui pressuposto do exercício do direito de Estado à liquidação não sendo,

---

[475] VITOR FAVEIRO, *Noções fundamentais...*, Vol. II, p. 317.

[476] Elucidativas são as palavras de VITOR FAVEIRO, *Noções fundamentais...*, Vol. II, p. 320, também nota 2 da mesma p.: "A sua função é, assim, idêntica à das matrizes prediais, ou seja a de servir de tombo das situações susceptíveis de produzir rendimento, ou seja, registo idóneo para habilitar os órgãos fiscais competentes a realizarem, todos os anos, a liquidação do imposto correspondente ao rendimento, que normalmente flui do respectivo capital, sem necessidade da declaração anual de rendimentos".

contudo, elemento constitutivo da obrigação fiscal nem afecta os elementos determinantes da incidência real.

O Código prevê três tipos de manifestos. Dois deles estão expressamente consagrados. São os casos do *manifesto espontâneo*, resultante da solicitação do contribuinte ou do responsável principal, conforme o artigo 9.º do Código e do *manifesto litigioso*, previsto no artigo 12.º, para as situações de dívidas litigiosas, potenciadoras de rendimentos, carecendo da decisão judicial ou acta de transacção para efeitos de liquidação, no caso de se confirmar a dívida, cuja contagem de rendimento se suspende, enquanto perdurar o litígio.

Contudo, interroga-se qual a forma de suprir a falta do manifesto das situações jurídicas tributárias. Será que a resolução do problema passa apenas pela penalização do infractor, de acordo com o artigo 35.º CICap.? Parece-nos que, levantado o acto de transgressão e decidida a condenação do faltoso pela infracção cometida através de sentença judicial, que, com toda a segurança, ateste a realidade das situações tributárias, é possível – embora não se trate de hipótese expressamente contemplada – o chamado *manifesto oficioso*, realizado, na falta de solicitação pelo titular de rendimentos, por iniciativa e acção dos serviços[477], como sugere o citado artigo do Código.

Um dos principais efeitos jurídicos do manifesto é a sua *perdurabilidade*. Segundo reza o artigo 10.º, *"Considera-se que as situações manifestadas nos termos do artigo anterior originam o rendimento decorrente das mesmas situações enquanto não for declarada a sua extinção, sem prejuízo do disposto no artigo seguinte"*. Esta disposição visa suprimir a declaração anual dos contribuintes ou dos responsáveis-devedores relativamente aos rendimentos imputáveis no respectivo ano. Ensina VITOR FAVEIRO que este tipo de preceito "não passa de mera norma de continuidade do conhecimento oficial dos rendimentos produzidos pelas situações ou actos manifestados"[478].

A continuidade de conhecimento fica prejudicada, ou seja interrompida no caso da dívida litigiosa, desde que participada nos termos do artigo 11.º e requerida a suspensão dos efeitos contínuos do manifesto até à extinção da instância, juntando para o feito a prova de existência do litígio judicial, conforme o n.º 2, *in fine*. Incumbe ao titular do rendimento, no

---

[477] VITOR FAVEIRO, *Noções fundamentais...*, Vol. II, p. 323, nota 1.
[478] *Noções fundamentais...*, Vol. II, p. 324.

prazo de 30 dias após o termo do litígio, isto é, extinta a instância quer seja por transacção ou acordo quer seja por decisão transitada em julgado, entregar na Repartição de Finanças competente a acta de transacção ou cópia da decisão judicial, conforme manda o n.º 3 do mesmo artigo, com o objectivo de averbar o resultado no manifesto. Caso se confirme a dívida (dos rendimentos), proceder-se-á a liquidação do imposto.

O cancelamento do manifesto e a consequente falta de habilitação do Estado para o exercício do direito à liquidação dá sem efeito, para o futuro, a validade da situação ou acto dos quais resultam os rendimentos e constitui, portanto, uma obrigação que impende sobre o credor ou responsável-devedor. A comunicação, segundo o n.º 4 do artigo 9.º, deve ser feita, no prazo de 10 dias a partir da data da ocorrência do facto que dá origem ao cancelamento. Esta mesma previsão é aplicável à alteração da situação anteriormente manifestada.

Noutros casos, em que não ocorre a obrigação de manifesto (por sinal a maioria), a determinação da matéria colectável é atribuída por lei a terceiros, isto é, a entidade a quem cabe o pagamento dos rendimentos. Incluído no Capítulo relativo à matéria da liquidação (sentido restrito), o artigo 18.º dispõe o seguinte: *"O imposto devido pelos rendimentos não referidos nos artigos 16.º e 17.º será calculado pelas entidades que os devam pagar ao respectivo titular, no acto do pagamento ou no crédito em conta e será descontado no rendimento a pagar ou a creditar"*. Ora, os artigos 16.º e 17.º referem-se ao cálculo, extracção de conhecimento e liquidação do imposto devido pelos rendimentos resultantes das situações manifestadas. Todas estas operações são feitas pela Repartição de Finanças competente. Conclui-se daqui que os rendimentos que o legislador estará a referir são os que não se sujeitam à obrigação de manifesto, onde, portanto, se exclui a competência dos serviços da Administração fiscal para determinar a matéria colectável.

Verifica-se que a operação de determinação da matéria colectável do Imposto de Capitais não se encontra (devidamente) desenvolvida, não contendo o Código normas específicas sobre a matéria, salvo o artigo 7.º, que nos diz apenas que a *"matéria colectável do imposto de capitais é constituída pelos rendimentos efectivos referidos no artigo 1.º"*. Perante esta situação parece-nos que as normas relativas a este processo devem ser encontradas no domínio da liquidação em sentido lato, abrangendo as matérias da determinação da matéria colectável e da liquidação em sentido restrito, a exemplo do que acontece com o artigo 18.º, onde, para nós, figura uma operação daquele tipo: primeiro, a determinação da matéria colectável, e, em seguida a aplicação da taxa, o mesmo é dizer, a liquidação em sentido restrito[479].

Em todo este processo, pode acontecer o desconto do montante do imposto antes do pagamento dos rendimentos, situação que configura o fenómeno de retenção na fonte[480] ou, efectuado o pagamento dos rendimentos, não se proceder o desconto devido – donde resulta o direito de regresso contra o titular de rendimento a pagar ou a creditar, conforme manda o artigo 18.º, *in fine* –, o que configura a situação de responsabilidade por parte do contribuinte ou responsável-devedor, para além de constituir infracção prevista no artigo 39.º do Código.

Em concreto, a determinação da matéria colectável corresponde ao valor dos juros ou rendimentos efectivamente recebidos ou postos à disposição do seu titular. Estabelece o artigo 7.º que a "*matéria colectável do imposto é constituída pelos rendimentos efectivos...*". A expressão usada pelo legislador fiscal, "*rendimentos efectivos*", deve ser entendida no sentido de abranger não apenas os juros recebidos ou postos à disposição do seu titular, constantes do contrato, mas, também os casos de mútuos e suprimentos ou abonos feitos pelos sócios à sociedade, em que se presume o vencimento de juros legais, salvo a elisão por via da declaração escrita, em contrário.

Para o apuramento da matéria colectável a taxa aplicável é de 25%, salvo se tratar de aplicação de capital nas situações de lucros ou dividen-

---

[479] Sobre a discussão doutrinária acerca do conceito amplo e restrito da liquidação vide, entre outros, VITOR FAVEIRO, *Noções fundamentais...*, Vol. II, pp. 338-339.

[480] A doutrina defendida por VITOR FAVEIRO, *Noções fundamentais...*, Vol. II, p. 335, quanto à constituição da relação jurídica no domínio da retenção na fonte, segundo a qual, enquanto a entidade que paga rendimentos e desconta o montante do imposto, o retentor, não o entregar aos cofres do Estado, "procede no domínio do direito privado, não havendo outras relações jurídicas que não sejam entre a entidade retentora e os titulares de rendimentos", choca entre nós com a punição com multa estabelecida para a "falta de entrega do imposto deduzido na fonte... ou sua entrega fora do prazo legal", ou ainda para as "entidades que não descontem nos rendimentos o imposto devido", respectivamente os artigos 38.º e 39.º Trata-se do movimento do legislador contemporâneo, no sentido da "supressão da função do processo de transgressão para a condenação no pagamento do imposto..." (nota 2 da p. 337, vide também p. 341). Isto é, o legislador fiscal guineense prescinde do tribunal no conhecimento da matéria de incidência, determinação e condenação no pagamento do imposto devido pelo contribuinte ou responsável-devedor.

dos atribuídos aos sócios das sociedades; lucros auferidos nas contas em participação e rendimentos provenientes da concessão ou cedência de patentes de invenção e equiparados, em que a taxa é de 10%, nos termos, respectivamente, dos n.ºs 1 e 2 do artigo 22.º CICap.

Por último, o artigo 13.º prevê a possibilidade de cedência de créditos manifestados, devendo ser participada à Repartição de Finanças no prazo de 10 dias, segundo o n.º 2 deste artigo. Salvo estipulação escrita em contrário, considera-se que os rendimentos de aplicação de capitais cedidos são divididos entre cedente e cessionário de conformidade com as regras das als. a) e b) do n.º 1 do mesmo artigo. Assim, àquele é atribuída a *"importância do preço que exceder o capital mutuado"* e, a este, a *"importância dos rendimentos que efectivamente venha a receber deduzida do excesso..."*.

7. LIQUIDAÇÃO

Conforme acabámos de ensaiar atrás, parece-nos óbvio que o legislador fiscal consagrou um regime de processo de liquidação tomado em sentido amplo, onde cabem quer os processos conducentes à determinação da matéria colectável quer a liquidação em sentido restrito dos rendimentos efectivos, provenientes da aplicação de capitais constantes das várias alíneas do artigo 1.º do CICap.

Ficou anteriormente implicitamente referido, também, que a liquidação do imposto de determinadas situações de aplicação de capitais – mútuo e juros de suprimentos ou abonos feitos pelos sócios às sociedades – está dependente da existência e eficácia do manifesto: ou por solicitação do contribuinte (compreendendo quer a situação do artigo 9.º quer a do artigo 12.º) ou por acção oficiosa dos serviços na instauração do processo de transgressão. A sua eficácia perdura, como se viu, enquanto não for comunicado o cancelamento, sem prejuízo da sua suspensão nos casos da dívida litigiosa.

Ora, enquanto mantém a sua eficácia, o manifesto serve anualmente de base à liquidação do imposto pela Repartição de Finanças competente. É o que se estabeleceu no artigo 14.º, em nome do titular do rendimento ou do devedor, caso aquele não seja residente, não tenha sede ou outra forma de representação permanente no território pátrio.

A matéria da liquidação consta do Capítulo III, artigos 14.º a 21.º. Estabeleceu-se no artigo 14.º que é matéria da competência da Repartição de Finanças em cuja área se situe o domicílio, sede ou alguma forma de representação permanente do titular do rendimento ou do devedor, no caso de aquele não residir no país. Esta regra sofre desvio no que tange às situações em que, por lei, é imputada a obrigação tributária de retenção na fonte, o mesmo é dizer, competentes para a liquidação serão, neste particular, as entidades sobre os quais impende tal obrigação, nos termos do artigo 15.º, em que a prática de actos cabe, aos retentores.

Segundo o artigo 16.º, a Repartição de Finanças calculará no mês de Janeiro de cada ano o imposto devido pelos rendimentos resultantes das situações manifestadas, calculado relativamente ao ano civil anterior (n.º 1). Obviamente está a referir-se a situação de liquidação dependente da existência do manifesto imposto no artigo 9.º CICap: em nome do titular de rendimento, obrigado a manifestar a situação credora ou do responsável-devedor residente, caso aquele não resida na Guiné-Bissau[481]. O imposto, assim calculado, será debitado ao recebedor até o último dia do mês (n.º 2).

Dispõe o artigo 17.º, n.º 1, que a liquidação dos rendimentos de manifesto litigioso será também efectuada pela Repartição de Finanças, nos dez dias seguintes à entrega da sentença ou cópia da transacção que confirme a dívida. Desta operação será notificado o contribuinte, para eventualmente pagar nos dez dias posteriores à notificação; caso contrário, continua o n.º 2 do mesmo artigo, será o imposto debitado ao recebedor para cobrança eventual.

---

[481] Questão importante é a de saber se a operação de liquidação do imposto se fará alternadamente em nome do credor, quando resida no país, ou em nome do responsável-devedor, caso não se verifique a primeira situação, ou cumulativamente, isto é, em nome do credor, titular do rendimento e do responsável-devedor. Os artigos 9.º e 16.º não são esclarecedores nesse sentido. Contudo, entendemos, que se o credor é residente, deve a liquidação ser efectuada em seu nome; aliás, é a solução legal consagrada. Diferente será quando não tem residência no território nacional, situação para a qual o legislador imputa a responsabilidade ao devedor. É aqui que se coloca a consideração quanto ao tipo de liquidação a efectuar: alternada ou cumulativa. A questão é importante porque pode suceder que a liquidação seja feita apenas em nome do devedor e este já tenha efectuado o pagamento de juros e reembolsado a totalidade do capital, o que obrigaria a uma nova liquidação em nome do titular do rendimento. Razão pela qual entende VITOR FAVEIRO, *Noções fundamentais...*, Vol. II, p. 340, que, "nos casos da residência do credor fora daqueles territórios, a liquidação e a correspondente imputação da obrigação tributária ser feita cumulativamente ao titular dos rendimentos e ao responsável devedor".

Contrariamente, os rendimentos de aplicação de capital não sujeitos ao manifesto dispensam a intervenção dos serviços da Administração fiscal para efeitos de liquidação, seguindo o regime da autoliquidação, constante do artigo 18.º: as entidades que pagam rendimentos aos seus titulares são obrigadas ao cálculo e retenção do montante do imposto no acto de pagamento. Trata-se de uma figura jurídica muito usual no Direito Fiscal: a substituição fiscal ou tributária. Não se observando esta disposição, são aquelas entidades obrigadas a responder pela não retenção, sem prejuízo do processo de transgressão em que devem responder e da (eventual) condenação no pagamento de multa, se o procedimento não prescrever.

Estabelece o artigo 19.º que quando houver "*qualquer erro de facto ou de direito nas liquidações efectuadas nos termos dos artigos 16.º e 17.º ou nos cálculos referidos no artigo 18.º*", deverá a Repartição de Finanças "*corrigir esses actos mediante nova liquidação ou anulação oficiosa*". Convém sublinhar que a nova liquidação, a que se refere este preceito não significa que deva ser feita com base em factos novos, mas sim nos factos tomados em conta pela entidade pagadora.

Segundo o artigo 20.º, este direito caduca com o seu não exercício por parte do Estado, nos cinco anos subsequentes àquele a que respeita o rendimento, salvo o caso da liquidação relativa aos rendimentos resultantes da dívida litigiosa que, como é óbvio, se sujeitam à suspensão de contagem do rendimento nos termos do artigo 11.º, n.º 2. A anulação oficiosa, por sua vez, diz respeito à situação de enriquecimento sem causa por parte do Estado – liquidação de imposto em montante superior ao devido –, por erro da Administração fiscal ou do próprio contribuinte e requer que seja devolvido, restituído (ao contribuinte) o montante remanescente acrescido de juros. É bom precisar que o artigo refere a anulação oficiosa, o que não quererá significar que, no caso do erro derivar do contribuinte, não pode, por sua iniciativa, mediante reclamação ou impugnação no prazo legal, pedir a quantia paga a mais.

Consta do artigo 21.º que não se procederá a qualquer liquidação inferior a um determinado montante, considerado o mínimo que pode suportar a carga fiscal. Este mínimo foi fixado em 100 pesos guineenses, quantia ridícula que carece de actualização, tal como se fez para as multas degradadas pela inflação. Por outro lado, a sua expressão deve ser hoje referenciada ao Franco da Comunidade Financeira Africana, F. CFA.

8. COBRANÇA

A propósito da operação de liquidação em sentido amplo, tivemos a oportunidade de fazer referência esporádica às normas que integram a última fase do processo tributário centrado, *grosso modo*, na captação de receitas necessárias à efectivação das funções de Estado. No Código, esta matéria está regulada no Capítulo V, compreendendo os artigos 24.º a 27.º, nos quais constam, essencialmente, dois regimes: o dos artigos 24.º, segundo o qual o imposto liquidado pela Repartição das Finanças "*será cobrado eventualmente à boca do cofre no mês de Fevereiro de cada ano*", e 25.º, que manda que o imposto liquidado relativamente aos rendimentos resultantes da dívida litigiosa não sendo pago dentro do prazo estabelecido, 10 dias após a notificação ao contribuinte, "*será cobrado eventualmente no mês seguinte ao do seu débito ao recebedor*". Um outro regime contemplado é o constante do artigo 26.º para as situações de liquidação, feitas mediante a retenção na fonte. Neste, as entidades retentoras devem pagar o imposto devido nos 30 dias seguintes ao pagamento efectivo ou colocação à disposição dos titulares dos rendimentos, mediante guia a processar, em triplicado, na recebedoria da Fazenda Pública.

Tratando-se de liquidação adicional, segundo consta no artigo 27.º, n.º 1, o imposto deverá ser pago eventualmente no prazo de 10 dias, mas, para isso, deverá a Repartição de Finanças notificar o facto ao contribuinte. Não se verificando o pagamento dentro do prazo, conclui o n.º 2, será debitado ao recebedor para cobrança virtual no mês seguinte.

9. DEVERES FISCAIS ACESSÓRIOS DOS CONTRIBUINTES

Os principais e mais importantes deveres acessórios que impendem sobre os titulares dos rendimentos já foram, de uma maneira geral, retratados ao longo dos desenvolvimentos. Temos o dever de realizar o manifesto das situações credoras, bem como comunicar as alterações decorridas nos termos dos artigos 9.º, n.ºs 1 e 4 e 12.º todos CICap.

No artigo 11.º, n.º 3, consta o dever de apresentação da sentença ou acta de transacção para as situações de manifesto litigioso, resultante das dívidas litigiosas, em que fora requerida a suspensão dos efeitos do manifesto. Pensamos que este artigo deve ser interpretado no sentido de abranger também o dever de apresentação da certidão da causa, anualmente, a fim de atestar a pendência da instância. Obviamente que a não apresentação desta não tem, a nosso ver, consequências gravosas para o contribuinte, porque, através de diligência oficiosa junto do tribunal da causa, poderá a Administração fiscal obter as informações de que carece para averbar no manifesto.

Para as situações de cedência de créditos manifestados, o Código no artigo 13.º, n.º 2 impõe aos titulares da situação credora o dever de participação à Repartição de Finanças competente.

10. DEVERES FISCAIS DE TERCEIROS

Entre os deveres acessórios de maior vulto impostos a terceiros, situa-se o dever de retenção na fonte do montante do imposto devido e sua entrega ao fisco por parte das entidades que paguem rendimentos derivados da aplicação de capitais. Este dever consta do artigo 18.º do Código. Além deste, também se estabeleceu, na ausência de residência no território nacional do credor, a obrigatoriedade de terceiros efectuarem o manifesto, de acordo com o artigo 9.º, n.º 3.

Por fim, assiste às sociedades o dever de remeter para a Repartição de Finanças a decisão que atribui lucros aos sócios, constante da acta que aprova as contas. Esta leitura pode ser retirada do artigo 31.º, que manda declarar, em acta da sociedade, a decisão de atribuição de lucros aos sócios.

11. GARANTIAS GERAIS DOS CONTRIBUINTES

Constam dos artigos 32.º e 33.º, do Capítulo VII, as matérias relativas às garantias dos contribuintes. Estas resumem-se à reclamação e ao recurso. No Código, não foi estabelecido nenhuma disciplina específica para os processos gracioso e contencioso, pelo que se sujeitam ao regime geral previsto no CPT, tratado de forma mais ou menos circunstancial nos outros impostos parcelares. Aliás, isso mesmo consta do artigo 32.º, n.º 1, *in fine*: "... *nos termos e com os fundamentos previstos na lei de processo tributário*".

Consagrou-se no artigo 32.º, n.º 1, *primeira parte*, o direito de reclamação ou de recurso dos contribuintes e pessoas solidária ou subsidiariamente responsáveis pelo imposto contra a liquidação, pensa-se, efectuada pela Repartição de Finanças nos casos em que existe a obrigação de manifesto; isto porque o n.º 2 do mesmo artigo vem autonomizar a situação do imposto retido na fonte, nos termos do artigo 18.º, em que o direito de reclamação e impugnação pode ser exercido pelas entidades que pagam rendimentos ou pelos próprios titulares dos rendimentos.

Segundo o artigo 33.º, os prazos para o exercício destes direitos contam-se a partir da data do início da cobrança à boca do cofre ou do dia do pagamento no caso de cobrança eventual.

12. INFRACÇÕES

Estabeleceu-se no Capítulo VIII, artigos 34.º a 42.º as normas relativas às infracções. Logo no artigo 34.º, começa por se dizer que as infracções a este Código serão punidas nos termos dos artigos seguintes, devendo a graduação das penas, quando a isso houver lugar, ser feita de acordo com as disposições da lei do processo tributário, em matéria de processo de transgressão (cfr. artigos 72.º e ss do CPT). A matéria da graduação das penas está prevista no artigo 87.º do mesmo Código, segundo o qual será feita em função da gravidade objectiva, aferida pelo prejuízo causado ao Estado, e da gravidade subjectiva, fundamentada na culpa do agente infractor. É mais uma das repetições do que temos vindo a observar, através dos Códigos que regulam os impostos parcelares, e recordamos que, em matéria fiscal, o que releva para a aplicação da pena é o elemento subjectivo: o dolo ou a negligência em que se traduziu o incumprimento dos deveres legais acessórios. Por outro lado, dissemos oportunamente que o sistema de punição das infracções fiscais, previsto no CPT, deve admitir o princípio da exclusão da culpa ou de justificação do facto, podendo afastar totalmente a punibilidade.

Existe uma tipologia das infracções e penas de multas correspondentes ao tipo de conduta em causa: a falta do manifesto (artigo 35.º); a omissão ou inexactidão nas declarações, mormente a falta de indicação no manifesto da taxa de juros no contrato de mútuo, a falsa declaração da inexistência de lucros ou a simulação da qual resulta prejuízo para o Estado (artigo 36.º); a falta de declaração da extinção da instância judicial ou da cedência de créditos manifestados (artigo 37.º); a falta de entrega ou entrega fora de prazo do imposto deduzido na fonte pelas entidades pagadoras de rendimentos (artigo 38.º); a não realização da retenção na fonte, ou seja, o não desconto do imposto por parte das entidades a ele obrigadas (artigo 39.º). E, por fim, existe uma previsão residual, no artigo 40.º, para as infracções não especialmente previstas nos artigos anteriores.

Foi estabelecida, ainda, no artigo 41.º, a responsabilidade solidária pelo pagamento de multas, quando o infractor é uma pessoa colectiva. Assim respondem pela multa tanto a sociedade como os respectivos sócios, administradores ou gerentes ao tempo da infracção. Pensa-se que o espírito do artigo é no sentido de sancionar somente as pessoas que praticaram ou sancionaram o acto delituoso ou a omissão, se for caso disso. O pagamento espontâneo da multa, segundo o artigo 42.º, beneficia o infractor em 50% dos valores fixados.

Refira-se que a prescrição do procedimento penal prevista no artigo 93.º CPT, é de cinco anos e a da obrigação do pagamento de multas de dez anos. A contagem do primeiro prazo fica dependente da instauração do processo ou da prática de qualquer acto processual para a qual o arguido foi devidamente notificado, nos termos, respectivamente, dos n.ºs 1 e 2 do mesmo artigo.

13. FISCALIZAÇÃO

No CICap – tal como nos outros Códigos de Impostos parcelares e do Imposto Geral sobre as Vendas e Serviços –, foi consagrado um Capítulo autónomo em relação à matéria da fiscalização: trata-se do Capítulo VI, onde estão incluídos os artigos 28.º a 31.º. Para além da tradicional competência fiscalizadora específica atribuída à Direcção Geral das Contribuições e Impostos, que, não aparece referida neste Código, impende sobre determinadas entidades, devido às funções que desempenham o dever de comunicação das situações.

Nos termos do artigo 28.º, assiste aos notários a obrigação de comunicar todos os actos, contratos e outros em que intervenham, mesmo que se trate do reconhecimento de assinatura, desde que resultem ou possam resultar rendimentos sujeitos a este tipo de imposto às Repartições de Finanças competentes. Outrossim, os juízes dos tribunais, segundo o artigo 29.º, não podem autorizar a sequência de acções judiciais em que se peçam juros, sem que haja prova de que foi feito manifesto nos termos dos artigos 9.º e 12.º, salvo havendo declaração fundamentada de que os mesmos não estão sujeitos ou estão isentos.

De acordo com o artigo 30.º, os conservadores do registo predial e outras repartições onde se registem direitos reais, *maxime* o registo de propriedade automóvel, não podem proceder a registos de actos ou contratos sujeitos a manifesto sem que o mesmo se mostre efectuado.

SECÇÃO V.

IMPOSTO COMPLEMENTAR

1. CARACTERIZAÇÃO GERAL

A característica mais saliente do Sistema Fiscal guineense é a sua ossatura assente em impostos parcelares, atingindo parcialmente o rendimento do contribuinte e não a sua globalidade, o que se repercute em matéria da consideração da situação pessoal do contribuinte e da sua família. A desconsideração dos encargos pessoais e familiares, própria da tributação real, influencia o comportamento da capacidade contributiva, obstaculizando, assim, à realização da justiça fiscal.

Ocorre, por isso mesmo, a necessidade da correcção ou da atenuação dos defeitos do sistema de tributação real, através da adopção de um imposto pessoal que considere as características pessoais e económicas do contribuinte e sua família: o Imposto Complementar ou de sobreposição. Com este imposto, o sistema de tributação directa fica completa, formando um misto de impostos reais e imposto pessoal que, na sua apresentação, sugere que foi pensado, primeiramente, para as pessoas físicas ou singulares, acabando por incluir, também, as pessoas colectivas, até o aparecimento da Lei n.º 11/95, que marca o fim da sujeição destas às regras de incidência deste Código.

Com a aprovação e entrada em vigor do Decreto n.º 7/84 de 3 de Março[482], que aprova o Código do Imposto Complementar, segundo o artigo 3.º, ficou definitivamente revogado o Diploma Legislativo n.º 1755

---

[482] Publicado em Suplemento ao BO n.º 9, da mesma data. A sua criação marca o fim da reforma fiscal relativa à tributação directa sobre o rendimento das pessoas singulares e colectivas, iniciada em 1983 (e de alguma tributação indirecta, como é o caso do imposto de fabrico e consumo de aguardente criado pelo Decreto n.º 6/84, de 3 de Março).

de 8 de Maio de 1961, com todas as alterações introduzidas durante a sua vigência. Donde resulta que este imposto também é fruto da legislação fiscal produzida, ainda, ao tempo da colonização portuguesa, e que manteve, durante uma década a sua vigência após a independência, ao lado de outros tantos impostos parcelares que, paulatinamente, foram sendo revogados. Em consequência, tomaram corpo os actuais impostos reais parcelares mitigados com o imposto pessoal, que formam o esqueleto do Sistema Fiscal guineense em vigor.

Pensado como uma fórmula que permite atingir o rendimento global do contribuinte (inicialmente, incluía tanto as pessoas singulares com as colectivas), tinha subjacente a ideia de, num futuro mais ou menos próximo, catapultar o sistema para o imposto único sobre o rendimento das pessoas singulares e colectivas. Esta pretensão desde muito cedo começou a ser ameaçada e a ser posta em causa, devido à prática administrativa fiscal, assente no aproveitamento da declaração de rendimento dos impostos parcelares. Em consequência, somente pagam este imposto os "sujeitos que pagam os impostos parcelares e aqueles que mais pagam impostos parcelares"[483], pelo que constitui "elemento de perturbação na lógica da imposição cedular, agravando a tributação do que já é tributado..."[484].

O Imposto Complementar incide sobre os rendimentos produzidos em determinadas fontes pelos factores de produção terra, trabalho e capital, isoladamente ou combinados em regime de empresa económica comercial ou industrial. Para não fugir à regra que vinha observando quanto aos diplomas legais que aprovaram os impostos reais parcelares, o legislador fiscal entendeu por bem estender os efeitos deste Código às *"liquidações a fazer em 1984, relativas a rendimentos de 1983"*[485], conforme se pode ler no artigo 2.º deste diploma.

Contrariamente aos tipos tributários até aqui estudados, este imposto é caracterizado por ser global, porque incide sobre os rendimentos globalmente considerados das pessoas singulares ou físicas – e das pessoas colec-

---

[483] Esta circunstância faz com que seja desvirtuada a função do Imposto Complementar: corrigir os defeitos da tributação parcelar, ou seja, a personalização da tributação do rendimento. Acaba, sim, por constituir apenas um meio de captação de receitas para o Estado. Vide MANUEL BOTELHO DA SILVA, "O Direito fiscal legislado...", p. 320.
[484] RICARDO SÁ FERNANDES, *"A Reforma fiscal guineense"*, p. 91.
[485] Vide o que dissemos supra a propósito do princípio da capacidade contributiva.

tivas, até à aprovação da Lei n.º 11/95 –, e visa corrigir os defeitos ou as insuficiências das tributações parcelares, através do processo de englobamento dos rendimentos auferidos, formando a base de incidência real, com o objectivo de atingir, no todo, a capacidade contributiva dos sujeitos passivos.

A base de incidência real (e as taxas graduadas progressivamente) deve atingir a totalidade dos rendimentos auferidos pelo contribuinte (sujeitos de imposições parcelares) e sua família residente na Guiné--Bissau, quando legalmente constituída ou equiparada ao agregado familiar constituído nos termos da lei civil ou católica. Assim, para estes foi pensado o esquema de englobamento dos rendimentos, auferidos durante o ano civil. Desde logo, fica de fora, deste esquema de tributação conjunta, o agregado familiar não constituído segundo estas mesmas leis: os concubinos e os contribuintes sem família a cargo, os solteiros.

O espírito que conduziu o legislador fiscal foi o de personalizar a tributação sobre o rendimento das pessoas singulares, em virtude da consideração dos elementos que contribuem para a diminuição da capacidade contributiva, os designados *encargos com a família*, como consta em matéria de deduções do artigo 11.º do Código. Relativamente às pessoas colectivas, operava, pensa-se, como complemento da tributação dos rendimentos sujeitos à incidência da Contribuição Industrial e Imposto de Capitais. Tanto as sociedades comerciais ou civis sob forma comercial e não comercial como as sociedades irregulares eram sujeitos passivos deste imposto, pelos rendimentos produzidos no exercício da actividade comercial ou industrial no território nacional.

Ainda no que tange a estas últimas – as pessoas colectivas –, o Código estabelece que são tributadas pelos rendimentos reais auferidos e imputados à sede efectiva ou a alguma forma de representação permanente no território da Guiné-Bissau. Donde resulta que os rendimentos sem conexão com o país, concretamente os produzidos pelas empresas estrangeiras, sem estabelecimento estável neste território, escapam à sua disciplina. Encontramos em relação a elas um cunho de *pessoalidade*, caracterizado pela existência de um regime de taxas progressivas, como se de pessoas singulares se tratassem.

Determinadas soluções em que assenta esta forma de tributação são susceptíveis de críticas. Assim, a exigência da abrangência da totalidade dos rendimentos auferidos no ano civil pelo sujeito passivo, a sua característica de globalidade sugere, em princípio, que sejam tomados em consideração todos os rendimentos auferidos pelos seus titulares, ainda que isentos de impostos reais parcelares. Pura ilusão... O englobamento é limitado aos rendimentos provenientes de determinadas fontes (como se disse supra), mesmo que gozem de isenções, uma vez que somente estes foram considerados, pelo legislador fiscal, base de incidência real. Ora, esta limitação tem como consequência a ausência de tributação daquelas realidades que escapam à qualquer tipo de imposição, como, por exemplo, as mais-valias realizadas.

Por outro lado, a protecção da família, consagrada, constitucionalmente, impõe, em matéria fiscal, um tratamento não menos favorecido em relação às uniões de facto não reconhecidas judicialmente. O que acontece na prática, é a sua discriminação, pois os efeitos fiscais acabam por ser perversos e contrários a intenção do legislador constitucional que pensou um sistema de protecção que obriga o legislador ordinário. Em suma o esquema fiscal redunda numa dissonância com a Lei Fundamental, em matéria de protecção do contribuinte e sua família.

Em suma, fica expresso que ao Imposto Complementar está cometida a função de personalizar o sistema de tributação de rendimentos das pessoas singulares. Função essa não consentânea com a realidade social e cultural em que assenta, como demonstram algumas das soluções legislativas pensadas pelo legislador fiscal, e que não se adequam ao objectivo pretendido.

Impõe-se fazer uma última referência e relativa à matéria da sua evolução. Durante o período que caracterizou a sua vigência no Sistema Fiscal guineense, o Imposto Complementar sofreu duas alterações, até agora conhecidas: a primeira operada em 1995, quando pela Lei n.º 11/95, de 16 de Outubro, foi abolida a tributação dos rendimentos das pessoas colectivas; a segunda aconteceu com a revogação da al. b) do artigo 1.º, no tangente à incidência real em matéria dos rendimentos produzidos pelos prédios urbanos e sujeitos à Contribuição Predial Urbana, pelo artigo 17.º da Lei do Orçamento Geral do Estado para o ano de 1996, que dá por abolido o englobamento, para efeitos de tributação, dos rendimentos objectos de incidência desta Contribuição.

2. OBJECTIVOS

Dissemos, *supra,* que o Imposto Complementar visa a *personalização* da tributação das pessoas singulares, própria do sistema de impostos reais parcelares e a *complementação* do sistema no sentido de atingir toda a capacidade contributiva das pessoas colectivas, respectivamente. O primeiro objectivo – os efeitos da tributação da pessoa física ou singular – só se consegue em relação às pessoas sobre as quais se exerce a soberania estadual: as pessoas residentes. Resulta desta consideração que a pessoa do residente é tomada como elemento fundamental do regime de sujeição e, consequentemente, a prevalência das normas de sujeição pessoal sobre as de incidência real; contrariamente, para o não residente, a existência de uma representação permanente no território da Guiné-Bissau é elevada à categoria de elemento fundamental do regime de incidência.

Para a consecução dos objectivos de complementação do sistema de tributação dos rendimentos assente em impostos parcelares, que tributam separadamente os rendimentos das várias fontes produzidos no território da República da Guiné-Bissau, o lugar, a circunstância objectiva que integra o regime do Imposto Complementar, desempenha uma dupla função: *lugar de produção* e de *residência ou estabelecimento*. Nos termos do primeiro, os rendimentos produzidos no território nacional ficam sujeitos à soberania do Estado e, portanto, devem ser objecto de um mesmo tratamento, quer em sede de impostos parcelares quer em sede de Imposto Complementar; ou, sendo isentos daqueles, deve vigorar para todos o regime deste, isto é, torna-se necessário uma tributação de efeitos correctivos ou que permita suprimir os efeitos que, do ponto de vista colectivo, apresentam inconvenientes (a não sujeição de determinados rendimentos a qualquer tipo de imposição parcelar).

Enquanto que, para o prosseguimento do objectivo da pessoalização da distribuição da carga tributária, visando o respeito da capacidade contributiva das pessoas singulares (e colectivas, anteriormente), o princípio da residência torna-se importante e é chamado à colação, como pressuposto da tributação, nos termos em que todas as pessoas, vivendo num mesmo território e dispondo de igual rendimento global e iguais encargos, apresentam a mesma capacidade contributiva. Nesta perspectiva, compete ao Estado de residência a medição dessa capacidade, bem como o estabelecimento dos elementos que determinam a pessoalização da incidência do imposto global[486].

Face à revogação do regime de incidência em relação às pessoas colectivas, não faz hoje muito sentido a tributação dos estabelecimentos

---

[486] Para mais desenvolvimentos dos objectivos propostos pelo Imposto Complementar, vide VITOR FAVEIRO, *Noções fundamentais...*, pp. 826-827.

estáveis de não residentes, pessoas singulares, dado que, neste caso, o Estado da fonte, a Guiné-Bissau, não está bem colocado para medir a capacidade contributiva daqueles, apesar de, literalmente, este tipo de sujeição ainda constar do Código.

3. OBJECTO MEDIATO

O Imposto Complementar tem como objecto mediato os vários rendimentos auferidos pelos contribuintes, aqui tratados como um todo, sem a individualização própria dos impostos parcelares. Por via do englobamento, os impostos parcelares perdem a sua individualidade para dar lugar a um rendimento global, objecto mediato e imediato deste imposto. Esta particularidade apresentada, traduzida na dupla configuração de uma mesma realidade – objecto mediato e imediato do mesmo imposto –, diferencia-o dos impostos parcelares, em que não ocorre este fenómeno e há uma clara dissociação das figuras jurídicas dos dois objectos[487].

4. O LUGAR DE PRODUÇÃO E DE RESIDÊNCIA DO TITULAR DE RENDIMENTO

O lugar de produção chamado a orientar o englobamento dos rendimentos auferidos pelas pessoas singulares encontra-se já considerado na sujeição que os mesmos tiveram previamente em sede dos impostos parcelares (tributados em função da fonte), pelo que não há que buscar um critério autónomo para o Imposto Complementar. A ideia de *"rendimentos produzidos no território da Guiné-Bissau"* está já consumida no requisito de *"sujeitos aos seguintes impostos parcelares"*, pelo que não se trata, em bom rigor, de verdadeiras exigências cumulativas.

O artigo 8.º estabelece que *"A matéria colectável do Imposto Complementar é constituída pela soma dos rendimentos mencionados no artigo 1.º, auferidos ou postos à disposição dos seus titulares em cada ano civil"*. Ora, os rendimentos mencionados no artigo 1.º são somente os produzidos no território nacional e sujeitos aos impostos parcelares ainda que deles isentos. O critério da fonte de produção manda tributar, no país (local de produção), os rendimentos nele produzidos. Por outro lado, o regime de

---

[487] VITOR FAVEIRO, *Noções fundamentais...*, pp. 822-823.

englobamento previsto neste artigo refere-se aos rendimentos auferidos ou postos à disposição dos seus titulares no território guineense, mas tal também não se trata de requisito autónomo, visto que só esses rendimentos poderiam ter sido previamente objecto de tributações parcelares. Nesta categoria, constam, pensamos nós, os pagamentos e as colocações de rendimentos à disposição dos seus titulares.

A residência da pessoa singular (artigo 2.º, n.º 1.º) confere legitimidade para a tributação da globalidade dos rendimentos auferidos pelos *residentes* e, simultaneamente, faz desencadear um regime de abatimentos constante do artigo 10.º relativamente aos rendimentos parcelares englobados e aos rendimentos isentos do Imposto Complementar, bem como um regime de deduções, mínimo de existência familiar e encargos sociais obrigatórios, suportados pelos salários, conforme a previsão do artigo 11.º. E, no concernente aos *não residentes*, em virtude de serem tributados em função da representação permanente pensamos que beneficiam apenas de deduções constantes do artigo 10.º todos CICompl.

A questão da consideração de quem é ou não residente ficou resolvida no n.º 2 do artigo 2.º, que reza o seguinte: "*Entende-se que as pessoas referidas no número anterior têm o domicílio, residência efectiva, sede ou alguma forma de representação permanente no País quando aqui residem ou se estabeleçam por períodos superiores a 6 meses por ano*". Eis os requisitos para a consideração de uma pessoa como residente ou estabelecida (o critério da sede não faz hoje sentido dado que as pessoas colectivas já não são objecto de incidência) no território do Estado da Guiné-Bissau e, logo, submetida a sua soberania fiscal.

Pergunta-se: qual o tratamento fiscal das remessas dos imigrantes guineenses com familiares na Guiné-Bissau? Note-se que são ajudas que os residentes no estrangeiro enviam às suas famílias. Deverão ser incluídas para efeitos da personalização do imposto a desempenhar pelo Imposto Complementar? A resposta é, com certeza, negativa, porque são rendimentos não produzidos no território nacional e não resultam de uma das fontes de rendimentos, tributados separadamente em sede da tributação parcelar, portanto, sujeitos ao regime de englobamento da tributação pessoal. Pelo que não nos parece, tal como está prevista a norma fiscal, que tais remessas estejam sujeitas ao regime de englobamento previsto para a personalização do Sistema Fiscal.

5. INCIDÊNCIA REAL

Os rendimentos objecto de incidência real do Imposto Complementar constam do artigo 1.º, cuja primitiva versão rezava: *"... incide sobre os rendimentos globais das pessoas singulares e colectivas produzidas no território da Guiné-Bissau em cada ano civil e sujeitos aos seguintes impostos parcelares: a) Contribuição Industrial; b) Contribuição Predial Urbana; c) Imposto Profissional; d) Imposto de Capitais"*. Como se podia observar, objecto de incidência real do Imposto Complementar eram os rendimentos globais das pessoas singulares e das pessoas colectivas.

Trata-se, em suma, de um tipo de incidência real diferente da dos impostos parcelares, por se incidir precisamente sobre os rendimentos globais submetidos aos diferentes impostos cedulares. Por outro lado, como se disse *supra*, actualmente, registaram-se duas importantes alterações que se traduziram na não inclusão dos rendimentos provenientes dos prédios urbanos e sujeitos à Contribuição Predial Urbana, neste grupo, e bem assim, a abolição da tributação dos rendimentos auferidos pelas pessoas colectivas. Isto é, a actual versão não considera a sujeição dos rendimentos provenientes desta Contribuição, nem a sujeição dos rendimentos das pessoas colectivas à disciplina deste Código.

Outrossim, não se incluem tendencialmente nesta incidência real os rendimentos derivados das chamadas operações petrolíferas[488], sujeitas ao imposto sobre o rendimento em sede da Contribuição Industrial – nos termos do artigo 3.º deste Código[489], reforçado pelo artigo 14.º, n.º 3, Secção A e n.º 4 Secção B[490] do Decreto n.º 40/83, de 30 de Dezembro, que apro-

---

[488] Consagra o artigo 2.º do Regulamento do Imposto sobre a produção «ROYALTY» e do Imposto sobre o rendimento dos hidrocarbonetos líquidos ou gasosos: *"Toda a tributação relativa à produção e a incidente sobre os rendimentos da actividade de pesquisa, exploração e transporte de hidrocarbonetos líquidos ou gasosos, designadas por operações petrolíferas, é regulada pelo Código da Contribuição Industrial e por este regulamento e ainda por qualquer Decreto que aprove contratos entre a PETROMINAS e Sociedades Estrangeiras, não lhes sendo aplicável nenhuma outra lei ou regulamento fiscais."*

[489] Dispõe o artigo 3.º do CCI: *"Os rendimentos provenientes da actividade de pesquisa, desenvolvimento e exploração de hidrocarbonetos líquidos ou gasosos são passíveis de Contribuição Industrial nos termos do artigo 49.º deste Código e de harmonia com o disposto no Regulamento do Imposto sobre o rendimento de hidrocarbonetos líquidos ou gasosos."*

[490] Reza o artigo 14.º deste Regulamento sob o Título (II) Imposto sobre o rendimento:
"1. O imposto de que se trata este Título incide sobre os rendimentos obtidos

vou o Regulamento do Imposto sobre a produção "Royalty" e Imposto sobre o rendimento de hidrocarbonetos líquidos ou gasosos – na medida em que se trate de rendimentos produzidos por pessoas colectivas, excluídas, a partir da alteração introduzida em 1995, das normas de incidência real deste imposto.

6. SUJEIÇÃO PESSOAL

As normas de sujeição pessoal constam do artigo 2.º, n.º 1, do CICompl. Anteriormente, não havia qualquer diferenciação formal dessas normas em função da qualidade jurídica do sujeito passivo do imposto: *"São sujeitos passivos do imposto todas as pessoas singulares ou colectivas titulares dos rendimentos mencionados no artigo 1.º, desde que tenham domicílio, residência, sede efectiva ou alguma forma de representação permanente à qual sejam imputáveis os rendimentos no território da Guiné-Bissau"*. Hoje, apenas as pessoas singulares, de acordo com o n.º 2 do mesmo artigo, serão tributadas pelos rendimentos globais produzidos no território guineense, desde que sejam residentes na Guiné-Bissau, ou, no caso de não residentes, pelos rendimentos imputáveis a estabelecimentos estáveis nele situados.

Resulta da norma de incidência pessoal que são sujeitos passivos deste imposto as pessoas singulares que auferem rendimentos tributados, em sede de um dos impostos parcelares, previsto no artigo 1.º, ainda que

---

nas operações petrolíferas até ao Ponto de Entrega («Delivery Point»). Qualquer transferência de interesses num contrato com a PETROMINAS entre uma Sociedade Estrangeira e as suas afiliadas ou qualquer outra Sociedade Estrangeira não será considerada uma actividade susceptível de produzir rendimento tributável para este efeito e, portanto, tal transferência não estará sujeita a imposto.

2. A tributação divide-se em duas fases, de acordo com as disposições das secções do Capítulo II:

3. SECÇÃO A – o imposto a pagar, de acordo com o Código da Contribuição Industrial, incidirá sobre a totalidade dos rendimentos do contribuinte produzido no território nacional da Guiné-Bissau, na plataforma continental e na zona económica exclusiva, pelo exercício das actividades referidas no número 1.

4. SECÇÃO B – o imposto basear-se-á no rendimento auferido na exploração dos jazigos da totalidade da área coberta por cada contrato entre a PETROMINAS e as Companhias Estrangeiras e será condicionado pelo nível de rentabilidade da respectiva exploração."

deles isentos. Estão nesta categoria os cônjuges, filhos e enteados menores, segundo o artigo 3.º CIComp, tributados pelos rendimentos que auferem, não isentos do Imposto Complementar, através da criação da unidade contributiva composta por vários sujeitos jurídicos: o agregado familiar. Deste modo, não há "coincidência entre o sujeito passivo do imposto e a unidade contributiva"[491], pois que a capacidade contributiva desta é dada pelo conjunto dos rendimentos dos membros da família.

A criação da figura do administrador dos bens da família, posição atribuída a qualquer um dos cônjuges, não conflitua com a noção da família como unidade contributiva. Subentende-se que a intenção do legislador fiscal é a de encontrar alguém que, nomeadamente, paga o imposto, cumpre os deveres fiscais acessórios e o dever de declarar os rendimentos do agregado familiar e é constituído na posição de entrar em relação com a Administração fiscal. A formulação não parece muito feliz pois pode inculcar a ideia de que o outro cônjuge ou os próprios filhos ou enteados não são sujeitos passivos do imposto, ou seja, são isentos. Daí decorreria uma injustiça grave. De resto isso mesmo resulta das normas que permitem a dedução, pois só o contribuinte beneficia de isenção, não se prevendo para o outro cônjuge, filhos ou enteados menores nenhuma dedução.

Resumidamente, não obstante a referência do Código às pessoas singulares, o que se verifica, na prática, é a atribuição da personalidade tributária passiva a um dos cônjuges, responsável pela administração dos bens da família, o que coloca algumas questões, nomeadamente que bens respondem pelas dívidas do imposto. Como se sabe, esta situação não se ajusta a alguns regimes de bens patrimoniais. Tivemos a oportunidade de manifestar a nossa opinião sobre a opção do legislador, no que se refere ao regime que nos parece encontrar expressão, em relação às pessoas casadas (e equiparadas), em regime de comunhão geral de bens ou comunhão de bens adquiridos, e não as que optam por um regime de separação, bem como as não casadas e solteiras, e a consequente tributação de cada um dos cônjuges ou concubinos/solteiros pelos seus próprios rendimentos, em função dos bens próprios que cada um administra.

Através dos membros do agregado familiar se consegue atingir a capacidade contributiva da família, como se pode observar pelo artigo 9.º que dispõe: "*A matéria colectável dos contribuintes é constituída pelas*

---

[491] José Luís Saldanha Sanches, "*O Imposto Complementar como imposto de rendimento*", RJ, n.º 4, 1984, Lisboa, p. 194.

somas dos mesmos rendimentos, auferidos em cada ano civil, quer pelo responsável da administração dos bens familiares, quer pelas pessoas que constituem o seu agregado familiar, tal como definido no artigo 3.º deste Código". Ainda, o artigo 4.º vem alargá-los nos seguintes termos: *"Nos rendimentos das pessoas singulares compreendem-se ainda os derivados da participação das mesmas em sociedade civis"*.

7. ISENÇÕES

Nos artigos 5.º a 7.º CICompl, estão estabelecidas as isenções. As de natureza pessoal constam do artigo 5.º e as de natureza real estão previstas no artigo 6.º, para as actividades consideradas de *"relevante interesse nacional"*, cujo significado o legislador não se honrou em precisar, não obstante nos parecer que são as que contribuem para o desenvolvimento económico e social do país, justificando, portanto, o afastamento das normas de tributação-regra, e são concedidas por iniciativa do Governo ou convenção de direito público (os contratos administrativos com incidência fiscal a que, por várias vezes, fizemos alusão). Por último, no artigo 7.º, foi decidida a manutenção das isenções resultantes das convenções em que o Estado da Guiné-Bissau é parte. Note-se que, em todas estas normas, figuram como beneficiárias (ou potenciais beneficiárias) de isenções apenas as pessoas colectivas. Pelo que hoje está destituído de sentido.

8. TAXAS

Tivemos oportunidade de referir as alterações sofridas em matéria de taxas.

No artigo 24.º foram estabelecidas duas tabelas em função da qualidade da pessoa: para as pessoas singulares estão previstas na al. a) e para as colectivas na al. b). Como é óbvio, da abolição da tributação complementar dos rendimentos destas últimas, pela Lei n.º 11/95, de 16 de Outubro, passou a existir uma única tabela e relativa àquelas pessoas, conforme a alteração introduzida pela LOGE 1998, que fixa as taxas entre os níveis de 4% a 20%, respectivamente, mínimo e máximo e referenciado ao F.CFA, em curso no país a partir da efectiva adesão do país a UMOA e UEMOA.

O regime de taxa que está sujeito o agregado familiar, cujos rendimentos dos seus membros são englobados, não se adequa com o regime de englobamento, previsto para os rendimentos dos membros que constituem a família legalmente constituída. Esta situação tem como efeito a tributação da família através de uma escala de taxa mais elevada do que se verificaria caso se observasse a tributação separada dos rendimentos dos membros do agregado familiar.

9. DETERMINAÇÃO DA MATÉRIA COLECTÁVEL

Tal como para os impostos parcelares, também em relação ao Imposto Complementar as normas relativas à determinação da matéria colectável dividem-se em duas categorias: as normas de direito substantivo, complementares da incidência real, e as de direito adjectivo ou processual.

Quanto às primeiras – as normas de direito substantivo complementares da incidência real – refira-se que a matéria colectável é constituída pela soma ou englobamento dos rendimentos das pessoas singulares, como consta do artigo 9.º, norma complementar de incidência real que toma como protótipo os agregados familiares regularmente constituídos nos termos da lei civil ou católica e equiparados, tal como manda a Lei n.º 3/76, de 5 de Maio. Da conjugação dos artigos 1.º e 4.º resulta que os rendimentos englobáveis são os sujeitos aos impostos reais parcelares, ainda que deles isentos, incluindo os derivados da participação em sociedades civis, sujeitos ao Imposto de Capitais.

De acordo com o estabelecido no artigo 10.º, aos rendimentos englobados que formam a matéria tributável são abatidas as importâncias pagas em sede de impostos reais parcelares, bem como os rendimentos isentos. Deste abatimento resulta o chamado rendimento tributável ou rendimento global líquido que, por sua vez, também está sujeita às deduções, nos termos do artigo 11.º, a saber: as *deduções ao mínimo de existência*[492] [constantes das als. a) e b)], embora não tomam em consideração nem o estado civil ou número de membros do agregado familiar como manda o princí-

---

[492] Diga-se que o mínimo de existência deve marcar o limite da capacidade contributiva e assegurar aos pais e filhos e outros membros da família (aqui tomada na sua acepção lata em concordância com a realidade guineense-africana) o mínimo de dignidade humana. Nos termos em que é concebido, configura um direito a prestações sociais, pois são deduções ao rendimento tributável, contrariamente à ideia do mínimo que marca o limite da imposição fiscal.

pio do Estado fiscal e os *encargos sociais obrigatórios suportados pelos salários* [de acordo com a al. c)], nomeadamente os encargos com a Previdência Social; abonos de família; pensões;...

Em alguns casos, o englobamento dos rendimentos do contribuinte e membros do seu agregado familiar (legalmente constituído ou equiparado) fica dependente da decisão judicial ou acordo de transacção, como sejam os casos de rendimentos litigiosos e dependentes da dissolução do agregado familiar. São situações que consideramos anómalas, que diferem da normalidade dos casos e que condicionam o processo.

Relativamente aos primeiros, diríamos que, antes de tudo estão sujeitos ao veredicto judicial ou privado. Só após conhecida a decisão judicial ou os termos da transacção, se for caso disso, se poderá com rigor saber a quem pertencem tais rendimentos, donde decorre a obrigação do seu englobamento no conjunto dos rendimentos auferidos durante o ano civil, na situação de ainda não se ter verificado o apuramento da matéria colectável; caso contrário, fica o seu titular obrigado a proceder conforme as disposições do CICap, nomeadamente, em matéria de manifesto.

No tangente aos casos da dissolução da sociedade conjugal, ainda no decurso do ano civil, o englobamento deverá respeitar o termo oficial dessa relação que poderá ser a data do averbamento no registo civil da decisão judicial que declara a anulação ou nulidade do matrimónio. Antes desta data, os rendimentos auferidos por cada um dos cônjuges e seus filhos menores ou enteados são sujeitos ao regime de englobamento, próprio da família constituída nos termos da lei civil ou católica, enquanto unidade fiscal; depois, deixará de existir tal obrigação, passando cada um dos cônjuges a responder somente pelos rendimentos que produziu durante o ano civil, bem como os provenientes dos bens dos filhos ou enteados menores com quem passa a viver em "ambiente familiar".

Por fim, quanto às pessoas não casadas ou agregado familiar não constituído nos termos da lei ou equiparado a matéria colectável não segue o regime de englobamento. Portanto, cada um dos contribuintes é tributado pelos rendimentos produzidos durante o ano, abatidas as importâncias pagas com os impostos reais parcelares e rendimentos isentos do Imposto Complementar, deduzido o mínimo de existência e encargos sociais obrigatórios suportados pelo salário, respectivamente, nos termos dos artigos 10.º e 11.º do Código.

E qual a situação dos rendimentos dedutíveis nos termos do artigo 35.º CCI? Este artigo manda deduzir à matéria colectável da Contribuição Industrial os prejuízos, os rendimentos isentos por lei especial e os rendimentos sujeitos a alguma tributação directa de natureza especial, porventura o imposto sobre a produção «royalty» e imposto sobre o rendimento dos hidrocarbonetos[493]. Logicamente, que o rendimento a englobar na tributação complementar é apenas a matéria colectável da Contribuição Industrial, depois de efectuadas as deduções, porque de outro modo não se estaria já a tributar um verdadeiro rendimento. Mas lembre-se que, actualmente não vigoram as normas de incidência real quanto às empresas comerciais e industriais; pelo que não faz sentido a consideração deste artigo.

As normas adjectivas ou processuais de determinação da matéria colectável encontram-se, basicamente, no artigo 12.º CICompl. No seu n.º 1, manda, para efeitos de apuramento da matéria colectável, que os contribuintes, as pessoas singulares (uma vez que as colectivas, actualmente, não são sujeitos passivos deste imposto) apresentem anualmente, durante o mês de Setembro, a declaração de rendimentos modelo-1. De acordo com o n.º 2 do mesmo artigo, deverá fazer-se acompanhar da declaração (devidamente assinada, conforme o artigo 13.º, pelo contribuinte, pelo seu representante legal ou qualquer pessoa a seu rogo, no caso de não saber ou não poder assinar) um documento comprovativo da composição do seu agregado familiar. Contudo, este dever (de apresentação da declaração e do comprovativo da composição do agregado familiar), segundo o n.º 3, só se torna exigível quando os rendimentos a englobar ultrapassem os montantes previstos para o mínimo de existência conjugal ou familiar constantes das als. a) e b) do artigo 11.º CICompl.

Pergunta-se se apenas um dos cônjuges (administrador dos bens familiar) ou ambos devem assinar a declaração de rendimentos. Isso porque esta questão tem reflexos em matéria de responsabilidade, nomeadamente pela falsa declaração e pela dívida de imposto. Tal como está pen-

---

[493] Trata-se, como dissemos a propósito da Contribuição Industrial, de um imposto que incide sobre a produção, a chamada «royalty» e sobre o rendimento dos hidrocarbonetos líquidos ou gasosos. Dada a especificidade dos rendimentos sujeitos a este imposto, a saber, os rendimentos provenientes de actividades de produção e pesquisas, exploração e transporte de hidrocarbonetos líquidos ou gasosos, as designadas *operações petrolíferas*, decidiu-se a criação de um regime de tributação próprio, especial relativamente à Contribuição Industrial, regulado pelo já citado Decreto n.º 40/83, de 30 de Dezembro. Este regime baseia-se na concessão de isenções previstas no artigo 3.º, n.ºs 1 e 2, do mesmo diploma.

sada, parece-nos que esta obrigação recai unicamente sobre o cônjuge administrador de bens, o que leva a concluir que coloca em perigo o princípio constitucional de igualdade entre os cônjuges. Pelo que advogamos que ambos os cônjuges devem assinar a declaração de rendimentos.

No actual contexto social e cultural das nossas populações, este dever fiscal acessório encontra dificuldade quanto à sua concretização, na medida em que uma grande maioria tem um nível de instrução que não permite cumprir com tais obrigações, pois não sabe ler ou escrever. Revela-se, de alguma forma, de difícil cumprimento a colaboração requerida aos contribuintes. Por outro lado, a Administração fiscal, na generalidade dos casos, toma em consideração as declarações apresentadas para a liquidação dos impostos parcelares. Se, de um lado, *atenua* a situação, de outro, compromete seriamente os objectivos da personalização da tributação sobre o rendimento.

A principal característica da (primeira) declaração de rendimentos globais é a continuidade dos seus efeitos. Isto é, enquanto não se verificar uma das alterações previstas no n.º 4 do artigo 12.º, confere o direito de liquidação ao Estado, não sendo necessário a sua renovação. A cessação dos seus efeitos dá-se com a apresentação, pelo contribuinte, de uma nova declaração de rendimentos, em virtude da ocorrência de uma das seguintes circunstâncias: a alteração da composição do agregado familiar, com reflexo no cálculo do imposto devido; a alteração das fontes de rendimentos; ou a alteração da morada do agregado familiar com consequência no domínio da competência em matéria de liquidação, isto é, a não coincidência entre a Repartição de Finanças competente para a liquidação dos impostos cedulares e a Repartição de Finanças competente para a liquidação do Imposto Complementar, respectivamente as als. a) a c) do n.º 4 do mesmo artigo do Código.

Recebida a declaração na Repartição de Finanças competente, é, desde logo, objecto de conferência, nos termos do artigo 14.º, com vista à confrontação dos elementos, nela constantes, com os relativos aos impostos parcelares, existentes nessa mesma repartição.

A apresentação da declaração de rendimento global modelo-1 implica a prática de determinados actos tributários preparatórios, nomeadamente o preenchimento do modelo em duplicado e a autoliquidação, prevista no artigo 17.º, não obstante o artigo 15.º estabelecer que a competência para a liquidação do imposto cabe à Repartição de Finanças da área de residência do contribuinte.

A autoliquidação significa que o contribuinte efectua o englobamento e a liquidação, o que condiciona as características da definitividade e executoriedade do acto tributário à entrega e recepção da declaração, bem como o pagamento do imposto devido na Repartição de Finanças competente, como se pode comprovar pelo artigo 17.º do mesmo Código. A não entrega da declaração ou a sua entrega tardia, quando não seja dispensável, transfere para a repartição competente o dever de proceder o englobamento dos rendimentos no verbete modelo-2 com base nos elementos de informação existentes.

10. LIQUIDAÇÃO

As normas relativas à liquidação do Imposto Complementar constam dos artigos 15.º a 23.º do CICompl. A competência para a liquidação é atribuída, segundo o artigo 15.º, à Repartição de Finanças da área de residência do contribuinte, sem embargo da autoliquidação, conforme o artigo 17.º. De acordo com o artigo 20.º, esta competência resume-se, no caso de ser efectuada a autoliquidação, à conferência dos documentos, à emissão de conhecimento de cobrança; e à correcção ou liquidação adicional, caso se verifiquem erros de facto ou de direito durante o processo. Isto é, destina-se à verificação da correcção da declaração e dos cálculos efectuados pelo contribuinte. No caso de não se verificar a autoliquidação, cabe à Repartição de Finanças esta tarefa, de acordo com o artigo 19.º, devendo ser concluída, em conformidade com o preceituado no artigo 21.º, até o mês de Outubro de cada ano.

O direito do Estado à liquidação do imposto conferido pela declaração de rendimentos modelo-1, enquanto produzir os efeitos, só caduca decorridos cinco anos subsequentes àquele a que respeitam os rendimentos. Diga-se, para terminar, que sobre o Imposto Complementar, segundo o artigo 27.º, não recai qualquer adicional para o Estado.

11. COBRANÇA

O Capítulo V é dedicado à matéria da cobrança, cujas regras constam dos artigos 25.º a 27.º CICompl. Assim, a entrega do montante do imposto, calculado nos termos do artigo 17.º (autoliquidação), será feita eventualmente no momento da entrega da declaração moldelo-1. No artigo 26.º, o imposto liquidado pela Repartição de Finanças, em conformidade com o artigo 19.º, com substituição do contribuinte faltoso, é debitado ao recebedor para efeitos de cobrança eventual; no caso de liquidação adicional (artigo 20.º), será feita virtualmente à boca do cofre no mês de Novembro.

12. DEVERES FISCAIS ACESSÓRIOS

Neste Código, à semelhança dos Códigos de impostos parcelares, impendem sobre os contribuintes alguns deveres fiscais acessórios, cujo não cumprimento é punível com pena de multa, enquanto infracções fiscais, designadas como transgressões fiscais. Entre os deveres, aquele que maior destaque mereceu (é o único expressamente previsto) figura no artigo 12.º, n.º 1: o dever de apresentação da declaração modelo-1 de rendimentos englobados, durante o mês de Setembro, para efeitos de apuramento da matéria colectável. Este dever é universal e destinava-se anteriormente tanto às pessoas singulares como às colectivas (quanto a estas ressalva-se tudo quanto se disse).

Sem pretendermos questionar a bondade desta norma legal, duvidamos que tenha o acolhimento devido, ou seja, a devida aplicação prática, pela simples razão que, aliás, tivemos a oportunidade de aduzir anteriormente. Não se pode ignorar a nossa realidade. A população do país, por um lado, é constituída na sua grande maioria por pessoas com pouca ou nenhuma escolaridade; por outro, a imposição deste tipo de dever fiscal acessório deve ter expressão cultural, inexiste neste momento (o que não significa que não venha a ser desenvolvida no quotidiano), mas que, cedo ou tarde, se tornará uma exigência indispensável a uma futura e não muito longínqua reforma fiscal. Até lá muitas coisas devem ser feitas, nomeadamente a aposta na formação humana e a alteração das mentalidades a começar por aqueles que têm nas mãos o destino do país.

13. INFRACÇÕES

As condutas consideradas infracções a este Código, portanto, puníveis com pena de multa, estão tipificadas no Capítulo VI, artigos 28.º a 31.º do diploma *sub judice*. O regime de pena, para não fugir à regra, é o aplicável às transgressões fiscais, reguladas nos artigos 50.º e ss. CPT, como resulta do preceituado no artigo 28.º do CICompl. Apenas constam duas infracções: a falta de apresentação da declaração de rendimentos prevista no artigo 12.º (ou a sua apresentação defeituosa), punível com pena de multa variável (artigo 29.º), excepto se a falta ou a indicação errada de alguns elementos originar a liquidação do imposto em montante inferior ao devido, em que funciona o artigo 30.º do Código. É de referir que o montante das multas foi actualizado – para todos os impostos, tanto os parcelares como o complementar – pelo Decreto n.º 17/94, de 16 de Maio, publicado no BO n.º 20 da mesma data.

Estabeleceu-se, no artigo 31.º, o regime de responsabilidade solidária dos sócios, administradores ou gerentes por infracções cometidas pelas pessoas colectivas. Note-se que esta previsão visava apenas as pessoas físicas que, ao tempo da infracção, eram sócios ou ocupavam uma dessas posições na sociedade, para além de participarem efectivamente na prática de infracções. Está actualmente desprovida de sentido.

14. FISCALIZAÇÃO

Por último, a matéria da fiscalização vem prevista no Capítulo VII, artigos 32.º e 33.º CICompl. No primeiro, atribui-se a competência para a fiscalização das disposições deste Código a todas as autoridades, em especial aos serviços de fiscalização do Ministério da Economia e Finanças. No segundo, a fim de se tornar efectiva a fiscalização, aos funcionários deste Ministério é concedido livre acesso à contabilidade de quaisquer empresas, públicas ou privadas, bem como o poder de solicitar a colaboração de quaisquer serviços ou organismos do Estado, *maxime* em matéria de informações.

TÍTULO II:

A TRIBUTAÇÃO DO CONSUMO

1. CARACTERIZAÇÃO GERAL

A tributação do consumo ou despesa tem subjacente um leque de tributos de natureza bem diversa, abrangendo um vasto e diversificado conjunto de realidades. Com esta designação pretende-se, essencialmente, referir aquilo que se paga pela utilização de bens e serviços finais no país de destino. Dentro desta categoria, que se presume vasta, e que podia ser denominada de *"impostos sobre bens e serviços"*, cabe distinguir os tributos que incidem sobre os próprios bens e serviços (portanto, incorporam o preço dos bens e serviços, atingindo directamente o consumidor, por exemplo, no acto de aquisição) e os tributos cobrados por uso de bens (engloba-se, aqui, a propriedade ou o exercício de actividades, como por exemplo, o imposto automóvel pago, entre nós, pelos proprietários dos mesmos). Mas somente os primeiros constituem objecto da nossa análise.

O imposto sobre a despesa ou imposto de consumo e seu efeito de anestesia, constitui uma alternativa à tributação do rendimento, considerado muito fértil em obstáculos ("taxas tributárias muito elevadas, quase absorvendo a totalidade dos rendimentos e dos patrimónios,... mas os seus efeitos foram reduzidos consideravelmente pela falta de rigor no apuramento desses rendimentos e patrimónios,... evasão fiscal... e fraude, mais ou menos generalizada,... anarquias das instituições fiscais, corrupção administrativa, as próprias resistências directas daqueles contribuintes que não sabem usar de outros meios..."[494]). Perante tamanhos óbices que lhe

---

[494] SOARES MARTÍNEZ, *"Impostos, rendimentos e consumos"*, pp. 232-233.

são assacados, uma das alternativas seria, pois, a opção por um imposto considerado de "extrema maleabilidade" capaz de "corrigir os desvios da vida social" e "atingir os gastos tão claramente supérfluos"[495]. Ou seja, uma forma de tributação incidente, basicamente, sobre os bens e serviços consumíveis, através de actos de dispêndio pecuniário de aquisição, consistindo, também, numa forma de utilização do rendimento.

No actual contexto da nossa fiscalidade em geral, predominantemente marcada e influenciada pela fiscalidade externa, os impostos de consumo, mormente o imposto sobre as vendas e serviços, imposto geral de carácter sintético e o imposto especial de consumo, imposto especial de carácter analítico, jogam um importante papel em termos de captação de receitas na sua generalidade.

A desvantagem desta forma de tributação está no desrespeito ao princípio da igualdade fiscal, tanto na sua vertente horizontal, em função das preferências individuais como vertical, dada a sua regressividade, donde a sua não eleição como objectivo extrafiscal[496].

Geralmente consistem em impostos regressivos, pois o consumo dos bens e serviços em geral, e, particularmente, o dos bens específicos consomem uma grande parte dos rendimentos das camadas mais pobres, e uma pequena fracção dos rendimentos da população mais rica. E, na situação em concreta da Guiné-Bissau, estamos a falar de uma esmagadora maioria das famílias guineenses, carenciadas de bens de primeira necessidade, indispensáveis a manutenção de uma vida condigna.

Estes impostos constituem uma inovação no contexto do direito tributário guineense e substituem os impostos devidos quer nas operações internas (venda de produtos petrolíferos, bebidas alcoólicas, etc.), bem como os direitos alfandegários devidos nas operações com o exterior, cuja representatividade excedia mais de metade do total das receitas fiscais, pelo que tinham um papel importante a desempenhar no conjunto dos

---

[495] São vantagens que se apontam à tributação da despesa. Vide SOARES MARTÍNEZ, "*Impostos, rendimentos e consumos*", pp. 233-234.

[496] Sobre os objectivos deste imposto, vide MARIA ISABEL NAMORADO CLIMACO, "*Os impostos especiais de consumo: efeitos económicos e objectivos extra-fiscais*", CTF, n.º 376, Lisboa, 1994, especialmente pp. 116-118, em que se destaca a redução do consumo e progressividade da distribuição da carga fiscal, de acordo com a maior ou menor necessidade dos bens: consumo generalizado e de alguns estratos sociais, com rendimentos mais elevados.

impostos que compõe o Sistema Fiscal guineense. Contudo, padece de uma grande mácula: a multiplicidade das taxas aplicáveis.

Com a reforma fiscal de 1997[497], de que acabamos de realçar um dos aspectos, podemos encontrar estes impostos sob as formas do imposto geral sobre as vendas e serviços, imposto especial de consumo e pauta (aduaneira) de importação. São, de alguma forma, ditados por objectivos de política regional – integração da economia nacional no espaço regional da África de Oeste – relativos à formação de um espaço único, sem barreiras aduaneiras e pela adopção de uma pauta exterior comum, conforme as pretensões da Comunidade Económica dos Estados da África Ocidental (CEDEAO) e da União Económica e Monetária Oeste Africana (UEMOA). Em suma, constituem dois grandes impostos que tributam o consumo geral e específico de certos bens e serviços, formando o grosso do sistema de tributação indirecta. Através dos mesmos, são atingidos os rendimentos consumidos ou gastos.

---

[497] Antes desta reforma, o quadro da tributação sobre a despesa era basicamente dominado por um leque muito variado de direitos e taxas, devidos pela realização de determinadas operações, mormente direitos de importação e direitos de exportação. Aos primeiros (direitos de importação) são reconhecidos o objectivo de captação de receitas para a Administração fiscal – contrariamente ao objectivo de protecção económica –, caracterizados por uma incidência muito larga e elevadas taxas sobre as importações de bens de equipamento e produtos de consumo, principalmente combustíveis, bebidas (alcoólicas e refrigerantes) e aguardente. As taxas chegavam a atingir os 40% a 50% sobre o valor dos produtos petrolíferos. Os segundos, isto é, os direitos de exportação, são imposições sobre o comércio externo.

Dos impostos indirectos, aquele que se afigura com maior peso no conjunto das receitas tributárias é o imposto extraordinário sobre a castanha de caju, cujo peso se faz sentir ao nível competitivo, porquanto penaliza a actividade agrícola destinada à produção para troca relativamente às outras do mesmo sector, sobre as quais não impende qualquer tributação. Por outro lado, a tributação da despesa encontrava a sua manifestação nas transacções de mercadorias internamente produzidas. São disso exemplo o imposto sobre a produção local de cerveja e refrigerantes; aguardente; madeira e derivados e cerâmica,... (*vide* sobre esta matéria MANUEL BOTELHO DA SILVA, "*O direito fiscal legislado...*, pp. 311--314). Com a entrada em vigor do novo figurino do imposto sobre o consumo, parece--nos que se registou a revogação por instituto dos anteriores impostos de transacções, nomeadamente, o imposto sobre a venda de combustíveis, o imposto sobre a produção local de aguardente de cana, o imposto sobre a produção local de cerveja e refrigerantes, o imposto sobe o consumo de bens importados e o imposto de turismo).

Em consequência dessas medidas de política regional, poderá, de alguma forma, reduzir-se no curto prazo, o peso da fiscalidade externa e agravar-se o desequilíbrio orçamental, em virtude da eliminação de direitos de importação e exportação e similares no comércio intra-regional (e até mesmo internacional), cujo peso em geral é muito significativo no capítulo das receitas aduaneiras. É bom notar que estas medidas corajosas poderão proporcionar resultados satisfatórios no médio e no longo prazos, se entendidos como factor de estímulo à produção e competitividade dos produtos de exportação do país no mercado internacional. Por outro lado, a simplificação da pauta aduaneira[498] face ao exterior, de molde a aproximar-se ao modelo dos países mais desenvolvidos e alguns, inclusivamente, da sub-região, irá pôr fim à multiplicidade de taxas existentes e reduzirá, significativamente, as confusões daí resultantes, podendo traduzir-se em significativos ganhos de eficiência e melhoria da administração das receitas aduaneiras.

São atribuídas algumas vantagens ao imposto de consumo. Senão vejamos: sendo pago no momento do consumo, isto é, quando se adquire os bens/serviços, proporciona uma menor resistência psicológica por parte dos contribuintes, donde os seus *"efeitos anestesia"* e, simultaneamente, cria menor propensão à fraude e evasão fiscais. Acresce a estas vantagens, o emprego de menos recursos nas acções de formação, prevenção e fiscalização, para além de ser de fácil determinação a sua matéria colectável[499].

As principais desvantagens apontadas a tributação indirecta prendem-se com a insensibilidade aos objectivos da progressividade, daí a designação de impostos *"cegos"*[500], por não considerar toda a capacidade contributiva dos contribuintes e, nessa medida, presta-se pouco à personalização da tributação e aumenta a desigualdade. Acresce a estas a sua

---

[498] Esta nova pauta – *pauta aduaneira dos direitos de importação* – comporta as taxas de direito de importação, designada por (DI), nos termos do artigo 1.º deste diploma, tendo sido eliminados o imposto de consumo (IC) e a taxa de serviços aduaneiros (TSA), bem como a taxa de serviço aduaneiro sobre a exportação de mercadoria, nos termos do artigo 2.º, n.ºs 1 e 2. No artigo 3.º do mesmo diploma, consta uma lista de taxas (de tráfego e de armazenagem) e impostos (de selo; selo de reconstrução nacional; de comércio marítimo, e de tonelagem) eliminados e que eram cobrados pelos serviços alfandegários.
[499] José A. P. Pinto, *A Fiscalidade*, pp. 12-13.
[500] José A. P. Pinto, *A Fiscalidade*, p. 13.

maior susceptibilidade aos abusos por parte dos governos – por os contribuintes oferecerem menor resistência – em considerá-la uma fonte de fornecimento de mais erários públicos[501]. Estas inconveniências, aliam-se à fraca capacidade de fiscalização e à incipiente administração tributária e, ainda, outras situações, como por exemplo, a urgência em cobrir gastos públicos com as necessidades consideradas elementares para as populações; ou, até, razões imperativas de integração regional (eventualmente, a adopção de um imposto único e supressão dos direitos alfandegários), acrescido do objectivo da personalização do imposto só conseguível mediante a tributação do rendimento.

2. ALGUNS ASPECTOS DA FISCALIDADE REGIONAL

Na sequência do que referimos, no contexto em que o país se prepara decisivamente para os desafios da integração económica regional, foram adoptados dois importantes impostos de consumo: um modelo de imposto único sobre as vendas e serviços – espécie de IVA – como acontece em alguns países da CEDEAO[502], o *Imposto geral sobre as vendas e serviços*, designado, abreviadamente, por IGV, cuja regulamentação está prevista na Lei n.º 16/97, de 31 de Março[503], publicada em Suplemento ao BO n.º 13,

---

[501] Vide para mais desenvolvimentos JOSÉ A. P.. PINTO, *A Fiscalidade*, pp. 12-14. Também ROGÉRIO F. FERREIRA, "*Opções fiscais*", in A fiscalidade (enxerto feito pelo Autor), pp. 18 e 19. Parece divergir da posição defendida pelo autor.

[502] Citamos como exemplo, a Costa do Marfim e o Senegal. Cfr. PIERRE BELTRAME, *Os Sistemas fiscais*, p. 139.

[503] Esta lei – como se referiu – data de 31 de Março de 1997 e entra em vigor na data da sua publicação (31 de Março de 1998) em simultâneo com o Código de Imposto Geral sobre as Venda e Serviços (cfr. artigo 5.º da Lei n.º 16/97), mas foi aprovada, pela ANP, em 22 de Outubro de 1997, e promulgado(a) no dia 21 de Novembro de 1997, pelo Presidente da República.

No mínimo, há erro de erro de impressão, senão mesmo lapso derivado de dificuldades inerentes ao sistema de publicação adoptado no ordenamento jurídico guineense, de forma a obviar as deficiências próprias do sistema. Pode, no entanto, pensar-se noutra hipótese: a referência "*Aprovado no dia 22 de Outubro de 1997*" refere-se ao Código do Imposto Geral sobre as Vendas e Serviços? E "*Promulgada em 21 de Novembro de 1997*"? Será que se refere à Lei n.º 16/97? Esta hesitação justifica-se pela injunção "*Aprovado*" e "*Promulgada*" que aparece não só nesta Lei como nas Leis n.ºs 15/97 e 17/97. Note-se que a matéria da promulgação dos diplomas legais consta da Constituição e é da competência do Presidente da República [artigo 68.º, al. s) CRGB e 107.º da Lei n.º 7/94, que cria o

de 31 de Março de 1998; e outro de carácter especial, o *Imposto especial de consumo*, designado abreviadamente por IEC, cujo regime de taxas

---

Regimento da Assembleia Nacional Popular, publicado em Suplemento ao BO n.º 49, de 5 de Dezembro].

Será que o Código existiu antes de cumprido todo o processo legislativo (mormente, a aprovação) e formalidades legais relativas à sua vigência na ordem jurídica (promulgação e publicação)? Julga-se que não.

Primeiro, a Lei n.º 16/97 foi aprovada para tornar efectiva o Código do Imposto Geral sobre as Vendas e Serviços (cfr. artigo 5.º desta Lei), por isso não faz sentido um Código, como conjunto de normas jurídicas que contém disciplina de uma determinada matéria, sem a cobertura de um acto que consubstancie uma das formas previstas na Lei Fundamental, a forma de lei, conforme o artigo 91.º, n.º 2 CRGB.

Segundo, a matéria do início da vigência das leis em geral, nomeadamente, as leis fiscais – uma vez que não apresentam especialidades relativamente às outras – vêm previstas no artigo 5.º do Código Civil, que reza: *"A lei só se torna obrigatória depois de publicada no jornal oficial"* (n.º 1) e *"Entre a publicação e a vigência da lei decorrerá o tempo que a própria lei fixar ou, na falta de fixação, o que for determinado em legislação especial"* (n.º 2), a designada *"vacatio legis"*. Ora, é a própria Lei n.º 16/97, no seu artigo 5.º, que fixa o início da sua vigência, ao determinar: *"O Código do Imposto Geral sobre as Vendas e Serviços entra em vigor em simultâneo com esta Lei, na data da sua publicação"*.

A data da publicação, salvo melhor entendimento, é a que consta do próprio BO, 31 de Março de 1998, e deverá coincidir com a (data da) entrada em vigor desta Lei e, logicamente, do próprio Código, porque só nesta as normas gerais e abstractas se tornam conhecidas pelos seus destinatários.

Terceiro, a data da publicação e a imediata (ou não) entrada em vigor do diploma, prendem-se com a sua eficácia, a partir do momento em que se torna conhecida pelos destinatários. Antes da publicação, o Código e a própria Lei já existiam. Porém, não sendo publicados, tornam-se ineficazes até se cumprirem as formalidades inerentes à publicação no respectivo órgão de divulgação dos diplomas legais.

Em conclusão, entendemos que a Lei nunca pode ser anterior à data de aprovação/promulgação, pois não seria de admitir a sua existência sem se cumprir todo o processo legislativo pelos órgãos competentes, a ANP e Presidente da República, respectivamente. Donde nos parece que está em causa um erro de impressão.

Aproveitamos o facto de estarmos a debruçar sobre este aspecto de capital importância relativamente ao conhecimento público das leis, para criticar a opção do legislador ordinário. Considerando a importância que reveste este diploma – diríamos que vem revolucionar o sistema de tributação indirecta assente na tributação de consumo –, colocam-se algumas questões, nomeadamente a preparação dos funcionários da Administração fiscal em termos de acções de formação, o esclarecimentos dos operadores económicos, o estudo do impacto da sua introdução na formação de preços, tendo em conta as taxas do imposto, o debate/divulgação pública, etc. O curto espaço de tempo – tudo indica – que medeia a

aplicáveis está previsto na Lei n.º 15/97, de 31 de Março[504], para além da já referida *Pauta de direitos de importação*, regulada pela Lei n.º 17/97, também de 31 de Março[505].

A conjugação dos objectivos propostos com a reforma fiscal agora introduzida no domínio da tributação de consumo consta dos Preâmbulos de cada um dos diplomas. Assim, temos a simplificação da *"estrutura tarifária"*, com a *"eliminação do imposto de consumo aplicável genericamente a todas as mercadorias"* e, em contrapartida a *"criação de um sistema que contribua para atenuar aquela redução... afectar de tributação especial, determinados grupos de mercadorias que, pela sua natureza específica, se posicionam para melhor suportar o ónus da carga fiscal"*, isto é, recorreu-se a uma tributação selectiva das despesas (Lei n.º 15/97).

Do preenchimento de *"uma lacuna que se vinha fazendo sentir no ordenamento jurídico-tributário nacional, apoiando o País no movimento de integração económica regional e internacional"*, nomeadamente em *"matéria do comércio internacional"*, surge a necessidade de *"adaptação do sistema tributário ao condicionalismo do sistema económico e financeiro dele decorrente"*, sendo, portanto, nesta filosofia que se inscreve o

---

decisão de introdução deste imposto (não se sabe se antecedido de um debate de que não temos conhecimento) e a sua entrada em vigor, leva-nos a duvidar da familiarização dos principais intervenientes, a Administração fiscal, os operadores-económicos ou contribuintes e o público em geral.

[504] Este diploma *"regula o sistema de taxas incidentes sobre os produtos sujeitos a imposto especial de consumo..."*, segundo o Preâmbulo. No seu artigo 7.º, reza: *"Este diploma entra em vigor na data da sua publicação no Boletim Oficial, iniciando-se a sua aplicação na mesma data da aplicação do diploma relativo à criação do imposto geral de vendas"* (deve entender-se **Este diploma entra em vigor em simultâneo com o imposto geral sobre as vendas e serviços**). Duas questões de pormenores. *Primeira*, a redacção é infeliz, porque, para nós, a data da entrada em vigor e a da aplicação do diploma traduzem uma mesma realidade: a produção de efeitos jurídicos na ordem jurídica em geral.

Segunda, se o diploma entra em vigor na data sua publicação e se esta coincide com a da publicação/entrada em vigor do imposto geral sobre vendas e serviços, a parte final do artigo torna-se redundante. A preocupação do legislador fiscal é de fazer coincidir a sua entrada em vigor com a Lei n.º 16/97 que cria o Imposto Geral sobre Vendas e Serviços.

Sobre os aspectos formais ligados à publicação deste diploma, *vide* a nota anterior.

[505] Os mesmos problemas formais colocam-se também em relação a pauta aduaneira. Reza esta no seu artigo 5.º: *"Este diploma entra em vigor na data da sua publicação no Boletim Oficial, iniciando-se a sua aplicação na mesma data da publicação do diploma relativo à criação do imposto geral sobre as vendas (IGV)"*, redacção também infeliz. Remetemos para as duas notas anteriores.

IGV *"pensado numa perspectiva de abrangência, visando à globalidade do consumo, através da tributação de todos os bens e serviços ainda que estes, num primeiro momento, sejam limitados aos mais relevantes e que possibilitem um efectivo controlo..."*, e a adopção de uma *"estrutura plurifásica limitada"* rumo a um *"futuro imposto sobre o valor acrescentado de base mais alargada..."* (Lei n.º 16/97).

Quanto à Pauta Aduaneira o seu objectivo é o de constituir um *"instrumento de política económica privilegiando a função reguladora dos fluxos de trocas com o exterior"*, no caminho que o País trilha, afigura-se como imperativo necessário *"a procura de soluções que viabilizem a modernização e a eficiência da máquina administrativa fiscal... e que conduzam à adopção de um novo sistema fiscal aproximando-o do modelo seguido nas administrações mais avançadas, inclusivamente de alguns Países da UEMOA"*, bem como a *"consolidação das actuais taxas de direito de importação, imposto de consumo e taxa de serviços aduaneiros numa única rubrica de direitos de importação, procurando-se ao mesmo tempo simplificar a sua estrutura..."* (Lei n.º 17/97).

Resultam das linhas gerais da reforma da tributação do consumo os seguintes objectivos. *Primeiro*, pôr fim a situação difícil e complicada com que era confrontada a Administração fiscal: uma pluralidade de impostos e multiplicidade de taxas aplicáveis às transacções comerciais quer interna quer externa. Isto é, o objectivo é congregar num único imposto as várias manifestações que caracterizavam os impostos sobre a despesa. Este esforço tendente à congregar toda a tributação da despesa fica facilitado, em parte, pela adopção de um regime de taxas aplicáveis a determinadas categorias de produtos, recorrendo-se a uma tributação selectiva das despesas através de um único imposto. Por outras palavras, pretende-se abranger num único diploma legal toda a manifestação de rendimento consumido na aquisição de bens e serviços.

Segundo, o IGV é um imposto virado, entre outras, para as preocupações de raiz integracionista, visando a efectiva participação do País nos desafios da construção da Comunidade Económica Africana e União Económica e Monetária, neste particular, a CEDEAO e a UEMOA[506].

---

[506] As linhas de actuação da UEMOA são fiéis aos objectivos da CEDEAO, conforme reza o Preâmbulo do Tratado da União.

Terceiro, tenta-se, ao mesmo tempo, privilegiar a organização do aparelho administrativo e fiscal e uma melhor regulação dos fluxos das trocas com o exterior, através da simplificação da estrutura pautal.

Porém, entendemos que os objectivos imediatos destes diplomas prendem-se com preocupações, primeiramente, de índole interna, principalmente o objectivo da obtenção de receitas fiscais, muito bem visível na tributação especial de consumo: tributação de bens com determinadas características[507]. A preocupação regional/internacional surge de forma remota, requerendo uma série de condicionalismos que possibilitem a adopção de um imposto com projecção a nível internacional, como é o caso do IVA.

O comprometimento cada vez maior dos Estados-membros dos espaços integrados levanta questões com alguma acuidade e merecedoras de reflexão, mesmo que de forma muito sumária; entre as quais se destacam a matéria da fiscalidade intra-regional, sobretudo as considerações, nomeadamente: da supressão das barreiras aduaneiras; paridade de tratamento e harmonização das legislações fiscais nacionais. Relativamente à primeira, é sabido que as formas mais rudimentares de integração das economias nacionais[508] requerem a supressão dos direitos alfandegários e contingentes de importação entre os Estados.

---

[507] Algumas destas características são a "procura pouca elástica..." dos bens "supérfluos, ou pelo menos, não essenciais". Esta última característica é, porém, variável, dependendo dos hábitos de consumo que caracterizam um determinado povo, situado no tempo e num lugar em concreto. Vide *J. G. XAVIER DE BASTO, A tributação do consumo e a sua coordenação internacional*, in CCTF, n.º 164, Lisboa, 1991, pp. 19-20.

[508] Estamos a referir à zona de comércio livre e à união aduaneira, duas das formas mais rudimentares de integração das economias nacionais num espaço único mais alargado. Como se sabe a primeira, menos ambiciosa, não integra a relação dos Estados-participantes com países terceiros, gozando de soberania quanto à fiscalidade interna e externa, no tocante à instituição de impostos fiscais e extrafiscais e direitos similares, algo que pode dificultar os objectivos que ditaram a integração económica, nomeadamente, a discriminação dos produtos estrangeiros e a defesa do espaço integrado relativamente ao resto do mundo. Diferentemente, nesta última, existe uma pauta aduaneira comum que vigora para todos os Estados-membros. Para mais desenvolvimentos destas, bem como de outras fases de integração das economias nacionais (Mercado Comum e União Económica e Monetária), *vide* entre outros, JOÃO MOTA DE CAMPOS, *Direito Comunitário, III Vol., O ordenamento económico*, 2ª Edição, Fundação Calouste Gulbenkian, Lisboa, 1997, pp. 57 e ss; BELA BALASSA, *Teoria da integração económica*, (trad.), 3ª Edição, Lisboa, 1982; PETER ROBSON, *Teoria económica da integração internacional*, (trad.), Lisboa, 1985, pp. 27 e ss;

Para impedir conduta contrária, os Estados participantes obrigam-se a conceder tratamento igual, paridade de tratamento, entre os seus produtos e os dos seus parceiros regionais. Isto é, trata-se de um reconhecimento que a simples supressão de direitos aduaneiros e encargos de efeitos equivalentes não é suficiente para garantir os objectivos da integração. Este tratamento tem grande significado em matéria fiscal. Não se pode discriminar (através de imposições fiscais) os produtos conforme a sua proveniência: interna ou externa (regional).

A integração económica (no caso da zona de comércio livre, união aduaneira, mercado comum ou mesmo na pura união monetária) não supõe necessariamente a harmonização das legislações fiscais nacionais, cuja vantagem é a de evitar (profundas) disparidades de regimes tributários falseadores da concorrência. Porém, apesar da supressão dos direitos e encargos, característica desses espaços, continua a verificar-se alguma vulnerabilidade ou potencial de discriminação que resulta da circunstância dos Estados-membros serem autónomos em matéria de fiscalidade.

No domínio fiscal e extrafiscal, os efeitos da integração far-se-ão sentir na isenção fiscal da actividade de exportação e na supressão dos direitos de importação com vista à garantir a competitividade dos produtos regionais relativamente aos estrangeiros, bem como no combate ao comércio informal, condição necessária e efectiva a uma concorrência sã e saudável. Sem recusar os desafios da integração económica, a atitude legislativa visa a abertura da economia nacional ao exterior, isto é, o desenvolvimento e expansão das trocas comerciais, procurando atingir um grau de competitividade dos seus produtos em relação aos dos seus parceiros comerciais.

P.. S. F. R. MATHIJSEN, *Introdução ao Direito Comunitário*, (trad.), Lisboa, 1991, pp. 201 e ss.

SECÇÃO I

IMPOSTO GERAL SOBRE AS VENDAS E SERVIÇOS

1. OBJECTIVOS

Impõem-se algumas considerações, em particular quanto aos objectivos propostos pelo legislador fiscal, com a introdução do denominado Imposto Geral sobre as Vendas e Serviços, IGV, que visa atingir as manifestações de rendimentos através de despesas ou consumos privados de bens e serviços sujeitos a este imposto indirecto. Com a sua criação, ficou "*revogada a incidência do Imposto de Turismo, aprovado pelo Decreto n.º 33/89, de 27 de Dezembro, na parte respeitante às prestações de serviços sujeitas à tributação do IGV*", em especial as "*praticadas pelos estabelecimentos com a classificação de Grupo 1, conforme o artigo 9.º do Decreto n.º 62-C/92, de 30 de Dezembro*", segundo o artigo 2.º da Lei n.º 16/97.

No tocante aos objectivos subjacentes a esta forma de tributação, parece-nos irrecusável o seguinte: este diploma (tal como os relativos ao imposto especial de consumo e à pauta de direitos de importação) vem *revolucionar* todo o ordenamento jurídico relativo à tributação do consumo. Assim, os objectivos principais do IGV, constantes do Preâmbulo, verificam-se a dois níveis. Ao nível interno, vem "*preencher uma lacuna que se vinha fazendo sentir no ordenamento jurídico-tributário nacional*", enquanto que, ao nível internacional, pretende situar-se na prossecução dos desafios da era da internacionalização das economias, destacando-se o apoio do "*País no movimento de integração económica regional e internacional*". Destarte, foi adoptado um imposto de "**estrutura plurifásica limitada**, *dando-se cautelosos passos no sentido de um **futuro imposto sobre o valor acrescentado de base mais alargada***" (itálicos e destacados nossos). Assim, a pensar já nas condições que favoreçam a criação do futuro imposto único, do tipo do IVA, na fase actual, permite-se "*a dedução do imposto suportado, nas situações em que o seu controlo se mostra possível*".

Seríamos tentados a dizer que constitui *de per si* atentado à justiça do sistema, uma vez que a concorrência poderia ser falseada por esse facto, pois inculca a ideia de que pode haver situações em que não é possível a recuperação do imposto efectivamente pago em anteriores transacções. O sistema foi concebido e deverá funcionar em termos de não distorcer a concorrência e a sua condenação à partida ao insucesso. É um dever de justiça que se estabeleça as condições que proporcionam segurança e certeza aos seus destinatários, neste particular, os contribuintes. E, neste tocante, a lei dispõe que o IGV é um imposto não cumulativo, o que quererá significar que os impostos suportados nas fases anteriores deverão efectivamente ser deduzidos pelos operadores económicos, nos termos disciplinados pelo Código (artigo 3.º da Lei n.º 16/97).

A matéria da dedução do montante do imposto anteriormente pago vem regulada nos artigos 18.º e 19.º do Código de Imposto sobre as Vendas e Serviços, adiante designado abreviadamente por CIGV. As situações que dão lugar a dedução estão previstas nas als. a) a c) do artigo 18.º, enquanto que a única condição imposta consta do n.º 2 que passamos a transcrever: *"Só confere direito à dedução o imposto mencionado em documentos de pagamento passados em forma legal em nome e na posse do sujeito passivo"*. Em suma, o legislador fiscal estará, implicitamente, a chamar a atenção para as situações e condição de dedutibilidade do imposto, estabelecendo com rigor e clareza os requisitos indispensáveis para o exercício de tal direito.

Importa fazer algumas considerações. Por um lado, do ponto de vista meramente formal, em função da importância que se pensou atribuir esta forma de imposição: o IGV. Um tão ambicionado imposto merecia, pelo menos, um período de *vacatio legis* razoável, que permitisse um mínimo de familiarização possível, tanto dos contribuintes, como da própria Administração fiscal. Este argumento ficaria, de alguma forma resolvida se considerarmos que existe um período de tempo entre a promulgação do diploma (21 de Novembro de 1997) e a sua entrada em vigor (31 de Março de 1998). Mas, mesmo assim, o tempo é insuficiente para a dimensão dos objectivos que se pretende, numa lógica de *"revolução"*, operada no domínio da tributação indirecta.

Relativamente aos aspectos materiais, destacam-se os seguintes: *primeiro*, a nível dos contribuintes. Em princípio, uma tal abrangência que se pretende alcançar, teria implicações no aumento considerável do número dos contribuintes, sujeitos passivos do imposto, contra o objectivo da *"redução do número dos sujeitos passivos"*, apontado como uma das vantagens de um tal sistema de tributação, não fosse a sua incidência apenas sobre o valor acrescentado produzido em cada uma das fases do circuito económico. Note-se que estes dependem do número de vezes em que se repete a intermediação entre a produção e o consumo: assim, quanto maior for a cadeia, mais serão os contribuintes, cuja categoria de sujeitos passivos inclui qualquer pessoa singular ou colectiva que importa bens; os transportadores; armazenistas; depositários de bens;...

Em consequência desta situação, haveria imperativamente a necessidade da informatização dos serviços da Administração fiscal, acarretando, com isso, custos não só financeiros mas também humanos e materiais, porquanto se torna patente a urgência de uma preparação mais sólida quer técnica quer administrativa dos pessoais técnicos, como forma de adequar à *revolução* que se acabou de protagonizar. Aliás, é nossa convicção que o sucesso desta reforma tributária depende, em grande medida, da informatização dos serviços fiscais, cujo objectivo é a prevenção e combate a fraude e evasão fiscais, dada a fragilidade e incipiência instituições administrativas no seu todo.

Um outro condicionalismo desta reforma estará no combate a alta taxa de inflação, característica estrutural da economia guineense ao longo das últimas décadas. Note-se que, enquanto se mantiver os níveis elevados da taxa de inflação, a nossa economia registará défices em relação a economia estrangeira, comprometendo seriamente a competitividade dos produtos nacionais face aos regionais ou internacionais; sem esquecer o seu reflexo ao nível do poder de compra dos guineenses em geral. Em parte, a questão está resolvida, hoje, com a adesão à UMOA//UEMOA.

Por outro lado, o IGV exige que os contribuintes estejam devidamente apetrechados *"com vista à realização das operações contabilísticas que a aplicação do imposto não deixa se suscitar"*, lê-se, ainda, no Preâmbulo. Compreende-se a razão de ser desta exigência, cujo cumprimento não se espera fácil, para uma camada da nossa classe empresarial (sobretudo, os contribuintes do grupo B, conforme o CCI, dispensados da entrega de declaração, nos termos do artigo 25.º, *primeira parte*). No entanto torna-se cada vez mais premente a necessidade de um mínimo de controlo contabilístico por parte dos sujeitos passivos, mormente, os empresários.

Outra exigência inerente ao IGV, forma de tributação complexa, requer uma cultura aceitável por parte da população, particularmente, dos contribuintes, *maxime*, a colaboração com a Administração fiscal na elaboração da declaração de rendimentos e cumprimento de deveres acessórios; para além de exigir, também, uma organização sofisticada dos serviços da administração tributária, de modo a cobrir todos os factos tributáveis[509].

2. CARACTERIZAÇÃO GERAL

Vamos muito sumariamente apresentar alguns traços que caracterizam o IGV, imposto indirecto incidente sobre a despesa ou consumo. Começaríamos por precisar a terminologia usada pelo legislador fiscal. Entendemos que o que se pretende significar com tal designação são os impostos gerais de consumo (geralmente conhecidos por IVA ou TVA, adoptados por países com um certo nível de desenvolvimento, nomeadamente, os Estados-membros da União Europeia). Isto é, de uma maneira geral, o IGV compreende aqueles impostos que são devidos no contexto da utilização de bens e serviços ocorridos no território nacional.

A passagem de uma fase a outra dentro do circuito económico – a produção, comercialização e o consumo (abrangendo a prestação de serviços) – implica, regra geral, o pagamento do imposto sobre os bens e serviços consumidos. A opção pelo sistema de tributação no produtor, grossista e retalhista, incluindo a prestação dos serviços, teria como consequência o aumento do número de contribuintes, o que suscita problemas, nomeadamente o grau de dificuldade que coloca à máquina Administrativa fiscal, não fosse a sua base de incidência: o valor acrescentado em cada uma das fases. Isso levanta uma questão muito preocupante, a forma de articulação da tributação de mercadorias (no grossista) com a tributação das prestações de serviços (sempre no último estádio). Nas als. a) a c) do artigo 7.º, encontramos as previsões dos momentos em que são devidos o imposto. Pergunta-se como é que se faz a distinção entre estes?

Neste imposto, conforme a disciplina prevista no CICV, nos termos do artigo 3.º da Lei 16/97, podemos destacar algumas características definidoras, a saber: trata-se de um *imposto geral e plurifásico*, incidente sobre as transacções ao longo do processo produtivo: produção e comercialização (limitado a comércio de grande e médio portes) dos bens e serviços; *não-cumulativo* ou seja, a tributação das vendas, em cada uma

---

[509] Para mais desenvolvimentos desta matéria, *vide* as obras citadas de PIERRE BELTRAME, *Os Sistemas fiscais*, pp. 138-140; também, RICARDO SÁ FERNANDES, "*Reforma fiscal...*", p. 88.

das fases do processo produtivo, não incide sobre o valor integral, pois só toma em consideração o acréscimo de valor dos bens em cada uma das fases, permitindo, assim, a dedução[510] dos impostos anteriormente pagos. Para usar a expressão de XAVIER DE BASTO, permite-se a dedução dos impostos pagos "nas compras de inputs"[511] ou factores de produção.

Quererá significar isso que se trata de um modelo de imposto sobre o valor acrescentado, enquanto uma das possíveis distinções dos impostos plurifásicos[512], isto é, impostos que incidem sobre as fases das transacções que ocorrem ao longo do processo produtivo (produção, transformação e consumo) e não sobre o valor integral, como se pode inferir do artigo em análise que reza: "*O imposto Geral sobre Vendas e Serviços será não--cumulativo, ad valorem e plurifásico, sendo permitida a dedução do imposto suportado nas fases anteriores...*" (*primeira parte*).

A técnica de tributação utilizada no IGV tem a vantagem de eliminar os inconvenientes da tributação cumulativa ou em cascata, uma vez que é dedutível a carga fiscal dos produtos exportados. O mesmo é dizer que é um imposto neutro, no que tange à estrutura dos circuitos económicos, permitindo a aplicação do princípio da tributação apenas no destino. Com isso, incentiva-se a produção e o desenvolvimento das trocas internacionais. Por outro lado, procurou-se adoptar uma base mais ou menos ampla de tributação, compreendendo todas as transmissões de bens e prestações de serviços, onde se inclui a produção, o comércio de grande e médio portes, a importação e exportação e a prestação de serviços em geral.

Uma das grandes questões que se coloca tem que ver com a capacidade organizativa das empresas nacionais, geralmente de reduzida dimen-

---

[510] As deduções são limitadas apenas às "*importações e demais operações tributáveis praticadas a partir da entrada em vigor da presente Lei*". Da leitura da referida Lei (Lei n.º 16/97), infere-se que para além das importações, explicitamente referidas neste diploma estão, também, sujeitas às deduções as operações relativas às transmissões de bens e às prestações de serviços, conforme o artigo 1.º (incidência) CIGV.

[511] *Vide A tributação do consumo...*, p. 27.

[512] Sobre o imposto sobre valor acrescentado ou imposto cumulativo ou ainda em cascata, enquanto distinções dos chamados impostos plurifásicos (diferentes dos impostos monofásicos, incidentes apenas sobre uma fase do processo de produção ou comercialização), *vide*, para mais desenvolvimentos, J. G. XAVIER DE BASTO, *A tributação do consumo...*, pp. 26 e ss; cfr. também, MÁRIO ALBERTO ALEXANDRE, "A implementação do imposto sobre o valor acrescentado num país em vias de desenvolvimento", in CTF, n.º 377, Lisboa, 1995, pp. 45 e ss, especialmente, pp. 47-48.

são e muito poucas dotadas em termos de organização contabilística; pelo que o requisito de contabilidade, tão útil e indispensável para o conhecimento das transacções, está longe de ser preenchido pela maioria dos operadores económicos. Esta situação reflectir-se-á, sobremaneira, no relacionamento entre a Administração fiscal e os sujeitos passivos deste imposto: os operadores económicos em geral. É um dos grandes desafios que a máquina fiscal terá de vencer.

Para terminar duas observações: a *primeira*, debaixo desta saudável aparência, no que concerne à reforma pretendida com a introdução do IGV, acaba por ter uma limitação em termos da incidência dos bens e serviços, atingidos *"num primeiro momento... aos mais relevantes e que possibilitem um efectivo controlo"*, conforme reza o Preâmbulo deste diploma. Estar-se-á a reconhecer eventual dificuldade de controlo por parte da Administração fiscal de certas transacções, por exemplo, as efectuadas entre os particulares que não têm como profissão o exercício de uma actividade produtiva habitualmente e de forma organizada.

O legislador fiscal, consciente das dificuldades que a implementação deste novo imposto pode acarretar para a máquina Administrativa fiscal, deveria proceder a escolha e delimitação daqueles bens e serviços que numa primeira fase não serão atingidos: a delimitação negativa das situações não tributadas nesta fase, através das normas exclusão, tal como fez noutras circunstâncias, mormente nos vários Códigos de impostos parcelares.

Repare-se que ao pretender que o Código seja aplicado aos bens e serviços – que se entenda – *"mais relevantes e que possibilitem um efectivo controlo"*, sem, no entanto, precisar o quê é que pretende com tal expressão? quais são os bens e serviços mais relevantes? qual(is) o(s) critério(s) que deverá(ão) ser tido(s) em consideração? deixa em aberto ao aplicador do direito ao caso concreto a sua concretização. Esta situação, para além de prefigurar a tentativa de atribuição de "poderes", que dificilmente poderão ser controlados, acaba por criar condições para o tratamento desigual dos contribuintes, penalizando aqueles cuja matéria colectável (se esta é a situação a que o legislador se alude) é mais facilmente controlável, por exemplo, através da contabilidade ou porque são mais facilmente perceptíveis no mundo das transacções, pela Administração fiscal.

3. REGIMES DE TRIBUTAÇÃO

Foram pensados, basicamente, três regimes de tributação relativamente ao IGV, no que tange às obrigações dos sujeitos passivos, considerando a organização e a dimensão das unidades de produção, nomeadamente em função do porte dos contribuintes e das dificuldades administrativas, no concernente à determinação da matéria tributável, aproveitando-se, para o efeito, as regras aplicáveis à tributação das empresas comerciais e industriais.

Assim, o *regime normal*, aplicável à generalidade dos agentes económicos (sujeitos passivos), está regulado nos artigos 1.º a 37.º do Código. *Grosso modo*, inclui os agentes económicos tributados segundo as regras do grupo A da Contribuição Industrial, isto é, com contabilidade organizada. Nos *regimes especiais* (*de tributação e de isenção*), encontram-se todos os sujeitos passivos dispensados da entrega de declaração para efeitos desta Contribuição. A chamada à colação das suas regras em matéria de regimes de tributação, prevista para os contribuintes sujeitos às normas de incidência do CIGV (concretamente as regras da determinação da matéria colectável), demonstra bem a sua importância como ponto de referência para a separação dos regimes.

Dentro da categoria dos regimes especiais, como apontámos *supra*, temos: o regime especial de tributação e o regime especial de isenção regulados, respectivamente, nos artigos 38.º a 42.º e 43.º todos do CIGV. O primeiro aplica-se aos sujeitos económicos que não pertencem ao grupo A da Contribuição Industrial, portanto, os contribuintes não obrigados à entrega da declaração de registo, cujo lucro tributável é fixado com base no volume de negócios presumido, igual ou superior a 12 unidades de conta (valor-referência escolhido como mínimo e reportado ao Salário Mínimo Mensal Familiar[513] de seis pessoas), de acordo com o artigo 38.º, n.º 1 do mesmo Código.

---

[513] Esta mesma unidade de referência encontra-se no n.º 5 do artigo 51.º, para feitos de aplicação e graduação das penalidades. Outrossim, encontra-se no ponto 4. do Despacho n.º 16/98, de 27 de Fevereiro, publicado em 2.º Suplemento ao BO n.º 13, de 2 de Abril, do Ministro da Economia e Finanças. Importa tecer algumas considerações sobre este diploma ministerial, desconsiderando o desfasamento temporal – na nossa leitura – com a própria Lei (n.º 16/97, 31 de Março) que visa regulamentar.

Uma das passagens do Preâmbulo reza: *"No quadro da implementação do IGV e tendo em conta o que dispõe o artigo 4.º da Lei n.º 16/97, que atribui competências ao*

Note-se que ambos os regimes especiais (*o regime especial de tributação e o regime de isenção*) são avaliados através do *método forfetaire*,

---

Ministro da Economia e Finanças para disciplinar e facilitar a operacionalização do IGV". Com efeito, a norma do citado artigo 4.º CIGV vem estabelecer o seguinte: "*O Ministro da Economia e Finanças publicará os actos que forem necessários para operacionalizar a aplicação da presente Lei. Criar os modelos e impressos nela referidos e para disciplinar e facilitar a operacionalização e aplicação do Código do Imposto Geral sobre (as) Vendas e Serviços aprovado pela presente Lei, sendo-lhe vedado, todavia, estender ou limitar a aplicação e/ou criar ou suprimir direitos para além dos que já estão contidos no texto da Lei*".

A expressa possibilidade de mediação normativa do Ministro da Economia e Finanças (MEF) tem o seu limite circunscrito apenas aos actos destinados a aplicação da lei, contrariamente a pretensão expressa no despacho nestes termos: "*A técnica legislativa utilizada na elaboração do texto legal, abordando, também, aspectos operacionais da sua aplicação, previne a hipótese de uma regulação mais extensiva, tornando-se auto-explicativa em muitos de seus artigos e permitindo que a autoridade reguladora cinja-se a aspectos pontuais, de explicitação de entendimentos e conceitos e de veiculação a outras normas legais citadas na Lei*"; e ainda "*A existência no texto legal de remissões a outras legislações, nomeadamente a aduaneira, e de conceitos tributários novos em relação aos existentes nos tributos administrados pela DGCI, autoriza a explicitação destes e a inserção daquelas no contexto do novo imposto...*".

Verifica-se, na prática, uma pretensa "*delegação interpretativa*" do Despacho ministerial, diploma de nível hierárquico inferior à lei, donde se suscita a sua constitucionalidade. Para nós, esta interpretação deveria ser feita através de um diploma equivalente, dado que se trata de uma interpretação autêntica diferente da interpretação oficial. Vide NUNO SÁ GOMES, *Manual...*, Vol. II, pp. 331 e ss..

Sabendo que este membro de Governo, de conformidade com a competência atribuída pelo legislador fiscal no artigo 4.º, mais não fez do que proceder à interpretação do significado dos conceitos utilizados, estamos perante formulação de "*regras para acção ou para a decisão dos casos concretos*" (NUNO SÁ GOMES, *Manual de Direito Fiscal*, Vol. II, p. 329). Isto é, trata-se de determinar qual o verdadeiro sentido da regra para efeitos da sua aplicação aos casos concretos. É verdade que as autoridades administrativas são, também, intérpretes no exercício da função interpretativa, a designada *interpretação administrativa*. Ensina o autor que as leis interpretativas têm por finalidade a fixação do sentido da norma jurídica, em virtude da dúvida que se suscita ou poderá suscitar, quanto ao seu sentido e alcance. Portanto, pressuposto de uma lei interpretativa é a "incerteza sobre o significado normativo do preceito interpretado traduzido, ou na possibilidade de interpretações plúrimas que se pretendem uniformizar ou no emprego de conceitos indeterminados que cumpre concretizar" (p. 334).

Por outro lado, este diploma, na parte que toca às matérias relativas aos elementos essenciais do imposto e às garantias dos contribuintes, ultrapassa a mera regulamentação e imbrica com normas constitucionais atributivas de competência quer legislativa,

isto é, a avaliação dos valores tributáveis é aproximada e resulta da negociação entre a Administração fiscal e os contribuintes, cujos volumes de negócios não ultrapassam um determinado montante pré-estabelecido. Esta situação não é alheia a dimensão das unidades produtivas – geralmente pequenas empresas –, pertencentes ao grupo B da Contribuição Industrial, com dificuldades de ordem organizacional e contabilística.

Uma última nota relativa aos aspectos gerais: em matéria de incidência, fazemos apelo à distinção feita por XAVIER DE BASTO[514], segundo a qual a base de incidência nos impostos gerais "é definida de forma residual, através da indicação dos bens sobre os quais o imposto não incide, ou seja, isentos", contrariamente ao que acontece nos impostos especiais, cuja base de incidência é "definida de forma directa, através da indicação dos bens que o imposto tributa". Exemplo desta última técnica encontra-se, entre nós, no diploma que regula a imposição sobre as despesas, o "regime de taxas aplicáveis aos produtos sujeitos a impostos especiais de consumo".

---

quer jurisdicional. Assim, por exemplo, o ponto n.º 7. do Despacho normativo do MEF reza: *"As Infracções e Penalizações da legislação do Contencioso Fiscal Aduaneiro são aplicáveis, supletivamente, às acções de fiscalização autorizadas do IGV, no que respeitem ao imposto resultante de mercadorias estrangeiras importadas de forma irregular pelo contribuinte, conforme previsto dos* (nos) *seus artigos 4.º e 5.º,..."*.

As matérias relativas às infracções e às penalizações é da competência da ANP, de acordo com a norma do artigo 86.º, al. g) CRGB. Só o legislador competente pode expressamente, em lei, neste caso, o CIGV – se assim entender –, equiparar as infracções e penalizações deste Código às previstas na legislação sobre o contencioso fiscal aduaneiro. Se o legislador não se pronunciar sobre estas questões, infere-se que quer submetê-las à disciplina do Código do Processo Tributário em vigor, aliás, como ficou, para outros casos, estabelecido no artigo 51.º, n.º 2 CIGV. Entendemos que o Ministro da Economia e Finanças – mesmo admitindo a hipótese extrema de um despacho interpretar uma lei – extravasou a competência regulamentar que lhe fora concedida, ao tratar de matérias que pertencem, por decisão do legislador constitucional, a órgãos com competência legislativa e jurisdicional, respectivamente, em matéria de criação e aplicação de normas jurídicas e sanções pela sua violação. Assim, reputamos inconstitucional o Despacho em apreço.

Por fim, cremos que a técnica legislativa aconselhável seria a da explicitação ou, melhor, a interpretação desses conceitos no próprio diploma legal, o que pressupõe que seja feita pelo mesmo legislador fiscal, ou através de diploma de nível hierárquico equivalente (como dissemos atrás).

[514] *A tributação do consumo...*, pp. 15-16.

3.1. Regimes especiais de tributação e de isenção

O *regime especial de tributação*, aplicável aos contribuintes de menor porte, consiste nos seguintes aspectos. *Primeiro*, determinação do valor do imposto anual devido pelo sujeito passivo, mediante a *"aplicação da taxa do imposto sobre o resultado da multiplicação do volume de negócios definitivamente presumido pelos serviços da DGCI"* (como ficou estabelecido acima), *"pelo coeficiente de margem de lucro considerado para fins de liquidação da Contribuição Industrial..."*, segundo a previsão do artigo 38.º, n.º 2, al. a) CIGV.

Segundo, utilização do contribuinte-substituto, para os bens cujo processo de comercialização se fragmenta, comércio retalhista, cujo o imposto devido será liquidado, por estimativa ou por substituição, com base em cada factura emitida pelo fornecedor. Neste processo, serão considerados os *"mesmos coeficientes ou margem de lucro observados em cada sector ou produto, para fins da Contribuição Industrial"* [al. b) primeira parte]. O Governo, através do Ministro da Economia e Finanças, publicará *"quando julgar criadas as condições para a implementação desse regime especial de tributação, as normas e procedimentos necessários à sua implementação"* [al. b), *in fine*] artigo 38.º, n.º 2.

No primeiro ano de aplicação deste regime, os serviços da DGCI, devem até 15 de Janeiro, notificar os contribuintes do *"valor do volume de negócios presumidos e do valor do imposto geral sobre as vendas anual apurado em consequência, sem prejuízo da reclamação para a comissão de revisão..."*, segundo estabelece o n.º 3 do mesmo artigo. E, o n.º 4, nos anos subsequentes, cabe aos contribuintes tomar conhecimento dos valores dos mesmos junto da Repartição das Finanças competente, assistindo-lhes o mesmo direito constante do número anterior.

O registo oficioso dos contribuintes sujeitos a este regime, segundo o estatuído no n.º 5, dá-se somente com a fixação definitiva do volume de negócios presumido, bem como do imposto devido, devendo os mesmos serem comunicados, se for o caso, aos interessados, aos contribuintes. Com a determinação definitiva do valor anual do imposto devido, procederão os serviços competentes à indicação do valor em concreto de cada uma das prestações trimestrais, segundo o disposto no n.º 6 do mesmo artigo 38.º CIGV.

De conformidade com o estabelecido no artigo 39.º, n.º 1, o pagamento realizar-se-á, como se disse acima, trimestralmente, na recebedoria das finanças competente ou na rede bancária, desde que assim entenda a autoridade competente, até o último dia de cada trimestre do ano a que disser respeito o imposto. Ocorrendo a cessação da actividade no decurso do ano, segundo o n.º 4, o pagamento será reportado ao trimestre em que se verificar, e corrigido, de forma a tomar em consideração apenas o *"número de dias ocorridos desde o trimestre anterior, até ao momento da cessação..."*. Por fim, o n.º 5 estabelece que no caso de regime especial de contribuinte-substituto, *"a entrega da declaração dos montantes retidos deverá efectuar-se juntamente, e nos mesmos prazos, do pagamento normal do contribuinte"*.

Ainda, relativamente aos sujeitos passivos, assinale-se que os pertencentes ao regime especial de tributação não liquidam o imposto na transmissão de bens ou prestação de serviço, nem estão autorizados a deduzirem qualquer parcela dos impostos liquidados pelos seus fornecedores. É o que se pode concluir do artigo 41.º do Código. Situação que cremos ajustar-se inteiramente àquilo que NUNO SÁ GOMES designou de isenções incompletas[515].

Nos termos do artigo 42.º, n.º 1, é-lhes conferida a possibilidade de optar pelo regime normal de tributação, bastando para tal a comunicação da opção no prazo de 15 dias após a notificação feita pelos serviços da DGCI, aquando da fixação do volume de negócios e do imposto devido, ou nos 30 dias após a tomada de conhecimento do montante do imposto fixado nos anos subsequentes à inscrição no registo [respectivamente, als. a) e b) do n.º 2], com efeitos a partir do trimestre seguinte àquele em que se verificar a manifestação da opção, com a consequência de ter de permanecer, obrigatoriamente, no regime escolhido durante um período mínimo de três anos (n.º 3). Contudo, findo este lapso de tempo, reunidas as respectivas condições, pode beneficiar-se do regime simplificado de tributação, devendo tão-só manifestar essa vontade, durante o mês de Janeiro, na Repartição das Finanças competente. Os efeitos dessa manifestação produzem-se a partir do primeiro de Janeiro (cfr. artigo 42.º, n.º 4 CIGV).

Quanto às obrigações devidas pelos sujeitos passivos submetidos ao regime simplificado de tributação figuram, para além do pagamento do imposto devido até ao último dia de cada trimestre do ano a que respeitar

---

[515] Sendo os sujeitos passivos deste imposto isentos do pagamento não lhes são permitidas as deduções de impostos suportadas nas suas aquisições. *Vide Manual de Direito Fiscal*, Vol. I, p. 246.

(artigo 39.º, n.º 1, *in fine*), e nos termos das alíneas do artigo 40.º, temos as seguintes:

- entregada da declaração de cancelamento no registo, na Repartição das finanças competente, no prazo de 30 dias a contar da cessação de actividade [al. a)];
- arquivamento das facturas ou documentos equivalentes emitidos no âmbito da sua actividade, durante cinco anos [al. b)];
- menção da sigla "*IGV – Regime Simplificado de Tributação*", quando solicitado pelo adquirente, também enquadrado neste regime, a fim de documentar os custos da sua actividade [al. c)];
- por fim, tomada de conhecimento do montante de imposto fixado pelos serviços da DGCI, nos anos subsequentes aos da sua inscrição no registo, até 15 de Dezembro do ano anterior àquele a que o imposto respeita [al. d)].

No concernente ao *regime especial de isenção*, enquanto um dos sub-regimes dos regimes especiais, é praticado relativamente aos sujeitos passivos não obrigados à entrega da declaração de registo e isentos do IGV, desde que sejam objecto de fixação de lucro tributável em Contribuição Industrial baseado num volume de negócios presumido inferior a 12 unidades de conta, de acordo com o artigo 43.º, n.º 1 CIGV.

A lei manda aplicar, *mutatis mutandis,* ao regime especial de isenção algumas das regras do regime normal, nomeadamente as constantes dos artigos 4.º (actividade de produção), 15.º (taxa), 25.º (declaração de inscrição no registo), 27.º (facturação) e 36.º (competência territorial da Repartição de Finanças), de acordo com o previsto no n.º 2 do artigo 43.º do Código que reza: "*Com as necessárias adaptações, ao **regime especial de tributação** são aplicáveis os artigos 4.º, 15.º, 25.º, 27.º e 36.º*".

Ora, das duas uma: ou este número está deslocado, porquanto se refere ao regime especial de tributação, regulado nos artigos 38.º a 42.º; ou se trata de erro de impressão, portanto, o que se quer referir, no n.º 2 do mesmo artigo, é o regime especial de isenção (onde está inserido). Mas, da sua confrontação com o n.º 1, parece resultar que a intenção do legislador fiscal é relativa ao regime especial de tributação, uma vez que alguns dos deveres fiscais acessórios previstos nos artigos que manda aplicar, nomeadamente o dever de apresentação da inscrição no registo (artigo 25.º), e a obrigação da emissão de facturas (artigo 27.º) definem negativamente o regime especial de isenção.

No entanto, a condição estabelecida no n.º 1 para ser sujeito-beneficiário do regime especial de isenção, "*... sempre que tenham sido objecto da fixação de um lucro tributável em Contribuição Industrial baseado num volume de negócio presumido inferior a 12 unidades de conta*", revela que, a situação contraria – quando o volume de negócio for superior –, não se aplica o regime em causa. Pelo que serão dominadas pelas normas do regime especial de tributação.

O artigo 42.º é, aliás, o único artigo que refere o Regime especial de isenção: âmbito de sujeição, nos termos do qual são isentos do imposto os sujeitos passivos enquadrados neste regime. Estão nesta categoria os sujeitos passivos previstos na al. a), n.º 2, artigo 2.º (*"As pessoas singulares ou colectivas que, sem vínculo de emprego, desenvolvam uma actividade de produção, comércio ou de prestação de serviços sujeita à incidência do IGV"*), não obrigados à entrega da declaração de registo prevista no artigo 25.º, "*desde que tenham sido objecto da fixação do lucro tributável em Contribuição Industrial baseado num volume de negócios presumido inferior a 12 unidades de conta*".

Quanto à questão de saber se podem ou não deduzir os impostos liquidados pelos seus fornecedores, as ditas isenções completas ou de taxa zero e isenções incompletas, uma vez que não os liquidam, o legislador fiscal não procedeu como fez para o regime especial de tributação, ao manifestar expressamente a sua posição no artigo 41.º deste Código. Parece-nos que a resposta deve ser negativa. Isto é, tratam-se das isenções incompletas, em que estes sujeitos passivos funcionam como consumidores finais.

Terminadas algumas considerações que achámos convenientes nesta primeira abordagem aproximativa, cujo objectivo é procurar enunciar as linhas gerais do imposto geral sobre o consumo, IGV, é nossa intenção prosseguir com a análise, mais ou menos exaustiva, do regime normal de tributação, porquanto, relativamente aos regimes especiais de tributação e de isenção, pouco ou nada resta dizer.

3.2. Regime normal de tributação

3.2.1. *Incidência real*

A incidência real ou objectiva deste imposto está definida em termos de operações tributáveis (artigo 1.º), aliás, tal como acontece com a legislação portuguesa relativa ao Código do Imposto sobre o Valor Acrescentado (IVA). Reza este artigo: *"Estão sujeitas ao Imposto Geral sobre as Vendas e Serviços:*

a) As transmissões de bens móveis corpóreos efectuadas no território nacional, a título oneroso, por um sujeito passivo agindo como tal;
b) As importações de bens;
c) As prestações de serviços em geral efectuadas no território nacional ou a entidades estabelecidas no território nacional, a título oneroso, por um sujeito passivo agindo como tal".

São consideradas transmissões de bens, segundo o artigo 3.º, n.ºs 1 e 2, o exercício do direito de propriedade, consubstanciada na transferência onerosa de bens corpóreos. Incluem-se nesta categoria a água, o gás, o calor, o frio e similares. São ainda equiparadas às transmissões as operações de afectação de bens da empresa ao uso próprio do pessoal, ou a fins alheios a actividades da empresa, bem como as transmissões gratuitas de bens, relativamente às quais o sujeito passivo não tenha documento comprovativo da liquidação do imposto ou haja sido deduzido o imposto, e ainda a não devolução, no prazo de três meses a contar da data de entrega ao destinatário, de bens enviados à consignação.

Considera-se que desenvolvem actividade de produção (artigo 4.º), para fins do artigo 2.º, n.º 2, al. a), todas as pessoas singulares ou colectivas que operam no domínio da produção, fabrico ou transformação de bens, independentemente dos processos ou meios utilizados. Incluem-se neste conceito, também, a dedicação, com carácter habitual, da apresentação normal dos produtos no mercado (n.º 1). Ainda abrange a actividade dos mandantes de qualquer uma das operações referidas, mesmo que pelo fornecimento de matérias-primas e actividade de reparação ou beneficiação de bens importados temporariamente (n.º 2) todos do mesmo artigo em análise.

Pergunta-se se esta categoria de actividades económicas engloba também a actividade de produção agrícola, ou seja, qual o regime a que está submetido o sector agrícola. A pertinência desta questão está precisamente no destino dado ao resultado ou rendimento deste sector. Lembre--se que a Guiné-Bissau é um país fortemente agrícola, cuja esmagadora maioria da produção se destina ao auto consumo do produtor e sua família. O problema é, nesta fase de luta pela sobrevivência – devido às dificuldades a todos os níveis, ao facto das prestações do Estado serem uma "miragem" e o agricultor e sua família não encontra outro meio para obter o seu ganha-pão a não ser o fruto da terra – algo sensível. Nada nos garante que o legislador tenha isento esta actividade da tributação, nem tão-pouco que beneficie de um regime especial.

A circunstância de a quase totalidade da produção agrícola ser absorvida pelo auto consumo constitui um sério problema para o tratamento fiscal deste sector. Assim, a sua identificação, a reduzidíssima parte da produção comercializada e dimensão das unidades produtivas familiares, entre outras, justificam que o sector agrícola beneficie de uma isenção completa. Sublinhe-se que estamos a referir-nos apenas à agricultura de auto-consumo, praticada pela esmagadora maioria da nossa população, diferente da agricultura industrial, que começa a despontar, sendo praticada, sobretudo, por um número reduzido de empresários que, segundo cremos, reúnem todas as condições para possuírem uma escrita devidamente organizada.

Estas e outras dificuldades, nomeadamente, a intervenção do Estado no sector público – no nosso caso insignificante, porquanto praticamente não existem empresas agrícolas estatais –, a interpenetração entre as actividades industriais e comerciais, mormente, a transformação dos produtos agrícolas, implicam uma nítida distinção e separação da actividade agrícola e actividade não agrícola, bem como dos preços de transferência para a situação de isenção do sector. Por razões de justiça e de incentivo ao desenvolvimento deste sector, entendemos que a melhor solução passa pela isenção da actividade agrícola estritamente familiar, isto é, a destinada apenas ao auto-consumo da família (incluindo a parte destinada à troca directa com outros bens de primeira necessidade) e a sujeição à tributação das empresas agrícolas, com todas as consequências em matéria de controlo das transacções[516].

---

[516] Para mais desenvolvimento desta temática, vide MÁRIO ALBERTO ALEXANDRE, "A implementação do Imposto sobre o valor acrescentado...", pp. 52-53.

A categoria das importações de bens define-se em conformidade com as operações sujeitas à legislação aduaneira, como ficou estatuído no artigo 5.º do CIGV.

São consideradas prestações de serviços (artigo 6.º)[517], para efeitos deste imposto, as prestadas por pessoas (singulares/colectivas) sem vínculo de emprego com o destinatário de serviço e a título oneroso. São, nomeadamente as situações previstas no n.º 1: os serviços ligados às actividades de fornecimento de alojamento, refeições, bebidas e outros serviços hoteleiros [al. a)]; serviços fotográficos e conexos (*maxime* a revelação de filmes) [al. b)]; telecomunicações e serviços conexos [al. c)]; serviços portuários e aeroportuários [al. d)]; serviços de segurança privada [al. e)]; transporte rodoviário de cargas e contentores e de passageiros [al. f)]; serviços gráficos e de reprodução de cópias [al. g)]; manutenção de máquinas, veículos, equipamentos, bem como assistência técnica [al. h)]; e outros serviços não especificados, mas não isentos nos termos do artigo 9.º [al. i)]. Nesta categoria residual, pensamos que cabem a cessão de direitos de autor, licenças, marcas, etc. São ainda equiparados a prestações de serviços, os prestados a título gratuito pela própria empresa, com vista às necessidades do próprio empresário, do pessoal ou ainda a fins alheios à empresa (n.º 2).

Para efeitos da tributação da prestação de serviços, necessário se torna que os prestadores ou beneficiários de serviços tenham sede, estabelecimento estável ou domicílio no território nacional, a partir do qual o serviço é prestado, conforme o estabelecido no artigo 6.º, n.º 3 do diploma.

3.2.2. *Incidência subjectiva*

Relativamente à incidência subjectiva, no CIGV, a figura do sujeito passivo obedece, conforme o artigo 2.º deste diploma, a três modalidades, a saber: o contribuinte, o contribuinte-substituto e o responsável. Trata-se da consagração da classificação tripartida, clássica, do Direito Tributário das pessoas obrigadas em relação à Administração fiscal.

Existe uma correlação entre o tributo e a obrigação tributária, na medida em que esta é consequência lógica daquele. GIULIANI FON-

---

[517] A enumeração das alíneas deste artigo não corresponde com as que apresentamos no corpo do trabalho, dada a falha técnica, motivada, cremos, pela omissão da letra "e" que corresponderia, com toda a certeza, à alínea e) do n.º 1 do citado artigo.

ROUGE[518] entende que existe uma ligação entre o sujeito passivo (do imposto), a pessoa individual ou colectiva submetida ao poder tributário do Estado, isto é, a pessoa que figura na relação jurídico-fiscal numa situação passiva, e o sujeito passivo da obrigação tributária[519], considerada a pessoa individual ou colectiva obrigada a cumprir a prestação fixada por lei.

Entre os dois conceitos, não existe necessariamente uma identidade. Regra geral, o sujeito passivo tributário, o contribuinte, é, também, o sujeito da obrigação tributária. Mas, em certas situações, a lei fiscal atribui esta condição a pessoas diferentes do contribuinte. Daí que o sujeito passivo da obrigação tributária possa ser tanto o contribuinte, como um terceiro[520].

Impõe-se precisar o significado de cada uma dessas modalidades. Comummente, o *contribuinte* é a pessoa jurídica (singular/colectiva) a quem a lei impõe a obrigação tributária derivada de um facto tributário. Ele é o "contribuinte de «jure», o verdadeiro obrigado no vínculo do imposto e sobre quem incide"[521]. É a pessoa que surge em face da lei como obrigada perante a Administração fiscal[522].

O *contribuinte-substituto* passivo, também pessoa jurídica, que, por imposição legal, fica obrigado, no lugar do contribuinte, a cumprir as prestações materiais e formais da obrigação tributária. É o substituto quem tem o dever de satisfazer a obrigação tributária, sujeitando-se a execução fis-

---

[518] *Derecho Financiero*, Vol. I, pp. 348 e ss.

[519] Outro termo equivalente é a designação "sujeito passivo da relação jurídico-fiscal". Em relação a este, a doutrina costuma distinguir entre contribuinte, devedor do imposto e sujeito passivo. Para além da obra e autores citados por GIULIANI FONROUGE; vide também, CASALTA NABAIS, *Contratos fiscais*, p. 95, nota 245.

[520] GIULIANI FONROUGE, *Derecho Financiero*, Vol. I, p. 348. Também JOÃO SÉRGIO TELES DE MENEZES CORREIA LEITÃO, "A substituição e a responsabilidade fiscal...", pp. 95 e ss, em especial pp. 99-100; ANA PAULA DOURADO, "Substituição e responsabilidade tributária", pp. 3 e ss, especialmente, p. 32.

[521] Vide DOMINGOS MARTINS EUSÉBIO, *Alguns aspectos...*, pp. 117-118. Também, GIULIANI FONROUGE, *Derecho Financiero*, Vol. I, p. 349. A distinção entre contribuinte de direito e contribuinte de facto tem muito sentido na matéria que temos vindo a tratar, porquanto os impostos de consumo são pagos pelo consumidor (contribuinte de facto), mas tais impostos são lançados aos comerciantes (contribuintes de direito), únicos responsáveis perante a Administração fiscal.

[522] Corresponde à figura do sujeito passivo, devedor ou contribuinte de direito, segundo DOMINGOS MARTINS EUSÉBIO, *Alguns aspectos...*, p. 119; GIULIANI FONROUGE, *Derecho Financiero*, Vol. I, p. 349.

cal em caso de incumprimento[523]. Esta substituição só se verifica nos caos expressamente previstos na lei[524]. A Administração fiscal delega nele a função de cobrar o imposto. É o que acontece, por exemplo, com a técnica da retenção na fonte, dada a comodidade e garantia que oferece para a Administração fiscal.

Por sua vez, o *responsável* ou *agente da retenção*, seguindo o mesmo raciocínio, é, de igual modo, a pessoa jurídica que a lei considera, conjuntamente com os outros sujeitos passivos, responsável pela dívida do imposto. Trata-se, em boa verdade, da pessoa que responde por dívida alheia. Actua paralelamente ou no lugar do próprio devedor, porquanto tem uma relação directa e própria com a Administração fiscal[525], por mandato da própria lei. Assim, o responsável, ao agir de acordo com o dever imposto legalmente, substitui o devedor como sujeito passivo e libera-o da dívida do imposto[526].

Salvo melhor entendimento, a nossa legislação fiscal, o CIGV, parece acolher a figura do responsável ou agente de retenção com base em vínculos de natureza jurídica apenas para as situações de responsabilidade por vínculo de guarda de bens, onde cabem os transportadores, armazenistas e depositários, conforme a al. a), n.º 3, artigo 2.º do diploma em causa. A ser verdade o que acabámos de afirmar, concluímos que ficam de fora do âmbito deste Código muitas outras situações análogas à do responsável com vínculo jurídico (representações legais: pais, curadores ou tutores relativamente à administração dos bens dos menores, interditos ou inabilitados) ou responsável a título sucessório (donatários ou legatários relativamente aos bens do "*de cujus*"), por configurarem transmissões de bens a título gratuito. Escapam à previsão da norma de incidência deste imposto, portanto, todas as situações que não se enquadram no espírito do

---

[523] DOMINGOS MARTINS EUSÉBIO, *Alguns aspectos...*, p. 123.

[524] A verificação de que as obrigações tributárias são impostas por lei, a substituição tributária surge unicamente por força da lei e o seu conteúdo encontra-se nela modelado – obrigações "*ex-lege*" – pelo que nunca pode ser contratual, isto é, derivar de acordo entre o substituto e substituído. Vide DOMINGOS MARTINS EUSÉBIO, *Alguns aspectos da...*, pp. 120-121. No mesmo sentido, GIULIANI FONROUGE, *Derecho Financiero*, Vol. I, p. 369. Cfr. ainda CASALTA NABAIS, *Contratos fiscais*, pp. 86 e ss.

[525] GIULIANI FONROUGE, *Derecho Financiero*, Vol. I, p. 376

[526] Escreve GIULIANI FONROUGE, *Derecho Financiero*, Vol. I, p. 377: "El agente que cumple el deber impuesto por la ley y efectúa la retención del impuesto, reemplaza íntegramente al deudor como sujeto pasivo y libera a éste de la obligación, ..."

artigo 1.º, al. a): *"transmissões de bens móveis corpóreos efectuadas no território nacional, a **título oneroso**..."*[527].

As primeiras dizem respeito, como dissemos acima, à administração de bens dos menores ou dos incapazes. Desde que entrem no comércio jurídico, são susceptíveis a qualquer título (oneroso ou gratuito) de transmissões. Na primeira hipótese, são tributadas segundo as regras do CIGV, por se incluírem no seu âmbito de incidência. A última hipótese – donatários e legatários – pertence à categoria das situações tributáveis no âmbito do imposto sobre as sucessões e doações, bastando, para tal, a concretização das transferências real e efectiva dos bens.

Feito este esclarecimento, a respeito da posição que ocupa na relação tributária cada um dos sujeitos passivos, retomamos o desenvolvimento da matéria, desta feita para apurar os agentes económicos, de acordo com as modalidades ou classificações legais. A primeira categoria, a dos contribuintes, engloba, assim, as pessoas (singular ou colectiva) que desenvolvem actividade independente de produção, comércio ou prestação de serviços [al. a)]. Ainda inclui as pessoas que realizam operação isolada de importação, segundo a legislação aduaneira [al. b)]; as mesmas pessoas, desde que, em factura ou documento, mencionem indevidamente esse imposto [al. c)]; o Estado e as pessoas colectivas similares, bem como as suas empresas concessionárias, quando desenvolvem actividades sujeitas ao IGV, nomeadamente a distribuição de água; electricidade; gás; telecomunicações; transportes de bens e pessoas; serviços portuários e aeroportuários.

Na segunda categoria, contribuinte-substituto, estão todas aquelas pessoas que, por disposição legal e para além de terem a obrigação de imposto nas operações que realizem, ficam incumbidas de efectuar a liquidação e retenção do IGV dos seus clientes. São, nomeadamente, os retalhistas, conforme o n.º 4 do mesmo artigo. Por último, na categoria de responsável figuram os transportadores, armazenistas, depositários de bens sujeitos ao IGV sem título comprovativo da sua aquisição [al. a)], e os responsáveis pela recolha de impostos dos beneficiários de serviços quando o prestador é um não-residente [al. b)] todos do n.º 3 do artigo 2.º CIGV.

---

[527] Os destacados são nossos. Sendo situações abarcadas no conceito geral de transmissões de bens, contudo ficam fora do âmbito de incidência deste imposto, porquanto são efectuadas a título meramente gratuito e não oneroso, caso em que seriam enquadradas na previsão deste artigo.

3.2.3. Exigibilidade do imposto

Em matéria da exigibilidade do IGV observam-se os seguintes momentos conforme as regras do artigo 7.º, n.º 1: *"Sem prejuízo do disposto nos números seguintes, o imposto é devido e torna-se exigível:*

a) Nas transmissões de bens, no momento da sua alienação ou em que os bens são postos à disposição do adquirente;
b) Nas prestações de serviços, no momento da sua realização;
c) Nas importações, no momento em que se efectue o acto de desembaraço alfandegário, ou quando termine o prazo para a reexportação de bens importados temporariamente sem que esta ocorra, ou se realize a arrematação ou venda".

Estas regras, porém, sofrem desvios nas situações previstas nos números seguintes, e são as relativas às transmissões de bens que requerem transporte pelo fornecedor ou terceiro, em que se considera que: os bens estão postos à disposição do adquirente no momento em que se inicia o transporte; no caso de implicar a instalação ou montagem por parte do vendedor, no momento em que deixam a dependência do vendedor para serem instalados ou montados (n.º 2); e na arrematação ou venda judicial ou administrativa, conciliação e contrato de transacção, quando se realizarem os respectivos actos (n.º 3). Nas operações de importações, reguladas pela legislação aduaneira, e nas situações de prestações de serviços, efectuadas pela empresa, a título gratuito, com vista às necessidades particulares, do seu pessoal ou a fins alheios à empresa, o imposto só é exigível no momento em que as respectivas afectações de bens ou as prestações serviços tiverem lugar (n.º 4).

Quando se trata de transferências de bens, de um estabelecimento para outro de um mesmo sujeito passivo, o imposto só é devido e exigível no momento em que se verifique a transferência dos bens (n.º 5). Em relação aos bens enviados à consignação a sua não devolução decorrido o prazo de três meses a contar da data da entrega ao destinatário, torna o imposto exigível (n.º 6).

Na situação prevista no n.º 7, isto é, em que: *"Salvo prova em contrário, aceite pela Direcção Geral das Contribuições e Impostos"*, são objecto de transmissão os bens adquiridos, importados ou produzidos *"que não se encontrem nas existências dos seus estabelecimentos... e os que tenham sidos consumidos em quantidades que... devam considerar-se excessivas...*" (conforme ficou estabelecido no n.º 3 do artigo 3), o imposto é exigível no termo da verificação de tais factos.

Por fim, ainda em matéria de desvios à regra da exigibilidade prescrita no n.º 1, nas transmissões de bens e prestações de serviços de carácter continuado, das quais resultam pagamentos sucessivos, a exigibilidade do imposto dá-se quando os bens são postos à disposição e as prestações realizadas, ou seja, no termo do período a que diz respeito os respectivos pagamentos.

Para além destas situações acabadas de mencionar, outros desvios em matéria da exigibilidade do imposto se verificam, na aparência, relativamente às situações que dão lugar à emissão de facturas, conforme o artigo 8.º, cuja regulação está prevista no artigo 27.º, todos do CIGV. São de observar as seguintes regras, quando resulta para o sujeito passivo a obrigação de emitir factura ou documento equivalente, nas situações de transmissões de bens ou prestações de serviços:

- al. a) no momento da emissão, quando for respeitado o prazo;
- al. b) no momento em que termina, no caso do prazo não ser respeitado;
- al. c) quando as operações dêem lugar ao pagamento, ainda que parcial, antes da emissão da factura ou documento equivalente, considera-se exigível o imposto no momento do seu recebimento. A mesma regra é aplicável às situações em que a emissão dos documentos comprovativos precede as operações tributáveis – ou seja, quando a emissão de tais documentos se verifica em momento anterior às operações –, de acordo com o disposto no mesmo artigo 8.º, n.º 2 do Código.

No entanto, as als. a) e b) não fazem sentido pois, ao contrário do que se verifica, por exemplo, no sistema de IVA (português), o artigo 27.º não estabelece prazos para a emissão de facturas, pelo que a regra parece ser a facturação na própria data da transmissão de bens ou da prestação de serviços ou do pagamento antecipado.

3.2.4. *Isenções*

Relativamente às operações de transmissões de bens e prestações de serviços são concedidas isenções a determinadas operações, as designadas *isenções reais* ou *objectivas*; ou a determinados beneficiários, caso em que configuram as *isenções pessoais* ou *subjectivas*. No n.º 1 do artigo 9.º constam as operações isentas, bem como os seus beneficiários. Assim:

- al. a) – as isenções a importações definitivas de bens. São beneficiários, as pessoas jurídicas singulares (cooperantes; emigrantes; antigos combatentes) ou colectivas (missões diplomáticas, em regime de reciprocidade; organismos internacionais de que o país é parte);
- al. b) – as isenções a importações temporárias de bens, mesmo que venham a ser objecto de reparação ou benefício, por pessoas cuja actividade consista na reparação ou beneficiação, bastando para tal que os mesmos sejam reexportados no prazo e termos estabelecidos na legislação aduaneira;
- al. c) – as isenções a transmissões de bens a qualquer título, com a condição de serem realizadas por estabelecimento cuja actividade não se reconduz a produção, nem a importação de bens;
- al. d) – as isenções a prestações de serviços e a produção de bens que não ultrapassam anualmente um determinado valor: 12 unidades de conta;
- por último, a al. e) – as isenções as exportações de bens e serviços, desde que regularmente realizadas.

Algumas das isenções têm um determinado período de vigência ou duração no tempo. Assim, as relativas às transmissões de bens a qualquer título, efectuadas por estabelecimento não produtor ou não importador; às prestações de serviços e à produção de bens, cujo valor anual não ultrapasse 12 unidades de conta e, também, às exportações de bens e serviços realizadas regularmente, até 31 de Dezembro de 1999, conforme o artigo 9.º, n.º 1, parágrafo único.

Por outro lado, foi concedida aos serviços aduaneiros a competência para reconhecer a isenção constante da al. b), do n.º 1 do mesmo artigo 9.º, as isenções aduaneiras, ou seja, aquelas que dizem respeito a *"importações temporárias de bens... desde que sejam reexportados nos prazos e termos estabelecidos na legislação aduaneira"*.

Refira-se que, para além destas isenções, existem ainda as constantes da legislação especial, *maxime*, a Lei n.º 2/95, de 24 de Maio – tal como decorre do artigo 9.º, n.º 1, al. a) do Código –, quando remete, no caso das importações definitivas de bens, para as condições e limites fixados nesta Lei.

3.2.5. Determinação do valor tributável de acordo com os tipos de operações

Quanto à matéria da determinação do valor tributável, as regras estão previstas nos artigos 10.º a 13.º, consoante sejam relativas às operações internas ou às operações externas (importação e reimportação), respectivamente, artigos 10.º e 11.º do Código. Em termos comparativos, o valor tributável equivale à matéria colectável dos impostos reais sobre o rendimento. Trata-se, portanto, do valor de bens e serviços sobre o qual incide a taxa, de forma a permitir o cálculo do imposto devido[528].

Elegeu-se para as operações internas (transmissões de bens e prestações de serviços), sujeitas ao IGV, o *"preço ilíquido praticado sem consideração das deduções... designadamente a título de desconto, abatimento ou bónus"* (n.º 1). Isto é, deverá ter-se em conta o preço bruto, preço de venda antes de feitas as deduções destinadas a apurar o valor líquido dos bens e serviços. Cumpre dizer que estas deduções (desconto; abatimento ou bónus) contribuem para a redução do preço dos bens e serviços – tal como acontece com as reduções à matéria colectável, enquanto figura relativas às isenções (parciais), como categoria dos benefícios fiscais (não inclui os favores fiscais), na medida em que são computadas em termos de encargos ou custos.

Significará isso que o preço a considerar, para o efeito, será o preço de venda dos produtos (bens e serviços), incluindo todos os encargos suportados anteriormente; isto é, o preço normal atribuído no mercado livre, onde se confronta o lado da oferta e o lado da procura dos bens e serviços e dá-se a formação dos respectivos preços. Em suma, o valor tributável seria apurado com base no preço formado no mercado; caso contrário, verificar-se-ia uma redução dos preços dos bens e serviços e, consequentemente, dos seus valores tributáveis.

Segundo o estatuído no artigo 12.º, na determinação do valor tributável dos bens e serviços deverão ser incluídos os *"impostos, direitos, taxas e demais imposições, com exclusão, apenas, do imposto geral sobre vendas"*. Sem prejuízo das disposições relativas à fixação do valor tributável (até aqui mencionadas), compete os Serviços da DGCI a correcção do valor que serve de base à liquidação do imposto [al. a)], bem como a determinação do próprio lucro tributável, quando é impossível apurar o

---

[528] Cfr. NUNO SÁ GOMES, *Manual de Direito Fiscal*, Vol. I, p. 248.

volume das transacções, dada a carência de elementos [al. b)] todos n.º 1. Quando, porém, isso acontece, devem ser notificados os sujeitos passivos, conforme o preceito do n.º 2 (todos) do artigo 13.º, para efeitos de reclamação, como se pode observar pelo artigo 14.º CIGV.

3.2.6. Taxas

A taxa do imposto geral sobre vendas e serviços é 10% sobre o valor das mercadorias – taxa *ad valorem* –, aplicável no momento em que o imposto se torna exigível, conforme o artigo 15.º, n.ºs 1 e 2. E, ainda no n.º 3 do mesmo artigo, estabeleceu-se a data de 1 de Janeiro do ano 2000 ou outra data que poderá ser fixada por disposição legal específica, a partir da qual as exportações de bens ou os bens destinados ao consumo a bordo das transportadoras internacionais, as prestações de serviços no exterior e os serviços de transporte relacionados com o exterior serão taxados à alíquota zero (isentos), isto é, a aplicação de, uma taxa zero, no processo tributário global, para significar uma situação global tributada, sujeita à taxa zero, embora exonerado o momento. Ou seja, em boa verdade, não há isenção, mas uma significativa redução até zero do nível de tributação.

Mas, se se mantiver permanentemente a situação, estar-se-á na presença de uma verdadeira isenção; enquanto que a sua sucessiva sujeição ao processo tributário, se afigure apenas um benefício. Pensa-se que esta exigência está relacionada com as preocupações de carácter regional, mormente os processos, em curso, de integração das economias nacionais.

Ainda, de acordo com o parágrafo único do mesmo artigo 15.º, a partir da data em que as exportações são taxadas à alíquota zero, o sistema de reembolso do crédito das exportações, será disciplinado (a forma; os procedimentos de controlo e requerimentos) pelo Governo, através do Ministro da Economia e Finanças.

3.2.7. Liquidação

A matéria da liquidação compete os sujeitos passivos do imposto, nas várias operações sujeitas ao IGV. Assim, nas transmissões de bens, a competência cabe, respectivamente, aos produtores e transmitentes de bens referidos na al. a) do n.ºs 1 e 2 todos do artigo 3.º; diferentemente, quando se trata da arrematação, venda judicial ou administrativa, adjudicação, conciliação ou contrato de transacção ou ainda nas operações sujeitas à legislação aduaneira, compete os respectivos serviços. Todas estas situações estão contempladas no artigo 16.º, n.º 1, do Código.

Nas importações de bens, a liquidação é da competência dos serviços aduaneiros (n.º 2). No que tange às prestações de serviços, é da competência dos sujeitos passivos (pessoas singulares ou colectivas), quando o prestador de serviços esteja localizado no território nacional, ou seja contribuinte-residente; ou o beneficiário dos mesmos, no caso do prestador é um não residente, em conformidade com o n.º 3, todos do mesmo artigo 16.º do diploma em análise. Nos restantes casos, isto é, para as operações que apelidamos de residuais, constantes do n.º 4, esta competência está reservada aos serviços da DGCI. Pensamos que, aqui, estão incluídas aquelas operações como, por exemplo, a cessão de direito de autor; marcas; licenças...

Os momentos da liquidação estão previstos nas als. a) a d) do artigo 17.º, dependendo da entidade a quem competir a determinação do lucro tributável. Nesta conformidade, competindo aos sujeitos passivos, nas transmissões de bens ou prestação de serviços, dos quais resulta a emissão de factura ou documento equivalente, o momento da liquidação reportar-se-á ao da exigibilidade do imposto, tal como estabelecido no artigo 8.º; nos restantes casos, recorrer-se-ão os momentos previstos no artigo 7.º, de acordo com as regras da al. a).

Se a liquidação competir aos serviços aduaneiros, segundo a al. b), deverão ser observados os seguintes: tratando-se de operações em que é devido o pagamento do preço, o momento será o de pagamento integral; sendo parcial, considera-se o primeiro pagamento (*primeira parte*); mas, nos casos em que não há lugar a pagamento (actos de arrematação; venda; adjudicação; conciliação ou contrato de transacção), o momento será o do pagamento das custas, emolumentos ou outros encargos relativos à prática desses mesmos actos, al. b), *in fine*.

Ainda dentro da competência dos serviços aduaneiros, prevista na al. c), quando se trata de operações respeitantes às importações de bens, o momento da liquidação será o do acto de desembaraço alfandegário. Por fim, competindo a liquidação aos serviços da DGCI, conforme a al. d), este momento reporta-se ao apuramento dos dados necessários a tal fim.

Mas o direito à liquidação não é permanente. Extingue-se com o decurso do tempo. Nos termos do artigo 20.º, caduca ao "*fim do quinto ano seguinte ao da ocorrência da exigibilidade do imposto, devendo a correspondente liquidação ser notificada, dentro do mesmo prazo, ao contribuinte*".

Os serviços da DGCI, procederão à liquidação adicional (artigo 21.º), sempre que se verificar que, na liquidação, houve "*erros de facto ou de direito, ou... quaisquer omissões, de que resultou prejuízo para o Estado*". O retardamento da liquidação, em parte ou na totalidade do imposto devido, por facto imputável ao contribuinte, faz acrescer os "*juros compensatórios de taxa igual à que vigore para os juros de moras nas dívidas ao Estado*", como manda o artigo 22.º do diploma.

3.2.8. Apuramento do imposto devido

O apuramento do imposto devido inclui as operações de deduções de impostos suportados nas aquisições directamente destinadas às transmissões de bens e prestações de serviços sujeitas ao IGV. Assim, de acordo com o n.º 1 do artigo 18.º (*Deduções*), serão deduzidos os seguintes impostos:

a) o imposto pago na importação de bens;
b) o imposto pago nas aquisições referidas na al. b) do n.º 1 do artigo 3.º;
c) o imposto pago nas aquisições de bens e serviços a outros sujeitos passivos.

Todavia, condição necessária à efectiva dedução dos mesmos é a obrigatoriedade da apresentação de documentos, passados em forma legal, comprovando a identidade do sujeito passivo (n.º 2). Por isso mesmo, é cominada com a sanção da não dedução do imposto, a operação simulada de transmissão de bens ou prestação de serviços (negócio simulado), bem como a operação em que seja simulado o preço (n.º 3), cujo objectivo último é evitar o pagamento do imposto, ou conseguir obter carga fiscal menos onerosa, configurando-se a situação de fraude fiscal[529], como tal

---

[529] São os casos denominados pela doutrina como negócio fiscalmente menos oneroso, abarcando um leque muito variado de comportamentos voluntários dos particulares. Estes tipos de contratos destinam-se basicamente a prejudicar enganosamente o Fisco. *Vide,* para mais desenvolvimentos, CASALTA NABAIS, *Contratos fiscais,* pp. 86 e ss, nomeadamente pp. 89-93; NUNO SÁ GOMES, *Manual Direito Fiscal,* Vol. II, pp. 100 e ss.

considerado Crime contra a Economia Nacional (Cap. III) do Código Penal[530], punível com pena de prisão de um a cinco anos, nos termos do artigo 174.º (Fraude Fiscal).

O direito à dedução comporta algumas excepções. Desde logo, exclui o imposto contido em determinadas despesas previstas no artigo 18.º, n.º 4, als. a) a d). Este direito *"nasce no momento do pagamento do imposto"*, momento em que o imposto dedutível se torna exigível, de acordo com os artigos 7.º e 8.º CIGV. A sua operação efectua-se *"mediante subtracção ao montante global do imposto devido pelas operações tributáveis do sujeito passivo, durante um período de declaração, o montante do imposto dedutível durante o mesmo período"*, conforme reza o artigo 19.º, n.º 1. Nisso se traduz a **subtracção** ou **imputação** e constitui um dos processos de dedução do imposto.

Paralelamente a este processo, verificando-se que a dedução do imposto é superior ao *"montante devido pelas operações tributáveis no período correspondente, o excesso será deduzido nos períodos de impostos subsequentes"*, de acordo com o n.º 4 do mesmo artigo. É o que se designa por **reporte**, outro processo utilizado para efeitos de dedução. Porém, persistindo o crédito a favor do contribuinte superior à média mensal do imposto devido no ano transacto, passados 12 meses em relação ao período em que se iniciou o excesso, *"este poderá utilizá-lo para compensar outros impostos que se mostrem devidos ao Estado"* (n.º 5). Prevê--se aqui a possibilidade da **compensação**.

Sem embargo do que ficou estatuído nos números anteriores, a lei faculta ao contribuinte o direito de solicitar o reembolso, em duas situações: a primeira, *"quando se verifique cessação de actividade e não haja outros impostos em dívida"*; e a segunda, *"a partir de 1 de Janeiro do ano 2000, quando a actividade exercida esteja essencialmente vocacionada para a exportação"*, como se pode retirar do n.º 6. Por último, o n.º 7 do já citado artigo 19.º autoriza o Ministro da Economia e Finanças a estabelecer, em despacho, as condições em que serão efectuados os reembolsos.

---

[530] Este diploma – como afirmamos *supra* –, também, contempla e pune as infracções fiscais. *Vide* sobre esta matéria AUGUSTO SILVA DIAS, "A distinção entre crimes e contravenções...", pp. 17 e ss, *maxime*, p. 19.

3.2.9. Cobrança

Para efeitos de pagamento (artigo 23.º), os sujeitos passivos são obrigados a entregar nos serviços competentes da DGCI ou na rede bancária autorizada, simultaneamente com a declaração, "*o montante do imposto relativo às operações realizadas no mês, apurado nos termos dos artigos anteriores e do artigo 37.º*" (*primeira parte*), salvo quando se trate da menção indevida do IGV, em que o pagamento será feito através de guia própria, no prazo de 15 dias a contar da emissão da factura ou documento equivalente (*in fine*) todos n.º 1 do artigo em análise.

O pagamento do imposto obedece, em geral, às operações associadas. Assim, tratando-se de imposto devido nas operações de importações, será pago nos serviços aduaneiros competentes ou na forma determinada pela legislação aduaneira, no acto de desembaraço alfandegário (n.º 2); por sua vez, o imposto devido na transmissão de bens resultantes de actos da arrematação, venda judicial ou administrativa, conciliação ou contrato de transacção, será pago no momento da liquidação (havendo pagamento de preço ou na falta deste, no momento do pagamento das custas, emolumentos ou outros encargos relativos àqueles actos), segundo as regras do n.º 3.

Por fim, quando o imposto é apurado pelos serviços da DGCI, será o contribuinte notificado para efectuar o pagamento no prazo de quinze dias, a contar da data da notificação. É o que consta do artigo 23.º, n.º 5 CIGV.

3.2.10. Deveres fiscais acessórios

Aos sujeitos passivos do Imposto Geral sobre as Vendas e Serviços impõem-se determinadas obrigações, conforme constam dos artigos 25.º a 35.º do CIGV. Assim, entre elas contam-se as seguintes: entrega da declaração de inscrição no registo, quando iniciem ou alterem a actividade (artigo 25.º); entrega de declaração de cancelamento no registo, para efeitos de cessação de actividade (artigo 26.º); emissão de factura ou documento equivalente (notas de venda; notas de prestação de serviços;...), ou ainda em suas substituições guias ou notas de devolução, no caso de devolução de bens, da transmissão de bens ou prestação de serviços (artigo 27.º[531]).

---

[531] O n.º 9 deste artigo confere ao Ministro da Economia e Finanças a competência para disciplinar "*os procedimentos e requerimentos necessários para a emissão, impressão e configuração de facturas, assim como a tipificação dos documentos equivalentes e*

Exceptuam-se da regra de facturação, isto é, são dispensadas da obrigação de facturação as operações efectuadas a dinheiro [através de aparelhos de distribuição automática; terminais de ponto de venda ou máquinas registadoras autorizadas pela DGCI – al. a); emissão de talão; bilhete de ingresso;... – al. b)], assim como as prestações de serviços cujo valor seja inferior a 1.000 F. CFA – al. c) todas do artigo 28.º do Código.

Ainda, a apresentação de declaração periódica nos serviços da DGCI, nas repartições de finanças competentes ou na rede bancária autorizada, até quinze dias ao mês seguinte àquele a que respeita as operações (n.º 1 do artigo 30.º). No n.º 2, prevê-se o despacho normativo do Ministério (entenda-se Ministro) da Economia e Finanças[532], que deverá "*dispor sobre a forma, local e condições para a apresentação da declaração..., assim como a reescalonar o prazo de entrega, para facilitar o fluxo dos contribuintes e o seu atendimento*"; exige-se ainda a organização da contabilidade, de "*forma a possibilitar o conhecimento claro e inequívoco dos elementos necessários ao cálculo do imposto, bem como a permitir o seu controlo*", conforme o artigo 31.º, n.º 1. Quando não é obrigatória a existência da contabilidade organizada, para efeitos da Contribuição Industrial, especialmente os contribuintes do grupo B, devem, contudo, manter registo das operações, através da escrituração nos livros obrigatórios[533] (n.º 5). Cabe ao Ministro da Economia e Finanças disciplinar as regras relativas à "*operacionalização dos registos contabilísticos requeridos para o controlo do IGV*" (n.º 7)[534].

---

as situações em que os mesmos poderão ser utilizados em substituição à factura". Pelo Despacho n.º 13/98, de 27 de Fevereiro, publicado em 2.º Suplemento do BO n.º 13, de 2 de Abril, deu-se corpo ao preceituado no citado artigo do CIGV. Este Despacho visa, nas suas linhas gerais, basicamente dois objectivos: primeiro, o "*controlo por parte da autoridade fiscal*", a fim de "*reduzir os riscos de falsificações*"; segundo, "*condicionar a faculdade de impressão àqueles que estejam em dia com o cumprimento das obrigações fiscais*" relativamente ao "*uso de facturas ou documentos equivalentes,... assim como a sua confecção e/ou impressão*", conforme o Preâmbulo.

Sobre o aspecto formal, *vide* o que dissemos supra.

[532] Trata-se do Despacho n.º 15/98, de 27 de Fevereiro, publicado em 2.º Suplemento ao BO n.º 13 de 2 de Abril do mesmo ano.

[533] São seguintes os livros: registo de compras ou entradas de mercadorias ou bens, al. a); registo de vendas ou saída de mercadorias, bens ou produtos fabricados, al. b); registo de serviços prestados, al. c); registo de existências (inventários), al. d) todos do artigo 31.º, n.º 5.

[534] O despacho do Ministro da Economia e Finanças n.º 14/98, de 27 de Fevereiro,

Por último, a obrigatoriedade de arquivar e conservar, durante cinco anos civis subsequentes, todos os livros, registos e respectivos documentos de suporte, incluindo, no caso de contabilidade informatizada, "*os relativos à análise, programação e execução dos tratamentos*" (artigo 35.º).

SECÇÃO II

OS IMPOSTOS ESPECIAIS DE CONSUMO

1. OBJECTIVO

Começamos por afirmar que o objectivo subjacente aos Impostos Especiais de Consumo, abreviadamente IEC, é a criação de "*um sistema que contribua para atenuar*" a "*grande redução do nível das taxas aduaneiras*", cuja repercussão se verifica no capítulo das receitas públicas, em virtude da simplificação da estrutura tarifária, como se pode ler no Preâmbulo do diploma que cria esta forma de tributação indirecta incidente sobre a utilização do rendimento na aquisição de bens especialmente onerados.

2. AS FINALIDADES EXTRAFISCAIS

Aos Impostos Especiais de Consumo são apontados determinados fins extrafiscais[535]: a redução do consumo, na perspectiva de que um imposto sobre os bens e serviços irá reflectir-se no aumento dos seus preços, influenciando, consequentemente, de forma negativa a procura dos mesmos, provocando, desta forma, a sua diminuição.

Acontece que, por vezes, não se conseguem tais resultados, dada a inelasticidade da procura, sendo disso exemplos típicos, apesar da elevada tributação que atinge – taxas situadas, respectivamente, entre 15-30% e 10% – as bebidas alcoólicas e o tabaco. Outro fim é a progressividade (conseguida em pequena parte), pelo simples facto de que a tributação

---

também publicado no BO n.º 13, de 2 de Abril, deu cumprimento ao estabelecido neste artigo. *Idem.*

[535] Vide por todos J. G. XAVIER DE BASTO, *A tributação do consumo...*, pp. 20-23.

especial incide somente sobre o consumo de determinados bens, caracterizados por serem de luxos, pelo menos no contexto guineense, e de acesso restrito às classes de elevados rendimentos.

Sem embargo, a graduação dos impostos de acordo com a categoria e preços dos produtos revela-se de grande utilidade. Uma maior carga fiscal para os produtos mais caros, consumidos tendencialmente por pessoas de elevados rendimentos, é susceptível de atingir o objectivo da progressividade na repartição dos encargos fiscais.

Como último objectivo, aponta-se a racionalização dos custos, segundo o princípio do benefício. Ou seja, o custo de certos bens deve ser suportado pelos próprios utentes. Pense-se, por exemplo, entre nós, nos impostos sobre os combustíveis, cujas taxas são as mais elevadas (chegando mesmo a atingir os 75%). Esta racionalização seria melhor conseguida se as receitas fossem consignadas e melhor aproveitadas – algo que não acontece – para as necessidades de conservação e melhoramento das rodovias.

3. INCIDÊNCIA REAL

O IEC é um imposto que se aplica a determinados tipos de produtos consumíveis[536], cuja lista se apresenta em anexo à Lei n.º 15/97, disciplinadora do regime de taxas aplicáveis (n.º 2 do artigo 1.º). Sobre estes produtos incide, *"a partir da sua produção ou importação em território nacional"*, esta forma de imposição indirecta. Isto é, trata-se de um imposto que incide tanto sobre a produção nacional como sobre a produção estrangeira, desde que o seu consumo se verifique internamente.

Sendo o produto colocado, no território nacional, sob regime suspensivo – isto é, com autorização de venda sem imposto de um sujeito passivo para outro, *maxime*, do estádio grossista para o retalhista –, *"considera-se que a importação teve lugar no momento em que o produto saiu*

---

[536] Dada a lista extensa em que se apresentam, não é aconselhável a menção de uns e a omissão de outros, nem tão-pouco a análise de uns e não de outros, aliás, tarefa difícil, porquanto não há uma disciplina autónoma para cada um dos produtos ou grupos de produtos. Contudo, enumeramos apenas os grandes grupos em que os produtos estão subdivididos: 1. Águas gasosas e refrigerantes; 2. Cervejas; 3. Álcool e bebidas alcoólicas; 4. Tabaco; 5. Produtos petrolíferos; 6. Viaturas; 7. Produtos de perfumaria; 8. Pólvoras, explosivos e artigos de pirotecnia; 9. Armas e munições.

do referido regime" (artigo 2.º, n.º 2). Este esquema é típico dos impostos plurifásicos.

4. SUJEITOS PASSIVOS E ISENÇÕES

Os sujeitos passivos do IEC são: "*a) os importadores; b) as pessoas singulares ou colectivas que sejam detentores a qualquer título de locais de produção ou de transformação de produtos referidos no artigo 1.º*", nos termos do artigo 4 deste imposto. Em matéria de isenção, *mutatis mutandis*, mantêm-se as concedidas "*às entidades que beneficiam de isenção de imposto de consumo, nas condições estabelecidas na Lei n.º 2/95, de 24 de Maio*", segundo o disposto no artigo 6.º do diploma em apreço.

5. TAXAS

A taxa do IEC, como se viu, consta da tabela anexa a Lei n.º 15/97 e "*incide sobre o valor tributável das mercadorias*" (n.º 1), aquilo que se designou por taxa "*ad valorem*". Considera-se valor tributável, para efeitos do número anterior, "*o preço CIF*[537] *acrescido dos direitos de importação*", para os produtos importados [al. a)], e, para os produtos de origem nacional, o seu valor à "*saída do estabelecimento industrial*" [al. b)] n.º 2 do artigo 5.º.

Para o IEC, tal como sucede com o IGV, a taxa recai sobre o valor total das mercadorias (como se disse *supra,* taxas *ad valorem*), o que facilita, o cálculo do imposto devido[538]. O legislador optou pelo agrupamento, em nove classes, dos produtos segundo as suas afinidades. Nos impostos em que vigoram taxas específicas, incide sobre cada unidade em concreto das mercadorias, isto é, exprimem o encargo fiscal por unidade de mercadoria ou produto. Com isso, corre-se o risco da deterioração do tributo com a inflação: quanto mais elevada for a taxa mais se deteriorarão os impostos de taxas específicas, salvo caso de actualização sistemática.

---

[537] Sigla ou abreviatura que significa Custo, Seguro e Frete, isto é, custo de mercadorias com seguro e frete incluídos. Ao *Cost, Insurance and Freight* se contrapõe o FOB, *Free on Board*.

[538] J. G. XAVIER DE BASTO, *A tributação do consumo...*, p. 25.

É sabido, também, que as taxas específicas fazem com que a tributação seja regressiva, isto é, incida com o mesmo peso indistintamente sobre as mercadorias, sem consideração das suas qualidades, pelo que as "qualidades mais baratas acabam por suportar o mesmo montante que as demais"[539], o que se traduz num encargo superior. Por outro lado, verifica-se que existe uma variação da percentagem do imposto em razão inversa relativamente aos preços das mercadorias. Por isso são frequentemente combinadas com as *ad valorem*, nomeadamente, através da mitigação de critérios, por exemplo o agrupamento dos produtos afins em classes segundo as suas qualidades, o recurso aos preços normais dos produtos de cada classe para efeitos de fixação da taxa específica, ou ainda, o alargamento ao máximo do número de classes, com vista à sua aproximação, o mais possível, ao número de mercadorias com diferentes valores[540].

6. LIQUIDAÇÃO E COBRANÇA

A liquidação e cobrança são da competência da Direcção-Geral das Alfândegas, através da declaração aduaneira ou bilhete de despacho, quando se trata de produtos importados (n.º 1); tratando-se de produtos nacionais, a sua liquidação e cobrança cabe à DGCI (n.º 2), todos do artigo 3.º IEC. Como se percebe, verifica-se uma repartição de competências entre as Direcções Gerais de Alfândegas e das Contribuições e Impostos, em obediência à origem dos produtos.

Nada se adiantou relativamente ao momento em que é devido e exigível o IEC. Pensa-se que será o do despacho aduaneiro, exigido ao agente económico para a importação dos produtos, e o da saída do estabelecimento onde os bens foram produzidos, no caso da produção nacional, sendo o IEC, portanto, exigido ao produtor nacional (fabricante).

---

[539] PAMPLONA CORTE-REAL, *Curso...*, p. 229. Também, J. G. XAVIER DE BASTO, *A tributação do consumo...*, p. 25.
[540] Vide sobre estes e outros aspectos PAMPLONA CORTE-REAL, *Curso...*, pp. 229-230; J. G. XAVIER DE BASTO, *A tributação do consumo...*, p. 25.

POSIÇÃO DO AUTOR

Resta-nos concluir estes pontos, apresentando a nossa posição relativamente ao tipo de tributação que melhor se adapta aos condicionalismos do país em geral, cujas características mais salientes demos conta *supra*, nas suas diferentes vertentes e abordagens, donde se salientam os problemas relativos à fiscalidade, o seu peso, sua influência à nível das estruturas produtivas; a reduzida produção interna; a componente determinante das questões políticas e militares sobre os aspectos económicos e sociais e governativos da sociedade...

Considerando o estádio de desenvolvimento do país e, em virtude disso, a reduzida quantidade/qualidade das necessidades colectivas a satisfazer pelo Estado e entidades similares, comparativamente as sociedades desenvolvidas, o binómio economia-imposto deve dar prioridade ao investimento público, estimulando ou fomentando a formação/captação de capitais internos, limitando, portanto, a tributação do rendimento e orientando a sua aplicação em actividades produtivas.

No domínio da tributação, surge, por consequência, a necessidade de se desviar a carga fiscal para outras actividades ou sectores, *maxime* o consumo de bens de luxo, como sucedeu até aqui, procurando abrangê-los em todas as suas manifestações, bem como o alargamento da base tributável às mais-valias realizadas, por exemplo, com a venda de terrenos para a construção. Isso é indispensável num país em que se acumulam fortunas com um negócio que vem criando uma classe burocrática que prima cada vez mais pela falta de transparência e convida à corrupção dos funcionários públicos que nele encontram um meio de enriquecimento injustificado, uma vez que a terra, sendo propriedade do Estado, concedida aos cidadãos que deles carecem para a mais diversa utilização, é objecto de uma verdadeira especulação.

Com estas medidas pretende-se, por um lado, desencorajar a descapitalização e garantir o desenvolvimento económico e social; por outro, desincentivar o consumo de bens de luxo, com o desvio da carga fiscal para o sector do consumo. Consegue-se assim duas coisas: a libertação de capitais necessários e úteis à criação de emprego em sectores com potencialidades para a criação de riqueza, rumo ao desenvolvimento do país e melhoria das condições de vida das populações e a selecção e racionalização de consumo dos bens e serviços, em função da quantidade da carga fiscal capaz de suportar.

O facto de defendermos o desvio da carga fiscal para o sector do consumo – embora se reconheça que esta tributação atinge somente a parte do rendimento consumido e não aforrado – demonstra apenas a nossa preocupação em reconhecer a realidade e potencialidade reveladas pelo nosso Sistema Fiscal e, simultaneamente, aproveitar as condições para servir de motor para o real desenvolvimento económico e social. Entendemos, portanto, que isso não põe em causa a adopção da tributação do rendimento (parcelar/global) como trave mestra do nosso modelo fiscal.

Por outro lado, a nossa preocupação demonstra que a consecução dos objectivos pretendidos pelo Sistema Fiscal guineense: a justiça e eficiência fiscais, passa pela tributação das manifestações de riqueza ostentadas pelos contribuintes, nos termos em que temos vindo a fazer alusão, o que nos remete para um problema já anteriormente aflorado – a tributação das mais-valias realizadas.

Os objectivos de personalização da tributação de rendimento e da redução das desigualdades impõem que seja considerado todo o rendimento do indivíduo, por ser aquele que melhor retrata a sua capacidade contributiva. No Imposto Complementar, encontramos este esquema, não obstante algumas das soluções, conforme tivemos oportunidade de referir, não nos parecem as mais adequadas e estão completamente desfasadas da realidade sócio-económica e cultural do país, o que dificulta seriamente os objectivos de transição para o imposto único sobre o rendimento das pessoas singulares.

Chegados a este ponto, aproveitamos para manifestar a nossa discordância em matéria da exclusão dos rendimentos da Contribuição Predial Urbana ao regime de englobamento, enquanto forma de atingir a totalidade da capacidade do sujeito passivo do imposto, na procura de corrigir os defeitos da tributação parcelar. Esta solução não satisfaz os objectivos da personalização do imposto sobre o rendimento das pessoas singulares, uma vez que se trata de uma fonte donde resultam avultadas somas em dinheiros para (alguns) proprietários dos prédios urbanos que encontram na especulação imobiliária uma forma fácil de acumulação de fortunas.

Algumas soluções podem constituir remédio para os males de que padecem a tributação complementar, entre as quais se destacam as enunciadas de seguida. A criação de uma dupla taxa em função de agregados familiares constituídos segundo a lei (e equiparáveis) e os concubinos e solteiros; a dedução à matéria colectável das despesas com a saúde, educação, ensino até, por exemplo, 50% do montante, por se tratar da diminuição da capacidade contributiva do contribuinte, resultante de uma situação especial em que se encontra; a manutenção da taxa zero, não criadora da obrigação fiscal do imposto do mínimo de existência, enquanto diminuição da mesma capacidade; a fixação de um montante por cada membro do agregado familiar, que vê o seu rendimento englobado com os dos outros, a fim de se formar a capacidade contributiva da unidade fiscal, família.

Ainda em matéria da reforma fiscal, impõe-se a necessidade de maior rigor e controlo dos benefícios fiscais, instrumento ao serviço da criação de emprego; a construção de um sistema fiscal que contribua para a diminuição das desigualdades sociais; entre outras.

Simultaneamente temos a reforma radical da Segurança Social, de molde a garantir pensões condignas a todos os cidadãos que, ao longo do tempo de actividade, prestaram a sua contribuição, ao mesmo tempo que se procura oferecer um patamar mínimo aos guineenses em geral. Acresce a isso o favorecimento fiscal de empresas que criam emprego, sobretudo no interior do País, apostando na criação de postos de emprego e equilíbrio harmónico entre as regiões do país.

Da conclusão de que o Estado fiscal não encontra consagração explícita na nossa Lei Fundamental – diferentemente da sua rejeição – e segundo o nosso raciocínio, somos levados a afirmar que o imposto é a principal fonte de financiamento das despesas relativas à provisão de bens e serviços públicos, aptos à satisfação das necessidades colectivas, ao mesmo tempo que constitui a causa da distorção das opções individuais geradoras de desperdícios do bem-estar individual ("*deadweight loss*") ou de um encargo adicional ou sobrecarga ("*excess burden*"), sendo portanto, genericamente, uma fonte de desperdício do bem-estar da comunidade em geral (*vide* infra a Parte II).

A procura de soluções que permitam a satisfação das necessidades colectivas com recurso aos rendimentos dos particulares, minimizando ou suprimindo as distorções fiscais e a perda de bem-estar causadas à comunidade mereceu à atenção da teoria da tributação óptima, enquanto um dos critérios de optimização orçamental. Esta procura conduziu, no plano teórico, a uma resposta para a supressão das ineficiências da tributação, segundo a qual o imposto deve ser independente do comportamento ou da actividade económica do contribuinte, designado por "*lump-sun tax*", ou seja, o chamado imposto de quota fixa, como é, por exemplo, o de capitação, impraticável do ponto de vista político e social. Assim sendo, resta a esta teoria a procura de outras alternativas conducentes a uma minimização dos desperdícios ou ineficiências provocadas pelos impostos; o que não se apresenta fácil, pelo menos, devidos os contornos das questões que gravitam à volta: a ponderação entre a eficiência e justiça social[541].

Coube ao casal MUSGRAVE a apresentação de uma síntese de resultados alcançados através da teoria da tributação óptima, confrontando-a com a questão da distorção da eficiência. Para estes, os impostos provocam distorções em matéria de escolha entre o consumo de dois bens; entre o consumo presente e futuro (a poupança) e por fim, entre o lazer e o trabalho, fonte de obtenção de rendimentos. É condição necessária que uma das opções tenha de ser necessariamente variável e as outras duas fixas. A principal conclusão a que chegou a respeito desta teoria é a de que tem um carácter negativo, isto é, para além do imposto de soma fixa, designadamente a capitação, não existe outra forma de tributação capaz de evitar as sobrecargas dos contribuintes[542]. Como é facilmente perceptível esta conclusão, não interessa do ponto de vista da justiça fiscal, por tudo o que se disse em relação a este tipo de tributação.

Outras soluções foram ensaiadas, mormente a da base de incidência compreensiva para a tributação (directa e indirecta), a uniformidade da taxa do imposto sobre o consumo, a taxa proporcionalmente inversa à elasticidade da procura dos bens, a regra de RAMSEY, ou ainda o imposto linear sobre o rendimento, imposto cuja taxa marginal seria constante. Todas estas soluções pretendem significar que a sobrecarga dos impostos diminui com a redução da taxa marginal dos mesmos. Isso leva a uma conclusão relativamente segura da teoria da tributação óptima, no sentido do desperdício provocado pelo imposto ser directamente proporcional ao grau de progressividade das suas taxas: quanto mais elevadas forem, maior será o desperdício e vice-versa[543].

---

[541] Sobre os critérios de optimização orçamental, vide *JORGE COSTA SANTOS, Bem-estar social e...*, pp. 253 e ss, especialmente quanto à teoria da tributação óptima, pp. 277-279.
[542] *JORGE COSTA SANTOS, Bem-estar social e...*, pp. 279-281.
[543] Vide por todos *JORGE COSTA SANTOS, Bem-estar social e...*, pp. 277 e ss; neste particular, p. 281. Também *PAUL A. SAMUELSON & WILLIAM D. NORDHAUS, Economia*, p. 312.

Embora frágil esta conclusão tem a vantagem de fornecer uma indicação a seguir pelos sistemas fiscais, principalmente em matéria de reforma. Isso é muito importante, uma vez que, para nós, a solução mais viável é aquela que aponta para a necessidade do alargamento da base de incidência da tributação e, simultaneamente, a redução das taxas de imposto, numa economia confrontada com sérios problemas, entre os quais se destacam: os relativos à produção; a fraca capacidade económica dos agentes económicos em geral; o baixo consumo, dada a fraca capacidade de procura de bens e serviços, explicada pelo fraco poder de compra da população e uma quase nula capacidade de produção, principalmente do sector empresarial do Estado; a acentuada especulação sobre os preços dos produtos, geralmente pequenas quantidades de bens de consumo de produção interna e externa, muito pressionados por uma grande procura; e um profundo desequilíbrio das contas externas.

PARTE II

A REPARTIÇÃO DOS RECURSOS PÚBLICOS
ENTRE O ESTADO E AS AUTARQUIAS LOCAIS.
A FISCALIZAÇÃO FINANCEIRA

CAPÍTULO I

O FEDERALISMO FINANCEIRO.
O PODER TRIBUTÁRIO
E A PERSONALIDADE TRIBUTÁRIA ACTIVA

1. NOÇÕES GERAIS SOBRE O FEDERALISMO FINANCEIRO

O federalismo estatal é um conceito ligado às formas como os Estados se apresentam, interna e internacionalmente, em termos organizacional e estrutural: simples ou unitário *versus* composto ou complexo. Subjacentes a esta dicotomia encontram-se critérios de distinção de poder político (unidade ou pluralidade de poderes ou autoridades de governos), de ordenamento jurídico ou de Constituição (unidade ou pluralidade) ou ainda de centros de decisão política (unidade ou pluralidade de centros autónomos).

Característica peculiar do federalismo de Estados é a existência de Estados federados, componentes do Estado Federal. Neste há uma sobreposição de poderes entre aqueles e este gerando, consequentemente, a existência de órgãos particulares de cada Estado e de órgãos comuns a todos os Estados. A Federação desenvolve-se através de um mecanismo assente em estrutura de participação, exprimindo-se como uma emanação das decisões dos Estados federados.

Assim, dois importantes factores são característicos do federalismo: a) o técnico, que corresponde a distribuição de poderes entre os órgãos: local e central, em ordem a uma maior eficácia; b) o político, traduzido no papel de cada um dos Estados perante os outros Estados[544], com os quais coexistem na unidade e na diversidade.

---

[544] O federalismo constitui matéria relativa à organização do poder político, com consagração constitucional federal, assente na repartição de atribuições e poderes entre

A satisfação das necessidades colectivas nos Estados federais reparte-se entre a Federação e os Estados; assim, o Estado federal proporciona os bens e serviços públicos ao conjunto da população e os Estados federados propocionam os que são divisíveis geograficamente, numa lógica de repartição de responsabilidade entre estes dois níveis de governo, em ordem a atingir a justiça e eficiência na afectação de recursos públicos.

A transposição dessa realidade, em matéria financeira, significa que existe uma repartição de competências, no domínio financeiro, entre as entidades central e local, respectivamente, o Estado Federal ou o Estado central e os Estados federados. É a tradução restrita da expressão federalismo financeiro.

Numa acepção mais lata, engloba também a articulação entre o Estado e as entidades locais similares por ele criado, para partilharem as suas atribuições e competências.

Grosso modo, o federalismo financeiro expressa uma pluralidade de regimes financeiros, cada um regendo a actividade financeira de uma determinada entidade em função da sua localização geográfica. O mesmo é dizer uma pluralidade de centros de decisão financeira que possibilita ou favorece uma maior eficácia na gestão do bem público, *stricto sensu,* dinheiros públicos.

Quando confrontadas as entes territoriais e populacionais, tem-se que as criadas pelo Estado se encontram em melhor posição em matéria da satisfação das necessidades colectivas, porquanto ficam mais próxima das respectivas populações.

O que dissemos reflecte a circunstância de alguns bens e serviços colectivos prestarem utilidades apenas no âmbito de uma determinada circunscrição geográfica delimitada, sem que se torne extensivo às cir-

---

Estados federados e o Estado federal. *Sousa Franco*, "*Considerações gerais a problemática das relações financeiras do Estado com as regiões autónomas*", in RDJ, Vol. X, 1996, Tomo I, pp. 145-146; *James M. Buchanan e Marilyn R. Floewrs*, Introducción a la Ciencia de la hacienda publica, Editorial de Derecho Financiero, Quinta edición, 1980, na introdução ao sistema fiscal dos Estados Unidos, refere que: "El sistema político de los Estados Unidos es el propio del «federalismo», caracterizado por una división de la soberanía, protegida constitucionalmente, entre el conjunto de ciudadanos de la nación, organizados en el gobierno central y la gente organizada en los diferentes gobiernos estatales" (p. 597). Isto é, existe independência política entre os governos federal e o dos Estados federados; situação que, no domínio fiscal, faz com que haja, também, independência e autonomia entre as autoridades fiscais (p. 598).

cunscrições vizinhas o efeito de alastramento. São disso exemplos os estabelecimentos de ensino, os serviços de bombeiros, as iluminações das artérias públicas, entre outros. O que explica a possibilidade da divisão dos bens colectivos em locais e nacionais, em função meramente da limitação das utilidades que proporcionam[545] e joga como argumento a favor da descentralização e autonomia financeiras, em que o federalismo financeiro constitui "expressão mais acabada dessa descentralização e autonomia"[546].

Em suma, a estrutura de um sistema financeiro em escalões oferece uma adequada provisão e financiamento de bens e serviços colectivos, na medida em que a repartição de competências e responsabilidades financeiras é efectuada com base na área geográfica, em que cada uma das entidades exerce prerrogativas de satisfazer as necessidades das populações das respectivas circunscrições.

Uma manifestação muito próxima do federalismo do Estado é aquela que se encontra no fenómeno do municipalismo, isto é, a coexistência do Estado-administração central e administração local, mormente os Municípios, formando um modelo de organização, estruturação e repartição de funções e competências a nível nacional e local, respectivamente, não obstante a extensão da competência do Estado, nas matérias que dizem respeito a todo o território nacional, e não a uma determinada parcela, como também acontece nos Estados federais. Trata-se de uma forma de articulação da actuação nos vários domínios que compõem a

---

[545] Colocam-se dois problemas específicos relativamente à provisão dos bens colectivos: por um lado, a escolha do lugar de localização e a área geográfica que deve cobrir; por outro, a variação da população de uma certa área geográfica em função, mormente dos bens/serviços colectivos que nela são providos. A combinação destes com os impostos e a mobilidade geográfica entre as circunscrições pode constituir um eficiente mecanismo de revelação das preferências individuais, quanto à provisão dos mesmos, a designada "votação com os pés" ("voting with the feet"), fundamento da teoria de federalismo financeiro. Vide JORGE COSTA SANTOS, *Bem-estar social...*, pp. 371 e ss. Em certo sentido, equivalerá perguntar quais as necessidades dos cidadãos ou grupos de cidadãos, sociedade civil, devem ser satisfeitas pelo Estado e quais pelos cidadãos. A juntar estes dois níveis, existe um nível intermédio entre o Estado e os cidadãos: *maxime* os Municípios. A resposta a esta interrogação compete à teoria económico-financeira e à teoria jurídica das finanças públicas; vide SOUSA FRANCO, *"Considerações gerais...*, pp. 140 e ss, principalmente, p. 142. Cfr também EDUARDO PAZ FERREIRA, *"Problemas da descentralização financeira"*, in RFDUL, Vol. XXXVIII, n.º 1, 1997, p. 123.

[546] JORGE COSTA SANTOS, *Bem-estar...*, pp. 374-375.

comunidade nacional, encontrando cada um o seu campo próprio, legalmente bem delimitado.

Aplicam-se, *mutatis mutandis*, as considerações relativas ao federalismo estatal à realidade dos Estados unitários[547], mormente o Estado unitário da Guiné-Bissau, com colectividades territoriais descentralizadas (artigos 1.º e 7.º CRGB), em que a existência de entidades autónomas e independentes do Estado-administração central obrigou o legislador constitucional a prever uma fórmula que permita a co-existência de centros de decisões difusos e independentes, nomeadamente, no domínio financeiro (exemplo, finanças próprias, nos termos do artigo 110.º CRGB), em função das respectivas atribuições no âmbito da circunscrição territorial.

Numa palavra, a distribuição de recursos financeiros no plano nacional reflecte, de uma maneira geral, a repartição de atribuições e competências a nível estatal e local ou municipal, onde se destacam, com maior clareza, as receitas próprias do Estado e as receitas próprias das Autarquias locais, sobretudo os Municípios, e ainda a compensação financeira horizontal. Em suma, este é o retrato geral do municipalismo financeiro, enquanto expressão do modelo tributário constituído pelo federalismo financeiro.

A divisão da comunidade nacional em circunscrições populacionais mais pequenas pode ser um factor de eficiência na tomada das decisões financeiras relativas à provisão e financiamento de bens colectivos, porque, quanto menor for o grupo, mais os laços de solidariedade e entreajuda se tendem a cimentar, o indivíduo sente que a sua contribuição é, sem dúvida, indispensável e decisiva, os benefícios tendem a ser maiores do que a contribuição e maior será a possibilidade de os seus membros proverem suficientemente os bens colectivos, constituindo ainda um factor de estímulo a concorrência entre os grupos de pequena dimensão[548].

---

[547] Esclarecedoras são as palavras de SOUSA FRANCO, "Considerações gerias...", p. 152 quando diz que "... a teoria do federalismo financeiro ou fiscal no plano extra-jurídico é suficientemente ampla para abarcar todas as situações em que o Estado, em sentido amplo, reparte as suas actividades por vários níveis, qualquer que seja a forma técnica jurídico-institucional de articulação desses níveis;...".

[548] JORGE COSTA SANTOS, *Bem-estar...*, p. 375. Este facto é melhor captado na forma de organização e estruturação e entre-ajuda, própria das várias tribos guineenses que formam o mosaico cultural do país. Cada uma das tribos constitui, singularmente, uma forma de cooperação e de resolução dos seus problemas, não obstante as razões de várias ordens

A partir da revisão constitucional feita pela Lei Constitucional n.º 1/95, de 1 de Dezembro, reforça-se o desiderato constitucional do Estado guineense unitário e descentralizado, dotado de entidades autónomas e independentes do poder central, gozando, sobretudo, de autonomia administrativa e financeira. Isto é, a intensificação do apelo à existência de um sistema de finanças municipais parcelares e separadas em função do espaço específico e próprio que ocupa cada uma das entidades. Com isso, estavam, assim, lançadas as bases necessárias para a concepção de um esquema em que as Autarquias locais, mormente, os Municípios, seriam dotados, no plano financeiro, de poderes financeiros similares aqueles de que goza o Estado-administração central.

O legislador ordinário preocupou-se com a definição de um poder financeiro que se traduz numa forma de autonomia jurídico-financeira que se pode designar por independência financeira[549] das entidades locais face ao Estado-administração central. Assim, podemos encontrar as formas possíveis de actividades financeiras, resumidas na existência de finanças separadas em relação às finanças centrais. Resulta disso uma autonomia organizacional, patrimonial, orçamental e pontualmente tributária: a municipalização das receitas, que encontra o seu reverso na municipalização das despesas. Numa palavra, as finanças locais, resultantes da descentralização territorial, traduzem-se na transferência de atribuições e competências[550].

A aplicação do modelo de municipalismo financeiro é justificada pela opção do legislador constitucional como forma de concretizar os comandos constitucionais que reclamam uma descentralização das funções do Estado para as entidades locais, na busca de uma maior eficácia e

---

que têm vindo a provocar uma acentuada quebra deste fenómeno. Resulta disso uma característica importante que importa sublinhar: as contribuições dos membros desses pequenos grupos, geralmente, são feitas voluntariamente.

[549] Expressão usada, "à falta de melhor" por SOUSA FRANCO, "Considerações gerais...", p. 153; *Finanças Públicas e Direito Financeiro*, com a colaboração do Dr. PAZ FERREIRA, Lisboa, 1980, p. 77. Também, EDUARDO PAZ FERREIRA, "Problemas da descentralização financeira...", p. 129.

[550] Deve-se a RICHARD MUSGRAVE, através da análise da repartição das funções entre o Estado e as entidades infra-estaduais similares, baseada numa tripartição das funções do sistema financeiro: alocação dos bens públicos, distribuição e estabilização. O autor tirou as conclusões interessantes no sentido da primeira ser melhor satisfeita se realizada a nível local, enquanto que as duas últimas encontram melhor resposta se desempenhadas a nível central.

eficiência na afectação dos recursos. Não se trata de responder a uma aspiração autonómica que nunca se colocou, e, a nosso ver, nem se justifica num país de dimensões tão reduzidas, por um lado; nem existem particularidades locais que a isso aconselhem (ainda que exista uma diversidade de línguas, culturas, credos, etc), por outro.

O sistema constitucional de finanças próprias não significa nem pode ser entendido como sinónimo de auto-suficiência económica e financeira das entidades locais, mas quererá, tão-só, servir de impulso a uma melhor gestão e equilíbrio na repartição de recursos (mormente, os investimentos) entre as partes que compõem o todo nacional, a fim de "sanar" os vícios de concentração até aqui verificados, sem quaisquer resultados palpáveis.

Qualquer prognóstico, no sentido de vaticinar um desempenho (des)favorável das actividades financeiras locais, seria uma forma de ignorar a concreta situação económico-financeira do Estado guineense, incapaz de, através dos recursos internos, fazer face às necessidades mais elementares das populações, sem contar com os inúmeros problemas de índole organizacional e estrutural. Esta leitura do país real, nada tem de pessimista: apenas constatamos a realidade, visando prevenir o futuro. Torna-se impraticável, e irrecomendável, por razões de solidariedade e justiça redistributiva, um sistema que não seja de coordenação, a nível financeiro, entre as entidades públicas locais e nacionais, chamadas a prosseguir as necessidades das respectivas populações, sem, no entanto, beliscar a autonomia financeira daquelas. Impõe-se, portanto, uma melhor repartição das parcelas de impostos nacionais[551] entre as entidades que deles carecem para tornarem efectivas as suas atribuições constitucionais.

Reconhecendo as potencialidades económicas do país em geral e a capacidade de gerar receitas de cada uma das parcelas do território nacional, as receitas próprias atribuídas aos Municípios não nos afigura, *per si*, suficientes. Donde decorre a razão de ser de um sistema de finanças separadas, mas coordenada com as finanças centrais, numa clara evidência de que não está garantido, à partida, que o sistema de separação proposto seja capaz de proporcionar resultados que um sistema de coordenação pode

---

[551] Conclusão a que chegou SOUSA FRANCO, "Considerações sobre...", pp. 161-162. Ainda sobre o sistema de repartição dos recursos, vide do mesmo autor "*A autonomia tributária das regiões*", in Estudos de Direito Regional, LEX, Lisboa, 1997, pp. 471-472; EDUARDO PAZ FERREIRA, "*Problemas da descentralização financeira...*", pp. 127-128.

propiciar. Sem embargo de estarmos esperançados em que o municipalismo financeiro reserve, para o país no seu todo, um meio capaz de romper com a sistemática má gestão de tudo quanto é público[552], ao mesmo tempo que se corrija a assimetria que o grassa, bem como acabar com décadas de irresponsabilidade e de impunidade, por actos de gestão financeira, que atentam contra o bem-estar de todas as populações do país.

Uma nota para terminar este preliminar. A problemática do federalismo financeiro tem conexão com duas matérias importantes: o poder legislativo e o poder da administração financeira, concretizado na actividade financeira. Isso leva a debruçar-nos sobre a experiência autonómica municipal em matéria financeira. Remetemos este assunto para momento posterior, quando tratamos, de forma mais aprofundada, em especial a matéria das finanças locais.

2. O FEDERALISMO FINANCEIRO E O PODER TRIBUTÁRIO

Em breves palavras, tivemos oportunidade de traçar o essencial do federalismo financeiro, enquanto forma de repartição de responsabilidades financeiras entre os Estados federados e a federação ou entre o Estado e as entidades menores similares, o *municipalismo financeiro*. Neste particular, configura uma forma de transferência de responsabilidades financeiras do Estado para os municípios no tangente à satisfação das necessidades das respectivas populações. A tal propósito, dissemos, também, que esta forma de relacionamento entre as entidades colectivas públicas com atribuições em matéria de satisfação das necessidades nacionais e locais assenta, sobretudo, na procura de uma melhor afectação de recursos públicos, na medida em que as entidades menores estão mais bem colocadas, mais próximas das respectivas populações em comparação com a administração central. Este facto constitui uma vantagem para estas entidades e para as próprias populações.

---

[552] A descentralização financeira faz sentido, precisamente por propiciar um grau mais eficiente de prestação de serviços do que o obtido a nível central e, simultaneamente, por evitar os custos acrescidos em vez do seu aumento. Em suma, permite que seja assegurada uma mais eficaz gestão dos dinheiros públicos e uma contenção dos gastos públicos. Sobre os principais argumentos a favor da descentralização financeira, *vide*, entre outros, EDUARDO PAZ FERREIRA, "*Problemas de descentralização financeira...*", pp. 123, 126-127.

Quando tratamos os princípios constitucionais, mormente o princípio da igualdade fiscal, dissemos que existe um dever fundamental geral de contribuição para as despesas colectivas por parte dos cidadãos, particularmente os contribuintes. Decorre, logicamente, da relação jurídica tributária que o dever fundamental de pagar impostos encontra o seu correspectivo no direito do Estado e entidades colectivas similares (em certos casos, também as pessoas colectivas institucionais ou fundacionais) de exigir uma prestação unilateral e sem contrapartida específica a todos cidadãos que estão em condições de prestaram a sua contribuição, por disporem de capacidade contributiva que lhes permita suportar um determinado encargo fiscal. A isso corresponde a titularidade activa da relação jurídico-tributária encabeçada, geralmente, pelo Estado soberano.

O poder tributário (também designado, por alguns autores, por soberania fiscal) aparece ligado à soberania do Estado. Uma das suas manifestações na ordem interna configura o poder de imposição de sacrifícios aos patrimónios dos particulares. É um poder em que se concretiza o lado activo da relação jurídico-tributária, consubstanciada, *grosso modo*, na criação de impostos: o poder tributário, cujo conteúdo se encontra definido na própria Constituição.

A expressão criação de impostos pretende significar a instituição dos imposições unilaterais, sem contrapartida específica, tendo como parâmetro a própria Lei Fundamental, contrariamente à sua exigência, que pode ser fundada tanto nela, como na lei ordinária, ou até mesmo nos regulamentos. São dois momentos distintos dos impostos, cuja concretização é, respectivamente, por via de Lei ou outros diplomas legais equiparáveis (momento e plano da criação de impostos) e acção administrativa que, regra geral, toma a forma de actos administrativos (momento e plano da exigência dos mesmos)[553].

Como dissemos acima, o conceito do poder tributário anda desde sempre associado à soberania do Estado[554]. A sua apreensão é indissociá-

---

[553] Encontramos esta distinção, bem como as situações que podem integrar um ou outro momento e plano, principalmente a divisão vertical de poderes, em CASALTA NABAIS, *O dever fundamental...*, pp. 270-271.

[554] SOARES MARTÍNEZ, *Elementos para um curso de Direito Fiscal*, CCTF, n.º 102, Lisboa, 1971, pp. 97 e ss. Nessas páginas o autor faz uma breve apresentação das principais doutrinas nesta matéria. Parece-nos que acaba por aderir a tese proposta por LICARDO em matéria da distinção da soberania tributária (relativa ao nível dos comandos legais)

vel da noção desta, enquanto poder próprio e originário de cada Estado se auto-organizar e auto-reger de forma independente de outros tantos que com ele coexistem na arena internacional. Em consequência, o exercício do poder tributário ou soberania cabe única e exclusivamente aos Estados unitários ou compostos. Os Estados federados/entidades menores, no caso do federalismo/municipalismo, somente gozam desse poder quando permitidos pela Constituição.

Nesses termos, o poder tributário é uma das facetas ou aspectos em que se decompõe a soberania de um Estado. Soberania essa confundida, por vezes, com o próprio poder em que se traduz, enquanto fenómeno presente em todas as actividades do homem (poder político, económico, paternal, etc). Assim sendo, e porque a noção de soberania é indissociável da ideia do poder que a caracteriza, usaremos a expressão poder tributário

---

do poder tributário, presente no exercício dos direitos conferidos aos sujeitos activos nas relações jurídicas tributárias (p. 98). Para o autor, a soberania fiscal é entendida geralmente como o "poder de criar impostos, de extingui-los, de alargar ou restringir o seu âmbito, de estabelecer proibições de natureza fiscal" (p. 99) e é considerado um dos aspectos da soberania financeira que, por sua vez, é um dos aspectos da soberania estadual (pp. 98-99). Ainda do mesmo autor, *Direito Fiscal, Apontamentos de lições ao 3º ano de 1968-1969*, coligidos pela Comissão Pedagógica de folhas, Lisboa, 1969, p. 71 e ss.

Também EDUARDO PAZ FERREIRA, *As finanças regionais*, Lisboa, 1985, p. 282. Vide ainda a resenha histórica feita por CASALTA NABAIS, *O dever fundamental...*, pp. 271 e ss. Retém-se as três soberanias: do *objecto* – também designada soberania legislativa – ligada, no domínio tributário, ao poder de legislar; *da receita* ligada à titularidade dos tributos e por fim a *administrativa*, resumida na gestão dos impostos: a competência tributária e desdobra-se no poder de elaborar leis e regulamentos necessários que contém a disciplina normativa e no poder de emitir actos tributários respeitantes ao contribuinte e a determinação do imposto a pagar ou do benefício fiscal: acto de lançamento e liquidação ou determinação do respectivo benefício fiscal. Junta a estas categorias a designada capacidade tributária activa ou capacidade de gozo tributário próprio das entidades públicas ou privadas investidas na qualidade de sujeito activo da relação jurídica de imposto e anda associada a competência tributária. É esta qualidade que permite a tais entidades exigirem aos contribuintes o imposto devido. Cfr. ainda NUNO SÁ GOMES, *Teoria geral dos...*, pp. 155 e ss; ANA PAULA DOURADO, *A tributação dos rendimentos de capitais: a harmonização na Comunidade Europeia*, in CCTF, n.º 175, Lisboa, 1996, pp. 141 e ss; MARIA LUÍSA DUARTE, *"As receitas tributárias das regiões autónomas. Contributo para uma análise da alínea f) do artigo 229.º da Constituição"*, in Estudos de Direito Regional, LEX, Lisboa, 1997, pp. 495 e 498. Vide também GIULIANI FONROUGE, *Derecho Finan-ciero*, pp. 266 e ss; FERNANDO SAINZ DE BUJANDA, *Lecciones de Derecho Financiero*, Quinta Edicion, Madrid, 1987, pp. 73 e ss.

em substituição de soberania fiscal[555] – também designada soberania tributária –, conotada com a soberania estadual, pois, em alguns casos, não se adequa à realidade. É o que acontece, nomeadamente, com o fenómeno mais intenso da integração económica dos Estados; ou a descentralização territorial, na qual se encontram as regiões políticas e administrativas, dotadas de autonomia legislativa e financeira (incluindo tributária, em certa medida).

A conjugação do federalismo financeiro e poder tributário dar-se-á nos termos em que aquele, pressupondo a coexistência, no mínimo, de duas entidades territorialmente competentes no domínio financeiro (cada uma no âmbito das parcelas territoriais que lhe é inerente) conduz à existência de, em princípio, uma distribuição vertical do poder tributário, no intuito de as entidades menores similares ao Estado (federal ou central) poderem concretizar as suas atribuições constitucionais ou legais. Todavia, pode acontecer que o exercício desse poder fique diminuído, a ponto de se restringir apenas a alguns dos seus aspectos, ou mesmo excluído. Nesta última situação, as entidades locais beneficiam somente da titularidade da capacidade tributária activa, ficando, em consequência, centralizado no Estado federal ou central todo o poder tributário, por força do princípio da unidade da ordem económica.

---

[555] Commumente tida como aspecto mais relevante da soberania estadual. Aparece, primeiramente, ligada ao Estado absoluto, ilimitado nos seus poderes. Com o advento do Estado constitucional, mormente o Estado de direito e a divisão de poderes, surge a necessidade de distinguir a titularidade do exercício da soberania. Em consequência, a função legislativa passa a ser uma expressão da soberania. Donde resulta que a soberania é um conceito jurídico que não deve ser entendido em termos absolutos. Está limitada pelos princípios superiores de justiça integrantes do Direito Constitucional e, também, de alguma forma, pelo Direito Internacional: pense-se, por exemplo, no movimento integracionista em que estão empenhados os Estados. Resulta de tudo isso que a soberania fiscal, consiste, hoje, numa realidade que se exprime no poder tributário do Estado soberano, traduzido no poder de criação, modificação ou extinção dos impostos limitado apenas pela Constituição, coexistindo com o poder tributário das entidades territoriais menores, cujo exercício é limitado, também, pela mesma ou pela lei, numa perfeita sintonia com a ideia que preside a descentralização das estruturas estaduais. Para mais desenvolvimentos desta ideia, vide CASALTA NABAIS, *O dever fundamental...*, pp. 290 e ss. Vide também a resenha feita por DOMINGOS MARTINS EUSÉBIO, *Alguns aspectos da relação jurídica tributária*, Coimbra, 1958, pp. 77 e ss. Ainda sobre a noção geral da soberania, vide JORGE MIRANDA, "Soberania", in *Pólis*-Enciclopédia Verbo, Vol. 5, 1987, cols. 841-843.

Nesta perspectiva, já não estamos na presença da repartição vertical do poder de impor sacrifícios aos patrimónios dos particulares. É o que acontece, entre nós, com o municipalismo financeiro que, apesar de tudo, não se compadece, na sua plenitude, com a ideia da separação vertical do poder de criação de impostos e da sua disciplina legal, que cabe única e exclusivamente à Assembleia Nacional Popular, órgão político-legislativo do Estado. Contudo, parece existir no nosso ordenamento jurídico alguma ressonância da articulação do poder tributário entre o Estado e as Autarquias locais, *maxime* os Municípios, sem prejuízo da evidente hegemonia querida pela própria Constituição e concretizada na lei limitativa do poder tributário das entidades locais. Numa palavra o Estado exerce um poder tributário originário e os Municípios exercem-no em derivação da lei[556].

---

[556] A dicotomia poder tributário originário e poder tributário derivado, atribuída a O. RANELLETTI, não é, nas palavras de CASALTA NABAIS, *Noções fundamentais...*, pp. 283--290, adequada para explicar a actual realidade marcada pela descentralização estadual. Isso porque as estruturas resultantes da desconcentração política e descentralização administrativa exercem um poder tributário originário, conferido pela própria Constituição e não derivada de nenhum acto do poder legislativo quer federal, quer estadual ou até mesmo regional, sem prejuízo de a sua concretização (mormente, a extensão do poder) depender do legislador, porquanto a Constituição não esgota a totalidade da sua disciplina. Defende, entretanto, na esteira de M. S. GIANNINI e A. FANTOZZI, que o poder tributário do "estado se configura como um poder originário com origem e limites exclusivamente determinados na ou determináveis a partir da constituição...", enquanto que o poder tributário das "comunidades menores revela-se sempre um poder originário subprimário" ou, ainda, "de segundo grau, subordinado ou condicionado...". Neste última direcção, *vide* os autores e obras citados na nota 296, p. 287. Conclui que, embora a clássica distinção do poder tributário (originário/derivado) se apresenta actualmente "bastante atenuada no respeitante aos novos titulares do poder tributário – as regiões autónomas e as autarquias locais...", não alinha, contudo, com os autores que rejeitam uma tal dicotomia (pp. 289--290). Entre eles, figura o nome de GIULIANI FONROUGE, *Derecho Financiero*, Vol. I, pp. 270-272; 287 e ss.

Posição diferente tem SOARES MARTÍNEZ, *Elementos...*, pp. 100-103. Para o autor, não "há soberania fiscal delegada ou derivada" (p. 101), pois que, mesmo nos casos das autarquias territoriais e institucionais, o que se verifica é o benefício dessas de "créditos constituídos ao abrigo de autorizações estaduais", portanto, as "manifestações soberanas são sempre estaduais... As entidades públicas menores não poderiam criar qualquer imposto" (pp. 101-102). Abarca duas realidades diferentes: o poder tributário e a capacidade tributária activa, pela qual as entidades públicas menores são investidas na qualidade de sujeito activo da relação jurídico-tributária, isto é, no direito de exigir dos particulares o pagamento de um montante de imposto anteriormente determinado. Esta última pode até

A nossa Constituição não refere, em nenhum passo, um qualquer poder tributário a exercer pelas entidades territoriais menores. A existir, resulta, não da Lei Fundamental mas da lei ordinária. Assim não se trata, na verdade, de um poder tributário originário, sendo quando muito derivado da lei ordinária reforçada, a Lei de Base das Autarquias Locais (adiante LBAL) que, no seu artigo 11.º, n.º 1, als. n) e r), reza, respectivamente: *"Compete à Assembleia Municipal: Fixar anualmente, sob proposta da Câmara e nos termos da lei, os impostos e as taxas municipais"* e *"Deliberar, sob proposta da Câmara, quanto à criação de derramas destinadas à obtenção de fundos para a execução de melhoramentos urgentes"*[557].

Numa primeira leitura, parece-nos resultar da primeira norma legal que a LBAL atribuiu poder tributário às Autarquias locais, *maxime*, aos Municípios, a exercer pelos órgãos deliberativos camarários: a Assembleia Municipal. Mas, bem vistas as coisas, não restam dúvidas que não se refere a matéria dos impostos em termos da sua criação e disciplina geral. Aliás, surge no próprio Preâmbulo do diploma que regula as finanças locais, a Lei de Finanças Locais, LFL, que um dos objectivos da criação das entidades territoriais visa a descentralização *"da administração dos impostos e taxas..."*, diferente do poder da sua criação. De resto, são duas realidades diferentes: a administração dos impostos é, regra geral, entregue às autoridades com competência administrativa diferente do poder de criação, entregue aos órgãos supremos do Estado com competência legislativa. Em suma, o que está em causa é a fixação dos impostos dentro dos limites permitidos na lei e não a sua criação.

Por outro lado, a concretização da autonomia financeira das entidades territoriais menores, enquanto imperativo constitucional, também

---

mesmo não ser exercida pelo titular de direito, mas por outras entidades em sua substituição.

Nesse sentido, vide MARIA LUÍSA DUARTE, "As receitas tributárias das regiões autónomas", p. 497, nota 12. Ainda sobre a dicotomia poder tributário originário e poder tributário derivado, a autora admite como critério o proposto por RANELLETTI, mas não no seu todo, pois recusa que, através do instrumento normativo, *maxime* a Constituição, se possa aferir tal dicotomia (p. 497).

[557] Há, aparentemente, divergência de conteúdo entre a LBAL [artigo 11.º, n.º 1, al. r)], que diz expressamente que compete à Assembleia Municipal criar a derrama e a LFL (artigo 1.º, n.º 5), que comina com a sanção de nulidade a deliberação dos órgãos autárquicos que, entre outras, cria as derramas. O que sucede é que a lei reforçada sanciona a deliberação do órgão deliberativo camarário que cria e lança derrama não prevista na lei.

seguida pela LBAL, encontra a sua expressão na LFL. Esta, ao regular a autonomia financeira das Autarquias locais, comina com sanção de nulidade as *"deliberações de qualquer Órgão Autárquico que lancem impostos e também aquelas que criem ou lancem taxas, derramas ou mais-valias não previstas na lei"* (artigo 1.º, n.º 5). Repare-se, neste particular, que a lei utiliza a expressão "lancem impostos", cuja significação, para nós, não se confunde com o poder de criação destes tributos. Pensamos que se refere a faculdade de, dentro de certos limites, determinar a taxa de impostos ou conceder isenções, desde que verificados os pressupostos legais, o que não prejudica o poder de criação e da sua disciplina geral.

Um outro argumento de alguma forma, contra o exercício do poder tributário por parte das entidades menores, consta do artigo 112.º, n.º 1 CRGB que estabelece o seguinte: *"Nos limites da Constituição e das leis, as autarquias locais dispõem de poder regulamentar próprio"*. Significa isso que, numa interpretação a *contrario sensu*, estas entidades não dispõem de poder legislativo, isto é, do poder de emitir leis gerais e abstractas, mormente as limitativas dos direitos e liberdades dos cidadãos em geral; também não podem alterar substancialmente parte das suas receitas para além do que lhes é permitido pela lei. Mesmo o facto de estas entidades, desde que lhes é conferido tal poder, poderem materializá-lo nos regulamentos, que passarão a ter conteúdo de lei, uma vez que contêm a disciplina geral dos impostos (apesar da sua forma de regulamento[558]), não nos leva a afirmar que gozam do exercício do poder tributário reservado apenas ao órgão legislativo por excelência.

Em suma, a referência contida no artigo 11.º, n.º 1, al. n) LBAL – a competência dos Municípios de fixar anualmente os impostos – não quererá, de modo algum, significar a concessão de poder de criar os impostos, pois significaria que estamos na presença de impostos autónomos, criados *"ex novo"* por essas entidades. Caso contrário, seríamos obrigados a concluir que o poder tributário não está somente ao alcance do órgão da soberania com competência legislativa a nível nacional, a ANP, nos termos do artigo 86.º, al. d) CRGB, mas também de órgãos municipais. Aliás, isso mesmo podemos constatar dos impostos que constituem receitas municipais previstas no artigo 3.º LFL: em nenhuma das alíneas encontramos uma única receita proveniente do produto de impostos criados *"ex novo"* pelos órgãos camarários, mormente a Assembleia Municipal. Verificamos

---

[558] CASALTA NABAIS, *O dever fundamental...*, p. 288.

que todas essas receitas são produto da cobrança de impostos criados pelo órgão legislativo competente, a ANP.

Um exemplo típico são as derramas, imposto extraordinário[559], verdadeiro imposto[560], lançado para fazer face às necessidades de financiamento de investimentos ou no quadro de contratos de reequilíbrio financeiro dos Municípios, como estabelece o artigo 5.º LFL. Encontram-se na disponibilidade do órgão deliberativo camarário como se pode observar pelo artigo 4.º da mesma Lei. Contudo, existem limitações quanto ao seu lançamento: não pode exceder 10% da colecta do imposto sobre o rendimento das pessoas colectadas relativamente ao rendimento produzido na respectiva área geográfica.

Uma eventual competência de *criação "ex novo"* das derramas ou imposto local por parte das Câmaras Municipais configuraria um faceta integrante do poder tributário, ainda que limitado apenas a alguns dos seus aspectos, como a verificação dos pressupostos tributários dos sujeitos activos e sujeitos passivos. A sua existência depende da deliberação da Assembleia Municipal quando solicitada pela Câmara Municipal, dentro dos limites fixados na lei. Mas é preciso dizer que a constituir um verdadeiro poder tributário, tal faculdade se situa na linha da autonomia em geral, *maxime* financeira, de que gozam as Autarquias locais em relação ao Estado – as derramas não são mais do que "impostos *adicionais, acessórios* dos impostos *principais*, a cuja *colecta* acrescem"[561].

Do que vimos de dizer, parece-nos legítimo inferir que, não obstante a nossa Constituição não atribuir poder tributário às entidades territoriais menores, há na lei alguns laivos que apontam no sentido de estas entidades partilharem com o Estado central algumas das suas facetas, resumidas na *criação* de algum tipo de imposto: as derramas. Apenas as derramas, e não todos os impostos, o que deixa fora o cerne da questão que tem a ver

---

[559] Vide entre outros, NUNO SÁ GOMES, *Manual de Direito Fiscal*, Vol. I, p. 305. Entende que esta circunstância, actualmente, não caracteriza as derramas, porquanto são pensadas para ocorrer ao financiamento de investimentos ou no quadro de contratos de reequilíbrio financeiro, circunstâncias que considera não extraordinárias; ainda ISABEL COBAÇO ANTUNES, *A autonomia financeira dos municípios portugueses*, Lisboa, 1987, p. 102; VASCO VALDEZ MATIAS, *Sistemas fiscais das autarquias*, Lisboa, 1987, pp. 85-86.

[560] Nesse sentido, ROGÉRIO FERNANDES FERREIRA, "A derrama é ou não um custo fiscal?", in CTF, n.º 378, Lisboa, 1995, pp. 9-15.

[561] NUNO SÁ GOMES, *Manual de Direito Fiscal*, Vol. I, p. 305. Ainda sobre as derramas, nomeadamente os aspectos conexos com o poder tributário das entidades infra-estaduais, *vide*, do mesmo autor, *Teoria geral...*, pp. 151 e ss.

com a instituição da disciplina legal dos mesmos [o tratamento por via de lei dos seus elementos essenciais, reservado única e exclusivamente ao órgão máximo da soberania guineense, a ANP nos termos do artigo 86.º, al. d) CRGB].

De resto, o exercício do poder conferido às entidades menores fica condicionado a disciplina legal a praticar pelo órgão deliberativo do poder central, nessa medida, também, facilmente revogável pelo mesmo. Resulta de tudo o que dissemos, em suma, que o poder tributário das comunidades locais é produto da concepção evolutiva da organização e estruturação do poder político-administrativo e financeiro do Estado guineense que, há duas décadas atrás, isto é, no período após a independência, não era de prever, em virtude da filosofia em que assentava o tipo organizacional e estrutural prevalecente do Estado.

Muito resumidamente, o poder tributário, o mesmo é dizer o poder de criar impostos e a disciplina geral dos seus elementos essenciais, caracterizam-se pela sua expressão constitucional, porquanto a sua titularidade se afere através das normas constitucionais que, como é natural acontecer, indicam quem goza o seu exercício, bem como os termos (da Constituição ou da lei) em que pode ser exercido. Não raras vezes, a Constituição contém, também, as disposições que permitem que o legislador ordinário atribua a outras entidades ou seus órgãos um poder tributário (derivado) e fornece, também, os termos que devem orientar essa mesma atribuição.

Pergunta-se se a autonomia financeira de que gozam as entidades infra-estaduais lhes permite desfrutar do poder financeiro. Isto é, a existência de pessoas colectivas de direito público, colocadas na periferia do Estado-administração central e dotadas de autonomia financeira, pressupõe necessariamente o gozo do poder de criar impostos (incluindo a disciplina dos seus elementos essenciais) necessários à materialização das atribuições constitucionalmente incumbidas? Efectivamente, o que ocorre em termos constitucionais é o reconhecimento de faculdades financeiras a essas entidades, deixando a lei ordinária a tarefa de, segundo a autorização constitucional, regular essas mesmas faculdades, especialmente no âmbito da captação das receitas.

Frequentemente a lei que cria e regula as entidades menores ao Estado, disciplina, também, os seus recursos económico-financeiros. Assim, ficam determinados os recursos que estão autorizados a arrecadar para os seus fins: as receitas efectivas criadas por lei, não por faculdades impositivas próprias ou derivadas. Nesses termos, essas entidades não podem criar impostos, isto é, não exercem poder tributário, sem embargo de possuírem competência para arrecadar receitas que lhe são legalmente atribuídas.

Em conclusão, não consideramos pressuposto necessário e indispensável à concretização da autonomia financeira das comunidades locais a existência do poder tributário. Para nós, esta autonomia basta com a atribuição de um volume de receitas que, nas palavras de CASALTA NABAIS, se trata de uma "consignação subjectiva do produto de determinados impostos estaduais"[562], capaz de permitir a efectivação das funções atribuídas aos seus órgãos em matéria da satisfação das necessidades das respectivas populações. Por outras palavras, o municipalismo financeiro não pressupõe necessariamente o exercício do poder tributário por parte dos órgãos municipais, mormente a Assembleia Municipal.

Vem, a propósito do que acabámos de dizer, uma diferença de vulto, no concernente à pertinência ou não do exercício do poder tributário pelo Estado central e entidades locais. Note-se que em relação àquele configura um reflexo da sua soberania e do carácter fiscal que resolve adoptar, implicando, desde logo, mesmo na ausência de referência constitucional expressa, a sua existência ali onde houver o Estado (fiscal). É-lhe inerente. Portanto, não carece de nenhuma consagração constitucional. Relativamente a estas, por se tratar de algo que não lhes é inerente, nem necessário, mas apenas acessório, justifica-se plenamente que seja, pela Constituição ou lei, autorizado o seu exercício as entidades infra-estaduais[563].

Os princípios materiais limitativos do poder tributário são um dos aspectos que o caracterizam. E nada melhor do que a própria Constituição fornecer um quadro de princípios que limitam a acção do órgão soberano estadual com competência legislativa. Isso não quer significar que cabe a Lei Fundamental disciplinar exaustivamente o seu exercício, mas sim consagrar, no essencial, os princípios básicos que o orientam, deixando a sua concretização total ou parcial para os diplomas de grau inferior, mormente a lei ordinária. Resulta disso uma consequência quanto ao seu exercício: não pode ser transferido para outro órgão, caso em que ocorre a invalidade tanto do acto de transferência como da sua manifestação, por força do princípio da legalidade fiscal. Por outro lado, esse mesmo poder do Estado fica limitado em virtude da expressão constitucional da autonomia local,

---

[562] *O dever fundamental...*, pp. 285-286.
[563] CASALTA NABAIS, *O dever fundamental...*, p. 286.

desde que, como é óbvio, as entidades menores sejam investidas e autorizadas a exercer esse mesmo poder tributário.

3. A PERSONALIDADE TRIBUTÁRIA ACTIVA

Na linha da análise que vimos fazendo, descortinamos como está definido constitucionalmente o poder tributário, e como é exercido pelo órgão competente. Agora propomos captar uma das suas consequências – a personalidade tributária activa –, isso porque dissemos anteriormente que nem sempre a titularidade do exercício do poder de criar impostos coincide com a titularidade do direito ao benefício do produto do mesmo. Ou seja, o poder de criação pode não coincidir com a titularidade das receitas provenientes do seu exercício.

Esta última situação corresponde aquilo que alguma doutrina vem designando por *personalidade tributária activa*. A investidura de uma entidade pública ou privada na posição de poder exigir dos particulares uma determinada soma, normalmente, em dinheiro, no cumprimento da obrigação tributária que se enquadra no âmbito mais vasto da relação jurídico-tributária. Diferente desta é a *competência tributária,* que se desdobra na feitura das leis e dos regulamentos que contenham a disciplina normativa desse mesmo poder, bem como editar o acto tributário de liquidação em sentido lato, incluindo a identificação do contribuinte, o montante do imposto a pagar, o sujeito fiscalmente beneficiado e ainda o montante do benefício fiscal correspondente[564].

Como se pode facilmente concluir, a personalidade tributária activa[565] pressupõe que haja uma relação jurídico-tributária constituída

---

[564] Designação atribuída a A. HENSEL, segundo CASALTA NABAIS, *O dever fundamental...*, pp. 269 e ss. A capacidade tributária activa (ou capacidade de gozo tributário), isto é, a qualidade de sujeito activo da relação jurídica do imposto, permitindo a assunção da titularidade do direito de crédito do imposto, anda associada à "competência tributária (mormente à competência para lançar e liquidar o respectivo imposto" (pp. 275-276). Cfr. ainda GIULIANI FONROUGE, *Derecho Financiero*, pp. 272-273, nota 68.

[565] Esta é uma questão muito controvrsa na doutrina portuguesa e estrangeira. Alguns autores defendem que, a par do Estado também as entidades menores, principalmente as Autarquias locais, têm personalidade tributária activa, posição defendida por autores como NUNO SÁ GOMES, *Teoria geral...*, pp. 189 e ss; *Manual de Direito Fiscal*, Vol. I, pp. 97 e ss; PAMPLONA CORTE-REAL, *Curso...*, p. 231; EDUARDO PAZ FERREIRA, *As finanças regionais*, p. 284; MARIA LUÍSA DUARTE, "As receitas tributárias...", pp. 504 e ss; contra este entendimento,

entre dois sujeitos: um activo, o Estado ou entidades menores similares e outro passivo, os cidadãos-contribuintes ou obrigado do imposto. A constituição daquelas entidades nessa posição pressupõe que sejam portadoras de personalidade jurídica – embora não é obrigatório que assim suceda –, tal como acontece com os sujeitos passivos dessa mesma relação, isto é, são titulares de direitos e obrigações próprias, como se se tratassem de pessoas singulares. Donde a razão de os sujeitos activos e passivos se encontrarem em pé de igualdade e subordinados à lei, uma vez que, na relação tributária a soberania estadual – que confere o poder de criar impostos –, não encontra expressão. Trata-se, como tivemos ocasião de referir anteriormente, do Estado-administração, sem descurar as prerrogativas legais especiais de que goza, *maxime*, de executar os seus créditos tributários.

O lado activo da relação jurídico-tributária é encabeçado, geralmente, pelo Estado, abrangendo quer a administração central quer a administração local, enquanto pessoas colectivas de direito público chamadas a prosseguir as necessidades de uma determinada colectividade, seja ela nacional ou local. Mas, não raras vezes, encontramos também investida nessa qualidade outras entidades públicas, sobretudo, as pessoas colectivas de tipo fundacional, não territoriais que a lei atribui tal privilégio.

A atribuição da personalidade tributária activa encontra justificação na pertinência de se dotar as pessoas colectivas, com mandato constitucional ou legal de satisfazer as necessidades de uma determinada colectividade, localizada numa determinada parcela bem delimitada do território nacional, de meios financeiros adequados aos seus fins. Tivemos o cuidado de demonstrar esta realidade, quando abordámos a questão do federalismo financeiro, incluindo aqui o municipalismo financeiro próprio das estruturas estatais descentralizadas em Municípios, com personalidade jurídica e independência relativamente ao Estado central, cuja expressão consta, entre nós, do artigo 110.º CRGB.

Supra dissemos que não é forçoso que a atribuição da personalidade tributária activa esteja intimamente ligada à personalidade jurídica da pessoa (colectiva ou privada), pois nada impede o gozo desse direito por parte das entidades sem personalidade jurídica. O artigo 67.º do Código Civil

---

entre outros, Soares Martínez, *Manual de Direito Fiscal*, pp. 69-71; Braz Teixeira, *Princípios de Direito Fiscal*, Coimbra, 1979, pp. 166 e ss; Manuel Pires, *Direito Fiscal. Apontamentos*, Lisboa, 1980, pp. 233 e ss; Giuliani Fonrouge, *Derecho Financiero*, pp. 345-346.

apresenta a sua noção nesses termos: "*As pessoas podem ser sujeitos de quaisquer relações jurídicas, salvo disposição legal em contrário; nisto consiste a sua capacidade jurídica*". Este artigo consagra a personalidade jurídica, titularidade de direitos e obrigações por parte de uma pessoa, independentemente da sua qualidade (singular ou colectiva), uma vez que o preceito se refere somente às pessoas em geral, sem especificação.

Com este conceito pretende-se significar a idoneidade para ser centro de imputação de efeitos jurídicos, sem embargo de, em relação às pessoas singulares, constituir "uma exigência do direito ao respeito e da dignidade", enquanto que, para as pessoas colectivas não passa de um "processo técnico de organização das relações jurídicas conexionadas com um dado empreendimento colectivo". Diferente desta é a capacidade de exercício de direitos ou capacidade de agir, enquanto idoneidade para actuar juridicamente, por si só ou através de um representante, exercendo os direitos ou cumprindo as obrigações[566].

O esquema legal concebido pelo Código Civil assenta, primeiramente, na atribuição da titularidade de direitos e obrigações às pessoas físicas ou singulares, e, só depois, por extensão, a certos agrupamentos destas, as pessoas colectivas, mormente o Estado. Trata-se, portanto, de uma técnica de personificação encontrada pelo Direito, a fim de melhor prosseguir os interesses dos homens em geral. Razão porque o mecanismo jurídico que conduz à atribuição da personalidade jurídica à pessoa colectiva é considerada de natureza instrumental relativamente ao carácter essencial e natural da personalidade singular. Assim aquela intervém, na vida jurídica, ao lado desta, como centro de imputação e de realização dos seus interesses, ao mesmo tempo que dela se abstrai. Em suma, a prossecução dos fins próprios da pessoa humana estaria na origem do reconhecimento da personalidade jurídica às pessoas colectivas[567], sem embargo da querela doutrinária a propósito destas últimas.

Saliente-se, no entanto, que este conceito civil não encontra fronteiras no mundo jurídico. Assim encontramo-lo, entre outros, no domínio tributário. Neste ramo de direito significa a susceptibilidade de ser titular

---

[566] Vide, para mais desenvolvimentos destes conceitos jurídicos, MOTA PINTO, "*Capacidade jurídica*", in *Pólis-Enciclopédia Verbo*, Vol. 1, 1983, cols. 708-712.

[567] Para mais desenvolvimentos desta temática, *vide*, entre outros, JOSÉ GABRIEL QUEIRÓ, "*Pessoa colectiva*", in DJAP, pp. 337-338. Também MOTA PINTO, "*Capacidade jurídica*", in *Pólis-Enciclopédia Verbo*, idem; DIOGO FREITAS DO AMARAL, "*Estado*", in *Pólis-Enciclopédia Verbo*, cols. 1151-1156.

de direitos e obrigações fiscais. Isto é, de ser sujeito da relação jurídico-tributária. Contudo, apresenta desvio em relação à lei civil, uma vez que algumas pessoas desprovidas de personalidade jurídica podem ser titulares de direitos e obrigações fiscais. É o que acontece, nomeadamente, com as sociedades irregulares; os agrupamentos complementares; as contas em participação; etc.

3.1. A personalidade tributária do Estado

De todas as pessoas colectivas públicas assentes em população e território, aquela cuja personalidade jurídica tributária ressalta logo é oEstado--administração central, investido nessa qualidade com o propósito de estabelecer uma relação com os particulares, no intuito de angariar meios financeiros necessários à satisfação das necessidades colectivas com ele conexas. E, deste modo, colmatar a lacuna da actuação de cada homem em isolado, incapaz de prover todas as necessidades sentidas.

Sendo o Estado, forma de organização e estruturação, uma entidade competente, geralmente, por todas as parcelas que compõem o território nacional, é natural que desfrute *per si* da personalidade jurídica e, por conseguinte, da personalidade tributária activa. O Estado-administração, que, segundo o artigo 3.º CRGB, é de "*democracia constitucionalmente instituída, fundado na unidade nacional e na efectiva participação popular no desempenho, controlo e direcção das actividades públicas e orientada para a construção de uma sociedade livre e justa*", é portador do poder tributário originário, nos termos da Constituição, a exercer de acordo com os limites nela estabelecidos.

Na actualidade, não pode ser concebido este modelo de organização e estruturação da sociedade sem personalidade tributária activa, isto é, sem a titularidade de um conjunto de direitos e obrigações de natureza tributária que o liga aos contribuintes. Isso mesmo resulta de um conjunto de faculdades que decorre das suas próprias atribuições e competências, relativas à satisfação das necessidades colectivas, entre as quais a de criar impostos necessários à cobertura das suas próprias despesas. Significa isso que a prossecução dos objectivos constitucionais obriga a que esta entidade carece de meios financeiros próprios, e que, comummente, o coloca num relacionamento com os particulares, *maxime*, para exigir deles o cumprimento de um dever fundamental: o dever de pagar impostos.

No artigo 7.º CRGB estabelece-se que, no "*... quadro da sua estrutura unitária e da realização do interesse nacional,...*", foi conferido ao Estado o dever de prosseguir o interesse da colectividade nacional. É de domínio público que essa incumbência carece da atribuição de meios financeiros que permitam a materialização de um conjunto vastíssimo de direitos de natureza económica, social, cultural, etc. Por outras palavras, é (praticamente) impossível qualquer acção nesse sentido sem que haja recursos financeiros disponibilizados a tal fim. Donde resulta que, nas hipóteses mais frequentes, o Estado, dotado de poder tributário, estabelece impostos necessários à cobertura dos seus próprios gastos, através do Estado-administração.

Podemos encontrar a manifestação desta situação através das normas tributárias, emanadas pelo órgão competente pelo poder político do Estado, que estabelecem que será titular dos créditos resultantes de imposições aos patrimónios dos particulares. Corrobora o que dissemos o estabelecido no artigo 8.º CPT: *"A personalidade judiciária em processo tributário, resulta da personalidade tributária, e esta consiste na susceptibilidade de ser sujeito da relação jurídica tributária"*. Esta personalidade, repare-se, porque se destina à defesa do direito de natureza fiscal que o contribuinte não cumpre voluntariamente, não abrange a competência para a prática de actos administrativos tributários, aliás, com base nos quais se reclama o cumprimento compulsivo do infractor das normas fiscais.

É evidente que o artigo não refere em especial à personalidade tributária activa, mas sim à personalidade tributária no seu todo, incluindo nela tanto o lado passivo como o lado activo da relação jurídico-tributária. Enfim, a nós interessa, neste momento, o lado activo dessa relação, designado em termos mais latos por personalidade tributária activa, conferida por lei, a determinadas entidades, principalmente o Estado-administração.

Tudo isso melhor se compreende examinando as normas jurídico--tributárias constantes do CPT, nomeadamente os artigos 2.º, 36.º, al. c) e 108.º, n.º 1. Em todos eles, há uma clara atribuição de direitos (de natureza tributária) ao Estado-administração central, no intuito de declarar o seu direito à liquidação do imposto. Assim, a norma tributária do artigo 2.º diz o seguinte: *"Os direitos do Estado emergentes de normas de natureza tributária..."*; em matéria de competência do Tribunal fiscal, o artigo 36.º, al. c) dispõe: *"Compete aos Tribunais Fiscais: Julgar as execuções fiscais por dívidas de impostos ou outros débitos ao Estado,..."*, por último, o artigo 108.º reza: *"A cobrança coerciva das dívidas do Estado, provenientes de contribuições, impostos, multas fiscais,..."* (n.º 1), poderão *"... ser cobradas coercivamente nos mesmos termos quaisquer outras dívidas ao Estado..."* (n.º 2).

Resultam, em suma, destes artigos que o Estado-administração central se encontra investido na posição de poder exigir dos contribuintes o pagamento de impostos (também, as taxas e contribuições especiais). Nisto consiste a sua personalidade tributária activa, isto é, sublinhe-se, a susceptibilidade de ser titular de direitos e obrigações de natureza tributária. De entre estas últimas, podemos apontar como exemplo a obrigatoriedade dos Serviços da Administração fiscal considerar os factos e declarar os direitos e obrigações emergentes da lei e a aplicar somente a lei, como constam do artigo 3.º CPT. Do não respeito desta norma resulta a violação do princípio da legalidade, o mesmo é dizer a ilegalidade do acto tributário.

3.2. A personalidade tributária das Autarquias Locais

As entidades territoriais menores, as designadas Autarquias locais, principalmente os Municípios, resultam de uma vontade manifestada pelo legislador constitucional e expressa de forma directa nos artigos 3.º e 7.º CRGB. Este último reza o seguinte: *"No quadro da sua estrutura unitária e da realização do interesse nacional, o Estado da Guiné-Bissau promove a criação e apoia à acção de colectividades territoriais descentralizadas e dotadas de autonomia nos termos da lei"*. Da conjugação destes dois artigos, resulta que estamos na presença de um Estado de estrutura unitária e descentralizada, onde coexistem o Estado-administração central e o Estado-administração local, as Autarquias locais, mormente, os Municípios, aquela que maior expressão e disciplina encontra, actualmente, na lei.

Nesta forma de organização e estruturação da actividade estadual – o municipalismo, sem qualquer experiência, porquanto, até agora, não passa de uma ideia expressa constitucionalmente, mas sem execução prática, à espera de uma concretização que passa necessariamente pela realização das primeiras eleições autárquicas –, tivemos ocasião de realçar que as duas entidades são chamadas a prosseguir o interesse colectivo das respectivas populações no âmbito do todo nacional ou de uma determinada circunscrição territorial, respectivamente. Significa isso que estas últimas entidades, à semelhança do que acontece com o Estado-administração central, devem possuir recursos financeiros de que tanto carecem.

Numa abordagem conceptual, estabelece o artigo 105.º, n.º 2 CRGB que as *"autarquias locais são pessoas colectivas territoriais, dotadas de órgãos representativos, que visam a prossecução de interesses próprios das comunidades locais, não se subtraindo à estrutura unitária do Estado"*. Ou seja, são pessoas colectivas públicas dotadas de personalidade jurídica própria, diferente e autónoma da do Estado, sem embargo de serem criadas por este e com ele coexistem e formam uma unidade na diversidade dentro do único espaço nacional.

Dissemos também que o municipalismo financeiro não requer um nível mais acentuado da autonomia financeira, consubstanciada na atribuição de poder tributário às entidades infra-estaduais, principalmente, os Municípios, bastando tão-somente os meios financeiros necessários para a efectivação das necessidades colectivas com elas conexas. A concretização da ideia autonómica, em termos financeiros, está expressa constitucionalmente nesses termos: "*1. As Autarquias Locais têm património e finanças próprias; 2. O regime das finanças locais, a estabelecer por lei, deverá visar a justa repartição dos recursos públicos pelo Estado e pelas Autarquias locais e a necessária correcção de desigualdades entre as autarquias; 3. São receitas próprias das Autarquias locais as provenientes da gestão do seu património e as cobradas pela utilização dos seus serviços*", todos do artigo 110.º CRGB.

E, no artigo 3.º da LFL, o legislador ordinário concretiza a ideia autonómica expressa pelo legislador constitucional, quando atribui às entidades infra-estaduais (concretamente os Municípios) as receitas fiscais ligadas com os respectivos espaços físicos. Para nós, trata-se da atribuição da personalidade tributária activa às entidades menores, traduzindo a investidura na posição de poderem exigir dos particulares os impostos devidos, a titularidade de direitos tributários, sem esquecer os deveres, embora de natureza instrumental.

A personalidade tributária activa das entidades territoriais menores pode ser também inferida das normas tributárias anteriormente citadas, no caso do Estado-administração central: os artigos 2.º, 36.º, al. c) e 108.º todos CPT. As referências nelas contidas expressam-se, resumidamente, nestes termos: a expressão "*direitos do Estado*" que, na nossa opinião, pode ser interpretada no sentido de abranger não só a administração central mas também a administração local ou autárquica. De resto, o último desses artigos refere inequivocamente o que acabámos de dizer, quando afirma: "*...ou a outras entidades de direito público que a lei determine*", *in fine* artigo 108.º, n.º 2 do CPT. Cremos que se enquadram nesta categoria, entre outras, as Autarquias locais, mormente os Municípios.

Em conclusão, resulta do que vimos de dizer que, sem embargo de as entidades infra-estaduais não exercerem, em rigor, poder tributário, são, contudo, titulares de direitos provenientes do exercício do mesmo poder. Isso é assim porque a própria Constituição e, também, a lei ordinária, Lei de Finanças Locais, lhes atribui determinadas receitas fiscais: os produtos da criação de imposição estadual sobre os particulares, necessários à cobertura das despesas públicas, com vista à criação e melhoria de condições de vidas das populações residentes num determinado espaço físico. Enfim, esta é, a par da realidade anteriormente referida – em que o titular do poder tributário afecta determinadas receitas à sua própria actividade financeira –, outra manifestação do poder tributário, que não se esgota unicamente no poder de criação, mas também no da sua afectação às entidades que o legislador entender.

Na actualidade, a administração estatal apresenta-se como uma pessoa jurídica de ampla dimensão, integrada por sua vez, por pessoas jurídicas de reduzida dimensão relativamente ao Estado central: as entidades territoriais menores, com personalidade jurídica própria distinta e, por conseguinte, a personalidade tributária activa, também distinta, o que requer uma autonomia funcional e financeira no desenvolvimento das suas próprias atribuições e competências em prol das pessoas singulares que nelas delegaram a satisfação das suas necessidades.

4. OS SUJEITOS TRIBUTÁRIOS ACTIVOS E OS SEUS FINS

Dissemos que o poder tributário anda associado à soberania estadual, enquanto manifestação desta soberania no domínio da relação obrigacional tributária, limitada, sobretudo, pelos princípios constitucionais. Outrossim, acontece que o poder de criar impostos não coincide com a investidura na posição de poder exigir dos particulares o cumprimento do dever fundamental de pagar imposto, indispensável à satisfação das necessidades financeiras do titular desse direito, mormente o Estado e entidades territoriais e populacionais menores. Resulta de tudo isso que o fim último do poder tributário e da personalidade tributária activa é a efectivação dos fins das colectividades nacional e local, um nível de municipalismo financeiro, enquanto sub-modelo do federalismo financeiro.

Os sujeitos tributários activos designam concretamente o lado activo da relação jurídica tributária, isto é, os credores da prestação pecuniária, em que, normalmente, se concretiza a obrigação tributária, devida pelas pessoas singulares ou colectivas sujeitas à sua jurisdição. Neste sentido, corresponde o titular do direito de crédito, a personalidade tributária activa – sem ignorar que lhe assiste também deveres, embora secundários ou instrumentais –, resultante da relação jurídico-tributária do imposto, cujos pressupostos estão definidos, à partida, na lei, enquanto única fonte dessa mesma relação.

Assim sendo, os sujeitos tributários activos constituem, portanto, um elemento estruturante da própria obrigação tributária determinada por lei, o que quer significar que estão, também, sujeitos ao princípio da legalidade, uma vez que o gozo de tal titularidade depende exclusivamente da Constituição e/ou da lei. Assim acontece, entre nós, tanto com a administração central como a administração local, chamadas a prosseguir o interesse colectivo das respectivas populações. Se em relação à primeira não se levanta nenhuma objecção, dada a sua soberania (representação do poder supremo na ordem interna), já no referente às pessoas colectivas territoriais menores que compõem a administração local se apoia na própria concepção do Estado, porque, não sendo consideradas soberanas, transportam, no entanto, um conjunto de interesses próprios circunscrito a uma determinada parcela do território nacional, que não se confundem com os daquela.

Os fins das entidades territoriais central e local são os previstos na Constituição e/ou na lei, e constituem matéria de Ciência política. Somente por uma razão da sua conexão com os impostos nos leva a fazer uma pequena abordagem desta matéria, sem qualquer pretensão de rigor científico que o assunto requer. Neste número, limitar-nos-emos a indicar, muito resumidamente, o entendimento da doutrina no concernente aos fins do Estado em sentido lato.

Afirmámos que o Estado detém o poder de criar impostos. Isso só se justifica porque está direccionado à realização dos interesses colectivos nacional e local. O mesmo é dizer que o poder de criar normas de condutas e de impor certos comportamentos aos indivíduos – que revelam possuir capacidade contributiva –, submetidos à sua jurisdição, com base em vínculo político e/ou económico, se destina ao seu sustento e à sua manutenção. Numa palavra à "necessidade natural de realização de fins de natureza colectiva"[568].

---

[568] VITOR FAVEIRO, "*Fiscalidade e justiça*", pp. 393-394. No mesmo sentido, DOMINGOS MARTINS EUSÉBIO, *Alguns aspectos...*, p. 86, segundo o qual a "satisfação das necessidades colectivas seria o verdadeiro fundamento da soberania fiscal".

De consenso geral irrecusável é o facto natural de o homem ser um ser social, com carência de convívio com os outros – de quem é igual em direitos e dignidade –, necessário para a sua conservação e perpetuação como ser humano, dotado de inteligência e capacidade que lhe permite uma melhoria constante ao longo da sua vida. Por isso mesmo, torna-se imperiosa a existência de uma organização de homens a pensar nos próprios homens, como forma de garantir a sua plena realização: a sociedade oferece ao homem realizações que, por si só, isoladamente, ele não seria capaz de conseguir, ao mesmo tempo que lhe assegura uma posição de igualdade perante os outros homens. Mas, para que isso aconteça, o homem é obrigado a colocar ao serviço da organização os meios de que dispõe, conjugando os esforços com os outros[569].

Conclui-se destas palavras que a satisfação do bem-comum por parte dos homens só encontra perfeição no Estado, forma de organização e estruturação social, desde sempre dotado de poderio, mesmo nas fases mais remotas da sua evolução, na medida em que oferece melhores condições para a realização da segurança que todos anseiam, em virtude, entre outros, dos meios de que dispõe, da maior confiança que gera e da defesa que proporciona aos seus membros. Em suma, os, fins do Estado são tradicionalmente os que, em breves palavras, enumeramos, avultando a realização do homem integralmente, o que pressupõe que a colectividade se reúna à volta de desígnios como a segurança (defesa externa contra o inimigo e garantia da ordem e tranquilidade públicas internas, bem como a protecção contra as calamidades naturais), a justiça (garantia da substituição da violência entre os indivíduos que constituem a sociedade política), e a realização do bem-comum ou bem-estar[570] material, cultural e espiritual dos indivíduos, que se traduz na melhoria das condições da vida dos

---

[569] VITOR FAVEIRO, "Fiscalidade e justiça", pp. 394 e ss. Deste autor, citamos "A organização da sociedade em Estado, é pois, já uma necessidade de garantia da justiça no tratamento recíproco dos homens entre si" (p. 396).

[570] Vide por todos VITOR FAVEIRO, "Fiscalidade e justiça", pp. 393 e ss. Ainda, para mais desenvolvimentos, vide, do mesmo autor Noções fundamentais..., Vol. I, pp. 13 e ss. Na mesma linha de opinião, mas empregando para o último dos fins do Estado o termo bem-estar, vide DIOGO FREITAS DO AMARAL, "Estado", in Pólis-Enciclopédia Verbo, Vol. 2, col. 1140, embora não rejeita a realização do bem comum como fim do Estado que, na sua opinião, "é um fim universal objectivo, ou seja, um fim comum a todos os Estados de todos os tempos, e constitui a finalidade global do Estado" (col. 1141). Recorde-se que esta posição está de acordo com a defendida por MARCELO CAETANO, aliás, citado pelo autor na col. 1142.

governados, como forma de atenuar ou até mesmo eliminar as desigualdades, geradoras de injustiça e insegurança.

A divisão da autoridade política entre diferentes níveis de governo coloca, em primeiro lugar, o problema da determinação das funções que vão ser desenvolvidas em cada um deles. Não existe uma linha divisória que trace claramente a separação das funções estaduais. Mas, geralmente, tal repartição dá-se justamente no fornecimento pela entidade central de bens e serviços que beneficiam o conjunto dos cidadãos em geral; enquanto que as entidades menores similares estão mais aptas a fornecerem os bens e serviços divisíveis geograficamente[571]: aqueles que não ultrapassam as fronteiras geográficas das suas atribuições.

Em matéria económica, a justificação da existência desses governos está directamente relacionada com a provisão de bens colectivos ou bens e serviços que proporcionam benefícios indivisíveis em proporções iguais a todos os cidadãos, sem que a acção de um indivíduo afecte externamente a utilidade dos outros. São disso exemplos os serviços da segurança e da defesa garantidos, pela administração central, a todos ao mesmo tempo. As externalidades desses serviços estendem-se a todos sem excepção; ou seja, a difusão dos seus efeitos é aproveitada pela colectividade nacional no seu todo. Significa isso que as razões económicas fazem com que estes serviços são melhores fornecidos pela entidade central[572], enquanto que os bens locais são melhores assegurados pelas Autarquias locais. É aqui que reside a importância da tripartição de funções proposta por RICHARD MUSGRAVE, mormente a função da alocação, e que tivemos oportunidade de referir na nossa Introdução.

Duas questões fundamentais se colocam: *primo*, como determinar as necessidades colectivas? e, *secundo*, qual o padrão que deve servir de base? O mesmo é questionar que critérios e condições presidem a actividade financeira do Estado em geral em benefício do bem-estar colectivo. Estas questões tão importantes acabam por decidir o problema da repartição dos recursos entre o sector público e sector privado. Resolvida, uma outra não menos importante – por sinal também centro da nossa exposi-

---

[571] JAMES M. BUCHANAN & MARILYN R. FLOWERS, *Introduccion à la Ciencia...*, p. 598.
[572] JAMES M. BUCHANAN & MARILYN R. FLOWERS, *Introduccion à la Ciencia...*, pp. 599-601.

ção – ficaria por resolver: o problema da política da tributação tão indispensável à satisfação das necessidades colectivas.

As respostas as questões da determinação das necessidades colectivas e do padrão-referência que a sustenta não são, porém, isentas de dificuldades. Sem delongas consideram-se as seguintes: a *primeira* deriva do próprio mercado incapaz de revelar as verdadeiras escalas de preferências dos consumidores; a *segunda* dificuldade é inerente à solução encontrada para a satisfação dessas necessidades, ainda que reveladas as preferências dos consumidores. Esta última é explicada, conforme dissemos atrás, pela circunstância de a mesma quantidade de bens e serviços ser consumida por todos igualmente. Em resposta, RICHARD MUSGRAVE conclui que "não há uma solução única mais eficiente para a satisfação dessas necessidades"[573]. Há, sim, que procurar, entre as soluções óptimas[574], aquela que melhor resolve o problema da provisão de bens e serviços consumidos em iguais proporções pelos beneficiários.

A intervenção do Estado na economia decorre, como é sabido, da concepção que se tem da sua organização e estruturação, em busca da realização da sociedade humana. Ademais, os Estados modernos assumem um carácter ou matriz providencial que os leva a preocupar-se mais intensamente com problemas ligados à optimização do bem-estar colectivo. Esta atitude legitima a sua acção interventora para corrigir as distorções causadas pelos mecanismos do mercado, incapaz de absorver certo tipo de necessidades.

Considerando que o fim último da repartição dos recursos públicos entre as entidades central e local decorre da Constituição e visa a efectivação das necessidades individuais agregadas, a intervenção destas pronuncia ou realça a única via possível. Ela centra-se, basicamente, na tomada de decisões políticas que substituam as verdadeiras preferências individuais no que tange à oferta de bens públicos, através dos quais o Estado julga e hierarquiza os fins individuais ou colectivos[575], principal-

---

[573] *Teoria das Finanças Públicas*, Vol. I, pp. 29, 33, 44 e 176.
[574] RICHARD A. MUSGRAVE, *Teoria das Finanças Públicas*, Vol. I, pp. 29 e 176. As soluções óptimas – situadas à margem da fronteira de utilidade – identificam-se com o Óptimo de Pareto, segundo o qual não pode haver qualquer melhoria individual sem que isso prejudique outra pessoa. Isto é, não é possível melhorar a situação de todas as pessoas ao mesmo tempo.
[575] Cfr. JOSÉ MANUEL SÉRVULO CORREIA, "Os princípios constitucionais...", pp. 662-663, a propósito da distinção e satisfação dos vários interesses.

mente nas circunstâncias em que os "bens públicos requeridos a nível local produzirem efeitos que ultrapassam a área geográfica da comunidade que os financia, gerando-se externalidades..."[576].

A adequação das decisões políticas e financeiras aos fins económico-financeiros colectivos que visa assegurar, torna-se uma condição *sine qua non* para se alcançar os objectivos visados pelas entidades públicas colectivas, que é a satisfação de necessidades da colectividade, através de um instrumento de gestão financeira: o orçamento público correctivo das preferências individuais.

A escolha orçamental melhor ficaria assegurada se explorados, na sua plenitude, os processos de decisão quer a nível central – quando estão em causa questões de âmbito nacional – quer a nível local, onde os problemas das respectivas populações locais encontram respostas mais vantajosas, pressupondo, à partida, a definição de *áreas óptimas de benefício*, configurando-se como "espaços em que a prestação de bens públicos correspondesse à satisfação das necessidades dos responsáveis pelo seu financiamento"[577] seguindo, portanto, a lógica do sistema apresentado por RICHARD MUSGRAVE relativamente à tripartição das funções do sistema financeiro: alocação, distribuição e estabilização[578].

4.1. A satisfação das necessidades colectivas e as decisões financeiras

Uma das grandes verdades que acompanhou o homem ao longo da sua formação e evolução prende-se com a sua existência não isolada, numa perfeita convivência e sintonia com os outros seus semelhantes. Dificilmente se conceberia a existência e manutenção do homem livre e independentemente dos outros, pois lhe faltaria condições para a sua manutenção e aperfeiçoamento, e coloca-se em perigo de se sucumbir na solidão. O homem, nas célebres palavras de ARISTÓTELES, na esteira deste ilustre filósofo, outros nomes como CÍCERO e S. TOMÁS DE AQUINO, é con-

---

[576] EDUARDO PAZ FERREIRA, "*Problemas da descentralização financeira*", p. 125.
[577] EDUARDO PAZ FERREIRA, "*Problemas da descentralização financeira*", p. 124.
[578] RICHARD A. MUSGRAVE, *Teoria das Finanças Públicas*, Vol. I, pp. 26 e ss.

siderado, por natureza, como um animal social, ser humano incapaz de viver isoladamente como Deus ou fera[579].

É indiscutivelmente do domínio comum que as necessidades colectivas são protótipos da vida em sociedade, pois as pessoas, individualmente, não as teriam. Resultam dos próprios fins da colectividade organizada, na qual os indivíduos procuram encontrar satisfação para os problemas ligados à sua sobrevivência e realização como homem. Decorre disso que deve estar disponível para conjugar os seus esforços com os dos outros homens, que com ele partilham a mesma preocupação no concernente à materialização das suas necessidades.

As necessidades colectivas são, assim, entendidas como envolvendo um consumo conjunto de bens e, simultaneamente, dispensam o princípio da exclusão[580], diferente da satisfação da necessidade privada somente possível mediante o pagamento de uma contrapartida; situação, de resto, muito característica do mercado de bens e serviços, onde a oferta e a procura se confrontam. Noutros termos, exclui-se do prazer de usufruir qualquer bem ou serviço quem não está disposto a pagar um determinado preço[581]. Situação diferente verifica-se com os bens e serviços colectivos, aptos à satisfação das necessidades de uma colectividade. Estes não se regem pelo *princípio da exclusão*, nem tão pouco o seu consumo/utilização por parte de um diminui a quantidade que outros poderão usufruir, porque são insusceptíveis de serem fraccionados pelos sujeitos: a *indivisibilidade* dos bens e serviços colectivos. Estas duas características fazem com que ninguém está disposto, voluntariamente, a oferecer a sua contribuição.

O mercado, regra geral, garante uma provisão dos bens e serviços e é tido como "mecanismo coordenador das decisões microeconómicas"[582],

---

[579] Vide DOMINGOS MARTINS EUSÉBIO, *Alguns aspectos...*, p. 86. Ainda DIOGO FREITAS DO AMARAL, "Estado", in *Pólis-Enciclopédia Verbo*, Vol. 2, cols. 1162-1163. Isso demonstra que o homem é, por natureza, um animal social que precisa da convivência dos outros homens, donde a necessidade da união entre eles. Contra esta concepção viria a formar-se, nos séculos XVII e XVIII, em Inglaterra e França a concepção do acordo de vontades entre os homens, defendida por HOBBES, LOCKE e ROUSSEAU.

[580] RICHARD A. MUSGRAVE, *Teoria...*, Vol. I, p. 30. Também, A. MOREIRA MATEUS, "Bem-estar", in *Pólis-Enciclopédia Verbo*, Vol. 1, col. 554. Ainda, A. CAVACO SILVA, "Economia Pública", in *Pólis-Enciclopédia Verbo*, Vol. 2, Lisboa, 1996, col. 823.

[581] RICHARD A. MUSGRAVE, *Teoria...*, Vol. I, p. 30; A. CAVACO SILVA, "Economia Pública", in *Pólis-Enciclopédia Verbo*, col. 823.

[582] ANÍBAL SANTOS, "Mercado", in *Pólis-Enciclopédia Verbo*, Vol. 4, Lisboa, 1986, col. 176. Este papel atribuído ao mercado acabou por ser questionado com a intervenção

de cuja aptidão depende da capacidade dos agentes económicos. Geralmente, os particulares recorrem a esse mesmo mercado para satisfazerem as suas preferências, pagando, em contrapartida, um valor monetário e, desta forma, procuram tirar o máximo de benefício. Segundo J. BUCHANAN e M. FLOWERS, neste tipo de mercado, o consumidor é soberano[583]. Entretanto, reconhece-se que há necessidades sentidas por todos, cuja satisfação é independente da contrapartida que cada um está disposto a pagar. A contribuição individual é apenas uma (ínfima) parte do todo.

Ora, porque as necessidades colectivas – são sentidas por todos e satisfeitas em idêntica quantidade[584], não pelos mecanismos de mercado, por total divergência com as necessidades privadas, satisfeitas individualmente através dos mesmos –, desde logo, excluem a procura activa dos indivíduos para a sua satisfação. Ou seja, são de *satisfação passiva*[585].

Os consumidores individualmente considerados revelam as suas verdadeiras preferências ao satisfazerem as suas necessidades privadas. O mesmo não acontece com as necessidades colectivas, cuja satisfação é distribuída por todos em iguais proporções, sem necessidade de contribuição voluntária e espontânea, ou, quando muito, a contribuição individual cobre apenas uma insignificante parcela do que é necessária. Por esta razão, os indivíduos não se prontificam a revelarem as suas verdadeiras preferências, furtando-se, assim, a contribuírem para o financiamento dos bens/ /serviços: *"free riders"*.

---

estatal na economia, porque o processo de afectação de recursos passou a ter um carácter político-administrativo muito significativo.

[583] A soberania do consumidor é uma forma simplificada de apresentar a ausência da intervenção (estatal) na economia, ou seja, sem sector público. Os recursos de uma economia são dirigidos à produção de bens e serviços que satisfazem as necessidades dos indivíduos, respondendo, deste modo, as suas necessidades pecuniárias. A economia assente no princípio da soberania do consumidor é, por esta razão, denominada, por **sistema de voto monetário**: uma moeda, um voto, em contraste com o **sistema político democrático**, em que as decisões seguem o regime de "um homem, um voto". *Vide,* para mais desenvolvimentos, a obra dos autores citados, *Introduccion à la Ciencia...*, 1982, nomeadamente pp. 6-7.

[584] Explica-se pelo facto de a utilização por parte de um consumidor não diminuir a quantidade que outros consumidores podem vir a consumir (RICHARD MUSGRAVE, *idem*, Vol. I, p. 29). Ou, o mesmo é dizer, porque são indivisíveis, o seu consumo por parte de um não reduz os benefícios de outros (CAVACO SILVA, *Economia Pública*, in *Pólis--Enciclopédia Verbo*, col. 823).

[585] VITOR FAVEIRO, *Noções fundamentais...*, p. 48.

O mercado assegura uma afectação normal e óptima dos recursos, desde que sejam asseguradas determinadas condições, mormente a concorrência perfeita, que faz com que a afectação de recursos seja, sobretudo, função dos preços. Neste mercado, os sujeitos procuram tirar um máximo proveito das suas satisfações, ou seja, a máxima utilidade[586], empregando os recursos escassos postos à disposição[587]. No entanto, é sabido que não funciona em pleno, donde a necessária intervenção do Estado para corrigir as distorções causadas, entre outras, pelos custos decrescentes, resultantes da indivisibilidade dos factores e processos de produção; monopólios geradores de concorrência imperfeita; ineficiência na afectação dos recursos derivada dos efeitos colaterais da satisfação das necessidades privadas – as externalidades[588], ou seja, as situações geradoras de economias ou deseconomias externas, resultantes de acções de certos indivíduos ou grupos, como por exemplo, a poluição do ar; riscos não cobertos pelo mercado; necessidades públicas (mormente, as sociais, como os serviços sociais; de defesa e segurança), não previstas nem providas pelos mecanismos do mercado, pois devem ser satisfeitas através de serviços consumidos por todos em quantidades iguais, razão pela qual os indivíduos se recusam a qualquer contribuição, em virtude de não se poder excluir ninguém dos seus benefícios[589].

A satisfação das necessidades colectivas levanta problemas como quais devem ser satisfeitas pelos particulares e quais ficam a cargo do

---

[586] Vide, CLAUDIO NAPOLEONI, A teoria económica..., pp. 8 e ss. O autor expõe a teoria walsariana do equilíbrio económico geral, isto é, os mercados complexos e diferentes de bens e serviços, caracterizados pelas interacções das decisões de troca entre indivíduos. A economia política pura, segundo WARLAS, é a "teoria da determinação dos preços e das quantidades produzidas e trocadas, pode ser definida como teoria da riqueza" (p. 10).

[587] LIONEL ROBBINS seguindo a noção walrasiana de que a riqueza é escassa, útil e limitada em relação à necessidade. Esta circunstância condiciona o comportamento dos sujeitos económicos, porque, dada a impossibilidade de se satisfazer as necessidades até à saturação, cada sujeito económico é obrigado a tirar o máximo de proveito dos recursos de que dispõe. Vide, CLAUDIO NAPOLEONI, A teoria económica..., pp. 36 e ss.

[588] As externalidades "surgem quando não são incluídos nos preços de mercado todos os efeitos colaterais da produção ou consumo". Vide, PAUL A. SAMUELSON & WILLIAM D. NORDHAUS, Economia, p. 342. Para mais desenvolvimentos das causas de ineficiência do funcionamento de mercado livre, sem intervenção estatal, vide, a obra do autor citada, pp. 348 e ss; ainda, J. BUCHANAN e M. FLOWERS, Introduccion à la Ciencia..., pp. 8-10.

[589] RICHARD A. MUSGRAVE, Teoria das Finanças Públicas, Vol. I, pp. 29 e ss. Também JORGE COSTA SANTOS, Bem-estar social..., p. 264.

Estado. Ficou dito *supra* que as necessidades privadas encontram satisfação, regra geral, no mercado mediante contrapartida que o consumidor individualmente está em condições de oferecer. Por sua vez, as colectivas (e sociais) devem ser satisfeitas através do orçamento correctivo das escolhas individuais. Aqui está o cerne desta temática. Não se trata da arrecadação de contribuições individuais, mas sim da necessidade da intervenção do Estado em estabelecer quais as despesas públicas a realizar e quais os impostos a cobrar para as cobrir.

A necessidade de um padrão capaz de determinar as preferências individuais quanto à satisfação das necessidades colectivas, como se sabe, não se afigura possível. Não existe nenhum padrão que ofereça rigor e segurança para as determinar. A tributação acaba por ser um meio precioso de que dispõem os Estados para captarem os recursos necessários à concretização dos seus fins. Parafraseando CASALTA NABAIS, diríamos que os impostos devem ser encarados como "um contributo indispensável a uma vida em comum e próspera de todos os membros da comunidade organizada em estado", e tem como finalidade imediata proporcionar às entidades públicas o cumprimento das suas tarefas e, nessa medida, conclui o mesmo autor, constituem "meios ou instrumentos de realização das tarefas estaduais"[590].

Contudo, o grande senão deste instrumento financeiro consiste na provocação de distorções nas opções dos agentes económicos, com implicações nos seus bem-estar, ou seja, causam desperdícios[591]. Estamos, portanto, no domínio da eficiência fiscal.

---

[590] *O dever fundamental...*, p. 185. No mesmo sentido, as palavras de *J. L.* SALDANHA SANCHES, "Alargamento da base tributária e gestão fiscal", Comunicação apresentada ao XVI Seminário da Direcção Nacional de Impostos e auditoria, realizado entre 25 e 29 de Março de 1996 na República de Moçambique, in CTF, n.º 381, Lisboa, 1996, pp. 151-159. Na p. 157, escreve: "... JOSEPH SCHUMPETER no seu estudo clássico sobre o «Estado Fiscal», a construção do Estado moderno foi também a criação da sua máquina financeira que exprime a sua capacidade de cobrar as receitas que financiam a prossecução das tarefas que lhe cabem".

[591] Aquilo que se vem designando em alguma doutrina por minimizar ou suprimir desperdício "deadweight loss" ou sobrecarga "excess burden" dos impostos. Ora, procurar encontrar soluções tributárias entre a captação de receitas fiscais necessárias ao financiamento das despesas públicas e minimizar ou até suprimir o desperdício ou a sobrecarga dos impostos constitui objecto da teoria de tributação óptima. Remetemos para desenvolvimentos posteriores.

O que se disse imediatamente acima pressupõem que estamos a referir um determinado tipo de Estado: o Estado fiscal, cujas necessidades financeiras estão dependentes, predominantemente, dos impostos, sinónimo da transferência de recursos dos particulares para o Estado. Entre nós, não consta referência expressa deste tipo de Estado, aliás, o mesmo se passa com a grande maioria – senão mesmo a totalidade – das Constituições. Esta ausência não pode significar que não há, na actualidade ou no passado, Estados fiscais.

Da análise do conjunto de preceitos constitucionais que integram a nossa "constituição financeira", sobretudo os da "constituição fiscal", poder-se-á inferir da sua (ou não) existência em concreta, sem embargo de não se poder falar com toda a propriedade da sua existência no nosso ordenamento jurídico-constitucional.

Mas, uma vez consagrados os direitos fundamentais, especialmente os direitos económicos clássicos, torna-se incompatível qualquer outro tipo de Estado, nomeadamente patrimonial ou proprietário[592], que não seja o Estado fiscal. Algumas pistas ilustram seguramente a nossa observação, nomeadamente os sectores de titularidade do direito de propriedade e iniciativa privadas e cooperativa (artigo 12.º); a necessidade e utilidade do capital ou investimento estrangeiro (artigo 13.º, n.º 3) e a liberdade de associação económica (artigo 55.º). Estes permitem-nos concluir pela rejeição de um tipo de Estado que se pretende, para utilizar as palavras de CASALTA NABAIS, "titular monopolista ou homogénico da economia e, consequentemente, pela exigência de uma economia cuja "regulação", ao nível sobretudo de grandezas e unidades microeconómicas, há-de caber fundamentalmente ao mercado e à concorrência, ou seja, uma economia de coordenação "descentralizada""[593].

Corrobora a nossa afirmação os índices dos quais se retira o Estado social ou da democracia económica, social e cultural (artigos 11.º e 17.º CRGB) e nos permitem, fundamentar a rejeição, pela Constituição, do Estado socialista, sem embargo de não nos parecer tão líquida, como à pri-

---

[592] Segundo CASALTA NABAIS, *O dever fundamental...*, p. 210, este tipo de Estado tem a característica de converter "os cidadãos em agentes económicos passivos, em titulares dos direitos económicos que o estado, único ou homogénico dono de toda a economia, lhes conceda".

[593] Seguimos de perto o autor, *O dever fundamental...*, nas suas análises relativas à situação portuguesa, porquanto se assemelha com a guineense e os artigos referidos (em termos de redacção) são coincidentes, salvo raras excepções.

meira vista supõe, na medida em que a nossa Lei Fundamental consagra, ainda, um projecto de construção de sociedade sem classes, movida pela preocupação da abolição ou da "*eliminação de todas as formas de sujeição da pessoa humana a interesses degradantes, em proveito de indivíduos, de grupos ou classes*" (artigo 11.º, n.º 2, *in fine*), as chamadas normas programáticas, agravada pela forma algo dúbia com que se apresentam consagrados estes direitos. Apesar de tudo, deve-se realçar, que este tipo de projecto de sociedade nunca chegou a ser implementado no passado – nem no presente e cremos também no futuro –, não obstante as tímidas opções político-económicas que outrora foram assumidas indiciar tal intenção.

Nos meados da década passada, altura a partir da qual se verificou a prática anti-constitucional da livre regulação da economia pelas regras do mercado – mais tarde formalmente assumida com a revisão constitucional de 1991 –, desmente qualquer opção que conduza a transição para o Estado socialista. Isto é, põe-se fim formalmente a qualquer dúvida no sentido da transição do Estado guineense rumo ao socialismo como se podia inferir implicitamente das Constituições de 1973 e de 1984, na sua versão originária.

Em suma, em face dessas considerações, parece-nos legítimo concluir com CASALTA NABAIS que o "reino da economia é assim fundamentalmente da responsabilidade da sociedade e dos indivíduos que a integram, cabendo-lhes a produção e distribuição da generalidade dos bens e serviços económicos"[594], reservando a si, o Estado, o direito de coordenar a economia e garantir a livre concorrência, através da disciplina normativa. Nesta perspectiva, podemos reafirmar a conclusão a que anteriormente chegámos quanto à natureza fiscal do Estado guineense, assente, sobretudo, numa matriz financeira predominantemente unilateral (impostos) e não bilateral, taxas e contribuições especiais.

A opção seguida pelo legislador constitucional, Estado fiscal *versus* Estado socialista, cujos resquícios ainda, hoje, estão presentes nossa Lei Fundamental parece, à primeira vista, que as orientações políticas e económicas sugerem um tipo de Estado mais próximo (senão em evolução) do socialista, como indicam os ideais marxistas muito marcantes, nomeadamente a já referida "*eliminação de todas as formas de sujeição da pessoa humana a interesses degradantes, em proveito de indivíduos, de grupos ou de classes*" (artigo 11.º, n.º 2); o objectivo da saúde pública em "*promo-*

---

[594] *O dever fundamental*..., pp. 211-212.

ver o bem-estar físico e mental das populações... a socialização progressiva da medicina e dos sectores médico-medicamentosos" (artigo 15.º); a não denegação da justiça "*por insuficiência de meios económicos*" (artigo 32.º); a criação gradual de um "*sistema capaz de garantir ao trabalhador segurança social na velhice, na doença ou quando lhe ocorra incapacidade de trabalho*" (artigo 46.º, n.º 3); e a "*promoção gradual e gratuita e igual possibilidade de acesso de todos os cidadãos aos diversos graus de ensino*" (artigo 49.º, n.º 2) todos CRGB. Naturalmente que estamos em presença de normas de carácter puramente programáticas.

Se tudo isso é verdade, não menos verdade são os custos da materialização deste projecto, cujo financiamento não pode, por imperativos constitucionais, ser assegurado individualmente; pelo que resta ao Estado o recurso sistemático ao património dos particulares para assegurar os meios financeiros, de que carece para a concretização dos mesmos imperativos constitucionais. Por esta razão tão evidente, entendemos que, afinal, a verdadeira opção constitucional assenta no Estado fiscal (e social), cujas necessidades financeiras devem ser satisfeitas com recursos retirados aos particulares, por via de imposição unilateral, limitada pela própria Constituição, nomeadamente o Estado de direito, os direitos de propriedade e iniciativa privadas dos cidadãos e a regulação da economia pelas regras do mercado, consagrados expressamente na Constituição. Somente uma análise evolutiva das normas constitucionais nos permite chegar a esta conclusão.

Relativamente à opção pelo Estado tributário, as referências de que dispusemos são muito escassas. Se atentarmos, por exemplo a Lei Fundamental, salvo o artigo 86.º, al. d), que nos remete para a matéria da criação e disciplina dos "*impostos e sistema fiscal*", excluindo as taxas e as contribuições especiais; e, em matéria da administração local, a única referência que nos podia orientar, no concernente aos elementos que permitam tal caracterização – as taxas e as contribuições especiais –, encontram-se inseridas juntamente com outras receitas tributárias (*ma-xime*, os impostos). É disso exemplo o artigo 110.º, n.º 3, que dispõe: "*São receitas próprias das Autarquias locais as provenientes da gestão do seu património e as cobradas pela utilização dos seus serviços*", o que não é suficiente, *per si*, para justificar a conclusão no sentido positivo, ou seja, que a Constituição acolhe um tipo de organização da sociedade que se identifica com o Estado tributário.

Para além do que vimos dizendo, dois aspectos tornam-se cruciais para afastar este tipo de Estado. São a circunstância da não individualização dos custos dos bens e serviços públicos, de um lado; e os imperativos constitucionais (alguns de natureza programática), que excluem o financiamento pelos indivíduos, total ou parcialmente, dos bens ou serviços colectivos que satisfazem necessidades individuais, como, por exemplo, os serviços de saúde pública (artigo 15.º); a segurança social (artigo 46.º, n.º 3); o ensino nos seus diversos graus (artigo 49.º, n.º 2); a não denegação da justiça em razão da capacidade financeira para suportar as taxas; bem como a regulação da economia pelo mercado, com todas as suas consequências;... enfim, poderíamos enumerar um sem número de direitos económicos, sociais e culturais que ao Estado incumbe realizar à medida do desenvolvimento do país (artigo 58.º), conforme as legítimas aspirações do legislador constitucional, de outro.

Do conjunto das considerações acabadas de tecer, resulta que a opção do legislador constitucional quanto ao tipo de Estado, em função dos instrumentos de que dispõe para satisfazer as necessidades financeiras, é, para nós, fundamentalmente, o Estado fiscal que encontra nos impostos o seu principal sustentáculo financeiro, uma vez que permite tornar realidade as incumbências que, pela Constituição, chamou a si, em coordenação e colaboração com as entidades similares menores que se localizam nas várias parcelas do território nacional.

Torna-se pertinente, nesta linha de abordagem, questionar se existe ou não e em que medida um limite ao Estado fiscal. Esta preocupação vem na sequência da amplitude que vem assumindo este tipo de Estado e pode colocá-lo em risco, descaracterizando-o a ponto de tornar-se irreconhecível como tal; ou, ao invés, pode acontecer que este assuma um nível abaixo do qual é considerado um "tipo de organização comunitária incipiente ou degradada"[595], incompatível com o cumprimento das suas atribuições. Segundo CASALTA NABAIS, o princípio do Estado fiscal "apenas requer que o estado não se afunde por incapacidade financeira". Isto é, este princípio não o obriga a satisfazer "aquelas necessidades... constituição lhe impõe para além das funções básicas e imprescindíveis da "estaduali-

---

[595] A degradação de um Estado e, por conseguinte, a incapacidade de assumir um mínimo – nas palavras de CASALTA NABAIS, "mínimo de existência estadual"– das suas necessidades, coloca-o em perigo quanto à sua própria existência. O autor compara o mínimo de existência estadual ao mínimo de existência individual. Vide, *O dever fundamental...*, p. 216.

dade"", concluindo que a realização dessas "tarefas hão-de, pois, ser prosseguidas porque assim o requer a constituição e não porque constituam uma exigência de subsistência do estado"[596].

Por outras palavras pergunta-se até onde pode ir o crescimento das despesas públicas e, nessa medida, os impostos retirados aos particulares e entregues ao Estado, como meio de captar os recursos financeiros necessários à satisfação das necessidades colectivas. É nesta perspectiva que o princípio do Estado fiscal encontra expressão, enquanto "última barreira contra um estado que, tendo atingido a dimensão fiscal que se conhece e concentrado no legislador todo o poder que esta dimensão exprime, continua paradoxalmente a servir-se de um arsenal protectivo dos cidadãos contribuintes obsoleto e, em larga medida, inoperante – o princípio da legalidade fiscal"[597]. Com certeza não é o caso, na actualidade, do Estado (fiscal) da Guiné-Bissau; todavia, se persistir na tentação de impor mais sacrifícios aos particulares sem contrapartida geral palpável e, utilizando indevidamente os recursos financeiros, corre-se o risco de, cedo ou tarde, se desvirtuar a sua própria essência.

A procura do limite máximo para o Estado fiscal levou alguns autores a fixarem como parâmetro determinada percentagem do produto interno bruto (PIB) como *plafond* máximo inultrapassável; ou ainda a ensaiar determinados princípios, com o mesmo objectivo[598]. Apesar de tudo, verificam-se algumas dificuldades na aplicação desses princípios como limite ao poder impositivo do Estado; resta, em concreto, a concretização constitucional dos limites específicos, de jeito a conter qualquer tipo de comportamento que conduza a uma forte tributação e injustificada

---

[596] *O dever fundamental...*, p. 216.
[597] CASALTA NABAIS, *O dever fundamental...*, pp. 217-218.
[598] Nesse sentido sobressaem a *Lei de bronze dos impostos*, cujo postulado defende, para o particular apenas o mínimo necessário ao seu consumo; o *Princípio da moderação ou economicidade*, implicando para o Estado um determinado número de tarefas, donde os impostos devem ser neutros económica e socialmente; o *Princípio da reprodutividade dos impostos* (de LORENZ VON STEIN), assente na correspondência, em termos produtivos, entre o imposto e o seu montante, com consequência ao nível do princípio da moderação ou economicidade. Actualmente, este último, também, é aplicado às despesas estatais. Por último, o *princípio da não confiscalidade*, aplicável quer a cada um dos impostos, *maxime*, os de taxas progressivas, quer ao conjunto do sistema fiscal. Por este fica garantida a propriedade privada. Vide, para mais desenvolvimentos, CASALTA NABAIS, *O dever fundamental...*, pp. 218-221.

dos patrimónios dos particulares. Entre os limites, assim, propostos, constam os "relativos à organização e procedimento da formação da vontade política, como a exigência de uma maioria parlamentar qualificada ou mesmo de referendo para aumentar os impostos ou criar novos impostos"; ou ainda os "relativos ao conteúdo dessa mesma vontade política, como os decorrentes da fixação de uma percentagem máxima de despesas públicas face ao PIB, da subordinação do aumento dos impostos ao crescimento económico, do estabelecimento de taxas máximas para certos impostos, da limitação do número de funcionários e agentes públicos, expressa em percentagem da população total ou da população activa"[599].

No caso em apreço, o da Guiné-Bissau, não encontramos referências constitucionais ou legais limitativas do Estado fiscal e do seu poder impositivo, nos termos que acabamos de descrever. Mas também não duvidamos que estão presentes no ordenamento jurídico em geral, mormente, os princípios fiscais constitucionais, mais não seja para impedir que, através dos impostos, se altera a ordem constitucional estabelecida. Por outro lado, implícito na ideia da tributação, *maxime*, directa – os impostos fiscais – está o fornecimento às entidades colectivas públicas de meios financeiros de que carecem para materializarem as suas tarefas. Isso nos permite afirmar que constitui um dos limites dessa imposição a circunstância de os impostos somente terem significado, quando dirigidos à satisfação das necessidades colectivas que, de outra forma, não seriam satisfeitas.

Esta conclusão leva-nos a afastar do objectivo dos impostos (com finalidades fiscais) aquelas necessidades que não correspondem às verdadeiras necessidades colectivas (passe a redundância), e para as quais são desviadas e despendidas avultadas somas, provenientes de recursos subtraídos aos particulares ou que estes deverão cobrir no futuro, com a agravante de beneficiar apenas um grupo reduzidíssimo de pessoas que, pela responsabilidade que ocupam no aparelho estatal, fazem delas cidadãos com estatuto e dignidade diferentes do comum dos cidadãos. Acentue-se que estamos a referir os interesses de determinados grupos (mormente os políticos e até mesmos os burocratas), distorcivos dos processos de tomadas de decisões públicas quanto à provisão de bens colectivos, o que demonstra que o Estado, tal como o mercado, revela, também, séries de incapacidades.

---

[599] K. VOGEL e H. Von ARNIM apud CASALTA NABAIS, *O dever fundamental...*, p. 221, nota 95.

O facto das necessidades colectivas não são satisfeitas pelos mecanismos de mercado, em virtude da ausência de revelação das preferências individuais, ocorre que devem ser previstas no orçamento correctivo: o *orçamento óptimo*, cujos critérios envolvem alguns problemas, uma vez que depende de um conjunto diverso e variável de factores, onde se incluem, entre outros, as condições demográficas e tecnológicas, o rendimento nacional *per capita*, o custo da provisão dos bens públicos em comparação com os bens privados e a repartição da riqueza e do rendimento. Trata-se da dialéctica entre a justiça e a eficiência.

Significa isso que a satisfação dessas necessidades envolve a tomada de decisões no plano financeiro, as chamadas *decisões financeiras*, segundo determinadas regras, podendo, em potência, ser a *regra da unanimidade* ou a *regra da maioria*. Não nos vamos, porém, preo-cupar com o debate dos critérios que se colocam relativamente à optimização do orçamento que começou a ser tratado no quadro da economia de bem-estar por PIGOU, seguido, nos meados deste século pela nova economia de bem-estar, e, na actualidade, concretamente nos anos sessenta, avançada pela teoria da escolha colectiva (*maxime*, a teoria da escolha pública), no sentido de enquadrar as instituições e os processos de tomada de decisões financeiras. Restringir-nos-emos aos desenvolvimentos posteriores da matéria das decisões financeiras, unicamente às duas últimas teorias, a fim de fornecer uma melhor compreensão deste fenómeno, porquanto se tratam, ambas, de modelos explicativos das decisões colec-tivas do Estado intervencionista, que encontra no orçamento um meio de corrigir as insuficiências do mercado na provisão dos bens e serviços colectivos.

Alertamos desde já que a nossa intenção não é esgotar estas matérias, mas tão-só realçar os seus contributos no estudo das formas e dos processos conducentes à tomada de decisões financeiras, relativas à satisfação das necessidades colectivas não conseguíveis pelos mecanismos do mercado. Sem, no entanto, esquecer que não são em si mesmas a resolução cabal dos mesmos problemas, uma vez que não conseguem fugir a algumas das teias próprias da tentativa de conciliação de aspectos como a eficiência na afectação de recursos e a institucionalização de processos e mecanismos de decisões financeiras.

4.1.1. *As teorias das decisões financeiras*

Desde muito cedo o estudo da ciência económica apaixonou vários estudiosos, no intuito de encontrar uma fórmula que conduza a melhores resultados em matéria das decisões financeiras relativas à satisfação das necessidades da colectividade. Ao longo do tempo, foram aparecendo as teorias explicativas, entre as quais a teoria económica do bem-estar e posteriormente a nova economia de bem-estar, cujo acento tónico está nas situações finais "*end-state*". Na actualidade, a teoria da escolha colectiva, centrada nas regras do jogo "*rules*", da qual avulta a teoria da escolha pública, como modalidade qualificada da decisão colectiva, domina o estudo da ciência económica.

Para esta terceira via da economia de bem-estar, o importante são os processos autónomos e independentes dos resultados: o problema principal está na (i)legitimidade dos processos e não na situação final ("*end states*") que se pretende para cada indivíduo em concreto.

Sob influência dos neoclássicos, surgiram nos finais do século passado algumas teorias que procuraram explicar as decisões financeiras ligadas à satisfação das necessidades colectivas não satisfeitas pelos mecanismos do mercado. Sendo a afectação de recursos uma das funções das finanças públicas deve, naturalmente, envolver a tomada de decisões que conduzam a resultados óptimos. O confronto entre as duas principais teorias (bem-estar social e escolha colectiva) ultrapassa o objecto do nosso trabalho. Sublinhamos desde já que ambas se orientam por critérios normativos, próprios da análise de matérias que envolve questões jurídico-económicas, uma vez que está em causa a opção ou escolha entre as alternativas que melhor satisfazem o interesse colectivo.

Na modernidade, as decisões políticas financeiras assumem proporções que extravasam a mera esfera do Estado centralizado. Aliás, é nossa convicção que a descentralização dessas decisões permitirá uma maior optimização do bem-estar social intimamente ligado à comunidade local. No passado muito recente, tivemos experiências que nos permite ajuizar e afirmar que nem sempre as decisões financeiras, tomadas, pensa-se, em benefício da prossecução das necessidades colectivas, são as mais consentâneas com a realidade económico-social e até cultural do país, nem tão pouco beneficiam os mais necessitados. Aliás, prova disso são as inconsequentes escolhas políticas que conduziram a uma gradual degradação do bem-estar social dos guineenses em geral. Não vamos, porém, preocupar com estas considerações, servindo apenas como referência a reter no quadro das possíveis escolhas financeiras em ordem a satisfação das necessidades que dizem respeito a colectividade.

Iremos procurar apresentar em traços muito gerais os principais aspectos que compõem a teoria da escolha colectiva, uma vez que a teoria do bem-estar social[600] – cujo ponto de partida é a incapacidade do mer-

---

[600] Os principais aspectos desta teoria a começar pela sua origem. A teoria do bem-estar social remonta à história do início do pensamento económico. Desde os gregos e romanos, passando pela investigação da riqueza de ADAM SMITH, os escolásticos até à actualidade. Pela primeira vez, foi através dos trabalhos de CARL MENGER, STANLEY JEVONS e LÉON WALRAS que a preocupação com o bem-estar emergiu no seio da escola neoclássica. Mas foi com VILFREDO PARETO que esta teoria conheceu os maiores desenvolvimentos (JORGE COSTA SANTOS, *Bem-estar social e...*, pp. 37 e ss). O seu principal contributo começa a desenhar-se com base nas teorias económicas explicativas do fenómeno do comportamento dos agentes económicos, quando os seus defensores procuraram "expressar proposições de política económica" (A. MOREIRA MATEUS, "Bem-estar", in *Pólis-Enciclopédia Verbo*, Vol. 1, cols. 551-552). Tem como cerne a relação entre a concorrência perfeita e a eficiência na afectação dos recursos, e relaciona-se com, para usar a expressão de P. SAMUELSON & W. NORDHAUS, *Economia*, p. 340, a "melhor forma de organizar a actividade económica, a melhor distribuição do rendimento e melhor sistema de tributação". Tem o mérito, sobretudo, de procurar clarificar os critérios e as condições de optimização social do bem-estar económico colectivo.

Sobre a problemática da sua relação com o bem-estar económico, alguns autores consideram que este é uma componente daquele (PIGOU *apud* JORGE COSTA SANTOS, *Bem-estar social...*, pp. 33 e 50; TEIXEIRA RIBEIRO, *Lições...*, p. 43, nota 3); ou ainda recusam qualquer relação entre estes (*vide*, os autores citados por JORGE COSTA SANTOS, *Bem-estar social...*, p. 34, nota 41). O método utilizado toma em consideração a quantidade de factores de produção disponíveis e procura determinar qual a composição do produto nacional susceptível de maximizar a soma das satisfações individuais no contexto de diversos condicionamentos técnicos. Com o intuito de captar como são tomadas as decisões quanto à satisfação das necessidades colectivas, esta teoria parte de uma base individualista para se chegar a situação colectiva: a agregação das preferências individuais conduz a situações óptimas para a colectividade; procura, portanto, medir as preferências colectivas, tendo como premissas os axiomas individualistas e subjectivo. O primeiro, como bem indica o nome, encara a preferência colectiva como dependente das preferências dos indivíduos que compõem a colectividade; enquanto o segundo, para além de identificar a preferência colectiva com o bem-estar social, assenta numa certeza: cada indivíduo é o melhor juiz do seu próprio bem-estar (FERNANDO ADÃO DA FONSECA e ROQUE CABRAL, "Economia", in *Pólis-Enciclopédia Verbo*, col. 796). Esta constatação, porém, pressupõe a utilização de determinados critérios de avaliação.

Durante séculos os estudiosos da ciência económica procuraram responder a esta e outras questões. A discussão mantém-se viva na actualidade. Foram feitas tentativas para estabelecer os critérios teóricos que respondam satisfatoriamente as questões da satisfação das necessidades individuais/colectivas; não obstante, a maioria das explicações cingem

cado de bens para satisfazer o melhor possível as necessidades de todos os membros da comunidade –, fortemente influenciada por questões de eficiência na afectação de recursos (a procura de satisfazer a necessidade da comunidade geral e de cada um, oferecendo um maior nível de utilidade, considerada determinada condição e os bens disponíveis), descura o aspecto da repartição dos recursos. Isto é, não contém critérios que permitam a realização de comparações de utilidade entre os sujeitos. Esta atitude, perfeitamente compreensível, encontra justificação na sua natureza meramente individualista, donde decorre que o óptimo paretiano que está na sua base atende unicamente ao bem-estar de cada indivíduo, negligenciando a posição relativa dos outros, sendo, portanto, de rejeitar um tal critério.

Uma vez rejeitado o critério ou eficiência paretiana em que assenta toda a construção da teoria de bem-estar social, punha-se o problema de como explicar, em termos teóricos, o fenómeno da satisfação das necessidades colectivas não respondidas pelo mercado, *maxime* concorrencial. Esta questão, como sempre continuou a apaixonar vários estudiosos da ciência económica, entre os quais nomes representativos do chamado tese

---

unicamente a aspectos económicos da questão. Razão porque se preferiu o termo bem--estar económico colectivo.

A utilidade prática da teoria de bem-estar está na construção de bases para uma reforma fiscal, sobretudo as políticas económicas, cuja finalidade é reduzir – porquanto parece difícil eliminar – as desigualdades entre dos rendimentos e fortunas dos indivíduos. Pelo menos teoricamente, entende-se, que a redistribuição das rendimentos dos mais ricos para os mais pobres pode traduzir-se numa melhoria social total, em virtude de a utilização da parte retirada aos ricos poder proporcionar uma satisfação suplementar dos pobres superior à diminuição da satisfação daqueles. Isso se consegue tanto pelo lado da tributação (progressiva), porquanto impõe um maior encargo àqueles que auferem rendimentos mais elevados, como pelo lado da concessão de benefícios sociais (as transferências do Estado) a alguns membros da colectividade (CLAUDIO NAPOLEONI, A teoria económica..., pp. 44-45).

Um outro campo da sua aplicação, não menos relevante, diz respeito ao domínio da teoria de intervenção óptima nos mercados, destacando-se as políticas de regulação de monopólios ou a possibilidade de optar por uma outra decisão que conduza à optimização do bem-estar económico-social; ou ainda, no domínio do comércio internacional, a preferência pelo comércio livre ao proteccionismo; os subsídios à imposição tarifária aduaneira.

Vide, para mais desenvolvimentos das contribuições destes autores, em SOUSA FRANCO, Finanças Públicas e Direito Financeiro, 3ª Edição, Coimbra, 1990, pp. 21-25; JORGE COSTA SANTOS, Bem-estar social..., pp. 38 e ss; CLAUDIO NAPOLEONI, A teoria..., pp. 7 e ss; e PAUL SAMUELSON & NORDHAUS, Economia, pp. 17 e ss; 339 e ss.

da compensação[601], uma equivalência do critério ou eficiência paretiana, o qual pretende colmatar a lacuna, acabando por afirmar em moldes idênticos, salvo o jogo de palavras, o que este já apresentara, isto é, que o aumento do bem-estar colectivo se dá quando não é possível melhorar o

---

[601] A situação de autêntica limitação do critério paretiano viria a proporcionar novas tentativas no sentido de encontrar uma solução que permitisse o confronto das situações alternativas em que uns são melhores e outros piores: o chamado *critério ou princípio da compensação,* que se apresenta muito resumidamente nesses termos: a avaliação dos efeitos sobre o bem-estar colectivo de uma melhoria não paretiana, na qual se pretende saber se os ganhos proporcionados aos beneficiados suplantam as perdas dos prejudicados. No sentido positivo, os primeiros estarão em condições de indemnizarem – trata-se apenas de uma mera possibilidade – os segundos, de molde a anular os prejuízos sofridos, por isso a designação *de compensação hipotética* ou *vertical*; ou ainda a tese da compensação que poderá ser tanto em espécie (compensação em sentido forte) ou pecuniária (compensação em sentido fraco).

Aqui há, assim, um (potencial) ganho líquido de bem-estar colectivo, correspondendo a uma situação óptima. Refira-se que este critério não cuida da efectivação dessa compensação, deixando-a ao campo dos juízos de valores em matéria da repartição de recursos, satisfazendo-se tão-só com a simples possibilidade da compensação. Note-se que tal como o critério paretiano, o critério da compensação desinteressa-se pelas questões relativas à repartição de recursos, próprio da justiça social. Por isso, o seu alcance é idêntico ao critério paretiano: restrito ao domínio da eficiência, isto é, diz-nos apenas que uma situação é mais eficiente do que outra (*vide* por todos JORGE COSTA SANTOS, *Bem-estar social e...*, pp. 95-99).

Algumas críticas são apontadas à teoria da compensação, nomeadamente o facto de ignorar questões relativas à justiça social; sendo a compensação apenas hipotética, existe a possibilidade de aumento do bem-estar, sem no entanto, proporcionar melhoria efectiva; ela própria atenta a questão da eficiência não a satisfaz plenamente, como demonstra o possível *paradoxo de critério* KALDOR-HICKS e o *duplo teste de* SCITOVSKY, e os seus resultados intransitivos; a pretensão de uma compensação sem custos assente em transferências de soma fixa "*lump sum*", inviabiliza a indemnização (em virtude de ignorar os custos) de qualquer alternativa que passe o tese de compensação; enferma do vício de não conseguir determinar quais são os beneficiados e os prejudicados, nem tão pouco avalia os ganhos e as perdas: se em espécie ou em valores monetários. Neste último ainda se coloca a questão da utilidade marginal subjectiva para os beneficiados e para os prejudicados, isso porque apela para a comparação intersubjectiva das utilidades. Por fim, trata-se de uma melhoria concebida em termos paretianos, mas reduzida meramente a sua potencialidade, descurando a sua efectiva concretização; numa palavra equivale ao critério paretiano, com a diferença de neste a formulação do bem-estar colectivo se resume na melhoria da posição de um indivíduo sem potencialmente resultar prejuízo aos restantes indivíduos. Para uma crítica detalhada do tese da compensação em geral *vide,* JORGE COSTA SANTOS, *Bem--estar social...,* pp. 115-119.

bem-estar de um indivíduo sem, potencialmente – sublinhe-se –, implicar para os restantes nenhum prejuízo. Como se pode observar (tal como o critério paretiano) deixa em aberto a questão da justiça social quanto à repartição dos recursos, preocupando-se apenas com a sua afectação.

Como demonstram as perspectivas que procuram estudar o bem-estar colectivo apenas do lado da eficiência, ignorando a sua componente da repartição de recursos, ficam condenadas, à partida, a não conseguir resolver na íntegra a questão erigida como meta a atingir. Assim acontece porque nos parece pacífica e consensual que uma das preocupações cimeiras de uma sociedade é fornecer a cada um dos seus membros o mais elevado bem-estar possível, contanto que seja escalonado com os dos restantes. Donde a necessidade de um critério que apela para a repartição dos recursos: a justiça distributiva.

Para dar resposta a esta questão perfilham duas concepções de justiça. Uma *substantiva*, cuja preocupação é apresentar um critério independente de justiça no concernente aos resultados (*"end-states"*). Em causa está a definição de um resultado ideal para a comunidade, desconsiderando totalmente os processos e as regras que devem fundamentar a tomada de decisões colectivas. É esta a concepção que subjaz à teoria de bem-estar. E outra *processual* assente no estabelecimento de regras de decisão consensuais e justas.

Com efeito, as questões da eficiência e da justiça quanto aos resultados não têm razão de ser, pois o problema decisivo será a sua legitimidade, pelo que a ideia da justiça processual estabelece, primeiro, um critério sobre o que seja resultado justo; em seguida, um processo justo capaz de atingir tal resultado, desinteressando-se da sua avaliação substantiva. Esta construção é própria da teoria da escolha colectiva.

Os critérios de justiça distributiva propostos por MUSGRAVE são os relativos à apropriação legítima, utilitarista e os que apelam para a igualdade, sem se descurar a possibilidade de serem combinados, os chamados critérios mistos. Sugerem as designações que o primeiro se enquadra na concepção de justiça processual, enquanto que os segundo e terceiro são próprios da justiça distributiva, assente numa visão redistributiva de recursos[602]. Destes critérios infere-se que a corrupção (esta forma anormal e

---

[602] *Vide,* para mais desenvolvimentos desta matéria, JORGE COSTA SANTOS, Bem-estar social...*,* pp. 121 e ss, bem como a bibliografia citada.

estranha de acumulação de riqueza que grassa o país durante largos anos) nunca pode ser considerado um meio legítimo de distribuição de riqueza, não só porque se trata de conduta punível, mas também porque a distribuição é uma função própria do Estado e não de um indivíduo ou grupo de indivíduos movidos por interesses próprios, mesquinhos e ilegítimos.

A interdependência que se verifica entre os principais problemas com que se confronta a economia, a saber, a produção, a distribuição, a repartição e o consumo, como bem salientam SAMUELSON e NORDHAUS[603] demonstra que as questões de eficiência e da repartição dos recursos devem merecer um tratamento interdependente e não considerações isoladas e exclusivas. É neste processo que a igualdade encontra uma importante dimensão. A ponderação dos critérios da eficiência e da justiça pode criar situações de conflito e levanta problemas fundamentais como a perda da eficiência gerada por um certo ganho de justiça e vice-versa, bem como a adopção de um critério comparativo dos ganhos e das perdas que forneça juízo de melhoria ou não do bem-estar colectivo.

Na hipótese de se ultrapassar o primeiro problema, a função bem-estar social[604] surge como critério que permite ponderar a eficiência e a

---

[603] *Economia*, pp. 29-30 e 52-53.

[604] A função bem-estar social reflecte, pois, o bem-estar absoluto e o bem-estar relativo dos indivíduos que compõem uma comunidade; pretende-se com ela dar uma resposta à questão de saber se uma determinada alternativa social é ou não preferível a outra, dependendo da configuração, em presença, do bem-estar. Sendo diversos os recursos ocorre, também, que são diversas as funções bem-estar social, em função dos critérios de optimização da distribuição de recursos. Estas definem as curvas de indiferença, que por sua vez, representam as diferentes combinações de utilidades entre os sujeitos que proporcionam um idêntico grau de bem-estar colectivo. Assim, a função bem-estar depende do tipo de critério em causa: quando é aferido pelo *critério utilitarista*, apela para o somatório das utilidades dos indivíduos que compõem a comunidade, o bem-estar social define, assim, a curva da indiferença social em termos de qualquer redução do bem-estar individual acompanhada por um aumento em igual valor do outro indivíduo não altera o bem-estar colectivo.

Quando o bem-estar social é definido através de um certo grau de *igualdade*, a função bem-estar social obtém-se quando é atingida a igualdade entre todos os indivíduos da comunidade. Aqui é ponderada com maior peso relativo a utilidade dos mais desfavorecidos. Donde a perda de bem-estar de um indivíduo desfavorecido deve ser acompanhado de um maior ganho. Por fim, quando o critério é o *maxin*, a função bem-estar social depende do bem-estar do indivíduo menos beneficiado, donde a deterioração do seu bem-estar não encontrar qualquer compensação no bem-estar de outros sujeitos. Ou seja, a

justiça na repartição dos recursos. Em termos gerais, esta função expressa o bem-estar colectivo tendo em atenção o bem-estar de cada indivíduo (bem-estar absoluto) e o bem-estar relativo de todos (bem-estar relativo). Contudo, a função bem-estar social, ao tentar maximizar o bem-estar colectivo, padece de uma grande pecha que é o facto de ver o seu conteúdo normativo totalmente esvaziado em função do juízo ditatorial em que

---

maximização da função bem-estar só se obtém maximizando o bem-estar dos mais desfavorecidos (SOUSA FRANCO, *Finanças Públicas...*, p. 89 e nota 1).

Em conclusão a função bem-estar social é entendida como funções de utilidade colectiva, uma vez que assenta na utilidade individual; todas as funções bem-estar acolhem o critério paretiano: o bem-estar social aumenta quando não é possível melhorar a posição de um indivíduo sem piorar a de outro; permite, por outro lado, comparações intersubjectivas de utilidade (consideradas juízo de valor e não de facto e essas comparações fazem-se em termos ordinais e não cardinais), isto é, dá resposta a questão das melhores, piores ou indiferentes posições que podem assumir as alternativas; por fim, fornece uma ordem completa das alternativas em confronto, sendo esta a grande vantagem relativamente ao tese da compensação, donde se torna possível encontrar o *"optimum optimorum"*, ou seja, permite definir um óptimo social, condicionado pela função de bem-estar social. São estas, em termos muito gerais, as propriedades que assistem às funções bem-estar social.

Permitindo o estabelecimento de uma ordem completa e consistente das alternativas, as funções bem-estar social são consideradas critério geral de escolha colectiva, porquanto estão prontas a responder a questão da preferência de uma alternativa em relação à outra, em função da configuração de bem-estar relevante. Por outro lado, a escolha das alternativas, segundo ALFREDO DE SOUSA, pode consubstanciar um dos dois tipos: *ditatorial*, para significar que são levadas em conta apenas as preferências de um único sujeito ou de um grupo de indivíduos com iguais escalas de valores, e não de todos os membros de uma comunidade ou vice-versa, mas, neste caso, as preferências reveladas por estes são interpretadas por aqueles de uma forma arbitrária ou ditatorial; ou *plural*, cuja significação não é mais do que conceber as funções bem-estar social como resultado de uma agregação das diferentes preferências individuais reveladas pela colectividade, com a condição de todas elas têm igual peso: *escolha democrática*. É indiferente que a escolha pública venha de um grupo, comissão, câmara ou assembleia de deputados (num regime de partido único ou multipartidário, bastando que haja liberdade de voto), exige-se que resulte de uma agregação das diferentes preferências individuais.

Na sua origem a função de bem-estar social foi concebida como envolvendo um juízo ditatorial, bastante para resolver o problema da maximização do bem-estar colectivo. Se isso é assim, entende-se que esta função não fornece critérios seguros em matéria da escolha colectiva, esvaziando assim de relevância normativa; sem embargo de ser reconhecido conteúdo normativo social, por expressar uma preferência da comunidade, assente num mecanismo de agregação de preferências individuais.

Vide, para mais desenvolvimentos, JORGE COSTA SANTOS, *Bem-estar social...*, pp. 121-149.

assenta, revelando-se assim incapaz de fornecer um critério seguro e capaz de presidir as escolhas colectivas.

Presentemente, mantém-se viva e acesa a questão da agregação das preferências individuais, com vista à obtenção de resultados que expressam fielmente o conjunto das mesmas preferências. A questão se coloca nestes termos: *se* e em que *medida* é possível agregar essas preferências? São assuntos que merecem reflexões, mediante construções teóricas de vários autores.

Assim, na tentativa de responder as interrogações surge o *teorema da impossibilidade*, preocupado, face ao desconhecimento, *a priori*, das preferências individuais, em estudar a questão de saber se é possível um processo de escolha colectiva, dotado de um conjunto de caracteres que permita captar a preferência social com base em preferências individuais. Dos estudos apresentados pelos seus teóricos, resulta, muito sinteticamente, que os processos de decisão colectiva, em moldes democráticos, nem sempre funcionam satisfatoriamente, sem embargo do respeito que merece as opções de cada um dos indivíduos.

Retém-se, entretanto, que a função bem-estar social constitui um indicador relevante em matéria de comparações entre alternativas sociais. Mas a sua relevância normativa restringe-se apenas ao capítulo da agregação das preferências individuais, donde se considera que permite estabelecer uma ordem entre as diversas alternativas, no sentido de fornecer uma seriação das mesmas em termos de uma preferir a outra. Ou seja, permite formar várias preferências, em função do número de alternativas.

Sem embargo desta verdade, não resolve o efectivo problema que é conseguir um mecanismo ou processo capaz de determinar uma preferência social dentro do quadro das mais variadas e possíveis combinações de preferências individuais. Note-se, no entanto, que é desejável que as escolhas sociais reflictam as preferências individuais manifestadas, reconhecendo naturalmente que, salvo raras excepções, não é possível conseguir unanimidade.

Em suma, o percurso muito abreviado que fizemos até aqui permite concluir que a teoria de bem-estar social revela-se inapropriada para explicar o fenómeno da maximização do bem-estar colectivo, porquanto afirma que o mercado, obedecendo certos condicionalismos, opera uma eficiente afectação de recursos, em qualquer dos pontos, e consegue atingir o óptimo paretiano sobre as fronteiras das possibilidades de utilidades, bastando para tal que haja uma adequada dotação inicial de recursos entre os diversos agentes. Mas, na ausência de tais condições, verificam-se ineficiências derivadas das suas incapacidades.

Concluímos que, se a preocupação central é maximizar o bem-estar colectivo, o critério da eficiência afigura-se insuficiente, uma vez que desconsidera os aspectos relativos à repartição de recursos, própria de justiça social. Como dissemos na nossa Introdução, estas duas condições devem ser respeitadas, procurando, sempre que possível, conjugá-las, a fim de evitar eventuais desvirtuamentos. No entanto, em caso de conflito, esta deve ser privilegiada.

A condição de eficiência surge como necessária, mas não suficiente para o objectivo da optimização social. Aliás, isso mesmo foi comprovado pelo mercado, enquanto instituição em si mesma, que, no plano da eficiência, se revela insatisfatório, por dele decorrer muitas incapacidades. Isso sugere que a par do mercado, surjam outros mecanismos de escolha colectiva em matéria de afectação e repartição de recursos.

Regra geral, estes mecanismos carecem de alguma incorporação institucional, *maxime*, do Estado. Por outro lado, é pacífico que o processo de decisão colectiva carece de meios, o que requer por parte dos indivíduos uma contribuição, em virtude de que só se afecta ou se reparte algo que advém, essencialmente, dos contribuintes.

Neste particular, é preciso não ignorar a relutância dos contribuintes. Donde a necessidade de se estabelecer um mecanismo que torne efectiva a decisão colectiva: a *coacção*, derivada de uma entidade suprema. Ela resume-se na obrigatoriedade dos indivíduos participarem no processo de decisão colectiva, a fim de fornecerem as suas preferências individuais e, simultaneamente, revelarem as suas riquezas e contribuição para a materialização das escolhas colectivas.

A este propósito, os *teoremas da impossibilidade*[605] vem precisar os termos em que se orienta o processo de decisão colectiva. Uma das suas virtualidades está exactamente no esclarecimento do problema da *ditadura*

---

[605] *Vide,* sobre estes teoremas JORGE COSTA SANTOS, Bem-estar social..., pp. 157 e ss. Trata-se de demonstrações de uma "forma sistemática e racionalizada" da "impossibilidade de se encontrarem processos de decisão colectiva que satisfaçam um mínimo de requisitos normalmente considerados desejáveis". No fundo, requerem que os "processos de decisão colectiva sejam democráticos e eficientes, e, para além disso, que conduzam a resultados eficientes". Na verdade, procura-se "conciliar o que é manifestamente inconciliável" (p. 417).

e da *coacção*, consideradas categorias distintas e referentes a aspectos diferentes do mesmo processo de decisão colectiva: enquanto que esta respeita à participação no processo, aquela está virada para a formulação da escolha colectiva, envolvendo, logicamente, a própria tomada de decisão. Decorre disso que pode resultar de um dos dois processos: escolha ditatorial, querendo significar que a decisão colectiva respeita apenas as preferências de um único sujeito; ao invés, a escolha democrática assenta nas preferências individuais, traduzida na agregação das mesmas, independentemente do resultado eventualmente pretendido por cada um dos indivíduos.

Os *teoremas da impossibilidade* desempenham um importante papel na busca do mecanismo de decisão colectiva, enquanto substituto ou complemento do mercado que procuram colmatar as incapacidades. Assim sendo, é natural e razoável que comungam as mesmas características, ou, no mínimo, as daquele não sejam menos satisfatórias. Um exemplo é a democraticidade necessária para que o processo de decisão colectiva seja atractivo, à semelhança do que ocorre no mercado, e, por outro lado, a consideração do objectivo de suprir as incapacidades do mesmo na afectação de recursos, donde a necessidade do requisito da eficiência.

Muito resumidamente, o que esses teoremas vêm dizer é que, em regra, o processo democrático de decisão colectiva não é eficiente, porque proclamam a contradição entre a eficiência e a democracia. Em consequência, qualquer mecanismo de decisão colectiva será imperfeito, isto é, pode ser democrático, mas não eficiente e vice-versa[606].

---

[606] São exemplos os comportamentos estratégicos individuais que podem ser encontrados em vários domínios, nomeadamente no financiamento dos bens públicos. Assim, um determinado tipo de tributação faz com que os comportamentos colectivos permeiem a escolha colectiva; o mesmo se verifica em relação ao sistema fiscal. Estes dois exemplos demonstram que, na realidade, a função escolha colectiva seja a prova de estratégia. São várias as razões que apontam nesse sentido, entre as quais: a susceptibilidade de conduzir a escolhas sociais fortuitas; a distorção das regras de decisão colectiva quanto à igualdade de tratamento entre os indivíduos, em função das estratégias individuais; os desperdícios de esforços e recursos na definição de estratagemas; o incentivo à ocultação da informação quanto às reais preferências, a fim de não fornecer aos outros elementos que possam ser utilizados contra as suas estratégias, o que se irá reflectir no processo e no resultado da decisão colectiva; por fim, pensa-se nos mecanismos de representação popular: a adopção de comportamentos estratégicos tem como consequência a falta de conhecimento, dada a ausência de transparência, por parte dos eleitores, das orientações dos seus representantes,

Ficam assim gorados todos os esforços da economia de bem-estar em encontrar um critério de optimização social. Nem as constantes insistências sobre as situações finais ("*end-states*"), nem as questões processuais, das quais resultou um conjunto de teoremas de impossibilidade, revelaram capacidade de fornecer critério rigoroso, sem embargo dos significativos avanços que trouxeram ao estudo da ciência económica. Em suma, o que estes teoremas vieram demonstrar é apenas o seguinte: em nenhuma comunidade, seja quais forem os mecanismos de decisão colectiva estabelecidos, é possível conciliar a democracia com a eficiência na afectação dos recursos ou no processo de decisão colectiva.

Assim, podemos afirmar que não é somente o mercado que apresenta incapacidades, tal como revelou a economia de bem-estar. O mesmo se passa no domínio do Estado, cujas incapacidades são relativas à formação de vontade em matéria de decisão colectiva, dada as distorções provocadas quer do lado da procura (as distorções dos grupos de interesses especiais), quer do lado da oferta dos sistemas políticos, onde se verificam disfunções derivadas de interesses próprios dos políticos e dos burocratas. Numa, palavra, poder-se-ia designar todas estas incapacidades por comportamentos não concorrenciais, à semelhança daquilo que se verifica com o mercado não concorrencial.

4.1.1.1. *As teorias das escolhas colectiva e pública ("public choice")*

O "voto monetário" do indivíduo expressa, no sector privado, a procura de um determinado bem existente no mercado. Mas, na esfera política, este voto é substituído pelo "voto político" atribuído aos políticos, homens que têm nas mãos o destino de um país, de uma nação: os deputados e o presidente. É o chamado jogo político, com as suas regras e jogadores tal como ocorre no mercado de bens e serviços. Basicamente estão em causa as decisões políticas tomadas pelos representantes (os políticos) do povo que, em princípio, procuram servir os seus eleitores. São eles que interpretam a procura de bens e serviços colectivos e encontram as vias para o seu fornecimento.

---

pelo que a avaliação do mandato destes se torna difícil. Por tudo isso, é desejável que a função escolha colectiva não reflicta os comportamentos estratégicos.

Dificuldades ligadas ao funcionamento do mercado torna (praticamente) impossível registar todas as preferências individuais – porque são, nos nossos dias muito distorcidas, nomeadamente pela publicidade desenfreada que sob múltiplas formas convida a consumir a qualquer preço, sem uma adequada informação –, na medida em que há bens que, consumidos em igual quantidade por todos, satisfazem necessidades colectivas, sem necessidade de pagamento voluntário como contrapartida. Esta situação gera, no consumidor, uma certa inércia para revelar o valor que atribui aos bens e serviços colectivos.

A falta de índices que revelem as verdadeiras escalas de preferências individuais das necessidades colectivas, principalmente nas finanças centrais, tem como consequência a substituição do mecanismo do mercado por um processo político[607] (democrático), devendo os indivíduos aderir à decisão tomada pelo grupo. Aqui entra uma consideração importante denominada, por SAMUELSON & NORDHAUS, "*escolha pública*". Esta "descreve como os governos tomam as decisões acerca dos impostos, despesa, regulamentação e outras políticas...", através deste processo "as preferências individuais são conjugadas nas decisões colectivas"[608].

A teoria da escolha pública constitui um domínio das finanças públicas mais recente, preocupada em estudar as questões relativas ao processo e as regras conducentes à tomada de decisão financeira. Surge, assim, especificamente virada para os estudos dos processos de decisão das entidades públicas, em que se conjugam as preferências individuais nas decisões colectivas. Por isso, debruça-se sobre as instituições ligadas a tomada de decisões: o Estado, a família, o mercado, e outras organizações ou grémios. Em suma, tal como JERRY KELLY, diríamos que a *teoria da escolha colectiva* "se ocupa do estudo dos sistemas e instituições para a tomada de decisões colectivas"[609].

Esta teoria emerge como uma herança da nova economia de bem-estar, ainda que para a criticar, recebendo dela a essência do "*homo economicus*", com os postulados de individualismo, racionalismo e hedonismo, enquanto modelo explicativo das decisões e da ordenação das preferências individuais, na suposição de que o interesse próprio comanda os comportamentos individuais. Trata-se de um pressuposto que permitiu

---

[607] A. CAVACO SILVA, "*Economia Pública*", in *Pólis-Enciclopédia Verbo*, Vol. 2, col. 823.
[608] *Economia*, pp. 353 e ss.
[609] JERRY KELLY *apud* JORGE COSTA SANTOS, *Bem-estar social e...*, p. 205.

manter a paixão pelo estudo dos processos de decisão colectiva: os indivíduos lutam sempre, sejam quais forem as circunstâncias, para conseguir um melhor resultado. Isso acontece tanto no mercado como na política, ou em qualquer outra situação, em que se encontre o homem.

Já anteriormente, ADAM SMITH, no seu livro Riqueza das Nações[610], escrevera sobre o interesse próprio (*"self-interest"*) subjacente aos comportamentos individuais, com reflexo no interesse colectivo, mas sem qualquer intencionalidade: a *mão invisível* que, *grosso modo*, configura os (des)incentivos e penalizações próprios das regras do jogo de mercado. É de certa maneira a aplicação da ideia deste liberal que está em causa no concernente ao processo de decisão colectiva não mercantil, procurando encontrar, nos seus processos e regras de decisão os mesmos efeitos e virtualidades dessa mesma mão (invisível), uma vez que as motivações psicológicas e os comportamentos individuais são idênticos dentro ou fora do mercado, e os interesses próprios constituem um paradigma dos comportamentos dos indivíduos quer se esteja no mercado ou fora dele[611].

A investigação da teoria da escolha colectiva[612], mormente a escolha pública assenta na procura de um sistema de decisão colectiva tendo como base a inspiração contratualista[613] e sua concepção dos fenómenos e das

---

[610] Nesta obra o autor realça o comportamento do indivíduo na procura de satisfazer o seu próprio interesse e de forma reflexa o interesse da colectividade. *Vide* Vol. I, pp. 95 e 758 e Vol. II, p. 68.

[611] Isso supõe que haja também dentro deste processo os mesmos incentivos e penalizações presentes no jogo do mercado. *Vide* JORGE COSTA SANTOS, *Bem-estar social...*, pp. 207-208.

[612] Os fundamentos filosóficos e doutrinários desta teoria estão desenvolvidos em JORGE COSTA SANTOS, *Bem-estar social...*, pp. 213 e ss. Apenas se recordam aqui os fundamentos de inspiração solidarista e organicista do Estado providência, chamado a intervir ou até mesmo a dirigir as instituições públicas, o que marca a ruptura com a concepção individualista e contratualista da economia de bem-estar; a concepção processual da justiça, assente nos procedimentos e critérios processuais independentes dos resultados a produzir contra a justiça material ou teleológica que apela para as situações finais individuais; e o cunho profundamente liberal, contrastando com a doutrina política e social característica da teoria da escolha colectiva. Nesta incursão, o autor procurou traçar e realçar os contributos de F. A. HAYEK. Para mais desenvolvimentos destes fundamentos, *vide*, a excelente obra de FERNANDO VALLESPÍN OÑA, *Nuevas teorías del Contrato Social: JOHN RAWLS, ROBERT NOZICK y JAMES BUCHANAN*, Madrid, 1985; obra que encerra, no essencial, os contributos prestados por estes eminentes contratualistas no estudo das decisões políticas.

[613] A constatação dos graves problemas que a intervenção do Estado na economia, no sentido de suprir as insuficiências do mercado, trouxeram, por exemplo, o gigantismo

instituições sociais, enquanto expressão de vontades individuais. Para esta corrente filosófica, um dos principais problemas prende-se com os processos e as formas de revelação e agregação das várias preferências individuais. Nisso se situa a sua dificuldade inultrapassável, por descurar aspectos como as distorções provocadas, tal como no mercado de bens e ser-viços, por comportamentos não concorrenciais. Mas rapidamente tentou-se corrigir esta falha, procurando incluir nestes estudos os mecanismos de oferta e procura das decisões políticas, as suas interacções no mercado político[614].

Duas são as vertentes em que se movimentam a teoria da escolha colectiva, enquanto domínio das ciências sociais, respectivamente: os estudos, em concreto, dos processos de decisão colectiva, particularmente os processos da escolha pública que procuram demonstrar as incapacidades próprias do processo de agregação das preferências individuais, a vertente positiva; e o estudo das condições e características que deverão estar presentes nos processos de decisão colectiva, no intuito de assegurar os critérios de racionalidade, consistência e democraticidade das decisões, presentes na vertente normativa[615].

Dissemos anteriormente que a procura de uma posição óptima de equilíbrio para a colectividade estaria na origem de duas importantes contribuições relativas ao pensamento económico que socorrem das regras de

---

do sector público, e, por conseguinte, mais Estado e graves problemas para as finanças públicas, demonstram que não é, seguramente, uma instituição apta a tal fim; pois ele também apresenta incapacidades, perdendo, em consequência a eficácia, para além de sistematicamente intrometer na esfera das liberdades individuais. JAMES BUCHANAN, autor destas observações, aponta, principalmente, duas causas derivadas das correntes de pensamento económico e as razões institucionais.

Vide para mais desenvolvimentos, entre outros autores, DIOGO FREITAS DO AMARAL, "Estado", in Pólis-Enciclopédia Verbo, Vol. 2, cols. 1162-1170; JORGE COSTA SANTOS, Bem-estar social e..., pp. 213-250. Sobretudo este último, em matéria das decisões financeiras que nos ocupam por agora.

[614] A interacção dos dois lados do mercado (oferta/procura) político tem como manifestação os ciclos políticos. Nesse mercado, basicamente, os produtos são as promessas e os votos. São estes que se confrontam e servem de moeda de troca. Vide por todos JORGE COSTA SANTOS, Bem-estar social..., pp. 210-211.

[615] Estas vertentes traduzem, respectivamente, o sentido final ou teleológico e positivo ou descritivo, subjacentes ao estudo da ciência económica. Relativamente às condições apontadas a propósito dos teoremas da impossibilidade funcionam como os critérios de optimização fornecidos pela teoria de bem-estar social. Vide P. SAMUELSON & WILLIAM NORDHAUS, Economia, pp. 351 e 353; JORGE COSTA SANTOS, Bem-estar social e..., pp. 211-212.

decisão colectiva, em matéria da provisão e financiamento dos bens colectivos. Estamos a referir-nos as *regras da unanimidade* e da *maioria*. Ambas fizeram eco no estudo da ciência das finanças e fornecem orientações no âmbito do processo conducente à tomada das decisões financeiras. Só fazem sentido nos sistemas em que as políticas económicas são informadas pela democracia política[616].

A *regra da unanimidade*, segundo a qual nenhuma decisão pode ser tomada sem que haja acordo de todos, apresenta características coincidentes com o critério de optimização social formulado no âmbito da teoria da economia de bem-estar por PARETO: o designado critério ou óptimo paretiano que, muito resumidamente, aponta para o estado social em que não se consegue introduzir modificação na posição individual, sem que disso resulte prejuízo para outro indivíduo; ao invés, a melhoria paretiana configura um estado social que admite melhoria, sem que isso provoque prejuízo para qualquer indivíduo.

Infere-se que, pelo óptimo de PARETO, não se consegue atingir unanimidade de opiniões, pois exige que seja relevante a opinião de todos os membros da comunidade, porque pressupõe que haja prejuízo de alguns indivíduos; enquanto que pela melhoria paretiana se alcança facilmente o consenso geral, pois esta não admite prejuízo. Em suma, a regra da unanimidade consente que seja introduzida melhorias paretianas e, por outro lado, conduz à situação óptima, pois não se consegue outra situação que mereça opinião unânime da comunidade. Por outro lado, devido ao facto de as decisões requerer a concordância de todos, nunca pode haver lugar a coerção de uns contra outros.

A aplicação da regra da unanimidade aos processos de decisão financeira diz-nos o seguinte: uma proposta de provisão de bens colectivos, com recurso à contribuição individual, ou seja, o assumir de encargos fis-

---

[616] Os processos de decisão têm em vista a procura de uma óptima solução financeira. Realça-se a este propósito as palavras de A. MENEZES CORDEIRO, *Introdução à edição portuguesa da obra de* CLAUS – WILHELM CANARIS, *Pensamento sistemático e conceito de sistema na Ciência de Direito*, (Trad.), 2ª Edição, Fundação Calouste Gulbenkian, Lisboa, 1996, p. LIX: " (...), verifica-se que uma determinada solução vale, para além do seu conteúdo e apesar dele, por surgir através de uma entidade competente ou mediante um processo a tanto adequado. Esta validação processual das decisões jurídicas...". Refere, em particular " (...) o apelo ao consenso permite aferir da bondade das soluções através da sua confluência no sistema donde promanem" (p. LX).

cais por parte dos beneficiados, somente merece acolhimento de todos se for considerada uma melhoria paretiana. Ressalva-se que tal proposta só é aprovada, quando, pela sequência das propostas, não é possível obter uma outra que reúna unanimidade. Quando isso acontece, fica definida a posição de equilíbrio.

O problema seguinte está em saber se dessa posição de equilíbrio – apresentação de proposta, incluindo os encargos fiscais e quantidade de bens colectivos, cujo ajustamento será feito através desses mesmos encargos – resta outra alternativa se, para uns, a provisão de bens colectivos é excessiva e, para outros, é defeituosa. Para ultrapassar esta situação, a alternativa será anunciar, primeiro, os encargos fiscais individuais e, seguidamente, acordar quanto ao montante global necessário à provisão de bens colectivos. Não sendo possível alcançar acordo, repetir-se-á o processo até se ajustar a quantidade dos bens a prover aos encargos fiscais que cada um deverá assumir, altura em que se considera atingida a posição de equilíbrio em termos paretianos, e também constitui a posição de equilíbrio, avançada por LINDAHL, segundo a qual, na presença de um determinado encargo fiscal, os indivíduos preferem a quantidade oferecida de bens colectivos a qualquer outra. A posição assim obtida fica, porém, protegida pelo direito de veto próprio da regra da unanimidade.

Não se questiona o apelo normativo das características da regra da unanimidade. Contudo, apresenta algumas inconveniências, nomeadamente: os custos da tomada de decisão, que se torna cada vez mais difícil à medida que aumenta o número de indivíduos envolvidos; dificulta o consenso geral de todos; constitui motivo de incentivo aos comportamentos estratégicos que, como se viu anteriormente, é uma das incapacidades de que padece o mercado das decisões políticas; expressa um direito de veto individual, podendo, também, conduzir à troca de votos entre os membros, o que configura uma das modalidades dos comportamentos estratégicos; torna inviável qualquer medida distributiva apelativa do poder de coacção, uma vez que tem subjacente a ideia da distribuição voluntária; e, por fim, faz com que se mantém a situação, *statu quo*, tal como estava anteriormente.

A aplicação desta regra em matéria da escolha financeira tem como pioneiro KNUT WICKSELL, autor que repudia a base científica subjacente à teoria da capacidade contributiva, quanto ao financiamento dos bens colectivos aptos à satisfação das necessidades colectivas. Com isso, logicamente, subscreve a teoria de benefício, na qual assenta a regra da unanimidade. O autor parte da observação de que o comportamento benevolente e iluminado do Estado não consegue conciliar os processos de decisão política de decisão financeira com o princípio da justiça social, em virtude de, não raras vezes, as decisões tomadas não reflectirem os desejos de uma certa falange populacional, seja ela maioritária ou minoritária, donde decorre a sobrecarga fiscal para os indivíduos que a integram.

Assume assim que a regra da unanimidade é a única capaz de assegurar que as despesas públicas sejam realizadas a favor da colectividade e, simultaneamente, confere direito de veto às minorias. Paralelamente, defende a reforma institucional com vista a um melhor acompanhamento do processo de votação e aprovação das despesas públicas e respectivas receitas fiscais necessárias a assegurar à sua cobertura.

A construção teórica de WICKSELL – princípio do consentimento voluntário e da unanimidade – é passível de algumas críticas, mormente a de que é discutível que o princípio do benefício em que assenta seja o mais indicado para satisfazer as exigências de justiça social; para além dos obstáculos que cria, no processo de tomada de decisões relativamente às matérias mais sensíveis, como aquelas que têm a ver com o lançamento de impostos necessários à cobertura das despesas públicas. Aliás, foi o próprio autor que deu conta destas susceptibilidades, ao afirmar que a sua teoria pressupõe que haja, primeiramente, uma distribuição justa de recursos entre os membros da comunidade, por um lado; e propõe a substituição da regra da unanimidade por "unanimidade aproximada", que mais não é do que fazer apelo à regra da maioria qualificada[617], por outro.

Na sequência de WICKSELL, JAMES BUCHANAN constrói a sua teoria que se inscreve na linha das correntes filosóficas neocontratualistas, da qual faz parte RAWLS e NOZICK, cuja preocupação é "revitalizar o consenso unânime com referencial normativo das finanças públicas"[618]. Do esforço conjunto dos autores da escola de Virgínia, principalmente por obra de BUCHANAN, sobre a teoria da troca voluntária da actividade financeira, resultam duas intenções principais: a *primeira* diz respeito à captação do processo de decisão financeira nas sociedades democráticas; e, em consequência disso, a *segunda* é relativa à reforma das instituições financeiras.

---

[617] *Vide,* por todos JORGE COSTA SANTOS, *Bem-estar social...*, pp. 307-313.
[618] JORGE COSTA SANTOS, *Bem-estar social...*, p. 314. Nesta sua "missão", JAMES BUCHANAN é acompanhado por seus colaboradores e discípulos da escola de Virgínia.

BUCHANAN distingue, em matéria da decisão financeira, dois planos: um constitucional e outro infra-constitucional, com objecto e lógica distintos. No primeiro, encontramos as "regras de jogo" e a estrutura básica das instituições financeiras; razão pela qual as opções constitucionais se apresentam com "vocação de perenidade", provocando nos indivíduos, em face de diversas normas constitucionais alternativas, a incerteza quanto à posição que poderão vir a ocupar, isto é, são envolvidos por um "*véu de ignorância*"[619]. Ao invés, no segundo plano, estão presentes as normas relativas à tomada de decisões concretas e específicas de acordo com as regras constitucionais e nos limites do quadro institucional pré-estabelecido[620]. Aqui, tem-se em vista, sobretudo, os resultados ("*end-states*") em concreto de cada um dos indivíduos.

Releva desta concepção um acentuado individualismo, traduzido no subjectivismo e relativismo, como premissas fundamentais que caracterizam a metodologia utilizada pelo autor e seus companheiros e discípulos. Ou seja, a tomada de decisões colectivas exige que todos os sujeitos sejam igualmente considerados, o que equivale dizer que não se considera nenhuma referência normativa que retira aos indivíduos a possibilidade de participarem activamente no processo. Pelo que se considera de afastar a imposição de juízos de valor exteriores à comunidade.

Isso quererá significar que a regra da unanimidade é o único critério normativo com relevância e aceitação em matéria das decisões financeiras

---

[619] O véu de ignorância de RAWLS é a demonstração cabal da incerteza que caracteriza a tomada de decisões financeiras quanto à posição futura na sociedade. É exactamente esta ignorância que permite que os indivíduos obtenham consensos; de outra forma, estaríamos na presença da lei do mais forte. *SOUSA FRANCO, Finanças públicas*..., pp. 87--88. Também *JORGE COSTA SANTOS, Bem-estar social*..., pp. 314-315 e nota 449.

[620] A formulação feita pela análise económica do conceito constituição difere da sua concepção jurídica corrente. Para alguns autores, nomeadamente, BUCHANAN e TULLOCK, uma constituição tem o significado do modo de intervenção (individual – a acção individual, ou entendimento de um determinado número de indivíduos no sentido de actuarem como grupo de interesses: a acção cooperativa e a acção colectiva, expressa pelo processo colectivo de voto e pelas instituições e regras de direito. Só neste último sentido encontramos a expressão jurídica do conceito constituição) dos agentes na actividade económica, isto é, uma instituição que sanciona a vontade do indivíduo, de um grupo ou de uma colectividade. Já para ARROW, a constituição é tida como a regra fundamental de agregação das vontades individuais que permite obter uma vontade colectiva, ou seja, permite determinar as preferências sociais partindo das preferências individuais. Vide *SOUSA FRANCO, Finanças públicas e*..., pp. 86-87.

relativas à provisão e ao financiamento dos bens e serviços colectivos. Somente ela confere vantagem a escolha financeira dos cidadãos quanto ao objectivo do bem-estar colectivo. Por outras palavras, a escolha colectiva que não seja unânime, mesmo que sufragada por uma larga maioria, levanta questões como as relativas às consequências sobre o bem-estar colectivo, cujas respostas apenas podem ser avançadas, através de tentativas ou esboços assentes em suposições ou hipóteses mais ou menos plausíveis ou razoáveis[621].

O consenso unânime preconizado por BUCHANAN, sublinhe-se, distingue dois importantes aspectos: a unanimidade como regra de decisão e a unanimidade como marco ou referência, de um lado; os planos constitucional e infra-constitucional, de outro, sendo que o primeiro é aplicável a regra da unanimidade, tanto assim que assegurado o consenso unânime, as decisões infra-constitucionais serão menos exigentes, ou seja, dispensam à regra da unanimidade. Nas palavras do próprio autor, a unanimidade autodestruitiva (*"self-defeating"*), traduzida na impraticabilidade de deliberar por consenso, quando estão em causa os resultados (*"end-states"*), principalmente quando as partes podem configurar, com alguma segurança, as suas actuais posições e as que poderão, eventualmente, vir a ocupar após estabelecidos os resultados.

A explicação destes factos decorre de duas razões: a circunstância de a actividade financeira se subordinar e desenvolver no âmbito das instituições e das regras constitucionais, estabelecidas quanto aos processos de decisão; e a sua submissão às regras da unanimidade envolve custos de decisão em função do número de indivíduos envolvidos.

Entretanto, o consenso unânime continua a afirmar-se como único referencial normativo relevante – compatível com o individualismo metodológico, uma vez que não admite juízos exteriores à comunidade –, possível de obter no quadro constitucional, donde se retira a importância da regra da unanimidade nesta sede. Sem este referencial, corre-se o perigo de impor valores vinculativos exteriores à comunidade (ou alguns dos membros), diferente da sua exigência para a tomada de decisão financeira, requerendo consenso voluntário, livre e espontâneo.

As instituições e as regras relativas às constituições financeiras obedecem à regra da unanimidade, contrariamente às concretas e específicas

---

[621] JORGE COSTA SANTOS, *Bem-estar social...*, p. 316.

decisões tomadas no plano infra-constitucional. Assim, o conteúdo da actividade financeira e das decisões financeiras só são aceitáveis, do ponto de vista normativo, se conformes às regras de funcionamento das instituições e às regras de decisão aceites por todos. Definidas consensualmente as regras do jogo, o resultado que cada um vier a obter, com respeito pelas regras estabelecidas e dentro dos limites impostos, não pode ser atacado por nenhum membro da comunidade.

Assim sendo, as instituições e regras (que configuram a constituição quer em sentido formal quer em sentido material) que deverão moldar o conteúdo das decisões financeiras correntes devem ser sancionadas, numa base de consenso, por todos os membros da comunidade, de molde a que as concretas decisões reflictam a legitimidade que merece. Por outras palavras, o modelo de justiça processual aqui proposto é independente dos resultados, porquanto, na avaliação das regras que cada um faz, a fim de dar o assentimento, configura-se numa perspectiva *ex ante,* e não *ex post,* face aos possíveis resultados, e todos os indivíduos estão numa posição de incerteza quanto aos mesmos[622].

Sem embargo da validade normativa da regra da unanimidade, afigura-se de difícil aplicação no processo de tomada de decisão financeira, nomeadamente, a determinação dos resultados, por consenso, quando as partes envolvidas conhecem as suas concretas posições e aquelas que poderão ocupar no futuro; outrossim, porque são os resultados que interessam, podem não coincidir as opiniões de todos os indivíduos, o que dificulta o consenso unânime da colectividade. Isso é a demonstração cabal de que os indivíduos são orientados, basicamente, pelos seus próprios interesses, pelo que cada um procura para si um melhor resultado.

Em conclusão, reconhece-se que a regra da unanimidade revela ser um referencial normativo capaz de optimizar o bem-estar social e orçamental, sem embargo do seu afastamento na tomada das decisões financeiras concretas e específicas. Donde decorre o seu abandono como critério para a tomada de decisão financeira.

Como consequência desse abandono, abre-se caminho à subordinação desses critérios à *regra da maioria*[623] como processo de decisão finan-

---

[622] JORGE COSTA SANTOS, *Bem-estar social...*, pp. 321-322.

[623] Tal como fizemos para a regra da unanimidade, também relativamente à regra da maioria, iremos cingir-nos apenas à apresentação das principais linhas em que se traduz

ceira, apelando, em alguma medida, para a democracia representativa, sem prejuízo da sua aplicação no domínio da comunidade em geral, a democracia directa. Através da manifestação da vontade popular democrática, alguns autores extraíram consequências preocupantes quanto à aplicação desta regra aos critérios de optimização social e orçamental, como, por exemplo, a oligarquia ou governo em que o poder fica concentrado num pequeno número de indivíduos[624].

Nesses termos só raríssimas vezes se consegue, através da regra da maioria, formular decisões financeiras que satisfaçam os critérios de optimização social e orçamental. Isto é, não garante a melhoria de PARETO, pois admite uma situação melhor e outra pior para os indivíduos. Consequentemente, alguns problemas e defeitos sobressaem ao nível do seu funcionamento, nomeadamente a imposição da vontade política de uma maioria sobre uma minoria, impossível de verificar com a regra da unanimidade. A situação agrava-se em função da menor intensidade com que é requerida a maioria, pois parte das preferências individuais não será considerada como relevante para a determinação das decisões financeiras.

Confrontada com mais de duas alternativas, a regra da maioria faz com que a decisão colectiva não seja racional: o *paradoxo do voto*, pois as alternativas confrontadas duas a duas variam consoante os pares constituídos e a ordem da votação. Isso explica a transitividade das escolhas individuais e a inalterabilidade das preferências individuais, e dá lugar a um ciclo giratório, com o respectivo início e fim. Concludentemente, o resultado final produzido é arbitrário, dependendo de elementos estranhos ao mecanismo das regras de decisão. Em suma, o resultado depende da ordem de votação submetida, revelando-se decisivo em todo este processo o controlo da agenda (apresentação das alternativas a sufrágio) muito determinante para o resultado final, configurando-se um autêntico poder ditatorial.

A tentativa de afastar a arbitrariedade que conduz o paradoxo do voto de CONDORCET mobilizou alguns autores que prontificaram a estabelecer

---

este expediente de tomada de decisão colectiva, mormente financeira. A sua aplicação ao processo de decisão financeira deve-se, primeiramente, a ANTHONY DOWNS, no seu estudo publicado em 1960. Para mais desenvolvimentos *vide*, PAUL SAMUELSON & WILLIAM NORDHAUS, *Economia*, pp. 358 e ss; JAMES BUCHANAN & MARILYN FLOEWRS, *Introduccion a la Ciencia...*, pp. 155-187; JORGE COSTA SANTOS, *Bem-estar social...*, pp. 322-353.

[624] *Vide*, ANTÓNIO MARQUES BESSA, "Oligarquia", in *Pólis-Enciclopédia Verbo*, Vol. 4, Lisboa, 1986, cols. 816-818.

condições que erradique a possibilidade da sua verificação. Nomeadamente o confronto entre apenas duas alternativas afasta o surgimento de preferências plurimodais, segundo KENNETH MAY. Nesta situação a regra da maioria simples constitui um mecanismo satisfatório das decisões colectivas, mas infrutífera, porquanto respondendo satisfatoriamente algumas das condições, não presta para as situações em que as alternativas em jogo ultrapassam um par. Daí a sua limitação, sem alcance geral, como forma de erradicação das preferências plurimodais e consequente supressão do paradoxo. Nesta última, colocam-se algumas questões, como por exemplo, a medida da razoabilidade da exclusividade das preferências unimodais.

Enfim, o espectro da ocorrência do efeito de CONDORCET está sempre presente no funcionamento da regra da maioria. Donde a conclusão de que o consenso geral parece ser o melhor método em matéria da decisão colectiva, em termos de aproximação das preferências individuais, e a votação por maioria não garante à comunidade uma posição desejável.

A satisfação das necessidades colectivas assenta em dois pressupostos, a provisão e financiamento de bens e serviços por parte do Estado ou entidades públicas similares. Ora, aqui entra uma componente: a intervenção e imposição pública. Significa isso que a questão principal, como tivemos ocasião de dizer, nem sequer é a contribuição. Trata-se de determinar quais as despesas que devem ser feitas e quais os impostos que devem ser cobrados. Ou seja, interessa, sobretudo, saber qual o mecanismo, a extensão e o modo como devem ser satisfeitas estas necessidades, sendo, porém, certo que a oferta dos bens e serviços susceptíveis de satisfazerem as necessidades da colectividade deve ser assegurada pelo orçamento do Estado em geral[625]. Esta solução visa, portanto, corrigir a escolha individual.

Nas sociedades modernas, influenciadas pela democracia ocidental, a decisão sobre determinadas matérias, especialmente a decisão quanto às verdadeiras preferências sociais dos indivíduos em substituição do mercado, incapaz de dar resposta a este tipo de problema (contanto que seja possível cada indivíduo avaliar a sua escala de preferência), fica entregue

---

[625] A. CAVACO SILVA, "Economia Pública", in Pólis-Enciclopédia Verbo, Vol. 2, col. 823, para quem "os bens públicos (também conhecidos por bens sociais ou colectivos) ocupam um lugar central na E. P. ... evidenciam uma forte limitação do mecanismo de mercado, eles constituem uma importante razão económica da política orçamental... não podem ser fornecidos... através do mecanismo de mercado de oferta e procura, tendo de ser financiados através do orçamento de Estado".

a uma assembleia representativa, cuja solução se aproxima, pensa-se, daquela que seria a verdadeira escolha dos beneficiários caso manifestassem as suas reais preferências[626]. Embora pareça não ser, em teoria, esta a melhor solução, configura um mal menor na ausência da revelação individual das necessidades colectivas. Parafraseando R. MUSGRAVE, diríamos: "A regra da maioria é um mal necessário, a fim de nos aproximarmos do resultado desejado, e não um princípio desejado como tal"[627].

Em suma, entendemos que a provisão e financiamento de bens e serviços públicos, através do orçamento estadual, significa que deve ser suportada, principalmente, pelas receitas provenientes de recursos desviados dos particulares, os impostos. Isto é, através de transferência de recursos privados, necessários à satisfação das necessidades colectivas. Aqui reside a importância das despesas públicas e do meio capaz de as materializar, os impostos. Assim, os bens e serviços colectivos devem ser previstos no orçamento do Estado, ou seja, o seu financiamento deverá ser feito através da receita geral financiada pelo imposto. Este, na medida em que reduz a procura privada, liberta os recursos para o sector público. Constitui, portanto, um meio de transferência dos recursos dos particulares para o Estado.

Nesta ordem de ideias, a tributação tem a função de garantir uma distribuição dos custos dos bens e serviços públicos necessários à satisfação das necessidades públicas pelos cidadãos-contribuintes. Por outras palavras, diríamos que o fundamento da soberania fiscal, da qual se retira o poder tributário estadual (e, de certa forma, das entidades territoriais menores), está, precisamente, na satisfação das necessidades colectivas das respectivas populações.

Se os problemas da escolha colectiva se colocam com toda a normalidade em todas as economias, com maior acuidade tem razão em relação a uma economia, como é a da Guiné-Bissau, onde, em geral, as instituições não funcionam, e os processos de decisão política são uma incógnita. O interesse da teoria das escolhas colectiva/pública está precisamente no fornecimento da compreensão do funcionamento dos processos de escolha colectiva, compreendendo um agregado de cidadãos, mormente os contribuintes; processo esse que ultrapassa a mera concretização das decisões políticas e encara, obviamente, a própria feitura das normas que devem

---

[626] RICHARD A. MUSGRAVE, *Teoria das Finanças Públicas*, Vol. I, p. 32.
[627] *Teoria das Finanças Públicas*, Vol. I, p. 36.

orientar a tomada de decisões. Tal significa que envolve a criação, de um espaço propício às acções interventivas do Governo, legitimadas por um conjunto de manifestações de preferências individuais quanto à provisão e financiamento de bens e serviços colectivos.

O consenso resultado deste processo de decisão não pode ser prejudicado por qualquer pessoa ou grupo de pessoas que actuam isoladamente fora do quadro traçado superiormente pelo legislador constitucional e em certa medida pelo legislador ordinário. A Constituição e as leis surgem, assim, como parâmetro de medição do processo de decisão política das escolhas colectivas, podendo a sua concretização ser afecta tanto pela Lei Fundamental como pela lei ordinária (caso em que deve existir uma habilitação constitucional, por exemplo, o próprio municipalismo financeiro é a prova cabal desta concepção), cabendo-as a pormenorização dos aspectos em que se dobra a tarefa de satisfação das necessidades colectivas.

Um raciocínio assente nas características do actual quadro constitucional guineense confere validade ao facto de que este problema não interessa única e exclusivamente às entidades públicas territoriais com competência a nível de todo o território nacional. É independente do nível de satisfação das necessidades. Isto é, a problemáticas do processo de decisões financeiras coloca-se tanto ao nível da administração central como da local, uma vez que se tratam ambos de sedes em que é necessária a tomada de decisões que envolvem a satisfação de necessidades sentidas por uma determinada colectividade, seja nacional ou local. E, em todas essas parcelas, a mesma questão se coloca. Em suma, ali onde existe a pertinência de meios financeiros necessários à satisfação das necessidades financeiras do Estado e das Autarquias locais, mormente os Municípios, põe-se a questão relativa à decisão financeira, no quadro daquilo que se designou como municipalismo financeiro.

Pelo que nos parece curial neste desenvolvimento encarar esta matéria, na sua vertente da repartição de recursos entre o Estado e entidades territoriais menores por ele criadas. É o cerne da nossa investigação. Isso é importante porque, como se sabe, a efectivação das necessidades colectivas é função da escolha dos políticos e depende, principalmente, da imposição de sacrifícios unilaterais aos particulares, os impostos, enquanto meios de captação de recursos necessários à materialização das suas atribuições e competências.

Lembre-se que os sujeitos tributários activos são caracterizados por serem partes da relação jurídico-tributária, onde figuram como credores, dotados de personalidade tributária activa, beneficiando, por conseguinte, dos sacrifícios impostos aos patrimónios dos particulares, os sujeitos passivos, devedores da mesma relação e a consequente atribuição da personalidade tributária passiva. Esta e só esta esta circunstância permitem-lhes cumprir os preceitos constitucionais de satisfação de um conjunto de necessidades inerentes. Destarte, os impostos[628] configuram um meio indispensável à disponibilização de recursos públicos; ao mesmo tempo, as entidades que deles beneficiam gozam do privilégio de interpretarem as preferências colectivas, não reveladas pelo mecanismo de mercado. Nisso reside uma das virtudes da democracia representativa.

Outrossim, a circunstância de, por vezes, os benefícios resultantes da provisão e financiamento de bens e serviços públicos se limitarem a determinados espaços, circunscrevendo-se a determinadas localidades (por exemplo, estradas locais e sua manutenção), justifica que sejam separadas ou descentralizadas as finanças destas duas entidades[629]. Trata-se, portanto, de uma forma de distribuir os custos de fornecimento somente aos seus beneficiários. Este facto não altera em nada o papel que cabe o imposto desempenhar, enquanto meio de repartição dos encargos necessários à provisão/financiamento dos bens e serviços colectivos que, com toda a segurança, não se consegue senão pelo orçamento do Estado ou entidades similares.

Quando a autoridade política se encontra dividida entre várias entidades populacionais e territoriais, como é o caso em apreço, uma das questões com maior acuidade será determinar quais as funções públicas que deverão ser desenvolvidas em cada um dos níveis de organização e estruturação da sociedade. Ou seja, em causa está a determinação adequada da divisão de competências entre os governos central e local dentro de uma estrutura política descentralizada: o municipalismo. Geralmente, o que se verifica é a repartição de competências em função da extensão dos benefícios dos bens e serviços: a nível nacional, atingindo toda a população, no

---

[628] Seguimos de perto RICARDO SÁ FERNANDES, "Personalidade tributária" in DJAP, quando a p. 335 escreve: "Considerando a natureza do imposto, enquanto prestação que os cidadãos devem à comunidade em que se inserem, naturalmente que a personalidade jurídica activa só pode ser conferida a pessoas que prossigam interesses públicos que justifiquem esse privilégio".

[629] Cfr. A. CAVACO SILVA, "Economia Pública", in Pólis-Enciclopédia Verbo, Vol. 2, col. 824.

caso do Estado; e ao nível local, para as entidades territoriais locais, divisíveis geograficamente[630].

JAMES BUCHANAN[631] procura traçar uma linha divisória para o financiamento dos bens e serviços colectivos pelo Estado e entidades locais e chegou a conclusão de que a forma mais eficiente de os proporcionar seria a de que cada unidade (governamental/privada constituída voluntariamente) se organizasse de acordo com o *tamaño mais eficiente*, querendo significar com isso o espaço físico correspondente a cada parcela do território nacional. Trata-se de uma conclusão muito simplificada, de alguma forma irreal, pois ignora algumas questões como:

– *primeira*, o acordo necessário à oferta/consumo, de tal forma que a unidade eficiente de produção coincida com o tamanho da colectividade consumidora. Esta hipótese esquece uma realidade: as externalidades e os custos de produção desses bens e serviços;
– *segunda*, prende-se com a organização da decisão: quanto maior o grupo, mais difícil e cara se torna a sua tomada;
– *terceira*, a unidade colectiva de produção apropriada deve ser diferente para cada bem e serviço colectivos a provir; contudo, esta exigência não se verifica nas colectividades menores, em que uma mesma unidade de produção pode ser encarregue da realização de várias funções;
– *quarta* e última tem que ver com a dificuldade da definição rigorosa do tamanho da externalidade no consumo desses bens e serviços, restando determinar o ponto suficientemente insignificante das externalidades.

Na determinação da divisão das funções entre o governo central, cujas funções a serem desenvolvidas têm implicações a nível central e o governo local, com funções fundamentalmente ao nível local, estão considerações de aspectos económicos e realidades políticas. A descentralização política e a selecção individual colocam-se relativamente àquelas economias nacionais em que existe uma dependência fiscal do Estado e

---

[630] JAMES M. BUCHANAN & MARILYN R. FLOWERS, Introducción à la Ciencia..., p. 599.

[631] JAMES M. BUCHANAN & MARILYN R. FLOEWRS, Introducción à la Ciencia..., pp. 602 e ss.

Autarquias locais, contrariamente àquelas em que se centraliza toda a actividade económica e se restringe a actuação dos particulares.

Mas, havendo liberdade de emigração, o indivíduo pode livremente deslocar-se de uma área para outra do país, sem restrições, quando não está de acordo com a actuação governamental estatal/local. Entre nós, a liberdade de se emigração encontra consagração constitucional (cfr. artigo 53.º CRGB) e assume-se como limite à *exploração* dos Estados (sentido lato) em relação aos indivíduos. Isso valoriza a actuação fiscal: o sistema fiscal dos Estados federais coloca nas mãos dos Estados e também das entidades menores o poder tributário. Por outro lado, é sabido que o nível de rendimento gerado nas parcelas do território nacional pode influenciar o nível de prestações dos bens e serviços públicos, na medida em que, nas áreas com maiores rendimentos, tendencialmente, a oferta é melhor do que nas com menores ou rendimentos mais baixos.

Este facto económico pode servir de pretexto para a intervenção do governo central, a fim de igualizar a carga tributária entre os contribuintes, pela simples razão de que onde os rendimentos são maiores, a carga fiscal tende a ser menor e vice-versa. Uma tal intervenção deve ter como argumento a eliminação das diferenças ao nível de fornecimento de bens e prestação de serviços colectivos, desde que os benefícios, derivados de uma provisão satisfatória dos mesmos abranjam a economia nacional no seu todo.

Assim, coloca-se a necessidade de uma coordenação fiscal entre os governos central e local. Geralmente o que se verifica é a separação das fontes de imposição: as receitas fiscais, como é sabido, provém dos rendimentos individuais presentes ou antecipados; isto é os rendimentos e as riquezas disponíveis. Se se considera o fisco como sendo um meio através do qual se adquire, de forma mais eficiente, os bens e serviços públicos, o imposto directo sobre o rendimento seria um melhor método, porquanto configura, de forma semelhante, o preço que se paga no mercado para adquirir determinados bens e serviços públicos.

Mas acontece que a filosofia do sistema fiscal não assenta única e exclusivamente nos impostos directos sobre o rendimento, como meio de procurar uma redistribuição dos rendimentos reais entre os indivíduos em geral. As receitas fiscais das entidades centrais assentam quase exclusivamente sobre os rendimentos das pessoas; enquanto que as entidades locais incidem as suas imposições sobre os bens e serviços, agravando a produção, a venda ou o consumo de certos bens e serviços, os impostos indirectos, cujas reacções psicológicas não são as mesmas dos impostos sobre o rendimentos. Estamos a pensar no sistema fiscal, em que estas últimas entidades participam, juntamente com aquelas, no exercício do poder tributário. Na situação concreta, embora não gozem deste poder, no entanto, assiste-lhes uma margem de liberdade na fixação dos preços relativos aos bens e serviços que fornecem aos munícipes.

Problema diferente, mas ainda no âmbito da provisão e financiamento de bens e serviços públicos, diz respeito ao critério de repartição do sacrifício patrimonial aos beneficiários dos mesmos, ou seja, em que base deve assentar o sistema fiscal. A resposta parece consensual: a equidade ou critério que apela para a necessidade de cada contribuinte arcar com uma parcela justa dos custos da actividade governamental[632]. Esta questão presta-se a diferentes interpretações: o princípio do benefício e a capacidade de pagar[633]. A primeira assenta, como o nome indica, no benefício auferido através dos serviços públicos; enquanto a segunda elege a capacidade económica do contribuinte: rendimento, consumo e riqueza como suporte da imposição necessária à provisão de bens públicos.

Todavia, em face das circunstâncias atinentes à provisão e financiamento dos bens e serviços públicos que satisfazem as necessidades colectivas, parece que, a nível local, o princípio do benefício, na medida em que tem subjacente a participação individual nos custos dos mesmos, responde melhor à problemática da repartição dos encargos entre os contribuintes, sem embargo das dificuldades que suscita, nomeadamente alguns dos beneficiários não contribuem para as despesas da sua produção ou ainda a dificuldade de conhecer o benefício auferido por cada indivíduo e, por conseguinte, o imposto a pagar pela unidade de cada um dos bens e serviços (chama-se, aqui, à colação uma das suas características, a satisfação passiva, isto é, ausência de procura, obstáculo a formação do preço).

---

[632] Cfr. A. CAVACO SILVA, "*Economia Pública*", in *Pólis-Enciclopédia Verbo*, Vol. 2, col. 824.

[633] Remetemos para a Parte I, relativo aos princípios constitucionais fiscais, *maxime*, o princípio da igualdade fiscal, na sua vertente da capacidade contributiva.

CAPÍTULO II

AS FINANÇAS LOCAIS

1. ENQUADRAMENTO CONSTITUCIONAL

A Constituição da República da Guiné-Bissau reza, nos seus artigos 2.º: *"O povo exerce o poder político directamente ou através dos órgãos do poder eleitos democraticamente"*, e 3.º: *"A República da Guiné-Bissau é um Estado de democracia constitucionalmente instituída, fundado na unidade nacional e na efectiva participação popular no desempenho, controlo e direcção das actividades públicas e orientado para a construção de uma sociedade livre e justa"*. A Lei Fundamental, nestes artigos, apela no sentido da criação de um sistema que permita a participação activa dos cidadãos na vida política e social, dentro de uma única estrutura organizacional ao nível de todo o território nacional ou no seio de estruturas desconcentradas ou ainda descentralizadas.

Mas, se, para a concretização dos desideratos constitucionais, era possível adoptar qualquer uma dessas formas de organização e estruturação do poder político do Estado, no artigo 7.º (*"No quadro da sua estrutura unitária e da realização do interesse nacional, o Estado da Guiné-Bissau promove a criação e apoio à acção de colectividades territoriais descentralizadas e dotadas de autónoma nos termos da lei"*) desfez-se, por certo, eventual dúvida, pois o único caminho a seguir conduzirá à existência de entidades territoriais menores criadas pelo Estado, para com ele participarem no exercício dos poderes e atribuições que normalmente o cabem.

Durante longos anos, vivemos experiências encabeçadas pelo Estado, mitigadas com algumas formas de desconcentração de competências para os seus órgãos, colocados debaixo da sua dependência, embora sediados nas várias parcelas do território nacional. Isto é a existência de colectividades territoriais não similares ao Estado, funcionando como partes integrantes do mesmo poder político, na linha de uma actuação centralizada, sem espaço para as estruturas políticas e administrativas descentralizadas.

As aspirações da descentralização territorial das competências e funções do Estado constituem obra do legislador constitucional. Muito recentemente, no ano de 1995, com o objectivo de se criar um novo figurino político-administrativo, a Lei Constitucional n.º 1/95, de 1 de Dezembro[634], reformou todo o Capítulo relativo ao Poder Local do Estado. A começar pelo artigo 105.º CRGB, que estabelece que: "*A organização do Poder Político do Estado compreende a existência das Autarquias Locais que gozam de autonomia administrativa e financeira*" (n.º 1), numa linha de orientação compaginável com os ideais da democracia participativa e efectiva participação dos cidadãos na sociedade guineense.

Por outro lado, o legislador dignou-se em precisar o significado das entidades criadas pelo Estado, nos seguintes termos: "*As Autarquias Locais são pessoas colectivas territoriais, dotadas de órgãos representativos, que visam a prossecução de interesses próprios das comunidades locais, não se subtraindo à estrutura unitária do Estado*" (n.º 2). Trata-se de uma conceitualização político-administrativa descentralizada, assente na atribuição de personalidade jurídica própria, como expressão do reco-

---

[634] Esta revisão é o culminar de todo o processo de democratização da sociedade guineense iniciado em 1991. A primeira revisão da Constituição, levada acabo pela Lei Constitucional n.º 1/91, de 9 de Maio, separa as estruturas estatais das partidárias, mormente o partido no poder, ou seja, pôs-se fim à confusão entre Estado e partido. Recorde-se que se vivia no período do partido único. Pela Lei Constitucional n.º 2/91, de 4 de Dezembro, procedeu-se à desconcentração dos poderes do Presidente do Conselho de Estado. Dando lugar a criação da figura do Primeiro-Ministro, anteriormente existente no ordenamento jurídico-constitucional. É bom recordar que todas estas alterações se verificaram no quadro dos órgãos do partido único no poder, o PAIGC.

Através da Lei Constitucional n.º 1/93, de 21 de Fevereiro, publicada em 2.º Suplemento ao BO n.º 8/93, de 26 de Fevereiro, fruto do consenso obtido no quadro da Comissão Multipartidária de Transição que reunia o PAIGC, partido no poder, e os partidos da oposição, estavam lançadas as bases para a democratização da sociedade guineense. Para mais desenvolvimentos desta matéria, e a propósito das vicissitudes da Constituição da República da Guiné-Bissau, vide, entre outros, LUÍS BARBOSA RODRIGUES, *Constituição e Legislação Complementar*, Bissau, 1994, pp. 5 e ss; JORGE REIS NOVAIS, *Tópicos de Ciência Política...*, pp. 104 e ss; EMÍLIO KAFFT KOSTA, *O constitucionalismo guineense...*, pp. 243-246.

nhecimento de um substracto independente e autónomo ao Estado. Disso emerge um verdadeiro Poder Local.

Por outras palavras, a consagração do Estado da República da Guiné-Bissau como soberano, democrático e unitário, nos termos do artigo 1.º da Lei Fundamental, não é incompatível com a existência de colectividades territoriais descentralizadas, dotadas de independência e autonomia, *maxime*, política, administrativa e financeira. Aliás, como vimos, a própria CRGB de 1984, ainda em vigor e sucessivamente revista, convoca o Estado no sentido de promover a criação e apoio das entidades territoriais infra-estaduais, em nome de uma melhor participação popular no exercício das suas funções. Está em causa um problema fundamental, que se coloca quer no plano da estruturação do poder político, quer na própria forma de concepção do Estado, quer ainda no poder e no modelo organizacional que o caracteriza.

A descentralização territorial autárquica tal como a regionalização e a federação[635], outros modelos e níveis de descentralização territorial, têm em comum a existência de pessoas colectivas de população e território, assentes numa comunidade de interesses, autogovernada por órgãos eleitos livremente pelas respectivas colectividades, cuja vontade é distinta da administração central, e são dotadas de competências próprias que não se confundem com as desta. Contudo, refira-se que as atribuições e os poderes destas entidades – mormente as entidades locais, *rectius sensu* Autarquias Locais – definem-se apenas ao estritamente necessário à prossecução dos interesses das respectivas populações, como de resto se encontra estabelecido no artigo 33.º da Lei de Bases das Autarquias Locais, LBAL, sob o título *Princípio da especialidade*, segundo o qual as deliberações dos órgãos autárquicos só podem ser no âmbito das suas competências e necessária para a realização das suas atribuições.

Os substractos que caracterizam os dois conceitos (municípios e regiões) em que se traduzem a descentralização são autónomos em relação ao Estado central e com ele participam do exercício dos poderes estaduais. Não obstante, apresentam nas suas próprias essências diferenças de grau, isto é, a regionalização abarca uma faceta de que carece a mera descentra-

---

[635] Vide os principais problemas que estes modelos de distribuição de poder colocam em VITALINO CANAS, "*A Lei 3/94, de 13 de Setembro, da República de Moçambique, sobre o quadro institucional dos distritos municipais*", in RFDUL, LEX, Vol. XXXVI, 1995, pp. 223-262.

lização territorial, principalmente, a autonomia legislativa. Situação (quase) idêntica passa-se na federação (União)[636]. Nela, coexistem as atribuições e competências do Estado federal e os Estados federados, o que nos coloca perante um sistema político, diferentes níveis, com vantagem para aquele, verificando-se uma nítida separação entre a Federação e os Estados Federados: o poder central pertencente ao Estado federal colocado acima dos poderes locais dos Estados federados.

Noutros termos, a existência de entidades inferiores ao Estado com atribuições e competências próprias diferentes das da entidade central é uma situação típica da federação (forma de separação e repartição de poderes e funções entre entidades territoriais diferentes, aliás, de resto, como se passa na mera descentralização territorial e na regionalização[637]), onde existe um dualismo de poderes e de ordenamentos jurídicos a que os cidadãos se submetem[638] e os seus órgãos não se submetem a qualquer forma de tutela (exemplo, a tutela administrativa ou inspectiva), própria do Estado que se reclama constitucionalmente unitário e, portanto, só a comunidade nacional é soberana.

Como dissemos *supra*, os dois primeiros conceitos (munícipios e regiões) estão ligados à ideia da descentralização das funções do Estado para entidades territoriais menores, autónomas e independentes, no intuito de procurar, assim, entre outras, a resolução mais eficaz dos problemas das populações locais e uma maior e melhor participação destas na definição dos seus destinos. Para isso, a transferência de competências, que, normalmente, cabem à administração central, para as entidades locais afigura-se imprescindível, porquanto não se concebe estas formas de organização sem poderes próprios. No fundo, estamos perante formas de separação vertical de poderes, nas quais se assiste, no caso concreto das Autarquias locais, a existência de autonomia normativa, traduzida na titularidade de um poder regulamentar que se funda na própria Constituição[639].

---

[636] *Vide* por todos o desenvolvimento que demos esta matéria a propósito das considerações feitas relativamente ao federalismo financeiro e autores e obras citadas.

[637] A aproximação entre esta figura e a federação, enquanto formas de descentralização das funções de Estado está na "existência de uma poder legislativo próprio e de órgãos de governo regional livremente eleitos". *Vide* EDUARDO PAZ FERREIRA, *As finanças regionais*, p. 161.

[638] Cfr. JORGE MIRANDA, "*Federalismo*" in *Pólis-Enciclopédia Verbo*, Vol. 2, 1996, cols. 1398-1406.

[639] SÉRVULO CORREIA, *Legalidade e autonomia contratual...*, p. 262.

O Poder Local é, desde os primórdios da Constituição guineense uma realidade, embora se reconheça, com diferenças de manifestações e alcance ao longo do constitucionalismo que sempre caracterizou a nossa sociedade[640]. Esta realidade fica demonstrada se atentarmos à própria evolução constitucional desde a versão de 1973 – saída da proclamação unilateral da independência da República da Guiné-Bissau a 24 de Setembro de 1973 – à de 1984 em vigor, sucessivamente revista.

Repare-se que, em ambas as versões, se encontra a ideia do Poder Local, baseado na vontade e participação popular. Antes da revisão constitucional de 1995 a sua manifestação era antagónica à existência de entidades dotadas de autonomia, atribuições e competências próprias. Pelo contrário, os órgãos deste poder eram concebidos como parte do poder político de Estado[641], portanto, sujeitos à direcção e controlo dos seus

---

[640] Em termos meramente históricos, remontando ao período colonial podemos observar que a então Guiné-Portuguesa, como todas as colónias portuguesas, tinha uma estrutura política e administrativa assente numa *"descentralização administrativa e autonomia financeira que sejam compatíveis com a Constituição, o seu estado de desenvolvimento e os seus recursos próprios,..."*, nos termos do artigo 26.º do ACTO COLONIAL, regulado pelo Decreto-Lei n.º 22465, de 11 de Abril de 1933. Este diploma foi aprovado na sequência da Constituição Portuguesa de 1933, como se pode inferir pela leitura do seu Preâmbulo. Neste, prevê-se que as instituições administrativas municipais e locais são representadas *"por câmaras municipais, comissões municipais e juntas locais, conforme a importância, desenvolvimento e população europeia da respectiva circunscrição"*, de acordo com o artigo 32.º, cujo parág. único estabelecia o seguinte: *"A criação ou extinção das câmaras municipais é atribuição do governador da colónia, com voto afirmativo do Conselho do Governo e aprovação expressa do Ministro das Colónias"*. Diga-se, por fim, nesta matéria, que a autonomia financeira das colónias estava *"sujeita às restrições ocasionais que sejam indispensáveis por situações graves da sua Fazenda ou pelos perigos que estas possam envolver para a metrópole"* (artigo 47.º). Esta ressalva está prevista no artigo 26.º, parág. único do mesmo Decreto-Lei.

Naturalmente, estaríamos todos de acordo se disséssemos que os órgãos da administração municipal de então não transportavam consigo mesmos nenhum tipo de representação popular, porque não eram eleitos por sufrágio universal e directo; isto é, a municipalização era concebida como um instrumento ao serviço do império colonial, representando uma estrutura discriminatória da maioria dos cidadãos guineenses. Pelo que estávamos na presença de tudo, menos a autonomia municipal quer administrativa quer financeira, uma vez que os seus pressupostos (órgãos eleitos por sufrágio universal, directo e secreto) não estavam reunidos.

[641] Pensamos que a existência e atribuições dos Conselhos Regionais, nos termos do artigo 49.º, órgãos representativos do poder de Estado, constituídos pelos representantes eleitos nos sectores de cada Região elucidam bem esta situação. Não existia sequer uma

órgãos superiores[642]. Em face desta situação, somos levados a concluir pela existência formal do poder local, esvaziado de qualquer competência própria, na medida em que não participava com a Administração central no exercício de poderes, *maxime* financeiros. Pelo que a organização do poder político de Estado não consubstanciava um verdadeiro Poder Local[643] [644], tal como é hoje concebido.

Melhor sorte reservou a Constituição de 1984[645], mais concretamente a Lei Constitucional n.º 1/95 que se cuidou de enquadrar o Poder Local na própria organização e estruturação do poder político do Estado, não como parte do poder estadual unitário, mas como uma entidade autónoma e independente do Estado-administração central, com órgãos representativos próprios livremente eleitos pelas respectivas populações. Assistia-se, assim, a uma profunda alteração da estrutura político--administrativa do Estado, com a criação de entidades de base territorial, autónomas e dotadas de órgãos de representação democrática. Esta nova concepção do Poder Local afigura-se, por um lado, como um reconhecimento da reforma do poder político estadual, incapaz de obviar às assimetrias criadas e acumuladas ao longo dos anos; por outro, a possibilidade das respectivas populações avaliarem a capacidade de governação dos dirigentes locais eleitos democraticamente: o autogoverno[646].

---

autonomização formal dessa matéria. Estava inserida no Capítulo III: Da organização do Poder Político.

[642] Cfr. JORGE REIS NOVAIS, *Tópicos de Ciência Política...*, p. 103.

[643] JORGE DOS REIS NOVAIS, *Tópicos de Ciência Política...*, p. 103. Também JOSÉ G. QUEIRÓ, "*Autarquia Local*", in *Pólis-Enciclopédia Verbo*, Vol. 1, Lisboa, 1983, col. 473.

[644] Situação idêntica vivia-se em Portugal, como, de resto, se depreende das palavras de JORGE MIRANDA: "(...) os órgãos do poder local serem concebidos, numa visão centralista, como órgãos locais do Estado". Vide deste autor "*O conceito do poder local*", in Estudos sobre a Constituição, Vol. I, Lisboa, 1977, pp. 317-318.

[645] Esta matéria está formalmente consagrada no Capítulo VI: Do Poder Local, artigos 105.º a 118.º CRGB. Reforça-se que se trata do fruto da última revisão constitucional no sentido da criação de um quadro propício ao exercício da democracia e da descentralização das atribuições e competências do Estado guineense.

[646] Nisso se traduz a "*Autarquia*", "palavra justaposta, de origem grega, e que se compõe em dois elementos: *autos*, que significa próprio, e *arquia*, que significa comando, direcção, governo. Em suma, a justaposição destes dois elementos significa autocomando, autodirecção ou autogoverno". Cfr. ANTONIETA ROSA GOMES, "*O problema da dimensão e fronteiras das autarquias*", in BFDB, n.º 5, 1998, p. 91.

A manifestação do verdadeiro Poder Local, como se disse atrás, consta do artigo 105.º, n.º 2 CRGB, ao definir as Autarquias locais como "*pessoas colectivas territoriais, dotadas de órgãos representativos, que visam a prossecução de interesses próprios das comunidades locais (...)*". Esta sua característica não lhe confere soberania e nem lhe subtrai "*à estrutura unitária do Estado*"[647] (*in fine*, n.º 2 do artigo 105.º), não obstante serem dotadas de personalidade jurídica diferente da do Estado, gozando de autonomia; donde se infere a não submissão a nenhuma forma de orientação política e administrativa[648].

Nestes termos, torna-se imprescindível garantir a sua continuidade, defendendo a independência e autonomia[649] de que gozam, traçando um quadro constitucional compatível com a sua amplitude, dimensão e importância. Disso resultaria, para nós, entre outras, a sua consagração como limite material das leis de revisão constitucional.

Pelo facto de essas entidades não serem soberanas não significa, de maneira alguma, a submissão ou dependência (política e administrativa) dos órgãos do Poder Local à coordenação e controlo do Governo, como pretende o legislador constitucional no artigo 100.º, n.º 1, al. a) CRGB que estabelece o seguinte: "*No exercício das suas funções compete ao Governo: Dirigir a Administração Pública, coordenando e controlando a actividade dos Ministérios e dos demais organismos centrais da adminis-*

---

[647] A este propósito recordamos as palavras de EDUARDO PAZ FERREIRA, *As finanças regionais*, p. 159: "Em relação a existência de autarquias locais ela parece corresponder simplesmente à consagração daquilo que pode ser designado como um «Estado unitário complexo» já que se não encontram aqui elementos que poderiam levar a pôr em causa a natureza unitária do Estado, como sejam a existência de órgãos de governo próprio, de uma legislação própria e de uma jurisdição autónoma".

[648] SÉRVULO CORREIA, *Legalidade e autonomia contratual...*, p. 262.

[649] Da conjugação dos nossos já conhecidos artigos 7.º e 105.º, n.º 1 CRGB, parece-nos resultar que não basta descentralizar e dotar de autonomia as entidades infra-estaduais. Mais do que isso, impõe-se:

1. o respeito da autonomia das entidades territoriais infra-estaduais criadas pelo próprio Estado, enquanto exigência constitucional;

2. a consagração constitucional, de *iure condendo*, da autonomia dessas mesmas entidades como um dos limites materiais das leis de revisão constitucional. Esta seria de resto uma garantia contra qualquer maioria circunstancial que se vier a formar. Pelo que entendemos deve constar como uma das alíneas do artigo 130.º da Lei Fundamental (limites a lei de revisão constitucional).

tração e os do poder local". Uma concepção deste género de tutela administrativa[650] tão intensa, consubstancia uma forma de anular a autonomia das autarquias, pois permitiria, a nosso ver, a tutela integrativa (realizada no momento anterior ou posterior a produção da eficácia dos actos, e obriga uma autorização da entidade tutelar para a prática de actos), e não de legalidade verificada "*a posteriori*", compatível com o figurino traçado superiormente pela Lei Fundamental.

No que respeita à administração central, não encontramos razão que justifique outra solução, pelo que merece de todo o nosso aplauso. Mas já, em relação ao Poder Local, cremos que se trata de um lapso grosseiro, cuja justificação só pode ser, no mínimo, a desatenção do legislador constitucional que, ao proceder a revisão das normas constitucionais, na parte que respeita à organização e estruturação do poder político do Estado, deixou intacto um resquício da anterior forma de organização e estruturação exclusiva, assente no Estado-administração central. Trata-se de uma antinomia que deve ser rapidamente corrigida, a fim de se evitar eventuais conflitos entre os centros de decisão política dos dois poderes políticos do Estado, ambos com expressão constitucional e legitimados, pelo menos formalmente, pelo sufrágio democrático e universal.

Em consequência, no actual contexto em que se inscreve e movimenta a organização e estruturação estadual, cria-se uma incongruência no sistema, ao consagrar, de um lado, o princípio da separação e independência entre os poderes da administração central e da administração local, donde resulta a autonomia desta face àquela e, por conseguinte, o poder de auto-regulação e auto-orientação dos seus próprios interesses, diminuída apenas pela verificação, "*a posteriori*", do cumprimento da lei; de outro, submetê-las à coordenação e controlo do Governo central, o que aparenta uma forte intervenção na vida das entidades autónomas.

Esta solução fazia sentido no quadro de uma organização e estruturação totalmente centralizada, sem entidades territoriais independentes. Ora, a partir do momento em que se avançou para a criação de estruturas descentralizadas, com governo próprio, não têm cabimento (a manutenção de) preceitos constitucionais, que só se justificam no quadro da desconcentração dos poderes, que, como se sabe, envolve também transferências de atribuições e poderes de decisões a outras entidades, mas hierarquica-

---

[650] Vide DIOGO FREITAS DO AMARAL, *Curso de Direito Administrativo*, Vol. I, Livraria Almedina, Coimbra, 1991, pp. 700 e ss.

mente inferiores e dependentes da entidade central; isto é, estamos ainda dentro da mesma pessoa colectiva Estado, razão pela qual as suas decisões ficam condicionadas a orientação e controlo do poder central[651].

Sendo os órgãos do Poder Local os legítimos representantes das respectivas populações e porque as decisões em matéria das suas atribuições (bem como os critérios relativos à satisfação das suas necessidades) devem ser tomadas autonomamente, não se compreende por que devem ser submetidas a um tipo de controlo tão intenso e dependência da administração central. Entendemos que a forma compatível com a autonomia de que gozam é, sem sombra de dúvidas, a sujeição da actuação dos seus órgãos à fiscalização de entidades centrais, como garantia do cumprimento da lei: o exercício de tutela, nos casos previstos na lei – tutela de legalidade e inspectiva –, próprias das entidades autónomas[652], com órgãos próprios representativos dos sentimentos e interesses das populações locais.

Em suma, este artigo, na parte que respeita ao Poder Local, deve ser interpretado no sentido de querer significar o exercício de tutela sobre a administração autónoma em matéria da legalidade dos actos dos seus órgãos; caso contrário, incorre-se em criar no sistema uma incongruência entre a autonomia local e o poder de controlo (abrangendo aqui o mérito das decisões), compatível tão-somente com as entidades e instituições colocadas na dependência da entidade central. Sem embargo, reconhecemos que o controlo da legalidade dos actos dos órgãos da administração local por parte da tutela não pode ser exercido de tal forma que se dilua o âmago da autonomia local, que, jamais poderá ser esmagada, em obediência à Lei Fundamental e em homenagem aos sentimentos e à vontade dos cidadãos que compõem as comunidades locais. Daí a razão de ser do seu exercício a *posteriori*.

O Poder Local existe e encontra a sua garantia na própria Constituição ao lado de outros poderes cujo exercício fica a cargo de outros órgãos

---

[651] *Vide* sobre as formas de transferência de atribuições e poderes de decisão do Estado para órgãos (dependentes/independentes) da administração central, entre outros, FAUSTO DE QUADROS, "Administração Local", in *Pólis-Enciclopédia Verbo*, Vol. 1, Lisboa, 1983, cols. 134-135; JOSÉ A. SILVA PENEDA, "Descentralização", in *Pólis-Enciclopédia Verbo*, Vol. 2, Lisboa, 1996, cols. 131-134.

[652] Escreve, a propósito do relacionamento entre o Governo e as Autarquias Locais, SÉRVULO CORREIA, *Legalidade e autonomia contratual...*, p. 278: "Ora, não existe qualquer relação de dependência entre as autarquias e o Governo, que é o órgão que,... dispõe de poder tutelar sobre elas".

de soberania. Ao nível formal, a coexistência dos dois centros de poderes (central e local), compatíveis e complementares entre si, demonstra o carácter plural da sociedade guineense, traduzida na existência de colectividades locais com interesses e órgãos próprios; situação que não prejudica, em nada, o carácter uno e soberano do Estado[653].

A característica da democraticidade do Poder Local, enquanto direito que assiste às populações locais de escolherem livremente os seus representantes, o autogoverno, torna-o numa forma de organização democrática do Estado, em que as populações de cada circunscrição decidem do seu destino e da gestão dos seus próprios assuntos[654].

Este autogoverno só pode ser conseguido se existir os meios adequados, quais sejam, por exemplo, os meios financeiros necessários à prossecução dos interesses próprios das colectividades locais. É exactamente a pensar nisso que, conjuntamente com a autonomia política, administrativa e regulamentar, a Constituição lhes concedeu a autonomia financeira, pressuposto fundamental da autonomia das Autarquias locais[655], como forma de, por um lado, obterem os recursos financeiros de que necessitam para o cabal exercício das suas atribuições em prol das respectivas populações locais; por outro, escaparem à dependência política do Governo que é exercido em cada momento.

Esta é uma questão que se apresenta, de certa forma, muito complexa em matéria de descentralização das funções de Estado: a conciliação da exigência de atribuição de amplos poderes económicos que a descentralização pressupõe, com vista à assegurar uma efectiva participação das populações locais, na gestão dos seus próprios interesses, com a cada vez mais crescente exigência de intervenção económica do Estado em todo o território nacional, fruto da moderna política económica em voga.

A resposta a esta questão deve ser encontrada nos próprios poderes concedidos as entidades infra-estaduais. Repare-se que as Autarquias locais não gozam de autonomia legislativa, apenas estão nas suas disponibilidades o exercício do poder regulamentar, visando garantir unicamente que sejam assegurados os interesses próprios das respectivas populações, através de uma auto-regulação, nos termos do artigo 112.º, n.º 1 CRGB,

---

[653] JORGE MIRANDA, "*O conceito de poder local*", p. 318.
[654] SOUSA FRANCO, *Finanças Públicas e...*, p. 212.
[655] ALFREDO JOSÉ DE SOUSA, "Controlo orçamental e instrumentos de gestão financeira", in RTC, n.ºs 17 e 18, Tomo I, Lisboa, 1993, p. 16.

limitada pela Constituição e pela lei[656], não sendo exercida de modo autónomo relativamente à política económica, financeira, cambial e fiscal traçadas pelo Estado. A nosso ver, isso não bule em nada com a autonomia de que gozam, porquanto as matérias em causa são de interesse nacional e não respeitantes unicamente a uma população localizada num determinado espaço do território nacional.

Note-se que o exercício do poder regulamentar concedido às autarquias, sobretudo aos Municípios, implica, portanto, a criação de um direito local particular, a autonomia normativa, configurando uma expressão e um instrumento significativo para a autonomia local e, simultaneamente, constitui a revitalização do princípio da separação vertical de poderes; sem embargo de não resumir toda a amplitude da autonomia das entidades territoriais menores ao Estado, porquanto faltaria a consideração das vertentes administrativa e financeira dessa mesma autonomia[657].

Pensa-se que, subjacente à ideia de descentralizar as funções do Estado, está a procura de uma melhor e mais eficaz satisfação das necessidades colectivas, *maxime*, a optimização dos recursos, em virtude das entidades menores criadas pelo Estado se situarem junto das respectivas populações, portanto, estão colocadas mais perto das mesmas que representam, com a vantagem de melhor interpretarem os seus interesses quando comparadas com as entidades centrais. Eis a razão pela qual os objectivos da democratização estão associados aos da descentralização das funções estaduais. Por isso, é legítimo esperar que o processo de democratização da sociedade guineense desemboque na eleição de órgãos representativos das populações locais como acontece nas democracias mais consistentes, mormente a ocidental.

Relativamente às atribuições das entidades infra-estaduais, a Constituição optou por uma indicação não taxativa, limitando-se apenas a afirmar que as "*Autarquias Locais são pessoas colectivas territoriais... que visam a prossecução de interesses próprios das comunidades locais,...*", e

---

[656] Esta limitação constitucional é fácil de compreender: repare-se que o poder regulamentar das Autarquias locais configura apenas o exercício do poder administrativo por parte das mesmas, razão pela qual o legislador constitucional expressamente fez tal ressalva. Diga-se que outro limite a este poder resulta da tutela do Governo.

[657] SÉRVULO CORREIRA, *O princípio da legalidade...*, pp. 262 e 264; CÂNDIDO DE OLIVEIRA, *Direito das Autarquias locais*, Coimbra, 1993, pp. 291-295.

que as "*atribuições... e competências dos seus órgãos, serão regulados por lei...*", conforme, respectivamente, os artigos 105.º, n.º 2, e 109.º CRGB. Não há um desenvolvimento das suas atribuições em relação às da administração central, valendo aqui a capacidade de cumprimento, complementadas com a actuação desta, como exigência do princípio da boa administração[658].

Contudo, as suas atribuições podem ser apreendidas de acordo com as competências dos seus próprios órgãos. Adoptou-se o *princípio da generalidade*, ao não discriminar as atribuições dos corpos administrativos das Autarquias locais, embora temperado com o *princípio da especialidade* constante do artigo 33.º LBAL, que apela no sentido de as atribuições dessas entidades se resumirem às estritamente conexas com as respectivas populações. Entendemos que este é o melhor método porque permite adaptar-se mais facilmente às novas realidades.

As categorias das Autarquias locais, pensadas no quadro da organização do Poder Local, são: os Municípios[659], as Secções autárquicas e as Juntas locais (n.º 1), funcionando, respectivamente, nos Sectores, nas Secções administrativas e Junta de moradores (n.º 2) todos do artigo 106.º CRGB, cuja concretização encontramos no Decreto-Lei n.º 5/96, de 9 de Dezembro[660]. Optou-se por três níveis de autarquias, o que pode repre-

---

[658] É o que se designa por *princípio da subsidariedade*, significando que às Autarquias locais compete a realização das tarefas administrativas que podem cumprir, o que abre a possibilidade da intervenção da Administração central do Estado nas matérias que situam além das suas possibilidades de cumprimento. Vide, entre outros, ANTÓNIO CÂNDIDO DE OLIVEIRA, *Direito das Autarquias locais*, p. 297.

[659] A criação e a limitação dos Municípios constam do Decreto-Lei n.º 4/96, de 9 de Dezembro, publicado no BO n.º 49, da mesma data e ano. Este diploma, produzido no âmbito da autorização legislativa (artigo 92.º CRGB), através da Decisão da ANP n.º 1/96, de 10 de Junho, vem criar e limitar os nove (9) Municípios que compõem o território nacional da República da Guiné-Bissau, a saber: os Municípios de Bafatá; Bissau; Bolama; Buba; Canchungo; Catió; Farim; Gabú e Quinhamel.

[660] Através deste diploma do Governo, também produzido no uso da autorização legislativa conferida pela Decisão n.º 1/96, de 10 de Junho, publicado no BO n.º 49, da mesma data e ano, procedeu-se à regulação da divisão administrativa do território, a fim de a adaptar aos novos desafios da descentralização. Divide o país em regiões que por sua vez se subdivide em sectores, e estes em secções (artigo 1.º). No total, são (8) oito regiões mais um sector autónomo, o Sector Autónomo de Bissau, num total de nove. São os seguintes: Sector Autónomo de Bissau; Regiões de Bafatá; Biombo; Bolama-Bijagós; Cacheu; Gabú; Quinara e Tombali. Na esteira da Constituição, concretamente, ar-

sentar uma estrutura pesada e de difícil gestão. Quiçá esta atitude tenha subjacente o receio de confluir com outras lógicas de autogoverno, as autoridades tradicionais: os régulos e chefes de tabancas, uma realidade com a qual a descentralização territorial terá forçosamente de conviver até o seu total desaparecimento(!), dependendo da capacidade de mobilização e eficiência das autarquias, principalmente nos níveis mais baixos.

Incompreensivelmente não se previu nenhuma forma de articulação desses poderes, mesmo que seja a mera auscultação das autoridades tradicionais em certas e determinadas matérias, como forma de uma melhor satisfação das necessidades específicas das comunidades locais, muito influenciadas ao longo de tempo pelos poderes dos régulos e chefes tradicionais.

Em sede dos princípios constitucionais, as entidades territoriais menores são dotadas de património e finanças próprias (artigo 110.º/1), cujo regime será definido por lei[661] (artigo 110.º/2, *primeira parte*) na certeza de que os objectivos visados são "*a justa repartição dos recursos públicos pelo Estado e pelas Autarquias Locais e a necessária correcção de desigualdades entre as autarquias*" (*in fine*, n.º 2 do mesmo artigo). Este artigo tem na sua base a ideia de solidariedade e igualdade activa[662], como forma de minimizar as assimetrias naturais e ocasionadas pelo próprio homem, dentro do território nacional. Trata-se, em suma, da tradução da autonomia administrativa, patrimonial e financeira das entidades locais face à entidade central, sem dispensar, no entanto, a cooperação entre as duas entidades.

---

tigo 108.º, n.º 1, *primeira parte*, o artigo 12.º deste diploma vem dizer que em cada uma das Regiões haverá um Governador Civil, representando o Governo, nomeado e exonerado pelo mesmo, sob proposta do Ministro da tutela. Outro órgão previsto, de consulta do órgão de representação máxima do Governo, é o Conselho Regional, regulado nos artigos 20.º a 22.º do mesmo diploma.

Os respectivos sectores em que se decompõem as regiões constam dos vários artigos que as criam e delimitam. A matéria das secções ficou adiada para uma próxima legislação. Importa, ainda, sublinhar que a lei prevê, para as regiões, as Finanças regionais próprias, dotadas de verbas transferidas anualmente do Orçamento Geral do Estado (n.º 1) e de receitas derivadas da cobrança de taxas (n.º 2) todos do artigo 26.º do mesmo diploma.

[661] A Lei n.º 7/96 de 9 de Dezembro – Lei de Finanças Locais – viria a concretizar esta norma constitucional.

[662] Cfr. SOUSA FRANCO, *Finanças Públicas...*, p. 213; e *Direito Financeiro e Finanças Públicas*, Vega, Lisboa, 1982, p. 104.

Sem embargo, a autonomia das entidades infra-estaduais é temperada com o exercício de tutela administrativa (artigo 112.º, n.º 2 CRGB) e inspectiva, visando apenas a verificação do cumprimento da legalidade dos órgãos das Autarquias locais, nos casos e segundo as formas previstos na lei, e serão exercidas pelos Ministérios da Administração Territorial e das Finanças.

2. A LEI DE BASE DAS AUTARQUIAS LOCAIS

A Lei de Base das Autarquias Locais[663] define as atribuições e competências dos órgãos locais. Esta constitui, portanto, a pedra basilar da autonomia, sobretudo, administrativa das entidades infra-estaduais. Trata-se de uma lei que vem delimitar a esfera de actuação das entidades territoriais menores, no intuito de evitar a justaposição das suas competências com as da entidade central. Lê-se no próprio Preâmbulo do mesmo diploma legal.

Na esteira da nossa Lei Fundamental, a LBAL não delimitou as atribuições das Autarquias locais. Procurou-se, sim, delimitar as competências dessas entidades nos artigos 11.º (competência da Assembleia Municipal), órgão deliberativo e 23.º (competência da Câmara Municipal), órgão executivo, todos do Poder Local, através de uma enumeração, que leva a crer, taxativa das competências dos respectivos órgãos autárquicos.

Por isso mesmo, cremos que as atribuições dessas entidades são aferidas de acordo com as competências constitucionais ou legais que lhes são cometidas para a satisfação das necessidades das respectivas populações. Entre elas, destacam-se as seguintes: habitação, estrada e água e electricidade. Curioso é verificar que não se encontra menção expressa as matérias, como por exemplo, da saúde; da educação; do ensino; do desporto; da cultura; etc. Pergunta-se se estas escapam ao núcleo deixado às entidades infra-estaduais, ou seja, requerem a intervenção da Administração central. Será que não são consideradas de interesse próprio das respectivas populações? Ou apenas estamos na presença daqueles interesses

---

[663] Lei n.º 5/96, de 16 de Setembro, aprovada em 29 de Maio e promulgada em 9 de Setembro do mesmo ano, visa essencialmente disciplinar o âmbito de actuação das entidades territoriais menores, ao delimitar as suas atribuições e competências e, consequentemente, por via negativa, as do Estado-administração central.

que, apesar de serem próprios das populações locais, não deixam de, todavia, serem também nacionais, portanto, deixados a cargo dos órgãos centrais[664]. Tudo indica que esta última hipótese é a que impera.

Contrastando com a solução da LBAL, a LFL, no seu artigo 14.º, prevê os contratos-programas no âmbito do desenvolvimento municipal e regional em sectores discriminados[665]. A enunciação exaustiva dos sectores alvo de coordenação demonstra que tais sectores se enquadram, também, no âmbito das atribuições das Autarquias locais, e devem ser prosseguidas de acordo com os legítimos interesses das respectivas populações em total sintonia com as autoridades centrais.

Para além da delimitação expressa das matérias de competência das Autarquias locais no seu conjunto, sem qualquer especificação da categoria autárquica, podemos encontrar, ainda, na Lei de Bases, a matéria relativa à tutela administrativa, a exercer pelo Governo central, consistindo na verificação do cumprimento da lei e dos regulamentos por parte dos órgãos das entidades locais e do funcionamento dos seus serviços, bem como a aplicação das sanções, quando houver lugar. É a chamada *tutela administrativa* e *inspectiva de legalidade*, conforme o artigo 112.º, n.º 2 CRGB. A concretização desta ideia encontra-se na Lei n.º 5/96, relativa às bases gerais e o seu exercício está prevista na mesma (cfr. respectivamente os artigos 28.º e 29.º LBAL), bem como na Lei n.º 3/97, de 7 de Abril, respeitante à Tutela do Estado sobre as Autarquias Locais.

---

[664] A nossa posição acompanha de perto a de SÉRVULO CORREIA e FREITAS DO AMARAL. Vide, do primeiro autor, *Legalidade e autonomia...*, p. 265.

[665] Reza o artigo 14.º da Lei de Finanças Locais:

"1. Os Municípios, Associações de Municípios e Empresas concessionárias de serviços públicos municipais poderão celebrar com a Administração Central contratos-programas no âmbito do desenvolvimento municipal e regional, nos seguintes sectores: a) Saneamento básico; b) Construção e reparação de edifícios-sede de municípios; c) Ambiente e recursos naturais; d) Infraestruturas de transportes e comunicações; e) Promoção de desenvolvimento económico das populações; f) Ensino e Juventude; g) Habitações sociais; h) Saúde de base.

2. Anualmente o Governo inscreverá verbas de forma determinada no Orçamento Geral de Estado, no âmbito do programa de investimento público, destinadas ao financiamento de projectos das autarquias locais que venham a ser objecto de contratos-programas.

3. A definição das regras a que ficam sujeitas as celebrações de contratos-programas, assim como os critérios de selecção dos projectos dos municípios serão objectos de Decreto-Lei, salvaguardando-se a preferência pelos projectos de desenvolvimento intermunicipal."

A tutela funciona como uma limitação, *a posteriori*, da autonomia de actuação das Autarquias locais. Contudo, essa limitação é apenas de legalidade e não de mérito, caso em que seria muito gravosa para a liberdade de decisão e, por conseguinte, para a autonomia destas entidades. Estabeleceu-se assim um regime jurídico flexível, deixando um espaço de manobra, ao permitir que as intervenções das entidades tutelares em matéria da actuação das entidades locais se dá sob a forma de *"inspecções, inquéritos e sindicâncias aos órgãos e serviços das Autarquias locais"*, nos casos devidamente mencionados na lei, visando *"averiguar o cumprimento das obrigações impostas por lei"*, conforme se pode ler, respectivamente, nos n.ºs 1 e 3 do artigo 28.º LBAL (cfr. também artigos 3.º e 4.º Lei n.º 3/97).

Em suma, o sistema de tutela criado privilegia, primeiro, a actuação dos órgãos autárquicos, isto é, confere-lhes uma liberdade de actuação e só depois a sua verificação em matéria do cumprimento da lei. A solução, assim, adoptada teria o inconveniente de permitir a consumação das ilegalidades, desde que dirigida não aos actos dos órgãos da administração local, mas sim às pessoas e órgãos[666] que, em determinado momento, exercem os poderes. Contudo, parece-nos a mais acertada, em homenagem ao princípio da autonomia do Poder Local e ao respeito pelo autogoverno das populações locais, porque de outro modo, ficaria minada essa mesma autonomia e esvaziado de conteúdo o desiderato constitucional em que se fundamenta.

Em matéria de sanções aplicáveis às entidades infra-estaduais ou seus órgãos, a Constituição, no seu artigo 116.º, comina com pena de dissolução dos órgãos autárquicos, os casos de prática de actos ou omissões contrários à lei. Os dois únicos artigos (28.º e 29.º) que compõem o Capítulo III da LBAL, relativo à Tutela Administrativa, não prevêem nenhuma sanção aplicável no uso da competência ou do poder tutelar do Governo. Observamos, contudo, que a lei obriga a entidade tutelar à participar ao Ministério Público, junto dos tribunais competentes, quaisquer irregularidades que possam enfermar de vícios os actos praticados pelos órgãos autárquicos, de acordo com o artigo 29.º, al. c). Este só nos diz que há necessidade de desencadear o processo para a eventual cominação com

---

[666] Nesse sentido vai a conclusão de ANTÓNIO CÂNDIDO DE OLIVEIRA, *Direito das Autarquias locais*, p. 300. Para o autor, este sistema não permite "remediar na maior parte das vezes as ilegalidades cometidas".

sanções os actos dos órgãos ou seus membros, bem como sancionar os respectivos infractores, se for o caso.

A lei atribui a entidade tutelar apenas o dever de participação das (possíveis) irregularidades, não estando ao seu alcance a aplicação de sanção, quando a isso houver lugar. É pacífico na doutrina e na jurisprudência que a aplicação de sanções é algo inerente ao poder tutelar, sobretudo quando a actuação judicial, sendo muito lenta, se torna incompatível com a urgência de certas medidas, que, se não forem tomadas, atempadamente comprometem seriamente a gestão eficaz dos assuntos de uma colectividade.

Entretanto, compreende-se a razão de ser da opção do legislador ordinário, uma vez que em causa estão pessoas colectivas com autonomia e independência, com órgãos próprios eleitos democraticamente; devendo, portanto, serem sancionados no final de um processo judicial – e não administrativo – que admite contraditório.

Não obstante, encontramos na Lei de tutela (Lei n.º 3/97) os casos em que os comportamentos activos ou omissivos dos membros dos órgãos autárquicos ou do próprio órgão são sancionáveis. Estamos a referir-nos, em particular, ao artigo 8.º (Sanções), que estabelece o seguinte: *"A prática, por acção ou omissão, de ilegalidade no âmbito da gestão autárquica pode determinar, nos termos previstos na lei, perda de mandato, se tiverem sido praticadas individualmente por membros de órgãos autárquicos, ou a dissolução do órgão, se forem resultado de acção ou omissão deste"*, reguladas, respectivamente, nos artigos 9.º a 12.º (perda de mandato) e 13.º a 15.º (dissolução do órgão).

3. A LEI DAS FINANÇAS LOCAIS

Dissemos *supra* a propósito do federalismo financeiro que o modelo de organização constitucional adoptado no plano financeiro mais não é do que uma forma de autonomia que pode ser considerada, mesmo que impropriamente, a *independência financeira das Autarquias locais*, as *finanças locais*, face ao poder financeiro do Estado-administração central. Esta abarca um vasto campo da actividade financeira, traduzida na existência de finanças separadas relativamente às finanças centrais, abrangendo a autonomia organizacional, patrimonial, orçamental e, de certa forma, tributária.

Esta forma de encarar a relação financeira entre a administração central e a administração local caracteriza a transferência de atribuições e competências, através de um processo de descentralização territorial, cujo vector fundamental é o das receitas fiscais, às quais se aplica o princípio de que as receitas cobradas ou arrecadas nos Municípios, bem como as que lhes são atribuídas, por lei, são receitas locais. Por outras palavras, a *municipalização das receitas* a pensar precisamente na *municipalização das despesas*, como consequência da transferência de serviços e a municipalização territorial e finanças separadas. Decorre disso a necessidade das receitas próprias destas entidades acompanharem a evolução das respectivas despesas. A não ser assim, ficaria comprometida a autonomia financeira local e, por conseguinte, a independência política dos órgãos do Poder Local do Estado.

A intenção política, traduzida na criação de um quadro legal propício à existência de entidades locais, dotadas de autonomia financeira não passa, até ao presente, de um projecto que carece de realização, pois ainda não encontramos a sua manifestação, *maxime* a eleição de órgãos locais que asseguram o autogoverno das populações locais. Teme-se, no entanto, que a existência dessa autonomia possa vir a produzir resultados negativos, traduzidos em desequilíbrios financeiros que complicam ainda mais a situação do "país nacional". Assim, no sentido de os prevenir, consagrou-se uma forma de articulação com as finanças centrais, nos termos do artigo 110.º, n.º 2 CRGB, através de um regime de finanças locais que visa uma justa repartição dos recursos pela administração central e administração local e a necessária correcção de desigualdades entre as autarquias.

O legislador ordinário, ao seguir de perto as aspirações do legislador constitucional, consagrou na LFL, um sistema em que o financiamento da descentralização financeira – aliás outra coisa não seria de esperar sob pena de camuflar a situação e não haver razões que justificam o processo de descentralização – é feito por via tributária e assenta na conjugação de receitas próprias pertencentes às entidades infra-territoriais com a atribuição de transferências estatais, com o objectivo de, entre outros, procurar a igualização económica entre as parcelas do território nacional; a redistribuição de riqueza e desenvolvimento local, não alcançável através de receitas cobradas localmente; etc. Numa palavra, tudo isso tem subjacente o princípio da solidariedade nacional.

O sistema de finanças separadas – sem embargo de ainda não ser testado –, dada a fragilidade do tecido económico-social do país no seu todo, coloca questões, nomeadamente quanto à estabilidade e previsibilidade do auto-financiamento local das despesas públicas, cuja eventual insuficiência será complementada com o sistema de cooperação que também encontra expressão constitucional, sem o qual corre-se o risco de os Municípios com mais peso, sobretudo político e económico, beneficiarem de um nível de desenvolvimento à custa dos Municípios com reduzido peso e pouca expressão a nível nacional.

Repare-se num dado particularmente crónico do Sistema Fiscal guineense: uma (quase) ausência e uma falta de diversidade da base tributável não asseguram os meios financeiros necessários à realização das despesas gerais do Estado (em sentido lato). A mesma questão, para nós, tem actualidade e acuidade no sistema de finanças próprias das entidades territoriais menores num contexto marcadamente carente de estruturas económico-sociais, como é o país em geral, agravada ainda mais no tangente às parcelas do território que compõem o todo nacional.

Isto é, teme-se que as desigualdades das parcelas territoriais possam traduzir-se num factor destabilizador do sistema fiscal, se não se precaver com esquemas legais claros e estáveis que permitam uma igualdade efectiva das autarquias, através de diferenciação das políticas nacional e municipal de financiamento que toma em devida atenção as necessidades de financiamentos em co-responsabilidade dos órgãos municipais, através de receitas próprias e órgãos centrais, mediante transferências orçamentais devidamente pré-determinadas e pré-estabelecidas com base em critérios previamente traçados. Em todo este processo, não se deve descurar a questão da insularidade de algumas parcelas do território nacional, sobretudo o arquipélago dos Bijagós e as ilhas de Pexice e Geta, cuja situação geográfica (insular) reclama uma atitude político-financeira diferenciada.

A lei n.º 7/96, de 9 de Dezembro – Lei das Finanças Locais – dá corpo ao diploma financeiro de grande relevância em toda a história do constitucionalismo guineense, ao materializar os desideratos constitucionais constantes dos artigos 105, n.º 1, e 110.º e relativas às autonomias administrativa e financeira, principalmente esta última, de suma importância para o nosso estudo. Trata-se de uma lei dotada de pretensão muito descentralizadora que socorre das transferências financeiras e das receitas próprias para financiar o funcionamento, em termos independentes, dos Municípios. Acresce a estas a expressa consagração da proibição da prática de subsídios e comparticipações financeiras nas despesas da administração local pela administração central (cfr. artigo 10.º LFL). É preciso dizer que estas duas considerações acabadas de fazer (quanto aos fluxos financeiros a canalizar e a proibição de subsídios e comparticipações) são importantes e constituem os parâmetros para a medição do grau de autonomia, mormente, financeira das entidades locais.

Nesta fase em que se prepara – tudo leva a crer que, ultrapassado o conflito militar que nos últimos meses têm violentado o país, se irá dar o primeiro e importante passo decisivo para o cumprimento dos preceitos constitucionais em matéria da administração local, com a realização das primeiras eleições autárquicas na história do país – para a criação de condições que permitam uma efectivação da LFL, importa, também, ter presente um outro facto crónico na sociedade guineense, e que hoje afecta um número muito considerável de países – a crise financeira, que nos parece pouco encorajadora para este tipo de experiência.

O legislador ordinário teve o cuidado de precisar quais são as receitas tributárias próprias das entidades locais (incluindo as derramas) e as transferências provenientes do Fundo de Equilíbrio Financeiro, FEF, respectivamente, artigos 3.º, 5.º e 6.º LFL. Diga-se que outra receita tributária dessas entidades está prevista no artigo 8.º, as taxas municipais. Por fim, pensa-se com algum significado, constam as receitas creditícias, no artigo 9.º da mesma lei. Remetemos o tratamento destas e outras matérias para o ponto da matéria relativo aos recursos próprios das Autarquias locais.

Tal como na Lei de Base das Autarquias Locais, a Lei de Finanças Locais consagrou a Tutela Inspectiva no seu artigo 16.º, a exercer através da Inspecção-Geral das Finanças. A esta cabe fiscalizar a legalidade da gestão patrimonial e financeira das autarquias (n.º 1). Refira-se também que, nesta matéria, pode o Governo ordenar inquéritos ou sindicância, mediante queixa ou participação devidamente fundamentada (n.º 2) todos do mesmo artigo. Trata-se de um tempero *a posteriori* da autonomia financeira das entidades locais.

4. A AUTONOMIA FINANCEIRA DAS AUTARQUIAS LOCAIS

A noção da autonomia financeira das Autarquias locais constitui uma garantia da existência da autonomia local[667], isto é, fundamenta a existên-

---

[667] Segundo ALFREDO JOSÉ DE SOUSA, "Controlo orçamental e instrumentos...", p. 16: "(...) é a autonomia financeira, o pressuposto da autonomia das autarquias

cia dessas colectividades, cujos órgãos representativos são eleitos democraticamente. São dotadas de atribuições e competências próprias para decidirem da gestão dos seus negócios. Significa, portanto, a capacidade de realização das despesas públicas através das receitas próprias, sem se submeter ao governo central. Numa palavra, a capacidade de decisão de empregar os seus recursos próprios[668].

Resumidamente, entendemos que a autonomia financeira das entidades territoriais menores é sinónima da atribuição de recursos financeiros (mormente, as receitas próprias) suficientes às entidades autónomas, bem como a capacidade de intervenção nas próprias receitas[669]. Nesses termos, parece-nos que o cerne da autonomia financeira está, de um lado, na cobertura integral das despesas públicas com receitas públicas, as designadas receitas próprias; de outro, no poder de decisão dos órgãos autárquicos quanto à evolução dessas mesmas receitas[670].

Resulta disso a necessidade de equilíbrio entre as atribuições e os recursos financeiros dessas mesmas entidades, na sua falta, eventualmente, será colmatado mediante o aumento dos impostos (se tiverem a capacidade de intervenção, o poder económico[671]) e taxas. Estas soluções

---

locais". O sublinhado não é nosso. Trata-se de uma transcrição *ipsi verbis*. Vide também, entre outros, ANTÓNIO CÂNDIDO DE OLIVEIRA, *O Direito das Autarquias locais*, p. 286; ISABEL COBAÇO NUNES, *A autonomia financeira dos Municípios portugueses*, Lisboa, 1987, pp. 1 e ss.; FREDERICO MACIEL, "Autonomia financeira e poder económico das autarquias", in RAL, n.º 128, Lisboa, 1992, pp. 169 e ss.

[668] A autonomia é referida por SIMON ACOSTA como a "possibilidad que tiene un ente público, que se incardina dentro de un Estado soberano, de emenar normas jurídicas que integran un ordenamiento particular reconocido por el ordenamiento estatal soberano". Para o Prof. FERREIRO, a autonomia significa "recursos propios y capacidad de decisión sobre el empleo de estos recursos". Vide ANA MARIA PITA GRANDAL, "*La problemática de las relaciones entre la Hacienda Local y la Hacienda Estatal*", in a *Problemática da tributação local "local tasación"*, Comunicações, Seminário organizado pelo CCRC com a colaboração da OCDE, em Abril de 1988, Coimbra, 1989, p. 186.

[669] Ao conjunto destes dois factores FREDERICO MACIEL designou Autonomia financeira das autarquias. Vide "*Autonomia financeira e poder económico das autarquias (conclusão)*", in RAL, n.º 128, 1992, p. 309.

[670] ISABEL COBAÇO ANTUNES, *A autonomia financeira...*, pp. 2 e 3, citando o Ilustre economista francês, PIERRE LALUMIÈRE.

[671] FREDERICO MACIEL, "*Autonomia financeira... (conclusão)*", p. 310 considera que o poder económico das autarquias mede-se "pelas receitas e fontes de financiamento... pela capacidade de intervenção para alterar essas mesmas receitas" e ainda "no peso das

reflectem-se na situação económico-financeira dos contribuintes (custos económico-sociais), podendo, até, provocar consequências eleitorais imprevisíveis (custos políticos). Por isso mesmo, geralmente, os governantes preferem não aumentar os impostos locais, mas sim recorrer aos empréstimos normal ou extraordinário.

A autonomia financeira das Autarquias locais traduz-se, basicamente, nos seguintes poderes concedidos aos seus órgãos para a elaboração e aprovação[672] do orçamento, a autonomia orçamental; elaboração e aprovação de balanços e contas, a autonomia de contas; disposição das receitas próprias, orientação e processamento das despesas e arrecadação das receitas atribuídas por lei, a autonomia financeira (*strictu senso*); e, por último, gestão patrimonial, a autonomia patrimonial.

Os recursos financeiros das entidades locais são dominados por determinados princípios[673], tal como (alguns) se apresentam no subsistema fiscal autárquico. E, em matéria de gestão financeira dois instrumentos financeiros, afiguram-se importantes: o *plano anual de actividades* (espelha, como o nome indica, todas as actividades a desenvolver pelo executivo durante o ano para que foi concebido e aprovado, o que não significa que não pode existir planos plurianuais) e o *orçamento*, a previsão

---

receitas passíveis de alteração directa por parte do município relativamente ao valor global das receitas orçamentadas".

[672] Este poder tem subjacente a faculdade de alterar o próprio orçamento pelo órgão competente.

[673] Estes princípios são: 1) devem ser adequados às competências (constitucional e legal) conferidas a essas entidades, pois, de outra forma, não se conceberia a concretização destes comandos sem meios financeiros suficientes; 2) devem obedecer a evolução das competências, de modo a acompanhar a evolução real dos seus custos de exercício. Para isso, devem ser diversificados e evolutivos; 3) a definição legal dos limites em matéria de poder tributário não deve obstar a que a repartição dos encargos locais se organize e efective, em termos de responsabilidade relativa; 4) a atribuição de subsídios para aplicação específica não deve impedir a liberdade de opção no domínio da competência própria; 5) deve existir acesso livre, embora condicionado pela lei, ao mercado de capitais, a fim de captar os recursos necessários ao financiamento das despesas de investimento; 6) a necessidade de serem consultadas no momento da elaboração das legislações em matéria de recursos financeiros, numa lógica de reforço do poder económico dessas entidades; 7) as prioridades na fixação das despesas devem ser da livre apreciação dos órgãos autárquicos; 8) o controlo dos actos respeitantes às actividades financeiras dessas entidades deve cingir-se unicamente a questões de legalidade. Vide ISABEL COBAÇO ANTUNES, *A autonomia financeira...*, pp. 2 e 3.

das receitas a cobrar e as despesas a realizar durante o ano económico; este último permite, portanto, a concretização das atribuições consagradas no plano anual/plurianual de actividades.

A elaboração do orçamento, de forma devidamente cuidada e de acordo com as regras e princípios legalmente previstos, nomeadamente, nos artigos 1.º a 7.º LEOGE, constitui um meio de facilitar a fiscalização financeira. A sua execução, compreendendo a sua alteração, é orientada por dois grandes princípios: o da *racionalização das despesas* e da *melhor gestão de tesouraria* (artigo 14.º). São estes princípios que devem nortear a realização das despesas orçamentadas. Significa isso que não pode ser efectuada nenhuma despesa que não seja *"suficientemente discriminada"* e que não respeite os requisitos da *"eficácia, eficiência e pertinência"* (artigo 16.º, n.ºs 1 e 2) todos Lei n.º 3/87.

Tanto o orçamento como o plano anual de actividades podem ser alterados ou revistos. Porém, não são esclarecedoras as redacções dos artigos. Assim, enquanto a al. e), n.º 1, artigo 11.º reza: *"Compete à Assembleia Municipal: Aprovar o plano anual de actividades e o orçamento, bem como as **revisões** a um e a outro, propostos pela Câmara Municipal"*; a al. a), n.º 2, artigo 23.º dispõe: *"Compete à Câmara Municipal: Elaborar e propor a aprovação da Assembleia Municipal o programa anual de actividades e o orçamento, bem como as **alterações** a um e a outro e proceder a sua execução"*.

Da leitura articulada destes dois artigos inferem-se os seguintes aspectos:

1. foi empregue em sinonímia as expressões plano/programa anual de actividades, para significar uma mesma realidade: o plano anual. Este compreende, pois, a organização e estruturação de objectivos, programas, projectos e acções[674] a desenvolver pelo órgão executivo, a Câmara Municipal. É, portanto, o quadro que retrata toda a actividade económica, no caso concreto, das Autarquias locais, e encontra a sua expressão no orçamento[675]; donde entendemos que abrange os próprios programas;

---

[674] Deduz-se das palavras de ALFREDO JOSÉ DE SOUSA, *"Controlo orçamental e instrumentos..."*, p. 18 quando refere " (...) pelo que serão essas que em primeira linha devem ser tidas em conta nos objectivos e programas do plano de actividades".

[675] Estes dois documentos são simultâneos conforme decorre dos artigos em análise. Trata-se de um regime dualista, pois, neles intervém dois órgãos distintos: o executivo que os elabora e o deliberativo que os aprova. *Vide* a relação entre estes documentos em SOUSA FRANCO, *"Sistema financeiro e..."*, pp. 504-506.

2. a elaboração e proposta do plano anual de actividades e do orçamento, a correcção das previsões anteriormente feitas e constantes desses documentos, para fazer face às conjunturas do momento de execução orçamental, compete à Câmara Municipal, nos termos do artigo 23.º, n.º 2, al. a), e a sua aprovação, da competência da Assembleia Municipal, conforme a al. e), n.º 1, artigo 11.º, todos da LBAL;

3. o artigo 11.º refere somente a *aprovação* e *revisões* do plano anual de actividades e orçamento pela Assembleia Municipal, e omite qualquer referência à possibilidade de *alterações* – a não ser que sejam enquadradas nestas – dos mesmos. Enquanto que o 23.º está dirigido apenas às propostas de *aprovação* e *alterações* desses instrumentos pela Câmara Municipal feita à Assembleia Municipal, sem menção das *revisões*. Um e outro deixam de lado um dos aspectos importantes ligado à dinâmica desses instrumentos de gestão financeira: ou as alterações ou as revisões, o que nos faz pensar que as duas expressões foram utilizadas, também, em sinonímia, para significar uma mesma realidade, as modificações aos instrumentos de gestão financeira depois de aprovados pelo órgão competente: a Assembleia Municipal.

Convém explorar estas questões, que nos parecem muito interessantes e possíveis de serem tratadas separadamente, tal como fez ALFREDO JOSÉ DE SOUSA[676]. De acordo com as indicações do autor, depreende-se que as duas figuras podem ser diferenciadas consoante se trata da inclusão de novos projectos (revisão do plano), o que obriga a intervenção do órgão deliberativo, ou a sua modificação (alteração ao plano); ou o aumento global das receitas (revisão orçamental), requerendo a intervenção da assembleia deliberativa, ou o não aumento das mesmas (alteração orçamental), caso em que, em princípio, dispensa a intervenção do órgão deliberativo.

4. numa primeira leitura, uma conclusão parcial parece-nos possível tirar com toda a segurança: a aprovação desses dois instrumentos de gestão financeira é da competência do órgão deliberativo, cuja legitimidade assenta na sua eleição através de sufrágio universal, directo e secreto dos cidadãos residentes (artigo 111.º, n.º 2 CRGB). E a sua elaboração compete ao órgão executivo [artigo 23.º, n.º 2, al. a) LBAL], também eleito democraticamente (artigo 114.º, n.º 2 CRGB), como ficou dito acima. Ambos os artigos da LBAL apontam nesse sentido;

---

[676] *"Controlo orçamental..."*, pp. 17-18.

5. ficam, porém, dúvidas quanto à redacção do preceito do artigo 23.º LBAL. Este parece inculcar a ideia da pretensão do legislador em subtrair as alterações (do plano e orçamento) à competência da assembleia deliberativa, ao não as incluir no artigo 11.º, deixando as revisões sob a sua alçada. Enveredar por esta solução seria acolher o entendimento de que estas, regra geral, implicam aumento da despesa global para fazer face às despesas inadiáveis, não previstas ou dotadas de verbas insuficientes (revisão do orçamento), ou, inclusão de novos projectos (revisão do plano), de molde a corrigir as previsões anteriormente feitas e constantes do documento financeiro, bem como para fazer face as conjunturas do momento de execução orçamental. Por outro lado, parece que a intenção é retirar ao executivo a possibilidade de propor revisões desses instrumentos, o que consideramos de uma extrema imprudência, e afasta a ideia acabada de aduzir, uma vez que somente é defensável na medida em que justifica plenamente que a iniciativa das modificações consideradas convenientes, a fim de adequar a execução orçamental ou do plano a situação concreta, resulta do órgão executivo;

6. isso é verdade na parte que diz respeito às alterações, uma vez que se trata de modificar os projectos já aprovados (alteração do plano) ou porque não originam aumento global de despesas orçamentadas[677] (alteração do orçamento); nessas circunstâncias, entendemos não se justifica a intervenção do órgão deliberativo, o que não quer significar que este não possa ser ouvido e manifestar a sua opinião, pois nada o proíbe, muito embora não nos pareça que seja recomendável, nas situações em que a urgência se torna incompatível com as demoras de um processo burocrático e financeiro, ou até mesmo porque não causam quaisquer desvirtuamentos ao orçamento inicialmente aprovado;

---

[677] É sabido que em matéria do orçamento das despesas públicas vigora o *princípio da tipicidade quantitativa*, ou seja, na execução orçamental o montante das despesas não pode exceder o limite máximo previsto, conforme o artigo 16.º, n.º 1: "... *dotações orçamentais constituem o limite máximo a utilizar na realização das despesas*". No entanto, a evolução da conjuntura económica pode aconselhar que sejam introduzidas alterações no montante das despesas previstas no orçamento, a fim de melhor se adequar aos objectivos a prosseguir (artigo 18.º) todos da Lei n.º 3/87. Determinados factos, como, por exemplo, a necessidade de realizar "*despesas não previstas e inadiáveis ou reforço de verbas com contrapartida em dotação provisional*" (n.º 1 do mesmo artigo 18.º), justificam modificações das previsões do Governo. Para mais desenvolvimentos desta temática, vide OLÍVIO AUGUSTO MOTA AMADOR, "*Das alterações orçamentais*", in RTC, n.ºs 13/14, Lisboa, 1992, pp. 21-73; também, ALFREDO JOSÉ DE SOUSA, *Controlo orçamental e instrumentos...*, pp. 16-17.

7. nos casos de revisão do plano, requerendo a inclusão de nos projectos e/ou revisão do orçamento, em virtude de traduzirem um aumento global das despesas orçamentadas, ela implica alteração ao plano anual, apelando, por conseguinte, à intervenção dos órgãos deliberativos camarários, nos mesmos moldes procedimentais para as suas aprovações;

8. pensamos, por outro lado, que a utilidade prática dessas normas legais se prende com a delimitação no tempo, de forma lógica, da intervenção dos órgãos autárquicos: a iniciativa da elaboração e proposta do plano de actividades e do orçamento cabe ao órgão executivo; logicamente a proposta de alteração ou de revisão, como não podia deixar de ser, deve caber ao próprio órgão que procedeu a sua feitura. Isto é, da mesma forma que o órgão deliberativo não pode aprová-los sem que haja uma proposta do executivo, também não os pode alterar ou rever senão por iniciativa de quem os apresentou e se encontra em melhores condições para avaliar a necessidade da sua alteração ou revisão[678];

9. de tudo o que vimos de dizer, resultam as seguintes conclusões: *primeira*, a iniciativa da elaboração, proposta de apresentação, alteração e revisão do plano anual de actividades e do orçamento pertencem à Câmara Municipal; e, à Assembleia Municipal, cabe aprovar ou não de acordo com o entendimento formado; *segunda*, pensamos que nem sempre se justifica a intervenção do órgão deliberativo camarário (como referimos em 6); *terceira*, como se pode inferir das leituras dos dois artigos da LBAL, o legislador ordinário, pensa-se, empregou as duas figuras como sinónimas, o que, na ausência de um regime que regula as alterações e revisões dos instrumentos de gestão financeira das autarquias, mormente as matérias de competência do executivo (isoladamente, sem necessidade de intervenção da assembleia deliberativa) e aquelas outras que devem ser aprovadas por esta, nos deixa algumas dúvidas, embora dissipadas com a aplicação, provisoriamente (cfr. o n.º 1 do artigo 13.º LFL), do diploma regulador das actividades financeiras da administração central, com a condicionante do artigo 18.º, n.º 5 da Lei n.º 3/87.

---

[678] Problema diferente é a de saber se e em que medida está vinculada a Assembleia deliberativa às propostas da Câmara Municipal. Isto é, se o órgão deliberativo pode ou não extravasar o âmbito da proposta de alteração apresentada pelo executivo. Entendemos que não, pela simples razão da estabilidade na execução do orçamento, sem embargo do *direito de emenda* à proposta de alteração do orçamento que – repetimos – deve cingir-se unicamente ao conteúdo da proposta de alteração.

Questão diferente destas é o *direito de emenda*[679] que assiste aos deputados, ainda na fase da discussão da proposta de orçamento (e do plano anual de actividades) apresentada pelo executivo, a Câmara Municipal, de propor as alterações que acharem oportunas. Este direito pode ser enquadrado no âmbito mais vasto do poder de aprovação (ou não) da previsão feita pelo executivo municipal. Na nossa ordem jurídica, não encontramos referência expressa desse direito. Mas também não nos parece necessária, por se entender que, com a apresentação da proposta, o conteúdo do orçamento fica na disponibilidade, neste tocante, da Assembleia Municipal. Isto é, está implicitamente contido na faculdade de aprovação ou de rejeição da proposta de orçamento. O mesmo se diga relativamente à proposta de alteração do orçamento. Contudo, entendemos que o limite desse direito está no não desvirtuamento dos instrumentos de gestão financeira por parte dos deputados, devendo, portanto, restringir-se apenas às rubricas orçamentais incluídas.

Depois de analisadas as normas legais que regem as matérias das alterações e revisões dos instrumentos de gestão financeira, o orçamento e o plano anual de actividades, propomos uma breve passagem por algumas matérias conexas. Começamos por dizer que a questão das alterações orçamentais entronca com o problema do relacionamento entre o órgão executivo e órgão legislativo. Regra geral, as intervenções do Parlamento e do Governo estão em função das respectivas competências próprias.

Relativamente à nossa ordem jurídica encontramos, a nível nacional, referências expressas quanto à repartição de competências financeiras entre o órgão legislativo e executivo no artigo 18.º da Lei n.º 3/87[680]. Da

---

[679] *Vide,* os desenvolvimentos de OLÍVIO AUGUSTO MOTA AMADOR, "*Das alterações orçamentais*", pp. 68-70.

[680] O artigo 18.º (*Alterações orçamentais*), Capítulo III, da Lei de Enquadramento do Orçamento Geral de Estado, Lei n.º 3/87, de 9 de Junho, publicado no BO n.º 23, da mesma data, dispõe:

"*1. As alterações que impliquem aumento da despesa total do Orçamento Geral do Estado ou dos montantes de cada sector orgânico, ao nível do Ministério, só poderão ser efectuadas por decreto-lei do Conselho de Estado.*

2. Exceptuam-se do disposto no número anterior as despesas não previstas e inadiáveis, para os quais o Governo pode efectuar inscrições de verbas com contrapartida em dotação provisional a inscrever no orçamento do Ministério das Finanças, destinada a essa finalidade.

3. Exceptuam-se do regime consignado nos números anteriores as verbas relativas

leitura dos n.ºs 1 e 2, sobretudo, podemos tirar a seguinte ilação: as alterações orçamentais que implicam um aumento da despesa total do OGE ou dos montantes de cada sector orgânico, ao nível do Ministério só poderão efectuadas, mediante a intervenção da ANP, conforme o n.º 1; excepção feita às *"despesas não previstas e inadiáveis, para os quais o Governo poderá efectuar inscrições ou reforço de verbas..."* (n.º 2). Diga-se ainda que algumas alterações orçamentais fogem aos regimes acabados de apontar. São as que constam dos n.º 3, *"... as verbas relativas às contas de ordem, cujos quantitativos podem ser alterados automaticamente até à concorrência das cobranças efectivas e receitas"*, e 4, *"... as despesas que, por expressa determinação da lei, possam ser realizadas com utilização de saldos de dotações de anos anteriores, bem como as despesas que tenham compensação em receitas"*.

As alterações e revisões ao orçamento devem ser aprovadas pela ANP (e Assembleia Municipal), exceptuando os casos previstos legalmente. É a conclusão que chegámos. *Vide, supra.* Por outro lado, estas questões bulem

---

às contas de ordem, cujos quantitativos de despesa podem ser alterados automaticamente até à concorrência das cobranças efectivas de receitas.
4. Exceptuam-se ainda do regime definido nos n.ºs 1 a 3 as despesas que, por expressa determinação da lei, possam ser realizadas com utilização de saldos de dotações dos anos anteriores, bem como as despesas que tenham compensação em receita.
5. O Governo definirá, por decreto, as regras a que deverão obedecer as alterações orçamentais que forem da sua competência".

Duas observações: a *primeira*, para dizer que a lei se refere apenas às alterações orçamentais, o que nos leva a admitir, com maior rigor, e reafirmar que o legislador ordinário usou as expressões "alterações" e "revisões" em sinonímia, tal como dissemos *supra;* a *segunda*, relativa ao disposto no n.º 1, *in fine*, do artigo acabado de citar: *"...só poderão ser efectuadas por decreto-lei do Conselho de Estado".* Este era concebido, antes da revisão constitucional de 1993, como órgão da ANP e assumia as competências e funções deste, nos intervalos entre as secções legislativas, sendo, portanto, responsável perante à Assembleia; e as suas decisões, entre outras, assumiam a forma de decretos-lei, respectivamente, artigos 62.º e 64.º, n.º 2 CRGB 1984, primonata versão. Lembre-se que a ANP reunia, em sessão ordinária, uma vez por ano (artigo 58.º, *primeira parte*), o que é, só por si, demonstrativo da razão da atribuição de competências financeiras ao Conselho de Estado, conforme o n.º do artigo 18.º da Lei n.º 3/87. Assim, numa interpretação actual, diríamos que esta competência integra o núcleo dos poderes financeiros que cabe ao órgão legislativo do poder político do Estado, a ANP.

Actualmente, o Conselho de Estado é um órgão político meramente consultivo do Presidente da República, nos termos do artigo 73.º CRGB, sem quaisquer poderes decisórios, morimente em matéria financeira.

com a distribuição de poderes financeiros entre os dois órgãos muito marcada pelos princípios da legalidade e da votação orçamental, respectivamente, limite da actuação do executivo na esfera de propriedade dos cidadãos e intervenção condicionada da actuação do executivo, de modo a impedir a realização de despesas sem um mínimo de controlo. Embora de discussão essencialmente a nível nacional as mesmas são aplicáveis também ao relacionamento entre os órgãos legislativos e executivos autárquicos.

Nos últimos tempos, tem-se verificado, nos diferentes ordenamentos nacionais, uma acentuada atenuação dos poderes parlamentares em matéria financeira em detrimento do Governo. Trata-se de uma das manifestações da crise do direito financeiro, justificada pela passagem das finanças clássicas para as finanças intervencionistas ou crise do Parlamento e a consequente valorização do Governo, como acentua OLÍVIO A. M. AMADOR[681].

Nesta ordem de ideias, uma questão vem a propósito: a quem compete legislar sobre o regime da elaboração e organização do orçamento das Autarquias locais? Colateralmente, pergunta-se qual(ais) a(s) consequência(s) da falta de aprovação atempada desses instrumentos?

Do elenco das tradicionais competências constitucionais dos órgãos legislativos (ANP e Governo, em certa medida), nada se pode apurar, no que tange à competência para legislar sobre o regime geral da elaboração e organização do orçamento das entidades territoriais menores, as Autarquias locais. Há, portanto, omissão[682] da Constituição, a quem compete,

---

[681] *"Das alterações orçamentais"*, pp. 63 e ss, principalmente, p. 65.

[682] Aliás, a mesma omissão constitucional se observa em relação à competência para legislar sobre o regime geral da elaboração e organização do orçamento da administração central, incluindo a organização da sua contabilidade. Para além dos preceituados, nesta matéria, nos artigos 85.º, n.º 1, al. g) CRGB: *"Compete à Assembleia Nacional Popular:... Aprovar o Orçamento Geral de Estado e o Plano Nacional de Desenvolvimento, bem como as respectivas leis"* e 100.º, n.º 1 al. c): *"No exercício das suas funções compete ao Governo:... Preparar o Plano de Desenvolvimento Nacional* – deve ler-se Plano Nacional de Desenvolvimento, tal como dispõe a al. c), n.º 1 do artigo 85.º – *e orçamento Geral de Estado e assegurar a sua execução"*, mais nada se adiantou relativamente à questão em análise.

Ora, ocorre perguntar: quais os princípios e regras que norteiam a preparação pelo Governo destes importantes instrumentos de gestão financeira? quem os criou? com que base constitucional? ou legal?

A tentativa de procurar uma explicação para o mesmo problema, leva-nos a questionar se a norma constitucional da al. c), n.º 1, do artigo 85.º, nomeadamente a parte final

no mínimo, distribuir a competência pelos órgãos normalmente competentes para legislar sobre matérias de suma importância. Normalmente, diga-se, devia integrar o conjunto de matérias da competência do órgão legislativo por excelência, a Assembleia Nacional Popular, como garantia constitucional da autonomia do Poder local. Parece-nos que houve, mais uma vez, imprudência do legislador constitucional, que não foi suficientemente hábil para criar um conjunto de normas coerente com o novo sistema instituído.

Mas, apesar de tudo, a Lei das Finanças Locais vem *colmatar* a lacuna no seu artigo 13.º, n.º 1, *primeira parte*, sob o título *Elaboração do Orçamento*[683], que estabelece o seguinte: "*A elaboração dos orçamentos e das contas das autarquias locais obedece as regras a estabelecer em Decreto-Lei...*", ou seja, na ausência de uma disposição constitucional – sublinhe-se que devia regular a matéria –, uma lei ordinária vem atribuir competência legislativa ao Governo, incumbindo-o de legislar sobre tais matérias! Enquanto não entrar em vigor o diploma do Governo, as regras

---

– "*bem como as respectivas leis*" –, deve ser interpretada no sentido de abranger não só a Lei de Orçamento do Estado (também a Lei do Plano Nacional de Desenvolvimento), aprovada anualmente, como também a Lei que regula o regime geral de elaboração e organização do orçamento do Estado, a Lei de Enquadramento do Orçamento Geral do Estado (LEOGE), passível de ser extensível também as Autarquias locais.

Parece-nos que não, por duas razões: *primeira*, são duas matérias diferentes, sem embargo de dizerem respeito a uma mesma realidade, o orçamento; sendo que os princípios e regras contidos na LEOGE devem ser vertidos na Lei do Orçamento; *segunda*, se fosse esta a intenção do legislador constitucional, ter-se-ia manifestado expressamente. Pelo que insistimos em que há uma omissão constitucional. Somente na Lei n.º 3/87 de 9 de Junho – que vimos fazendo referências –, encontramos a disciplina geral para o OGE, repita-se, aplicável, transitoriamente, ao Orçamento das entidades infraestaduais (cfr. artigo 13.º, n.º 1 LFL).

[683] Estabelece o artigo 13.º (Elaboração do Orçamento) da Lei de Finanças Locais:
"*1. A elaboração dos orçamentos e das contas das Autarquias Locais obedece as regras a estabelecer em Decreto-Lei, aplicando-se até à entrada em vigor das mesmas com as necessárias adaptações, a (L)lei de (E)enquadramento do Orçamento Geral do Estado do ano económico respectivo.*

2. O diploma previsto no número precedente, fixa a regra de classificação das despesas locais, tendo em consideração, nomeadamente, os seguintes factores:

    a) A categoria das Autarquias;

    b) A propriedade de inscrição de despesas nos orçamentos das autarquias;

    c) Critérios de distinção das despesas em correntes e de capital e qualificação económica e cada uma delas".

a aplicar, *mutatis mutandis*, são as mesmas constantes da Lei de Enquadramento do Orçamento Geral do Estado (a já conhecida Lei n.º 3/87). Por outro lado, encontramos, no artigo 2.º (*Princípios orçamentais*)[684] do mesmo diploma os princípios que devem nortear a elaboração do orçamento das entidades territoriais menores (aliás, os mesmos para o OGE: cfr. os artigos 1.º a 7.º da Lei n.º 3/87).

A única consequência prevista na lei, no caso de se verificar atrasos na aprovação do orçamento municipal diz respeito à limitação da capacidade de endividamento das entidades locais. No entanto, encontramos na Lei Fundamental, no artigo 116.º, anteriormente referenciado, um preceito geral que comina com a sanção de dissolução do órgão autárquico pela "*prática de actos ou omissões contrárias à lei*", matéria da competência da ANP. A verdade é que o legislador constitucional não se dignou fornecer indicações sobre as condições em que uma tal sanção pode ter lugar, isto é, quais os actos ou omissão considerados contrários à lei. Sem embargo, parece-nos óbvio que se trata de actuação ou omissão grave e comprometedora da continuidade em funções dos órgãos autárquicos justificativa de uma tal sanção, pois, de outra forma, seria desproporcional.

Disso fica implícita a ideia de que estas matérias seriam reguladas através de uma legislação posterior, nomeadamente uma lei reforçada, como é o caso da LBAL. Contra todas as expectativas, esta é omissa relativamente à matéria em análise, não obstante incumbir a tutela de determinar a realização das inspecções, inquéritos e sindicâncias aos órgãos e serviços autárquicos, em ordem ao apuramento da legalidade das suas actuações, conforme estabelecem os artigos 28.º e 29.º LBAL. Somos então levados a perguntar se as acções e omissões dos órgãos autárquicos sancionáveis com a dissolução a que a Constituição faz alusão abarca, porventura, a não aprovação atempada do orçamento por factos imputáveis aos órgãos autárquicos.

---

[684] Reza o artigo 2.º (*Princípios Orçamentais*) da Lei de Finanças Locais:
"*1. Os orçamentos das Autarquias Locais devem respeitar os princípios da anualidade, universalidade, especificação, não consignação e não compensação.*

2. O ano financeiro corresponde ao ano civil, podendo efectuar no máximo duas revisões orçamentais.

3. O princípio da não consignação, previsto no número 1, não é aplicável as receitas provenientes da cooperação entre a Autarquia e outras entidades externas, bem como as provenientes de contratos-programas, de doações, e outras liberalidades a favor das Autarquias".

Se se considerar que este facto é passível de se enquadrar dentro do acto omisso que coloca em perigo o normal desenvolvimento da vida autárquica, isto é, não permite que sejam implementadas as atribuições constantes do plano anual de actividades concebidas e aprovadas, o que nos parece o caso, entendemos que se enquadram perfeitamente na norma do artigo 116.º CRGB.

Mas a Lei sobre a tutela do Estado sobre as Autarquias locais, a Lei n.º 3/97, concretamente o seu artigo 13.º (*Dissolução dos órgãos autárquicos*), al. c), estabelece: "*Qualquer órgão autárquico pode ser dissolvido pela Assembleia Nacional Popular, ouvido o Governo:... Quando não tenha aprovado o Orçamento de forma a entrar em vigor até quarenta e cinco dias após a aprovação do Orçamento Geral do Estado, salvo a ocorrência de facto julgado justificativo e não imputável ao órgão em causa*". Este artigo vem impor três condições necessárias à efectivação da competência do órgão legislativo e de fiscalização política: a audição do Governo, a não justificação dos factos que atrasaram a aprovação do orçamento municipal e a sua imputação aos órgãos executivos camarários, contrariamente a Lei Fundamental que, sem mais, atribui tal poder à ANP.

A colocação do problema a nível nacional não muda, em nada, de figura, pois que, em regra, as alterações orçamentais podem ser efectuadas tanto pelo Parlamento como pelo Governo, como acabámos de demonstrar através do artigo 18.º LEOGE, por se tratar de um poder inerente a aprovação e execução (compreendendo os actos em que se traduz) do orçamento: aquele pertencente a ANP, este ao Governo, respectivamente, artigos 85.º, n.º 1, al. g) e 100.º, n.º 1, al. c) CRGB. O primeiro consiste no poder de aprovar ou rejeitar as opções constantes do documento financeiro e ainda de propor as alterações a proposta (direito de emenda); e o segundo mais não é do que a tradução de um conjunto de actos de cobrança de receitas e realização de despesas públicas.

As alterações orçamentais surge como uma necessidade de, após a aprovação do orçamento, introduzir as correcções na previsão feita anteriormente. Ao dar o seu consentimento ao Governo, a ANP estará a autorizar o documento que congrega as políticas financeiras para um determinado ano (aprovação do orçamento), enquanto que, com a modificação, estar-se-á a permitir que seja adaptada a previsão às conjunturas posteriores (alteração do orçamento). O conteúdo do orçamento cria para o Governo uma vinculação ao Parlamento quanto à matéria orçamental, sendo que o grau de vinculação depende do nível de especificação do orçamento: quanto mais abrangente for o voto parlamentar, menos liberdade de modificação orçamental tem o Governo, porquanto deve respeitar os mesmos procedimentos necessários para a sua autorização. Veja-se o caso das despesas públicas. A sua alteração deve seguir os mesmos processos que a sua aprovação, salvo raras excepções; por outro lado, assistimos, hoje, a uma supremacia parlamentar, que nos leva a afirmar que o Governo deve proceder a um elevado grau de especificação das despesas públicas[685].

Por fim, diga-se que tudo isso está em consonância com a ideia de que o poder de aprovar e de alterar o orçamento deve coincidir no mesmo órgão, como resultado do princípio da legalidade orçamental e repartição constitucional de poderes financeiros que nos parece, sem sombra de dúvidas, a favor do órgão legislativo. Contudo, ressalva-se que estes dois poderes (de aprovar e de alterar) têm alcances diferentes e se situam em momentos diferentes, sendo neste último menos intenso.

Realça-se que, pelo artigo 92.º, al. c) da Lei n.º 7/94, de 5 de Dezembro (Regimento da Assembleia Nacional Popular), foi consagrada a *cláusula-travão*, nos termos da qual: "*Não são admitidos projectos ou propostas de lei ou propostas de alteração que:... Envolvem, no ano económico em curso, aumento das despesas ou diminuição das receitas do Estado previstas no Orçamento*". O que se pretende é a limitação da iniciativa legislativa em matéria orçamental, por parte dos deputados, vedando qualquer possibilidade de alteração de forma significativa das previsões efectuadas pelo Governo para o ano económico. Uma interpretação no sentido contrário teria como consequência admitir que, depois de aprovada o orçamento anual, se torna insusceptível qualquer modificação, mesmo que aconselhável em termos de adaptação aos condicionalismos existentes ao tempo da sua execução.

---

[685] De resto, o artigo 4.º (*Alterações orçamentais*) da Lei de Orçamento Geral do Estado para o ano de 1997, publicado em Suplemento ao BO n.º 48/97, de 2 de Dezembro, vai na mesma linha, ao rezar o seguinte:

"*1. As alterações que impliquem aumento da despesa total do orçamento geral do estado ou dos montantes de cada sector orgânico a nível de ministério ou equiparado só poderão ser efectuadas por lei da Assembleia Nacional Popular.*

2. Exceptua-se do disposto no número anterior as despesas que tenham compensação na dotação provisional, para as quais o Governo poderá efectuar inscrições ou reforços através do despacho do Ministro das Finanças.

3. Todas as alterações orçamentais deverão ser publicadas no boletim oficial".

Para terminar, uma questão conexa com os mesmos instrumentos diz respeito ao número de alterações ou revisões. Uma única referência encontra-se na Lei de Finanças Locais. Em relação às primeiras, nada se adiantou. Relativamente às segundas, encontramos alusão apenas ao orçamento, podendo ser feitas duas, como estabelece o artigo 2.º, n.º 2 LFL: "*O ano financeiro corresponde ao ano civil, podendo efectuar-se no máximo duas revisões orçamentais*".

5. O REGIME FINANCEIRO DAS AUTARQUIAS LOCAIS

A consagração constitucional do regime financeiro das Autarquias locais consta do artigo 110.º CRGB. Neste, a autonomia financeira das entidades menores ao Estado-administração central ficou expressa nos seguintes termos: o regime das finanças locais deve ser estabelecido por lei; as Autarquias locais dispõem de receitas próprias provenientes da gestão do seu património e da utilização dos seus serviços. E, ainda, de acordo com o artigo 118.º CRGB[686], gozam do direito próprio de participação nas receitas provenientes dos impostos directos. Por outro lado, o mesmo regime deve visar a justa repartição dos recursos públicos pelo Estado e pelas Autarquias locais e a necessária correcção de desigualdades entre as mesmas.

Estas normas constitucionais, das quais se retira a autonomia financeira das entidades locais, foram materializadas pela Lei n.º 7/96, de 9 de Dezembro, que regula a "*Autonomia Financeira e Patrimonial das Autarquias*". Na esteira destas normas, a LFL, no seu artigo 1.º, vem reafirmar estas ideias, ao estabelecer que as entidades locais têm finanças e património próprio, o mesmo é dizer, segundo as palavras de SOUSA FRANCO[687], a independência financeira.

---

[686] Reza o artigo 118.º CRGB: "*As Autarquias Locais participam, por direito próprio e nos termos definidos pela lei nas receitas provenientes dos impostos directos*". Isto é, estamos ainda no domínio da autonomia financeira dessas entidades. A sua inserção fora do núcleo de matérias que retrata a autonomia local é prova de que está deslocado, pois deveria, a nosso ver, ser enquadrado num dos números do artigo 110.º CRGB – regime das Finanças Locais – ou, quando muito, constituir um artigo autónomo logo a seguir.

[687] *Finanças Públicas...*, p. 213. Ainda do Autor, *Finanças Públicas e Direito Financeiro*, AAFDL, 1980, pp. 80-81.

Ressaltam deste regime dois princípios que orientam as finanças locais. *Primo*, o princípio da solidariedade, pedra basilar do esquema, que irá presidir à repartição dos recursos financeiros entre o Estado e as Autarquias locais. *Secundo*, o princípio da igualdade activa, base do sistema de perequação financeira, assente nas transferências da administração central para a administração local, através do Fundo de Equilíbrio Financeiro, FEF, e sistemas suplementar e complementar de cooperação financeira entre as duas entidades.

Procurou-se uma fórmula capaz de traduzir na prática os princípios da solidariedade e igualdade activa (perequação financeira), através de uma estrutura financeira compaginável e assente na atribuição de receitas próprias (impostos locais) e de transferências do Estado. As primeiras mais intimamente ligadas ao espaço físico onde são geradas, bem como à sua manutenção[688], destinam-se a assegurar o objectivo da justa repartição dos recursos públicos; e as segundas, a correcção das desigualdades entre as autarquias constituem auxílios financeiros em situações de extrema necessidade, em que os (escassos) meios financeiros, municipais são insuficientes para cobrir as urgências de intervenção, e ainda o apoio a desenvolvimento local e regional; sem esquecer a possibilidade de recurso ao crédito em condições legais previamente estabelecidas.

O regime assim consagrado pode ser resumido na atribuição de receitas próprias às Autarquias locais e transferências ou participações (nas receitas provenientes dos impostos directos); na proibição de subsídios e comparticipações pelo Estado e seus organismos, salvo os casos devidamente tipificados na lei, bem como na possibilidade de recurso ao crédito por parte das entidades locais junto de instituições (tanto privadas como públicas) autorizadas por lei a conceder créditos, sem necessidade de autorização prévia por parte das entidades tutelares.

É importante sublinhar um aspecto muito interessante em matéria do regime financeiro e da autonomia financeira das entidades locais. Estamos a falar de diferentes e variados espaços territoriais com diferentes níveis de desenvolvimento sócio-económico, dentro de um universo único que compõe o território nacional, carente, apesar das potencialidades que revela, principalmente em termos de condições geográficas extremamente favoráveis (a fertilidade dos terrenos; a adaptação às culturas e produções

---

[688] FREDERICO MACIEL, "Autonomia financeira...", p. 178.

agrícolas, silvícolas, pecuárias, piscatórias, etc). Sem embargo dos princípios da autonomia financeira apontados, parece-nos que o seu desempenho ficará muito ou pouco condicionado, em função do nível de desenvolvimento de cada uma das parcelas do territorial nacional em concreto. Aliás, isso é bem patente na fase actual em que, apesar de tudo, há um desnível entre o interior e territórios insulares relativamente ao centro do país, fenómeno que explica grandemente o fluxo migratório para a capital, caracterizada por uma sobrelotação da sua população, com todas as consequências.

Isso é importante para chamar a atenção para a questão da distribuição, sobretudo, das participações provenientes das receitas dos impostos directos. Cremos que uma boa gestão deste meio financeiro, conjugado com outros mecanismos, *maxime* o apoio ao desenvolvimento municipal//regional, constituirá fundamento básico e indispensáveis para a criação de condições que permitam uma melhor prestação de serviços aos munícipes. Ou seja, pode ser um factor importante para a viragem da tendência do fluxo migratório: centro *versus* periferia que, como se sabe, é justificada, sobretudo, pela procura de melhores condições de vida insusceptíveis de serem proporcionadas nas terras de origens. De resto, esta política serve melhor o objectivo da distribuição de fundo, assente no número de habitantes por Município, pois que, caso contrário, as povoações de reduzidas expressão demográfica ver-se-iam poucas beneficiadas com este critério, prejudicando o desenvolvimento das mesmas, e podendo até colocar em risco a existência, em termos populacionais, de algumas autarquias.

6. OS RECURSOS PRÓPRIOS DAS AUTARQUIAS LOCAIS

A consagração formal da autonomia local pela Constituição estaria longe de constituir uma realidade, se não for acompanhada pela autonomia financeira. Esta constitui a garantia do Poder Local, na medida em que consubstancia uma forma de financiamento das necessidades locais, mediante os recursos próprios – sublinhe-se próprios –, que não lhes podem ser negados, sob pena de atentar contra a autonomia de que gozam e, por conseguinte, contra a própria Lei Fundamental.

A Lei das Finanças Locais estabeleceu as principais formas de financiamento das autarquias, ao atribuir-lhes os recursos próprios provenientes das seguintes fontes: ordinária, mormente, as receitas tributárias (artigos 3.º e 8.º); não ordinárias, as derramas (artigo 5.º) e recurso ao crédito (artigo 9.º); complementar, a participação no fundo de equilíbrio financeiro (artigo 6.º); suplementar, os subsídios e as comparticipações (artigo 10.º), apoios aos projectos ou programas específicos (artigo 11.º) e cooperação financeira e técnica (artigos 14.º e 18.º).

Sublinha-se, desde já, que a LFL cuidou de desenvolver a matéria dos impostos e das taxas, contrariamente às outras figuras afins, como as licenças, os preços e as tarifas.

Referimos, de seguida, aquilo que, à falta da melhor expressão, denominamos receitas sancionatórias: as coimas e as multas (artigo 7.º). Acresce a estas receitas, reguladas na lei, a participação na receita do Estado, proveniente do imposto fundiário, cuja consagração legal está prevista na al. b), n.º 1, artigo 40.º da Lei n.º 5/98, *Lei da Terra*, que reza o seguinte: "*O produto da cobrança do imposto fundiário constitui receita do Estado e reverte, nas proporções indicadas, para as seguintes entidades:... 20% a favor das Comunidades Locais*". Não vamos cuidar do tratamento deste tipo de receitas locais.

Seguidamente iremos abordar cada um dos tipos de recursos que asseguram a autonomia financeira das entidades menores territoriais. Começando por uma divisão das receitas: tributárias, creditícias, patrimoniais e sancionatórias. Por outro lado, dedicaremos alguma atenção aos mecanismos e aos instrumentos, integrados no sistema de perequação horizontal e nos sistemas suplementar e complementar, respectivamente, Fundo de Equilíbrio Financeiro, Subsídios e Comparticipações, Contratos de Reequilíbrio Financeiro e Cooperação Técnica e Financeira entre o Estado e as Autarquias locais, numa terminologia empregue para abarcar todas estas realidades, o designado triângulo financeiro[689].

Entre outras, pretende-se, de uma maneira geral, saber até que ponto está assegurada a autonomia financeira das entidades locais, qual o grau de intervenção dessas entidades na fixação e arrecadação dos seus próprios recursos e, simultaneamente, considerar os esquemas de perequação concebidos com objectivos vários, entre os quais se assinalam: a necessidade de financiar as despesas que permitam um grau de desenvolvimento; a

---

[689] *Manual do financiamento autárquico e de engenharia financeira, 1.º Vol., Instrumentos financeiros*, Ministério do Planeamento e da Administração do Território, Direcção-Geral da Administração Autárquica, coordenação de ANTÓNIO BALAS, Lisboa, 1995, p. 25.

minimização das carências; a criação de infra-estruturas; e a solidariedade nacional em situações de urgência da necessidade de intervenção, em que a capacidade financeira autárquica se revela insuficiente.

6.1. As receitas tributárias

No âmbito da Lei n.º 7/96, tivemos a oportunidade de enunciar as receitas próprias afectas às entidades locais, como expressão da autonomia local, mormente financeira. Quanto a estas, refira-se que a técnica legislativa seguida pelo legislador fiscal é a da inclusão, num único artigo, do grosso das receitas municipais, como, por exemplo, as tributárias, creditícias e as patrimoniais, ou ainda as de carácter sancionatórias. Referimos concretamente ao artigo 3.º da LFL que constitui, para nós, um autêntico reservatório de recursos, atribuídos por lei às Autarquias locais, sobretudo, os Municípios, a categoria que encontra, nesta lei, a definição mais desenvolvida dos recursos próprios. Diga-se, de resto, que é compreensível, dado que em causa está a ideia da municipalização das receitas (e também das despesas).

O tratamento que pretendemos dar, a seguir, às receitas tributárias não encontra paralelo na LFL, mas, contudo, é susceptível de uma análise segundo os tipos ou grupos, como os que propomos seguidamente. Uma categoria geral, designada impostos locais (directos e indirectos). E ainda, dentro deste grupo de receitas, propomos fazer alusão às figuras mais próxima dos impostos, as taxas e figuras afins, como as licenças, os preços e as tarifas. Esta pequena resenha irá contemplar também as linhas gerais relativas às derramas e outras fontes de financiamento autárquico.

6.1.1. *Os impostos locais*

Conforme dissemos a propósito do nosso Sistema Fiscal, a dicotomia imposto estadual e imposto local, neste particular, imposto municipal, visa, essencialmente distinguir as entidades públicas beneficiárias do resultado do exercício do poder tributário (do Estado), enquanto expressão do dever de contribuição de todos os cidadãos, segundo as suas capacidades contributivas, para o erário público. Recorde-se que aqui está em causa apenas a qualidade do órgão competente para administrar os impostos, o sujeito activo da relação jurídica tributária e titular do direito a prestação do contribuinte, consubstanciada na personalidade tributária activa. Dela resulta a legitimidade para exigir aos particulares o cumprimento da obrigação tributária, que se traduz numa prestação, geralmente monetária. Essa qualidade pode não coincidir com a titularidade do exercício do poder tributário. E, no caso vertente, tal não se verifica.

Com esta designação, de *impostos locais*, pretendemos significar que, em cumprimento dos preceitos constitucionais que concedem, nomeadamente, autonomia financeira às entidades locais, o legislador ordinário consagrou um conjunto de receitas fiscais próprias (impostos) e atribuiu-as às entidades locais. Estas não se confundem com as receitas destinadas ao Estado-administração central, e servirão de suporte à efectivação das atribuições e competências cometidas aos órgãos representativos das Autarquias locais, sobretudo, aos Municípios. É o que designamos por municipalismo financeiro, enquanto forma de participação das entidades territoriais menores, ao lado do Estado-administração central, na satisfação das necessidades conexas com as respectivas populações, localizadas numa determinada parcela do território nacional.

Os impostos locais associam-se, assim, aos benefícios que os munícipes auferem das actividades autárquicas, pelo que constituem um importante meio de financiamento dos bens e serviços locais, quando os beneficiários são exclusivamente os residentes. O carácter de exclusividade da sua fruição pelas respectivas populações faz com que o sistema de preços seja o melhor modelo, pois respeita o princípio do utilizador-pagador. Ao invés, a produção de externalidades e a generalização da utilidade produzida a todo o território nacional aconselham outras formas de financiamento, como, por exemplo, o recurso às subvenções como meio mais adequado.

Exigem, portanto, os impostos locais, a transparência e uma responsabilização directa dos políticos, o que revela, sobretudo, a democraticidade a ele inerente, e encontra razão de ser na residência do contribuinte, facilitador do controlo pelo voto das decisões locais. Mas, para que isso aconteça, parece importante a liberdade de fixação de impostos pelos órgãos do poder local. Entre nós, impõe-se limites ao poder de intervenção das entidades locais, nomeadamente a fixação das taxas dentro dos limites legais, bem como a criação de derramas, também dentro dos condicionalismos legais. De certa forma, o princípio da democracia (local) *versus* imposto local fica prejudicado com esta limitação, pelo que os órgãos do Poder Local, *maxime* os dos Municípios, são co-responsáveis com os órgãos legislativos centrais pelas imposições locais.

O respeito pela capacidade contributiva dos cidadãos-contribuintes não pode ser prejudicado. Não podem ser abandonados à sua sorte, nem tão-pouco ser discriminados segundo as suas residências, mas com base em critérios assentes na capacidade de contribuição para a realização do bem comum local, a universalidade, salvo se se provar que não existe essa capacidade. Sem embargo, os impostos locais significam a não transferência do encargo fiscal para os não residentes, pois são regidos pelo princípio do pagador-utilizador. Evidentemente que isso pressupõe que não haja bens locais que proporcionam satisfações fora das respectivas localidades, situação em que os contribuintes-utlizadores não podem ser originários de outras áreas geográficas.

Tal como os impostos estaduais, os impostos locais podem ser classificados em directos ou indirectos, consoante, *grosso modo*, derivem ou não directamente de uma actividade de natureza económica. No primeiro caso, temos os impostos locais directos e, no segundo, os impostos locais indirectos. Distribuem-se equilibradamente, em termos numéricos, sem predominância de um ou de outro tipo, o que não quer significar que sejam iguais em termos percentuais, algo que é, para nós, prematuro responder neste momento.

No entanto, parece de admitir que a repartição de recursos públicos entre as entidades centrais e locais segue o mesmo modelo, observado e avançado por BUCHANAN[690], segundo o qual os impostos estaduais são constituídos principalmente por imposições directas sobre os rendimentos (reais) das pessoas singulares e colectivas, isto é, provenientes do exercício de uma actividade profissional (por conta de outrem ou por conta própria); de uma actividade de natureza económica comercial ou industrial; ou ainda da aplicação de capitais. Enquanto os impostos das entidades locais (municipais) se apresentam com incidência sobre os bens e serviços, os impostos indirectos, cujas reacções psicológicas são, em termos comparativos, poucas significativas, porquanto oneram os produtos consumíveis.

A justificação para esse facto está no principal instrumento de redistribuição de rendimentos entre os dois níveis de governo, assente em

---

[690] A situação dos Estados Unidos é justificada pela circunstância de o imposto federal sobre a renda – imposto progressivo – ser o principal instrumento de redistribuição de rendimentos entre os indivíduos. Vide do autor *Introduccion à la Ciencia...*, pp. 617 e ss, principalmente, pp. 619-621.

impostos parcelares sobre os rendimentos das pessoas singulares e colectivas (para estas últimas deixaram de existir a partir de 1995), corrigidos com o imposto de índole meramente pessoal, o Imposto Complementar, no caso do Estado central; e os Municípios, através de imposições sobre os bens e serviços localmente produzidos.

Vamos muito sumariamente enquadrar os mesmos impostos, de acordo com a configuração que apresentam entre as receitas municipais, constantes do artigo 3.º, n.º 1 LFL: os provenientes de impostos directos, ou seja, produtos da cobrança: da Contribuição predial rústica e urbana (n.º 1), cujas matérias colectáveis estão em estrita relação com a actividade local do contribuinte, assente, respectivamente, sobre a renda fundiária ou renda dos prédios urbanos arrendados ou valor locativo dos prédios não arrendados; do imposto para o serviço de incêndio[691] (n.º 3), devido pelos proprietários dos imóveis urbanos, incluindo aqui os estabelecimentos comerciais e industriais; do imposto de mais-valias (n.º 4), enquanto aumento de valor do capital gerado pela transmissão onerosa de terrenos para construção, elementos do activo imobilizado de uma empresa, trespasse de locais ocupados por escritórios ou consultórios,... todos da al. a); do lançamento de derramas, al. c), cujo produto é indispensável para assegurar o financiamento de despesas urgentes de investimento; do rendimento de bens próprios, móveis ou imóveis, al. h); do imposto sobre o património e o produto de heranças, legados, doações e outras liberalidades a favor do Município, al. i); imposto sobre as sucessões e doações, incidente sobre o valor líquido dos bens adquiridos a título gratuito.

Comparativamente, no cômputo geral do subsistema fiscal municipal, há um equilíbrio, em termos meramente numéricos, tal como dissemos *supra,* entre os impostos locais directos e indirectos nas receitas tributárias municipais. Relativamente a estes últimos, configuram, também, produto da cobrança: do imposto sobre veículo[692] (n.º 2), pago em

---

[691] Pensa-se que, para ser um imposto produtivo, devem, primeiramente, as autarquias procurar dinamizar estes serviços, que, ao longo de mais de uma década, deixaram, praticamente, de existir, pois não dispõem de um mínimo de materiais indispensáveis para assumirem as funções e responsabilidades que lhes cabem. Ora, pensar um imposto, para cobrir as despesas relativas a tal serviço pressupõe, no mínimo, que haja uma reorganização dos mesmos e que sejam assegurados meios indispensáveis ao seu normal funcionamento. Doutra maneira, não faria sentido, pois não teria justificação real.

[692] Destina-se à conservação da rede rodoviária nacional: a Contribuição do utente da rede rodoviária – tal como (algumas) (d)as multas devidas por infracções ao Código

função das características dos motores e da idade do veículo (automóveis, barcos e aviões); da sisa [al. a) n.º 5], enquanto imposto devido pela transmissão onerosa de um bem imóvel; imposto de turismo arrecadado na área [al. b)], configurando um imposto sobre o consumo nos restaurantes, hotéis e similares, também incide sobre as receitas das agências de viagens que operam em zonas turísticas (pensa-se que, com a entrada em vigor dos novos impostos sobre o consumo, IGV e IEC, ficam revogadas estas imposições); e o produto de alienação bens [al. j)], todos do mesmo artigo 3.º, n.º 1 LFL.

6.1.2. *As taxas e as licenças*

De entre as receitas tributárias que constituem o grosso das receitas municipais, e que permitem assegurar a autonomia financeira dessas entidades, encontramos as *taxas* devidas, como contrapartida da prestação de

---

da Estrada – é arrecadado pelo Fundo Rodoviário (tutelado pelo Ministério do Equipamento Social). Este é um dos exemplos demonstrativos da pulverização da competência de arrecadação das receitas (estaduais) – compreendendo as operações de liquidação e cobrança – provenientes de rendimentos subtraídos aos particulares, as chamadas contribuições especiais. Esta é, entre outras, uma situação que se enquadra no regime de actividade financeira dos Fundos Autónomos, cuja disciplina é dada pelo Decreto n.º 25/93, de 15 de Março, publicado no BO n.º 11, da mesma data.

O artigo 3.º do Decreto n.º 25/93 dispõe:

"*1. As receitas próprias dos Fundos Autónomos serão entregues nos cofres do tesouro e escrituradas em "Contas de Ordem" do Orçamento Geral do Estado, mediante guias passadas pela Direcção Geral das Contribuições e Impostos do Ministério das Finanças;*

2. Será sempre enviada à Direcção Geral do Orçamento um exemplar das referidas guias averbado do pagamento".

Em consonância com a disposição legal nesta matéria, principalmente o artigo 38.º CPT: "*A liquidação e cobrança dos impostos é da competência das Repartições de Finanças das diversas áreas fiscais sem prejuízo da competência que a lei atribua a outras entidades*", entendemos que a experiência nesta matéria, recolhida ao longo dos anos, demonstra que as normas constantes do artigo 3.º do Decreto n.º 25/93 não passam de letra morta. Em consequência, a actividade financeira desses fundos revela-se aquém das atribuições legais, devido, sobretudo, à ineficiência, à falta de transparência e de rigor na gestão dos dinheiros públicos. Esta situação agrava-se se tivermos em consideração que os próprios Serviços de Inspecção da Direcção-Geral das Finanças não respondem satisfatoriamente às atribuições conferidas legalmente, à fiscalização em geral.

um serviço público; pela utilização de um bem de domínio público, ou, ainda, pela remoção de obstáculo jurídico à actuação de uma pessoa, neste último caso, configura as designadas *licenças*.

O lançamento das taxas, enquanto instrumento de municipalização, está condicionado pela lei que estabelece uma tipologia fechada das mesmas (ao lado de outros tributos) e determina a entidade competente. Nessa conformidade, inquina de vício de nulidade os comportamentos desconformes com o preceituado na lei. Isso mesmo resulta expressamente do artigo 1.º, n.º 4 LFL: "*São nulas as deliberações de qualquer Órgão Autárquico que lancem impostos e também aquelas que criem ou lancem taxas, derramas ou mais-valias não previstas por lei*". Assim, ficam solidariamente responsáveis, perante os contribuintes, a respectiva autarquia e os membros dos órgãos que votaram favoravelmente as deliberações contrárias à lei, nos termos do n.º 5 do mesmo artigo (cfr. também a responsabilidade civil do Estado prevista no artigo 33.º CRGB[693]).

Sugere este artigo que as taxas (bem como as derramas e mais--valias) são, também, regidas pelos princípios da legalidade e tipicidade (tributárias), contrariamente ao espírito do artigo 86.º, al. d) CRGB. Aliás, manifestámos anteriormente a nosso opinião, a propósito do princípio da legalidade fiscal e seus colorários, e afirmámos que, tal como estão configurados, têm o seu campo de aplicação restringido apenas aos impostos. Ou seja, as figuras afins não se sujeitam, pela Constituição, a estes princípios em causa, porque assim entendeu o legislador constitucional, na medida em que não se dignou incluir nessa previsão as outras categorias de tributos, os bilaterais, como são os casos de taxas e licenças.

No artigo 11.º, n.º 1, al. n) LBAL, consta o seguinte: "*Compete à Assembleia Municipal:... Fixar anualmente, sob proposta da Câmara Municipal e nos termos da lei,... as taxas municipais*". Ou seja, a solução legal bastará tão-só como uma norma geral e abstracta, que determina, nomeadamente, as condições em que são devidas as taxas, bem como os critérios que devem servir de base a sua formação, deixando a sua fixação ao órgão autárquico competente, sem embargo de não se encontrar na lei nenhum elemento que concorre para tal fixação. Mas também não é difí-

---

[693] Reza o artigo 33.º da CRGB: "*O Estado e as demais entidades públicas são civilmente responsáveis, em forma solidária com os titulares dos seus órgãos, funcionários ou agentes por acções ou omissões praticadas no exercício das suas funções por causa desse exercício, de que resulte violação dos direitos, liberdades e garantias, ou prejuízo para outrem*".

cil conclui-lá da sua relação com os próprios custos necessários à prestação de serviços e, eventualmente, à conservação e manutenção dos equipamentos, se for caso disso.

Através de uma autorização genérica, os órgãos municipais competentes estão habilitados a criar as taxas, como contrapartida de bens/serviços fornecidos aos seus munícipes. Esta solução prática não contende em nada com a pretensa reserva de lei formal, decorrente da lei fiscal (artigo 1.º, n.º 4 LFL) e não da Constituição. Por outras palavras, a preeminência da lei na criação das taxas não é uma exigência constitucional, uma vez que não se retira do artigo 86.º, al. d) CRGB, relativo ao princípio da legalidade fiscal. É tão-só uma imposição do legislador ordinário.

Mas chama-se a atenção de que esta solução, que se funda em razões de ordem prática, como qualquer outra não dispensa o respeito dos custos dos bens e serviços prestados na concreta configuração do *quantum* das taxas. Por outras palavras, estas não devem, em princípio, ser superiores aos custos de produção. Isso pode ser assegurado por uma norma genérica, que não só permite a fixação das taxas (e licenças), mas também impõe um limite máximo em termos de custos dos serviços prestados. Refira-se que, desta forma, ficariam asseguradas, simultaneamente, os legítimos interesses e direitos dos particulares e a cobertura financeira para os novos serviços prestados aos munícipes[694].

Se, quanto às taxas, esta solução está em consonância com o preceituado no artigo 11.º, n.º 1, al. n) LBAL (lei ordinária reforçada), já relativamente às derramas, verifica-se uma contradição com esta lei, daí derivando a sua ilegalidade. No entanto, considerando a nossa posição em face do estatuído no artigo 86.º, al. d) CRGB, nunca seria de admitir tal consequência.

De tudo isso se conclui que uma eventual extenção dos princípios da legalidade e tipicidade fiscais às taxas (e outras figuras afins, sobretudo as derramas) não resulta da Lei Fundamental, mas da lei ordinária, a Lei de Finanças Locais.

Quanto à técnica legislativa adoptada pelo legislador ordinário, optou-se pela não autonomização da figura das taxas relativamente às

---

[694] Para além destas inegáveis vantagens, uma solução do género permite uma estrita ligação entre o particular que efectua a despesa e quem beneficia da receita, o que é de louvar. *Vide* VASCO VALDEZ MATIAS, "A nova lei das finanças locais", in RJ, n.º 1, (Nova série), 1985, AAFDL, pp. 128-129.

outras figuras jurídicas afins, nomeadamente as tarifas e os preços. Sem qualquer critério, podemos verificar a inclusão de diferentes categorias de tributos, com afinidades, num único preceito contido no artigo 8.º LFL, em que se autoriza os Municípios a cobrarem as taxas... Esta atitude legislativa não se afigura a melhor, porquanto inclui, sem qualquer rigor realidades diferentes: as taxas e as licenças, sem embargo das suas afinidades muito mais próximas, e os preços e as tarifas, embora se reconheça a dificuldade prática de distinguir a figura das taxas relativamente às outras próximas, que não os impostos[695].

Por último, observa-se que as taxas constam das als. a) a o) do artigo 8.º LFL (as taxas municipais), sendo a sua fixação da competência da Assembleia Municipal, mediante proposta da Câmara Municipal, segundo o estatuído no artigo 11.º, n.º 1, al. n) LBAL. Já no concernente as licenças compete a Câmara Municipal a sua concessão, de acordo com o artigo 23.º, n.º 2, al. d) da mesma lei.

6.1.3. *As derramas*

As derramas, são concebidas, também, como uma fonte de financiamento necessário para ocorrer às necessidades de investimentos e/ou no quadro de contratos de reequilíbrio financeiro, conforme o n.º 2 do artigo 5.º LFL. São estas as duas grandes áreas de intervenção deste tipo tributário que não pode ultrapassar *"10% sobre a colecta do imposto sobre o rendimento das pessoas colectadas relativa ao rendimento gerado na sua área geográfica"*, de acordo com o n.º 1 do mesmo artigo. Dito assim, parece que são sujeitos passivos deste imposto somente as pessoas (singulares ou colectivas), cujos rendimentos foram efectivamente tributados em sede de impostos parcelares. Será mesmo assim?

Para responder esta interrogação, chama-se à colação o carácter dependente ou acessório, avançado pela doutrina, da derrama como con-

---

[695] De alguma forma encontramos a afloração da distinção destas figuras em EDUARDO DA PAZ FERREIRA, "*Ainda a propósito da distinção...*", nomeadamente pp. 67-69. O autor refere a dada altura a adopção de um "critério restrito de taxa" – liberto das situações em que há lugar ao pagamento de licenças, traduzidas na remoção de um obstáculo à actividade das pessoas e das compensações devidas pela utilização de um bem de domínio público (preços), cuja vantagem é a de permitir "com particular nitidez a contraposição entre imposto e taxa..." (p. 69).

tributo para a clarificação da questão. Diz-se que é um *imposto dependente*, quando os contribuintes ainda que isentos temporariamente do pagamento do imposto principal, neste caso, os impostos sobre o rendimento das pessoas quer singulares quer colectivas, são, no entanto, devedores da derrama; ao invés, se os beneficiários da isenção permanente do imposto principal não são considerados devedores, estamos perante uma situação que configura o *imposto acessório*.

Acontece que, quando estamos perante a situação de isenção quer temporária quer permanente, de um determinado imposto principal, não há colecta; sendo assim, a resposta a pergunta *supra* é parcialmente correcta. Mas sabe-se que as derramas têm um carácter não ordinário, como meio de financiamento das despesas das entidades infra-estaduais, que a lei confere privilégio para o seu lançamento, em condições tipificadas na mesma, respectivamente, para ocorrer a financiamento de investimentos urgentes e/ou no quadro de reequilíbrio financeiro. Isto é, aquelas situações inultrapassáveis do ponto de vista financeiro, com os recursos normais de que dispõem os Municípios. Assim sendo, é de concluir que são sujeitos passivos deste imposto todos os contribuintes, incluindo os que beneficiam de isenções temporárias, ficando de fora apenas os beneficiários de isenções permanentes. Para o apuramento do seu *quantum*, proceder-se-á, primeiramente, ao cálculo do imposto principal (colecta ficcionada) – de que são isentos – e só depois aplicar a taxa relativa às derramas[696].

De alguma forma, do ponto de vista prático, haverá necessariamente que empreender um grande esforço, uma vez que a ossatura do nosso Sistema Fiscal continua a ser exclusivamente constituída por um conjunto de impostos parcelares, acrescido de um imposto complementar de sobreposição (relativamente às pessoas singulares). Ora, quando a lei faz apelo "*a 10% sobre a colecta do imposto sobre o rendimento das pessoas colectadas*", não quererá significar que a derrama pressupõe a existência de um imposto único sobre o rendimento das pessoas singulares, mas, tão-só que esta deverá ser apurada tendo em consideração os impostos parcelares sobre os rendimentos de cada um dos contribuintes, ainda que deles isentos parcialmente (*vide, supra*). Como se pode observar isso implica o dispêndio de esforços suplementares (directamente proporcional ao número

---

[696] Vide o nosso Relatório do Curso de Mestrado na disciplina de Direito Financeiro, p. 24. A nossa posição acompanha de perto a de VASCO VALDEZ MATIAS, *Sistema fiscais*, p. 86 e ainda "*A nova lei das finanças locais*", pp. 128-129, nota 2; bem como a de ISABEL COBAÇO ANTUNES, *A autonomia financeira...*, p. 103.

de contribuintes existentes na área geográfica do Município), com o objectivo único de congregar os rendimentos dos mesmos e proceder às operações de liquidações e, só posteriormente, proceder ao cálculo da derrama devida por cada um.

Refira-se que os rendimentos, sobre os quais incidem as derramas, são os provenientes da Contribuição Predial Rústica e Urbana, constantes do artigo 3.º, al. a), n.º 1 LFL; o que nos leva a prever que o quantitativo resultante das operações de liquidação será insignificante, sem expressão para as necessidades a satisfazer. A nosso ver, deveria também incluir os rendimentos auferidos em sede da Contribuição Industrial, desde que as empresas comerciais ou industriais estejam sediadas na área dos Municípios. Só assim se compreende o alcance da previsão e a natureza da derrama.

Na al. c) do artigo 3.º LFL, está previsto que o produto do lançamento das derramas constituem receitas municipais. Donde se conclui, em princípio, que as outras categorias de Autarquias locais, as Secções Autárquicas e as Juntas Locais não têm o poder de as lançar. Dissemos em princípio, porque, como se sabe, a pluriferação dessa competência a todos os níveis de autarquias teria como consequência a dupla ou tripla tributação, dependendo do número das autarquias que a lei atribui tal competência, por um lado. A regulamentação parcial das atribuições e competências das autarquias não permite tirar, com toda a segurança, a conclusão de que apenas os Municípios gozam deste poder, pois as outras categorias de autarquias não foram ainda objectos de definição de competências em matéria fiscal, por outro.

Contudo, não duvidamos que a posição do legislador, quando entender regular esta matéria, irá no sentido de não atribuir tal privilégio às outras categorias autárquicas, sob pena de onerar mais de uma vez os mesmos contribuintes.

Por fim, o lançamento das derramas é da competência da Assembleia Municipal, órgão legislativo camarário, sob proposta do órgão executivo, a Câmara Municipal (al. c), n.º 2 do artigo 23.º LBAL), segundo se pode ler do artigo 11.º, n.º 1, al. r) LBAL: *"Compete à Assembleia Municipal:... Deliberar, sob proposta da Câmara, quanto à criação de derramas destinadas à obtenção de fundos para a execução de melhoramentos urgentes"*. Renovamos o que dissemos *supra* no ponto 6.1.2.

6.1.4. Os preços e as tarifas

Os preços e as tarifas consubstanciam uma das receitas próprias dos Municípios, provenientes dos serviços prestados (os *preços*) ou contraprestação paga especificamente por um serviço consumido (as *tarifas*). São disso exemplos as tarifas a cobrar pelos serviços de distribuição de água, recolha, depósito e tratamento de lixos, ligação, conservação e tratamento de esgotos, etc. No artigo 8.º, al. g), encontramos uma única referência a estas últimas, ao lado das taxas, pensa-se, para significar que o produto dos serviços prestados pode consubstanciar tanto as taxas como as tarifas, realidades muito próximas, mas destrinçáveis entre si pelas situações em que são devidas, embora, quanto a estas últimas, a lei nada tenha estabelecido.

No concernente aos preços, a única referência legal é a contida na al. e) do n.º 1 do artigo 3.º, e é considerado *"rendimento de serviços pertencentes ao Município, por ele administrado ou dados em concessão"*. Para além desta parca referência, o legislador fiscal nada adiantou, contrariamente ao que fez para as taxas, que os Municípios podem cobrar no âmbito das actividades municipais, nos termos do artigo 8.º LFL. Será importante fornecer pistas que servirão de base para a formação dos preços respeitantes aos serviços prestados pelas entidades camarárias e empresas concessionárias de serviços públicos.

A LFL e a LBAL são omissas em matéria da competência do órgão autárquico para a fixação dos preços e tarifas. Não se sabe a que órgão autárquico cabe tal competência. Mas tudo indica que se enquadra no âmbito da competência do órgão executivo, a Câmara Municipal. Em relação à fixação do montante das tarifas, sendo matéria própria da gestão de empresas ou serviços municipais ou municipalizados, deve caber aos mesmos; e, por paralelismo, o mesmo se diga em relação aos preços. Note-se que, em princípio, o mercado se encarregará de os nivelar através do confronto entre a oferta e procura dos bens e serviços; mas nada impede que sejam fixados pelas entidades competentes, para além dos custos ou abaixo dos mesmos, devendo a Assembleia Municipal pronunciar-se sobre esta última possibilidade. Nessa altura, obrigatoriamente, deverá ser aprovada a inscrição no orçamento municipal de uma verba a título de indemnização com as despesas. Geralmente, a fixação dos preços deve ser suficiente para cobrir os encargos de exploração e administração ou, até mesmo, de reintegração do equipamento, em caso de necessidade.

6.1.5. *O Fundo de Equilíbrio Financeiro*

Consta da al. d) do nosso já conhecido artigo 3.º LFL que a participação no Fundo de Equilíbrio Financeiro, abreviadamente, FEF, constitui uma das receitas municipais. E configura uma contribuição estadual assente em transferências financeiras para as autarquias. Tem uma finalidade redistributiva, visando contribuir para a necessária correcção de desigualdades entre as autarquias – a *perequação* –, conforme o preceituado no artigo 110.º, n.º 2, *in fine*, CRGB. Trata-se de uma exigência constitucional que reclama o estabelecimento de um sistema de perequação horizontal, visando, essencialmente, garantir um nível adequado de prestação de serviços e a construção de equipamentos necessários, bem como a disponibilização de recursos para os Municípios que produzem serviços que ultrapassam as suas fronteiras físicas e beneficiam outros espaços físicos no âmbito nacional: as *externalidades*.

O FEF constitui um dos importantes tipos de receitas municipais e é calculado com base nas receitas globais esta-duais executadas ao longo do último orçamento, de molde a permitir a sua actualização anual. As receitas provenientes do mesmo têm como objectivo o nivelamento do potencial em termos relativos de população. É aferida *per capita*, mas não toma em consideração, entre outras, a capacidade geradora de impostos municipais.

Os critérios de distribuição propostos pelo legislador fiscal encontram-se no artigo 6.º, e consideram-se os seguintes: uma distribuição igual na ordem dos 50% para todos os Municípios; os restantes são distribuídos, 25% em função do número de habitantes e outros 25% de acordo com a área ocupada por cada Município, respectivamente as als. a) a c) do n.º 1 do mesmo artigo.

Note-se que, nos termos do n.º 2, *primeira parte*, cabe à LOGE, em cada ano, determinar o *quantum* a transferir para as autarquias, mas nunca um montante inferior a 10% da receita tributária arrecada no ano transacto. Isto é, o FEF está correlacionado com a receita do Estado, uma vez que se trata de receitas das autarquias com origem nas receitas estaduais, natural e lógica é a solução encontrada pelo legislador, o que permitirá acompanhar a evolução conjuntural da economia do país. Refira-se ainda que as percentagens do FEF para as transferências de despesas correntes e de capital serão estabelecidas pelo OGE, sendo que estas últimas não podem ser nunca inferior a 40%, segundo o mesmo n.º 2, *in fine*.

Uma nota final diz respeito aos critérios adoptados. Parece-nos que seria de admitir um critério que tomasse em consideração a situação geográfica das parcelas territoriais, mormente o isolamento relativamente ao continente. Estamos a referir-nos, em particular, a questão da insularidade, própria das ilhas que constituem o arquipélago dos Bijagós e das ilhas de Pexice e de Geta, descontínuas por razões meramente físicas. Esta descontinuidade territorial constitui, para nós, um factor impeditivo do desenvolvimento harmonioso das parcelas em causa, relativamente ao resto do país.

É um facto que os benefícios proporcionados pela continuidade dos espaços serão mais desfrutados, sobretudo, pelos espaços contíguos, enquanto que as parcelas territoriais que não partilham esta característica não podem participar dos benefícios dos mesmos. O exemplo do relativo estádio mais avançado de desenvolvimento da cidade de Bissau e seu aproveitamento por parte das cidades mais próximas ilustra bem a nossa preocupação. Note-se que as vias de comunicação; telecomunicações; assistências no domínio da saúde; etc são melhor aproveitadas pelas populações mais próximas do que pelas que habitam as ilhas. Com isso, queremos manifestar a opinião no sentido da consagração do critério da insularidade, imposto pela natureza física do território nacional, como elemento de ponderação na repartição do fundo.

6.1.6. *Os Subsídios e as Comparticipações*

O princípio geral em matéria da concessão de subsídios e comparticipações às entidades locais, *maxime* os Municípios, é a proibição destes tipos de financiamento supletivo. Trata-se de um sistema suplementar de perequação horizontal, previsto para as situações de ocorrências extraordinárias, visando a reposição das situações anormais ou de emergência causadas por acções humanas ou factores naturais. A lei assim expressa no artigo 10.º, n.º 1 LFL.

No entanto, esta proibição é apenas parcial. Pois as situações excepcionais de calamidade, recuperação de áreas de construção clandestina ou de renovação urbana, desde que transcendam a capacidade e responsabilidade autárquicas, e ainda a instalação de novos municípios, permitem a sua derrogação. Admite-se, portanto, as providências orçamentais necessárias à concessão de auxílios financeiros, como consta do n.º 2, al. a) a c) do mesmo artigo.

Para evitar eventuais dependências políticas, que uma desregulação poderá acarretar numa matéria tão sensível, ficou prevista a definição das regras de acesso à concessão de auxílio financeiro através do Decreto-Lei do Governo, conforme o n.º 3, devendo constar a previdência da al. b), de um *"anexo à lei do Orçamento Geral do Estado, de forma discriminada por sectores, programas e Municípios"* (n.º 4) todos do artigo 10.º LFL. Em suma, pretende-se salvaguardar a autonomia e a independência das entidades locais, limitando ao máximo a intervenção do Governo, sob a forma de auxílios financeiros.

6.1.7. *Os Contratos de Reequilíbrio Financeiro*

Como iremos ver oportunamente, o regime jurídico normal de recurso a crédito está consagrado no artigo 9.º LFL. Significa isso que há uma modalidade extraordinária, cuja previsão consta do artigo 11.º, sob a epígrafe *"Contratos de Reequilíbrio Financeiro"*, para as situações de *desequilíbrio financeiro estrutural* ou de *ruptura financeira* da capacidade dos Municípios. Quando isso acontece, pode uma entidade municipal, por sua própria iniciativa, celebrar contratos de reequilíbrio financeiro com as instituições (públicas ou privadas) autorizadas por lei a conceder crédito. Mais uma vez, compete ao Governo regulamentar, por Decreto-Lei, as condições conforme o estabelecido no n.º 2 do mesmo artigo.

Dissemos acima que não se trata de uma modalidade normal de recurso ao crédito. Devem ser reunidos determinados pressupostos, nomeadamente o completo esgotamento da capacidade de endividamento dos Municípios, sem que estejam em condições de cumprir as obrigações assumidas. Nestas e só nestas condições, poderão os Municípios afectados, lançar mão deste instrumento para reequilibrar a grave situação financeira que atravessam. Ou seja, o recurso a este tipo de instrumento fica condicionado à existência de uma difícil situação financeira, insusceptível de ser resolvida através dos meios próprios, e, simultaneamente, quando não podem recorrer ao crédito para ultrapassar a situação. Parece-nos que esta solução tem subjacente a ideia de não limitar absolutamente a capacidade de endividamento dos Municípios, ou seja, estes empréstimos situam-se fora do limite legal estabelecido.

No entanto, a situação pode ser muito preocupante, uma vez que poderá agravar ainda mais a precária finanças das autarquias. Donde a necessidade de um rigoroso controlo, por parte da tutela, dos fundos resultantes dos Contratos de Reequilíbrio Financeiro, destinados, apenas e só, à consolidação dos passivos e à criação de uma solvabilidade financeira, que, de outra forma, os Municípios não conseguiriam[697].

É preciso salientar que a não adopção de medidas específicas, nomeadamente a diminuição das despesas, acompanhada de um reforço da capacidade de captação de receitas (por exemplo, lançamento de derramas, conforme está previsto na lei, concretamente no artigo 5.º, n.º 2, *in fine*), poderá agravar ainda mais os desequilíbrios financeiros, contrariando, desta forma, os objectivos de saneamento financeiro que lhes subjaz. Por estas razões, reforçamos a necessidade de um especial controlo dos Municípios que poderão vir-se encontrar nas situações de ruptura financeira, sobretudo, quanto à evolução das receitas e despesas públicas e das suas dívidas.

6.1.8. *A cooperação financeira e técnica entre o Governo e as Autarquias Locais*

Esta constitui uma outra fonte de auxílio financeiro previsto e pode configurar a forma de contrato-programas de desenvolvimento municipal (e também regional), visando, sobretudo, o financiamento de projectos, como consta no artigo 14.º LFL. Trata-se de um sistema complementar de perequação horizontal de apoio ao desenvolvimento, e tem como partes contratantes os Municípios, as Associações de Municípios e empresas concessionárias de serviços públicos municipais, abrangendo sectores como: saneamento básico; construção e reparação de edifícios-sede de municípios; ambiente e recursos naturais; infra-estruturas de transportes e

---

[697] A solvibilidade financeira dos Municípios com graves dificuldades financeiras é o objectivo último deste instrumento financeiro. Contudo, parece-nos que, por uma razão de boa gestão e de transparência financeiras, e de responsabilização, torna-se imperiosa que a Câmara Municipal, órgão executivo, declare grave a situação financeira municipal, dada a impossibilidade de recorrer ao crédito, como seria normal, e a incapacidade de solver as suas obrigações com os recursos normais. A declaração da dificuldade financeira será acompanhada de um projecto de plano que contemple as medidas a adoptar, e deve ser aprovado pela Assembleia Municipal e submetido à apreciação da tutela administrativa e inspectiva. A sua aprovação significa o reconhecimento da situação de ruptura financeira e constitui uma garantia da realização do contrato de reequilíbrio financeiro. Na prática, os Ministros da tutela comprometem-se a realizar o controlo do cumprimento das medidas constantes do plano de reequilíbrio financeiro, bem como do próprio contrato.

comunicações; promoção do desenvolvimento económico das populações; ensino e juventude; habitações sociais e saúde de base. Todos estes sectores estão enumerados nas als. a) a h) do n.º 1 do mesmo artigo.

Para a execução destes contratos-programas, o Governo é obrigado a inscrever, anualmente, verbas discriminadas no OGE, no âmbito do programa de investimento público – cujas áreas estão previstas nas als. a) a e) do n.º 3 do artigo 18.º, sob a epígrafe "*Investimentos Públicos*"[698] –, destinadas ao financiamento de projectos das autarquias que venham a ser contempladas. É o que se pode ler do n.º 2 do mesmo artigo 14.º; e a de-finição das regras e os critérios que deverão presidir à celebração dos contratos-programas, nomeadamente a selecção dos projectos, serão objectos de um diploma do Governo que deverá respeitar e salvaguardar a "*preferência pelos projectos de desenvolvimento intermunicipal*" (n.º 3 do artigo 14.º).

Anote-se, por fim, sem embargo da cooperação financeira com a administração central, podem os Municípios lançar as derramas, com o objectivo de captar recursos financeiros necessários ao financiamento de investimentos, de acordo com o preceito do artigo 5.º, n.º 2, *primeira parte* LFL. São estes os dois principais recursos que financiam o apoio ao desenvolvimento das Autarquias locais.

É desejável que a cooperação não traga constrangimentos à autonomia local, no sentido de prejudicar as opções globais das entidades locais. O que se pretende é um salutar exercício do princípio da subsariedade entre as entidades públicas competentes. Numa palavra, o regime de cooperação técnica e financeira entre as entidades central e local deve assentar no respeito pelos princípios da autonomia local e da subsariedade.

---

[698] Os investimentos podem ser quer da competência da administração central quer da administração local, nos termos a definir pela lei (n.º 1). Sem prejuízo da competência em exclusivo das entidades locais, pode a administração central, em coordenação e mediante acordo prévio com as mesmas entidades, realizar investimentos nas suas áreas (n.º 2). A prioridade na realização de investimentos dirige-se às grandes áreas como: a) equipamento rural e urbano; b) educação e ensino; c) cultura, tempos livres e desportos; d) saúde e segurança social; e) saneamento básico (n.º 3) todos do artigo 18.º LFL.

6.2. As receitas creditícias

O recurso normal ao crédito é outras das fontes de financiamento das autarquias, prevista no artigo 9.º, podendo os Municípios recorrer a quaisquer instituições (públicas ou privadas), autorizadas por lei a conceder créditos. É considerado um meio de financiamento extraordinário, que permite às entidades locais arrecadarem meios financeiros adicionais. O regime de crédito consta do mesmo artigo, e os tipos que podem configurar e as finalidades estão também consagrados na lei.

Assim, os *empréstimos a curto prazo* destinam-se a ocorrer a dificuldade de tesouraria (n.º 3), constituindo, portanto, uma antecipação das receitas a cobrar no decorrer do exercício orçamental; os de *médio e longo prazos* são aplicados em investimentos reprodutivos e em investimentos de carácter social ou cultural ou ainda no reequilíbrio financeiro e saneamento financeiro dos Municípios (n.º 4). São estes os campos de aplicação dos produtos proveniente das receitas creditícias.

O recurso ao crédito, junto das entidades ou instituições de crédito privadas, não pode ocasionar encargos nem condições de amortizações mais desfavoráveis ou desvantajosas do que as praticadas pelas instituições públicas de crédito. Estas são as exigências constantes do n.º 8 do mesmo artigo. Isso pressupõe não só uma sondagem ao mercado de capitais, quase inexistente no país, mas também a capacidade de resposta das instituições bancárias, potenciando o recurso às instituições de crédito externo, dadas as poucas possibilidades de escolha, neste momento e, seguramente, no futuro imediato.

A lei impõe limites à contracção de empréstimos em função do tipo em concreto. Assim, para o empréstimo a curto prazo, o limite é um décimo da verba do FEF que cabe ao Município, nos termos do n.º 3, *in fine* do artigo em análise; enquanto que, para os empréstimos a médio e a longo prazos, os encargos anuais com as amortizações e juros – incluindo aqui os empréstimos obrigatórios – o chamado serviço da dívida, encontram limites nas próprias transferências estaduais e nas despesas de investimento realizadas no ano anterior.

O n.º 6 vem estabelecer que os encargos anuais com amortizações e juros de empréstimos a médio e longos prazos não podem ultrapassar o valor máximo correspondente a três duodécimos do FEF, que cabe ao Município, ou 20% das despesas realizados de investimentos no ano anterior. De acordo com o n.º 9, estes limites não são aplicáveis aos empréstimos destinados à construção de habitações ou à reparação, conservação e reabilitação de edifícios; bem como aos empréstimos cujo fim exclusivo se destina a ocorrer as despesas extraordinárias, na situação de calamidade pública, segundo o n.º 10 do mesmo artigo.

Os limites acima assinalados pressupõem que o Orçamento Geral de Estado seja aprovado atempadamente. Mas, em caso de atraso na sua aprovação, a capacidade de endividamento das autarquias será avaliada, transitoriamente, com base nas transferências orçamentais do ano anterior, podendo, se necessário, proceder a acertos após a publicação do diploma anteriormente referido. É o que dispõe o n.º 7 do artigo em análise. Em princípio, trata-se de um mecanismo dissuasor de atrasos na aprovação atempada do orçamento estadual, com projecção sobre a capacidade de endividamento das autarquias.

Fica a cargo do Governo a regulamentação das condições de contratação de empréstimos, nomeadamente para os serviços municipalizados e associações municipais quanto à bonificação de taxas de juros, prazo e garantias a prestar, sem qualquer necessidade de aprovação tutelar. Isso mesmo decorre do n.º 12, idem. Na matéria que nos ocupa por agora, a LBAL, no seu artigo 12.º (*Empréstimos*) vem fornecer as condições relativas à contratação e aplicação de empréstimos[699].

Coloca-se a questão de saber quem e de que modo irá suportar as bonificações de juros. Logicamente não são entidades bancárias contratantes a suportarem o ónus derivados destes contratos. Logicamente será a administração central a arcar com os encargos inerentes a taxas de juros bonificados, prevendo, para tal, no seu orçamento, verbas que permitam compensar as entidades credoras.

Por último, refira-se que as entidades locais podem não só contrair empréstimos como também emitir as obrigações necessárias à captação das poupanças locais, nos termos da lei, segundo o preceituado no n.º 2 do

---

[699] Reza o artigo 12.º (Empréstimos) da LBAL:
"*A contratação e aplicação de empréstimos obedecerá as seguintes condições:*
a) Nenhum empréstimo poderá ser contraído sem prévia autorização dos projectos, orçamentos e planos de financiamento da obra ou serviço a que se destina.
b) Para pagamento de juros e amortizações, as respectivas verbas deverão ser discriminadas numa nota anexa ao documento.
c) O produto dos empréstimos não poderá ter aplicação diferente daquela para que for contraído".

mesmo artigo 9.º LFL, em consonância com a al. g) do n.º 1, do artigo 3.º da mesma lei que dispõe: "*Constituem receitas do Município:... O produto de empréstimos, incluindo o lançamento de obrigações municipais*".

6.3. As receitas patrimoniais

Para além das receitas tributárias e creditícias, também constituem receitas próprias dos Municípios: o rendimento de bens próprios, quer sejam móveis ou imóveis [al. h)], e o produto de alienação de bens [al. j)], todos do n.º 1 do artigo 3.º LFL; isto é, as receitas patrimoniais, resultantes da administração do património autárquico ou da disposição dos elementos do seu activo. São receitas sem carácter sancionatório, mas derivadas dos bens patrimoniais.

As receitas patrimoniais constituídas por rendimentos dos patrimónios autárquicos, podem ser móveis ou imóveis (urbanos ou rústicos). Geralmente, as entidades locais – tal como a administração central – possuem prédios urbanos afectos ao funcionamento dos serviços ou uso dos cidadãos, por exemplo, as bibliotecas ou ainda os museus: patrimónios prediais urbanos. Estes patrimónios podem produzir também rendimentos. Outrossim, os patrimónios imobiliários autárquicos são, também, susceptíveis de produzirem rendimentos, pensa-se, por exemplo, nas concessões de terras para uso em explorações económicas, agora regulamentadas pela Lei da Terra recentemente aprovada (Lei n.º 5/98, de 23 de Abril).

As participações financeiras em empresas também produzem receitas patrimoniais para as autarquias. É o caso, por exemplo, da participação dos Municípios numa empresa participada, com o intuito de controlar ou de intervir na sua gestão. São as chamadas receitas patrimoniais mobiliárias. Quando as Autarquias locais, *maxime* os Municípios decidem alienar um/alguns dos bens dos seus patrimónios ou os frutos do mesmo (alienação do activo patrimonial não de investimento), temos o produto de alienação de bens patrimoniais, constituindo uma fonte de receitas municipais. São estes os rendimentos, em particular, a que o legislador alude nestas alíneas.

6.4. As receitas sancionatórias

Uma nota para terminar é relativa às multas e coimas, cujos produtos estão, também, incluídos dentro das receitas pertencentes aos Municípios. Ambas são receitas pecuniárias com carácter sancionatório, previstas no artigo 3.º, n.º 1, al. f), reguladas no artigo 7.º todos LFL: "*Constituem receitas do Município:... O produto de multas e coimas fixadas por lei, regulamento ou postura que caibam ao Município*".

A matéria das multas e coimas levanta alguns problemas, a saber qual a natureza e o regime que vigora para estas sanções? Isto é, se são sanções criminais ou administrativas? Consoante a resposta, estaremos na presença de regimes e de consequências diferentes.

As primeiras, as multas, segundo o n.º 5 do artigo 7.º, são fixadas por lei. Isto é, trata-se de sanções criminais, susceptíveis de serem aplicadas em alternativa à pena de prisão [respectivamente, artigos 39.º, al. a) e 45.º Código Penal], por violação de um dever jurídico. Assim sendo, seguem o mesmo regime dos crimes, penas e medidas de segurança tanto para a sua criação como aplicação, respectivamente, da competência da ANP [artigo 86.º, al. g) CRGB] e Tribunais judiciais, afastando qualquer intervenção administrativa.

Resulta disso que encontram o seu regime traçado no artigo 86.º, al. g) CRGB, isto é, são submetidas aos princípios da legalidade e também da jurisdicionalidade, nos termos do qual somente ao juiz compete aplicar as sanções, sendo incompatível com a sua delegação nos órgãos municipais. Isso não contraria o princípio da autonomia do Poder Local que reclama a intervenção dos seus órgãos em matéria que lhes diz directamente respeito, uma vez que se trata de matérias que escapam ao domínio de intervenção de entidades que não exercem poderes jurisdicionais.

Relativamente às segundas, constam do artigo 7.º, sob a epígrafe "*Coima e Multas*", sugerindo que as duas matérias estão ali reguladas. Salvo o n.º 5, ao qual fizemos referência a propósito das multas, todos os números são relativos às coimas. O seu n.º 1 vem esclarecer a questão que levantamos *supra,* nos seguintes termos: "*A violação de posturas e regulamentos de natureza genérica e de execução permanente das Autarquias Locais constitui contra-ordenação sancionada com Coima*". E acrescenta o n.º 2: "*As Coimas, a prever nas posturas e nos regulamentos Municipais, não podem ser superiores a dez vezes o salário mínimo nacional dos trabalhadores da Função Pública*". E, no n.º 4, dispõe-se: "*A competência para instauração dos processos de contra-ordenação e aplicação das Coimas pertence aos órgãos Executivos das Autarquias Locais, podendo ser delegada em quaisquer dos seus membros*". Com este esclarecimento, não restam dúvidas de que as Coimas são sanções administrativas e, como tais se sujeitam ao regime do Direito Administrativo.

Em suma, na realidade, estamos na presença de duas figuras jurídicas distintas, cada uma com o seu regime próprio. As multas consubstanciam sanções criminais, com todas as implicações que daí resultam, nomeadamente a submissão ao princípio da legalidade e da jurisdicionalidade. Ao passo que as coimas são consideradas sanções administrativas[700]. A sua criação pode ser tanto por via de regulamento como por via de postura municipal, no âmbito do poder regulamentar próprio conferido pela Constituição (artigo 112.º, n.º 1), e são aplicadas por órgãos municipais, mormente as polícias, subtraindo-as, assim, da intervenção do órgão legislativo nacional e tribunais judiciais.

Duas observações finais, ainda na linha da matéria que temos vindo a tratar, as Finanças locais, vêm a propósito dos artigos 12.º e 15.º LFL, respectivamente, Contencioso Fiscal e Julgamento e Apreciação das Contas. A *primeira* nota é em relação à consagração legal das garantias dos contribuintes contra os actos administrativos tributários, praticados pela Administração fiscal local. Consagrou-se um regime duplo de garantias e de defesa, assentes, na reclamação e impugnação contra a liquidação e cobrança de impostos locais, bem como das derramas, nos termos do CPT (n.º 1), atribuindo competência aos Tribunais Fiscais para a instrução e julgamento das contravenções (n.º 2). Ao passo que, em matéria de taxas e mais-valias, as reclamações e impugnações são deduzidas perante os órgãos executivos locais (n.º 3), com possibilidade de recurso para os Tribunais fiscais (n.º 4) todos do artigo 12.º LFL.

Por último e em matéria da cobrança coerciva das dívidas das autarquias, pelo não cumprimento voluntário por parte dos contribuintes do direito do Estado ou Autarquias locais, quer em matéria de impostos e derramas, quer das taxas e mais-valias essa compete aos Tribunais Fiscais, devendo aplicar-se, *mutatis mutandis*, as disposições estabelecidas no CPT, segundo o preceituado no mesmo artigo 12.º, n.º 5 LFL.

---

[700] Antes da existência do quadro em que debruçamos a nossa investigação, AUGUSTO SILVA DIAS manifestara a posição contrária a criação de ilícitos contraordenacionais na ordem jurídica guineense, não só porque é da competência das autoridades administrativas, mormente das policiais, mas também o perigo que encerra, sobretudo, em matéria de direitos e garantias dos cidadãos, que seriam colocados numa situação de insegurança. Vide, deste autor, "*A distinção entre crimes e contravenções*, pp. 17 e ss; essencialmente, pp. 33-35.

A *segunda*, para dizer que se trata de uma matéria da competência do Tribunal de Contas. Diz-nos o n.º 1 do artigo 15.º em análise que, até 31 de Março de cada ano, deverão ser enviadas, pelos Presidentes das Câmaras Municipais, Secções Autárquicas e Juntas Locais, *"as contas respeitantes ao ano transacto, acompanhadas de Acta da Reunião do Órgão Executivo respectivo da autarquia em que hajam sidos aprovadas, bem como um relatório que traduz com clareza os seguintes valores ou movimentos:..."*.

Lembre-se que a competência para a aprovação destes documentos de gestão financeira municipal (conta de gerência, retrato final da execução do orçamento; relatório anual de actividades, apresentação da execução do plano anual de actividades e a análise da situação financeira municipal, traduzida na diferença entre as receitas e as despesas previstas e as efectivamente realizadas, a evolução do endividamento municipal, bem como a relação entre as receitas e despesas correntes, e também entre as receitas e despesas de capitais, ainda a conta de exploração e do balanço dos serviços municipalizados, estes últimos não são submetidos ao Tribunal de Constas) cabe, segundo o artigo 11.º, n.º 1, al. f) LBAL, à Assembleia Municipal.

O julgamento do Tribunal de Contas deve compreender a fiscalização da actividade financeira-orçamental, baseada na apreciação da gestão económico-financeira e patrimonial das entidades locais, do ponto de vista da sua legalidade e da regularidade, incluindo a efectivação das responsabilidades, caso haja, dos titulares dos órgãos autárquicos.

Mas não é isso que nos interessa neste momento, pelo que remetemos para o Capítulo III, relativo ao Controlo Financeiro, a seguir objecto de atenção. Cuidamos, neste momento, da apreciação crítica da redacção do artigo 15.º: *Julgamento e apreciação das Contas*. Tal como está disposta na epígrafe, inculca a ideia de que os dois momentos de fiscalização respeitam a seguinte sequência: primeira, o Tribunal de Contas para sancionar a gestão financeira local e, só no momento posterior, se dá a fiscalização do órgão deliberativo camarário. Não é assim. A lógica é totalmente inversa, como se pode extrair da leitura do corpo do artigo: isto é, a fiscalização da entidade local competente é anterior à intervenção fiscalizadora do Tribunal de Contas. Equivale isso dizer que, apesar da aparente contradição que inculca o título do artigo, o seu espírito está de acordo com a lógica que impera nesta e noutras matérias: o julgamento das contas pelo tribunal competente é sempre precedido de uma apreciação geral das mesmas pelo órgão competente, a Assembleia Municipal.

A intervenção da autoridade judicial, competente para sancionar a legalidade e regularidade das contas locais, não encontra excepção no incumprimento, por parte do órgão executivo, do dever de as submeter à apreciação do Tribunal de Contas, caso em que pode incorrer em pena de dissolução, nos termos do artigo 13.º, al. d) da Lei n.º 3/97, que reza o seguinte: *"Qualquer órgão autárquico pode ser dissolvido pela Assembleia Nacional Popular, ouvido o Governo:... Quando não apresente a julgamento, no prazo legal, as respectivas contas, salvo a ocorrência de facto julgado justificativo"*.

Por outro lado, a matéria da competência pode ser inferida das disposições dos artigos 25.º, n.º 1, al. d): *"Compete o Presidente da Câmara Municipal:... Submeter as contas a apreciação da Assembleia Municipal e nos casos previstos na lei ao julgamento do Tribunal de Contas"* e 11.º, n.º 1, al. f): *"Compete à Assembleia Municipal:... Aprovar anualmente o relatório, o balanço e as contas apresentadas pela Câmara"*, todos da LBAL.

Em face dos dispostos nestes artigos, somos levados a pensar que, quando, no n.º 1 do artigo 15.º LFL, se vem dizer que *"... as contas respectivas... acompanhadas de Acta da Reunião do Órgão Executivo respectivo da autarquia em que hajam sidos aprovadas,..."*, o legislador tinha em mente as disposições da LBAL que regulam esta matéria. Acontece que acabou por não expressar correctamente o seu pensamento, pois inculca a ideia de que a competência de aprovação das contas pertence à Câmara Municipal, órgão executivo. Ou seja, faz coincidir no mesmo órgão não só a competência de executar as políticas constantes dos instrumentos da gestão financeira mas também a apreciação e aprovação dos resultados do mesmo exercício?!, a menos que se trate de uma gralha.

Numa sociedade moderna e democrática, minimamente civilizada não se pode admitir que isso aconteça, principalmente por razões de transparência e de boa gestão. É impensável que compita a um mesmo órgão a tarefa de, simultaneamente, gerir os fundos e apreciar, com devida imparcialidade e isenção, a forma como os mesmos foram gastos e, imputar-se responsabilidades por erros ou omissões, uma vez que não oferece garantia, confiança, transparência e credibilidade, porque tem subjacente uma apreciação não desinteressada, mas comprometida.

Por esta razão se concebeu um sistema duplo de órgãos: um que governa e outro que fiscaliza, de molde a garantir um mínimo de confiança e transparência. Não se compreende a contradição, criada pelo legislador fiscal, entre a disposição do corpo do artigo n.º 1 do 15.º LFL e o disposto nos artigos 11.º, n.º 1, al. f) e 25.º, n.º 1, al. d) LBAL – recorde-se lei reforçada –, o que vem criar no sistema uma incongruência. Donde a necessidade de se interpretar correctamente o n.º 1 do artigo 15.º LFL, para não se incorrer na violação do disposto na lei (reforçada), a LBAL, como se pode inferir do que dissemos acima.

Em conclusão, a desatenção do legislador guineense (ou até, quiçá, a procura de tentar conciliar a inovação e simultaneamente seguir muito de perto o legislador fiscal português) pode perturbar o espírito e a lógica do sistema. Ou seja, o legislador fiscal acaba por entrar em contradição com o esquema coerente e lógico criado na ordem jurídica interna. Por isso deve ser expurgada, através de uma interpretação da norma legal contraditória com a lei reforçada, concebida para regular a relação entre os órgãos da administração local e entre estes e os órgãos da administração central competentes no domínio da intervenção local, mormente a tutela inspectiva (e também administrativa) ou ainda o julgamento imparcial dos actos de gestão financeira das entidades locais.

Por último, diga-se que a lei incumbiu ao Governo, conforme o n.º 2 do mesmo artigo, a função de legislar, por decreto-lei, sobre o prazo e os elementos que devem constar do relatório (exposição escrita dos actos financeiros de gerência, resultado de uma fiscalização) do Tribunal de Contas, em matéria de julgamento de contas das entidades locais, a apresentar ao órgão supremo de fiscalização política representativo dos cidadãos, a ANP, conforme o artigo 76.º CRGB, para a sua apreciação.

CAPÍTULO III

A FISCALIZAÇÃO FINANCEIRA

1. GENERALIDADES

A afectação e a gestão de recursos (patrimoniais e dinheiros públicos, sentido estrito) indispensáveis à satisfação das necessidades colectivas, colocou desde os tempos mais remotos – nos tempos modernos, colocam-se com mais acuidade – um problema fundamental e imperioso, que é o da a sua fiscalização; isto é, a garantia de que a sua utilização respeitará meticulosamente os objectivos previamente estabelecidos e desenvolvida mediante regras e critérios legais que a informam. Por outras palavras, pretende-se que sejam asseguradas a realização dos objectivos subjacentes a imposição de sacrifícios ao património dos particulares, que é a satisfação das necessidades colectivas ou benefício próprio de um indivíduo, de acordo com o interesse público, observando plenamente as normas legais e, simultaneamente, evitar desperdícios.

Ora, esta questão bule com considerações relativas à institucionalização ou não de órgãoso vocacionados para a fiscalização das actividades financeiras da administração central e local e seus serviços e institutos, enquadrados ou não na orgânica das entidades controladas. Ou seja, entidades com ou sem independência (política) perante o Governo ou a Administração Pública no sentido lato do termo. Estes órgãos funcionam em estrita ligação com a assembleia representativa dos cidadãos e podem ou não ser especializados tecnicamente em matéria de avaliação da gestão (financeira e patrimonial).

Trata-se de uma ideia que se apresenta como colorário da institucionalização do orçamento, enquanto forma de assegurar uma rigorosa disciplina dos dinheiros públicos orientados para a satisfação do bem comum. E, ao representar um ónus para os particulares, a sua administração e gestão, no quadro das finanças activas ou funcionais, têm a grande significado. É neste quadro que ganha relevância a fiscalização financeira, enquanto prática de actos necessários a uma boa execução orçamental ajustada aos objectivos pré-determinados.

A actividade de fiscalização pode ser efectuada dentro ou fora da própria organização, pessoa colectiva fiscalizada; o mesmo é dizer, a existência de órgãos de controlo com ou sem independência em relação às entidades controladas. Assim, temos a fiscalização interna ou dependente e fiscalização externa ou independente, e o seu fundamento pode ser político-financeiro ou meramente técnico-jurisdicional. A primeira não assegura a democracia, uma vez que é própria dos regimes em que é desconhecido o princípio da separação de poderes e das funções entre os órgãos do Estado, nem tão-pouco existe o respeito da legalidade e do Estado de Direito, porquanto exigem "juízos independentes dos interesses em causa, para que o poder executivo esteja subordinado à Lei, e não acima ou ao lado dela"[701].

As inconveniências reveladas pelo modelo de fiscalização interna são colmatadas por um outro, assente num poder instituído, dotado de isenção e independência, com capacidade técnica para lidar com questões relativas à democraticidade, requerida nas matérias que contendem com os direitos dos cidadãos, a quem são amputados parte do património para a cobertura das necessidades financeiras estadual no seu conjunto, incluindo os seus serviços e institutos. Nessa circunstância, torna-se evidente que quem sofre o ónus dos encargos públicos sente-se no direito de ser devidamente informado sobre os gastos realizados pelo executivo. Ora, isso só é possível com a institucionalização de órgãos capazes de assegurar e garantir os requisitos de racionalidade económica, incluindo contabilística, isenção e independência técnica e jurídica.

Parece consensual e indiscutível que o modelo político de fiscalização financeira apresenta grandes vantagens, como aquelas que resultam do facto de a invasão ao património dos particulares estar limitada e de os gastos públicos serem controlados, porque por via do princípio do Estado

---

[701] SOUSA FRANCO, "*O presente e o futuro das instituições de controlo financeiro com carácter jurisdicional – Notas sobre a jurisdição financeira num mundo em mudança*", in Conferência proferida por ocasião da inauguração da nova sede do "Consello de Contas de Galicia", Santiago de Compostela, 19 de Maio de 1993, in RTC, n.ºs 19/20, Lisboa, 1993, p. 38.

de Direito democrático é essencialmente requerido que o parlamento (a assembleia representativa dos cidadãos) dê o seu consentimento e vote, anualmente, os gastos públicos, bem como as receitas a cobrar para a sua cobertura; a fiscalização da execução orçamental, tanto do lado das receitas como das despesas; e, por último, mas não menos importante, a responsabilidade financeira de todos quantos são chamados a gerir os dinheiros públicos[702], no caso de as suas actuações não se conformarem com os princípios e regras que disciplinam esta actividade.

Sem embargo, a própria Constituição da República, que expressamente obriga à existência do Estado de Direito democrático, entende reforçar os mecanismos políticos (parlamentar) de fiscalização com a institucionalização de um outro órgão, com competência jurisdicional e técnica, no sentido do respeito pelo princípio da separação de poderes e funções do Estado, capaz de tornar efectiva os direitos dos contribuintes, ao mesmo tempo que acompanha a evolução e a complexidade técnica da actividade financeira dos nossos dias.

Em suma, a opção por um sistema de fiscalização independente ou externa – a fiscalização jurisdicional e técnica – traz vantagens, como o seu desenvolvimento no quadro da separação de poderes e funções; garante a efectivação dos direitos dos contribuintes; engloba aspectos técnicos que escapa a fiscalização política, uma vez que requer órgãos com capacidade técnica e independência; garante o princípio da legalidade, a transparência, a credibilidade e a responsabilidade na gestão de coisas públicas; e, ainda, impede o crescimento do Estado à margem da lei e das possibilidades orçamentais, agravada com a existência de uma classe política e burocrática com interesses próprios[703], diferentes dos da esmagadora maioria da população do país.

Assistimos, hoje, no ordenamento guineense, a uma pluriferação dos órgãos de fiscalização financeira, cuja jurisdição (campo de actuação constitucional e legal definidora da competência quanto ao território, matéria, tempo e às entidades sujeitas a tal fiscalização) se reparte entre as actividades financeiras da administração central e da administração local/municipal, com o objectivo primordial de assegurar uma maior e eficiente gestão das coisas públicas, e, concomitantemente, tornar transparente a actividade financeira.

---

[702] SOUSA FRANCO, "O presente e o futuro...", p. 40.
[703] Vide sobre estes aspectos SOUSA FRANCO, "O presente e o futuro...", p. 41.

Deparam-se, dentro das próprias instâncias da Administração Pública em geral, controlos atomísticos das actividades financeiras internas, *maxime* o controlo das respectivas despesas. É a expressão da fiscalização interna exercida pelo poder executivo, podendo ou não haver especialização técnica ou interna de funções, traduzida na existência de órgãos com mandato de fiscalização no seio do aparelho executivo, seja a administração central seja a local, dotados de independência técnica, mas não independentes politicamente.

Ainda podemos encontrar, a par desta, uma outra forma de controlo da actividade financeira, exercida por departamentos centrais relativamente aos órgãos da administração local, com competência em matéria de tutela (administrativa ou inspectiva), mas sem qualquer especialização e domínio técnicos necessários. Aquilo que podemos designar, *grosso modo*, por inspecção, considerado um tipo de fiscalização externa, uma vez que é exercida por órgãos que se encontram fora da entidade controlada.

No primeiro caso, estamos perante uma mesma pessoa colectiva de direito público, com órgãos de fiscalização interna, dela dependentes; enquanto que, no segundo, são diferentes as pessoas colectivas públicas, dotados de requisitos de autonomia e independência, embora restringida pela Lei Fundamental.

A circunstância de se estender o exercício da fiscalização financeira a todo o território nacional – onde se encontram entidades públicas, cujo quotidiano se reparte entre o exercício das atribuições conferidas pela Constituição ou pela lei em prol das respectivas populações e a necessidade de se dotarem de meios financeiros adequados – oferece condições para que seja assegurada, de forma indirecta e reflexa (pois o interesse em causa é público e não privado) a defesa legítima dos interesses dos particulares que contribuem com os seus patrimónios para a materialização das funções financeiras do Estado em geral. É, pois, somente neste campo que encontramos uma função garantística da democracia representativa, que pode ser exercida tanto pelo Parlamento como pelos Tribunais competentes.

Considerando a própria organização, estruturação e funcionamento do poder político do Estado guineense, afigura-se-nos uma verdadeira tripartição funcional de poderes, que obedece à lógica da divisão e separação de funções entre a Assembleia Nacional Popular, órgão supremo legislativo e de fiscalização política do Estado, a quem cabe aprovar as linhas gerais de governação constantes do Orçamento Geral do Estado e do Plano Nacional de Desenvolvimento, que devem conduzir a actuação do executivo; o Governo, cuja função de governar lhe permite obter e empregar os meios financeiros para alcançar os objectivos constantes dos documentos de gestão financeira, e o Tribunal de Contas, inserido numa orgânica independente, a quem compete a fiscalização técnica e jurisdicional das actividades do executivo central e local com incidência em matérias financeira e patrimonial.

Esta tripartição das funções do Estado faz com que se crie, em síntese, dois modelos de fiscalização financeira independente ou externa, como temos vindo a fazer alusão. Uma política e outra jurisdicional exercidas pelos órgãos de soberania estadual: a ANP (artigo 76.º, *primeira parte*), a quem cabe a fiscalização política e o Tribunal de Contas, chamado a exercer a fiscalização jurisdicional, nos termos do artigo 121.º, n.º 2, al. b) CRGB[704], respectivamente. Note-se que estes modelos de fis-

---

[704] O artigo 121.º, n.º 2, al. b) Constituição da República da Guiné-Bissau dispõe o seguinte:

"*É proibida a existência de tribunais exclusivamente destinados ao julgamento de certas categorias de crimes.*

2. Exceptuam-se do disposto no número anterior:

a) Os tribunais militares aos quais compete o julgamento dos crimes essencialmente militares definidos por lei;

b) Os tribunais administrativos, fiscais e de contas".

Infere-se da al. b) do n.º 2 do artigo citado que o Tribunal Administrativo, Fiscal e de Contas é um Tribunal de competência especializada, a quem cabe, nomeadamente, o julgamento de contas das entidades sujeitas à sua fiscalização. Só que, passados alguns anos após a sua criação, não foi capaz de responder as exigências que justificaram uma tal opção constitucional, definidas no Preâmbulo do diploma que criou o Tribunal de Contas ao dizer o seguinte: "*Considerando que o Tribunal Administrativo, Fiscal e de Contas, por desactualizado e desajustado a nova realidade, deixou de funcionar logo após a aquisição da nossa soberania nacional, limitando-se apenas a aposição de vistos nos diplomas de provimento e outros*". Assim, no ano de 1992, pelo Decreto-Lei n.º 7/92, de 27 de Novembro, publicado em Suplemento ao BO n.º 47, da mesma data, foi criado o Tribunal de Contas.

Por força do artigo 1.º do Decreto n.º 9/84, de 3 de Março (Regulamento dos Serviços de Justiça Fiscal), as matérias do contencioso tributário do Tribunal Administrativo, Fiscal e de Contas transitaram para os Serviços de Justiça Fiscal ou Tribunal Fiscal (cfr. o Preâmbulo do Decreto-Lei n.º 7/92, de 27 de Novembro), o que significa que as restantes matérias, não específicas do contencioso tributário – estamos a pensar nas matérias de natureza meramente administrativa –, salvo melhor entendimento, continuam sob a alçada daquele Tribunal, ressalvando o disposto no n.º 2 do artigo 1.º do mesmo Decreto n.º 9/84. Esta era a situação vigente no ano de 1984.

Já em 1992, com a criação do Tribunal de Contas pelo Decreto-Lei n.º 7/92, deixa de existir o Tribunal Administrativo e Fiscal como categoria. Esta conclusão é retirada

calização das actividades financeiras estadual e local são independentes e complementares entre si, o que constitui um bom sinal e indício da democracia e do respeito dos direitos dos cidadãos.

Interessa-nos, de modo particular, neste trabalho focar alguns aspectos desta temática, a saber: quais os órgãos de fiscalização institucionalizados; as competências do órgão jurisdicional de fiscalização da actividade financeira; o tipo de controlo, o momento em que se efectua e a eventual responsabilidade financeira, entre outros. São estes os principais destaques pensados para este Capítulo, último do nosso trabalho de investigação que, foi inserido com o propósito de assinalar a indispensabilidade de órgãos independentes de fiscalização financeira, tão úteis e imprescindíveis ao normal desenvolvimento das acções programadas com vista a uma efectiva satisfação das necessidades das populações nacional e local.

Lembre-se, no entanto, que o desempenho do órgão de fiscalização financeira independente, principalmente o Tribunal de Contas, não é alheio às condições política e social do próprio país. A sua evolução caracteriza no tempo a composição e competência deste órgão de controlo financeiro. Entre nós, a mutação do regime político, ao longo das últimas décadas (isto é, a partir da independência do país até a actualidade), marcou o percurso desse órgão, dividido, sobretudo em função da expressão que encontra nas experiências constitucionais e a realidade prática. Assim, iremos apresentar uma pequena resenha sobre os antecedentes históricos do actual quadro da fiscalização financeira guineense, para melhor enquadramento do tema.

Não vamos recuar muito no tempo; sem embargo de a génese da fiscalização financeira se situar no período anterior à formação do Estado livre e independente da República da Guiné-Bissau, isto é, durante a época da colonização portuguesa, em relação à qual importa referir que o Tribunal de Contas foi criado em 1849, com jurisdição a todo o reino e às Províncias Ultramarinas. Trata-se de uma tentativa de implantar em cada província ultramarina um Tribunal de Contas, algo que não é alheio à ten-

---

do artigo 20.º (*Legislação Complementar*) – inserido no Capítulo V, sob a epígrafe Disposições finais e transitórias – do mesmo diploma, que reza o seguinte: "*Enquanto não forem criadas o Supremo Tribunal Administrativo, o Tribunal Administrativo de Circulo e o Tribunal Administrativo de 1.ª instância, o conhecimento da matéria do contencioso administrativo será transitoriamente assumido pelo Tribunal de Contas*".

tativa de uma efectiva implantação da soberania portuguesa, nos domínios de África. Ao longo do tempo, este experimentou várias vicissitudes e denominações que não cuidaremos neste trabalho.

Já no nosso século foi reavivada esta instituição, primeiro, pela Lei n.º 278, de 15 de Agosto de 1914, cuja inovação no âmbito da reforma da administração colonial tem um cunho marcadamente descentralizador, à qual se seguiram outras leis com o mesmo espírito. Contudo, dificuldades e instabilidades várias marcaram a evolução deste órgão de fiscalização financeira, ao longo dos tempos.

A aprovação da Constituição Política em 1933, integrando o Acto Colonial de 1930 – texto constitucional do Império Colonial – e a aprovação da Carta Orgânica do Império Colonial Português, pelo Decreto-Lei n.º 23288, de 15 de Novembro de 1933, cria para cada colónia os tribunais administrativos, com competência para julgar as contas dos corpos e corporações administrativas. Tal competência era exercida em interligação com o Conselho Superior Colonial, órgão para o qual cabia recurso das decisões daqueles tribunais.

Em suma, no domínio das finanças coloniais, prescrita pelo Acto colonial a autonomia financeira das colónias era controlada ou fiscalizada por numa instituição com vocação nesta matéria: o julgamento de contas das colónias era atribuído ao Tribunal de Contas. De resto, as alterações constitucionais (Lei n.º 2048, de 1 de Junho de 1951, dando corpo a revisão constitucional em matéria do julgamento de contas das províncias ultramarinas) e legais (Lei n.º 2066, de 27 de Junho de 1953, Lei Orgânica do Ultramar Português, que define as competências do Tribunal de Contas: as Bases LIV-III e LVII-I) posteriores não prejudicaram o binómio autonomia/fiscalização. Ainda, importa referir que a última legislação nesta matéria data de 1972, introduzida pela Portaria n.º 126-C, de 6 de Setembro[705].

No período após independência do país, a situação é a seguinte. O Tribunal de Contas, na Constituição de 1973, configura o modelo de Tribunal Administrativo, Fiscal e de Contas, tal como era concebida na época da colonização portuguesa. Estamos a falar da Constituição de um país independente, à data de 24 de Setembro de 1973, altura em que foi

---

[705] Para mais desenvolvimentos desta matéria, vide, SOUSA FRANCO, "Dinheiro públicos, julgamento de contas e controlo financeiro institucional", in RLAD, Vol. I, LEX, Lisboa, 1997, pp. 92-100.

proclamada unilateralmente a independência, através do movimento que conduziu a luta de libertação nacional, o Partido Africano para a Independência da Guiné e Cabo-Verde, P.A.I.G.C. Dir-se-ia que este modelo de fiscalização financeira foi herdado pelo jovem Estado da Guiné-Bissau. Tivemos ocasião de referir este aspecto – a propósito de outras matérias – que remonta à Lei n.º 1/73, de 24 de Setembro, a primeira manifestação legislativa (a seguir a Constituição da República de 1973) da soberania estadual guineense, receptora da legislação portuguesa em vigor, desde que não contrária às leis ordinárias e aos princípios da nova ordem jurídica contidos no programa do partido único no poder.

A técnica legislativa bastante incipiente com que se dotou a Constituição de 1973, sem preocupações de rigor científico e de arrumação das matérias, faz crer que se tratava de um projecto (filosófico, político, económico, cultural, social,...) em transição. Denota-se que os artigos 54.º a 56.º, em que estavam enquadradas as matérias do Poder Judicial, não fazem alusão, em particular, a nenhum tipo em concreto de tribunal, sobressaindo, no artigo 54.º, *primeira parte*, a referência de que a "*Justiça é feita em nome do Povo...*", o que demonstra a soberania popular deste órgão do poder político do Estado.

Nesta ordem de ideias, estamos em crer que, mesmo que de forma implícita, estava subjacente a consagração de um Tribunal com competência para controlar a actividade financeira da Administração Pública em geral. Diga-se o Tribunal Administrativo, Fiscal e de Contas, com competência, nomeadamente, para a fiscalização das contas das entidades sujeitas à sua jurisdição, recebido pela Lei n.º 1/73, que se manteve regulado pela legislação portuguesa em vigor ao tempo da independência do país, situação que não se alterou durante um longo período. Mas, pelo Despacho do Comissário de Estado da Justiça, de 15 de Julho de 1977, foi introduzida uma alteração, apenas em matéria da sua composição[706]. Tal

---

[706] Este diploma foi publicado no BO n.º 29/77 e rezava o seguinte: "*Considerando que a composição do Tribunal Administrativo, Fiscal e de Contas, nos moldes referidos nos artigos 1.º e 2.º do Regimento aprovado pela Portaria n.º 126-C, de 6 de Setembro de 1972, publicada no Suplemento ao «Boletim Oficial» n.º 37, já não corresponde às exigências actuais do nosso País, havendo, portanto, urgente necessidade em promover a sua actualização;*

Considerando a opinião favorável do Conselho dos Comissários de Estado, o Comissário de Estado de Justiça determina:

1. O Tribunal Administrativo, Fiscal e de Contas passa a ter a seguinte composição:

alteração não serviu de impulso à actividade deste Tribunal que se limitou, durante muito tempo, ao exame e visto dos actos e contratos que geravam despesas, mais concretamente um considerável número de visto relativo ao movimento de pessoal.

A par deste controlo, verificavam-se, também, controlos internos da legalidade por parte do Ministério da Função Pública e da despesa orçamental, efectuado, como é óbvio, pelo Ministério das Finanças. O controlo externo e independente era (quase) inexistente, situação muito influenciada pela ausência de contas públicas. Note-se que era – e é em certa medida – preocupante situação desta natureza, devido à ausência de disciplina e rigor orçamentais, que ao longo de duas décadas, vêm caracterizando o nosso sistema administrativo e financeiro, dando, portanto, uma pálida imagem da credibilidade do país, não só internamente, mas também na cena internacional, principalmente junto dos credores externos.

Pensa-se que o reduzido papel do Tribunal Administrativo, Fiscal e de Contas, em matéria da fiscalização das contas do Estado, a seguir a independência do país, é justificado, no essencial, pela sua configuração na ordem interna e externa, embora democrática (artigo 1.º), era dirigido por um partido único, a quem cabia a elaboração da política do Estado; apoiado pelas massas populares (artigo 5.º), e assentava numa vontade popular, cujos projectos de sociedade política, económica e cultural de cariz são marcadamente socialistas (artigo 3.º); decisor económico, titular das propriedades tanto dos bens públicos como privados, incluindo os confiscados aos *"traidores à Pátria"* (artigo 8.º), todos CRGB 1973. Estas características fazem com que este tribunal tivesse uma reduzida expressão no domínio da fiscalização das actividades financeiras estadual, dada a grande importância do órgão executivo e, consequentemente, não havia necessidade de outros órgãos, que, com toda a certeza, soçobravam

---

Presidente – Juiz de Direito da Vara Cível do Tribunal Popular da Região de Bissau.
Vogais – Director-Geral da Função Pública – Notário Público
2. Intervirão ainda como vogais, o Director-Geral das Alfândegas nos julgamentos das questões aduaneiras e o Director-Geral das Finanças, nos de contas de responsabilidade.
3. Na sua falta ou impedimento, o Presidente e os vogais serão substituídos por quem estiver a desempenhar as suas funções ou por quem foi designado pelo Comissário de Estado de Justiça.
4. Representa o Ministério Público junto do Tribunal o Delegado do Procurador-Geral da República na Região de Bissau".

perante a evidência daqueles que detinham o monopólio do poder político do Estado.

O Tribunal de Contas, na Constituição de 1984, aparece integrado – na esteira da anterior Constituição e da Lei n.º 1/73 – dentro de uma categoria constituída pelos Tribunais Administrativos, Fiscais e de Contas, com a grande diferença de, nesta, merecer referência expressa. Tanto na primitiva como na actual versão da Constituição, encontramos a sua consagração, respectivamente, nos Capítulos VI (Da Administração da Justiça), artigo 93.º, n.º 2, al. b) e VII (Do Poder Judicial), artigo 121.º, n.º 2, al. b) – aliás, de resto, são (quase) idênticas às redacções das duas versões, salvo ligeiras diferenças[707]. Em suma, há um ponto comum nas duas primeiras versões que se traduz na existência de *"tribunais administrativos, fiscais e de contas"*, como tribunais especializados, ao lado dos tribunais militares admitidos na ordem jurídica guineense.

Observa-se que, em especial, o Tribunal de Contas não compreendia uma categoria jurisdicional autónoma e independente *per si*, com estruturas, órgãos e funções específicas no domínio da fiscalização financeira. Estava inserido numa categoria de tribunal considerado órgão de soberania, chamado a desempenhar funções jurisdicionais: o Tribunal Administrativo, Fiscais e de Contas, subdividido em secções conforme as matérias que ocupava: contencioso administrativo, fiscal e de contas, separadamente.

A quase total inoperância, motivada por mais variadas razões, principalmente as de ordem política e económica, comprometeram o desempenho deste Tribunal, pelo que a situação era favorável a uma reforma judiciária. Empenhados em estudar as vias possíveis dessa reforma, os magistrados judiciais, presidido pelo Presidente do Supremo Tribunal de Justiça, reuniram entre os dias 1 e 2 de Julho de 1991, e decidiram, nomeadamente, a necessidade da criação de um Tribunal de Contas autónomo e independente do Tribunal Administrativo.

---

[707] Para esclarecer este ponto, transcrevemos apenas as als. a) dos dois textos constitucionais. Assim, a primitiva versão do artigo 93.º, n.º 2, al. a) rezava o seguinte: *"Exceptuam-se do disposto no número anterior: Os tribunais militares a que compete o julgamento dos crimes essencialmente militares definidos por lei e de outros crimes dolosos que, por motivo relevante, lhes sejam legalmente equiparados em razão da matéria"*; enquanto que a actual al. a), n.º 2, artigo 121.º estabelece: *"Exceptuam-se do disposto no número anterior: Os tribunais militares aos quais compete o julgamento dos crimes essencialmente militares definidos por lei"*.

Diga-se que, paralelamente, estavam em curso outras acções, nomeadamente, a preparação de legislação específica, em estrita cooperação entre o nosso Tribunal de Conta e os da Tribunal de Portugal. Disso viria a resultar a separação formal do Tribunal de Contas do Tribunal Administrativo, incumbido legalmente de se ocupar, transitoriamente, das matérias deste tribunal. Voltaremos a este assunto.

Estávamos ainda na vigência da Constituição de 1984 – versão actual –, quando, pelo Decreto-Lei n.º 7/92, de 27 de Novembro, foi criado o Tribunal de Contas e aprovada a sua Lei Orgânica, doravante, LOTC (Lei Orgânica do Tribunal de Contas). Com isso, assistimos a uma reforma do sistema traçado constitucionalmente, que, diga-se, sobreviveu a duas revisões constitucionais todas efectuadas no ano de 1991, pelas Leis Constitucionais n.ºs 1/91 e 2/91, respectivamente de 9 de Maio e de 4 de Dezembro. Nenhuma destas revisões, como se disse, atingiu o Capítulo VII (Do Poder Judicial), artigos 119.º a 125.º CRGB, o mesmo equivale a dizer que a estrutura orgânica e funcional estabelecidas nas duas versões da CRGB 1984, na matéria que nos ocupa, mantiveram-se intactas. Já no ano seguinte sentiu-se a pertinência de alterar a ordem constitucional vigente.

Pensa-se que, para além do que dissemos, esta medida prende-se, também, com a necessidade de se adaptar a realidade criada a partir de 1984, com o diploma que regulamenta os Serviços de Justiça Fiscal (Decreto n.º 9/84 de 3 de Março), com dois órgãos: a Repartição das Finanças e o Tribunal de 1ª Instância das Contribuições e Impostos, nos termos, respectivamente, das als. a) e b) do artigo 4.º do mesmo diploma. Este último é considerado um *"órgão de soberania que exerce a função jurisdicional na matéria da sua competência, tal como definido no Capítulo I deste Regulamento ou noutras leis"*, reza o artigo 7.º do Decreto n.º 9/84. A competência a que se alude é em matéria da instrução e julgamento dos processos emergentes das relações jurídico-fiscais e execuções da sentença e títulos com força executiva.

Com isso estava criado um serviço com a categoria de Tribunal Fiscal autónomo e independente, com competência estritamente em matéria das relações jurídico-fiscais, como ficou definido no artigo 1º, deixando a matéria do contencioso administrativo, entregue ao Tribunal Administrativo. Hoje, transitoriamente, as matérias da competência deste último estão cometidas ao Tribunal de Contas (cfr. artigo 20.º LOTC).

É nossa convicção que por detrás de todo este processo, está a necessidade de implementar um sistema de controlo externo e independente, que, nomeadamente, entronca com os seguintes aspectos: acentuámos noutro lugar que, no pós-independência, houve uma (quase) total degradação da economia nacional, cuja recuperação, já na década de oitenta, foi possível graças aos Programas de Ajustamento Estrutural[708], financiados pelas organizações financeiras internacionais de Bretton Woods, Fundo Monetário Internacional e Banco Mundial, sendo, portanto, necessário conceber uma gestão disciplinada das finanças públicas, donde decorre a indispensabilidade do controlo financeiro mais eficiente e eficaz; a liberalização económica seguida da liberalização política: democracia pluripartidária e o crescente papel da sociedade civil na vida do país em geral; o projecto da efectiva implantação de um Estado de Direito Democrático, com a consequente primazia da lei, neste particular, a legalidade financeira e a necessária garantia de direitos dos contribuintes, cujos rendimentos constituem a base de incidência fiscal, isto é, fonte de percepção de receitas fiscais necessárias à cobertura das necessidades colectivas.

2. OS ÓRGÃOS DE FISCALIZAÇÃO FINANCEIRA

A nossa Lei Fundamental estabeleceu um sistema de fiscalização financeira pluralístico, ao atribuir tal tarefa a diversos órgãos/entidades, conforme a natureza e o âmbito de actuação. Este esquema constitucional, complexo mas articulado envolve entidades de natureza política, administrativa e jurisdicional, com a principal vantagem de permitir que seja efectuada a vários níveis a função fiscalizadora da actividade financeira esta-

---

[708] Um dos mais significativos artigos que retrata, com total fidelidade, os anos do pós-independência até a liberalização económica, a situação da política económica, monetária e fiscal do país é da autoria de *FILINTO BARROS*, Consultor da USAID, ex-Ministro das Finanças, sobre "*Política monetária como técnica de gestão macroeconómica na Guiné-Bissau*", in BFDB, n.º 5, 1998, pp. 45-52. Neste artigo, o autor apontou as causas mais próximas (desequilíbrios estruturais nos domínios monetário e fiscal, motivados por uma má gestão das políticas económicas, mormente, a política monetária) da necessidade dos Programas de Ajustamento Estrutural, PAE, cujo objectivo é, em geral, "repor um ambiente macro-económico" (p. 48), no domínio monetário, cambial, dando prioridade à correcção dos desequilíbrios externos: o controle da inflação e a desvalorização da moeda guineense, em detrimento de políticas fiscais e reformas estruturais, nomeadamente, a redução dos sectores públicos administrativo e empresarial.

dual no seu conjunto, o que pode ser benéfico para o sistema de administração e gestão dos recursos quer humanos, quer materiais (mormente o património e dinheiros públicos), sem esquecer, evidentemente, a necessidade de defender e garantir o respeito pelos direitos e liberdades dos cidadãos, principalmente os contribuintes.

Como temos vindo a dizer, na ordem jurídica guineense, a fiscalização financeira pode ser efectuada por órgãos políticos, a Assembleia Nacional Popular [al. m), n.º 1 do artigo 85.º CRGB] e a Assembleia Municipal [al. f), n.º 1, artigo 11.º LBAL e 15.º, n.º 1 LFL], a designada responsabilidade orçamental genérica do Governo e da Administração Pública em geral, pelo conjunto da execução orçamental anual, traduzida na aprovação da Conta Geral do Estado (administração central e local), precedida do parecer do Tribunal de Contas[709]; órgãos executivos, o Governo, fiscalizador de toda a gestão financeira e dotado de mecanismos sancionatórios, previstos no âmbito das tutelas administrativa e inspectiva, a serem exercidas pelos Ministérios da Administração Territorial e das Finanças (n.ºs 2 e 3 do artigo 28.º LBAL e 5.º Lei n.º 3/97), relativamente à prática de actos de gestão financeira; e órgão jurisdicional, o Tribunal de Contas. É, pois, relativamente a este último que vamos incidir a nossa análise, enquanto órgão autónomo e independente – tal como os órgãos políticos – desligado de qualquer função administrativa ou executiva.

Como se pode observar, estamos perante órgãos e funções de natureza política, administrativa e jurisdicional, todos com atribuições em matéria de fiscalização financeira (cfr. artigo 19.º da Lei n.º 3/87[710]). Mas

---

[709] O juízo negativo da Assembleia Nacional Popular sobre a Conta Geral do Estado, isto é, a sua não aprovação não acarreta consequências políticas para o Governo, isso porque a Constituição não tirou nenhuma ilação desse facto. Apenas podemos vislumbrar no artigo 21.º, n.º 3: *"A Assembleia Nacional Popular apreciará e aprovará a Conta Geral do Estado,... e, no caso de não aprovação, determinará, se a isso houver lugar, a efectivação da correspondente responsabilidade"*. Pergunta-se: que responsabilidade? Será que abrange qualquer uma das formas que iremos ver a seguir? A resposta é evidentemente negativa.

[710] Inserido no Capítulo IV (*Fiscalização e responsabilidade orçamental*), o artigo 19.º (*Fiscalização orçamental*) da Lei de Enquadramento do Orçamento Geral do Estado, reza o seguinte:
"1. A fiscalização administrativa da execução orçamental compete, além da própria entidade responsável pela gestão e execução, a entidades hierarquicamente superiores e de tutela, a órgãos de inspecção e de controle administrativo e aos ser-

somente as funções de natureza política e jurisdicional asseguram, com rigor, transparência e total isenção ou imparcialidade, as tarefas cometidas no âmbito do controlo financeiro. Isso é assim, uma vez que são independentes e autónomos do Governo e da Administração em geral. Constituem, pois, órgãos independentes, contrariamente aos órgãos de natureza administrativa, que, sem considerações de natureza técnica e especialização, carecem sempre de independência política relativamente às entidades fiscalizadas.

É sabido que a actividade de controlo financeiro interno da Administração, em geral, é assegurada a vários níveis, por se tratar de algo indissociável da própria actividade de gestão dos fundos públicos. Por isso, mal se compreenderia que o controlo interno das entidades, serviços e organismos sujeitos a jurisdição do Tribunal de Contas não mereça atenção, sobretudo no concernente a sua fiabilidade.

A construção de um sistema nacional de controlo racional, eficiente e eficaz exige complementaridade de acções entre os órgãos de controlo interno e externo. É a própria lei que, atenta a este aspecto de primordial importância, impõe este tipo de articulação, nomeadamente ao permitir a possibilidade de o órgão externo e independente de fiscalização requisitar os serviços da Inspecção-geral de Finanças, da Direcção-Geral do Ministério das Obras Públicas e do Ministério da Administração Territorial, para as diligências que julgar convenientes, conforme se pode concluir da leitura do artigo 42.º LOTC. É, pois, salutar que haja uma maior cooperação entre o Tribunal de Contas e os serviços de controlo interno da Administração em geral, na medida que beneficia e reforça, directa e imediatamente, a garantia da prossecução do interesse público e de forma reflexa os direitos e interesses legítimos dos particulares onerados nos seus bens patrimoniais.

---

viços de contabilidade pública, devendo ser efectuada nos termos da legislação aplicável.

2. A fiscalização jurisdicional de execução orçamental compete ao Tribunal Administrativo e de Contas e deve ser efectuada nos termos da legislação aplicável.

3. A fiscalização a exercer pelas entidades referidas nos números anteriores deve atender ao princípio de que a execução orçamental deve obedecer a maior utilidade e rendimento sociais com o mais baixo custo".

O n.º 2 deste artigo merece uma interpretação actual, no sentido de a fiscalização jurisdicional estar entregue ao Tribunal de Contas, criado pela Lei n.º 7/92, de 27 de Novembro.

Importa realçar um aspecto que consideramos de maior importância. O problema da fiscalização financeira não constitui interesse único e exclusivo dos órgãos institucionalizados (quer jurisdicional, quer político, quer ainda administrativa). Interessa, de modo particular, aos próprios particulares que contribuem com os seus dinheiros para o erário público, de molde a tornar efectiva as funções financeiras da administração central e de outras entidades públicas, chamadas a satisfazer as necessidades colectivas.

Isso não quer dizer que o povo tenha avocado os poderes que confiou ao Parlamento (ANP). A questão vai para além disso e nem sequer constitui o seu cerne. Trata-se do interesse dos cidadãos em geral, principalmente dos contribuintes, em serem informados regularmente do destino a dar ao sacrifício que voluntariamente consentiram nos seus patrimónios, continuando a ANP a exercer legitimamente a função de representação democrática, que lhe cabe no âmbito de um sistema de democracia representativa, como é o da Guiné-Bissau, consagrado nos artigos 2.º e 3.º todos CRGB. Dito por outras palavras, a fiscalização financeira, num sistema de órgãos externos, plurais e independentes, consubstancia uma forma típica do exercício do poder democrático, presente nas mãos dos cidadãos.

Escreveu SOUSA FRANCO, a página 33: "A separação de poderes – sob formas muito diversas, no espaço e no tempo – limita o poder político, evitando o potencial totalitarismo da legitimação democrática com concentração de poderes...", para logo concluir que, "(...) na legitimação democrática como no exercício limitado do poder político-financeiro que estrutura, a fiscalização financeira externa tem por fundamento e funções executar e garantir a democracia representativa, não apenas como poder dos cidadãos mas, especificamente, como poder dos contribuintes;..."[711].

Diga-se, para finalizar este ponto, que há toda uma necessidade, na primeira oportunidade, de consagrar expressa e especificamente na Constituição, o Tribunal de Contas de entre as categorias de tribunais, com estatuto constitucional – órgão de soberania – de maneira a enquadrar e desenvolver a sua actividade dentro do quadro jurídico-constitucional estabelecido. Não se trata de uma mera formalidade, mais do que isso, está em causa a especial protecção aos contribuintes que disponibilizam parte dos seus patrimónios para o erário público, razão pela qual deve ser-lhes assegurado que os gastos a efectuar, pelo executivo, necessários à cobrir

---

[711] *"Dinheiros públicos,..."*, p citada. Citação *ipsi verbis*.

as necessidades colectivas estão em perfeita sintonia com os princípios e com as regras previamente estabelecidos nos documentos de gestão financeira. Numa palavra, a garantia de que não serão adulterados os fundamentos que estão na base da actividade financeira estadual e local, e que oneram os bens patrimoniais dos particulares.

3. A FISCALIZAÇÃO FINANCEIRA DO TRIBUNAL DE CONTAS

Num regime democrático como o nosso, o controlo externo e independente da actividade financeira do Estado, em geral, visa fundamentalmente informar os cidadãos e os seus representantes da forma como os recursos financeiros e patrimoniais são geridos. E, por essa via, proporcionar uma gestão equilibrada dos patrimónios públicos. É a vertente pedagógica da fiscalização, de não somenos importância em relação ao controlo que é efectuado, de dentro e fora, das entidades fiscalizadas, visando o equilíbrio financeiro, em toda a sua dimensão.

A actual Constituição da República – nas várias versões que conheceu, bem como a anterior que vigorou logo no após a independência do país – não atribui ao Tribunal de Contas expressamente nem competência genérica, nem especifica quanto à fiscalização da utilização de dinheiros públicos. Mas isso não significa a ausência de consagração de um órgão de soberania com competência nesse domínio, antes pelo contrário. O que queremos testemunhar é o seguinte: a ausência, tanto de uma consagração constitucional expressa de um sistema de fiscalização de dinheiros públicos, corporalizado num órgão de soberania denominado Tribunal de Contas, tal como hoje o concebemos, como da definição das principais competências que cabe exercer. Esta situação que demos conta *supra,* viria a ser ultrapassada *contra constitucione* por uma lei ordinária.

De extrema importância, em matéria da fiscalização financeira dos dinheiros públicos, é o Decreto-Lei n.º 7/92, que cria o Tribunal de Contas e aprova a sua Lei Orgânica. Este Tribunal surge, assim, desligado de qualquer imposição constitucional, diríamos mesmo, contra a ordem constitucional estabelecida, uma vez que, com a sua criação, deixa de existir o Tribunal Administrativo, Fiscal e de Contas, ordem de Tribunal prevista pela Constituição (aliás, o mesmo se constata na actualidade). Ou seja, a LOTC vem revolucionar por completo o sistema de fiscalização financeira que vigorava no país, introduzindo alterações como a da criação de uma ordem autónoma e independente de um Tribunal competente para fiscalizar as receitas e as despesas públicas (artigo 1.º) das entidades sujeitas a sua jurisdição (artigo 2.º, n.ºs 2 e 3), em todo o território nacional da República da Guiné-Bissau, incluindo os serviços no estrangeiro (artigo 2.º, n.º 1); independente no exercício das suas atribuições, apenas sujeito à lei (artigo 3.º); profere decisões com força obrigatória geral, prevalecentes sobre as de outras entidades (artigos 4.º e 7.º); tem direito no exercício das suas atribuições, à coadjuvação de entidades públicas e colaboração de entidades privadas (artigo 5.º) todos LOTC.

Esta última norma legal merece, da nossa parte, um pequeno esclarecimento. A coadjuvação das entidades públicas (*primeira parte*, n.º 1, artigo 5.º) compreende o dever de comunicarem ao Tribunal de Contas as irregularidades, de que tenham conhecimento no exercício das suas funções, como acontece no caso das inspecções, quando constam matéria de interesse para a sua actuação (n.º 2, artigo 5.º). A não observância desta disposição é punível com pena de multa, nos termos do artigo 44.º do diploma em análise. Da parte das entidades privadas, a prudência do legislador ordinário tem implícita a ideia de que, por natureza, não estão vocacionadas para coadjuvarem o Tribunal de Contas, pelo que lhes é imposto o dever de colaboração (*in fine*, n.º 1, artigo 5.º). Parece-nos perfeitamente justificável tal distinção.

O Tribunal de Contas é considerado um órgão supremo de fiscalização da actividade financeira estadual em geral. Assim sendo, goza de ampla independência, caracterizada principalmente pelos seguintes aspectos: independência e inamovibilidade dos seus juízes (artigo 9.º) e irresponsabilidade dos mesmos (artigo 10.º), equiparados em matéria de remunerações, direitos, categorias, regalias, tratamento e deveres aos juízes do STJ (artigo 11.º). No exercício das suas funções, são auxiliados pelos serviços de apoio técnico e administrativo, colocados sob a superintendência do Presidente do Tribunal de Contas (artigo 18.º), e o regime remuneratório próprio será adequado a especificidade das funções que desempenham (n.º 2 artigo 18.º). Esta situação reforça a independência do Tribunal de Contas, na medida em que a Direcção de serviço de apoio não depende do Ministério das Finanças, mas sim do Tribunal de Contas (cfr. artigos 107.º a 114.º LOTC, em matéria do pessoal).

Entre nós, o Tribunal de Contas encarna as características de um órgão externo e independente, fiscalizador da actividade financeira estadual (*lato sensu*). É tido como um barómetro da sociedade, pois controla, em regra, a generalidade das entidades públicas (incluindo algumas entidades privadas) quer a nível central quer a nível local, e a totalidade das receitas e despesas públicas. Disso se infere a garantia objectiva da legalidade e a boa gestão financeira e, reflexamente, a garantia dos cidadãos-contribuintes, uma vez que, embora não lhe caiba a defesa directa e imediata dos direitos e interesses legítimos dos particulares, mas o interesse público[712], esses, ficariam salvaguardados se o tribunal funcionar na sua plenitude.

É considerado, pela Constituição, um Tribunal especial e órgão supremo da fiscalização financeira das entidades públicas e privadas. A submissão destas últimas à jurisdição do Tribunal de Contas fica dependente da utilização de dinheiros, provenientes daquelas ou através das suas intervenções. Sem embargo, o seu campo de actuação não se encontra retratado na Constituição. Mas há uma definição legal de um conjunto de atribuições e competências, desenvolvidas quanto ao território, à matéria, ao tempo e ao universo subjectivo. Assim, em matéria de competência, encontramos um conjunto de poderes jurisdicionais e não jurisdicionais de fiscalização, a *priori* e *a posteriori*, de controlo da legalidade, da regularidade e boa gestão. Os poderes conferidos destinam-se, em regra, a três funções: a emissão de parecer e relatório sobre a Conta Geral do Estado; a fiscalização prévia e a fiscalização sucessiva: julgamento das contas das entidades, organismos e serviços sujeitos à sua jurisdição. Voltaremos, em breve, a estas matérias.

As naturezas desses poderes são de duas ordens: a fiscalização e auditoria resumida na emissão de parecer sobre a Conta Geral do Estado e relatório feito nesse âmbito e a jurisdicional ou julgamento da responsabilidade financeira tendo como base as contas e os resultados de fiscalizações realizadas. Os momentos[713] em que se dá a fiscalização financeira, no nosso sistema, são os seguintes: prévio ou da verificação da conformidade dos actos e contratos com as disposições legais e o cabimento orçamental dos respectivos encargos, sendo, portanto, exercida através do visto

---

[712] Como refere a propósito do Tribunal de Contas português, JOSÉ TAVARES, "Tribunal de Contas", in DJAP, Vol. VII, Lisboa, 1996, pp. 455-465.

[713] Para além destes momentos de controlo financeiro, há, ainda, a apontar o controlo concomitante, isto é, o acompanhamento da execução do orçamento, programa e projectos em tudo o que envolve aspectos de índole financeira. Na nossa lei, não encontra a consagração expressa.

(artigo 25.º) ou declaração de conformidade (artigo 33.º) e sucessivo, exercido no momento posterior ao desenvolvimento da actividade financeira sujeita ao controlo do Tribunal de Contas, podendo seguir uma das seguintes modalidades: o inquérito, a auditoria [al. a), artigo 13.º], ou, ainda, a prestação de contas (artigos 37.º e ss) todos LOTC. Nesta sede é apreciada a actividade financeira e os sistemas de gestão e controlo interno, podendo desembocar no julgamento e efectivação da responsabilidade financeira. Para isso, a realização de inquéritos e auditorias e outras formas de averiguação são acções que estão ao alcance do órgão fiscalizador.

Já no concernente às suas atribuições, ou seja, aos interesses e as finalidades prosseguidas no âmbito da sua actuação, podem ser apuradas, uma vez que não se encontra especificada ou individualizada, com recurso a jurisdição e/ou competência, referidas sumariamente. Em matéria do conteúdo, a fiscalização financeira destina-se ao apuramento da legalidade (tanto formal como substancial), regularidade e boa gestão financeira (economicidade, eficiência e eficácia, os *"três e's"*). Refira-se, também, que o Tribunal de Contas tem competência para emitir as instruções obrigatórias, quanto ao modo e quanto aos processos que devem reger a apresentação das contas das entidades submetidas à sua jurisdição. É o que consta dos artigos 13.º, al. d) e 41.º, todos LOTC.

O exercício da actividade do Tribunal de Contas e dos seus Serviços de apoio técnico administrativo é norteado por instrumentos fundamentais de gestão financeira aprovados e executados pelos órgãos competentes: o plano, o orçamento e relatório de actividades e contas. Isso caracteriza a actividade jurisdicional como sendo passiva. No entanto, como é sabido, a sua função não se esgota unicamente na tomada dos elementos constantes destes instrumentos, pois desempenha, também, funções não jurisdicionais ou de fiscalização e auditoria, cujo cumprimento carece de uma programação ou iniciativa de agir[714].

A competência do Tribunal de Contas encontra-se definida taxativamente nos artigos 12.º e 13.º da LOTC. De uma maneira geral, reparte-se entre a fiscalização ou julgamento de contas (incluindo a responsabilização dos infractores), consulta, investigação e averiguação (mormente auditorias e inquéritos), sem esquecer a correcção financeira. Como acabámos

---

[714] JOSÉ TAVARES, *"Tribunal de Contas"*, in DJAP, p. 475.

de referir atrás, estas competências podem ser subdivididas em dois grupos a saber: a competência jurisdicional e a não jurisdicional. Iremos brevemente passar à análise dos principais aspectos em que se traduzem.

Hoje, admite-se – embora sem uma específica referência constitucional – com recurso à evolução registada na ordem jurídica guineense em geral, como procurámos demonstrar *supra,* mormente no concernente à legislação relativa ao controlo financeiro, que a Constituição da República atribuiu, de modo particular, a tarefa de julgar as contas a um único órgão independente e externo, integrado no poder judicial, o Tribunal de Contas, órgão de soberania, nos termos do artigo 119.º, considerado uma das categorias dos tribunais, conforme o artigo 121.º, n.º 2, al. b), com competência especializada, cabendo-lhe, tal como os outros, *"exercer a função jurisdicional",* como estabelece o n.º 3 do artigo 120.º, compatível com as funções extra-jurisdicionais que lhe são incumbidas por lei. Decorre destes artigos que o Tribunal de Contas é um órgão integrado no aparelho de Estado, com estatuto constitucional, ou seja, é um órgão de soberania.

No exercício da sua competência, cabe-lhe, nomeadamente: a fiscalização da legalidade preventiva e de julgamento das contas [respectivamente als. a) e b), artigo 12.º] e a efectivação de responsabilidades financeiras, com base nas acções de investigação (inquérito ou auditoria) dos indícios ou suspeitas [als. a) e b), artigo 13.º], próprio da função jurisdicional que, pela sua natureza, emite decisões com força obrigatória geral (sentenças, acórdãos ou assentos), conforme a conjugação dos artigos 4.º e 7.º, n.º 1; a obrigatoriedade de emitir parecer sobre a Conta Geral do Estado [al. c), artigo 12.º]; como também, em matéria de auditoria [al. a), artigo 13.º], típico da função extra-jurisdicional, emitir os pareceres e relatórios, com recurso a documentos e a outros elementos de prova, que relatam a actividade financeira das entidades sujeitas à sua jurisdição; e ainda o controlo da aplicação dos recursos financeiros obtidos no estrangeiro, quer sob a forma de empréstimos ou subsídios ou ainda outras [al. d), artigo 12.º].

O legislador ordinário, ao conseguir reunir num só órgão do poder judicial, os dois modelos de fiscalização, tem o mérito de maximizar as vantagens da auditoria (permite ao "órgão auditor", encabeçado pelo mesmo órgão jurisdicional, estar mais próximo da actividade das entidades controladas e, simultaneamente, permitir uma colaboração estreita com a Administração em geral e os órgãos políticos interessados – algo que normalmente não acontece com a actividade meramente jurisdicional), como as vantagens inerentes ao órgão de fiscalização financeira, autónomo e independente, integrado no poder soberano do Estado, ao qual, pela sua natureza cabe efectivar as responsabilidades financeiras resultantes, nos termos da lei, de uma má gestão dos dinheiros públicos.

A fiscalização financeira é uma actividade que é desenvolvida a par da actividade financeira[715-716]. Ou seja, a actividade que visa a afectação de recursos públicos escassos (principalmente dinheiros públicos) à satisfação das necessidades colectivas, com respeito a determinadas regras e critérios jurídicos (legalidade e regularidade) e extra-jurídicos (economia, eficiência e eficácia), de acordo como os objectivos previamente fixados. Nesses termos, constitui, assim, o penhor de uma actividade financeira sã, regular e conforme os objectivos eleitos nos documentos de gestão financeira.

Ela é efectivada, mediante duas peças fundamentais: o relatório de actividades e a conta de gerência. A primeira consiste na apresentação de uma análise global da situação financeira, confrontando as receitas e as despesas públicas (previstas e realizadas), bem como a situação do endividamento e a relação entre as receitas e as despesas correntes e de capital. A segunda contém, principalmente, um resumo da execução orçamental das receitas arrecadadas e das despesas realizadas, de acordo com as classificações económica e orgânico-funcional, os encargos assumidos, os mapas de empréstimos e a conta das operações de tesouraria[717].

Nos termos em que ficou acima definida, esta fiscalização situa-se para além da mera execução orçamental (disciplina da previsão de receitas e despesas públicas) e engloba actividades de tesouraria, patrimonial e creditícia, pois estas duas últimas, embora conexas com a execução do orçamento, são dela autónomas e fazem parte do conceito mais abrangente

---

[715] Segundo GIULIANI FONROUGE, *Derecho Financiero*, Vol. I (reimpresión), pp. 3--4 "(...) el Estado debe cumplir funciones complejas para la realización de sus fines, tanto en lo referente a la selección de los objetivos, a las erogaciones, a la obtención de los medios para atenderlas – pecuniarios o de otra especie – y a la gestión y manejo de ellos, cuyo conjunto constituye la actividad financiera" e as suas manifestações constituem "los ingresos, los gastos y la conservación de los bien o gestión de los dineros públicos" e "tiene por finalidad hacer posible el cumplimiento de los objetivos del Estado ..." (p. 4).

[716] *Vide*, a noção em SOUSA FRANCO, *Finanças Públicas*..., AAFDL, pp. 19-21; e ainda *Finanças Públicas*..., pp. 13 e ss. Também, *NUNO SÁ GOMES, Manual de Direito Fiscal*, Vol. I, pp. 11 e ss; TEIXEIRA RIBEIRO, *Lições de Finanças Públicas*, 5ª Edição, Refundida e Actualizada, 1995, Coimbra pp. 19-34.

[717] ALFREDO JOSÉ DE SOUSA, "*Controlo orçamental...*", pp. 23-24.

da actividade financeira[718], enquanto actividade de afectação de recursos de Estado/entidades similares à satisfação das necessidades colectivas.

Com esta actividade, visa-se, essencialmente, a averiguação dos actos financeiros daqueles que têm a seu cargo a administração e a gestão dos recursos necessários à satisfação dessas mesmas necessidades ou interesse público em geral. Esta ideia tem na sua base a constatação da necessidade e do dever de apresentar contas relativas à administração e à gestão de coisas alheias, como são os recursos e patrimónios que gerem, os bens colectivos ou bens da comunidade. Numa sociedade, como a nossa, onde, comummente, a administração e gestão das coisas públicas (património e dinheiros públicos) são entregues às entidades colectivas públicas, aos seus órgãos e serviços, ou ainda a entidades privadas (exemplo, a concessão de serviços públicos) põe-se o problema de saber como são geridos esses recursos. É aqui que o duo administração de bens alheios (particularmente públicos) e prestação de contas encontra maior acuidade e especificidade, através não só de uma protecção conferida pelo legislador, mas também pelos tribunais.

Uma especial atenção recai sobre o problema do endividamento do Estado (incluindo os avales) para colmatar as insuficiências de recursos financeiros internos necessários à satisfação das necessidades colectivas, a fim de proporcionar um nível razoável de desenvolvimento económico e social. Para um país cuja dívida externa, segundo os dados de 1999, representa cerca 980.3 milhões de dólares americanos, ou seja, 440% do Produto Interno Bruto (PIB), comparado com os 372% do ano de 1995 (ano em que se registou uma redução efectiva), estamos a falar do total estrangulamento da economia nacional em geral, incapaz de criar as condições básicas e indispensáveis a uma vida condigna para a sua população, porque os escassos fundos públicos são canalizados ao seu pagamento, a fim de se evitar a acumulação e o serviço (da dívida) que, na mesma data, estava estimada em 92% das exportações de bens e serviços, sem contar com os juros. Tudo isso penaliza fortemente o investimento necessário ao desenvolvimento do país.

Esta situação agrava-se ainda mais, quando o próprio produto da dívida não beneficia os que são onerados presentemente ou no futuro. Ao longo de duas décadas temos vindo a assistir a um atentado contra os direi-

---

[718] Cfr. SOUSA FRANCO, "Orçamento", in DJAP, Vol. VI, Lisboa, 1994, pp. 194-195.

tos à existência e à uma vida condigna de um milhão de guineenses, e a um sacrifício do desenvolvimento e progresso do país; ao mesmo tempo que se cria um ciclo perverso do endividamento. Tudo isso torna-se insustentável e altamente endividado o país, comprometendo assim seriamente a sua viabilidade do ponto de vista económico e financeiro. Em suma, estamos a falar de comportamentos intoleráveis de políticos e de burocráticos, que desbaratam os recursos públicos, e, por conseguinte, constituem enormes fardos para as gerações presentes e futuras.

O recurso sistemático do país ao endividamento externo levanta um problema que urge resolver de imediato e definitivamente, para não afundar ainda mais a já debilitada finanças públicas e sacrificar injustamente o futuro das gerações actuais e vindouras. Pergunta-se: quais são as condições, os critérios e limites para os empréstimos públicos? Que órgãos deverão intervir na sua contracção? Eis algumas das questões que importa ser discutidas e esclarecidas, de modo a que a ANP e o Tribunal de Contas exerçam os poderes de controlo que lhes competem, de um lado; evitar que, através de actos de gestão, carentes de critérios, dos governantes, sejam sacrificados os interesses de uma Nação inteira por muitos e longos anos, de outro.

Há um sentimento geral de que o produto dos empréstimos públicos é, na sua generalidade, mal utilizado ou até desbaratado e não raras vezes, beneficia apenas um grupo reduzidíssimo de pessoas que ocupam os lugares cimeiros na Administração pública em geral, com a complacência dos próprios representantes eleitos democraticamente. Quando acontecem coisas desta natureza, apraz-nos dizer que a democracia não funciona e que o Estado de direito democrático ainda não atingiu o estatuto constitucional que lhe é reservado.

Os efeitos da dívida pública são nocivos para qualquer economia, sem embargo de por vezes, quando gerida criteriosamente, se afigurar a saída possível, embora não ideal. Donde decorre a necessidade de um apertado controlo, tanto na sua contracção como na gestão dos recursos que proporciona, para evitar que se arruíne ainda mais a vida e o futuro de uma sociedade.

Hoje, mais do que nunca, as opções políticas governativas não se compadecem com a criação de um nível de bem-estar razoável para as populações inteiras do país, oneradas agora e no futuro. Proíbe-se a aspiração a uma a vida condigna, contra os desideratos constitucionais que apontam como tarefa principal das entidades públicas populacionais e territoriais, a melhoria das condições de vida das suas populações.

Não será que os representantes do Povo, os deputados à ANP, têm uma palavra decisiva em matéria financeira, incluída no seu campo de intervenção? A situação a que chegámos aparenta uma progressiva supremacia dos poderes financeiros do executivo, em detrimento do legislativo, incapaz de exercer devidamente os poderes financeiros constitucionais de representação popular, e, sob sua complacência, está a hipotecar-se o bem-estar de milhão de guineenses e de gerações futuras.

Urge, portanto, inverter o *status quo* e privilegiar o exercício, nos termos da lei, dos poderes de fiscalização política que cabem à Assembleia sobre o Governo, no sentido de àquele caber não só a decisão em matéria de empréstimos, mas também a forma como são utilizados. Afinal, estamos ainda no âmbito da actividade financeira, envolvendo matérias com expressão tributária, orçamental e de crédito público, sujeitas, como se sabe, ao princípio da legalidade fiscal[719], reforçada com os poderes de fiscalização e de responsabilização financeira colocados sob a alçada do Tribunal de Contas.

Acompanhamos de perto EDUARDO PAZ FERREIRA, na sua análise sobre a questão do endividamento, colocado com maior acuidade em matéria da "equidade na distribuição de encargos e benefícios entre gerações"[720]. Afinal, os empréstimos têm uma função que é, exactamente, a de contribuir para um melhor prosseguimento das tarefas prioritárias do Estado, quando os meios financeiros de que dispõe são insuficientes. Ora, quando este objectivo fica prejudicado, em nome de interesses mesquinhos e egoístas que não se confundem com os legítimos interesses de uma sociedade, não há empréstimos que se adequem à melhoria das condições de vida das populações. E, assim, fica minada a tarefa principal de qualquer colectividade minimamente civilizada: a criação de condições que satisfaçam as necessidades de todos os indivíduos que compõem uma comunidade, em particular de cada um.

---

[719] EDUARDO PAZ FERREIRA, *Da dívida pública e das garantias dos credores do Estado*, Dissertação de Doutoramento em Ciências Jurídico-Económicas na Faculdade de Direito da Universidade de Lisboa, Coimbra, 1995, p. 139. Sobre o papel da autorização parlamentar: meio de garantia dos credores do Estado e princípio estruturante do direito orçamental das democracias parlamentares, *vide*, pp. 141-147.

[720] *Da dívida pública...*, p. 143. É sabido que as escolhas públicas assumidas, hoje, irão, com certeza reflectir-se nas gerações futuras: a alteração da distribuição dos recursos entre os sectores público e privado e os montantes e a composição patrimonial a transmitir aos herdeiros. Para mais desenvolvimentos desta temática, *vide,* a obra citada, Cap. II, pp. 69 e ss.

Sem embargo da ausência de referências constitucionais expressas em matéria da dívida pública, a necessidade de disciplinar o recurso ao endividamento configura uma das possibilidades para deter o agravamento do défice público, a par de uma melhor disciplina orçamental que, pensamos, a entrada na UEMOA poderá proporcionar ao país. É claro que a consagração de limites formais pela Constituição não irá alterar minimamente, em nada, o *status quo*, se não for acompanhada de uma alteração de mentalidades e de comportamentos em relação às coisas públicas, cuja administração e gestão, por imperativos da vida em sociedade, devem caber, forçosamente, aos seus membros. Sendo assim, deve existir mecanismos legais persuasivos contra comportamentos desviantes que prejudicam uma Nação inteira.

Uma observação final vem a propósito da administração e da gestão dos recursos do próprio Tribunal de Contas. Coloca-se uma questão que nos afigura de capital importância: quem fiscaliza o fiscalizador? Isto é, a quem cabe controlar os recursos públicos afectos ao Tribunal de Contas, *maxime* o Serviço de apoio técnico e administrativo, que torna possível, em geral, a realização de acções de fiscalização da gestão de dinheiros públicos.

Ressalvadas as normas relativas à Direcção dos Serviços técnico e administrativo, nomeadamente as constantes dos artigos 18.º, 107.º a 114.º LOTC, são muito escassas as normas que regulam, sobretudo, a administração e gestão financeira do Tribunal. Especificamente através do artigo 6.º[721], sabe-se que tem um orçamento privativo e, no mínimo, 50% dos emolumentos cobrados constituem receita própria, sem contar com as despesas relativas às instalações e funcionamento garantidas pelo Estado, mediante verbas a inscrever no orçamento estadual. Para além deste, o artigo 108.º, al. h) estabelece: "*À Direcção de Serviços do Tribunal de*

---

[721] Estabelece o artigo 6.º (*Regime financeiro*) da Lei Orgânica do Tribunal de Contas:
"*1. As despesas com as instalações e o funcionamento do Tribunal de Contas constituem encargo do Estado e deverão estar inscritas no respectivo Orçamento.*
2. Sem prejuízo do disposto no número anterior, o Tribunal de Contas disporá de orçamento privativo.
3. Constitui receita própria do Tribunal uma percentagem não inferior a 50%, sobre os emolumentos devidos pela sua actividade, a fixar no diploma que regula a respectiva cobrança".

Contas incumbe designadamente:... Elaborar o orçamento ordinário do Tribunal, assegurando a execução e a fiscalização do seu cumprimento, de harmonia com as orientações e directrizes do respectivo Presidente".

É sabido, por outro lado, que o Tribunal possui um quadro de pessoal próprio, afecto à Direcção de Serviços, nomeado pelo Presidente do Tribunal de Contas (artigos 18.º, n.º 2, *in fine* e 109.º), competindo a matéria da organização interna da sua actividade ao mesmo Presidente (artigos 18.º, n.º 1 e 110.º, n.º 1), sem prejuízo de a coordenação geral caber ao Secretário do Tribunal (artigo 110.º, n.º 2), que, por sinal, acumula, que, a função de Director de Serviços (artigo 53.º, n.º 1), para além de ter um estatuto remuneratório próprio adequado à especificidade das funções (artigos 18.º, n.º 2, *primeira parte* e 112.º).

No domínio administrativo e financeiro, os principais órgãos são o Presidente do Tribunal de Contas e o Director de Serviços. Como se pode inferir do que vimos de dizer, não integram a actividade administrativa e financeira do Tribunal nenhum dos seus membros em exercício de funções técnico-jurisdicional. Este facto revela-se de grande importância e significado, em matéria de controlo da actividade financeira, incumbida nos termos da Lei.

Sem qualquer referência legal expressa, excepto os dispostos nos artigos 6.º e 108.º, al. h), respectivamente, em matéria do regime financeiro e da elaboração e execução do orçamento e fiscalização do seu cumprimento e 109.º, relativa à nomeação do pessoal afecto ao serviço técnico e administrativo que auxilia a actividade de fiscalização do órgão externo e independente quanto à prática de actos e contratos celebrados, bem como as contas da Direcção de Serviços, coloca-se, exactamente, a este propósito, a questão de saber quem fiscaliza o fiscalizador. Ou seja, quem controla os actos de gestão financeira da Direcção de Serviços técnico e administrativo que auxilia o Tribunal de Contas?

Entendemos que os seus actos e contratos, bem como as contas, são sujeitos, respectivamente, à fiscalização prévia e sucessiva (incluindo aqui a efectivação da responsabilidade financeira, caso houver lugar) do Tribunal de Contas, nos mesmos termos das demais entidades e órgãos sujeitos à sua jurisdição, por um lado; a elaboração e publicação do relatório de actividades e contas, bem como o seu envio aos órgãos de soberania, nomeadamente, à ANP, por outro; sem prejuízo da realização de auditoria externa e publicação dos respectivos resultados: os pareceres emitidos pelo "órgão auditor".

3.1. A competência jurisdicional do Tribunal de Contas *versus* auditoria

A jurisdição financeira do Tribunal de Contas caracteriza-se pela existência de um poder de autoridade pública, que se subordina ao poder legislativo, sem prejuízo de ser também um órgão de soberania dotado de independência técnica. É essencialmente um poder jurídico e não político, exercido "mediante a interpretação e aplicação do Direito ou critérios juridicamente definidos a factos objectos de indagação e prova..."[722]. Estamos perante uma forma concebida de estruturação de poderes dos órgãos autónomos de fiscalização financeira, a jurisdição financeira, podendo ser entendida *lato sensu*, para significar o conjunto de poderes inerentes às características de um verdadeiro Tribunal, como é, entre nós; ou, em *stricto sensu* apelando não para as funções de controlo financeiro, mas sim para aplicação da lei ao caso concreto na resolução de conflitos, a função jurisdicional autónoma e independente[723].

Ora, o legislador ordinário guineense na esteira, sobretudo do artigo 121.º da Lei Fundamental – incluindo as posteriores alterações legais – considera o órgão de fiscalização financeira um verdadeiro Tribunal, integrado no poder judicial. Optou-se por consagrar na LOTC um sentido abrangente da jurisdição financeira, para significar um misto de **poderes jurisdicionais**, *maxime* a fiscalização das despesas públicas, implicando o julgamento das contas e a efectivação das responsabilidades por infracções financeiras cometidas, a revisão das decisões apresentadas em recurso, no âmbito dos objectos processuais; e **não jurisdicionais**, nomeadamente a fiscalização da legalidade das despesas em geral, a emissão de relatórios ou pareceres sobre a Conta Geral do Estado (entendido no sentido de incluir não só a conta da administração central, mas também local, bem como os seus serviços e institutos) e proceder a inquéritos e auditorias.

A concentração num único órgão jurisdicional de competências que, *a priori*, cabem a órgãos diferentes – conforme o modelo seja o da tradição jurisdicional ou continental; ou da auditoria, de raiz anglo-saxónica, sem embargo da tendência que tem vindo a afirmar-se no sentido da fusão

---

[722] Sousa Franco, "*Dinheiros públicos*, ...", pp. 95-96.
[723] Pascual Sala Sánchez apud Sousa Franco, "*Dinheiros públicos,...*", pp. 96-97.

destes modelos –, revela uma potencial vantagem do modelo adoptado, e permite colher as vantagens de um e de outro sistema. Os ganhos reais dependem, na prática, da capacidade do órgão de fiscalização multifacetada de desfrutar de um leque de técnicos (juristas, economistas, gestores, contabilistas,...), contanto que a garantia da legalidade e da separação de poderes não sejam prejudicadas. Assim, SOUSA FRANCO, alertando para um desses riscos escreve: "(...) pois a decisão política democrática não pode ser alienada para magistrados e funcionários não eleitos e o órgão de auditoria deve respeitar estritamente a separação dos poderes"[724].

É exactamente o respeito pelo princípio da separação de poderes e, também, do Estado de Direito democrático, que obrigou o legislador constitucional a optar pela função jurisdicional, embora temperada pela função de auditoria, como forma de limitar a confiança política, depositada no executivo, quanto à administração financeira que assegura, assistindo à ANP, órgão supremo de fiscalização, o direito de representação democrática do povo que a elegeu. Esta representação manifesta-se na competência exclusiva de legislar sobre matérias relativas aos sacrifícios patrimoniais aos cidadãos-contribuintes [al. d) do artigo 86.º: *"Imposto(s) e sistema fiscal"*], matéria da reserva absoluta de lei; na aprovação do Orçamento Geral do Estado e respectiva lei [al. g)], bem como na apreciação da conta do Estado [al. m)], todos do n.º 1 do artigo 85.º CRGB.

O mesmo raciocínio é válido para as entidades territoriais menores, *maxime* os Municípios dotados de órgãos próprios de representação das respectivas populações. Dir-se-ia que a fiscalização financeira jurisdicional, exercida pelo Tribunal de Contas, é acrescida da fiscalização política, própria da ANP e Assembleia Municipal [no caso da Autarquias locais, em particular, dos Municípios, nos termos do artigo 11.º, n.º 1, al. c) LBAL].

O legislador ordinário, como dissemos *supra,* optou por fazer uma congeminação de poderes de fiscalização nas mãos de um único órgão colegial, com poderes jurisdicionais e não jurisdicionais, integrados no poder judicial. Esta circunstância faz do Tribunal de Contas um órgão de fiscalização jurisdicional e não jurisdicional ou de auditoria, normalmente levada a cabo por órgãos singulares e independentes, regra geral, em articulação com o Parlamento, a quem remete relatórios com carácter meramente opinativo.

---

[724] Cfr. *"Dinheiros Públicos, ..."*, p. 76.

Apesar de tudo, como temos vindo a demonstrar, as diferenças estruturais, orgânicas e funcionais dos diferentes órgãos de controlo financeiro – nas suas considerações autónomas e estanques – não "ocultam" a comunhão das suas características, nem prejudicam a sua conciliação num só órgão, integrado no aparelho estadual, com estatuto constitucional, isto é, num órgão de soberania, independente, com função de controlo financeiro externo; por isso, dotado de poderes que permitam o seu integral exercício, sem esquecer a sua actuação no domínio jurídico e mérito técnico: economicidade, eficácia e eficiência, características que, geralmente, se encontram de forma isolada, em função dos sistemas de fiscalização.

Há uma complementaridade entre o método de controlo financeiro preconizado pelo Tribunal de Contas (legalidade substancial) com o método da auditoria (verificação dos critérios de economia, eficácia e eficiência), como se pode observar pelo artigo 37.º LOTC, próprio do tipo de controlo concomitante ou sucessivo, diferente do prévio, demasiado burocrático. O mesmo se diga relativamente à articulação entre a fiscalização jurisdicional e política (cfr. artigo 120.º, n.º 6 CRGB), em matéria da designação dos juízes afectos ao Tribunal de Contas.

Em conclusão, depreende-se destas linhas que as principais competências do Tribunal de Contas podem ser resumidas nisso: a apreciação da legalidade e regularidade económica, a realização de auditorias e efectivação de responsabilidade financeira, segundo as regras e critérios legalmente definidos. (Voltaremos a estes assuntos brevemente). Mas é preciso chamar a atenção de que estas formas de controlo das despesas públicas não constituem imposição constitucional, mas sim opção do legislador ordinário.

3.2. As formas de fiscalização financeira e os critérios adoptados

Às instituições de fiscalização financeira cabe, tradicionalmente, o exercício do controlo sistemático da actividade financeira estadual em geral, sob as formas preventiva, simultânea ou sucessiva, diferindo apenas os critérios adoptados: legalidade estrita ou correcção técnico-económica: economicidade, eficácia e eficiência, os *"três e's"*. Este é o esqueleto que geralmente anda associado à função de controlo dos dinheiros públicos, cujas administração e gestão são entregues às entidades públicas e, não raras vezes, também, às entidades privadas.

Entre nós, as formas de fiscalização financeira, consagradas na LOTC são duas: a fiscalização preventiva, prévia ou *a priori,* e a fiscalização sucessiva ou *a posteriori*, em função do momento em que os actos e os contratos das entidades fiscalizadas são submetidos ao controlo do Tribunal de Contas, a fim de se apurar a observância, principalmente, das disposições legais que regem a actividade financeira e os objectivos de boa gestão ou correcção financeira. Vamos passar, de seguida, à apresentação das linhas gerais em que se traduzem estas matérias.

A fiscalização prévia, também designada preventiva ou *a priori* está, essencialmente, concentrada no visto dos actos e contratos que dele carecem. Constitui uma forma de fiscalização da actividade financeira das entidades públicas (e, em alguns casos, também, privadas) sujeitas à jurisdição do Tribunal de Contas, e tem como função julgar a verificação da conformidade com a lei: a legalidade financeira e a cobertura orçamental, segundo a al. a) do artigo 12.º LOTC, tendo ínsita a ideia do controlo dos meios de financiamento que estão ao alcance das entidades públicas.

Refira-se que este tipo de controlo é exercitado duplamente, tanto pela Administração Pública como pelo Tribunal de Contas (cfr. artigo 19.º da Lei n.º 3/87), o que pode constituir um factor de aumento de burocracia e da lentidão, na tomada de decisão financeira, bem como a sua execução. Isso não significa que pugnamos pelo abandono da fiscalização preventiva da legalidade, no concernente à concessão de visto dos actos e contratos, conforme as disposições legais, principalmente quando estejam em causa despesas públicas que envolvem avultadas somas em dinheiro. Para além disso, esta forma de fiscalização tem a grande vantagem de evitar que sejam realizadas despesas públicas ilegais, cujos efeitos seriam irremediáveis mesmo com o controlo sucessivo.

O visto do Tribunal de Contas, a essência da fiscalização prévia, constitui um requisito de eficácia dos actos de gestão financeira, bem como dos contratos celebrados, conforme o estabelecido no artigo 25.º, n.º 1 LOTC. Através dele é apreciada a legalidade e a cobertura orçamental dos actos e contratos que titulam as receitas ou despesas públicas de qualquer das entidades compreendidas no n.º 2 do artigo 2.º, genericamente, a administração central e local, os seus serviços autónomos e as empresas públicas, de acordo com als. a) a d), bem como as entidades que utilizam fundos públicos[725], através de subvenções; empréstimos e avales, provenientes de quaisquer das entidades referidas, onde se incluem, os sujeitos económicos ou as entidades privadas, e os partidos políticos, conforme o artigo 12.º, al. a) da mesma lei.

A fiscalização prévia exerce-se através da concessão ou de recusa do visto. É o que estabelece o artigo 22.º, exceptuando os actos e contratos, praticados pelas empresas de capitas públicos e entidades, que utilizem fundos provenientes ou obtidos com a intervenção das entidades públicas, cujos actos e contratos estejam sujeitos à fiscalização prévia (interpretação *a contrario* do artigo 23.º, n.º 1[726]), bem como os previstos no artigo 24.º, sem prejuízo da fiscalização sucessiva.

---

[725] A al. e) do n.º 2 do artigo 2.º estabelece o seguinte: "*Quaisquer entidades que utilizem fundos provenientes de algumas das entidades referidas no número anterior* (deve ler-se nas alíneas anteriores) *ou obtidos com a sua intervenção, nomeadamente através de subsídios, empréstimo ou avales*". Neste número, estão incluídas as entidades privadas, mormente, os agentes económicos. O espírito da norma visa assegurar a averiguação da conformidade da intervenção das entidades públicas com o interesse público, nomeadamente nos casos em que as despesas públicas são efectuadas sem que haja qualquer contraprestação em bens ou serviços para a entidade pública, como é o caso das subvenções. Nesta alínea, encontramos, três formas de subvenções, isto é, forma de ajuda prestada pelo Estado ou qualquer entidade pública a um sujeito económico: a *entrega directa*, através da concessão de subsídios ou verbas aos beneficiários, que pode ser a fundo perdido ou reembolsável ou outros; *utilização de mecanismos de crédito*, neste particular, por via directa dos empréstimos, mas também por via de bonificação; e *avales* como forma de apoio financeiro, em que a garantia do empréstimo a obter pelos agentes económicos é assegurada pelo Estado. Este assume, através de um acto unilateral, o cumprimento das dívidas dessas entidades, no caso de incumprimento das respectivas responsabilidades perante os credores. É, também, uma outra forma de subvenção. (*Vide,* sobre as formas de subvenções, EDUARDO PAZ FERREIRA, "*O controlo das subvenções financeiras e dos benefícios fiscais*", in RTC, n.º 1, Lisboa, 1989, pp. 21-85).

Nesta perspectiva, a concessão de auxílios financeiros públicos deve ser acautelada, devendo o seu controlo ser assegurado pelo Tribunal de Contas. É de louvar a atitude do legislador ordinário, quando manda submeter a sua apreciação todas as formas de ajuda financeira do Estado/entidades públicas aos agentes económicos. São muito os ramos, sobretudo de actividade económica, que beneficiam dessas formas específicas de ajuda, cuja disciplina global ainda está por criar. Reafirmamos a nossa preocupação quanto à ausência de um diploma que regulamente os vários aspectos, em que se desdobram as subvenções em geral.

[726] Estabelece o n.º 1 do artigo 23.º LOTC: "*Estão sujeitos à fiscalização prévia do Tribunal de Contas os seguintes actos e contratos praticados ou celebrados pelas entidades referidas nas alíneas a), b) e c) do n.º 2 do art.º 2.º da presente lei orgânica*". Ora, este

Outros actos e contratos enumerados neste último artigo escapam à fiscalização preventiva deste tribunal. São, nomeadamente, os actos relativos à nomeação dos membros do Governo e do pessoal dos respectivos gabinetes; os contratos de cooperação; os actos administrativos que titulam vencimentos certos ou eventuais, em resultado do exercício de cargo por inerência legal expressa, com excepção das gratificações; os abonos do pessoal operário; os títulos definitivos de contratos cujas minutas foram objecto de visto; os contratos de arrendamentos celebrados no estrangeiro, para instalação de representação diplomática, consular ou outros serviços de carácter internacional, desde que justificados por motivo de urgência. Contudo, no prazo de 30 dias, os serviços competentes deverão remeter duas cópias, no caso de contratos de arrendamentos, ao Tribunal, para efeitos de fiscalização sucessiva, segundo o n.º 2 do mesmo artigo 24.º LOTC.

O elenco dos actos enumerados nos artigos mencionados e sujeitos à fiscalização prévia, sendo taxativo, não os esgota, pois se admite que outros actos venham a estar sujeitos a este regime, aliás, desde logo discriminados, segundo o estatuído na al. e) do mesmo artigo 23.º: *"Outros actos que a lei determinar, nomeadamente as operações de tesouraria e dívida pública, quando aprovado o respectivo regime".*

Como se pode observar *supra,* a selectividade da fiscalização prévia, converte-a numa autêntica fiscalização sucessiva, por razões de eficiência, de racionalidade burocrática e de redução da demora, principais vantagenss desta forma de fiscalização. Assim, prevê-se a possibilidade de produção de efeitos jurídicos antes do visto, por parte de determinados contratos de valor inferior a certo montante (cfr. n.º 5 do artigo 23.º), e a consagração das figuras da urgente conveniência de serviço e do visto tácito, respectivamente, artigos 27.º e 28.º do diploma em questão. Estas

---

diz o seguinte: *"Sem prejuízo do disposto em outras disposições –* deve entender-se diplomas *– legais estão sujeitas à jurisdição do Tribunal de Contas: a) O Estado e todos os seus serviços; b) Os serviços autónomos; c) A Administração local".* Significa isso, numa interpretação *"a contrário",* que os actos e contratos das empresas públicas [al. d)] e das entidades que utilizem fundos provenientes ou obtidos pela intervenção de uma das entidades referidas nas alíneas anteriores [al. e)] não estão sujeitos à fiscalização prévia. Pensamos que esta solução tem por fundamento a forma de actuação dessas entidades, regidas pelas normas de direito privado, o que não obsta à fiscalização sucessiva, à auditoria e a outras formas de averiguação de como são utilizados os mesmos fundos.

figuras têm em vista, para usar a expressão de SOUSA FRANCO, tornar esta forma de controlo um "meio eficaz, célere e desburocratizado da legalidade e regularidade financeira"[727].

Por último, a lei estabelece que a recusa da concessão do visto dá lugar a recurso, com vista a reapreciação do acto (artigo 26.º), a interpor no prazo de 30 dias (artigo 83.º), sendo que não tem efeito suspensivo, porquanto constitui excepção à regra consagrada no artigo 87.º (*Efeitos dos recursos*), n.º 1, todos da LOTC: "*Os recursos ordinários das decisões finais têm sempre efeito suspensivo, salvo em matéria do visto*".

A fiscalização sucessiva ou *a posteriori* é própria das actividades desenvolvidas com base em inquéritos, auditorias, verificação de contas e elaboração de pareceres ou relatórios, bem como do julgamento de contas das entidades sujeitas à jurisdição do Tribunal de Contas. Compreende, para além de tudo isso, a aplicação de sanções, isto é, a efectivação de responsabilidade financeira sobre a situação global da actividade financeira das entidades sujeitas à fiscalização. Em suma, com esta forma de fiscalização criam-se as condições de julgar as contas das entidades públicas, emitir parecer sobre a Conta Geral do Estado e de fiscalizar os recursos obtidos no estrangeiro. Estas competências são atribuídas nas als. b), c) e d) do artigo 12.º LOTC.

São duas as grandes modalidades em que se traduz o controlo ou fiscalização financeira sucessiva: os inquéritos, auditorias e verificação de contas para emissão de relatórios e pareceres sobre a Conta Geral do Estado (em geral), quanto à legalidade e regularidade das despesas públicas, e a prestação de contas, compreendendo a sua apreciação e julgamento, e efectivação de responsabilidades financeiras, caso a ela haja lugar. É importante referir que, através do parecer e relatório o Tribunal apresenta a sua opinião, nomeadamente quanto aos apoios concedidos, sob qualquer forma, pelo Estado às entidades privadas, mormente os agentes económicos.

Das actividades compreendidas no conjunto da fiscalização *a posteriori*, somente a prestação de contas encontra maior desenvolvimento. Assim, restringimos os desenvolvimentos posteriores aos artigos 37.º a 46.º LOTC, que regulam esta matéria. Estabelece o artigo 37.º que o Tri-

---

[727] "*Dinheiros públicos...*", p. 119. Ainda do mesmo autor, "*Legislação fundamental do Tribunal de Contas da República da Guiné-Bissau*", in RTC, n.ºs 15/16, 1992, Tomo I, p. 77.

bunal de Contas, para além da competência de fiscalizar a legalidade dos actos e contratos das entidades sujeitas à sua jurisdição, atribui-lhe competência, também, para apreciar a gestão económico-financeira e patrimonial, compreendendo as normas relativas à responsabilidade financeira pessoal e solidária, pela reintegração dos fundos desviados da sua afectação normal ou utilizados com violação das normas aplicáveis (n.º 1).

Neste último âmbito, incluem-se elementos que devem orientar a formação de juízos de decisão por parte do Tribunal, sobressaindo a violação com culpa grave das regras de gestão racional dos bens e fundos públicos (n.º 2), a falta de prestação de contas ou a sua prestação de forma irregular, ao ponto de inviabilizar o conhecimento do modo como foram utilizados os fundos ou o seu destino (n.º 3) todos do artigo 43.º LOTC. Segundo o artigo 44.º do mesmo diploma, aquele tipo de comportamento é punível com multa, sem prejuízo de outras sanções, nomeadamente as constantes da Lei de tutela, Lei n.º 3/97. Diga-se ainda que o acórdão que define a responsabilidade financeira deve conter expressamente um juízo de censura sobre o comportamento dos infractores (artigo 43.º, n.º 5).

A actividade de prestação de contas tem em vista a apreciação da legalidade na arrecadação das receitas e na realização (autorização de pagamento) das despesas públicas, bem como, no caso dos contratos, a verificação das condições – verificando se são vantajosas ou não – à data da sua celebração. É preciso dizer que quando referimos a apreciação da legalidade da arrecadação das receitas não pretendemos significar que caiba ao Tribunal de Contas o controlo da relação jurídico-tributária, em concreto, que confere à Administração fiscal o direito de reclamar dos particulares a liquidação das suas prestações. O que se pretende é verificar se as receitas arrecadas são as previstas no orçamento, pois, quanto a estas, vigora o princípio da legalidade qualitativa e não quantitativa, isto é, as receitas a cobrar são apenas aquelas que constam do orçamento do Estado e correspondem aos tipos previstos e sancionados pelos representantes dos cidadãos.

No âmbito da fiscalização sucessiva, estão, também, sujeitos à jurisdição do Tribunal de Contas os responsáveis, de facto ou de direito pela gestão de bens das entidades territoriais locais, bem como os serviços autónomos e empresas locais/municipalizadas, independentemente do grau de autonomia de que gozem, mesmo que as suas despesas sejam total ou parcialmente cobertas por receitas próprias ou ainda umas e outras não constam do Orçamento do Estado, como se verifica em relação aos Municípios. É o que está previsto no artigo 38.º, n.º 1 do diploma em análise.

O n.º 2 isenta da obrigação de prestar contas, os responsáveis pela gestão de entidades públicas que anualmente gerem despesas, cujo montante é bastante irrisório. Ainda, de acordo com o estabelecido no artigo 39.º, a periodicidade, salvo disposição legal em contrário ou substituição total dos responsáveis, corresponde ao fim do ano económico.

O legislador teve o cuidado de consagrar as normas que estabelecem garantias de defesa dos responsáveis, entre as quais figuram as relativas ao direito de audiência e de defesa. Assim, o princípio do contraditório foi consagrado no processo de prestação de contas (artigo 67.º), desde que, da instrução, resultem factos que podem conduzir a responsabilidade financeira ou juízo de censura, razão pela qual o relator deve citar os responsáveis para contestarem e juntarem os documentos que entenderem necessários, no prazo de 30 dias; no processo de multa (artigo 72.º), para o qual é citado o eventual infractor para contestar os factos que lhe são imputados, para juntar documentos e para requerer o que tiver por conveniente no prazo de 90 dias. Outrossim, para as outras pessoas (artigo 74.º), susceptíveis de, pela instrução, lhes ser imputada a responsabilidade, serão citadas para, no mesmo prazo, contestarem os factos que sobre elas recaem.

Igualmente, a defesa do interesse público – tal como acontece com a do interesse privado na pessoa do responsável pela guarda ou gestão de dinheiros públicos – fica assegurada, mediante a participação do Ministério Público no processo, nos termos, respectivamente, do artigo 62.º, para a fiscalização prévia, principalmente a concessão (ou recusa) de visto; artigos 71.º e 73.º, para os casos de multa; e artigo 88.º, n.º 4, em matéria da contra-alegação, admitida nos recursos ordinários contra as decisões do Tribunal de Contas.

Note-se que, mesmo no caso das decisões desfavoráveis, ainda que seja apenas por meio de um juízo de censura, deverá ser expressamente mencionada qual a posição dos visados em face dos actos ou omissões que lhes são imputados (artigo 68.º), próprio da consagração do princípio do contraditório, enquanto consequência da responsabilidade financeira de cada indivíduo em particular ou de uma pluralidade de indivíduos.

O nosso sistema de controlo das despesas públicas está configurado não só para responder as exigências da fiscalização preventiva da legalidade e cobertura orçamental e de julgamento das contas das entidades públicas, mas também para assegurar que a intervenção das mesmas junto, mormente dos agentes económicos, sejam conformes ao interesse público subjacente. Numa palavra, a jurisdição do Tribunal de Contas é exercida em relação às entidades públicas, bem como em relação às entidades privadas, desde que estas utilizem – repita-se – fundos públicos provenientes, sob qualquer forma, das entidades públicas sujeitas à jurisdição deste órgão de fiscalização. Enfim, entendemos que é salutar e vantajosa a submissão a uma única entidade da verificação, tanto da legalidade como dos objectivos do interesse público, fundamento da concessão de apoios financeiros às entidades de direito privado.

Relativamente aos critérios temos a referir os seguintes. O Tribunal de Contas, sendo órgão de controlo financeiro externo, exerce funções jurisdicionais, traduzidas, sobretudo, no julgamento de contas (registo sistemático da execução orçamental), com vista à determinação da sua correcção e legalidade, o que melhor caracteriza a sua actividade – embora não só. Ora, o exercício deste tipo de actividade implica, pois, o cometimento de um conjunto de atribuições e de competências ao respectivo órgão institucionalizado.

Põe-se o problema de saber como é que se processa a actividade de apreciação das Contas Geral do Estado, no âmbito da fiscalização sucessiva ou *a posteriori*. Porventura poderá consistir na determinação da legalidade dos actos e contratos relativos às despesas públicas ou, conjuntamente, na verificação independente ou cumulativa da fidelidade de gestão e da correcção contabilística. Em resumo, pretende-se saber se a apreciação da actividade financeira pelo Tribunal de Contas poderá ser levada a cabo não só em termos da sua legalidade estrita, mas também da sua gestão económico-financeira e patrimonial.

A diferença entre os dois modelos é a seguinte: pelo primeiro, o da determinação de legalidades, limita-se a declarar que os actos e contratos geradores de despesas públicas estão conformes com as normas legais que as regem: a declaração da legalidade e da regularidade das contas; enquanto que, pelo segundo, o da verificação de fidelidade da gestão procurar-se-á avaliar se os valores globais da gestão financeira se ajustam ao resultado final e também aos aspectos económicos das despesas públicas. Ambos os modelos podem ser conjugados para que, a par da apreciação da legalidade estrita, seja possível verificar a sua economicidade: a sua confrontação com os ganhos, em termos de utilidade social criada; sem esquecer o julgamento de conta, no sentido de incluir, também, o julgamento dos responsáveis pelos patrimónios e dinheiros públicos, declarando-os quites ou condenando-os por factos irregulares ou ilícitos, ocorridos durante o período de gestão financeira.

Da leitura do artigo 12.º (*Competência*), *maxime* a al. a) – "*Fiscalizar previamente a legalidade orçamental dos actos e contratos...*", – e al. b) – "*Fiscalizar..., e julgar as respectivas contas,...*" – conjugada com o artigo 13.º (*Competência complementar*), al. b) – "*Ordenar a reposição total ou parcial de verbas ilegalmente despendidas;*" – e al. c) – "*Aplicar multas;*" – todos da LOTC, parecem não restar dúvidas de que o Tribunal de Contas guineense segue o segundo modelo, em virtude não só da competência para declarar uma gestão financeira conforme o resultado final, mas, também, cabe-lhe declarar a quitação dos responsáveis pela gestão financeira. Esta ideia é reforçada com o preceituado no artigo 37.º, segundo o qual o julgamento das contas consiste não só na apreciação da legalidade da actividade financeira das entidades públicas e privadas (desde que utilizam dinheiros públicos) mas também da "*respectiva gestão económico-financeira e patrimonial*".

Para nós, o conceito de legalidade acolhido no artigo 12.º LOTC, assume uma dimensão que extravasa a pura legalidade estrita ou formal (circunscrita a um mero formalismo da actividade financeira), e integra uma dimensão substancial ou material (conjunto de valores que regem a vida em sociedade, mormente o apuramento do resultado, isto é a utilidade social conseguida no exercício da actividade financeira). A legalidade é, assim, um parâmetro da actuação da administração financeira e do próprio órgão de fiscalização financeira, e desempenha a função de quadro delimitador da actuação do Tribunal de Contas na sua missão de julgar as contas.

Nessa medida, a resposta a questão de saber se é ou não possível extravasar os limites estritamente de legalidade, e julgar a validade dos critérios ou a idoneidade dos métodos utilizados para se conseguir os objectivos programados, a *eficácia*; a maior ou menor atenção devida pelos órgãos executivos quanto à manutenção e ao aproveitamento dos recursos humanos e materiais: isto é, a relação entre os resultados obtidos e os meios utilizados, a *eficiência*, é com certeza afirmativa. Não se trata, porém, de controlar a (in)observância destes critérios. Trata-se de observar se as regras impostas pelo legislador, a fim de se alcançar uma "*maior utilidade e rendimento sociais com o mais baixo custo*" (cfr. artigo 19.º, n.º 3, *in fine* da Lei n.º 3/87), foram cumpridas no decurso da execução orçamental.

Esta solução vai ao encontro da necessidade de defesa dos interesses do Estado, em geral, e dos contribuintes, em particular, que disponibilizam os meios financeiros necessários à prossecução dos interesses da colectividade e a garantia de que os mesmos são geridos e utilizados correctamente e sem excessos. Isto é, sendo as despesas públicas, numa perspectiva funcional dirigida à uma determinada finalidade, a apreciação da sua legalidade deve ser feita de modo a abranger a adequação que lhe é assinalada: a economicidade e a eficiência[728].

Julgamos, pois, em face da precária gestão e administração que caracteriza a nossa Administração Pública em geral, não é de todo descabida a imposição, por parte do legislador, de determinadas regras que, no seu entender, conduzam a maior economia, eficiência e eficácia. Isso não é incompatível com a função fiscalizadora e julgadora da legalidade exercida pelo Tribunal de Contas.

Repare-se que em causa estão, respectivamente, as regras que obrigam a despender menos verbas, para obter maior rendimento em comparação com os gastos, e, concomitantemente, conseguir atingir os objectivos. Este controlo é alcançado "sem pôr em causa a opção política do objectivo da Administração"[729]. Sobretudo no actual quadro panorâmico do país, fortemente abalado por crises das mais variadas naturezas, entre as quais avulta a cultura de corrupção e a sensação comum de incensura e impunidade a todos os níveis, a ética e a moralidade públicas são valores que devem ser cultivados.

Por isso, com maior acuidade se coloca o problema da fiscalização financeira; assim, somos então levados a lançar, aqui, uma pista de reflexão, na tentativa de procurar outros critérios que reforcem a actividade fiscalizadora da administração e gestão financeira estadual, no seu todo. Estamos a pensar, nomeadamente, nos controversos critérios da ética e moralidade pública[730]. Pergunta-se se será de todo inconveniente a introdução destes critérios como parâmetro de medição da actividade financeira estadual e local, num país em que para além da má gestão de tudo quanto

---

[728] EDUARDO PAZ FERREIRA, "O controlo das subvenções...", p. 79.
[729] ALFREDO JOSÉ DE SOUSA, "Controlo orçamental..., p. 28.
[730] A introdução de critérios éticos e de moralidade pública – muito controversos – deverá constituir uma viragem no modo de administração e de gestão de coisas públicas. É óbvio que a preocupação central nesta matéria será a de conseguir uma significativa melhoria e responsabilização dos políticos, administradores, gestores e todos quantos, de uma forma geral, desempenham funções que requerem meios financeiros retirados, principalmente, aos particulares. Escreve A. MENEZES CORDEIRO, na Introdução à edição portuguesa da obra de CLAUS-WILHELM CANARIS, p. XXXVIII, a "Moral... é um fenómeno de cultura". Assim, sendo não é alheio às realidades, sobretudo financeiras que ocorrem no quotidiano.

é público, há um profundo fosso no nível de vida dos governantes e dos governados, reflectido na própria forma de ostentar as riquezas? Por outro lado, a organização e a estruturação do Estado em geral, bem como as formas mais diferenciadas de articulação entre o sector público, cooperativo e social e privado, principalmente a privatização, os subsídios, a gestão privada, os contratos públicos,... enfim, as formas de gestão privada e os processos de desorçamentação colocam novos desafios aos princípios da globalidade e da universalidade da fiscalização financeira. Não é que se trate de realidades desconhecidas na nossa ordem jurídica – aliás, já enquadradas no âmbito da LOTC. Estamos apenas a alertar para esses fenómenos, que requerem uma resposta mais eficaz e satisfatória por parte dos órgãos de fiscalização. A garantia da democracia e do respeito pelos direitos dos cidadãos, principalmente os contribuintes não serão melhor assegurados sem que as instituições independentes de fiscalização financeira sejam capazes de se opor a quaisquer formas de estruturação económica e social, com intuito, muitas vezes, de dificultar os objectivos da fiscalização da actividade financeira que levam a cabo nos seus quotidianos.

A crescente importância que a auditoria[731] tem vindo a ganhar: autonomamente ou em conjugação com a prestação de contas, leva-nos a dedicar breves linhas a esta modalidade da fiscalização sucessiva. Contudo, é preciso alertar para um facto que, segundo a nossa experiência, é susceptível de ocorrer: a consagração legal formal desta forma de fiscalização dos dinheiros públicos torna-se útil, se encontrar correspondência na realidade prática, ou seja, pressupõe a criação de condições materiais que permitam a sua existência, nomeadamente o recrutamento de técnicos de várias especialidades para preencher o quadro de pessoal técnico do Tribunal de Contas, a fim de se assegurar a sua concretização.

A auditoria é uma actividade ligada à verificação e à aplicação da correcção contabilística, isto é, uma actividade de revisão ou exame da actividade financeira. Permite ao órgão auditor emitir pareceres sobre as contas das entidades auditadas. Esta actividade, como se pode concluir, é diferente da elaboração da contabilidade, pois se destina ao seu exame, no

---

[731] Para mais desenvolvimentos, vide, ROGÉRIO F. FERREIRA, "Auditoria", in Pólis- -Enciclopédia Verbo, Vol. 1, Lisboa, 1983, cols. 457-460.

intuito de emitir opinião sobre o balanço e a conta de ganhos e perdas patrimoniais e os resultados apurados, bem como o respeito pelos princípios e critérios contabilísticos e legais.

Não se confunde o julgamento de contas com a efectivação de responsabilidades (caso houver), próprio do Tribunal de Contas e não do órgão auditor. Trata-se de uma actividade que pode ser exercida também por técnicos independentes de empresas ou por inspectores. Começou a adquirir importância e significado com o aparecimento das grandes empresas, com o surgimento das técnicas e com a complexidade e gestão das mesmas e a necessidade de acautelar os interesses diversificados das pessoas estranhas à gestão empresarial, dos trabalhadores, dos cidadãos em geral e do próprio fisco.

4. A RESPONSABILIDADE FINANCEIRA

Importa aflorar, ainda que muito sumariamente, a matéria relativa à responsabilidade financeira[732] que impende sobre todos quantos, de facto ou de direito, gerem e/ou administram patrimónios e dinheiros públicos, sem observância das disposições que regem a actividade financeira. Isso somente ocorre, porque estes recursos são retirados aos particulares, em clara obediência ao comando constitucional que impõe aos cidadãos, em geral, o dever de fornecer os meios financeiros aptos à satisfação das necessidades colectivas.

Estamos a pensar nas infracções financeiras pela prática ou omissão, no âmbito da execução orçamental, traduzidos em actos e/ou contratos financeiros dos funcionários, agentes e titulares dos órgãos da administração central e local. Estão em causa as violações ou condutas contrárias às normas que regulam essa actividade, podendo consubstanciar diversa natureza, e sendo punidas, nos termos da lei.

---

[732] Esta surge derivada de uma utilização irregular ou desvios de fundos públicos da sua normal utilização, e constitui o infractor na obrigação de repor a situação, tal como fora concebida em termos da normal administração e gestão de coisas públicas, mormente dinheiros públicos. O princípio geral consta do artigo 43.º (*Responsabilidade financeira*) LOCT. Para um panorama geral da responsabilidade financeira, vide, LÍDIO DE MAGALHÃES, "Notas sobre a responsabilidade financeira", in RTC, n.ºs 5/6, 1990, pp. 15-33; JOÃO FRANCO DO CARMO, "Contribuição para o estudo da responsabilidade financeira", in RTC, n.º 23, 1995, pp. 43-200.

O princípio geral estabelece que a condenação de um agente infractor em responsabilidade financeira não afasta a aplicação de outras responsabilidades. Isso depreende-se dos artigos 29.º (*Responsabilidade*) e 45.º (*Cumulação de responsabilidade*) LOTC. Ou seja, uma prática ilícita em matéria financeira pode, simultaneamente, integrar mais de uma *facti species* de responsabilidades financeiras. Este é o princípio orientador da responsabilidade dos funcionários e agentes pela prática ou abstenção da prática (omissão) de actos financeiros, como se pode observar da leitura do artigo 20.º da LEOGE[733].

Para encerrar este estudo, interessa-nos, não a responsabilidade financeira em sentido amplo, na qual se incluem as responsabilidades política, criminal, disciplinar, civil e por multa, todas com expressão na lei reguladora da actividade fiscalizadora da administração e gestão de coisas públicas[734], mas apenas a responsabilidade financeira em sentido restrito, traduzida no dever de reintegrar os fundos utilizados com violação das normas legais ou desviados da sua afectação legal ou normal. Evidentemente o que se pretende é procurar encontrar, nas diversas sanções previstas e próprias dessa responsabilidade, um enquadramento doutrinário quanto ao seu regime, com o fito de explicar como é que ocorre, na prática, no direito financeiro guineense.

Começaríamos por dizer que a *obrigação de reintegração* de fundos públicos desviados da sua afectação legal ou utilizados sem observância das

---

[733] Também inserido no Capítulo IV, estabelece o artigo 20.º (*Responsabilidade pela execução orçamental*) da Lei de Enquadramento do Orçamento Geral do Estado: "*Os titulares de cargos públicos, os funcionários e agentes do Estado e demais entidades públicas respondem política, civil, criminal e disciplinarmente pelos actos e omissões que pratiquem no âmbito do exercício das suas funções de execução orçamental, nos termos da legislação aplicável*".

[734] De entre estas formas de responsabilidade, existe uma maior aproximação da responsabilidade financeira com as responsabilidades civil e criminal. Estas emprestam a sua matriz àquela e outras formas de responsabilidade: a política, disciplinar e por multa. Mas a responsabilidade financeira é mais conotada com a responsabilidade civil, chegando mesmo a ser designada como uma "responsabilidade civil específica", porquanto o seu vínculo de direito, de carácter patrimonial ou pecuniário, visa reparar os danos causados ao Estado (incluindo aqui a administração central e local e seus serviços e institutos), em virtude da actuação desconforme ao direito ou violadora de um dever jurídico: a infracção financeira. *Vide*, para mais desenvolvimentos sobre esta matéria, JOÃO FRANCO DO CARMO, "*Contribuição para o estudo...*", pp. 64 e ss, nomeadamente 64-65, 70-73, 148.

normas aplicáveis constitui o cerne da responsabilidade financeira em sentido restrito. Esta matéria está inserida no capítulo relativo à prestação de contas, o que demonstra que estamos verdadeiramente no âmbito do julgamento de contas e efectivação de responsabilidades financeiras propriamente dita. Esta modalidade de fiscalização financeira é inerente ao exercício da função jurisdicional. Mas não se infere daqui que resulta única e exclusiva dessa modalidade, porquanto pode, também, derivar do exercício de outras formas de controlo ou fiscalização sucessiva, mormente os inquéritos e auditorias integrados no conjunto das competências do Tribunal de Contas.

Uma primeira chamada de atenção prende-se com a necessidade de sublinhar que é da competência exclusiva do Tribunal de Contas o conhecimento dos actos de gestão financeira, pressupostos da infracção financeira e a condenação em sanção correspondente: o julgamento ou prestação de contas e a responsabilidade financeira. A *contrario sensu* conclui-se que, quando não estamos na presença de competência do Tribunal de Contas para sancionar condutas financeiras irregulares ou ilegais, não há responsabilidade financeira. Há, sim algo diferente, que poderá consubstanciar qualquer uma das formas de responsabilidade em sentido lato do termo.

A segunda e última nota, nesta ordem de ideias, vai para a aproximação desta figura a outras formas de responsabilidade, em particular a responsabilidade civil. Sem embargo da estreita aproximação que apresentam, entre si, contudo, não se confundem, nem tão-pouco com qualquer outra responsabilidade jurídica (sobretudo criminal), sem prejuízo de compartilharem as mesmas características, mormente a sua base reintegrativa, apresentando, também, uma função punitiva ou sancionatória. Em ambas, o responsável vê-se constituído na sua esfera jurídica um dever com expressão pecuniária, em resultado do dano ou prejuízo provocado aos patrimónios públicos.

No entanto, isso não se confunde com o apelo ao dano ou prejuízo patrimonial como pressuposto necessário da responsabilidade financeira, uma vez que desempenha a função sancionatória e preventiva, porque, mesmo na eventualidade de se produzir um dano patrimonial, a figura não muda: continuamos sempre no domínio da reposição de fundos públicos, e não da indemnização civil por danos causados a terceiros. Esta situação ajuda a esclarecer o problema dos pressupostos, considerados por lei causa da infracção financeira, punível com a sanção de reposição de fundos públicos atingidos por comportamentos desconformes com as normas relativas à guarda e à administração de dinheiros públicos.

Através da fiscalização sucessiva ou *a posteriori*, consubstanciada nos inquéritos, nas auditorias e na emissão de relatórios e pareceres sobre as contas de entidades públicas, ou ainda mediante a prestação de contas, origem histórica da responsabilidade financeira, procede-se ao seu apuramento. Pode resultar desta apreciação dois aspectos: ou a infracção financeira[735] em sentido lato (note-se, passível de dar lugar não só a responsabilidade financeira: infracção financeira em sentido restrito, mas também a multa), susceptível de provocar o julgamento (e condenação) do responsável; ou a declaração de quitação com a Fazenda Pública.

Somente a primeira hipótese constitui o cerne da responsabilidade financeira, cujos potenciais sujeitos são todas as pessoas, nomeadamente os funcionários, agentes, administradores ou gestores das entidades enunciadas no artigo 2.º, n.ºs 2 (Estado e seus serviços; serviços autónomos; administração local e empresas públicas) e 3 (entidades que utilizem fundos públicos provenientes ou obtidos com a intervenção de uma das entidades previstas no n.º 2, mediante, por exemplo, a concessão de subsídios, empréstimos ou avales). Esta previsão não prejudica a sujeição de outras entidades à jurisdição do Tribunal de Contas conforme ainda o mesmo n.º 2. Este é o núcleo das pessoas que podem incorrer em responsabilidade financeira nos termos da lei.

Resulta disso que não restam dúvidas quanto aos pressupostos constitutivos da responsabilidade financeira. Ela verifica-se no exercício da fiscalização sucessiva ou *a posteriori* (prestação de contas), através das quais se conclui pela existência de uma infracção financeira, ou seja, comportamentos desconformes com as normas que regulam a actividade de gestão de dinheiros públicos. Em suma, a fiscalização sucessiva e a infracção financeira constituem dois pressupostos legais necessários à verificação da responsabilidade financeira.

Na lei estão previstos determinados factos que consubstanciam as situações que traduzem o dever de reposição ou reintegração dos fundos, ou mais simplesmente a responsabilidade financeira. No artigo 43.º, sob a epígrafe *Responsabilidade financeira*, constam os factos que constituem a obrigação de reposição dos fundos públicos. Assim, no n.º 1, os "*respon-*

---

[735] Note-se que outra distinção possível é a que se faz entre a responsabilidade financeira sancionatória (também designada responsabilidade administrativa por multa) e a responsabilidade financeira reintegratória. Vide JOÃO FRANCO DO CARMO, "Contribuição para o estudo...", pp. 130-131, bem como os autores citados.

sáveis dos serviços e organismos... pela reintegração dos fundos desviados da sua afectação legal...". Configura a situação objectiva da perda, subtracção ou desaparecimento, erros de cálculo ou ainda demora na entrega de dinheiros ou valores, em virtude de não existirem no cofre ou de a sua saída não estar (devidamente) documentada. Ou seja, o *desvio*, *alcance* ou *desfalque*, por definição uma infracção imputada a quem é confiada a guarda de quantias ou valores: o tesoureiro ou exactor, responsáveis de facto pela guarda de fundos públicos.

Esta responsabilidade pode ainda resultar da não adopção de medidas por parte do tesoureiro, adequadas à preservação de fundos colocados à sua guarda. Igualmente é imputável aos administradores ou gerentes e equiparados, ainda que estranhos ao facto, pela especial responsabilidade de vigilância que impende sobre eles. Significa isso que, face à complexidade que caracteriza a Administração em geral – assente, sobretudo, na descentralização democrática e na representação participativa, a que aludimos noutro local e desconcentração, tudo com vista à obtenção de uma maior eficiência na gestão das coisas públicas –, o recorte do núcleo dos sujeitos obrigados a prestação de contas abrange não só os tesoureiros e exactores "*responsáveis de facto*", mas também os administradores e gestores "*responsáveis de direito*" pela especial obrigação que lhes assiste na gestão financeira (compreendendo aqui o controlo e fiscalização interna) que desenvolvem regularmente.

Ainda o mesmo n.º 1 adianta o seguinte: "*... ou cuja utilização tenha sido realizada com violação das normas aplicáveis,...*", situação que, a nosso ver, configura os *pagamentos indevidos*, isto é, os realizados com violação de regras e procedimentos legais disciplinadores dos actos que originam o dispêndio de dinheiros públicos, independentemente da fase em que foram praticados: no momento exacto do pagamento ou no momento posterior[736]. Este é, pois, uma outra fonte da obrigação de reintegração ou reposição dos fundos públicos.

Não são estabelecidos na lei os casos em que ocorre. Cabe-nos a tarefa de enquadrar determinado acto ou contrato financeiro na previsão da norma legal tão genérica, de modo a enquadrar-se na "*violação das normas aplicáveis*", significando, com isso, sobretudo, a violação de comandos próprios da execução orçamental das despesas públicas – mormente a

---

[736] JOÃO FRANCO DO CARMO, "Contribuição para o estudo...", pp. 159-160.

realização e o pagamento de despesas sem cabimento de verba ou celebração de contratos sem observância dos requisitos legais: forma, prazo legal para a sujeição a visto do Tribunal de Contas, nos termos do artigo 23.º, n.º 1, als. a) a e) LOTC. Nesta previsão, estão incluídos não só os actos financeiros de execução orçamental das despesas mas também os contratos que lhes deram origem, na medida em que a realização das despesas públicas tem como fundamento ou um acto ou um contrato financeiro imediatamente anterior.

Ora, relativamente a este último, a apreciação da legalidade pelo Tribunal de Contas deve ser feita em termos de apurar se as condições nele constante são as mais vantajosas[737] para a administração central ou local ou seus serviços e institutos. Isso porque, não raras veze, assistimos a celebração de contratos públicos, em que uma das partes, a entidades pública, se compromete a cumprir determinadas obrigações demasiado penalizantes do ponto de visto financeiro.

Refira-se, ainda, que a constituição do agente infractor na obrigação de repor – a responsabilidade financeira – requer que sejam efectivamente despendidos fundos ou valores do Estado ou entidades públicas: o pagamento, uma vez que deve constar dos elementos de informação (orçamento e conta de gerência) da actividade financeira, desenvolvida e sujeita ao julgamento do Tribunal de Contas.

No n.º 2 do mesmo artigo, a fonte da responsabilidade financeira, ou o facto constitutivo dessa mesma responsabilidade, sancionável com a obrigação de repor os fundos públicos, é a *"violação com culpa grave das regras de gestão racional dos bens e fundos públicos"*. Estamos em condições de afirmar que a culpa, ou seja, o comportamento humano reprovável do sujeito da infracção, é, também, segundo o legislador, um dos pressupostos subjectivos, do qual se retira a imputação da responsabilidade financeira, enquanto elemento integrado na própria conduta. É, portanto, objecto de um juízo de desvalor ou reprovação, censura da conduta positiva (acção) ou negativa (inacção ou abstenção de agir) do responsável

---

[737] Acolhemos o entendimento dado por JOSÉ TAVARES e por LÍDIO DE MAGALHÃES, quando afirma que pagamentos indevidos são "aqueles que disciplinam os actos que originaram o dispêndio de dinheiros públicos, quer esses actos se reportem directamente à fase do pagamento ou se situem em alguma fase anterior... em cumprimento de contratos em que as condições não foram as mais vantajosas". Citação dos autores. Vide, JOÃO FRANCO DO CARMO, *"Contribuição para o estudo..."*, p. 160.

pela administração ou gestão de dinheiros públicos ou responsável pela sua guarda. Aqui, a culpa que deverá ser atendida é a "culpa grave" e não a "leve ou mera culpa", mais intensa do que esta, menos intensa do que o dolo, embora o inclua[738].

Cremos que se trata de uma intencionalidade para a prática de actos de gestão de bens e fundos públicos no intuito de prejudicar a entidade pública, podendo assim configurar, por exemplo, a celebração de contratos em que as condições não sejam as mais vantajosas para a entidade pública ou o pagamento indevido.

O que se pretende com a chamada à colação da culpa, é a prova do comportamento por parte do agente da acção –, quando violou as normas reguladoras da actividade financeira. Assim sendo, o problema é mais do domínio da repartição do ónus da prova, aplicável sobretudo à relação entre os administradores e tesoureiros, ou entre estes e os outros funcionários subalternos, e também à tutela. Assim, não nos parece que se trata de um verdadeiro pressuposto da responsabilidade financeira, mas sim uma forma da sua presunção e um elemento de graduação de responsabilidade, considerando a intensidade com que cada um participa na gestão e guarda dos fundos públicos[739]. Note-se que tal presunção pode ser ilidida pelos agentes infractores.

Na lei, aparecem ainda como factos constitutivos da responsabilidade financeira, os constantes do n.º 3 do mesmo artigo 43.º: a *"falta de prestação de contas ou a sua prestação de forma irregular quando inviabilizem o conhecimento do modo como foram utilizados os fundos ou o seu destino"*. Estão aqui previstas duas fontes de obrigação: a *omissão de contas* e a *impossibilidade de julgamento das contas*. A primeira é relativa à utilização de fundos sem que haja sido prestada contas nos termos da lei; ou seja, há uma omissão legal de prestar as contas por parte dos responsáveis de direito, os gestores e administradores, sujeitos ao dever de prestação de contas das suas actividades financeiras; enquanto que a segunda se prende não com a ausência de prestação de contas, mas coma sua apresentação irregular, da qual resulta a impossibilidade do conhecimento ou julgamento da forma como foram utilizados os fundos. Esta última situa-

---

[738] JOÃO FRANCO DO CARMO, "Contribuição para o estudo...", p. 151.

[739] Para mais desenvolvimentos do regime da culpa no Direito Português, *vide*, JOÃO FRANCO DO CARMO, "Contribuição para o estudo...", especialmente pp. 145 e ss; também LÍDIO DE MAGALHÃES, "Notas sobre a responsabilidade...", pp. 25-26.

ção pode ser motivada, por exemplo, pela falta de apresentação de documentos comprovativos da gestão dos fundos públicos.

Em ambas duas situações, constam factos puníveis, nos termos do artigo 44.º LOTC com multa a aplicar mediante processo próprio: o processo de multa. A omissão de prestação de contas só se verifica se, decorridos os prazos legais, previstos no artigo 40.º, os responsáveis continuarem irredutíveis na sua posição de não as apresentar, o que equivale a dizer que omitiram um dever legal. Em face da situação, pode o Tribunal proceder o julgamento dos responsáveis, em processo especial, com vista a fixação do débito. Assim sendo, não se nos afigura facto constitutivo da responsabilidade financeira, pois esta só tem lugar com a prática do alcance ou os pagamentos indevidos.

Em suma, como se pode depreender do que temos vindo a dizer, são dois os verdadeiros factos constitutivos da responsabilidade financeira: o *alcance* e os *pagamentos indevidos*, nos quais estão em causa actuações ou omissões tanto dos tesoureiros ou exactores, "responsáveis de facto", como dos gestores ou administradores ou gestores, "responsáveis de direito". Estes podem ser chamados a responder não só pelos próprios actos ou omissões, mas também pelos que estão colocados hierarquicamente sob as suas dependências funcionais, sabendo que são, em primeira linha, responsáveis pela gestão, pelo controlo e pela fiscalização de dinheiros públicos.

No entanto, tratando-se de responsabilidade financeira assente na culpa do infractor (elemento subjectivo), só respondem por actos e omissões financeiros traduzidos, genericamente, em alcances ou pagamentos indevidos, quando agirem com culpa grave no exercício das funções. Pelo que lhes assiste, bem como aos subalternos, o direito de provar que actuaram em conformidade com as disposições legais, a fim de se afastar a presunção da culpa requerida nestes dois casos. No concernente aos actos de gestão e administração, próprios das suas funções, entendemos que é aplicável o mesmo princípio de presunção da culpa.

Refira-se também que, para haver responsabilidade financeira, não se torna necessária a ocorrência de prejuízos, isto é, resultados danosos como consequência do comportamento humano. A lei nada adiantou nesta matéria, apenas refere a uma actuação com culpa grave. Donde se pode inferir que os objectivos da responsabilidade financeira são, basicamente, dois: a protecção da integridade dos patrimónios e fundos públicos e a regularidade do processo da sua utilização. Isso explica a consequente sanção ou condenação em responsabilidade financeira de todos quantos, no exercício da actividade financeira, violam as normas legais, ainda que destas violações, resulte, em sede patrimonial, um lucro ou ganho[740] para a entidade pública, situação que se pode verificar, por exemplo, com a aplicação de dinheiros públicos em títulos de bolsa, sem autorização legal expressa.

Ainda, a relevância da culpa em matéria da responsabilidade financeira serve para equacionar o problema da intromissão de uma pessoa colectiva na gestão de outra pessoa, mormente a tutela. Isso é importante para caracterizar aquelas situações em que, por supervisão e/ou fiscalização de uma entidade, os órgãos ou agentes de uma pessoa pública violam as regras que disciplinam a gestão dos bens e fundos públicos.

Em conclusão, o nosso sistema legal de responsabilidade financeira, em regra, apresenta-se como subjectivo, assente na culpa, o que quererá significar que compete ao prestador de contas provar que, durante a gestão/administração dos dinheiros públicos (n.ºs 2 e 3), de controlo da guarda ou maneio (de dinheiros públicos) a cargo dos tesoureiros e exactores (n.º 1) todos do artigo 43.º LOTC, não houve actuações motivadas por comportamentos culposos; pois a intenção é apenas a do cumprimento das regras de gestão a que estão obrigados por lei: a elisão da presunção da culpa (*"iuris tantum"*). O mesmo se diga em relação aos tesoureiros e exactores, "responsáveis de facto" pela guarda e utilização de dinheiros públicos. Não sendo ilidida a presunção incorrem em responsabilidade financeira.

Com isso, abre-se, assim, a possibilidade de o Tribunal de Contas afastar a responsabilidade financeira (individual ou conjunta) dos respon-

---

[740] A não exigência da produção de um resultado (dano) como pressuposto da responsabilidade financeira, torna-a, em certo sentido, numa infracção formal, segundo LÍDIO DE MAGALHÃES, *"Notas sobre a responsabilidade financeira"*, pp. 26-27. De forma muito aproximada, JOÃO FRANCO DO CARMO, *"Contribuição para o estudo..."*, ao afastar, em alguns casos, o "dano patrimonial como resultado da infracção" (p. 71), subsistindo, no entanto, a responsabilidade financeira pelo "simples facto de uma irregularidade procedimental na gestão ou utilização dos dinheiros públicos" (p. 75); acaba por referir as palavras de JOSÉ TAVARES e LÍDIO DE MAGALHÃES, quando escreve o seguinte: "Pode mesmo acontecer que da infracção financeira advenha, em sede patrimonial, um ganho ou enriquecimento, sem que por isso resulte prejudicada a condenação em responsabilidade financeira" (p. 167). Isso é assim porque o que está em causa, em primeiro lugar, são as contas e não as condutas dos obrigados a prestar as contas.

sáveis "de direito ou de facto", quando não lhes sejam imputáveis os factos ou omissões, no exercício de actividades financeiras. Assiste a este Tribunal a liberdade de avaliar, segundo as circunstâncias concretas de cada caso, o grau de culpa dos responsáveis. Aliás, é nesta ordem de ideias que encontra justificação a previsão do n.º 4 do mesmo artigo: *"Fica isento de responsabilidade aquele que houver manifestado, por forma inequívoca, oposição dos actos que a originaram"*, para os gestores e administradores em relação às funções de gestão, controlo e fiscalização, que lhes cabe nos termos da lei.

Por outro lado, o facto de os "responsáveis de direito" pela administração e gestão dos bens e dinheiros públicos responderem nestas condições – portanto, sujeitos da obrigação de prestação de contas –, não afasta a possibilidade de os tesoureiros e exactores, "responsáveis de facto" pela guarda e maneio de fundos públicos, responderem pelos actos ou omissões, dos quais tenham resultado prejuízos para o Estado ou outras entidades públicas. Todos eles são, nessa medida, responsáveis pela infracção financeira, pessoal e solidariamente, pela reintegração dos fundos públicos atingidos, segundo o regime estabelecido no artigo 43.º, n.º 1, *primeira parte*, *"... salvo se o Tribunal considerar que lhes não pode ser imputada a falta"* (*in fine*, n.º 1, do artigo 43.º LOTC).

Conforme o n.º 6 do mesmo artigo, esta responsabilidade inclui não só a reintegração dos fundos públicos, mas também os juros de mora legais sobre as respectivas importâncias, contados a partir do termo do período da prestação de contas (*"seis meses contados do último dia do período a que dizem respeito"*), conforme o artigo 40.º, n.º 1. Nesses termos, havendo co-responsabilidade, ao responsável que satisfazer o direito do Estado ou de outras entidades públicas, através da reposição, assiste o direito de regresso contra os restantes responsáveis, nos termos do direito civil a deduzir nos tribunais comuns. Esse direito pode apenas encontrar uma limitação na "eventual diferenciação de culpas estabelecidas pelo Tribunal de Contas. Se o Tribunal condenar certo responsável em montante reduzido das importâncias a repor, esse julgamento deverá prevalecer sobre o interesse da consistência do crédito do Estado..."[741].

---

[741] As palavras acabadas de transcrever são de JOÃO FRANCO DE CARMO, "Contribuição para o estudo...", pp. 152-153, e elucidam o regime geral da culpa em que assenta a responsabilidade financeira e, por conseguinte, da solidariedade passiva em que incorrem os infractores.

Tradicionalmente, a obrigação de repor tem a função de reintegração dos fundos públicos não utilizados regular e legalmente, donde a diminuição do património em geral. Está em causa a actuação ilegal ou irregular daquele que tem a guarda ou administração de coisas públicas. Dito assim, esta obrigação está dirigida especificamente aos tesoureiros e aos exactores, os "responsáveis de facto", detentores, nos seus poderes, de fundos públicos e coincide com a função da responsabilidade civil indemnizatória.

Mas tivemos ocasião de referir que a mesma pode também recair sobre os que gerem ou administram os fundos públicos, os "responsáveis de direito". Neste caso, a função em causa será repressiva ou sancionatória, pois, não existindo prejuízo, há, contudo, a obrigação de repor. Do carácter sancionatório, induz-se também uma função preventiva, dissuasiva da prática de infracções financeiras[742].

A obrigação de repor incide apenas sobre as importâncias atingidas com o facto punível pela infracção financeira, acrescidas de juros de mora legais, conforme o previsto no nosso já conhecido n.º 6 do artigo 43.º LOTC. Trata-se do objecto da obrigação de repor, à qual acresce a indemnização moratória, como forma de satisfação da responsabilidade financeira constituída, essencialmente, pelo alcance ou pagamento indevido: uma obrigação pecuniária tendo por objecto o dinheiro público.

No entanto, nada impede que os prejuízos sofridos sejam superiores em valor às importâncias repostas, ou condenadas a repor pelo Tribunal de Contas aos responsáveis, caso haja um efectivo dano patrimonial causado as entidades públicas. Nesta situação, verifica-se uma dupla responsabilidade: a financeira e a civil. Sendo aquela a única que cabe na competência jurisdicional deste Tribunal, o limite da quantia a repor esgota a sua jurisdição, competindo a jurisdição comum determinar os prejuízos a indemnizar, a partir daquele limite estabelecido[743]. Pretende-se com isso

---

[742] LÍDIO DE MAGALHÃES, "Notas sobre a responsabilidade financeira", pp. 27-28. Vide, também JOÃO FRANCO DO CARMO, "Contribuição para o estudo...", particularmente, pp. 138-141.

[743] JOÃO FRANCO DO CARMO, "Contribuição para o estudo...", p. 148. Para quem a eficácia do acórdão condenatório do Tribunal de Contas em importâncias superiores a repor é "meramente declarativa para o processo administrativo de regularização da reposição de dinheiros públicos objecto de infracção e seu possível encaminhamento para o âmbito da jurisdição cível, por intervenção do Ministério Público". O autor aponta na mesma obra posição contrária manifestada por SOUSA FRANCO. Vide, a nota 288, p. 148.

significar que a obrigação de repor é independente e autónoma da obrigação de indemnizar, pelo prejuízo efectivo, e com ela não se confunde, pois, como se disse atrás, pode aquela ocorrer sem que haja um efectivo prejuízo patrimonial.

O objecto da obrigação de repor é, pois, susceptível de sofrer modificação: a *redução*, a *relevação* e a *prescrição*, todas formas de extinção. A LOTC não contempla expressamente nenhuma das formas possíveis de modificação do objecto desta obrigação. Aplicam-se, *mutatis mutandis*, as normas constantes da lei do processo civil, segundo o artigo 47.º da lei em análise: *"O processo no Tribunal de Contas rege-se pelo disposto no presente diploma e, supletivamente, pela lei do processo civil, com as necessárias adaptações"*. Esta solução, no entanto, não dilui a nossa perplexidade, em face da ausência de referências nestas matérias de grande importância. Isso porque ressalta da lei, na nossa óptica, um tratamento menos desenvolvido do Processo de Contas (Secção III) relativamente ao Processo de Multa (Secção IV). Para este último, o legislador previu, no artigo 75.º, extinção por pagamento voluntário e redução (verifica-se com o pagamento voluntário do *"montante mínimo da multa legalmente fixado dentro do prazo da contestação"*), respectivamente, *primeira parte* e *in fine*, e no artigo 77.º a prescrição do procedimento judicial (n.º 1) e a prescrição da multa (n.º 2).

Contudo, o Tribunal de Contas, em resultado da liberdade de avaliação dos factos e das circunstâncias concretas (objectivas e subjectivas), em que ocorreu a infracção financeira, sobretudo no domínio da culpa – em particular da mera culpa ou negligência – pode decidir revelar ou reduzir (até mesmo extinguir) a responsabilidade financeira do infractor, desde que justifique devidamente as razões no seu acórdão. A nossa posição assenta no facto de esta responsabilidade somente ter lugar se houver culpa do infractor – a responsabilidade subjectiva, como princípio geral – ressalvando os casos excepcionais da responsabilidade objectiva. Nesta linha de raciocínio, e pela leitura do artigo 13.º, al. c) LOTC: *"Para o desempenho das suas funções compete ainda ao Tribunal: Ordenar a reposição total ou parcial de verbas ilegalmente dispendidas"*, poderá haver lugar à redução das importâncias a repor em função da culpa do infractor, a reposição parcial.

Por outro lado, o pagamento das quantias devidas extingue imediatamente a obrigação de repor que impende sobre o infractor. Está-se na presença do comportamento voluntário do obrigado, cuja consequência é a sua exoneração da responsabilidade financeira, para a qual fora condenada; pelo que entendemos não carece de ser expressamente prevista na lei, sob pena de se tornar desnecessária. Diga-se ainda que a não acatação voluntária do acórdão condenatório do Tribunal de Contas transfere para a competência dos Tribunais Fiscais a sua execução coerciva, nos termos do artigo 108.º CPT[744].

Uma questão conexa com a modificação da obrigação de repor diz respeito a sua transmissibilidade *"inter vivos"* e *"mortis causa"*. Repare-se que esta obrigação surge ligada ao exercício de uma actividade vinculada e pressupõe o julgamento do infractor pelo Tribunal de Contas. Nessa medida, não pode nunca ser objecto de transmissão. Significa isso que somente o funcionário, agente, administrador ou gestor podem figurar como responsáveis. Assim sendo, a primeira modalidade fica afastada, porque, nomeadamente não pode ser objecto de comércio jurídico.

Quanto à segunda, depende da forma como é encarada esta obrigação nos diferentes ordenamentos: obrigação financeira ou obrigação de indemnizar (transmissível *"mortis causa"* nos termos do direito civil). Por tudo o que vimos de dizer, é evidente que acolhemos a posição que encontra, nesta obrigação, uma mera obrigação financeira, insusceptível de ser transmitida *"mortis causa"*, traduzida no brocardo latino *"mors omnia solvit"*: a morte tudo apaga ou faz desaparecer.

Sem embargo, esta conclusão não prejudica as considerações relativas ao (eventual) enriquecimento dos herdeiros do *de cujus*, pela valorização patrimonial ou pela neutralização dos seus efeitos, na medida em que a herança responde pelos seus próprios encargos. Por outro lado, asseguramos, ao longo destas linhas que a responsabilidade financeira é independente da verificação do prejuízo patrimonial efectivo – *causa petendi* em sede de responsabilidade civil, não no âmbito da jurisdição do Tribunal de Contas –, o que aponta no sentido da obrigação de repor, sendo uma sanção com motivação de âmbito restritamente profissional no cumprimento de um dever específico, nunca poderia ser transmissível: é algo

---

[744] Reza o artigo 108.º do Código de Processo Tributário:
"1. A cobrança coerciva das dívidas ao Estado, provenientes de contribuições, impostos, multas fiscais, reposições, taxas e outros rendimentos, incluídos os adicionais liquidados cumulativamente, realiza-se através do processo de execução fiscal.
2. Poderão ser cobrados coercivamente nos mesmos termos quaisquer outras dívidas do Estado ou de outras entidades públicas de direito público que a lei determine".

inerente ao exercício de uma actividade financeira, como tal extingue com a morte do seu autor[745]. Conclui-se, com isso, que a morte é uma das causas, entre outras, da extinção da obrigação de repor dos fundos públicos atingidos por comportamentos humanos contrários às regras que regem uma actividade financeira sã e regular.

Para as situações de enriquecimento indevido de dinheiros públicos, o diploma não estabeleceu a restituição da parte recebida indevidamente. Não obstante, está subjacente à respectiva obrigação, por aplicação do princípio de direito civil relativo à repetição do indevido previsto no artigo 476.º, n.º 1, *in fine* CC: "(...), *o que for prestado com a intenção de cumprir uma obrigação pode ser repetido, se esta não existia no momento da prestação*". A obrigação de restituir recai sobre todos quantos receberam indevidamente (incluindo os recebimentos a mais) os dinheiros públicos. Podem estar nesta situação tanto os particulares, que entram em relação com a Administração em geral, como os funcionários ou agentes abonados em importâncias a que não têm direito.

Donde decorre a conclusão de que esta obrigação – designada por obrigação de reposição em contraposição com a obrigação de repor – não advém de nenhum dever especial, inerente à administração de dinheiros públicos, por parte do obrigado a restituição, mas apenas do simples facto de receber indevidamente dinheiros públicos. Em suma, conclui-se que a obrigação de reposição não é decretada pelo Tribunal de Contas, sendo, portanto, da competência administrativa com a eventual execução coerciva dos Tribunais Fiscais. Sem embargo, pode fornecer àquele Tribunal "elemento de apreciação da conduta dos responsáveis pelo pagamento e, nessa medida, interessar ao apuramento da responsabilidade financeira destes"[746]. É, pois, esta responsabilidade que interessa, e não a derivada do recebimento indevido, matéria da alçada dos serviços da administração central ou local.

---

[745] Vide, JOÃO FRANCO DO CARMO, "*Contribuição para o estudo...*", pp. 174-175. Fica, contudo registado que a "tutela da integridade e reintegração dos dinheiros públicos" (p. 175), no caso de ocorrer prejuízo patrimonial para o Estado ou outras entidades públicas, não pode ser prejudicada em benefício do enriquecimento da herança. Por esta razão, resta lançar mão do mecanismo de direito civil: o enriquecimento sem causa, regulado nos artigos 473.º a 482.º do Código Civil.

[746] LÍDIO DE MAGALHÃES, "*Notas sobre a responsabilidade financeira*", pp. 30-31. Cfr., também JOÃO FRANCO DO CARMO, "*Contribuição para o estudo...*", pp. 169-170.

Aproveitamos para realçar, aqui, algumas particularidades deste diploma, sobretudo, em matéria do pagamento de emolumentos, desde que devidos no processo (artigo 93.º). Assim, nos processos de contas devem ser pagos os emolumentos antes da sua entrada na Direcção dos serviços (n.º 1); nos de visto de pessoal, são descontados no primeiro vencimento ou abono (n.º 2); nos referentes a não pessoal são pagos por ocasião do primeiro pagamento em execução do contrato, sendo um encargo por parte de quem contrata com o Estado (n.º 3), todos do artigo 95.º LOTC. O pagamento dos emolumentos é, de acordo com o n.º 4 deste artigo, condição de recepção dos processos no Tribunal.

Pode acontecer que o pagamento antecipado dos emolumentos venha a ser considerado indevido ou em excesso, neste caso, por decisão do Tribunal, será ordenado a sua restituição, conforme o artigo 96.º da lei. Ainda nesta matéria, há uma certa margem de flexibilidade na fixação dos mesmos: pode ser agravado até ao dobro, no caso *mala fide* (artigo 97.º), ou reduzido a metade, no caso do pagamento voluntário da multa que põe fim ao processo, desde que seja efectuado o suprimento que deu lugar (artigo 98.º). Estes emolumentos constituem receitas do próprio Tribunal. Por último, os funcionários da Direcção de serviços técnico e administrativo têm direito a uma remuneração suplementar de 30% sobre o vencimento, suportada pelas receitas do Tribunal até ao limite das suas responsabilidades (artigo 112.º) LOTC.

Em matéria da articulação da actividade de fiscalização do Tribunal de Contas com as outras entidades com competência nessa mesma matéria, segundo o preceito do artigo 15.º, n.º 2 LFL, incumbe ao Governo legislar "*sobre o prazo e os elementos que deverão conter o relatório do Tribunal de Contas sobre o julgamento de contas a apresentar a Assembleia Nacional Popular*". Este comando situa-se na esteira do imperativo constitucional, que considera a ANP "*supremo órgão legislativo e de fiscalização política*" (artigo 76.º, *primeira parte*). Dentro ainda do mesmo espírito de fiscalização, entendemos que é correcto o comando legal que obriga o envio do relatório do Tribunal de Contas às entidades que tenham ao seu cargo o exercício da tutela (Ministérios da Administração Territorial e das Finanças, segundo o artigo 28.º, n.º 2 LBAL) sobre entidades e serviços locais.

O mesmo se diga relativamente à Assembleia Municipal deliberativa, órgão de fiscalização (interna) político-financeira dos Municípios, conforme postula o artigo 11.º, n.º 1, al. c), *primeira parte*, LBAL). Este entendimento justifica-se pela circunstância de o relatório do órgão jurisdicional consubstanciar um documento privilegiado para que o órgão competente possa exercer mais eficazmente os poderes de fiscalização.

Por fim, uma última nota. O sucesso do Tribunal de Contas depende de muitas coisas, entre as quais se destacam a vontade política e a capacidade técnica e de mobilização geral para enfrentar os problemas típicos de um país como a Guiné-Bissau. Sem qualquer ilusão e ciente das dificuldades reais, estamos convictos de que só serão minimizadas ou ultrapassadas com o empenhamento de todos, especialmente daqueles que têm nas mãos o poder de decisão e de representação. Em atenção à situação real do país e à grande importância que reveste uma instituição do género, devem ser tidas em consideração os seguintes:

1. acções contínuas de formação visando essencialmente a formação inicial, auditoria, gestão, informática e contabilidade pública, tendo sempre como objectivo as formas de controlo prévio, sucessivo e simultâneo ou concomitante, a fim de se assegurar um melhor acompanhamento da execução do orçamento, programas, projectos e toda a actividade financeira desenvolvida em geral. Essas acções poderiam ser realizadas, nomeadamente, em colaboração com a Faculdade de Direito de Bissau e instituições com vocação a nível de formação especializada;

2. o aperfeiçoamento quer da capacidade humana, suporte de toda a actividade de fiscalização financeira, quer dos meios técnicos indispensáveis ao cabal exercício dessas mesmas funções, adequando-os às rápidas e constantes mutações que se operam no quotidiano, principalmente em matéria de relacionamento entre as entidades públicas e os agentes económicos em geral;

3. as carências humanas, dificuldades materiais e a necessidade do exercício de uma fiscalização financeira mais eficaz e eficiente aconselham à selectividade dos critérios de forma a permitir, no âmbito da fiscalização sucessiva, um controlo qualitativo e não quantitativo dos actos de administração e gestão dos bens públicos; e, no âmbito da fiscalização preventiva, esta mesma exigência é complementada, privilegiando o controlo dos actos e contratos que titulam despesas públicas significativas (de resto esta possibilidade está consignada na própria LOTC, cfr. artigo 23.º, n.º 5);

4. a promoção e a difusão da imagem do Tribunal de Contas junto da opinião pública em geral é *"conditio sine qua non"* para a compreensão da sua importância e função, num Estado de direito democrático (em cons-

trução), pois não basta a sua consagração constitucional, nem a atribuição de funções e competências, sem que a sua razão de ser esteja presente na consciência de toda a sociedade em geral, principalmente dos cidadãos--contribuintes;

5. o estudo da possibilidade de uma eventual descentralização do Tribunal de Contas, por forma a abranger, de forma real e significativa, todo o território nacional, dotando-o de uma maior capacidade de resposta, no domínio da garantia da democraticidade e defesa do interesse público, ao mesmo tempo que serve os ideais da descentralização político-administrativa, cujo processo, agora iniciado, será brevemente completado, sem embargo de reconhecermos que se trata, neste momento, de uma ambição difícil de realizar, em virtude das dificuldades humanas e materiais que flagelam a nossa Administração em geral;

6. o reforço da relação de cooperação no âmbito quer regional quer internacional, principalmente junto dos seus parceiros dos PALOP e da Instituição Suprema de Controlo Financeiro Independente – INTOSAI –, de que é membro desde 23 de Outubro de 1992, e dos países da sub-região, nomeadamente da CEDEAO e da UEMOA. Esta seria, sem sombra de dúvida, uma oportunidade para melhorar a preparação e qualidade técnicas dos seus quadros e para criar uma imagem positiva no plano internacional, principalmente no espaço económico e monetário onde está integrado.

CONCLUSÕES

As nossas conclusões, fruto de todo o labor que apresentámos até aqui, irão reflectir e seguir, seguramente, a mesma orientação metodológica pensada para este trabalho de investigação, principalmente quanto à arrumação das matérias em Partes e Capítulos. Com esta opção procura-se encontrar a melhor forma de as aproximar ao desenvolvimento que acabámos de fazer. Sem mais delongas, ei-las.

PARTE I

SISTEMA FISCAL GUINEENSE. OS PRINCÍPIOS CONSTITUCIONAIS FISCAIS

CAPÍTULO I

CONSIDERAÇÕES GERAIS SOBRE O SISTEMA FISCAL GUINEENSE

1. O actual Sistema Fiscal guineense tal como o concebemos hoje, conforme tivemos oportunidade de demonstrar, foi tomando corpo, ainda no período anterior à formação do Estado livre e independente da República da Guiné-Bissau. É basicamente formado por um conjunto de impostos reais e parcelares, mitigado com o imposto complementar, que se pretende uma antecâmara do futuro imposto único sobre os rendimentos das pessoas singulares. Mas tal intenção começou por ser "letra morta logo à nascença", pelas razões que apontamos no corpo do trabalho, e que resumidamente deixamos aqui, mais uma vez, expressas: a *primeira* tem a ver com a prática administrativa no âmbito da técnica fiscal no concernente ao procedimento da operação de liquidação e cobrança, não se cumprindo o requisito de colaboração do contribuinte; e a *segunda* prende-se com as

normas de exclusões de incidência real de rendimentos de algumas fontes, que foram criadas nos últimos anos, isto é, a derrogação das normas de tributação-regra, concretamente os rendimentos da Contribuição Predial Urbana subtraídos às normas de incidência real do Imposto Complementar.

1.1. Apesar de várias tentativas de reformas – até aqui sem resultados palpáveis –, toda a ossatura do sistema fiscal, herdado da colonização portuguesa, mantém-se, na sua essência, salvo ligeiras alterações na disciplina de alguns impostos e a criação de outros, nomeadamente o Imposto Geral sobre as Vendas e Serviços, o Imposto Especial do Consumo e a simplificação da Estrutura Pautal pela reforma levada a cabo ainda recentemente em matéria dos impostos indirectos. Esta reforma parece ser a que maiores alterações introduziu, eliminando alguns males de que padecia a tributação indirecta, concretamente a concentração dos vários impostos que oneram os produtos de importação e exportação num único diploma legal. Por outro lado, permitiu ao país dar passos seguros no caminho da criação de condições que permitam a sua integração num espaço único: a integração das economias nacionais na sub-região da África de Oeste.

1.2. Lembre-se que as grandes falhas destas reformas são, todavia, os aspectos administrativos, nomeadamente a formação e capacitação dos quadros quer técnica quer deontologicamente, sem esquecer o respeito e a valorização dos mesmos, desmotivados e mal remunerados face àss responsabilidades que desempenham; por outro lado, os direitos dos contribuintes nunca foram considerados devidamente; pois a grande preocupação é a captação de receitas, minimizando a dignidade que merecem enquanto cidadãos-contribuintes. Aqui, sobressai um dos lados negativos do nosso Sistema Fiscal: a sua desumanização.

1.3. O desempenho do nosso Sistema Fiscal ficou marcado por influências quer económicas, como, por exemplo, o fraco desenvolvimento industrial, com consequências no plano da fiscalidade, a saber, pouca base tributável e pouca diversidade da matéria tributável, justificada por uma produção de auto-consumo, proveniente predominantemente do sector agrícola, numa economia em que o sector informal, actua longe de qualquer fiscalização da máquina administrativa tributária; quer político--militar, com incidência na revolução militar de Novembro de 1980, cujos reflexos no plano do exercício do poder político – *maxime* o poder de criar direito – foram desastrosos, sobretudo no capítulo da repartição de competências legislativa entre os órgãos de soberania. Esta situação conduziu a uma aparente supremacia do executivo em detrimento do legislativo, com a invasão das esferas de competência deste, principalmente em áreas tão sensíveis como a da autotributação, reflectindo-se em matérias relativas à certeza e segurança dos cidadãos em geral. Desta atitude resultou uma série de atropelos aos mais elementares princípios que regem a criação ou alteração dos elementos essenciais de cada um dos impostos em si mesma e do conjunto no seu todo; quer ainda de índole organizacional, onde se destaca a inadequação de algumas estruturas administrativas, cuja prática revela uma disseminação de funções, mormente na arrecadação de receitas; bem como a sobreposição de chefias, facilitadora da corrupção, por um lado; a criação nos contribuintes de uma reacção, traduzida em fraude e evasão fiscais, por outro.

1.4. Todos estes factores condicionaram (e ainda condicionam) o desempenho do sistema fiscal, ao ponto de não conseguir fornecer os recursos necessários à satisfação das necessidades colectivas, sobretudo daquelas consideradas básicas e indispensáveis para fornecer um mínimo de patamar e de dignidade humana aos cidadãos em geral; ou seja os direitos económicos e sociais previstos na Constituição são apenas uma miragem, apesar da obrigatoriedade que impende sobre os cidadãos-contribuintes de fornecer meios financeiros ao erário público, sistematicamente desbaratados; donde decorre o recurso a outras fontes de financiamento das despesas públicas, nomeadamente o recurso à dívida externa, um expediente com fortes implicações, nomeadamente, na solidariedade entre as gerações presentes e vindouras.

2. O edifício em que assenta o binómio Estado/imposto – o Estado fiscal –, concebido como uma relação fundada no dever fundamental de contribuir para as despesas da comunidade, começa a desmoronar-se, não porque perca a sua razão de ser, mas pelo sumiço de sentido e significado. A sua relação material (servir de instrumento de captação de recursos aptos à satisfação das necessidades colectivas) foi completamente adulterada, pois, só raras vezes, os impostos serviram de instrumento de satisfação das necessidades da colectividade.

2.1. Os sacrifícios patrimoniais impostos aos contribuintes não encontram paralelo nas acções das entidades públicas territoriais e populacionais, não só devido às erradas decisões políticas, mas também pelo desvirtuamento do seu objectivo principal, em favor dos interesses burocráticos e administrativos, que, por vezes, prevalecem sobre os da colectividade.

2.2. Por outro lado, a carga fiscal desmedida indicia que o nosso Sistema Fiscal estava concebido para servir de instrumento de mudança social: arruinar a propriedade e a iniciativas privadas dos contribuintes, em nome da construção de uma sociedade sem classes que nunca existiu e que não existirá.

3. Donde decorre a urgência de uma reforma fiscal, de forma a tornar o sistema mais justo e eficaz, através da sua integração no conjunto mais vasto das políticas económicas de desenvolvimento. Assim, a preocupação com aspectos não só da imediata captação de receitas públicas, mas também da humanização do sistema em si mesmo, a começar pela reforma da Administração fiscal: os seus serviços; os quadros técnicos e a sua valorização profissional e humana; a informatização do sistema; etc. Dentro deste universo, imprescindível e inadiável seria de privilegiar a tributação, no seu todo, como forma de criação e de aumento da riqueza nacional, sustentáculo do próprio sistema fiscal, pois só desta forma haverá mais matérias tributáveis e bases de incidência real e mais receitas fiscais necessárias à criação e melhoria das condições de vida das pessoas; das suas qualidades, através do ensino, educação, saúde e cultura.

3.1. Isso implica que o imposto seja visto como um instrumento e como um incentivo à criação de riqueza, desde logo, a necessidade de atingir outras realidades até aqui não abrangidas por nenhum tipo de tributação presente no nosso Sistema Fiscal: as mais-valias realizadas. Sem esquecer, como é óbvio, o aspecto da administração dos impostos, mormente a sua gestão e controlo, e a redução dos benefícios fiscais, que passa, por exemplo, pela sua disciplina global.

3.2. A visão privilegiada da integração do imposto, no conjunto das políticas económicas de desenvolvimento, repercute-se, também, nos desafios da integração económica. E, portanto, os efeitos serão sentidos ao nível da captação das receitas, por exemplo, uma eventual redução dos impostos indirectos percebidos nas transacções regionais, os direitos aduaneiros e similares e harmonização das pautas aduaneiras a praticar no comércio com o exterior. Contudo, espera-se que seja um motor do desenvolvimento nacional ao proporcionar um maior nível de competitividade aos sujeitos económicos em geral.

4. A sobrevivência do sistema fiscal depende em larga medida do sector privado. Na actualidade, a norma constitucional do artigo 12.º, al. c) CRGB, tal como está redigida, em termos residual, já não faz sentido, pois não reflecte a realidade económica guineense, marcada pela regulação da economia, no seu todo pelos mecanismos do mercado, donde se entende que a propriedade e iniciativa privadas devem merecer especial relevo relativamente aos outros tipos de propriedade, a fim de se realçar a sua importância, no actual sistema económico e social do país. Isso revela que a fiscalidade em geral está dependente da capacidade de mobilização e dos estímulos dos operadores económicos, no sentido de criar condições que propiciem o desenvolvimento das estruturas económicas e, por conseguinte, a criação de mais riquezas e bem-estar.

5. A consagração constitucional das finalidades, ligadas aos impostos e ao sistema fiscal fornece o parâmetro de medição dos principais objectivos que se pretendem atingir com os impostos: a obtenção de receitas necessárias ao erário público e redução de desigualdades entre os cidadãos. Por outro lado, a definição do melhor modelo em que deve assentar o sistema fiscal: a opção por um conjunto de impostos parcelares mitigados com o imposto complementar, que marcam a transição deste para o modelo de imposto único; ou a opção por este, o que não se revela, pelo menos no curto prazo, como um alternativa credível, conforme avançamos anteriormente.

CAPÍTULO II

OS PRINCÍPIOS CONSTITUCIONAIS FISCAIS

6. Em matéria de princípios constitucionais fiscais, não se pode falar com toda a propriedade de uma *sistematização*. Para além da ausência de pormenorização e/ou clarificação de alguns aspectos, decisivos para uma melhor compreensão da verdadeira intenção e intensidade com que alguns princípios aparecem referenciados pelo legislador constitucional: o princí-

pio da legalidade fiscal e o princípio da igualdade em geral, donde se retira a igualdade fiscal, colorários da justiça fiscal, considerados pedras basilares da estrutura do sistema constitucional guineense.

6.1. Os princípios constitucionais fiscais, dirigidos quer ao legislador constitucional quer ao legislador ordinário, e ainda ao intérprete e ao aplicador de direito ao caso concreto, à Administração fiscal, resultam (quase) todos – com excepção do princípio da legalidade fiscal – dos princípios gerais, proclamados na Lei Fundamental. Só com algum trabalho doutrinário, mais ou menos intenso, foi possível concluir pela suas consagrações formal e/ou material no âmbito do Direito Constitucional guineense. Apesar do labor jurídico a que obriga, a opção seguida, intencional ou não, pelo legislador constitucional tem a vantagem de deixar um amplo campo de labor científico para a doutrina e para a jurisprudência, até aqui em quantidade bastante reduzido, sem prejuízo dos riscos que comporta.

7. O princípio da legalidade fiscal, traduzido na reserva absoluta de lei formal/material da ANP, significa que a validade dos impostos está condicionada à sua criação pelo órgão legislativo competente, enquanto garantia dos cidadãos-contribuintes contra o próprio poder legislativo, e também, contra o poder executivo, fundamentando e limitando a actuação deste último no tangente à esfera de direito de propriedade dos particulares.

7.1. Ao longo do constitucionalismo guineense, este princípio conheceu várias experiências, nem sempre lineares. Desde as tímidas consagrações à falta de uma rigorosa delimitação de competências entre o legislativo e executivo, com fortes implicações a nível da sua aplicação. Uma outra marca importante diz respeito à nítida preponderância do legislativo sobre o executivo, não obstante situações verdadeiramente dúbias.

7.2. A alteração progressiva que tem vindo a registar-se em alguns países, traduzida na assunção pelo governo de importantes tarefas nos domínios económico e social, faz com que seja investido em poderes legislativos, deixando em aberto o perigo de se identificar determinadas medidas legislativas com o partido no poder, num determinado momento da vida política do país. Diga-se que, após experiências em nada abonatórias para o jovem Estado recém-independente, optou-se por não cometer ao executivo poderes legislativos, em matéria de intervenção na esfera do direito de propriedade e das liberdades dos cidadãos em geral.

7.3. Somos confrontados, ao longo do tempo, com impostos marcadamente inconstitucionais, em virtude de intervenções legislativas não conformes com o princípio da legalidade fiscal e com os colorários de tipicidade de exclusivismo da lei. A crise deste princípio, não por razões de ordem prática (como por exemplo, a necessidade da intervenção do Governo em matérias económicas ou sociais), mas de conveniência política, agudizou-se com a revolução político-militar desencadeada em 1980. Esta situação teve reflexos negativos, que, ainda, hoje, pairam sobre o tecido tributário, apesar dos esforços inglórios para remediar o que precisava (e precisa) de ser repensado profundamente, no seu todo e não parcialmente. Isto é, revelou-se, no passado – e por arrastamento no presente –, a incapacidade de os políticos de os criarem um sistema coerente e harmonioso com a realidade política, económica, social e cultural.

7.4. Urge a necessidade da consagração formal dos elementos essenciais dos impostos, a par do sistema fiscal e do modelo-tipo de tributação de entre as matérias que integram o núcleo de competências reservadas, a re-serva absoluta de lei formal da ANP [artigo 86.º, al. d) CRGB], para permitir que, através da lei fiscal, seja fornecido um quadro completo de condutas proporcionadoras de encargos fiscais, bem como a possibilidade de os contribuintes conhecerem e computarem antecipadamente as suas obrigações fiscais.

8. Quanto a outro princípio a que fizemos referências ao longo do desenvolvimento da matéria, o princípio da igualdade fiscal – diferentemente do princípio da legalidade fiscal – é retirado do princípio geral da igualdade entre os cidadãos, chamado a orientar a relação entre a Administração fiscal e os contribuintes, colocados todos, à partida, em pé de igualdade perante a lei, donde a obrigatoriedade de tratamento diferenciado das situações, conforme sejam iguais ou diferentes. Contudo, o legislador fica habilitado a conceder tratamentos diferenciados, compensadores de desigualdades da capacidade contributiva, em matéria da contribuição para o erário público.

8.1. O Estado de direito encontra no princípio da igualdade fiscal um importante instrumento de realização material – Estado de direito material –, preocupado em reduzir/eliminar as desigualdades entre os cidadãos em geral. Donde decorre a necessidade da sua articulação com o princípio da legalidade fiscal. Assim, para alguma doutrina, é reclamada uma presença menos intensa deste princípio, por sua vez, compensada com princípios de carácter material, mormente o princípio da capacidade contributiva. Este tem a vantagem de fornecer os critérios, que devem presidir à repartição da carga fiscal entre os contribuintes. Lembre-se que, entre nós, não encontra consagração constitucional, apesar de a imposição de sacrifícios nele encontrar um limite, consideravelmente diminuído pelas condições subjectivas ou pessoais dos contribuintes, reveladas pelos rendimentos obtidos e não pelo consumo realizado.

8.2. Pelo princípio da igualdade fiscal e seus colorários, ficam definidos, respectivamente, quem são os contribuintes e, de uma maneira geral, qual a medida das suas contribuições para o erário público. Isto é, impõe-se um dever geral a todos quantos são portadores de capacidade de contribuír para a satisfação das necessidades da comunidade nacional/
/local. Poder-se-á resumir, este princípio, nestes termos: o binómio Estado/
/economia é, nas sociedades modernas, como é a guineense, algo de inseparável. Aquele só existe porque encontra neste um meio de financiamento das suas necessidades financeiras, cuja fonte de sustento é a propriedade privada dos particulares.

8.3. Disso decorre que o Estado não pode exigir para além do necessário para a materialização das necessidades comuns a todos os guineenses, caso contrário deixa de fazer sentido como tal; aliás, é nossa convicção que isso nunca aconteceria por força do princípio da autotributação, pois ninguém consentiria que lhe retirasse tudo o que possui. Esta é uma das virtualidades da articulação entre os princípios da igualdade e legalidade fiscais.

8.4. Sem embargo do que acabámos de dizer, a consagração do princípio da igualdade fiscal de forma autónoma, principalmente da sua vertente da capacidade contributiva, seria uma forma segura de limitar o poder de intervenção estadual na esfera da propriedade privada, pois forneceria indicação quanto à medida da contribuição de cada um, para a efectivação das necessidades financeiras das entidades públicas populacionais e territoriais.

8.5. A capacidade contributiva afirma-se como uma limitação ao livre arbítrio do legislador fiscal e confere racionalidade aos impostos com fins fiscais, pois obriga a que somente os factos reveladores da mesma sejam seleccionados como factos tributários, em homenagem à definição do objecto do imposto através de um determinado pressuposto económico: efectiva conexão entre a prestação tributária e o pressuposto económico eleito pelo legislador fiscal.

8.6. Nesta perspectiva, a capacidade contributiva limita materialmente o poder fiscal do Estado, proibindo qualquer tipo de tributação que não se compadeça com a mesma, como seja o caso das capitações, actualmente banidas como opção tributária, dentro do universo que se apresenta possível. Em suma, configura-se como parâmetro de apreciação da constitucionalidade das leis fiscais, conforme tivemos oportunidade de demonstrar ao longo da nossa exposição.

9. Mas o princípio geral, de que todos devem contribuir para a satisfação das necessidades da colectividade, encontra derrogação noutros princípios ou interesses, não menos importantes em termos de dignidade constitucional. É neste capítulo que se confrontam as normas de tributação-regra e normas derrogatórias. De uma maneira geral, estudamos duas realidades que levam a afastar, reunidos certos pressupostos, as normas de incidência real aplicáveis aos *factis species* elevados à categoria de matéria tributável: os benefícios fiscais (*stricto sensu*), assentes no interesse económico ou social em geral; e o mínimo de existência, enquanto patamar indispensável, capaz de permitir um mínimo de dignidade ao contribuinte e à sua família. Estes factos não podem ser considerados como uma violação do princípio da igualdade fiscal, pois encontram fundamento e dignidade em outras normas constitucionais, à altura de justificar tratamento discriminatório concedido a uns e não a outros contribuintes, ou seja, a justificar o afastamento do regime da tributação--regra.

9.1. Dito assim os primeiros – os benefícios fiscais (sentido estrito) – levantam questões, nomeadamente da admissibilidade de contratos administrativos com incidência fiscal, às quais tivemos oportunidade de responder. No seu âmbito mais vasto, compreendendo os desagravamentos fiscais, em que se incluem os favores fiscais e outros, parece óbvia a necessidade de uma disciplina geral que define os pressupostos, as competências, os beneficiários, as condições, os prazos, etc, de modo a evitar que fique nas mãos do executivo uma *carta branca*, cujo conteúdo pode preencher a seu prazer, numa flagrante violação do princípio da legalidade fiscal, não obstante a exigência da sua densificação menos intensa, como defende alguma doutrina, permitindo uma certa margem de liberdade de decisão ao executivo, mas dentro dos limites concedidos.

9.2. O mínimo de existência (familiar) tal como foi concebido na nossa legislação, ganha especial relevância em sede da personalização da tributação do rendimento; mas revela-se inadequada à realidade sócio--económica e cultural do país. Reconhecemos que não está vocacionada à resolução dos problemas ligados à precariedade das condições de vida do contribuinte e da sua família, deixada ao Estado social, de cujas realizações depende o desenvolvimento do país, conforme o artigo 58.º da Constituição. Dá-nos o ponto a partir do qual se considera possuir capacidade contributiva para ser sujeito passivo do imposto. Nesses termos, todos os encargos que contribuem para a sua diminuição devem ser insusceptíveis de objecto da tributação.

9.3. A tutela constitucional da família, prevista no artigo 26.º da Lei Fundamental, visa tão-somente a sua defesa contra comportamentos legislativos incompatíveis com a mesma protecção, nomeadamente a penalização das pessoas que pela liberdade de que gozam decidem unir-se em matrimónio. Este facto nunca pode ser considerado constitutivo da tributação como pretende sugerir o esquema que resulta da legislação sobre a personalização da tributação sobre o rendimento, nessa medida, inconstitucional, pois os efeitos dela resultantes são desfavoráveis aos casados e equiparados relativamente aos concubinos e solteiros.

CAPÍTULO III

AS OPÇÕES POR OBJECTO DE TRIBUTAÇÃO. OS PRINCIPAIS IMPOSTOS

10. A actual estrutura tributária vigente no país, como tivemos ocasião de dizer, é anterior ao Estado livre e independente da República da Guiné-Bissau. A opção do legislador fiscal é constituída essencialmente por um conjunto de impostos parcelares, que incidem sobre os rendimentos reais, produzidos em várias fontes, sujeitas à incidência real, e um imposto que visa corrigir os defeitos da tributação parcial, elevada à cate-

goria de opção-base, no intuito de atingir os rendimentos globais dos contribuintes; escopo cuja concretização não se afigura fácil, em virtude, nomeadamente, de algumas manifestações de riqueza não serem consideradas pelo legislador fiscal.

11. A opção tributária vigente no país não resulta de uma imposição constitucional, até aqui inexistente quanto às realidades típicas que devem servir de objecto de incidência real dos impostos, sendo, portanto, produto da imaginação do legislador fiscal, que encontra, nesse facto, uma ampla margem de manobra na feitura do esquema de tributação. Assim, elegeu à categoria de matéria tributável determinadas realidades, expressas na utilização de factores de produção quer de forma isolada quer organizados e combinados, mediante uma realidade económica traduzida em empresa comercial ou industrial. Muito recentemente, a estas opções, em matéria da tributação do consumo – imposto indirecto –, criou-se um novo figurino, ao que tudo indica numa tentativa de revolucionar por completo a tributação indirecta.

11.1. Isso quererá significar que há uma inequívoca opção de consagrar, como bases de incidências dos impostos, pressupostos económicos ligados à produção e ao consumo. Donde se conclui que a eleição recaiu sobre a tributação dos rendimentos, produzidos em diferentes cédulas, mitigada com a tributação complementar e ainda sobre o consumo, como forma de manifestação/utilização da riqueza. Para cada uma das opções, o legislador providenciou uma disciplina própria e autónoma, mas em tudo semelhante às outras, variando de acordo com o tipo em causa e as particularidades que apresentam umas relativamente às outras.

11.2. Aqui reside a principal vantagem desta opção, permitindo a diferenciação, nomeadamente, da carga tributária, de acordo com a proveniência dos rendimentos: fontes que obrigam à realização de esforços físicos ou intelectuais (trabalhadores em geral) ou não, como sejam os casos de rendimentos de aplicação ou colocação de capitais; apesar de tudo, presta-se mal aos objectivos da personalização da tributação dos rendimentos, pois requer a aplicação de taxas progressivas.

11.3. A aplicação de taxas progressivas, nos impostos parcelares sobre o rendimento, penaliza mais os rendimentos resultantes do esforço físico ou intelectual do que os provenientes da aplicação ou da colocação de capitais (de forma isolada ou em regime de empresa), não obstante os esforços que tem vindo a ser registados nesta matéria. Ao nosso ver isso constitui uma das injustiças do actual sistema fiscal, pois não toma em consideração os aspectos que, à primeira vista, parecem estar na origem da opção legislativa assumida pelo legislador fiscal (*vide* o que dissemos na parte final do 11.2.)

12. Quanto às técnicas fiscais, pensadas para atingir os rendimentos reais produzidos pelos contribuintes e para conseguir atingir determinados objectivos temos as seguintes considerações:

a) o recurso, por exemplo, à presunção de lucro, como último método para a determinação da matéria colectável, merece a nossa adesão, pois a incipiente forma de organização contabilística ou sua ausência total não deixam margem de manobra para a fixação do lucro efectivamente obtido; contudo, é um dever de justiça o reconhecimento do direito ao contribuinte de elidir a presunção, demonstrando que o lucro que lhe é imputado não encontra expressão na actividade desenvolvida; isto é, deve haver uma compatibilização do interesse fiscal, na captação de maiores volumes de receitas fiscais, com o direito do contribuinte, *maxime* a pagar o imposto devido e não qualquer outro imposto.

b) a concessão de amplos poderes à Administração fiscal, quer se traduza na discricionariedade técnica quer se traduza na margem de livre decisão, insusceptíveis de serem controladas judicialmente, é algo que contende com os direitos e garantias dos cidadãos, em geral, e dos contribuintes, em especial, e contraria frontalmente o princípio constitucional que permite o recurso contra todos os actos (administrativos, mormente, fiscais) que violem direitos constitucionalmente consagrados; donde a chamada à colação do princípio da legalidade e dos seus colorários de tipicidade e de determinabilidade, bem como do princípio jusfundamental para atacar tais faculdades, quando criem ónus injustificados para os contribuintes.

c) o esquema, concebido pelo legislador fiscal, no Código de Imposto Complementar, está em flagrante contradição com a protecção familiar querida pelo legislador constitucional no artigo 26.º CRGB, que reclama uma específica protecção da família, enquanto instituição jurídica e social, pois, ao nosso ver, reclama acções positivas, que podem ser alcançadas através de instrumentos fiscais, embora não obrigatoriamente. O que não se pode admitir é o resultado contrário, querido pelo legislador!, porquanto os efeitos do englobamento e as deduções e os abatimentos discriminam os casados e equiparados, bem como os seus filhos e enteados menores, a cargo, relativamente aos solteiros e concubinos e seus filhos e enteados menores.

d) por outro lado, a solução encontrada para a personalização da tributação do rendimento não reflecte a realidade da família guineense, pois os contribuintes, embora vivendo em perfeita comunhão com os seus parentes próximos (sobretudos os pais; sogros; primos...), não beneficiam de nenhuma dedução para o efeito. Donde a necessidade de uma reforma do sistema que retrate o quotidiano do contribuinte guineense-africano, e não europeu, com cultura, hábitos, padrões de vida,... diferentes dos nossos.

13. Em matéria da tributação, impõe-se: o estudo da viabilidade da introdução do imposto único sobre as pessoas singulares e colectivas, como meio de atingir uma (mais) equitativa repartição da carga fiscal entre os contribuintes, pressuposto básico e indispensável para se alcançar a justiça e a igualdade tributárias; a tributação do rendimento real efectivo passa pela necessidade de uma maior e melhor disciplina dos agentes económicos, nomeadamente em sede da organização contabilística, em virtude de estarem criadas, no mínimo, as condições objectivas, isto é, a formação de técnicos em contabilidade e gestão no país; a melhoria do quadro de garantias em geral dos contribuintes, bem como alterações na própria organização e estruturação dos serviços da Administração fiscal; o alargamento das bases tributáveis, no sentido de compreender as situações que, até aqui, escapam a qualquer tipo de tributação. Só para citar alguns exemplos: as mais-valias realizadas; os rendimentos auferidos pelas pessoas residentes, mas provenientes da aplicação de capitais no estrangeiro, segundo o princípio da força atractiva do estabelecimento estável.

PARTE II

O FEDERALISMO FINANCEIRO. A REPARTIÇÃO DOS RECURSOS PÚBLICOS ENTRE O ESTADO E AS AUTARQUIAS LOCAIS. A FISCALIZAÇÃO FINANCEIRA

CAPÍTULO I

O FEDERALISMO FINANCEIRO. O PODER TRIBUTÁRIO E A PERSONALIDADE TRIBUTÁRIA ACTIVA

14. A apresentação da República da Guiné-Bissau, de acordo com a Constituição, como Estado (unitário), com colectividades descentralizadas por todo o território nacional (artigos 1.º e 7.º), autónomas e independentes em relação à administração central, e dotadas de finanças próprias (artigo 110.º) diferentes das desta, constitui uma opção constitucional, que se enquadra numa determinada concepção do Estado, tendo em vista, nomeadamente, a procura de uma melhor satisfação das necessidades colectivas; e a procura de soluções que permitam romper com a má gestão, com a irresponsabilidade política e com a impunidade pelos actos de gestão de coisas públicas.

14.1. O esquema seguido para dar resposta à forma de estruturação e à organização do poder político estadual, repartido entre dois ou mais níveis de administração da sociedade obedece, no plano financeiro, ao mesmo princípio de orientação. Isto é, para cada nível de administração e de gestão dos assuntos das respectivas populações (central e local), há uma correspondência em termos de centros de decisão ao nível financeiro: o municipalismo financeiro como expressão do federalismo financeiro. Este não é mais do que o reflexo de uma determinada forma de concepção do Estado e da repartição de atribuições e competências, *maxime* financeiras, entre os diferentes níveis de governo.

14.2. Estamos a falar de um tipo de relacionamento entre as pessoas colectivas públicas central e local, de bases territoriais e populacionais, em que a repartição de competências financeiras tem em vista o cumprimento integral das atribuições constitucionais dos diferentes centros de decisão.

Por outras palavras, está em causa a autonomia financeira das entidades locais relativamente ao Estado soberano, na ordem jurídica interna (e de alguma forma externa), como forma de uma melhor satisfação das necessidades das respectivas populações. Trata-se da repartição de responsabilidades entre os governos, de acordo com as áreas geográficas bem delimitadas, em ordem a atingir a justiça e a eficiência na repartição de recursos públicos que, na sua maioria, são retirados aos particulares.

14.3. A divisão geográfica e populacional apresenta-se como factor de eficiência, na tomada de decisões financeiras relativamente à provisão e financiamento dos bens e serviços colectivos. Esta vantagem reduz-se à medida que aumenta em números a população de uma determinada circunscrição geográfica, pois a participação de todos, na gestão de assuntos públicos, fica prejudicada por este facto, segundo a regra da unanimidade – diferente da maioria – na tomada de decisões públicas. Uma maior aproximação entre as entidades locais e os interessados, na gestão sã e regular dos negócios das populações locais, constitui uma das vantagens destas entidades relativamente à administração central.

15. A satisfação das necessidades colectivas implica a titularidade activa da relação jurídico-tributária, cuja concretização deriva do exercício do poder tributário, próprio das entidades soberanas, e da afectação dos produtos do imposto. O federalismo ou municipalismo financeiro pressupõe, como princípio geral, a repartição do poder de criar impostos e disciplina dos seus elementos essenciais entre as entidades territorialmente competentes. Mas não tal não acontece entre nós, uma vez que em relação às entidades autónomas, este poder está restringida apenas a alguns aspectos, mormente, lançamento de derramas.

15.1. O poder tributário, identificado como poder de criação e disciplina dos impostos, é, entre nós, um privilégio de um determinado órgão. Diríamos que a opção do legislador constitucional revela uma quase total exclusão do seu exercício, em relação às entidades infra-estaduais, não obstante alguns laivos, no concernente à criação "*ex novo*" das derramas, entendidas como imposto necessário para ocorrer a determinadas situações, com todas as limitações inerentes que demos conta *supra;* não sendo, portanto, um imposto normal. Aliás, também dissemos que o seu exercício não constitui um pressuposto necessário à existência de entidades territoriais autónomas e independentes ao Estado-administração central.

15.2. Basta, portanto, a constituição das pessoas colectivas de população e território, na titularidade do direito à prestação dos cidadãos-contribuintes, justificada pela necessidade de se dotarem de meios financeiros adequados à satisfação das necessidades das respectivas populações: a personalidade tributária activa, necessária à prossecução dos seus fins e a afirmação da autonomia local, que se arrisca a ofuscar, na ausência de meios financeiros adequados à materialização das atribuições e competências dessas entidades.

15.3. O lado activo da relação jurídico-tributária, que acabámos de referir, encabeçado pelas entidades públicas territoriais e populacionais, qualidade que lhes confere o direito à prestação tributária, é um elemento estruturante dessa mesma relação. Tais entidades são investidas no direito de exigir as prestações aos particulares, em ordem a atingir o que o homem, isoladamente, não conseguiria. Donde resulta a evidência de que a satisfação das necessidades de uma colectividade só encontra efectiva concretização num modelo de organização e estruturação social de tipo Estado.

16. A existência do homem, pensada unicamente em grupos e não isoladamente, é condição necessária e indispensável para a manutenção, aperfeiçoamento e perpetuação da espécie humana. Reconhece-se, com isso que as necessidades colectivas são protótipos da convivência social entre os homens, carecendo de determinados tipos de bens/serviços consumíveis em iguais proporções por todos. A conjugação do princípio da não exclusão com as características da indivisibilidade e da insusceptibilidade de apropriação dos bens, que satisfazem as necessidades sentidas por todos, constituem obstáculos à oferta da contribuição individual e voluntária, tida como uma ínfima parte do todo necessário ao seu financiamento.

16.1. A divisão das autoridades em territórios coloca problemas de articulação das suas atribuições. A definição de áreas óptimas de benefício afigura-se como a mais adequada à provisão e ao financiamento de bens e serviços, de acordo com o espaço em que serão consumidos. A falta de uma linha divisória que delimita claramente essas áreas, fica resolvida com o fornecimento de bens e serviços colectivos por parte de entidades competentes, tendo em consideração o âmbito de actuação nacional *versus* local. Contudo, há problemas essenciais que merecem, primeiramente, resposta: como determinar as necessidades colectivas? qual o padrão que serve de base? quem deve financiar a provisão de bens e serviços necessários em iguais proporções a todos?

16.2. As decisões microeconómicas são comandadas, como se sabe, pelos mecanismos de mercado, contrariamente às macroeconómicas, excluídora da procura activa dos bens, pois as necessidades que visam satisfazer são de procura passiva, donde a existência de pessoas que furtam a contribuírem para o seu financiamento, os *"free riders"*. As incapacidades de mercado e as dificuldades de encontrar uma solução óptima constituem obstáculos a qualquer tentativa de respostas, donde a necessidade da intervenção do Estado para a tomada de decisões políticas, que substituam as verdadeiras preferências individuais, não reveladas pelos mecanismos do mercado quanto à oferta de bens e serviços colectivos.

17. Problema importante é saber quais as necessidades que devem ser satisfeitas pelos particulares e quais pelo Estado, através de orçamento correctivo das preferências individuais. Este é, para nós, o cerne da questão. Para estas últimas, a tributação afigura-se como meio de captação das receitas necessárias ao seu financiamento. O mesmo é dizer que, para a criação ou melhoria do bem-estar colectivo, o imposto se apresenta como um meio indispensável, como tivemos ocasião de realçar, pelo binómio Estado/imposto, característica do Estado fiscal, cuja economia, em geral, é regulada pelos mecanismos do mercado, separada da intervenção estadual e pela liberdade de comportamento dos indivíduos.

18. As teorias explicativas do fenómeno da satisfação das necessidades colectivas, apesar de constituírem importantes contributos não são, em si mesmas, soluções para o problema, pois padecem de algumas insuficiências. As decisões financeiras segundo as regras da unanimidade ou da maioria, apresentam-se como expediente que procuram explicar a tomada de decisões financeiras, quanto à provisão e financiamento dos bens e serviços colectivos, numa sociedade democrática. Estudadas primeiramente no âmbito da economia de bem-estar e da nova economia de bem-estar, centradas nas situações finais (*"end states"*) de cada um dos indivíduos, conheceram, na actualidade, outra representação avançada pela teoria da escolha colectiva e pública, procurando encontrar nas instituições e nos processos e regras, tendentes à tomada de decisões financeiras, uma saída para o problema.

18.1. Demonstrámos que nem as teorias finalistas nem as processuais conseguem, por razões apontadas, resolver a questão da satisfação das necessidades colectivas. Nem a agregação das preferências individuais em que assentam as primeiras, nem as instituições e os processos de decisão das segundas, revelaram potencialidades para explicar cabalmente os problemas colocados nesta sede. O gorar das tentativas processuais, para explicar o fenómeno da satisfação das necessidades sentidas por uma colectividade, coloca a nu a possibilidade de conciliar a democracia e a eficiência na afectação dos recursos ou no processo de decisão colectiva. Demonstra que o mercado e o Estado (no concernente a formação de vontades) se revelam incapazes de fornecer os bens/serviços colectivos. Neste último, sobressaem as distorções provocadas pelos grupos de interesses, os políticos, burocratas e homens de negócios.

19. As teorias da escolha colectiva e pública apresentam-se como uma alternativa ao "voto monetário", expressa individualmente no mercado de bens e serviços. Pretendem substituir este tipo de voto pelo "voto político", o chamado jogo político que procura conjugar as preferências individuais com as decisões colectivas. Elegem como instituições o Estado, a família, o mercado e outras organizações; e assentam no comportamento do "*homo oeconomicus*", caracterizado pelo individualismo, racionalidade e hedonismo, colocado no centro do estudo como forma de captar as motivações individuais, tanto no mercado dos bens e serviços como no mercado político. Por outro lado, assentam, ainda, as suas premissas, no contrato social e na concepção dos fenómenos e instituições sociais como expressão de vontades individuais.

19.1. A teoria da escolha pública apresenta-se como um domínio mais recente das finanças púbicas, cujas preocupações são as relativas aos processos e regras de decisões financeiras, fundando-se em duas grandes regras: a da unanimidade e da maioria. Pela primeira, não se atinge o óptimo paretiano, porque a opinião de todos é relevante, não se admitindo melhorias de um em detrimento de outros, não obstante, é atingida a melhoria paretiana, pois admite que sejam introduzidas melhorias na posição de um, sem diminuição para os restantes indivíduos; enquanto que a segunda conduz a oligarquia e, somente raras vezes, consegue afirmar-se como critério de optimização social, porque implica a sobreposição de vontade de um grupo de indivíduos sobre os demais, ao admitir situações piores e melhores.

19.2. Esta teoria sugere, apesar das inconveniências conceptuais apresentadas, que a regra da maioria prevalece como processo de decisão financeira. Contudo, é preciso notar que a maioria simples envolve custos para os indivíduos que votaram contra a decisão maioritária, agravando-se, à medida que diminui a exigência para se formar a maioria necessária: mais elevados, quanto menor, em contraposição com os reduzidos custos que uma menor maioria exige. São estes os tipos de custos que devem ser ponderados no processo de decisão financeira, podendo colocar em risco a esfera da liberdade e dos direitos dos indivíduos, mormente o direito de propriedade. Pelo que a maioria requerida deve ser agravada (qualificada ou de dois terços).

20. A revelação das verdadeiras preferências individuais quanto à provisão de bens colectivos aconselha o fenómeno da descentralização territorial e autonomia financeira, tal como são, formalmente, consagradas na Lei fundamental guineense, a propósito das entidades infra-estaduais, principalmente os Municípios, e é propício ao sistema de "votação com os pés", no concernente aos bens colectivos locais, sem embargo de considerações quanto à mobilidade geográfica dos indivíduos. Procura-se que estas entidades, dotadas de autonomia financeira, possam apresentar um conjunto diversificado de combinações de impostos e despesas públicas ou bens colectivos locais; sendo certo que, nos grupos de reduzida dimensão, a provisão desses bens será melhor assegurada.

20.1. O orçamento do Estado surge como meio adequado para colmatar as insuficiências resultantes de todos estes processos, tendentes à agregação das escolhas individuais. Nas sociedades modernas, os representantes do Povo são chamados a suprir a falta de revelação das preferências individuais. Sem embargo, não se tratando de uma solução mais adequada, é aquela que se afigura, provavelmente, estar mais próxima das mesmas preferências. Encera, pois, um "mal menor". Em conclusão, os bens e serviços, aptos à satisfação das necessidades colectivas devem ser previstos no orçamento estadual e financiado pelo imposto: transferência de recursos dos particulares para as pessoas colectivas, públicas de base populacional e territorial. A função da tributação será, portanto, a de distribuir os encargos ou custos do financiamento dos bens e serviços por todos os cidadãos-contribuintes.

20.2. A teoria da tributação óptima, preocupa-se em conseguir o financiamento das actividades estaduais com um mínimo de sacrifício dos particulares, uma vez que a tributação é, em si mesma, uma fonte de desperdício de bem-estar. Uma das soluções apresentadas é a da "*lump-sun tax*", afastada por não respeitar o ideal de justiça, requerido pela mesma teoria, e pela sua impraticabilidade do ponto de vista económico e social. Em consequência, procurou-se, então, que fossem minimizados ou atenuados os desperdícios provocados pelos impostos, através de várias formulas, cuja utilidade está em fornecer elementos para as reformas fiscais.

21. A situação do país em geral, caracterizada pelo funcionamento incipiente e ineficiente das instituições, os processos de decisão política podem conduzir a diversos resultados. A utilidade das teorias da escolha colectiva e pública está em fornecer uma base para a compreensão de como devem funcionar o processo de tomada de decisões que envolvem um agregado de indivíduos; processo esse que visa também a criação de um espaço, propício à formação de vontades (*maxime*, a criação de leis) e requer a intervenção do Governo, a fim de materializar as legítimas aspirações consagradas na Lei Fundamental. Donde decorre que as decisões tomadas não podem ser prejudicadas por qualquer pessoa ou conjunto de pessoas.

CAPÍTULO II

AS FINANÇAS LOCAIS

22. Apesar de sempre existirem referências constitucionais expressas, em matéria da criação de entidades locais autónomas e independentes do Estado-administração central, somente a partir de 1995, pela Lei Constitucional n.º 1/95, podemos afirmar que estão reunidas as condições para a existência de um verdadeiro Poder Local, donde deverá emanar toda a legitimidade do exercício do poder político local. A sua existência é, portanto, obra da Constituição e não de qualquer outra vontade; retrata, pois, o movimento da democratização da sociedade guineense, através de autogoverno, capaz de gerir os destinos e assuntos próprios. Mas, para que tudo isso se torne realidade, uma condição deve ser preenchida: a existência de meios financeiros disponíveis e suficientes.

23. As finanças locais enquadram-se na própria forma de organização e estruturação do Estado da Guiné-Bissau. Apesar de unitário, descentraliza-se em colectividades territoriais autónomas (artigos 7.º e 105.º, n.º 1), visando a prossecução dos seus próprios interesses (artigo 105.º,

n.º 2). A descentralização das atribuições do Estado deve ser acompanhada por uma descentralização ou autonomia financeira, traduzida na existência de finanças próprias, diferentes das da administração central, visando uma justa repartição dos recursos entre as entidades colectivas públicas, encarregadas de satisfazer as necessidades das populações nacional e local, bem como a correcção das desigualdades entre as autarquias, nos termos do artigo 110.º todos CRGB.

24. A independência financeira confere às entidades locais um vasto campo de actuação, no domínio das receitas próprias cobradas ou arrecadadas pelos Municípios e as atribuídas por lei. A designada municipalização das receitas *versus* municipalização das despesas, em consequência de transferências, para as entidades territoriais menores, de atribuições e competências que normalmente cabem à administração central. Sem embargo, a autonomia local, mormente financeira, é temperada com o exercício da tutela por parte do Governo, nos termos da lei (regulada tanto na LBAL como na Lei de tutela do Governo), restringida apenas à verificação do cumprimento da lei: a tutela da legalidade.

24.1. O financiamento da descentralização territorial é assegurado por via tributária, conjugada com as transferências estadual, em homenagem ao princípio da solidariedade nacional. Com isso, proibe-se os subsídios e as comparticipações, para a salvaguarda da autonomia política das autarquias. A autonomia financeira surge como garantia da autonomia local, para significar a existência de recursos suficientes e necessárias ao cumprimento das atribuições das entidades locais, sobretudo dos Municípios. Isso requer a capacidade de intervenção nas próprias receitas, a fim de cobrirem integralmente as despesas públicas, necessárias à manutenção e ao desenvolvimento da vida comunitária.

24.2. A tradução da autonomia financeira (*lato sensu*) abrange as autonomias orçamental, de contas, patrimonial e financeira (*stricto sensu*). Estas duas últimas encontram materialização na Lei n.º 7/96, que regula a autonomia financeira e patrimonial das autarquias. Nesta matéria os princípios orientadores do regime financeiro são dois: a solidariedade e a igualdade activa, a perequação financeira. Isto é, as receitas próprias provenientes dos impostos locais ou ligados com os espaços físicos em que os rendimentos foram produzidos, e as transferências do Estado, visam a correcção das desigualdades entre as autarquias, e são as principais formas de financiamento das entidades locais, acrescidos dos recursos extraordinários: as derramas e os empréstimos, bem como outros esquemas de cooperação entre as duas entidades.

24.3. Explicitando melhor, as receitas próprias são as provenientes dos rendimentos ordinários, os impostos e figuras afins, nomeadamente, as taxas devidas pela utilização de bens do domínio público; prestação de um serviço público, bem como a remoção de um obstáculo jurídico à actuação de um particular (as licenças); os preços dos serviços específicos prestados aos particulares; as derramas; os empréstimos (a curto, médio e longo prazos); e os sistemas de perequação horizontal e sistemas complementar e suplementar, respectivamente o FEF; os Subsídios e as comparticipações; o Contrato de Reequilíbrio financeiro e a Cooperação técnica e financeira: o que designamos por triângulo financeiro.

CAPÍTULO III

A FISCALIZAÇÃO FINANCEIRA

25. Ao longo do tempo, a fiscalização da actividade financeira das pessoas colectivas públicas, incluindo os seus serviços e institutos limitou-se apenas a alguns actos de rotina, sem expressão neste domínio como seria desejável numa nação civilizada. É natural que esta situação reflectia o tipo de Estado e ideologia subjacentes ao poder e seu exercício, bem como o lugar que nele ocupa os direitos dos cidadãos. Os tempos passaram e os "ventos" mudaram. Mesmo sem fundamento constitucional vimos a fiscalização financeira ser efectuada por órgãos com competência técnica e jurisdicional, fugindo às represálias políticas, pois constituem também órgãos de soberania tal como os outros órgãos.

26. Frisámos várias vezes que a imposição de sacrifício aos particulares tem como objectivo último o fornecimento de meios financeiros que, a par de outros, possibilitem a realização de necessidades de uma determinada comunidade quer seja nacional ou local. Estes fundos são previstos no orçamento, permitindo a sua organização e disciplina rigorosa, para facilitar a sua regular, sã e correcta utilização. Nas sociedades modernas avançadas, criaram-se órgãos, para a fiscalização da forma como são geridos e administrados os dinheiros públicos: a fiscalização financeira.

26.1. Esta é vista como o colorário da institucionalização do orçamento do Estado em geral, enquanto previsão de receitas públicas necessárias a cobertura de despesas públicas. Deste modo, fica ligada à actividade financeira, podendo ser exercida tanto por entidades ou órgãos com ou sem independência política e técnica. Entre nós, optou-se por chamar a esta missão a um órgão de soberania do Estado, com competência técnico-jurisdicional, o Tribunal de Contas, em obediência ao princípio da separação de funções entre os órgãos estaduais, como garantia da democracia e do respeito pelos direitos dos cidadãos-contribuintes.

26.2. A fiscalização levada a cabo por um órgão judicial vem reforçar aquela, levada a cabo por órgãos políticos, encabeçados pela ANP. Dir-se-ia que a institucionalização destes órgãos, externos e independentes de fiscalização, conjuga as vantagens dos dois modelos, constituindo para os cidadãos a garantia de que a invasão aos seus patrimónios será limitada; os gastos públicos controlados e aos responsáveis pedidas contas dos seus actos de administração e degestão financeiras.

26.3. Acresce a este esquema de fiscalização um outro nível de controlo da actividade financeira estadual em geral, dentro da própria pessoa colectiva fiscalizada ou dos seus serviços e institutos, através de centros atomísticos, que efectuam controlos rotineiros, mormente a nível da realização das despesas públicas, com o risco (ponderado) de criar no sistema atrasos desnecessários, mas sem sobreposição de tarefas entre as entidades a quem foram cometidas.

27. Realça-se que a actividade de fiscalização financeira não constitui um problema único e exclusivo dos órgãos políticos, jurisdicionais ou administrativos. É uma matéria que interessa sobretudo aos particulares, que contribuem com os seus dinheiros para as necessidades comunitárias. De um modo particular, representa um ganho de democracia e será reforçado quando todos empenham por uma administração e gestão sã e regular das coisas públicas, em prol da comunidade. Isto é, num regime democrático, esta actividade deve estar ao serviço dos cidadãos e dos seus representantes, informando-os devidamente acerca da forma como o executivo gere os recursos pertencentes a colectividade.

28. A pensar nesta e noutras matérias, o Tribunal de Contas foi contemplado com um estatuto próprio, regulado pela LOTC, na qual também

se encontra a disciplina da sua actividade (incluindo os serviços técnico--administrativos de apoio). Definiu-se o regime financeiro dos mesmos, de acordo com as responsabilidades e especificidades das suas funções. Como órgão supremo de fiscalização financeira, este Tribunal goza, de uma ampla independência técnica e política, o que torna os seus juízes independentes e inamovíveis, irresponsáveis, obedecendo apenas à lei, e equiparados, em direitos, em regalias e em deveres, aos juízes do STJ. Nas suas funções, são auxiliados por um corpo de técnicos, colocados sob a dependência do Presidente do Tribunal de Contas, e não do Ministro das Finanças, o que reforça a independência deste órgão de fiscalização.

29. São colocadas sob a jurisdição do Tribunal de Contas a administração central e a autárquica, em geral, e todos quantos utilizam fundos públicos provenientes destas ou mediante as suas intervenções. Dá-se, portanto, o alargamento das entidades sujeitas à sua jurisdição, que se estende para além das fronteiras físicas do território nacional, abrangendo, também, os serviços do Estado no estrangeiro, por exemplo, as representações diplomáticas e consulares.

30. O Tribunal de Contas é considerado barómetro da sociedade, pois controla a generalidade das pessoas colectivas públicas (e algumas privadas), situadas quer a nível central quer a nível local. Isso revela um factor de objectividade, de legalidade e de boa gestão financeira e de garantia dos contribuintes. Ele exerce poderes jurisdicionais e extra-jurisdicionais, numa perfeita combinação de vantagens dos modelos de fiscalização, de inspiração continental e anglo-saxónica, respectivamente.

31. Das funções mais importantes deste Tribunal realça-se o julgamento das contas e a efectivação das responsabilidades financeiras. Isso é muito importante, a fim de se quebrar o ciclo vicioso e o espectro de má gestão de tudo quanto é público, que, durante longos anos, flagelaram esta sociedade. Pretende-se que a impunidade dos infractores, ou seja, a "condescendência política", que conduziu a um sistemático desbaratamento dos dinheiros públicos e corrupção, ceda lugar a uma total responsabilização financeira, até à última unidade monetária desviada da sua normal afectação ou em violação das regras que informam a actividade financeira estadual em geral.

32. A fiscalização financeira *a priori*, concentrada na concessão (ou na recusa) do visto, tem a vantagem de evitar os efeitos de uma situação

consumada e irremediável, assenta toda a sua filosofia no requisito de eficácia conferida aos actos e contratos que dele carecem; esta obrigatoriedade fica diminuída com a selectividade de alguns actos, como forma de obter ganhos de eficiência, de racionalidade burocrática e de redução de demoras, sem prejuízo da fiscalização *a posteriori*, desenvolvida através de auditorias e de outros expedientes, bem como a prestação e julgamento de contas das entidades submetidas à jurisdição deste Tribunal. Em suma, trata-se de uma fiscalização sistemática dos actos de administração e de gestão dos dinheiros públicos, confiados tanto às pessoas colectivas como às privadas.

33. O conteúdo dessa fiscalização abrange tanto a legalidade formal (os formalismos) como a legalidade substancial, aferida pelo confronto entre a actividade financeira desenvolvida e os ganhos obtidos ou utilidade social. Que pensar, por exemplo, da introdução de critérios éticos e de moralidade pública, como parâmetro de medição da gestão das coisas públicas, numa sociedade em que a censura não atinge unicamente os comportamentos desviantes ou corruptos? Esta é uma pista de reflexão que lançamos como reforço da fiscalização financeira.

34. A apreciação e julgamento de contas têm como resultado ou a quitação dos responsáveis ou a sua condenação por infracções financeiras. Verificadas estas últimas, entramos no campo da responsabilidade financeira, por atitudes desconformes às regras que disciplinam a administração e a gestão dos dinheiros públicos, por alcances ou desfalques ou pagamentos indevidos. São os dois pressupostos deste tipo de responsabilidade, assente em motivações subjectivas que faz apelo à conduta culposa do infractor que se vê constituído, na sua esfera jurídica, a obrigação de repor as quantias em falta.

34.1. Nesta matéria, em que vigora a presunção da culpa, cabe ao infractor provar que não agiu com culpa, isto é, trata-se de uma presunção ilidível; por outro lado, a culpa serve para diferenciar o grau de participação e de responsabilização de cada um dos agentes infractores, tendo em consideração a intensidade com que participam na gestão ou guarda de fundos públicos.

35. No concernente ao domínio da fiscalização financeira a consagração expressa de normas que mandam submeter os actos e os contratos,

bem como os da Direcção de serviço técnico e administrativo do Tribunal de Contas, à fiscalização prévia e sucessiva, consigna uma solução que afasta quaisquer dúvidas que conduzem à interpretação no sentido de não haver lugar à fiscalização ou ao controlo do órgão fiscalizador. Sendo um serviço de Estado, como os demais, colocado na dependência do Presidente deste Tribunal, não ficam, por esse motivo, os seus actos e contratos subtraídos à fiscalização, antes pelo contrário. Isso só demonstra a gestão transparente dos recursos afectos ao mesmo serviço.

36. Por fim, uma atenção especial vai para os desafios que o Tribunal de Contas espera. Manifestamos a nossa posição no final do Capítulo relativo à matéria que agora encerramos. Não é de mais repetir, aqui, que o sucesso deste e, por conseguinte, da democracia e do respeito pelos direitos dos cidadãos, que se sentem onerados nos seus patrimónios, está na capacidade de conjugação de esforços, tendentes a conseguir uma harmonia entre as capacidades técnica e de mobilização do órgão de fiscalização e a vontade política tão indispensável, principalmente num país que começa a dar os primeiros e decisivos passos, na construção e na consolidação do Estado de direito democrático, sistematicamente abalados por convulsões políticas e militares. Nesta ordem de ideias, aliar a aposta na formação humana e privilegiar a divulgação da sua imagem a nível interna e internacional são duas das preocupações que, para nós, deverão orientar a consolidação e afirmação deste órgão de soberania, a bem da criação do bem-estar individual e colectivo.

BIBLIOGRAFIA

ALEXANDRE, Mário Alberto – "*A implementação do imposto sobre o valor acrescentado num país em vias de desenvolvimento*", in CTF, n.º 377, Lisboa, 1995, pp. 45-65.
ALMEIDA, Aníbal – "*Desigualdades e progressividade*" (Em complemento de uma lição recente de J. J. Teixeira Ribeiro), in BCE, Vol. XXXII, 1989, pp. 233--239.
ALMEIDA, Aníbal – "*Imposto regressivo e redistribuição*", in BCE, Vol. XXXVIII, 1995, pp. 113-152.
AMADOR Olívio Augusto, "Das alterações orçamentais", in RTC, n.ºs 13/14, Lisboa, 1992-
AMARAL, Diogo F. – Curso de Direito Administrativo, Livraria Almedina, Coimbra, 1991.
AMARAL, Diogo – "*Legalidade (Princípio da)*", in *Pólis*-Enciclopédia Verbo, Vol. 3, 1985, cols. 976-995.
AMARAL, Diogo F. – "*Estado*", in *Pólis*-Enciclopédia Verbo, Vol. 2, 1996, cols. 1126-1177.
ANTUNES, Isabel Cabaço – A autonomia financeira dos municípios portugueses, Ministério do Plano e da Administração do Território, Lisboa, 1987.
BALASSA, Bela – Teoria da integração económica, (trad.), 3ª Edição, Lisboa, 1982.
BAPTISTA, Filipe da Boa – "*Constituição Económica e delimitação de sectores*" in BFDB, n.º 2, 1993, pp. 31-42.
BARATA, J. F. Nunes – "*Domínio Público*", in *Pólis*-Enciclopédia Verbo, Vol. 2, 1996, cols. 705-712.
BARROS, Filinto – "*Política monetária como técnica de gestão macroeconómica na Guiné-Bissau*", Consultor da USAID, in BFDB, n.º 5, 1998, pp. 45-52.
BASTO, José Guilherme Xavier de – "*A tributação do consumo e a sua coordenação internacional*", in CCTF, Lisboa, n.º 164, 1991.
BELTRAME, Pierre – Os Sistemas Fiscais, Coimbra, 1976.
BESSA, António Marques – "*Oligarquia*", in *Pólis*-Enciclopédia Verbo, Vol. 4, 1986, cols. 816-818.
BUCHANAN, James M. e FLOWERS, R. Marilyn – Introducción a la Ciencia de la Hacienda Publica, Madrid, 1982.

BUJANDA, Fernando Sainz de – Lecciones de Derecho Financiero, Quinta Edición, Madrid, 1987.
CAMPOS, Diogo Paredes Leite de – "*Da inconstitucionalidade do imposto complementar*", in BFDC, Vol. LIII, 1977, pp. 335-379.
CAMPOS, Diogo Paredes Leite de – "*Tributação da família: carga fiscal e inconstitucionalidade*", BFDC, Vol. LV, 1979, pp. 91-109.
CAMPOS, Diogo Paredes Leite de – "*Evolução e perspectivas do Direito Fiscal*", in ROA, Ano 43, Lisboa, 1983, pp. 645-675.
CAMPOS, Diogo Paredes Leite de – "*Imposto*", *Pólis*-Enciclopédia Verbo, Vol. 3, 1985, cols. 423-429.
CAMPOS, Diogo Paredes Leite de – "*A reforma dos tribunais fiscais*", in ROA, Ano 46, Lisboa, 1986, pp. 55-70.
CAMPOS, João Mota de – Direito Comunitário, III Vol., O ordenamento económico, 2ª Edição, Fundação Calouste Gulbenkian, Lisboa, 1997.
CANAS, Vitalino – "*A Lei 3/94 de 13 de Setembro, da República de Moçambique, sobre o quadro constitucional dos distritos municipais*", in RFDL, Vol. XXXVI, LEX, 1995, pp. 223-229.
CANOTILHO, J. J. GOMES e MOREIRA, Vital – "*Orçamento*" (artigo 108.º) e "*Elaboração de orçamento*" (artigo 109.º), in Constituição da República Portuguesa, Anotada, 3ª Edição, Coimbra, 1993.
CARDONA, Maria Celeste – "*O regime e a natureza da discricionariedade imprópria e da discricionariedade técnica*", in CTF, n.ºs 289/291, Lisboa, 1983, pp. 155-250.
CARMO, João Franco do – "*Contribuição para o estudo da responsabilidade financeira*", in RTC, n.º 23, 1995, pp. 43-200.
CLIMACO, Maria Isabel Namorado – "*Os impostos especiais de consumo: efeitos económicos e objectivos extra-fiscais*", in CTF, n.º 376, Lisboa, 1994, pp. 61-149.
CORDEIRO, A. Menezes – Introdução à edição portuguesa da obra de CLAUS – WILHELM CANARIS sobre Pensamento sistemático e conceito de sistema na Ciência do Direito, 2ª Edição, Fundação Calouste Gulbenkian, Lisboa, 1996.
CORREIA, José Sérvulo – "*Os princípios constitucionais da Administração Pública*", in Estudos sobre a Constituição, Vol. III, Lisboa, 1979, pp. 661--688.
CORREIA, José Sérvulo – Legalidade e autonomia contratual nos contratos administrativos, Coimbra, 1987.
CORTE-REAL, C. Pamplona – Curso de Direito Fiscal, I Vol., CCTF, n.º 124, Lisboa, 1981.
CORTE-REAL, C. Pamplona – As garantias dos contribuintes, CCTF, n.º 147, Lisboa, 1986.
CORTE-REAL, C. Pamplona – "*O contrato de investimento estrangeiro e a pro-*

blemática decorrente da pretensa contratualização da concessão de benfícios fiscais" in RFDL, Vol. XXXIII, 1992.

CUNHA, Paulo Pitta e – *"Política Económica"*, in *Pólis*-Enciclopédia Verbo, Vol. 4, 1986, cols. 1327-1334.

CUNHA, Paulo Pitta e – A Reforma Fiscal, Lisboa, 1989.

CUNHA, Paulo Pitta e – A tributação do rendimento na perspectiva de uma reforma fiscal, Lisboa, 1989.

DIAS, Augusto Silva – *"A distinção entre crimes e contravenções no ordenamento jurídico guineense"*, in BFDB, n.º 4, 1997, pp. 17-35.

DIAS, Carlos Martins – *"As recentes modificações do Direito fiscal guineense"*, in BFDB, n.º 4, 1997, pp. 97-110.

DOURADO, Ana Paula – *"A natureza jurídica da autoliquidação"*, in RJ, n.ºs 11 e 12, Lisboa, 1989, (nova série), pp. 179-191.

DOURADO, Ana Paula – *"O princípio da legalidade fiscal na Constituição portuguesa"* in CTF, n.º 379, Lisboa, 1995, pp. 49-97.

DOURADO, Ana Paula – A tributação dos rendimentos de capitais: a harmonização na Comunidade Europeia, CCTF, n.º 175, Lisboa, 1996.

DUARTE, M. Luísa – *"As receitas tributárias das regiões. Contributo para uma análise da alínea f) do artigo 229.º da Constituição"* in Estudos de Direito Regional, LEX, Lisboa, 1997, pp. 493-511.

DUMAS, Philippe – *"Um novo instrumento de análise para as finanças públicas: o conceito de despesas fiscais"* (trad.), in RJ, n.º 1, 1982, Lisboa, pp. 163-180.

EUSÉBIO, Domingos Martins – Alguns aspectos da relação jurídica tributária, Coimbra, 1958.

EUSÉBIO, Domingos Martins – O Imposto pessoal de rendimento, CCTF, n.º 69, Lisboa, 1968.

FAVEIRO, Vitor – *"Fiscalidade e Justiça"*, CTF, Vol. IX, n.º 50, Lisboa, 1963, pp. 329-498.

FAVEIRO, Vitor – Noções fundamentais de Direito Fiscal Português, Vol. I, Introdução ao estudo da realidade tributária. Teoria geral do Direito Fiscal, Coimbra, 1984.

FAVEIRO, Vitor – Noções fundamentais de Direito Fiscal Português, Vol. II, Estrutura jurídica do sistema fiscal português. Imposto sobre o rendimento, Coimbra, 1986.

FERNANDES, Ricardo Sá – *"Personalidade tributária"*, in DJAP, Vol. VII, Lisboa, 1994, pp. 334-336.

FERNANDES, Ricardo Sá – *"A Reforma Fiscal Guineense"*, in BFDB, n.º 4, 1997, pp. 73-96.

FERREIRA, Eduardo Paz – *"Ainda a propósito da distinção entre impostos e taxas; o caso da taxa municipal devida pela realização de infra-estrutura urbanísticas"*, in CTF, n.º 380, Lisboa, 1985.

FERREIRA, Eduardo Paz – As finanças regionais, Lisboa, 1985.

FERREIRA, Eduardo Paz – Da dívida pública e das garantias dos credores do Estado, Dissertação de Doutoramento em Ciências Jurídico-Económicas na Faculdade de Direito da Universidade de Lisboa, Coimbra, 1995.

FERREIRA, Eduardo Paz – "*O controlo das subvenções financeiras e dos benefícios fiscais*", in RTC, n.º 1, Lisboa, 1989, pp. 21-85.

FERREIRA, Eduardo Paz – "*Problemas da descentralização financeira*", in RFDL, Vol. XXXVIII, n.º 1, 1997, pp. 121-130.

FERREIRA, Rogério F. – "*Auditoria*", in *Pólis*-Enciclopédia Verbo, Vol. 1, Lisboa, 1983, cols. 457-460.

FERREIRA, Rogério F. – "*Contas de resultados*", in *Pólis*-Enciclopédia Verbo, Vol. 1, Lisboa, 1983, cols. 1193-196.

FERREIRA, Rogério F. – "*Fiscalidade*", in *Pólis*-Enciclopédia Verbo, Vol. 2, Lisboa, 1996, cols. 1488-1493.

FERREIRA, Rogério F. – "*Opções fiscais*", in A Fiscalidade, Porto, 1997.

FERREIRA, Rogério F. – "*A derrama é ou não um custo fiscal?*", in CTF, n.º 378, Lisboa, 1995, pp. 7-15.

FONROUGE, Carlos M. Giuliani – Derecho Financiero, Vol. I, Reimpresión inalterada, Buenos Aires, 1965.

FONSECA, Fernando Adão da e CABRAL, Roque – "*Economia*", in *Pólis*-Enciclopédia Verbo, Vol. 2, Lisboa, 1996, cols. 788-810.

FRANCO, António Luciano Sousa – "*Sistema financeiro e Constituição financeira no texto Constitucional de 1976*" in Estudos sobre a Constituição, Vol. III, Lisboa, 1979, pp. 487-578.

FRANCO, António Luciano Sousa – Finanças Públicas e Direito Financeiro, com a colaboração do Dr. PAZ FERREIRA, Lisboa, 1980.

FRANCO, António Luciano Sousa – Finanças Públicas e Direito Fiscal, 3ª Edição, Coimbra, 1990.

FRANCO, António Luciano Sousa – "*Legislação fundamental do Tribunal de Contas da República da Guiné-Bissau*", in RTC, n.º 15/16, Lisboa, 1992, pp. 75-79.

FRANCO, António Luciano Sousa – "*O presente e o futuro das instituições de controlo financeiro com carácter jurisdicional*" – Notas sobre a jurisdição financeira num mundo em mudança, Conferência proferida por ocasião da inauguração da nova sede do "Consello de Contas de Galicia", Santiago de Compostela, 19 de Maio de 1993, in RTC, n.º 19/20, Lisboa, 1993, pp. 33-144.

FRANCO, António Luciano Sousa – "*Tributação*", in DJAP, Vol. VII, 1996, Lisboa, pp. 487-541.

FRANCO, António Luciano Sousa – "*A autonomia tributária das regiões*" in Estudos de Direito Regional, LEX, Lisboa, 1997, pp. 461-476.

FRANCO, António Luciano Sousa – "*Considerações sobre a problemática das relações financeiras do Estado com as regiões autónomas*" in RDJ, Vol. X, Tomo I, Lisboa, 1996, pp. 141-181.

FRANCO, António Luciano Sousa – "*Orçamento*", in DJAP, Vol. VI, Lisboa, 1994, pp. 191-228.
FRANCO, António Luciano Sousa – "*Dinheiros públicos, Julgamento de Contas e Controlo Financeiro institucional*", in RLAD, Vol. I, LEX, Lisboa, 1997, pp. 23-152.
GOMES, Antonieta Rosa – "*O problema da dimensão e fronteiras das autarquias*", in BFDB, n.º 5, 1998, p. 91-97.
GOMES, João Miguel Lourenço – "*Orçamento*", in *Pólis*-Enciclopédia Verbo, Vol. 4, 1986, cols. 831-835.
GOMES, Nuno Sá – Reflexões sobre a natureza, legitimidade, constitucionalidade e eficácia das sanções extintivas, suspensivas e impeditivas dos desagravamentos fiscais em caso de condenação por infracção tributária, in CCTF, n.º 145, Lisboa, 1986.
GOMES, Nuno Sá – Teoria geral dos benefícios fiscais, CCTF, n.º 165, Lisboa, 1991.
GOMES, Nuno Sá – Manual de Direito Fiscal, Vol. I, Lisboa, 1996.
GOMES, Nuno Sá – Manual de Direito Fiscal, Vol. II, Lisboa, 1997.
GRANDAL, Ana Maria Pita – "*La problemática de las relaciones entre la Hacienda Local y la Hacienda Estatal*", in a Problemática da tributação local "Local taxation", Comunicações, Seminário organizado pelo CCRC com a colaboração da OCDE, em Abril de 1988, Coimbra, 1989, pp. 182-191.
GUIMARÃES, Vasco Branco – "*A fixação da matéria colectável pelas regras do grupo B – Contribuição Industrial*", in RJ, n.ºs 2 e 3, Lisboa, 1985, pp. 233-241.
HÖRSTER, Heinrich Ewald – "*Contra a tributação conjunta dos cônjuges para efeitos do imposto complementar*", in RDE, Ano IV, n.º 2, Lisboa, 1978, pp. 475-483.
KOSTA, Emílio Kafft – O constitucionalismo guineense e os limites materiais de revisão, Dissertação de Mestrado em Ciências Jurídico-Políticas, Lisboa, 1997.
LEAL, A. da Silva, "*Desemprego*", in *Pólis*-Enciclopédia Verbo, Vol. 2, 1996, cols. 163-177.
LEITÃO, João Sérgio Teles Menezes Correia – "*A substituição e a responsabilidade fiscal no Direito Português*", in CTF, n.º 388, Lisboa, 1997, pp. 93-148.
LEITÃO, Luís Manuel Teles Menezes – "*Evolução e situação da reforma fiscal*", in CTF, n.º 387, Lisboa, 1997, pp. 9-47.
LEITE (Lumbrales), João Pinto da Costa – Economia Política, Vol. I, 2ª Edição, Coimbra, 1967.
MACIEL, Frederico – "*Autonomia financeira e poder económico das autarquias*", in RAL, n.º 128, Lisboa, 1992, pp. 161-190.
MACIEL, Frederico – "*Autonomia financeira e poder económico das autarquias*" (Conclusão), in RAL, n.º 128, Lisboa, 1992, pp. 309-322.

MAGALHÃES, Lídio de – "Notas sobre a responsabilidade financeira", in RTC, n.ºs 5/6, Lisboa, 1990, pp. 15-33.

MARTÍNEZ, Isabel – "Taxas", in Pólis-Enciclopédia Verbo, Vol. 4, 1987, col. 1126.

MARTÍNEZ, Pedro Soares – Direito Fiscal (Apontamentos de lições dada ao 3.º Ano de 1968/69), Lisboa, 1969.

MARTÍNEZ, Pedro Soares – Elementos para um Curso de Direito Fiscal (I), CCTF, n.º 102, Lisboa, 1971.

MARTÍNEZ, Pedro Soares – Pressupostos político-económicos de uma reforma fiscal, Lisboa, 1989.

MARTÍNEZ, Pedro Soares – "Economias Subdesenvolvidas", in Dispersos Económicos, in Separata da RFDL, 1990, pp. 215-219.

MARTÍNEZ, Pedro Soares – "Votação de impostos", in Dispersos Económicos, Separata da RFDL, pp. 225-229.

MARTÍNEZ, Pedro Soares – "Impostos, rendimentos e consumos", in Dispersos Económicos, Separata da RFDL, pp. 231-234.

MARTÍNEZ, Pedro Soares – Direito Fiscal, Coimbra, 1997.

MARTINS, Guilherme d'Oliveira – "Poder orçamental", in DJAP, Vol. VI, Lisboa, 1994, pp. 387-392.

MATEUS, A. Moreira – "Bem-estar", in Pólis-Enciclopédia Verbo, Vol. 1, 1983, cols. 551-556.

MATHIJSEN, P. S. F. R. – Introdução ao Direito Comunitário, (trad.), Coimbra, 1991.

MATIAS, Vasco Valdez – "A nova lei das finanças locais", in RJ, n.º 1, (Nova série), 1985, Lisboa, pp. 125-135.

MATIAS, Vasco Valdez – Sistemas fiscais das autarquias, Lisboa, 1987.

MENDES, João de Castro – "Direitos, liberdades e garantias – alguns aspectos gerais (Artigos 25.º a 49.º)", in Estudos sobre a Constituição, Vol. I, Lisboa, 1977, pp. 93-117.

MIRANDA, Jorge – "A competência legislativa no domínio dos impostos e as chamadas receitas parafiscais", in RFDL, Vol. XXIX, 1988, pp. 9-24.

MIRANDA, Jorge – "Conceito de Poder Local", in Estudos sobre a Constituição, Vol. I, Lisboa, 1977, pp. 317-320.

MIRANDA, Jorge – "Igualdade, princípio da", in Pólis-Enciclopédia Verbo, Vol. 3, 1985, cols. 402-410.

MIRANDA, Jorge – Funções, órgãos e actos do Estado, Lisboa, 1990.

MIRANDA, Jorge – "Federalismo", in Pólis-Enciclopédia Verbo, Vol. 2, 1996, cols. 1398-1406.

MIRANDA, Jorge – "Soberania", in Pólis-Enciclopédia Verbo, Vol. 5, 1987, cols. 841-843.

MOREIRA, Eugénio Carlos da Conceição Rodrigues – As relações económicas e comerciais entre Portugal e África: – em particular os Países Africanos de

Língua Oficial Portuguesa, relatório de mestrado apresentado na disciplina de Economia Portuguesa, sob a orientação do Prof. Doutor Pedro Soares Martínez, no ano lectivo de 1996/97 (Inédito).

MOREIRA, Eugénio Carlos da Conceição Rodrigues – A repartição dos recursos públicos entre o Estado e as Autarquias Locais: o caso guineense, relatório de mestrado apresentado na disciplina de Direito Financeiro, sob a orientação do Prof. Doutor Eduardo da Paz Ferreira, no ano lectivo de 1996/97 (Inédito).

MOREIRA, J. Carlos – "O princípio da legalidade na administração", BFDC, Vol. XXV, 1949, pp. 385-408.

MOREIRA, Maria Teresa da Piedade – "A tributação dos rendimentos da propriedade industrial «o know-how» ", in RJ, n.ºs 9 e 10, dupla edição, Lisboa, 1987, pp. 295-399.

MOTA PINTO, Carlos "Capacidade jurídica", in Pólis-Enciclopédia Verbo, Vol. 1, 1983, cols. 708-712

MUSGRAVE, A. Richard – Teoria das Finanças Públicas, Vols. I e II, (trad.), S. Paulo, 1973.

MYRDAL, Gunnar – "A teoria das finanças públicas", in Aspectos políticos da teoria económica, (trad.), S. Paulo, 1984, pp. 133-157.

NABAIS, José Casalta – Contratos fiscais (Reflexões acerca da sua admissibilidade), Studia Iuridica n.º 5 do Boletim da Faculdade de Direito da Universidade de Coimbra, Coimbra, 1994.

NABAIS, José Casalta – O dever fundamental de pagar impostos, Contributo para a compreensão constitucional do estado fiscal contemporâneo (Dissertação de Doutoramento em Ciências Jurídico-Políticas na Faculdade de Direito da Universidade de Coimbra), Coimbra, 1997.

NAPOLEONI, Claudio – A teoria económica no século XX, (trad.), Lisboa, 1973.

NOVAIS, Jorge Reis – Tópicos de Ciência Política e Direito Constitucional Guineense, segundo as lições na Faculdade de Direito de Bissau, no ano lectivo de 1995/96, Lisboa, 1996.

NEVES, A. Oliveira e MADUREIRA, Arnaldo – "As relações económicas e comerciais de Portugal com as suas antigas colónias", in Conferência A Cooperação de Portugal com os Palop, realizada no Instituto Damião de Góis da Presidência da República, Lisboa, 30 e 31 de Maio de 1985, pp. 11-22.

NUNES, Isabel Cabaço – "A autonomia financeira dos Municípios Portugueses", Lisboa, 1987.

OLIVEIRA, António Cândido – O Direito das Autarquias locais, Coimbra, 1993.

OÑA, Fernando Vallespín – Nuevas teorías del Contrato Social: John Rawls, Robert Nozick y James Buchanan, Madrid, 1985.

PENEDA, José A. Silva – "Descentralização", in Pólis-Enciclopédia Verbo, Vol. 2, 1996, cols. 131-134.

PEREIRA, André Gonçalves – Erro e ilegalidade no acto administrativo, Lisboa, 1962.

PINTO, José Alberto Pinheiro – A Fiscalidade, Porto, 1997.

PIRES, Manuel – "A Constituição de 1976 e a Fiscalidade (Artigos 106.º, 107.º e outros", in Estudos sobre a Constituição", Vol. II, Lisboa, 1978, pp. 417-460.

PIRES, Manuel – Direito Fiscal. Apontamentos, Lisboa, 1980.

PIRES, Manuel – "Tributação do rendimento e situações com elementos de conexão de estraneidade", in ESTUDOS, Vol. II, Lisboa, 1983, pp. 401-423.

PIRES, Valdemir – Estado, mercado e tributação, Prefácio de Fabrício Augusto de Oliveira, (sem ano de publicação).

QUADROS, Fausto de – "Administração Local", in Pólis-Enciclopédia Verbo, Vol. 1, 1983, cols. 134-135

QUEIRÓ, José G. – "Autarquia Local", Pólis-Enciclopédia Verbo, Vol. 1, 1983, cols. 472-477.

RAPAZ, Virgílio J. – "Inflação", in Pólis-Enciclopédia Verbo, Vol. 3, 1985, cols. 534-539.

RIBEIRO, J. Joaquim Teixeira – "Incidência da Contribuição Industrial", in BFDC, Vol. XLI, 1965, pp. 1-18.

RIBEIRO, J. Joaquim Teixeira – "Os princípios constitucionais da fiscalidade portuguesa", in BFDC, Vol. XLII, 1966, pp. 225-243.

RIBEIRO, J. Joaquim Teixeira – "A contra-reforma fiscal", in BCE, Vol. XI, 1968, pp. 115-130.

RIBEIRO, J. Joaquim Teixeira – "As alterações ao Código de Imposto Profissional (Mais aspectos da contra-reforma) ", in BCE, Vol. XII, 1969, pp. 160-176.

RIBEIRO, J. Joaquim Teixeira – "O Sistema fiscal na Constituição revista", in BCE, Vol. XXV, 1982.

RIBEIRO, J. Joaquim Teixeira – "A política financeira de redistribuição" in BCE, Vol. XXV, 1982, pp. 197-217.

RIBEIRO, J. Joaquim Teixeira – Finanças Públicas, 5ª Edição, Refundida e Actualizada, Coimbra, 1995.

ROBSON, Peter – Teoria económica da integração internacional, (trad.), Lisboa, 1985.

RODRIGUES, J. A. Silvestre – "Fiscalidade, desigualdades e redistribuição de rendimentos", CCTF, n.º 365, Lisboa, pp. 53-75.

RODRIGUES, Luís B. – Constituição e Legislação Complementar, INACEP – Imprensa Nacional, EP, Bissau, 1994.

SAMUELSON, P. A. & NORDHAUS, D. William – Economia, Décima Quarta Edição, (trad.), Lisboa, 1993.

SANCHES, José Luís Saldanha – "O Imposto complementar como imposto de rendimento", in RJ, n.º 4, 1984, Lisboa, pp. 185-219.

SANCHES, José Luís Saldanha – "Alargamento da base tributária e gestão fiscal", Comunicação apresentada ao XVI Seminário da Direcção Nacional de Impostos e auditoria, realizado entre 25 e 29 de Março de 1996 na República de Moçambique, in CTF, n.º 381, Lisboa, 1996, pp. 151-159.

SANTO, João Espírito – "*Apontamentos sobre os regimes jurídicos guineenses de fonte legal dos casamento e do divórcio*", in BFDB, n.º 4, 1994, pp. 211-251.

SANTOS, J. Albano – "*Sistemas fiscais: análise normativa*", in CTF, n.º 388, Lisboa, 1997, pp. 7-92.

SANTOS, Jorge Costa – Bem-estar social e decisão financeira, Coimbra, 1993.

SANTOS, Aníbal – "*Mercado*", in *Pólis*-Enciclopédia Verbo, Vol. 4, 1986, cols. 175-178.

SILVA, Aníbal Cavaco – "*Economia Pública*", in *Pólis*-Enciclopédia Verbo, Vol. 2, 1996, cols. 822-826.

SILVA, A. E. Duarte – "*Formação e estrutura da Constituição de 1984*", in BFDB, n.º 4, 1997, pp. 153-160.

SILVA, J. M. Amado da – "*Emprego (Pleno)*", in *Pólis*-Enciclopédia Verbo, Vol. 2, Lisboa, 1996, colunas 920-922.

SILVA, Manuel Botelho – "*O Direito Fiscal legislado e o Direito Fiscal efectivo na Guiné-Bissau*", in BFDB, n.º 5, 1998, pp. 301-324.

SIMÕES, A. A. Galhardo – Tributação das mais-valias. Alguns aspectos, in CCTF, n.º 83, 1969.

SMITH, Adam – Riqueza das Nações, Vol. II, 2ª Edição, Calouste Gulbenkian, Lisboa, 1989.

SOARES, R. Ehrardt – "*Princípio da legalidade e administração constitutiva*", in BFDC, Vol. LVII, 1981, pp. 169-191.

SOUSA, Alfredo José de – "*Controlo orçamental e instrumentos de gestão financeira*", in RTC, n.ºs 17 e 18, Tomo I, Lisboa, 1993, pp. 13-30.

SOUSA, António de – "*Estrutura económica*", in *Pólis*-Enciclopédia Verbo, Vol. 2, 1996, cols. 1230-1234.

SOUSA, Rabindranath Capelo de – "*A Constituição e os direitos de personalidade*", in Estudos sobre a Constituição, Vol. II, Lisboa, 1978, pp. 93-196.

STREETEN, Paul – "*Controvérsias recentes*", in Aspectos políticos da teoria económica, (trad.), S. Paulo, 1984, pp. 171-179.

TAVARES, José – "*Tribunal de Contas*", in DJAP, Vol. VII, Lisboa, 1996, pp. 452-487.

TEIXEIRA, António Braz – Princípios de Direito Fiscal, Coimbra, 1979.

TEIXEIRA, António Braz – Questões de Direito Fiscal, CCTF, n.º 90, Lisboa, 1969.

TELES, M. Galvão – "*Estado de Direito*", in *Pólis*-Enciclopédia Verbo, Vol. 2, 1996, cols. 1185-1188.

XAVIER, A. Pinheiro – Benefícios fiscais à exportação: limites e perspectivas, CCTF, n.º 91, Lisboa, 1969.

XAVIER, A. Pinheiro – Conceito e natureza do acto tributário, Lisboa, 1972.

XAVIER, A. Pinheiro – Direito Tributário Internacional – Tributação das Operações Internacionais, (reimpressão), Coimbra, 1997

OUTROS DOCUMENTOS DE CONSULTA

CÂMARA DE COMÉRCIO INTERNACIONAL, Dupla tributação internacional, in CCTF, n.º 72, 1968.

MANUAL DO FINANCIAMENTO AUTÁRQUICO E DE ENGENHARIA FINANCEIRA, 1.º Vol. Instrumentos Financeiros, Ministério do Planeamento e da Administração do Território, Direcção-Geral da Administração Autárquica, coordenação de ANTÓNIO BALAS, Lisboa, 1995.

PORTUGAL DEZ ANOS DE POLÍTICA DE COOPERAÇÃO, Ministério dos Negócios Estrangeiros, 1995.

ÍNDICE

PREFÁCIO 5

PRÓLOGO 11

ABREVIATURAS E SIGLAS.. 15

INTRODUÇÃO
OBJECTO, DELIMITAÇÃO DE OBJECTO E METODOLOGIA

PARTE I
SISTEMA FISCAL GUINEENSE.
OS PRINCÍPIOS CONSTITUCIONAIS FISCAIS

CAPÍTULO I
Considerações gerais sobre o sistema fiscal guineense

1. As fontes do Sistema Fiscal Guineense	42
2. Evolução e Caracterização geral do Sistema Fiscal guineense................	44
2.1. Evolução	44
2.1.1. As causas gerais da crise do Direito Fiscal Guineense	45
2.1.2. A Lei n.º 1/73	56
2.1.3. As reformas fiscais guineenses	57
2.1.3.1. A reforma fiscal de 1993/84..	58
2.1.3.2. A reforma fiscal de 1997	59
2.2. Caracterização geral...	60
2.2.1. Composição do Sistema Fiscal guineense.............................	71
2.2.2. Equilíbrio do Sistema Fiscal guineense	72
3. Breves referências à fiscalidade e estrutura económica guineense..........	74
3.1. A relação entre a fiscalidade e a estrutura económica guineense	78

CAPÍTULO II
Os princípios constitucionais fiscais

1. Razão de ordem 85

TÍTULO I
O princípio da legalidade fiscal: conceito e significado

1. Objecto de reserva de lei fiscal 112
2. A densificação da legalidade fiscal 120
   2.1. A tipicidade fiscal 124

TÍTULO II
O princípio da igualdade fiscal

Secção I
O princípio da generalidade dos impostos. Suas excepções

1. Os benefícios fiscais 162
2. O mínimo de existência 175

Secção II
O princípio da uniformidade dos impostos

1. A capacidade contributiva 188

CAPÍTULO III
As opções por objecto de tributação. os principais impostos

Preliminares 231

TÍTULO I
A tributação do rendimento

Generalidades 235

Secção 1
Imposto profissional

1. Caracterização geral 241
2. Incidência real 244
3. Normas de exclusão de incidência real 245
4. Incidência pessoal... 245

5. Isenções 246
6. O lugar como elemento de conexão 247
7. Determinação da matéria colectável 248
8. Garantias de defesa contra o acto de determinação da matéria colectável 251
9. Liquidação 254
10. Taxas 257
11. Cobrança 259
12. Infracções 262
13. Garantias gerais dos contribuintes 264

Secção 2
Contribuição industrial
1. Caracterização geral 265
2. Incidência real 267
3. Noção e conceito económico da empresa 269
4. Normas de exclusão e de isenção da incidência real 271
5. Incidência pessoal 274
6. O lugar como elemento objectivo 278
7. Taxas 282

Subsecção 1. Regime normal dos contribuintes residentes 283
8. Determinação da matéria colectável 283
9. Liquidação 301
10. Cobrança 303

Subsecção 2. Regime especial dos contribuintes não residentes 306
11. Determinação da matéria colectável 306
12. Liquidação 306
13. Cobrança 307

Secção 3
Contribuição predial urbana
1. Caracterização geral 308
2. Objecto mediato 310
3. Incidência real 313
4. Sujeição pessoal 316
5. Isenções 317
6. Determinação da matéria colectável 319
7. Deveres fiscais acessórios 323
8. Taxas 324
9. Liquidação 324
10. Cobrança 325

11. Garantias dos contribuintes 326
12. Infracções.. 327
13. Fiscalização 328

Secção 4
Imposto de capital

1. Caracterização geral 329
2. Incidência real 336
3. Sujeição pessoal.. 345
4. Isenções 346
5. Taxas... 348
6. Determinação da matéria colectável 348
7. Liquidação... 353
8. Cobrança 356
9. Deveres fiscais acessórios dos contribuintes.................................... 356
10. Deveres fiscais de terceiros 357
11. Garantias gerais dos contribuintes.. 357
12. Infracções.. 358
13. Fiscalização 359

Secção 5
Imposto complementar

1. Caracterização geral 360
2. Objectivos.. 363
3. Objecto mediato... 365
4. O lugar de produção e de residência do titular de rendimento 365
5. Incidência real 367
6. Sujeição pessoal.. 368
7. Isenções 370
8. Taxas... 370
9. Determinação da matéria colectável 371
10. Liquidação... 375
11. Cobrança 375
12. Deveres fiscais acessórios 376
13. Infracções.. 376
14. Fiscalização 377

TÍTULO II
A tributação do consumo

1. Caracterização geral 379
2. Alguns aspectos da fiscalidade regional 383

Secção 1
Imposto geral sobre vendas e serviços

1. Objectivos 389
2. Caracterização geral 392
3. Regimes de tributação 395
   3.1. Regime especial de tributação e de isenção 398
   3.2. Regime normal de tributação 402
      3.2.1. Incidência real 402
      3.2.2. Incidência subjectiva 404
      3.2.3. Exigibilidade do imposto 408
      3.2.4. Isenções 409
      3.2.5. Determinação do valor tributário de acordo com os tipos de operações 411
      3.2.6. Taxas 412
      3.2.7. Liquidação 412
      3.2.8. Apuramento do imposto devido 414
      3.2.9. Cobrança 416
      3.2.10. Deveres fiscais acessórios 416

Secção 2
Impostos especiais de consumo

1. Objectivos 418
2. As finalidades extrafiscais 418
3. Incidência real 419
4. Sujeitos passivos e isenções 420
5. Taxas 420
6. Liquidação e cobrança 421

POSIÇÃO DO AUTOR 423

PARTE II
O FEDERALISMO FINANCEIRO.
A REPARTIÇÃO DOS RECURSOS PÚBLICOS ENTRE O ESTADO E AS AUTARQUIAS LOCAIS.
A FISCALIZAÇÃO FINANCEIRA

CAPÍTULO I
O federalismo financeiro. o poder tributário e a personalidade tributária activa

1. Noções gerais sobre o federalismo financeiro 431
2. O federalismo financeiro e o poder tributário 437
3. A personalidade tributária activa 447
    3.1. A personalidade tributária activa do Estado 450
    3.2. A personalidade tributária activa das Autarquias locais 452
4. Os sujeitos tributários activos e os seus fins 454
    4.1. A satisfação das necessidades colectivas e as decisões financeiras. 459
        4.1.1. As teorias das decisões financeiras 470
            4.1.1.1. A teoria da escolha pública (*"public choice"*) 481

CAPÍTULO II
As finanças locais

1. Enquadramento Constitucional 499
2. A Lei de Base das Autarquias locais 512
3. A Lei das Finanças locais 515
4. A Autonomia Financeira das Autarquias locais 518
5. O Regime Financeiro das Autarquias locais 532
6. Os recursos próprios das Autarquias locais 534
    6.1. As receitas tributárias 536
        6.1.1. Os impostos locais 536
        6.1.2. As taxas e as licenças 540
        6.1.3. As derramas 543
        6.1.4. Os preços e as tarifas 546
        6.1.5. O fundo de equilíbrio financeiro 547
        6.1.6. Os subsídios e as comparticipações 548
        6.1.7. Os contratos de reequilíbrio financeiro 549
        6.1.8. A cooperação financeira entre o Governo e as Autarquias locais 550
    6.2. As receitas creditícias 552

6.3. As receitas patrimoniais 554
6.4. As receitas sancionatórias 554

CAPÍTULO III
A fiscalização financeira

1. Generalidades 561
2. Os órgãos de fiscalização financeira 573
3. A fiscalização jurisdicional do Tribunal de Contas 576
   3.1. A competência jurisdicional do Tribunal de Contas *versus* auditoria   587
   3.2. As formas de fiscalização financeira e os critérios adoptados 589
4. A responsabilidade financeira 600

CONCLUSÕES 617

BIBLIOGRAFIA 643

ÍNDICE 653